А. С. Пругавинъ.

ЗАПРОСЫ НАРОДА
и
ОБЯЗАННОСТИ ИНТЕЛЛИГЕНЦІИ
въ области
ПРОСВѢЩЕНІЯ И ВОСПИТАНІЯ.

| Грамотѣ учиться — всегда пригодится. Красна птица перьемъ, а человѣкъ — ученьемъ. Вѣкъ живи, вѣкъ учись. Науки юношей золотой кормятъ. Ученье—свѣтъ, неученье—тьма. *Народныя пословицы.* | Воспитаніе должно развить въ человѣкѣ до совершенства все лучшее, на что способна его природа. *Кантъ.* |

Изданіе второе, значительно дополненное.

С.-ПЕТЕРБУРГЪ.
Типографія И. Н. Скороходова (Надеждинская, 43).
1895.

ПАМЯТИ

НЕЗАБВЕННАГО, СЛАВНАГО ДѢЯТЕЛЯ РУССКОЙ ЗЕМЛИ

Николая Ивановича

НОВИКОВА

(27 апрѣля 1744 г. — 18 іюля 1818 г.)

СЪ ЧУВСТВОМЪ ГЛУБОКАГО БЛАГОГОВѢНІЯ

посвящаетъ авторъ

свой трудъ.

ОТЪ АВТОРА.

Первое изданіе этой книги, появившееся въ концѣ 1890 года, разошлось въ теченіи года. Такъ какъ спросъ на книгу,—судя по поступающимъ къ намъ требованіямъ,— не прекращался, поэтому мы и рѣшили повторить изданіе, но предварительно считали необходимымъ сдѣлать въ немъ нѣкоторыя существенныя дополненія. Къ сожалѣнію, разныя неблагопріятныя обстоятельства и условія помѣшали намъ въ то же время исполнить это, и только теперь мы получили возможность выпустить настоящее изданіе, снабдивъ его тѣми дополненіями, которыя мы признали наиболѣе необходимыми. Такъ, очеркъ о „Вольныхъ крестьянскихъ школахъ или домашнихъ школахъ грамотности" дополненъ нами слѣдующими главами: „Вольныя школы въ Малороссіи и причины ихъ исчезновенія", „Статистика вольныхъ школъ и ихъ географическое распредѣленіе", „Уменьшается или увеличивается число вольныхъ школъ?", „Составъ вольныхъ учителей" и „Интеллигенты въ роли вольнаго учителя"[)].

Далѣе, вмѣсто небольшой замѣтки объ офеняхъ, напеча-

[)] Тѣмъ не менѣе, однако, очеркъ о «Вольныхъ школахъ или домашнихъ школахъ грамотности» остался неоконченнымъ, такъ какъ доведенъ нами лишь до изданія закона 4 мая 1891 года. Обстоятельство это просимъ читателей не упускать изъ виду, такъ какъ указанный законъ, всецѣло подчинивъ школы грамоты духовенству, тѣмъ самымъ оказалъ важное, роковое вліяніе какъ на характеръ и дальнѣйшее развитіе этого рода школъ, такъ и на отношеніе къ нимъ общества и земствъ.

танной въ первомъ изданіи, въ настоящемъ выпускѣ читатель найдетъ особый очеркъ, подробно знакомящій съ условіями разносной книжной торговли, производимой нашими офенями и книгоношами. Очеркъ этотъ составленъ по матеріаламъ, собраннымъ авторомъ лично путемъ мѣстнаго изслѣдованія, произведеннаго по порученію „Общества любителей россійской словесности, состоящаго при Императорскомъ Московскомъ Университетѣ".

Статьи о „Публичныхъ чтеніяхъ для народа" и о „Народныхъ библіотекахъ и читальняхъ" написаны почти заново. Статьи же „Книжные склады" и „Культурно-просвѣтительное движеніе въ русскомъ обществѣ" появляются въ этомъ изданіи впервые и до сихъ поръ нигдѣ напечатаны не были.

Отдѣлъ „Приложеній" также значительно дополненъ разными законоположеніями, относящимися до школъ грамотности, народныхъ чтеній, народныхъ библіотекъ и читаленъ, воскресныхъ школъ, книжной торговли и т. д.

Судя по журнальнымъ и газетнымъ рецензіямъ и отзывамъ *), а также по тѣмъ заявленіямъ и письмамъ, которыя были получены лично нами, мы вправѣ заключить, что первое изданіе нашей книги встрѣчено какъ печатью, такъ и читающей публикой, въ общемъ, весьма сочувственно. Возраженія на нее послѣдовали изъ такого лагеря, со стороны котораго въ данномъ случаѣ, казалось, менѣе всего можно было ожидать ихъ. Извѣстный ученый публицистъ А. Н. Пыпинъ, общественные взгляды и симпатіи котораго

---

*) См., напримѣръ, „Недѣлю", 1891 г. № 2, „Сѣверный Вѣстникъ", 1890 г. № 12, „Русскія Вѣдомости", 1890 г. № 301 и 1891 г. № 17, „Русскую Мысль", 1891 г. № 2, „Вѣстникъ Европы", 1890 г. № 12 и т. д.

конечно, слишкомъ хорошо извѣстны, посвятивъ нашей книгѣ особую статью¹), высказалъ въ ней цѣлый рядъ критическихъ замѣчаній и возраженій.

Правда, это не помѣшало г. Пыпину признать въ своей статьѣ, что книга наша представляетъ „величайшій интересъ" (стр. 258), что она „сообщаетъ много любопытнѣйшихъ свѣдѣній о томъ важномъ общественномъ и даже государственномъ интересѣ, какой представляетъ умственная жизнь народа, степень его развитія, количество и содержаніе знаній, какими онъ владѣетъ", что далѣе она содержитъ въ себѣ „столь же любопытныя свѣдѣнія о тѣхъ бытовыхъ формахъ, въ какія складывается удовлетвореніе умственныхъ потребностей" и что, наконецъ, въ книгѣ „приводится рядъ фактовъ частной дѣятельности на пользу народнаго образованія, примѣры которой внушаютъ нерѣдко глубокое уваженіе къ безкорыстнымъ дѣятелямъ на этомъ трудномъ поприщѣ" (стр. 259). Г. Пыпинъ высказываетъ увѣренность въ томъ, что трудъ нашъ внушенъ „самой преданной любовью къ дѣлу народнаго образованія" и вмѣстѣ съ тѣмъ выражаютъ удовольствіе по поводу того, что изданіемъ этого труда положено начало дѣлу фактическаго и детальнаго изслѣдованія современнаго положенія народнаго образованія и отношенія къ нему народа и что „вмѣстѣ съ другими трудами, которые соприкасаются съ тѣмъ же вопросомъ, эта работа послужитъ къ выясненію вопроса въ общественномъ мнѣніи, а послѣднее рано или поздно воздѣйствуетъ на оффиціальныя мѣры по этому вопросу".

Но въ то же время г. Пыпинъ горячо протестуетъ противъ нашей „постановки вопроса", такъ какъ въ въ этой постановкѣ онъ усматриваетъ ненавистный ему

---

¹) „Народная грамотность", „Вѣстникъ Европы", 1894 г. № 1.

„народническій взглядъ" на дѣло народнаго образованія. Взглядъ этотъ, по мнѣнію г. Пыпина, выражается и въ самомъ заглавіи нашей книги: „Запросы *народа* и обязанности *интеллигенціи*". Г. Пыпину крайне не нравится „то противоположеніе, какое ставится обыкновенно у народниковъ между этими двумя долями нашей и которое какъ бы предполагается заглавіемъ книги". По увѣренію его, подобное противоположеніе встрѣчается только въ нашей литературѣ, что только у насъ, въ Россіи „ставится антитеза народъ и образованные люди", что „во всякомъ другомъ обществѣ такая антитеза не имѣла бы смысла" и что для того, „чтобы изобрѣсти такое противоположеніе нужна была большая путаница понятій" (стр. 255). Дальнѣйшія свои недоумѣнія г. Пыпинъ выражаетъ въ цѣломъ рядѣ вопросовъ: „въ чемъ заключается обязанность интеллигенціи? спрашиваетъ онъ. Кто установилъ ее? Имѣетъ-ли интеллигенція возможность исполнить эту обязанность"? И наконецъ: „что могъ подразумѣвать авторъ подъ названіемъ интеллигенціи"? (стр. 256).

Переходя затѣмъ къ разбору нашихъ положеній относительно народныхъ запросовъ въ области образованія, г. Пыпинъ спрашиваетъ: „въ чемъ состоятъ запросы народа и кто ихъ опредѣлилъ?"

«Авторъ настоящей книги,—заявляетъ онъ по этому поводу,—поступилъ бы вѣрнѣе, во-первыхъ, если бы сами запросы народа поставилъ дѣломъ не рѣшеннымъ, а искомымъ, а во-вторыхъ, если бы «обязанности» направилъ не къ интеллигенціи, которая есть классъ весьма неопредѣленный, совершенно неорганизованный и, наконецъ, не имѣющій ни права, ни возможности распоряжаться народной школой и грамотностью, а къ тѣмъ вѣдомствамъ правительственнымъ, городскимъ и земскимъ, которыя имѣютъ власть надъ народной школой или имѣютъ извѣстное право участія въ ея устройствѣ: это—министерство народнаго просвѣщенія, духовное, военное и иныхъ вѣдомствъ, имѣющія свою школу, наконецъ городское и земское представительство. Въ этой постановкѣ дѣло было бы совершенно ясно: писатель, принимающій къ сердцу интересы народной грамотности и образованія, обращался бы прямо къ тѣмъ властямъ или тѣмъ представителямъ общества, которые имѣютъ дѣйствительное право и возможность принимать тѣ или другія общія мѣры по этому предмету. Когда, вмѣсто того, онъ обращается къ интеллигенціи, онъ ставитъ вопросъ на чрезвычайно колеблющуюся почву: „интеллигенція", какъ таковая, не можетъ принимать никакихъ мѣръ; если бы даже она, вслѣдствіе убѣжденія автора, увѣрилась въ необходимости работать для народной школы, она, въ нынѣшнихъ условіяхъ дѣла, не имѣла бы ни малѣйшаго права вмѣшательства въ это дѣло и вся въ цѣломъ своемъ составѣ была бы безсильна передъ первымъ инспекторомъ народныхъ училищъ" (стр. 257).

Въ нашихъ заявленіяхъ о необходимости самаго широкаго участія частной иниціативы въ области народнаго образованія и въ нашихъ призывахъ о пожертвованіяхъ на это дѣло, г. Пыпинъ усмотрѣлъ желаніе съ нашей стороны все дѣло просвѣщенія народа всецѣло оставить на рукахъ одной интеллигенціи и обязать ее вести это дѣло исключительно на тѣ частныя средства, которыя могутъ быть получены путемъ пожертвованій. Заподозривъ насъ въ подобныхъ стремленіяхъ (смѣемъ думать, совершенно произвольно), г. Пыпинъ горячо оспариваетъ ихъ и доказываетъ необходимость широкой и прочной постановки дѣла народнаго образованія на средства государства. Вмѣстѣ съ этимъ г. Пыпинъ обнаруживаетъ явно отрицательное отношеніе къ частной иниціативѣ въ области народнаго образованія, причемъ сознательную общественную потребность, которая выражается въ этой иниціативѣ, онъ низводитъ до простой благотворительности и филантропіи, а пожертвованія на дѣло народнаго просвѣщенія презрительно обзываетъ „подаяніемъ", унизительнымъ для достоинства народа.

X

«Какъ ни заслуживаетъ уваженія любовь къ ближнему и филантропія,—говоритъ г. Пыпинъ,—намъ кажется, что столь великое дѣло, какъ народное образованіе, не можетъ быть основываемо на одной филантропіи. Такимъ образомъ, вопросъ, который авторъ книги, повидимому, хотѣлъ поставить весьма универсально, въ сущности, поставленъ очень тѣсно» (стр. 258). «Филантропія есть несомнѣнно прекрасное дѣло, но ставить удовлетвореніе потребностей «стомилліонной массы русскаго народа» въ зависимость отъ пожертвованія, т.-е. отъ подаянія, намъ кажется даже не уважительно, и какъ будто для достоинства этой стомилліонной массы?..» «Мы должны бы, кажется, весь вопросъ ставить иначе—развивать мысль не о томъ, что какая-то «интеллигенція» обязана за что-то расплатиться съ народомъ, устраивая для него филантропическія школы, а о томъ, чтобы народное образованіе, независимо отъ всякой личной филантропіи, составлено было тѣмъ нормальнымъ образомъ, какимъ оно могло быть, и было поставлено у другихъ народовъ, чтобы народъ пользовался извѣстной долей образованія не вслѣдствіе случайной благотворительности, а въ правильномъ, законномъ порядкѣ вещей...» «Проходя филантропія питаетъ заблужденіе, отводитъ глаза отъ необходимости ставить вопросъ во всей его національной, государственной широтѣ.... Одно государство въ состояніи принять широкія и обязательныя мѣры по устройству народной школы; усиливъ бюджетъ на народное просвѣщеніе оно въ нѣсколько лѣтъ можетъ сдѣлать больше, чѣмъ сдѣлаетъ частная филантропія въ десяти лѣтъ». (стр. 278—279).

Статья А. Н. Пыпина вызвала возраженія со стороны журнала „Русская Мысль", помѣстившаго небольшую, но весьма обстоятельную замѣтку [1], въ которой почти всѣ наиболѣе существенныя замѣчанія г. Пыпина были разсмотрѣны критически. Хотя мы вполнѣ раздѣляемъ высказанныя въ этой замѣткѣ возраженія, тѣмъ не менѣе съ своей стороны не можемъ, конечно, оставить безъ отвѣта замѣчаній г. Пыпина и потому считаемъ необходимымъ дополнить указанную замѣтку нѣкоторыми разъясненіями.

---

[1] «Русская Мысль», 1891 г. № 2. Библіографическій отдѣлъ.

Разсматривая всѣ приведенныя выше возраженія г. Пыпина, я прихожу къ заключенію, что одни изъ нихъ являются результатомъ явнаго недоразумѣнія, другія же слѣдуетъ объяснить тѣмъ часто принципіальнымъ предубѣжденіемъ, которое питаетъ г. Пыпинъ въ качествѣ убѣжденнаго сторонника строго опредѣленныхъ либеральныхъ доктринъ къ той литературно-общественной фракціи, представителемъ которой я являюсь въ его глазахъ. Хотя въ своей статьѣ, рекомендуя насъ читателямъ, г. Пыпинъ и заявляетъ, что „авторъ—ревностный народникъ, но того разряда, который предпочитаетъ облекать народолюбіе въ тѣ или другія фантастическія формы, а того, который направляется въ особенности на изученіе данныхъ фактовъ народной жизни, ихъ критическую оцѣнку и на указаніе ближайшихъ средствъ содѣйствовать народному интересу",—тѣмъ не менѣе, однако, въ дальнѣйшемъ изложеніи своей статьи почтенный критикъ дѣлаетъ насъ какъ бы отвѣтственными за разныя теоретическія погрѣшности тѣхъ группъ народничества, изъ которыхъ онъ, повидимому, самъ же выдѣлилъ насъ и къ которымъ онъ относится вполнѣ отрицательно и даже враждебно.

Только этимъ принципіальнымъ предубѣжденіемъ могу я объяснить себѣ тотъ фактъ, что нашъ призывъ къ интеллигенціи о необходимости съ ея стороны активной и энергической дѣятельности на пользу просвѣщенія народа былъ понятъ г. Пыпинымъ въ томъ смыслѣ, что мы все дѣло народнаго образованія, *въ полномъ его объемѣ*, признаемъ необходимымъ возложить на плечи интеллигенціи, т.-е. образованной части русскаго общества, устранивъ и освободивъ государство отъ всякихъ заботъ, отъ всякихъ обязанностей въ этомъ дѣлѣ. Приписавъ намъ подобную мысль, хотя и безъ всякихъ на то основаній съ нашей стороны, г. Пынинъ, искреннее сочувствіе котораго дѣлу народнаго образованія не можетъ, разумѣется, подлежать ни малѣйшему сомнѣнію, естественно поспѣшилъ вооружиться противъ подобной постановки вопроса. Между тѣмъ, ни заглавіе нашей книги, ни подборъ и содержаніе помѣщенныхъ въ ней статей — ничто не давало права сдѣлать подобный выводъ, а также ничто не указывало на то, что мы въ настоящемъ своемъ трудѣ задались цѣлью разсмотрѣть вопросъ о народномъ образованіи *во всемъ его объемѣ*. Наша цѣль на этотъ разъ была совершенно иная.

Какъ указываетъ и самое заглавіе нашей книги, мы желали, во-первыхъ, установить тѣ главныя требованія, тѣ важнѣйшіе запросы, которые въ настоящее время наиболѣе назрѣли въ народной массѣ въ области умственной, интеллектуальной жизни, а во-вторыхъ — освѣтить тѣ стороны вопроса о народномъ образованіи, въ которыхъ дѣятельность интеллигенціи, т.-е. образованной части русскаго общества, можетъ и должна принять наиболѣе близкое и активное участіе для удовлетворенія сказанныхъ запросовъ. Прежде-всего сюда относятся заботы о внѣшкольномъ образованіи народа: изданіе книгъ и картинъ и распространеніе ихъ въ народной средѣ, устройство библіотекъ, читаленъ и книжныхъ складовъ, организація народныхъ чтеній и т. д. Такимъ образомъ въ наши задачи совсѣмъ не входило ставить вопросъ о народномъ образованіи „универсально", „во всей его широтѣ". Отсюда само собою понятно, что намъ не предстояло никакой необходимости говорить о задачахъ и обязанностяхъ, лежащихъ на государствѣ по отношенію народнаго образованія.

На тему объ обязанностяхъ государства въ дѣлѣ народнаго образованія у насъ писалось и пишется очень много и очень многими; въ обширной литературѣ по этому вопросу есть не мало капитальныхъ трудовъ такихъ почтенныхъ дѣятелей, какъ: князь Васильчиковъ, К. Д. Кавелинъ, баронъ Н. А. Корфъ и очень многіе другіе; наконецъ, на эту тему исписано у насъ тысячи журнальныхъ и газетныхъ статей. Всѣ эти труды, изслѣдованія и статьи выяснили вопросъ достаточно обстоятельно и всесторонне, давно и по-очію доказали, что „народное образованіе есть вопросъ жизни и смерти для государствъ нашего вѣка и что величіе современныхъ державъ зависитъ отъ числа грамотныхъ болѣе чѣмъ отъ числа солдатъ"[1]). Мысль о необходимости назначенія со стороны государства крупныхъ и щедрыхъ ассигновокъ на начальное народное образованіе давно уже сдѣлалась избитымъ, общимъ мѣстомъ, думаемъ, что мысль эта, какъ аксіома, не требуетъ уже доказательствъ, такъ какъ давно признана всѣми, кто только не относится къ дѣлу культуры съ точки зрѣнія Фамусова, видѣвшаго въ ученьѣ причину всѣхъ золъ и бѣдъ и боявшагося его хуже чумы.

Тѣмъ не менѣе, однако, мы видимъ, что дѣло выиграло очень мало и почти совсѣмъ не подвинулось впередъ; оно по прежнему идетъ все съ той же чисто черепашьей медленностью; ассигновки на начальное народное образованіе по прежнему поражаютъ своей крайней ничтожностью, своей полной мизерностью. Если же въ нѣкоторыхъ городахъ и сравнительно въ немногихъ губерніяхъ дѣло начальныхъ народныхъ школъ сдѣлало замѣтные успѣхи и ведется вполнѣ успѣшно, то этимъ населеніе почти всецѣло обязано общественнымъ учрежденіямъ,—городскимъ и земскимъ. Чѣмъ же объясняется подобное явленіе?

Г. Пыпину, безъ сомнѣнія, очень хорошо извѣстно, что

---

[1]) Князь Васильчиковъ: «О самоуправленіи», Спб., 1872 г.

исторія культуры въ разныхъ странахъ даетъ множество доказательствъ того, что оффиціальныя сферы, при наличности извѣстныхъ общественныхъ условій, крайне неохотно предпринимаютъ мѣры, имѣющія цѣлью широкое развитіе образованія въ народныхъ массахъ и что только подъ давленіемъ общественныхъ требованій, такъ сказать, уступая имъ, они мало-по-малу начинаютъ обнаруживать дѣятельность въ этомъ направленіи. Подобное же воздѣйствіе общества можетъ проявиться тѣмъ скорѣе и осязательнѣе, чѣмъ ближе подойдетъ само общество къ дѣлу народнаго образованія, чѣмъ больше оно заинтересуется имъ, чѣмъ активнѣе приметъ участіе въ его развитіи. Увидѣвъ на дѣлѣ всѣ недостатки, всѣ изъяны, всѣ наболѣвшія нужды народнаго образованія, всѣ тѣ тормазы, которыми обставлено это дѣло и которые мѣшаютъ правильному и успѣшному его развитію,—общество, безъ сомнѣнія, употребитъ со своей стороны всѣ старанія для того, чтобы дѣло это было наконецъ поставлено правильно, широко и прочно.

Вполнѣ раздѣляя желаніе г. Пыпина относительно необходимости широкой, прочной, государственной постановки вопроса о народномъ образованіи, мы въ то же время совершенно отказываемся понять то презрительное отношеніе къ частной иниціативѣ, которое явно сквозитъ во многихъ мѣстахъ статьи г. Пыпина. Какъ разъ бы, примѣры другихъ, болѣе культурныхъ странъ,—примѣры, на которые такъ любитъ въ другихъ случаяхъ ссылаться г. Пыпинъ, должны бы убѣдить его въ необходимости иначе отнестись къ этому вопросу.

Цѣли и задачи народнаго просвѣщенія и воспитанія такъ велики, серьезны и сложны, что какъ бы много ни дѣлало государство въ этой области—для частной иниціативы здѣсь всегда найдется обширное поле для дѣятельности, найдется цѣлая масса работы. Въ статьѣ своей „Культурно-просвѣтительное движеніе въ русскомъ обществѣ" мы приводимъ хотя краткія, но, тѣмъ не менѣе, весьма вѣскія данныя, указывающія на широкое участіе частной иниціативы даже въ тѣхъ странахъ, гдѣ на дѣло начальнаго народнаго образованія обращено самое глубокое вниманіе со стороны государства, гдѣ для него дѣлается все возможное и гдѣ на это дѣло расходуются казной и общественными учрежденіями громадныя, нерѣдко по истинѣ колоссальныя суммы.

У насъ же, въ Россіи, гдѣ дѣло начальнаго народнаго образованія находится, можно сказать, въ полномъ загонѣ и пренебреженіи, гдѣ заботятся не только о развитіи этого дѣла, сколько о контролѣ и надзорѣ за нимъ, гдѣ на школы, на подготовку и содержаніе учителей, на библіотеки и т. п. тратятся лишь жалкія крохи изъ огромнаго бюджета,— У насъ въ виду этого необходимость въ широкомъ развитіи частной иниціативы является еще болѣе неотложной, еще болѣе настоятельной.

Наконецъ, въ дѣлѣ народнаго просвѣщенія есть такія области, которыя вездѣ и всегда были достояніемъ частной иниціативы и въ которыхъ государство обыкновенно не играло почти никакой роли. Къ числу подобнаго рода задачъ слѣдуетъ прежде всего отнести изданіе книгъ для народа и возможно болѣе широкое распространеніе ихъ въ народной средѣ. Разрѣшеніе этихъ именно задачъ, а также вопросовъ, неразрывно связанныхъ съ ними, и составляло главную, важнѣйшую задачу нашего труда.

Вмѣсто того, чтобы обращаться „къ подлежащимъ вѣдомствамъ", которыя, какъ мы видѣли, нерѣдко бываютъ слишкомъ равнодушны и глухи къ нуждамъ и интересамъ народнаго просвѣщенія, мы предпочли адресоваться ко

XVI

всѣмъ образованнымъ людямъ страны, совершенно независимо отъ того, являются или не являются эти лица представителями тѣхъ вѣдомствъ, которыя имѣютъ „право и возможность принимать различныя мѣры". Но такъ какъ всѣ „представители вѣдомствъ", безъ сомнѣнія, люди болѣе или менѣе образованные, культурные, то поэтому и наше обращеніе, наши призывы, направленные къ интеллигенціи вообще, относятся, разумѣется, въ равной степени и къ нимъ, какъ и ко всѣмъ другимъ образованнымъ людямъ, обыкновеннымъ смертнымъ, не принадлежащимъ ни къ какому „вѣдомству". Выдѣлять же „представителей вѣдомствъ" изъ общей массы интеллигентныхъ людей и къ нимъ предпочтительно адресоваться со своими обращеніями мы не имѣли никакихъ основаній, такъ какъ кому же не извѣстно, что принадлежность къ вѣдомствамъ нерѣдко, къ сожалѣнію, кладетъ особую печать на своихъ представителей, дѣлаетъ ихъ менѣе воспріимчивыми, замѣняя живое, горячее отношеніе къ дѣлу формальнымъ, рутиннымъ, чиновничьимъ исполненіемъ служебныхъ обязанностей. Самъ г. Пыпинъ не разъ въ своей статьѣ пугаетъ насъ инспекторомъ народныхъ училищъ и другими лицами школьной администраціи, которыя, въ силу своего положенія могутъ при настоящихъ условіяхъ затормозить самыя благія намѣренія интеллигентныхъ людей, стремящихся принести посильную пользу дѣлу народнаго образованія. Но вѣдь указанныя лица являются типичными представителями той власти, тѣхъ самыхъ вѣдомствъ, къ которымъ г. Пыпинъ столь настойчиво рекомендуетъ намъ адресоваться со своими доводами о необходимости энергической дѣятельности на пользу народнаго образованія. Въ этомъ мы не можемъ не видѣть нѣкотораго противорѣчія, въ какое въ данномъ случаѣ впадаетъ почтенный критикъ.

Что интеллигенція наша не организована, въ этомъ мы, конечно, вполнѣ согласны съ г. Пыпинымъ, но вѣдь то, что не организовано сегодня, можетъ организоваться завтра. Спѣшимъ прибавить, что мы отнюдь не склонны оптимистически относиться къ современнымъ окружающимъ насъ внѣшнимъ общественнымъ условіямъ, но тѣмъ не менѣе не сомнѣваемся въ томъ, что такая организація интеллигентныхъ силъ въ области заботъ и дѣятельности для развитія народнаго образованія все-таки возможна у насъ и при настоящихъ условіяхъ. Напомнимъ здѣсь, что знаменитая Ligue française de l'enseignement возникла во Франціи въ самый разгаръ наполеоновскаго режима и, несмотря на крайне неблагопріятныя внѣшнія условія, постепенно развилась, окрѣпла и превратилась въ могущественную организацію. Зачатки подобной организаціи, разумѣется, въ самыхъ скромныхъ размѣрахъ, у насъ уже имѣются на лицо и теперь — въ видѣ различныхъ комитетовъ грамотности и обществъ для содѣйствія начальному народному образованію.

Совершенно напрасно также возмущается г. Пыпинъ по поводу того "противоположенія, которое допускается обыкновенно народниками" между интеллигенціей и народомъ, и въ частности допущено нами въ заглавіи нашей книги. До тѣхъ поръ, пока нашъ народъ будетъ находится на томъ жалкомъ уровнѣ интеллектуальнаго развитія, на какомъ онъ находится теперь — подобное противоположеніе образованной, интеллигентной части русскаго общества и народной массы, лишенной даже простой грамотности, будетъ имѣть полный raison d'être. Увѣреніе г. Пыпина, что только у насъ, въ Россіи "ставится антитеза народъ и образованные люди" и что "во всякомъ другомъ обществѣ такая антитеза не имѣла бы смысла" вполнѣ опровердается современной действительностью, так как совершенно аналогичнаго характера антитезы ставятся и во многих других странах, как, например, в Англіи, Даніи, Швеціи и т. д. Как извѣстно, в этих странах происходит теперь знаменательное движеніе, имѣющее цѣлью просвѣщеніе народных масс; руководители этого движенія, этого замѣчательнаго крестоваго похода против невѣжества,—как например, Тойнби—в Англіи, Біёрнсон и Ульман—в Норвегіи и т. д., в своих рѣчах и воззваніях, приглашая молодежь на служеніе народу, весьма опредѣленно говорят о необходимости искупить историческую несправедливость, заключавшуюся в том, что „люди науки" оставили „рабочія массы" в полном пренебреженіи. Таким образом и здѣсь мы встрѣчаемся с тѣм же самым „противоположеніем": „люди науки", т.-е. образованные, интеллигентные люди с одной стороны, и „рабочія массы", т.-е. народ—с другой.

На вопрос, обращенный к нам г. Пыпиным: в чем состоят запросы народа и кто их опредѣлил? мы отвѣтим, что *главнѣйшіе* запросы народа в области образованія выясняются сами собой из тѣх многочисленных фактов, цифр и данных, которые приводятся нами в разных статьях, вошедших в состав нашей книги. Смѣем думать, что нам удалось установить достаточно прочно слѣдующія три главныя положенія:

1) Народ желает учиться.
2) Народ желает читать.
3) Народ жаждет духовных, нравственных впечатлѣній.

Затѣм слѣдуют, конечно, болѣе детальные вопросы о том: какого рода школу предпочитает имѣть народ? на какія книги всего болѣе предъявляется им требованіе?

какія именно знанія болѣе всего интересуютъ народъ? и т. д. Въ виду того, что для рѣшенія всѣхъ этихъ вопросовъ у насъ до сихъ поръ нѣтъ еще достаточно матеріала, не сдѣлано достаточно наблюденій, поэтому мы и приглашали всѣхъ интересующихся дѣломъ народнаго образованія заняться собираніемъ необходимыхъ матеріаловъ при посредствѣ особой „Программы", составленной нами для этой цѣли. Такимъ образомъ, опредѣливъ только главнѣйшіе, *вполнѣ несомнѣнные* запросы народа въ области народнаго образованія, мы всѣ остальные считаемъ, подобно г. Пыпину, еще не выясненными и „искомыми".

Заканчивая свою статью, г. Пыпинъ замѣчаетъ: „что касается „расплаты съ народомъ", то намъ кажется, что эту терминологію лучше бы совсѣмъ оставить". Но дѣло, разумѣется, не въ терминологіи, а въ существѣ, въ основѣ и идеѣ. Г. Пыпинъ, какъ мы уже видѣли, вооружается не только противъ терминологіи, но и противъ самой идеи о долгѣ интеллигенціи, т.-е. образованной и привиллегированной части общества передъ народомъ. Но въ этомъ мы никогда не согласимся съ почтеннымъ критикомъ, такъ какъ въ нашихъ глазахъ этотъ долгъ столь же реаленъ и неоспоримъ, какъ долгъ богача передъ нищимъ, долгъ сытаго передъ голоднымъ. Это долгъ, завѣщанный людямъ всей христіанской этикой, всѣмъ ученіемъ Христа. Это естественный выводъ изъ того гуманнаго ученія, которое написало на своемъ знамени братство и равенство всѣхъ людей. Это историческій долгъ привиллегированныхъ и „командующихъ" классовъ по отношенію къ тѣмъ обездоленнымъ и обойденнымъ судьбою „низамъ", которые, сами оставаясь въ нуждѣ, темнотѣ и мракѣ, тяжелымъ трудомъ своимъ давали намъ возможность въ теченіи цѣлыхъ вѣковъ.

IX

Предаваться наукамъ, искусствамъ,
Предаваться страстямъ и мечтамъ.

Отрицать этотъ долгъ, отказаться отъ посильной уплаты его — не значитъ-ли это признать свое моральное банкротство, свою нравственную несостоятельность! Къ счастью, мы видимъ, что сознаніе „долга передъ народомъ" двигало и — слава Богу! — до сихъ поръ двигаетъ многихъ людей на безкорыстное и самоотверженное служеніе народу и его интересамъ. Еще недавно вся Россія была свидѣтельницей движенія, возникновеніе котораго обязано именно этой идеѣ. Масса лицъ различнаго общественнаго положенія, различнаго возраста, воодушевленные этой идеей, шли въ глухія села и деревни на борьбу съ тяжелыми бѣдствіями, постигшими народъ: голодомъ, холерой, тифомъ и т. д. Всѣмъ извѣстны тѣ плодотворные результаты, которые принесло это замѣчательное движеніе, полное альтруистическаго порыва. Въ виду подобныхъ явленій невольно возникаетъ вопросъ: дѣйствительно-ли слѣдуетъ желать, чтобы люди, составляющіе интеллигенцію, отрѣшились отъ идеи о долгѣ передъ народомъ, — идеи, которая, какъ мы видимъ, способна воодушевлять на глубоко-полезную и самоотверженную дѣятельность на пользу населенія? И насколько желательно „совсѣмъ оставить" подобную идею именно теперь, въ наше время, столь бѣдное идеалами и высшими принципами, — время, когда лучшіе и самые священные завѣты все болѣе и болѣе становятся „забытыми словами"?..

19 октября 1894 г.
г. Петровскъ,
Саратовской губерніи.

ОГЛАВЛЕНІЕ.

стран.

От автора 1
Вольныя крестьянскія школы или домашнія школы грамотности:
    I. Мірское народное образованіе 5
    II. Вольныя школы въ Малороссіи и причины ихъ исчезновенія . 12
    III. Заслуга «мастеровъ-грамотеевъ» 19
    IV. Чѣмъ вызывается возникновеніе вольныхъ школъ? 27
    V. Статистика вольныхъ школъ и ихъ географическое распредѣленіе . 37
    VI. Уменьшается или увеличивается число вольныхъ школъ? . . 48
    VII. Составъ вольныхъ учителей 53
    VIII. Интеллигенты въ роли вольнаго учителя 72
Публичныя чтенія для народа:
    I. Народныя чтенія въ столицахъ 87
    II. Въ Одессѣ 91
    III. Въ Астрахани 102
    IV. Народная читальня въ Ярославлѣ 113
    V. Чтенія для народа въ Кіевѣ 116
    VI. «Народный университетъ» въ Тамбовѣ 123
    VII. Народныя чтенія въ остальныхъ городахъ Россіи 130
    VIII. Народныя чтенія въ селахъ и деревняхъ 151
    IX. Общіе выводы и замѣчанія 164
Запросъ на чтеніе 179
Книжные склады 194
Газеты и журналы въ народной средѣ 209
Народныя библіотеки и читальни:
    I. Городскія народныя читальни 221
    II. Сельскія народныя библіотеки 229
    III. Библіотеки, открываемыя самими крестьянами 246
    IV. Какія книги, журналы и газеты разрѣшается читать народу? 260
Почему «хорошія книжки» не доходили до народа? 270
Лубочные издатели 282
Издатели съ Никольской (литература улицы) 291

ОПЕЧАТКИ,

КОТОРЫЯ НЕОБХОДИМО ИСПРАВИТЬ ДО НАЧАЛА ЧТЕНІЯ КНИГИ.

Страница.	Строка.	Напечатано.	Слѣдуетъ читать.
VI	5 снизу.	ученый публицистъ	ученый и публицистъ
VII	11 »	положено начало	положено начало
VIII	9 »	если бы сами запросы	если бы самые запросы
XI	10—11 сверху	но того разряда	не того разряда
XV	13 »	не только о развитіи	не столько о развитіи
XIX	1 снизу	въ теченіи цѣлыхъ вѣковъ	въ теченіи цѣлыхъ вѣковъ;

ВОЛЬНЫЯ КРЕСТЬЯНСКІЯ ШКОЛЫ
или
ДОМАШНІЯ ШКОЛЫ ГРАМОТНОСТИ

Почти повсюду въ Россіи, въ селахъ и деревняхъ, на ряду съ правильно-организованными, оффиціальными земскими и казенными училищами можно встрѣтить вольныя крестьянскія школы или «домашнія школы грамотности», какъ принято называть ихъ въ педагогическомъ мірѣ. Обыкновенно школы эти учреждаются самими крестьянами, по собственному почину, вполнѣ самостоятельно, безъ всякихъ стороннихъ вліяній и побужденій со стороны властей, земства, духовенства, помѣщиковъ и т. д.

Эти «вольныя», самородныя школы существуютъ въ народѣ съ давнихъ поръ; съ давнихъ поръ обученіе въ нихъ производилось такъ называемыми «мастерами», «грамотеями», которые входили въ особыя условія съ родителями. Объ этихъ «мастерахъ»-учителяхъ упоминаетъ еще *Псковская судная грамота*, на нихъ жалуется новгородскій епископъ Геннадій, извѣстный противникъ «жидовской ереси», о нихъ говорится въ *Стоглавѣ* и т. д. Такимъ образомъ, «вольныя» крестьянскія школы имѣютъ свою исторію, прослѣдить которую было бы весьма полезно, интересно и поучительно, тѣмъ болѣе, что исторія эта до сихъ поръ остается совершенно неразработанною въ нашей литературѣ.

Несмотря, однако, на свое многовѣковое существованіе, «вольныя» крестьянскія школы до самаго послѣдняго времени совершенно игнорировались русскимъ образованнымъ обществомъ. Долгое время многіе совсѣмъ и не подозрѣвали о существованіи этого рода школъ; другіе, слыхавшіе кое-что объ этихъ школахъ, относились къ нимъ съ полнымъ пренебреженіемъ. Это пренебреженіе раздѣлялось и литературою. «Старая приходская система элементарнаго обученія,—говоритъ г. Владимірскій-Будановъ,— возбуждала въ писателяхъ какую-то брезгливость; говорить въ серьезномъ тонѣ о дьячковскихъ школахъ считалось не только неумѣстнымъ, но даже постыднымъ».

Чернички, солдаты, дьячки и т. п. лица, силившіяся обучить грамотѣ крестьянскихъ ребятишекъ, не только не возбуждали ни въ комъ изъ образованнаго общества сочувствія къ своей дѣятельности, но, напротивъ, почти повсюду встрѣчали прямо враждебное отношеніе къ себѣ. Особенно же враждебно относились къ этимъ доморощеннымъ труженикамъ народнаго просвѣщенія оффиціальные представители нашего педагогическаго міра.

Оффиціальные педагоги, вполнѣ убѣжденные въ томъ, что «непатентованные» вольные учителя ничего, кромѣ вреда, не могутъ принести населенію, энергически старались всѣми способами пресѣчь ихъ дѣятельность. За содѣйствіемъ въ этихъ случаяхъ они обыкновенно обращались къ полиціи, которая и обязывала непатентованныхъ учителей-добровольцевъ подпиской прекратить обученіе крестьянскихъ ребятъ. Нарушителей такой подписки постигали наказанія, нерѣдко весьма суровыя. О томъ же, что съ прекращеніемъ дѣятельности этихъ учителей-самоучекъ въ той или другой мѣстности зачастую отнималась у населенія всякая возможность обучить ребятъ грамотѣ, никто не думалъ.

Только въ самое послѣднее время, какихъ-нибудь десять—двѣнадцать лѣтъ тому назадъ, отношеніе общества къ самобытнымъ крестьянскимъ школамъ начинаетъ радикально измѣняться. Въ печати, хотя и изрѣдка, начинаютъ раздаваться голоса въ защиту вольныхъ мужицкихъ школъ. Земство начинаетъ внимательно приглядываться къ дѣятельности этихъ школъ и дѣлаетъ попытки помочь имъ въ этой дѣятельности. Начинаютъ признаваться кое-какія заслуги за дѣятельностью разныхъ «невѣжественныхъ унтеровъ и черничекъ».

Наконец, один из лучших и авторитетнейших органов русской печати выступает с заявлением, что вольная крестьянская школа, «если не в качественном, то в количественном отношении *такой же, быть может, могучій фактор в дѣлѣ образованія народа, как и земская школа*, и что, поэтому, «оставаться при тѣхъ скудных свѣдѣніяхъ о ней, какія теперь имѣются на лицо, рѣшительно невозможно» [1].

Это писалось въ 1884 году. Съ тѣхъ поръ хотя запасъ свѣдѣній о вольныхъ школахъ и выросъ, но бѣда въ томъ, что почти всѣ эти свѣдѣнія разбросаны по разнымъ земскимъ *Статистическимъ сборникамъ*, которые, какъ извѣстно, имѣютъ самое незначительное распространеніе и читателей которыхъ нужно считать чуть не единицами. Огромное большинство публики и не подозрѣваетъ, сколько глубоко-интереснаго и поучительнаго содержатъ въ себѣ эти толстые, неуклюжіе *Сборники*, испещренные безконечными таблицами и рядами всевозможныхъ цифръ.

Кромѣ земства, собираніемъ свѣдѣній о вольныхъ школахъ занялся одно время петербургскій комитетъ грамотности; собранныя имъ свѣдѣнія по этому вопросу были обработаны извѣстнымъ педагогомъ Н. Ѳ. Бунаковымъ въ формѣ статьи, которая напечатана въ *Русскомъ Начальномъ Учителѣ* за 1885 г.; впослѣдствіи статья г. Бунакова вышла отдѣльною брошюрой: *О домашнихъ школкахъ грамотности въ народѣ* (Спб. 1885 г.); подробнѣе о свѣдѣніяхъ, добытыхъ комитетомъ, мы скажемъ въ одной изъ слѣдующихъ главъ.

Одновременно съ перемѣною, обнаружившеюся въ нашемъ обществѣ по отношенію къ вольному народному обученію, происходитъ не менѣе рѣзкая и коренная перемѣна въ отношеніяхъ къ этому вопросу со стороны оффиціальнаго міра. Гоненія и преслѣдованія, которымъ еще въ недавнее время подвергались вольные «непатентованные» учителя, прекращаются, по крайней мѣрѣ, *de jure*. Въ 1882 году выходитъ извѣстный циркуляръ

---

[1] *Вѣстникъ Европы* 1884 г., № 5.

министра народнаго просвѣщенія барона Николаи, которымъ впервые признается за вольными учителями право на существованіе, право на педагогическую дѣятельность [1]).

До министерскаго распоряженія 1882 г. о вольныхъ школахъ нельзя было говорить иначе, какъ въ общихъ выраженіяхъ, потому что всякое указаніе точныхъ опредѣленныхъ данныхъ могло вызвать разныя репрессивныя мѣры со стороны полиціи. Только съ 1882 г. вольная школа грамотности становится возможнымъ объектомъ наблюденія и гласнаго изученія. «Теперь,—какъ справедливо замѣтилъ по этому поводу *Вѣстникъ Европы*,—ничто не мѣшаетъ основательному изслѣдованію одной изъ самыхъ важныхъ и интересныхъ сторонъ народной жизни».

Пользуясь земскими *Статистическими Сборниками*, докладами и протоколами земскихъ управъ, отчетами различныхъ духовныхъ братствъ, свѣдѣніями петербургскаго комитета грамотности, а также тѣми данными, которыя появлялись по этому вопросу въ періодической прессѣ, мы постараемся, насколько возможно, обрисовать существующія въ народѣ вольныя школы, выяснить причины ихъ возникновенія, познакомиться съ составомъ «вольныхъ» учителей, а также сдѣлаемъ попытку разрѣшить вопросы: на сколько распространены вольныя крестьянскія школы? увеличивается-ли ихъ число или же, наоборотъ, уменьшается? Изъ кого, главнымъ образомъ, состоитъ контингентъ вольныхъ учителей? какова степень ихъ подготовки? Кому изъ нихъ охотнѣе всего довѣряетъ народъ обученіе своихъ дѣтей? Какія измѣненія происходятъ въ составѣ вольныхъ учителей подъ вліяніемъ общественныхъ условій послѣдняго времени?

Но прежде чѣмъ говорить о современномъ состояніи «вольнаго» обученія, существующаго въ народѣ, необходимо ознакомиться, хотя въ самыхъ общихъ чертахъ, съ *исторіей* вольныхъ народныхъ школъ, самостоятельно возникающихъ среди крестьянства.

---

[1]) Циркуляръ этотъ приводится нами цѣликомъ въ приложеніи къ этой книгѣ.

I.

Мірское народное обученіе.

Первые зачатки книжнаго обученія дѣтей встрѣчаются на Руси, какъ извѣстно, съ самаго введенія христіанской вѣры. Еще Владиміръ св., приказывая крестить народъ, строить церкви, въ то же время приказывалъ обучать дѣтей грамотѣ. Училища въ его время были открыты въ Кіевѣ и — можно думать — въ другихъ мѣстахъ, такъ какъ Владиміръ высказывалъ желаніе, чтобы во всякомъ приходѣ находилось училище, въ которомъ бы мѣстное духовенство обучало дѣтей грамотѣ.

Великій князь Ярославъ не только самъ занимался науками и приказывалъ составлять переводы греческихъ книгъ, но, поставляя по городамъ и селеніямъ церковно-служителей, опредѣлялъ имъ изъ своего имѣнія жалованье, для того, чтобы они ревностнѣе обучали дѣтей [1]. Посѣтивши въ 1030 году Новгородъ, Ярославъ основалъ въ немъ значительное, по своему времени, училище съ 300 учениковъ.

По свидѣтельству Погодина, книжное ученіе въ это время ставилось высоко на Руси и считалось однимъ изъ главныхъ средствъ для спасенія души. Самое служеніе книжному дѣлу, списываніе и распространеніе книгъ (преимущественно священныхъ) считалось дѣломъ богоугоднымъ, достойнымъ занятіемъ каждаго человѣка, ревновавшаго о распространеніи и пользѣ просвѣщенія и образованія. «Велика бываетъ польза отъ ученія книжнаго», писалъ лѣтописецъ Несторъ. Многіе князья въ этотъ періодъ покровительствовали книжному ученію и оказывали ревность къ его распространенію. Въ томъ же духѣ дѣйствовало и духовенство. Священники обязаны были заниматься при церквахъ обученіемъ дѣтей.

Однако, было бы большою ошибкой утверждать, что ученіе

---

[1] *А. Окольскій* «Объ отношеніи государства къ народному образованію». Спб. 1872 г., стр. 101.

въ древней Россіи было дѣломъ правительственнымъ съ одной стороны и церковнымъ — съ другой. На ряду со школами, заводимыми князьями, духовенствомъ и монастырями, — со школами имѣвшими цѣлью, главнымъ образомъ, приготовленіе священниковъ и церковниковъ, — существовали чисто-народныя, мірскія школы, учителями въ которыхъ являлись люди свѣтскіе, по актамъ «мастера» и даже «простые мужики».

Слѣдя за дѣятельностью князей въ области народнаго просвѣщенія, замѣчаемъ, что съ теченіемъ времени эта дѣятельность все слабѣетъ и слабѣетъ, «такъ что къ половинѣ XIII в. лѣтописи умолкаютъ и не говорятъ больше о дѣятельности князей на пользу установленія школъ». Между тѣмъ, и позже этой эпохи школы постепенно возростаютъ, ученіе отнюдь не прекращается, появляются писатели въ разныхъ родахъ, появляются сочиненія съ различнымъ содержаніемъ и т. д. Слѣдовательно, «была сила, производившая всѣ эти явленія, помимо правительственнаго участія; но не одна церковь и не одни монастыри служили у насъ этою силою».

Замѣчательно, что ни въ церковномъ уставѣ Владиміра св. ни Ярослава В., ни въ одномъ изъ семи ярлыковъ, данныхъ ханами орды нашему духовенству, и ни въ одной изъ грамотъ впослѣдствіи жалованныхъ нашими князьями духовнымъ властямъ и монастырямъ, — нигдѣ не упоминается о школахъ или училищахъ, объ учителяхъ или ученикахъ, хотя въ каждомъ изъ названныхъ законоположеній подробно вычисляются всѣ лица, сколько-нибудь принадлежавшія къ составу церковнаго суда и управленія, отъ нищихъ и больныхъ до крестьянъ и мастеровъ. Очевидно, сюда не входили одни училища съ принадлежащими къ нимъ лицами, и не входили потому, что не составляли предмета церковнаго управленія, образуя собою чисто-свѣтскія, вполнѣ народныя, мірскія установленія, не имѣвшія права на привиллегіи ханскія или на льготы княжескія и существовавшія и дѣйствовавшія по силѣ собственной, внутренней жизни [1].

---

[1] В. Лешковъ «Русскій народъ и государство», стр. 418.

Многія изъ произведеній того времени носятъ на себѣ вполнѣ опредѣленный, *мірской* характеръ, чуждый всего церковнаго, а тѣмъ болѣе монастырскаго. «Какъ могла,—спрашиваетъ Лешковъ,—исключительно церковная, духовная школа породить результаты, иногда исключительно свѣтскіе, частью съ примѣсью язычества, каковы: *Слово о полку Игоревѣ, Слово Даніила Заточника, Сказаніе объ убіеніи Андрея Боголюбскаго, о Калкской битвѣ* и другія сказанія, вошедшія и невошедшія въ лѣтопись? И могла-ли школа монастыря возбудить вопросъ даже о томъ, кто былъ Кій перевощикъ у Кіева, или князь города, и сообщить нашему первому лѣтописцу его точныя свѣдѣнія о древней Россіи, географическія и этнографическія, или его живыя черты для изображенія быта древнѣйшаго населенія, его повѣрій, обычаевъ, образа жизни и т. п.?»

На основаніи всѣхъ этихъ данныхъ и соображеній, покойный Лешковъ утверждалъ, что «образованіе въ Россіи искони вѣковъ было народнымъ, обще-народнымъ, доступнымъ для всѣхъ, по мѣрѣ способностей и средствъ воспользоваться его благодѣяніемъ». Каковы же были рамки тогдашняго образованія? Какія знанія выносили учащіеся изъ школы того времени?

Въ большинствѣ случаевъ, обученіе въ древней Руси обыкновенно ограничивалось чтеніемъ, письмомъ и пѣніемъ. Въ подтвержденіе этого И. Е. Забѣлинъ, между прочимъ, приводитъ отрывокъ изъ старинной пѣсни о Вас. Буслаевѣ, въ которой поется:

> Грамота ему въ наукъ пошла,
> Посадила его (Вас.) перомъ писать,
> Письмо Васильѣ въ наукъ пошло;
> Отдавала его пѣнью учить,
> Пѣнье Васильѣ въ наукъ пошло...

Позднѣе же начали обучать «нумераціи». Не остается никакого сомнѣнія,—говоритъ г. Владимірскій-Будановъ,—что основная часть первоначальнаго обученія заключалась и въ XVII в. въ азбукѣ, часословѣ, псалтырѣ, письмѣ и пѣніи, а подъ конецъ и въ счисленіи. Но вопросъ состоитъ въ томъ, признавались-ли эти предметы обучения конечными целями его, или только средствами для приобретения знаний и нравственного развития? Только въ послѣднемъ случаѣ элементарное образованіе заслуживаетъ имени образованія. И дѣйствительно, только невѣжественные преподаватели могли ограничиваться голою азбукой, а потомъ безсмысленнымъ чтеніемъ псалтыря и часослова (какъ это сдѣлалось обычнымъ послѣ, когда лучшія педагогическія силы уже отвлечены были къ среднимъ училищамъ). «Азбуковники» того времени показываютъ, что учитель XVII вѣка, подъ скромною формулой азбуки, преподавалъ массу разнообразныхъ, но самыхъ необходимыхъ свѣдѣній. Сверхъ того, педагогическая часть азбуковниковъ—нравственныя наставленія и религіозное образованіе, для котораго часословъ и псалтырь первоначально служили средствомъ, а не цѣлью,—даетъ истинное содержаніе элементарному образованію *).

Связь школы съ народомъ чувствуется во всѣхъ явленіяхъ древняго русскаго быта—говоритъ Лешковъ.—«Житія русскихъ святыхъ изображаютъ угодниковъ, которые различались и мѣстомъ своего рожденія, и званіемъ родителей, и происхожденіемъ, но почти всѣ сходствовали въ томъ, что съ дѣтства имѣли случай и возможность выучиться читать св. писаніе и священныя книги. Повѣствуя о дѣтскомъ возрастѣ угодниковъ, принадлежавшихъ къ различнымъ областямъ Россіи и къ разнымъ классамъ населенія, житія упоминаютъ объ ученіи въ такихъ выраженіяхъ, которыя, видимо, установлены общимъ обычаемъ цѣлаго народа въ цѣлой Россіи. Напримѣръ, говоря о срокѣ, съ котораго начиналось ученіе, они умалчиваютъ о лѣтахъ дитяти, а выражаются такъ: «времени приспѣвшу», или «отроку, достигшу возраста», «данъ бываетъ въ ученіе»; стало быть, всѣ понимали, какіе годы возраста имѣлъ въ виду повѣствователь. Говоря же о самомъ ученіи, житія постоянно и ясно представляютъ школу дѣломъ народнымъ, частнымъ, гдѣ ученики сходятся для ученія,

*) *Владимірскій-Будановъ*. «Государство и народное образованіе въ Россіи съ XVII в. до учрежденія министерствъ». Спб. 1874 г., стр. 32.

по соглашенію своихъ родителей, съ учителями, въ домы этихъ учителей, священниковъ, причетниковъ и т. д.» ¹).

По нѣкоторымъ даннымъ можно думать даже, что мірское народное ученіе въ то время было господствующимъ и преобладало надъ церковнымъ, духовнымъ обученіемъ. Есть указанія, что даже священники того времени получали свое образованіе у «мастеровъ», за отсутствіемъ церковныхъ, болѣе или менѣе правильно организованныхъ школъ. Въ XXV главѣ *Стоглава* соборъ начинаетъ свой отвѣтъ съ показанія ставленниковъ: «мы де учимся у своихъ мастеровъ,—говорятъ ставленники,—а *инде учиться негдѣ*, а мастера сами мало умѣютъ и силы въ Божественномъ писаніи не знаютъ».

Естественное развитіе русскаго народнаго просвѣщенія, какъ извѣстно, было остановлено монгольскимъ игомъ, которое, уничтоживъ свободу, разрушивъ матеріальное благосостояніе народа, прервало сношенія съ Византіей и сдѣлало невозможнымъ сближеніе съ Западомъ и тамошнею цивилизаціей. Монгольское иго, междоусобія, войны, крѣпостное право и другія неблагопріятныя условія заглушили дѣло народнаго развитія, вызвали грубость нравовъ и обычаевъ. Не только время монгольскаго ига, но и періодъ, непосредственно слѣдующій за нимъ, отличаются упадкомъ образованія, невѣжествомъ.

Уже въ половинѣ XIII столѣтія лѣтописи умолкаютъ и не сообщаютъ ничего о дѣятельности князей на пользу народнаго образованія, учрежденія школъ. Впослѣдствіи не встрѣчается даже извѣстій объ образованности князей и вельможъ,—напротивъ, о нѣкоторыхъ даже талантливыхъ отзываются лѣтописцы, что они были не образованы. Такъ, о Дмитріи Донскомъ говорится, что онъ «не былъ книгамъ изученъ», о Василіи Темномъ—что онъ былъ «ни книженъ, ни грамотенъ». Объ училищахъ въ это время нѣтъ никакихъ извѣстій ²).

---

¹) В. Лешковъ: «Русскій народъ и государство». Москва, 1858 г., стр. 418.
²) А. Окольскій: «Объ отношеніяхъ государства къ народн. образованію», стр. 104.

Съ XVII ст. встрѣчаемъ усилія государства доставить образованіе высшимъ классамъ; что же касается народа, то онъ оставался въ совершенномъ забвеніи; объ немъ въ то время никто не думалъ, никто не заботился. Между тѣмъ, потребность въ образованіи, какъ мы видѣли, постоянно таившаяся въ народной средѣ, продолжала жить и не глохла, несмотря на самыя неблагопріятныя условія общественной жизни. Отдѣльные передовые умы изъ народа отчетливо сознавали пользу и настоятельную необходимость грамотности и ратовали за обученіе крестьянскихъ дѣтей. Вотъ, напримѣръ, что писалъ знаменитый современникъ Петра Великаго, крестьянинъ Посошковъ: «Паки не малая намъ есть крестьянамъ чинится и оттого, что грамотныхъ людей у нихъ нѣтъ... Я чаю, не худо бы было такъ учинять, чтобы не было и въ малой деревнѣ безграмотнаго человѣка, и положить имъ крѣпкое опредѣленіе, чтобы безотложно дѣтей своихъ отдавали учить грамотѣ».

По словамъ Лешкова, въ началѣ XVII в. частное и земское образованіе продолжали свое дѣло, распространяя грамотность и счетоводство въ народѣ, который платилъ въ это время по селамъ за изучку дѣтей грамотѣ отъ 4 до 6 рублей, а за изучку ариѳметики 3 рубля и дешевле. Во второй половинѣ XVII столѣтія сильный толчокъ дѣлу мірскаго народнаго образованія данъ былъ расколомъ.

Въ то время, когда значительная масса русскаго крестьянства коснѣла въ полномъ невѣжествѣ, мы уже находимъ въ расколѣ несомнѣнные признаки и проблески умственнаго развитія и просвѣщенія. Уже въ то время въ раскольническихъ скитахъ можно было встрѣтить школы, въ которыхъ обучались грамотѣ старообрядческія дѣти обоего пола; въ скитахъ были свои учителя и учительницы, даже свои библіотеки и цѣлыя канцеляріи, въ которыхъ въ огромномъ количествѣ экземпляровъ переписывались разныя старообрядческія книги, тетради, рукописи и т. д., составлялись стихи, сатиры, въ которыхъ осмѣивались тѣ или другіе пороки и смѣшныя стороны въ жизни старообрядчества, издавались аллегорическаго содержанія картины и проч.

Не может подлежать сомнѣнію, что значительная часть крестьянства обязана именно расколу своею грамотностью. «Благодаря относительной развитости крестьянства и *влiянiю раскола*,—говоритъ П. С. Ефименко,—грамотность здѣсь (въ Архангельской губерніи) значительно привилась и даетъ удивительную пропорцію: одинъ грамотный изъ 17 человѣкъ сельскихъ жителей губерніи" [1]. Оффиціальный изслѣдователь раскола, г. Синицынъ, изучавшій расколъ въ Костромской и нѣкоторыхъ другихъ губерніяхъ, говоритъ, что у раскольниковъ 1 грамотный приходится на 3 человѣка неграмотныхъ [2]. Въ нѣкоторыхъ районахъ, заселенныхъ старообрядцами (напримѣръ, въ Гуслицахъ), грамотность составляетъ почти всеобщее достояніе. То же самое встрѣчаемъ мы и въ самыхъ глухихъ, въ самыхъ отдаленныхъ углахъ Россіи. Вотъ, напр., что сообщали нѣсколько лѣтъ тому назадъ *Вятскія Губернскія Вѣдомости* изъ Пинюжанской волости, Орловскаго уѣзда, Вятской губерніи: «Почти всѣ (здѣшніе раскольники) умѣютъ читать и писать. На воспитаніе дѣтей и на ихъ образованіе обращается несравненно большее вниманіе, чѣмъ въ средѣ православной... Мальчикъ учится подъ руководствомъ отца, матери или наставника, какого-нибудь почтеннаго, сѣдовласаго старика, который уже бросилъ землю, сдалъ ее общинѣ или домашнимъ и посвятилъ остатокъ своихъ силъ обученію дѣтей грамотѣ и закону. Главные предметы обученія: часословъ, псалтырь и письмо. Въ послѣднее время стали учить «цифири» и книгамъ гражданской печати" [3].

Возникновеніе гуслицкихъ школъ относится къ временамъ глубокой старины. Задолго до открытія земскихъ учрежденій, на которыхъ теперь лежитъ попеченіе о народномъ образованіи, въ Гуслицахъ существовалъ не одинъ десятокъ такъ называе-

---

[1] *П. С. Ефименко*: «Сборникъ народныхъ юридическихъ обычаевъ Архангельской губерніи». Архангельскъ, 1869 г.

[2] *Бѣляевъ*: «Сборникъ правительственныхъ свѣдѣній о раскольникахъ», вып. IV, стр. 166.

[3] *Вятскія Губернскія Вѣдомости* 1883 г., № 6.

мыхъ самородныхъ школъ, которыя разбросаны были по всѣмъ почти селеніямъ Гуслицъ. Основаніе этихъ «самородныхъ» разсадниковъ грамотности принадлежитъ исключительно старообрядцамъ, составляющимъ сплошное населеніе этого края [1]). Впослѣдствіи такое же вліяніе имѣло и сектантство, особенно раціоналистическое, какъ, напримѣръ, молоканство. Извѣстно, что грамотность среди молоканъ развита очень сильно. «Между ними рѣдко можно встрѣтить неграмотнаго. «Неграмотный — все одно что безъ глазъ»,— говорятъ они. Они любятъ читать не однѣ священныя книги, которыми они признаютъ лишь библію, а и свѣтскія литературныя сочиненія» (Сѣвер. Извѣстія 1886 г. № 168). У молоканъ, какъ и у старообрядцевъ, точно также были свои собственные доморощенные учителя, свои школы. Живя рядомъ, бокъ-о-бокъ съ православнымъ населеніемъ, сектанты не могли, разумѣется, не вліять на него въ большей или меньшей степени.

Но мы черезъ-чуръ забѣжали впередъ, поэтому въ слѣдующей главѣ намъ по необходимости придется еще разъ вернуться въ область давно минувшихъ лѣтъ, чтобы поближе взглянуть на тѣ условія, среди которыхъ приходилось существовать встарину самороднымъ крестьянскимъ школамъ, на ту глухую борьбу, которую приходилось вести имъ, отстаивая свое право на существованіе.

II.

Вольныя школы въ Малороссіи и причины ихъ исчезновенія.

И такъ, вольныя крестьянскія школы существовали задолго до того времени, когда правительство рѣшило прійти на помощь народу въ его стремленіи къ образованію. Въ то время, когда оффиціально еще и не помышляли о просвѣщеніи народа, въ селахъ

---

[1]) Подробнѣе объ этомъ см. нашу статью: Запросы и проявленія умственной жизни въ расколѣ. Русская Мысль 1884 г., кн. I.

и деревняхъ уже работали въ безвѣстности и тишинѣ вольные грамотеи, разные учители-самоучки вышедшіе большею частью изъ среды самаго народа.

По странному стеченію обстоятельствъ,—говоритъ *Вѣстникъ Европы*,—первыя ограниченія самобытной «вольной» школы совпали съ первыми широкими мѣрами на пользу начальнаго народнаго образованія. Одновременно съ учрежденіемъ земской школы начинаются ограниченія самодѣльной крестьянской школы, руководимой непатентованными учителями-самоучками. До тѣхъ поръ эта школа, эти учителя благополучно ускользали отъ всякаго правительственнаго надзора и контроля. Особенно же недовѣріе къ самобытной крестьянской школѣ возросло ко времени изданія *Положенія* 25 мая 1874 года. Съ тѣхъ поръ «право на существованіе признается исключительно за училищами, подходящими подъ дѣйствіе *Положенія*, а подходятъ подъ него только училища гораздо высшаго уровня, чѣмъ крестьянская школа стараго типа» [1].

Что съ учрежденіемъ земскихъ школъ и особенно съ изданіемъ *Положенія* 1874 года усилились ограниченія самобытной крестьянской школы, это не подлежитъ сомнѣнію; но авторъ цитируемой нами статьи неправъ, пріурочивая начало этихъ ограниченій ко времени учрежденія земскихъ школъ. Въ дѣйствительности ограниченія вольной крестьянской школы начались *гораздо раньше* учрежденія земскихъ училищъ, а именно: начало этихъ ограниченій слѣдуетъ отнести къ концу прошлаго столѣтія. Уже въ то время эти «ограниченія» были настолько велики, что послужили главною причиной къ полному почти исчезновенію вольныхъ крестьянскихъ школъ въ нѣкоторыхъ областяхъ. Такъ было, напримѣръ, въ Черниговской губерніи.

По словамъ М. И. Сухомлинова, «въ Черниговской губерніи съ давняго времени заводимы были училища и—что весьма замѣчательно—многія изъ нихъ возникали безъ всякаго вліянія

---

[1] *Вѣстникъ Европы* 1881 г., № 5.

нѣніи, а по дѣйствительной потребности мѣстныхъ жителей». Какъ велико было число подобныхъ школъ, можно видѣть изъ слѣдующихъ данныхъ. До учрежденія намѣстничества Черниговскій край входилъ въ составъ Малороссійской губерніи, раздѣлявшейся на девять «полковъ»; въ двухъ изъ этихъ полковъ—Черниговскомъ и Нѣжинскомъ, вошедшихъ впослѣдствіи въ составъ Черниговской губерніи,—было въ половинѣ прошлаго столѣтія около 370 школъ [?]).

Каковы бы ни были эти школы,—замѣчаетъ г. Сухомлиновъ,— «вѣрно то, что онѣ пользовались расположеніемъ народа, и изъ всѣхъ учебныхъ заведеній, которыя могли открыться по приказу ни одно не пріобрѣло бы такой популярности, какъ эти просто неорганизованныя властью, школы». Къ сожалѣнію, несмотря на очевидную пользу, приносимую этими народными школами, ихъ постигла самая печальная судьба: «число ихъ быстро уменьшается и онѣ какъ бы вовсе исчезаютъ въ Малороссіи».

Невольно является вопросъ: отчего же зависѣло истребленіе этихъ первыхъ разсадниковъ образованія, созданныхъ самимъ народомъ? Одни объясняютъ это причинами педагогическими, другіе—соціальными. Первые полагаютъ, что вся бѣда въ томъ, что учителя были плохи. И впрокомъ вѣка въ Малороссіи учительствомъ промышляли дьячки. «Званіе дьячка до того слилось въ понятіи народа съ учительствомъ, что самыя крутыя мѣры не въ состояніи были подорвать довѣрія къ дьячковскимъ школамъ».

Образованіе сельскаго духовенства встарину, дѣйствительно стояло на низкой ступени развитія, какъ можно судить по отзывамъ его представителей. «Изъ духовныхъ лицъ,—писалъ мѣстный епископъ въ 1729 году,—иные *позабыли грамоту* отъ безчинія, другіе—отъ рѣдкаго служенія въ церкви; искатели священническихъ мѣстъ не только избѣгаютъ латинскихъ школъ, но не стараются

[?]) *Журналъ Министерства Народнаго Просвѣщенія* 1864 г., январь.

[?]) Въ Черниговскомъ полку считалось въ то время 3 города, 12 мѣстечекъ, 131 село и 83 деревни; въ Нѣжинскомъ полку считалось 3 города, 14 мѣстечекъ, 167 селъ и 15 деревень.

и русскаго писанія читать и разумѣть, валяясь въ лѣности и безполезно изживая года своей жизни».

Но, какъ бы ни были несостоятельны учителя этихъ вольныхъ народныхъ школъ, они выбирались самимъ народомъ и — дурно-ли, хорошо-ли вели свое дѣло — были въ ладу съ средою, въ которой жили и учили, и пользовались ея довѣріемъ. Извѣстно, что въ Малороссіи, какъ и въ другихъ мѣстахъ, прихожане сами избирали себѣ священниковъ и церковниковъ и упорно отстаивали права свои въ этомъ отношеніи передъ епархіальнымъ начальствомъ. При томъ же, если бы единственною причиной паденія школъ было дурное преподаваніе, то онѣ замерли бы сами собою, а, между тѣмъ, ихъ начали преслѣдовать, и такъ настойчиво, какъ не преслѣдуются учрежденія, умирающія собственною смертью.

Въ виду этого, болѣе достовѣрнымъ и правдоподобнымъ является мнѣніе тѣхъ лицъ, которыя паденіе вольныхъ народныхъ школъ приписываютъ перемѣнамъ въ общественномъ быту Малороссіи и преимущественно введенію крѣпостнаго права; но такъ какъ народныя школы не удержались и въ козачьихъ общинахъ, чуждыхъ крѣпостной зависимости, то приходятъ къ мысли, не слѣдуетъ-ли «гасителей народнаго просвѣщенія искать не въ средѣ духовенства, а въ какой-нибудь другой средѣ; и что, если ими окажутся тѣ, которые, со времени Екатерины, стали называться опекунами народнаго просвѣщенія? Пусть подумаютъ о томъ тѣ, до кого дѣло касается».

По мнѣнію г. Сухомлинова, «опека, которой хотѣли подчинить просвѣщеніе народа, едва-ли не самая дѣйствительная причина насильственной смерти» вольныхъ народныхъ училищъ въ Черниговскомъ краѣ. Рѣшительныя мѣры, принятыя во второй половинѣ восемнадцатаго столѣтія къ учрежденію оффиціальныхъ училищъ, были, вмѣстѣ съ тѣмъ, мѣрами противъ самородныхъ школъ. Предписано было учить не такимъ-то книгамъ въ такіе-то часы, подчиняться такимъ-то начальникамъ. Но исполненію подобныхъ требованій и предписаній представились въ первыхъ порахъ препятствія непреодолимыя. Никто не хотѣлъ посылать дѣтей своихъ въ казенныя, оффиціальныя училища; власти прибѣгали къ угрозамъ, но, видя ихъ безуспѣшность, рѣшались на сдѣлку, или на компромиссы: допускали совмѣстное обученіе въ оффиціальныхъ, и въ вольныхъ домашнихъ школахъ.

Новыя училища, раздѣлявшіяся на «главныя народныя» «малыя народныя», начали открываться въ Малороссіи въ 80-хъ годахъ прошлаго столѣтія. *Народными* они были только по имени, а отнюдь не по сочувствію къ нимъ народа. Явное, открытое нерасположеніе народа къ этимъ новымъ училищамъ видно изъ многихъ обстоятельствъ, сопровождавшихъ ихъ учрежденіе и дальнѣйшее существованіе.

Вскорѣ послѣ открытія нѣжинскаго народнаго училища (1786 г.) смотритель его получилъ слѣдующій ордеръ: «Высочайшая волость, чтобы юношество обучаемо было по вновь изданнымъ книгамъ, и на тотъ конецъ заведены народныя училища съ немалымъ отъ казны содержаніемъ. Хотя взяты были дѣти отъ дьячковъ и приведены въ училище, но пробыли тамъ только одинъ день, а потомъ болѣе мѣсяца никто изъ нихъ не являлся. Причиною тому дьячки, кои обучаютъ гражданскихъ дѣтей по старому методу; родители же почитаютъ въ томъ только науку, что дѣти ихъ въ церквахъ читать могутъ псалтирь... По полученіи сего, собравъ сорокъ пять дѣтей, сочинить имъ при себѣ именной списокъ и прибить его въ классѣ на стѣнѣ, чтобъ учитель могъ знать кого нѣтъ и *наставлять ихъ послушанію* родителей и опекуновъ *при содѣйствіи полиціи*...»

Смотритель нѣжинской городской школы слѣдующимъ образомъ описывалъ вольныя народныя школы конца прошлаго столѣтія: «Дьячковскія школы я всѣ осмотрѣлъ; въ оныхъ обучаютъ по старинному методу словенскому букварю, часослову, псалтирю и писать. У соборнаго дьячка 30 учениковъ; у пономаря той же церкви—7 учениковъ и 6 ученицъ; у преображенскаго дьячка—5 уч., у мѣщанина—16 уч., у дьячихи—5 учениковъ и 6 ученицъ, у богоявленскаго дьячка—22, у воздвиженскаго дьячка—

11, у старовѣрскаго мастера — 6 учениковъ и 5 ученицъ. Всего — 121, слѣдовательно, *вдвое болѣе*, нежели учащихся въ оффиціальномъ городскомъ училищѣ; да, сверхъ того, по показанію смотрителя, «обучаютъ еще монахи, монахини и различнаго состоянія люди».

Такимъ образомъ, вольное домашнее обученіе въ то время значительно преобладало сравнительно съ оффиціальнымъ даже въ городахъ. Въ городѣ Ромнахъ въ оффиціальной школѣ считалось 72 учащихся, а у вольныхъ, частныхъ наставниковъ обучалось 80 человѣкъ изъ всѣхъ сословій: дворянъ, купцовъ, казаковъ и проч. Сверхъ того, были школы при церквахъ. Обученіемъ дѣтей въ Ромнахъ занимались: два дьякона, одинъ корнетъ, одинъ келыхъ, одна вдова позовка и другіе. Слѣдовательно и въ Малороссіи, какъ и въ другихъ мѣстахъ Россіи, въ роли вольныхъ домашнихъ учителей встрѣчались далеко не одни лица духовнаго званія, а рядомъ съ ними дѣйствовали мѣщане, старовѣры, казаки, корнеты, вдовы казачки и т. д.

Относительно характера преподаванія въ тогдашнихъ вольныхъ школахъ находимъ слѣдующее свидѣтельство: «всѣ оные содержатели (т.-е. вольные учителя) учатъ стариннымъ обычаемъ, несходнымъ съ нашимъ методомъ, по книгамъ, называемымъ: граматки, часословы, псалтири, и писать, безъ всякаго порядка въ ученіи, раздѣленія учениковъ на сорты по знаніямъ и безъ малѣйшаго изъясненія уроковъ, отчего нѣкоторые изъ учениковъ ихъ, оканчивая псалтирь и продолжая писать, не разумѣютъ даже и тройныхъ складовъ, да и самые ихъ учители также неискусны въ складахъ» [1]).

Но какъ ни плохи были эти школы съ точки зрѣнія педагога, тѣмъ не менѣе, онѣ совершенно удовлетворяли скромнымъ требованіямъ тогдашняго населенія, которое съ живымъ участіемъ относилось къ дѣятельности *своихъ*, или самими избранныхъ учителей. «Переходъ отъ граматки къ часослову и отъ часослова

---

[1]) Статья М. И. Сухомлинова въ *Журналѣ Министерства Народнаго Просвѣщенія* 1864 г. № 1.

къ псалтырю былъ настоящимъ праздникомъ и для наставниковъ, и для ихъ питомцевъ; учитель получалъ горшокъ съ кашею, осыпанный сверху деньгами; ученикамъ дарили родители по пятаку или по гривнѣ мѣди. Обычай этотъ, извѣстный подъ именемъ «каши», уцѣлѣлъ кое-гдѣ и теперь, какъ уцѣлѣли и старинные учебники и народные наставники и наставницы».

Совершенно иначе относились къ вольнымъ школамъ училищныя и городскія начальства: они видѣли въ нихъ опаснаго соперника новой методы обученія и потому начали открытую войну противъ самородныхъ, неорганизованныхъ школъ, всячески стараясь уничтожить ихъ или, по крайней мѣрѣ, ограничить, по возможности, ихъ дѣятельность. По этому поводу авторъ цитируемой нами статьи, М. И. Сухомлиновъ, высказываетъ слѣдующія соображенія: «зачѣмъ такое ревностное желаніе уничтожить неопаснаго врага — старинныя школы съ ихъ вѣковыми обычаями. Съ какою цѣлью составлялись великолѣпныя новыя программы, если общество не въ состояніи было ихъ выполнить? Нуженъ-ли былъ дѣйствительный успѣхъ или только блестящая наружность, учебныя книги съ европейскими идеями [1], училищные чиновники по цивилизованнымъ образцамъ и краснорѣчивые отчеты, удобные для перевода на иностранные языки? Говорятъ, что при жалобахъ о неприсылкѣ дѣтей въ новыя школы, лица вліятельныя совѣтовали не слишкомъ горевать объ этомъ, ибо школы заводятся не для насъ, а для Европы, т.-е. для поддержанія въ ней хорошаго о насъ мнѣнія».

Защитники и представители новаго типа школъ, доказывая превосходство его надъ старымъ, основывались на томъ, что по новому уставу введены были правильныя методы и учебныя книги, опредѣлены учителя, приготовленные къ своему дѣлу, дана большая возможность обществу слѣдить за преподаваніемъ, учреждены публичныя испытанія, визитаціи и т. п. «Дѣйствительно, — го-

---

[1] Напомнимъ здѣсь кстати, что извѣстная книга О должностяхъ человѣка и гражданина была весьма долго обязательною учебною книгой, наравнѣ съ катихизисомъ и ариѳметикой.

рит по этому поводу г. Сухомлинов, — между школою, объясняющею права и обязанности человѣка и гражданина, и школою, гдѣ едва научивались славянской грамотѣ, большая разница. Но еще большая разница между хорошимъ уставомъ и его исполненіемъ на самомъ дѣлѣ. Если новыя школы встрѣчали такъ мало сочувствія, то преимущественно по той причинѣ, что общество цѣнило учебныя заведенія по результатамъ ихъ дѣятельности, но не задавало себѣ труда и не видѣло ни малѣйшей надобности ознакомиться съ ихъ уставами. Печальнѣе всего то, что школьники, учившіеся у дьячковъ, и воспитанники благоустроенныхъ училищъ часто вступали въ общество съ одинаково скудными познаніями».

По мѣрѣ того, какъ улучшались эти училища, мѣнялось и отношеніе къ нимъ населенія. «Чѣмъ удовлетворительнѣе становилось преподаваніе въ новыхъ училищахъ, тѣмъ пріятнѣе смотрѣло на нихъ населеніе», — говоритъ г. Сухомлиновъ. Такимъ образомъ, то, чего не могли достигнуть разныя полицейскія мѣры и репрессивные циркуляры, то сдѣлалось само собою, въ силу тѣхъ педагогическихъ улучшеній, которыя постепенно были внедрены въ систему преподаванія новыхъ правительственныхъ школъ и которыя мало-по-малу были, наконецъ, оцѣнены населеніемъ. Репрессіи же и полицейскія стѣсненія были причиною того, что населеніе лишилось множества школъ, созданныхъ самимъ народомъ, — школъ, содержаніе которыхъ ничего не стоило казнѣ, но которыя, въ то же время, приносили несомнѣнную, посильную пользу.

III.

Заслуги «мастеровъ-грамотѣевъ».

Запросъ на грамотность въ массѣ сельскаго населенія съ особенною силой обнаруживается съ начала шестидесятыхъ годовъ, съ того момента, когда реформа 19 февраля сдѣлала десятки милліоновъ крестьянъ равноправными съ другими сословіями государства. «Жажда къ просвѣщенію пробудилась въ народѣ съ неслыханною силой, — писалъ г. Рачинскій въ 1862 году.— Производимая въ быту его реформа дала ему почувствовать, что онъ призывается отселѣ къ самостоятельной дѣятельности на общественномъ поприщѣ; и онъ самъ спѣшитъ стряхнуть съ себя долгій сонъ невѣжества, хочетъ новыми просвѣтленными взорами взглянуть на Божій міръ и на свои общественныя отношенія¹).

Не все легко было удовлетворить эту пробудившуюся потребность. Дѣло народнаго образованія находилось въ то время въ самомъ жалкомъ положеніи, число народныхъ школъ было самое ничтожное. Земства еще не существовало, казна не считала нужнымъ увеличивать сколько-нибудь замѣтнымъ образомъ число существовавшихъ народныхъ училищъ, церковно-приходскія школы по большей части числились только на бумагѣ. И вотъ, не видя помощи извнѣ, со стороны болѣе культурныхъ классовъ, народъ самъ началъ заводить свои собственныя доморощенныя школы, началъ отыскивать учителей для этихъ школъ изъ своей же среды—изъ числа отставныхъ солдатъ, чернячекъ, разныхъ захожихъ людей и т. п.

Какъ ни скромна дѣятельность этихъ грамотѣевъ, тѣмъ не менѣе, она не осталась безслѣдною и дала результаты довольно крупные и, во всякомъ случаѣ, вполнѣ очевидные и безспорные: во многихъ мѣстахъ, благодаря исключительно вліянію вольныхъ доморощенныхъ учителей, народъ обучился грамотѣ. Укажемъ нѣсколько фактовъ, подтверждающихъ это положеніе.

Такъ, напримѣръ, въ Рязанской губерніи, въ сѣверной и средней части ея, по свѣдѣніямъ губернской земской управы, мелкія вольныя школы существовали всегда, существуютъ и теперь. Ученье въ нихъ идетъ не всю зиму и не каждый годъ, тѣмъ не менѣе, благодаря этимъ школамъ, сѣверная часть губерніи, по выраженію управы, «исконна грамотна»²).

Въ Антыковской волости, Путивльскаго уѣзда, Курской гу-

---

¹) *С. Рачинскій*: «Замѣтки о сельскихъ школахъ», Спб. 1883 г., стр. 123.
²) *Н. Бунаковъ*: «О домашнихъ школахъ грамотности въ народѣ», Спб. 1885 г.

берніи, бо́льшая часть грамотныхъ обучена «нахожими» учителями. То же самое слѣдуетъ сказать о хуторахъ Пригородней волости, того же уѣзда. Учили солдаты, кантонисты, грамотные крестьяне, монахи, духовенство и т. д. Только въ послѣднія 15—20 лѣтъ земскія школы «начинаютъ понемногу завоевывать свое настоящее положеніе, и обученію у грамотеевъ начинаетъ постепенно уступать обученіе въ школѣ, хотя за ними остается еще очень видная роль въ дѣлѣ созданія грамотности крестьянъ». Слишкомъ мелкія селенія, изъ которыхъ, главнымъ образомъ, состоитъ эта волость, не позволяли устроить школу и потому все обученіе велось мѣстными грамотеями и странствующими учителями.

Въ Корочанскомъ уѣздѣ, Курской губерніи, есть волость Новооскоченская, въ которой нѣтъ ни одной оффиціальной школы, и, тѣмъ не менѣе, % грамотности въ этой волости выше сравнительно съ нѣкоторыми изъ волостей того же уѣзда, имѣющихъ школу. Это объясняется сильнымъ развитіемъ вольнаго обученія въ этой волости.

Въ Благодатенской волости, Рыльскаго уѣзда, Курской губерніи, «главный контингентъ грамотныхъ и учащихся даетъ не школа, а мѣстные грамотеи, хотя вновь открытую Благодатенскую школу дѣти посѣщаютъ охотно¹).

Въ селѣ Соколовѣ, Александровскаго уѣзда, Владимірской губ., при довольно высокомъ уровнѣ грамотности, только двое изъ 52-хъ (1%) учились въ земской школѣ, всѣ же остальные учились у мѣстныхъ крестьянъ-грамотеевъ, а фабричные, будучи уже взрослыми, обучаются на фабрикахъ другъ отъ друга²).

Въ Опаринскомъ районѣ, того же Александровскаго уѣзда,

---

¹) Сборникъ статистич. свѣд. по Курской губ., вып. VI, стр. 322.

²) Ближайшія къ Соколову земскія школы отстоятъ на разстояніи пяти верстъ. Понятно, что посылать туда дѣтей для соколовскихъ крестьянъ довольно затруднительно: приходится нанимать квартиру. Ученіе при далекомъ разстояніи происходитъ урывками; отъ этого «учатъ пять лѣтъ, а ничему не выучатъ. Въ школу пойдетъ—станъ забудетъ, за станъ сядетъ—науку забудетъ, притомъ же мальчикъ за зиму подмогъ, самъ себя на липунахъ прокормитъ». (С. А. Харизоменовъ. «Промыслы Владимірской губ., вып. III).

из общаго числа грамотныхъ (254) лишь 43, т.-е. около 17% (16,9), учились въ земскихъ школахъ, остальные же 211 человѣкъ, т.-е. 83,1%, обучались грамотѣ внѣ оффиціальной школы у духовенства, дворовыхъ людей, дѣвушекъ-вѣкоушекъ, солдатъ и, наконецъ просто другъ отъ друга [1]).

Въ селѣ Никольскомъ, Александровскаго уѣзда, всѣ грамотные обучались у мѣстныхъ грамотѣевъ-крестьянъ, нѣтъ ни одного, получившаго образованіе въ земской школѣ. Въ селѣ Мошнинѣ, того же уѣзда, крестьяне раньше «обучались читать у дѣвушки Агаѳоновой, а писать—у дочери дьякона» и только въ самое послѣднее время устроили школу пополамъ съ земствомъ [2]).

Среди бочаровъ Рюминскаго прихода, того же уѣзда, грамотныхъ считается 51 человѣкъ. Изъ этого числа нѣтъ ни одного, получившаго образованіе въ земской школѣ [3]); большая часть грамотныхъ обучалась у мѣстнаго священника. Теперь же обученіемъ крестьянъ грамотѣ занимается какая-то дворовая женщина и дворовый человѣкъ, Ѳедоръ Никифоровъ [4]).

Въ Юхновскомъ уѣздѣ, Смоленской губерніи, считается 704 селенія, въ которыхъ живетъ 112.323 души обоего пола. Изъ этого числа оффиціальною школой пользуются лишь 249 селеній, въ которыхъ считается 42.148 душъ обоего пола. Число же селеній, которыя занимаютъ вольныхъ учителей, доходитъ до 275 съ 47.714 жителями. Такимъ образомъ, оффиціальною школой пользуется 37,5% всего населенія уѣзда, а вольными школами—42,5%.

Авторъ очерка *О первоначальномъ образованіи въ Уральскомъ Казачьемъ Войскѣ*, г. Бородинъ, указываетъ на «громадное, сравнительно, количество мастеровъ и мастерицъ въ Войскѣ и широкіе размѣры внѣшкольнаго распространенія грамотности» въ средѣ мѣстнаго населенія. «Частныя школы, мало отличающіяся отъ народныхъ (оффиціальныхъ) школъ по преподаваемымъ въ

---

[1]) *Промыслы Владимірской губ.*, вып. II, стр. 141.
[2]) *Промыслы Владим. губ.*, вып. III, стр. 262.
[3]) Земскія школы удалены отъ Рюминскаго прихода на 10 и болѣе верстъ.
[4]) *Промыслы Владим. губ.*, вып. II, стр. 341.

ихъ предметамъ, хотя и есть въ Войскѣ, но онѣ составляютъ каплю въ морѣ въ сравненіи съ числомъ практикующихъ мастеровъ и мастерицъ, обучающихъ, главнымъ образомъ, церковному чтенію и письму, а иногда и пѣнію. Большая часть грамотныхъ козаковъ (изъ пожилыхъ) въ Войскѣ научилась грамотѣ именно у этихъ мастеровъ и мастерицъ»[1]).

Въ Уральскомъ Козачьемъ Войскѣ насчитывается до 200 «мастеровъ» и «мастерицъ»; они обучаютъ 2.284 чел. дѣтей войсковаго сословія обоего пола. Общее же число учащихся въ войсковыхъ школахъ равняется 2.585, слѣдовательно, «чуть не половина дѣтей и до сего времени, вмѣсто школъ, ходятъ учиться къ мастерамъ и мастерицамъ». Если при этомъ принять во вниманіе, что мастера и мастерицы учатъ не безплатно, какъ въ войсковыхъ школахъ, то несомнѣненъ будетъ тотъ выводъ, что родители, очевидно, предпочитаютъ ученье мастеровъ и мастерицъ школьному ученію,—по крайней мѣрѣ, въ тѣхъ мѣстностяхъ, гдѣ имѣются эти школы.

По словамъ г. Бородина, распредѣленіе войсковыхъ школъ по станицамъ и отношеніе числа школъ къ населенію не можетъ служить мѣриломъ для опредѣленія стремленія населенія къ грамотѣ: тамъ, гдѣ нѣтъ школы или школа пустуетъ (наприм., Кругло-Озерный п.), дѣти учатся у мастеровъ и мастерицъ, притомъ, въ такомъ большомъ количествѣ, что процентъ учащихся вообще, по отношенію къ населенію, даже выше многихъ другихъ станицъ. Но, съ другой стороны, не замѣчается зависимости такого рода, чтобы тамъ, гдѣ есть школа и въ ней учится много ребятъ, вмѣстѣ съ тѣмъ, не было бы мастеровъ и мастерицъ: школъ нѣтъ въ четырехъ станицахъ, а мастера и мастерицы во всѣхъ станицахъ есть, притомъ, на ряду со значительнымъ числомъ учениковъ въ школахъ, ихъ довольно много учится и внѣ школъ. Напримѣръ, въ войсковыхъ школахъ Илецкой станицы обучалось въ 1885 г. 215 душъ обоего пола, внѣ школъ—

---

[1]) *П. Бородинъ*: «Очеркъ первоначальнаго образованія въ Уральскомъ Козачьемъ Войскѣ», стр. 90.

147; въ Студеновской станицѣ обучалось въ школахъ — 77 человѣкъ, внѣ школъ, у мастеровъ и мастерицъ — 188 и т. д.

Процентъ грамотныхъ среди населенія Уральскаго Войска весьма высокъ сравнительно съ другими мѣстностями Россіи, а именно: 22,3% (28,8% грамотныхъ мужчинъ и 16,3% грамотныхъ женщинъ). Такой высокій процентъ мы находимъ лишь въ очень немногихъ уѣздахъ центральной Россіи: такъ, напримѣръ, въ уѣздахъ Московской губерніи, гдѣ грамотность вообще развита сильнѣе другихъ губ., % грамотныхъ къ населенію колеблется отъ 27,9% (Коломенскій уѣздъ) до 15% (Можайскій у.) и въ среднемъ равенъ 20,3%.

Въ Ставропольскомъ уѣздѣ . . 12,3%
» Донскомъ Войскѣ . . . . . 10 »
» Рязанскомъ уѣздѣ . . . . . 9,3 »
» Самарскомъ уѣздѣ . . . . . 6,8 »
» Воронежскомъ уѣздѣ . . . . 6,1 » и т. д.

Наконецъ, встрѣчаются уѣзды (Тамбовской и Курской губ.), въ которыхъ % грамотности нисходитъ до 3,7, такъ что въ этомъ отношеніи Уральское Войско стоитъ неизмѣримо выше большинства земледѣльческихъ уѣздовъ. Наконецъ, слѣдуетъ отмѣтить еще ту особенность, что въ Уральскомъ Войскѣ процентъ грамотныхъ женщинъ не такъ сильно разнится съ процентомъ грамотныхъ мужчинъ, какъ это замѣчается почти повсюду. Въ Московской губерніи, напрм., грамотныхъ мужчинъ, по крайней мѣрѣ, въ 7 разъ болѣе, чѣмъ женщинъ; въ Воронежскомъ уѣздѣ ихъ въ 12 разъ болѣе, чѣмъ женщинъ, въ Уральскомъ же Войскѣ грамотныхъ мужчинъ всего въ 1,3 раза больше грамотныхъ женщинъ. Явленіе это слѣдуетъ приписать исключительно вліянію раскола, который съ давнихъ поръ и по настоящее время играетъ огромную роль въ жизни населенія Уральскаго Войска.

Высокимъ процентомъ грамотныхъ Уральское Войско, главнымъ образомъ, обязано дѣятельности «мастеровъ» и «мастерицъ». Войсковыя школы, изъ которыхъ первая появилась только въ 1857 году, до самаго послѣдняго времени совсѣмъ не пользовались довѣріемъ населенія, благодаря тому, что мѣстная администрація при учрежденіи школъ, ревнуя о народномъ просвѣщеніи, пыталась дѣйствовать путемъ насилія и принужденія [1]. Это надолго оттолкнуло населеніе отъ войсковыхъ школъ и заставило его крѣпко ухватиться за «мастеровъ» и «мастерицъ», которые исподи работали на пользу народнаго просвѣщенія и благодаря которымъ во многихъ станицахъ (Благодарной, Каменной и др.) процентъ грамотныхъ является самымъ высокимъ (свыше 25%), хотя въ этихъ станицахъ нѣтъ и никогда не было ни одной войсковой школы.

Въ Сибири вольныя домашнія школы, по увѣренію г. Астырева, «количественно превосходятъ число оффиціальныхъ школъ, по меньшей мѣрѣ, въ 5—6 разъ; въ крупныхъ селеніяхъ, на ряду съ оффиціальной школой, существуетъ иногда по двѣ и по три домашнихъ. Вслѣдствіе этого, въ Сибири «большинство грамотныхъ вышло не изъ оффиціальныхъ школъ, а изъ вольныхъ, домашнихъ».

То же самое явленіе наблюдается и во многихъ другихъ мѣстностяхъ, но едвали гдѣ-нибудь явленіе это выражается въ такой рѣзкой, нагдядной формѣ, какъ въ Саратовской губерніи. Вотъ данныя, собранныя земскими статистиками при подворныхъ переписяхъ въ шести уѣздахъ относительно числа лицъ, обучившихся, съ одной стороны, въ оффиціальной народной школѣ, а съ другой — они ея, т. е. въ вольной, домашней:

Въ уѣздахъ:	Обучившихся въ оффиціальной школы.		Обучившихся въ оффиціальной народной школѣ.
	Читать	Писать	
Вольскомъ	3.575	4.238	2.487
Балашовскомъ	3.514	6.885	7.800
Кузнецкомъ	1.162	2.095	1.521
Хвалынскомъ	1.375	2.129	1.588
Сердобскомъ	2.581	4.770	3.376
Камышинскомъ	40.157	24.887	8.362 [2]
Всего	52.084	45.004	21.143

[1] Подробности объ этомъ читатель можетъ найти въ очеркѣ г. Бородина.
[2] *Сводъ статистическихъ свѣдѣній по Саратовской губ. Часть 1-я.* Саратовъ 1888.

Между тѣмъ по свѣдѣніямъ училищныхъ совѣтовъ и епархіальнаго начальства въ 1890 году считалось школъ грамотности въ Хвалынскомъ уѣздѣ всего 8, въ Кузнецкомъ 15, въ Сердобскомъ 34 и столько же въ Петровскомъ [1]. Эти цифры, будучи сопоставлены съ только что приведенною табличкою о числѣ выучившихся грамотѣ путемъ вольнаго домашняго обученія, какъ нельзя лучше показываютъ, какъ далеки отъ дѣйствительности тѣ оффиціальныя свѣдѣнія, которыми располагаютъ училищные совѣты о числѣ вольныхъ домашнихъ школъ.

Положимъ, нельзя не согласиться, что грамотность, даваемая «вольными учителями», такъ сказать, черезъ-чуръ элементарна. Однако, далѣе мы увидимъ, что и въ этомъ отношеніи замѣчаются нѣкоторыя существенныя улучшенія, замѣчается несомнѣнный прогрессъ. Въ Тверскомъ уѣздѣ школы грамотности, «существуя съ 1882 г., дали возможность въ 1888 году 300 воспитанникамъ выдержать экзаменъ на льготу» [2].

Фактъ существованія и возникновенія вольныхъ крестьянскихъ школъ служитъ лучшимъ доказательствомъ растущихъ, развивающихся потребностей народа въ образованіи и, въ то же время, примѣромъ непосредственныхъ самостоятельныхъ заботъ крестьянъ о своемъ просвѣщеніи.

Враги земской школы пытаются увѣрить, что возникновеніе вольныхъ, самородныхъ школъ объясняется предубѣжденіемъ, съ которымъ будто бы относится нашъ народъ къ земской школѣ, якобы совершенно не удовлетворяющей его. Мнѣніе это довольно распространенное въ извѣстныхъ кругахъ, поражаетъ своею очевидною нелѣпостью: можно-ли говорить о предубѣжденіи народа къ земскимъ школамъ, которыя почти повсюду переполнены учащимися?.. Но подробнѣе объ этомъ мы будемъ говорить въ одной изъ слѣдующихъ главъ.

---

[1] *Саратовскія Губернскія Вѣдомости*, 1890 г. №№ 85 и 98.

[2] Многія изъ этихъ школъ несомнѣнно существовали и раньше 1882 г. (года изданія циркуляра барона Николаи), но тогда изъ нихъ никто не интересовался и земство не принимало никакого участія въ ихъ судьбѣ.

IV.

Чѣмъ вызывается возникновеніе вольныхъ школъ?

Несмотря на всѣ усилія земства, несмотря на дѣятельность министерства народнаго просвѣщенія, дѣло развитія начальныхъ народныхъ училищъ идетъ впередъ далеко не такъ быстро, чтобы могло удовлетворить все болѣе и болѣе растущую въ народѣ потребность въ обученіи. Множество селеній остается внѣ района дѣйствія земскихъ и министерскихъ училищъ, множество дѣтей не находятъ въ нихъ мѣста; есть, наконецъ, семьи и даже цѣлыя группы,—какъ, напримѣръ, старообрядцы и сектанты,—которыя не желаютъ помѣщать туда своихъ дѣтей, хотя и желаютъ, въ то же время, обучать ихъ грамотѣ.

Основываясь на мѣстныхъ статистическихъ изслѣдованіяхъ, слѣдуетъ признать, что главныя причины, вызывающія возникновеніе вольныхъ крестьянскихъ школъ, состоятъ, во-первыхъ, въ крайней недостаточности существующаго числа правильно-организованныхъ училищъ, вслѣдствіе чего многія селенія отстоятъ отъ училища на разстояніи 10—20 и болѣе верстъ; во-вторыхъ, въ неравномъ распредѣленіи этихъ училищъ, благодаря чему въ однѣхъ волостяхъ сосредоточено по 3, по 4 школы, а въ другихъ — ни одной; въ-третьихъ, въ переполненіи многихъ оффиціальныхъ народныхъ школъ учащимися.

Въ любой губерніи можно указать цѣлыя волости, не имѣющія ни одной правильно-организованной школы. Между тѣмъ, населеніе многихъ изъ этихъ волостей достигаетъ 5—6 тысячъ человѣкъ. Въ Новооскольскомъ уѣздѣ, Курской губерніи, встрѣчаются селенія, отстоящія отъ ближайшаго училища на 15, 18, 20 и даже 25 верстъ [1]).

Въ изслѣдованіи кустарныхъ промысловъ Александровскаго уѣзда, Владимірской губерніи, приводится цѣлый рядъ селъ изъ числа «самыхъ богатыхъ и значительныхъ въ уѣздѣ», которыя

---

[1]) *Сборникъ статистич. свѣд. по Курской губ.*, выпускъ XI, стр. 177.

не имѣютъ земскихъ школъ. Промышленное населеніе этихъ селъ не можетъ, конечно, помириться съ безграмотностью, а потому постоянно прибѣгаетъ къ помощи разныхъ «вольныхъ» учителей, вродѣ отставныхъ солдатъ, дворовыхъ женщинъ, дьячковъ и т. д. [1]).

Въ дорогобужскомъ уѣздѣ, Смоленской губерніи, всѣхъ селеній считается 633, а число душъ обоего пола 82.352. Между тѣмъ оффиціальныхъ школъ въ уѣздѣ всего 25 [2]) и, притомъ, размѣщены онѣ весьма неравномѣрно: въ одной волости три школы, въ другой — четыре, а въ двухъ волостяхъ нѣтъ ни одной школы. По даннымъ подворной переписи, число селеній, пользующихся этими школами, не превышаетъ 154 селеній, съ населеніемъ въ 22.126 человѣкъ, что составляетъ 26% общаго числа жителей уѣзда. Слѣдовательно, на каждую оффиціальную школу въ среднемъ приходится всего только по 6 селеній и по 885 душъ обоего пола. Затѣмъ 479 селеній съ 60.226 жителями, составляющими 74% всего населенія уѣзда, *лишены возможности пользоваться оффиціальными школами*. Понятно, что такая масса населенія не можетъ остаться безъ ученья, и вотъ мы видимъ, что изъ числа этихъ селеній 108 нанимаютъ собственныхъ вольныхъ учителей. Число жителей въ этихъ 108 селеніяхъ равняется 20.066 человѣкъ, что составляетъ 24% всего населенія уѣзда [3]).

Или возьмемъ, напримѣръ, Гжатскій уѣздъ, Смоленской губерніи. Оффиціальныхъ школъ въ этомъ уѣздѣ считается 28, размѣщены онѣ въ 22 волостяхъ, причемъ въ пяти волостяхъ имѣется по двѣ школы, а *въ десяти нѣтъ ни одной*.

Населеніе уѣзда состоитъ изъ 108.972 душъ обоего пола; число же селеній въ уѣздѣ — 855. Такимъ образомъ, одна школа приходится на 4.040 жителей и одна на 35 селеній.

По даннымъ статистической переписи, дѣйствительное число селеній, хотя отчасти пользовавшихся оффиціальною школой, пре-

---

[1]) *Промыслы Владимірской губ.*, выпускъ II, стр. 24.
[2]) Изъ нихъ: семь церковно-приходскихъ, 12 земскихъ и 6 министерскихъ.
[3]) *Сборникъ статистич. свѣд. по Смоленской губ.*

стирается до 304, съ населеніемъ въ 39.312 душъ обоего пола, что составитъ 36% всего населенія. «Слѣдовательно, 551 *селеніе съ населеніемъ въ 69.660 душъ*, или, иначе говоря, 64% *населенія находится въ условіяхъ, при которыхъ пользованіе оффиціальною школой*, по тѣмъ или другимъ причинамъ, *оказывается недоступнымъ*».

Лишенные земской и казенной школы, крестьяне не мирятся, однако, съ такимъ положеніемъ дѣла и заводятъ свои собственныя, мужицкія школы. Статистическою переписью 1885 года констатировано, что изъ числа селеній (551), не пользующихся оффиціальною школой, въ 250 селеніяхъ крестьяне нанимаютъ своихъ учителей [1]. Число жителей этихъ селеній составляетъ 28,4% всего числа населенія Гжатскаго уѣзда.

Обыкновенно организованная школа оказываетъ свое вліяніе въ большей или меньшей степени на разстояніи 3—4 верстъ: чѣмъ ближе населеніе къ школѣ, тѣмъ сильнѣе это вліяніе, тѣмъ выше % грамотныхъ въ средѣ населенія, и наоборотъ. Хотя за предѣлами 3—4-хъ-верстнаго разстоянія отъ школы % грамотности часто вновь поднимается, но это уже не вліяніе школы, а результатъ дѣятельности вольныхъ учителей-грамотеевъ.

Число вольныхъ школъ въ Московской губерніи «находится въ прямой зависимости отъ числа организованныхъ училищъ и отъ степени большаго или меньшаго удобства пользованія послѣдними». Чѣмъ больше въ уѣздѣ правильно-организованныхъ училищъ, тѣмъ меньше вольныхъ школъ, и наоборотъ. Въ районѣ до 3 верстъ отъ училища вольныхъ школъ всего 133, учащихся (въ 116 школахъ) [2] было 952; во второмъ районѣ (3—5 верстъ) вольныхъ школъ 171, учащихся (въ 168 школахъ) было 1.548; наконецъ, въ третьемъ, самомъ удаленномъ районѣ, вольныхъ школъ 233, число учащихся (въ 220 школахъ) было 2.029.

На основаніи этихъ данныхъ, статистическое изслѣдованіе, произведенное подъ руководствомъ покойнаго В. И. Орлова, дѣ-

---

[1] Сборникъ статистич. свѣд. по Смоленской губ., томъ III, стр. 25.
[2] Въ 17 школахъ неизвѣстно число учащихся.

лает вывод, что вольныя школы въ настоящее время «не имѣютъ никакого другого значенія, какъ только то, что ими восполняется недостатокъ въ числѣ организованныхъ училищъ».

Жалобы на переполненіе оффиціальныхъ народныхъ училищъ учениками слышатся съ разныхъ сторонъ, изъ разныхъ мѣстъ Россіи.

Въ Московской губерніи весьма многія земскія и даже министерскія училища совершенно переполнены учащимися. «Отказы въ пріемѣ дѣтей въ школы по случаю переполненія послѣднихъ не составляютъ какого-либо исключенія, присущаго одному только году; совершенно наоборотъ, они принадлежатъ къ числу явленій постоянныхъ, повторяющихся изъ года въ годъ, хотя и не въ одинаковыхъ размѣрахъ». Подобные отказы практикуются обыкновенно болѣе чѣмъ въ 100 школахъ; въ 1886—87 году такіе отказы были произведены въ 108 земскихъ школахъ, при чемъ число дѣтей, которымъ было отказано въ пріемѣ въ школу равнялось 1.356 [1]).

Въ Маріупольскомъ уѣздѣ, Екатеринославской губерніи, всѣ земскія школы переполнены учащимися; мѣстная управа насчитываетъ во всѣхъ 60 школахъ болѣе 1.500 учениковъ лишнихъ по размѣрамъ школьныхъ помѣщеній. Въ Шадринскомъ уѣздѣ Пермской губерніи, «народныя школы были переполнены учащимися» еще пять лѣтъ тому назадъ [2]).

Въ Фатежскомъ уѣздѣ, Курской губерніи, «чрезмѣрное переполненіе училищъ» существуетъ въ шести волостяхъ уѣзда. Съ тѣмъ же фактомъ встрѣчаемся мы въ Путивльскомъ уѣздѣ, гдѣ на нѣкоторыя школы приходится по 108 учениковъ. Понятно, что въ такихъ случаяхъ школы принуждены бываютъ отказывать въ пріемѣ новыхъ учениковъ.

Отвергнутые школой, крестьяне въ этихъ случаяхъ обыкновенно обращаются къ учителямъ-самоучкамъ, разнымъ грамотеямъ

---

[1]) *Статистическій Ежегодникъ Московскаго Губ. Земства* 1888 г., статья *Народное образованіе*, стр. 13.

[2]) *Рус. Начальный Учитель* 1885 г., № 1.

Въ Шестопаловской волости, Щигровскаго уѣзда, существующія три школы настолько переполнены учащимися, что въ послѣднее время начали отказывать въ пріемѣ постороннимъ. Дѣти крестьянъ деревни Александровки учились прежде въ Шестопаловской школѣ, но затѣмъ имъ было отказано за тѣснотою школьнаго помѣщенія. Является «николаевскій солдатъ» и предлагаетъ крестьянамъ свои услуги учить дѣтей грамотѣ, крестьяне охотно отдаютъ ему своихъ дѣтей, платя по 30 коп. въ мѣсяцъ [1]).

Во Владимірской губерніи «школы грамотности существуютъ большею частью въ тѣхъ селахъ, гдѣ нѣтъ ни земскаго, ни церковно-приходскаго училища, и преимущественно въ деревняхъ, отстоящихъ отъ селъ на довольно большое разстояніе» [2]).

Случаи, когда въ одномъ и томъ же селеніи на ряду съ организованнымъ училищемъ существуетъ и вольная школа, говоря вообще, довольно рѣдки. Такіе факты обыкновенно встрѣчаются въ тѣхъ селеніяхъ, гдѣ оффиціальная школа, вслѣдствіе тѣсноты или другихъ какихъ-нибудь причинъ, не въ состояніи удовлетворять потребности крестьянъ въ обученіи.

Въ селѣ Велико-Михайловкѣ, Новооскольскаго уѣзда, существуетъ такой сильный запросъ на грамоту, что рядомъ съ двухкласснымъ училищемъ и земскою школой существуетъ еще частная школа, и, кромѣ того, въ разныхъ отдаленныхъ закоулкахъ селенія дѣятельно занимаются обученіемъ дѣтей простые грамотеи, берущіе по 2—3 рубля въ зиму [3]).

Въ Карандаковскую земскую школу, Щигровскаго уѣзда, принимаютъ не болѣе 60 человѣкъ, остальнымъ отказываютъ въ пріемѣ. Благодаря этому, рядомъ съ оффиціальною школой возникла частная, вольная—у дьячка, который беретъ по 60 коп. въ мѣсяцъ съ мальчика и учитъ по звуковому способу. Всѣхъ учениковъ въ 1884 году у него было 17 человѣкъ.

---

[1]) *Сборн. статистич. свѣд. по Курск. губ.*, выпускъ VIII, стр. 176.
[2]) *Отчетъ о дѣятельности владимірскаго правосл. братства св. Алекс. Невскаго за 1886—87 годъ.*
[3]) *Сборн. ст. св. по Курск. губ.*, выпускъ XI, стр. 178.

Въ Корочанскомъ уѣздѣ, Курской губерніи, «вольное обученіе развито и въ тѣхъ волостяхъ, гдѣ есть школы (организованныя), такъ какъ послѣднія имѣются въ такомъ ограниченномъ количествѣ, что способны удовлетворить далеко не все населеніе. Иногда въ одномъ и томъ же селеніи, если оно очень велико, одни ребята учатся въ школѣ, другіе — у грамотеевъ» [1].

Въ Липовской волости, Щигровскаго уѣзда, на ряду съ дѣятельностью трехъ оффиціальныхъ школъ, ведется еще довольно усиленная дѣятельность грамотеевъ. Такъ, въ селѣ Тепломъ-Колодезѣ дѣти учатся частью въ школахъ, а частью у отставного солдата Заистаева, который нанимаетъ хату и беретъ по 50 коп. въ мѣсяцъ. Тамъ же 4 мальчика учатся у сельскаго писаря, съ платой по 25 коп. въ мѣсяцъ и харчи по очереди [2].

Но, главнымъ образомъ, дѣятельность вольныхъ учителей сосредоточивается въ селеніяхъ, болѣе или менѣе отдаленныхъ отъ правильно-организованныхъ училищъ. Въ Фатежскомъ уѣздѣ, Курской губ., всѣ грамотеи «оперируютъ въ тѣхъ селеніяхъ, разстояніе коихъ отъ школы колеблется между 4—9 верстами».

Въ Ставропольскомъ уѣздѣ, Самарской губ., «въ большинствѣ случаевъ, дѣти, не имѣющія возможности за отдаленностью школъ посѣщать ее, учатся въ своей деревнѣ у какихъ-нибудь случайныхъ солдатъ-самоучекъ, а дѣвочки — у келейницъ». Чѣмъ ближе школа къ селенію, тѣмъ меньше самоучекъ, а грамотеевъ, обучающихъ дѣтей по найму, вовсе нѣтъ. За неимѣніемъ подъ руками школъ *крестьяне предлагаютъ учить своихъ дѣтей грамотѣ каждому встрѣчному грамотею* [3].

Въ Гжатскомъ уѣздѣ, Смоленской губерніи, изъ числа селеній, нанимающихъ своихъ собственныхъ, вольныхъ учителей, 76% селеній находятся въ 5-ти и болѣе верстномъ разстояніи отъ оффиціальныхъ школъ.

Въ деревнѣ Висвянной, Рыльскаго уѣзда, прежде крестьяне

---

[1] Сборн. статист. свѣдѣн. по Курской губ., вып. XIII, стр. 31.
[2] Сборн. статист. свѣдѣн. по Курской губ., вып. VIII, стр. 178.
[3] Сборн. статист. свѣдѣн. по Самарской губ., т. II, стр. 219.

платили на содержаніе земской Кульбакинской школы по 20 коп. съ ревизской души, но по дальнему разстоянію совсѣмъ не пользовались этою школой. Теперь они отказались платить на школу и пригласили къ себѣ въ качествѣ вольнаго учителя отставнаго солдата. Деревни болѣе богатыя, но удаленныя отъ земскихъ школъ, переставая платить на эти школы, нерѣдко начинаютъ строить собственное училище, какъ только имъ это позволятъ ихъ средства. Вообще, чѣмъ ниже экономическій уровень населенія, тѣмъ менѣе представляется возможности пользоваться услугами земскихъ и правительственныхъ школъ и тѣмъ большее значеніе пріобрѣтаютъ непатентованные, вольные учителя грамоты: солдаты, дворовые люди, дѣвушки-вѣковушки, разночинцы и т. п. [1]).

Московская уѣздная земская управа нѣсколько лѣтъ тому назадъ собрала свѣдѣнія о количествѣ бѣднѣйшихъ учениковъ земскихъ школъ въ уѣздѣ. Оказалось, что въ 52 училищахъ, откуда были получены свѣдѣнія, на 3.710 всѣхъ учениковъ насчитывается 863 нуждающихся и что бѣднѣйшіе ученики существуютъ, въ большемъ или меньшемъ количествѣ, во всѣхъ земскихъ училищахъ. Нужда чаще всего состоитъ въ недостаткѣ одежды, особенно обуви, а иногда и пропитанія. Бѣдственное матеріальное положеніе учащихся, по отзыву почти всѣхъ учителей, имѣетъ большое вліяніе на неправильное посѣщеніе ими школы и на частые пропуски ими уроковъ.

Въ нѣкоторыхъ другихъ губерніяхъ бѣдность населенія отражается еще болѣе неблагопріятнымъ образомъ на успѣхѣ занятій въ земскихъ школахъ. Въ одной земской школѣ Щигровскаго уѣзда, Курской губерніи, числилось учениковъ болѣе 50, тогда какъ, по словамъ крестьянъ, въ продолженіе холодныхъ зимнихъ мѣсяцевъ посѣщали школу не болѣе 12 мальчиковъ. На вопросъ изслѣдователя о причинѣ этого крестьяне отвѣчали, что «у ребятъ нѣтъ теплой одёжи» [2]).

Всѣхъ этихъ препятствій и неудобствъ почти не существуетъ

---

[1]) *Промыслы Владимірской губ.*, вып. III, стр. 111.
[2]) *Сборникъ статистич. свѣд. по Курской губ.*, вып. VIII, стр. 176.

вольныя крестьянскія школы.

для вольныхъ крестьянскихъ школъ; недостатокъ обуви и одежды нисколько не мѣшаетъ ученикамъ этихъ школъ продолжать занятія даже въ морозы, такъ какъ школы этого рода находятся всегда подъ рукой, въ томъ же самомъ селѣ или деревнѣ, въ которыхъ живутъ родители учениковъ.

Приведемъ еще два-три примѣра, чтобы нагляднѣе показать какъ, въ сущности, недостаточны и даже безсильны въ настоящее время стремленія земства придать дѣлу народнаго образованія тѣ размѣры, какіе требуются самою жизнью, вызываются настоятельною необходимостью.

Относительно Путивльскаго уѣзда, Курской губерніи, статистическое изслѣдованіе устанавливаетъ слѣдующій выводъ: «существующихъ (въ уѣздѣ) 29 школъ недостаточно уже потому, что только ²/₅ населенія приближены къ школѣ на разстояніе, позволяющее пользоваться ея услугами; чтобы все населеніе находилось въ предѣлахъ школьнаго района, необходимо устроить еще не менѣе 15 школъ» [1].

Въ Весьегонскомъ уѣздѣ, Тверской губерніи, считается 45 училищъ, содержаніе которыхъ обходится земству въ 17,000 р. рублей, слѣдовательно, каждая школа стоитъ земству около 380 рублей. Въ этихъ школахъ обучается 3,090 учениковъ, т. е. въ каждое училище приходится въ среднемъ по 70 учениковъ. По вычисленію князя Шаховского, для того, чтобы дать возможность обучаться въ школахъ всѣмъ дѣтямъ школьнаго возраста (считая съ 7—12 лѣтъ), необходимо имѣть 193 школы, что потребовало бы отъ земства ежегоднаго расхода въ 73,340 рублей [2]. Само собою ясно, что подобный расходъ немыслимъ для уѣзднаго земства.

Въ Тверскомъ уѣздѣ, несмотря на значительныя затраты на народное образованіе, достигающія до 19,028 рублей въ годъ

---

[1] *Сборн. стат. свѣд. по Курской губ.*, вып. VII, стр. 354.
[2] *О народномъ образованіи въ Весьегонскомъ уѣздѣ, Тверской губ.* Рыбинскъ 1880 г.

земскія школы, по вычисленію Вас. Ив. Покровскаго, могутъ вмѣстить лишь *одну четвертую часть* школьнаго населенія уѣзда.

Въ Бѣлгородскомъ уѣздѣ, Курской губерніи, всѣхъ дѣтей школьнаго возраста считается 9.443; для того, чтобы дать возможность всѣмъ дѣтямъ получить образованіе въ начальныхъ училищахъ, необходимо имѣть 157 училищъ (считая по 60 чел. на училище), въ томъ числѣ 80 мужскихъ и 77 женскихъ. Такимъ образомъ, существующее число школъ въ уѣздѣ (42) должно быть увеличено почти *въ четыре раза*, не говоря уже о томъ, что при этомъ значительно пришлось бы расширить и ихъ вмѣстимость, такъ какъ встрѣчающіяся теперь убогія конуры при церковныхъ сторожкахъ, называемыя школами, вмѣстить 60 человѣкъ ни въ какомъ случаѣ не могутъ.

Въ половинѣ семидесятыхъ годовъ у насъ, какъ извѣстно, былъ возбужденъ вопросъ о введеніи обязательнаго обученія. Въ 1876 году министръ народнаго просвѣщенія обратился къ директорамъ и инспекторамъ народныхъ училищъ съ предложеніемъ доставить свѣдѣнія по вопросу о введеніи въ нашихъ школахъ обязательнаго обученія. Отвѣты директоровъ и инспекторовъ народныхъ школъ составили цѣлый томъ, который и былъ изданъ министерствомъ народнаго просвѣщенія въ 1880 году подъ заглавіемъ: *Матеріалы по вопросу о введеніи обязательнаго обученія въ Россіи*. Изъ этого сборника между прочимъ ясно видно, какъ еще ничтожно число дѣтей, учащихся въ школахъ, и какъ еще мало у насъ самихъ школъ.

Такъ, напримѣръ, по разсчетамъ директоровъ народныхъ училищъ, для того, чтобы дать возможность всѣмъ дѣтямъ школьнаго возраста посѣщать училища, слѣдуетъ вновь открыть: въ Вятской губерніи—3.294 школы, въ Пермской—3.281, въ Саратовской—1.116, во Владимірской—2.200, въ Рязанской—3.833, въ Новгородской—2.657 школъ, и т. д., считая при этомъ на каждую школу по 50 учащихся. Ежегодное же содержаніе каждой школы опредѣляется въ 300 рублей (наименьшая стоимость). Для Тверской губерніи исчисленъ единовременный расходъ на устройство и обзаведение школъ въ 2.080.000 рублей и ежегодный въ 1.040.000 руб. Для 11 уѣздовъ Харьковской губерніи единовременный расходъ на устройство школьныхъ зданій для всѣхъ дѣтей школьнаго возраста исчисленъ въ 10 милліоновъ рублей. На устройство подобныхъ же школьныхъ зданій въ трехъ губерніяхъ юго-западнаго края (Кіевской, Волынской и Подольской) исчисленъ единовременный расходъ въ 22.681.000 руб. Ежегодный же расходъ на содержаніе школъ названныхъ трехъ губерній исчисленъ отъ обществъ въ 2.077.800 руб, а отъ казны въ 4.391.380 р¹).

Отсюда ясно, конечно, что для большинства нашихъ земствъ совершенно не подъ силу увеличить въ настоящее время число народныхъ училищъ въ томъ размѣрѣ, который могъ бы удовлетворить существующую въ народѣ потребность. Съ другой стороны, мы видимъ, что казна крайне неохотно увеличиваетъ свои расходы на дѣло народнаго образованія или, точнѣе говоря, на устройство и содержаніе первоначальныхъ народныхъ школъ. Чтобы убѣдиться въ этомъ, достаточно просмотрѣть цифры ассигнованій по государственной росписи на устройство и содержаніе народныхъ училищъ въ теченіе послѣднихъ 8 лѣтъ. Вотъ эти цифры:

	Назначено руб.			Назначено руб.
Въ 1885 году	1.093.959	Въ 1889 году		1.097.3..
» 1886 »	1.093.751	» 1890 »		1.130.5..
» 1887 »	1.091.878	» 1891 »		1.119.9..
» 1888 »	1.092.897	» 1892 »		1.120.2..

Разсматривая эти цифры, г. Страннолюбскій говоритъ: «такимъ образомъ, по отношенію къ государственному казначейству мы должны заключить, что за послѣднее восьмилѣтіе, до 1892 года включительно, оно не могло служить источникомъ для открытія новыхъ школъ. Если при помощи его новыя школы и открывались, то не иначе, какъ на счетъ уменьшенія пособій уже существовавшимъ школамъ, или даже на счетъ сокращенія числа ихъ»

---

¹) *Правительственный Вѣстникъ*, 1894 г. № 105.

²) «Состояніе народнаго образованія въ селахъ Европейской Россіи». Г. Страннолюбскаго *Русская Школа*, 1893 г. № 4.

Въ виду этого, въ силу роковой необходимости приходится съ самымъ глубокимъ вниманіемъ остановиться на тѣхъ школахъ, которыя создаетъ самъ народъ по собственному почину, къ которымъ онъ привыкъ въ теченіи цѣлаго ряда вѣковъ и которыя по своей дешевизнѣ являются вполнѣ доступными и отнюдь не обременительными для скудныхъ средствъ крестьянина.

V.

Статистика вольныхъ школъ и ихъ географическое распредѣленіе.

Вопросъ объ изысканіи дешевыхъ способовъ скорѣйшаго и возможно болѣе широкаго распространенія грамотности среди народа давно уже занимаетъ лучшую часть русскаго общества. Въ 1884 году вопросъ этотъ былъ, между прочимъ, возбужденъ въ С.-Петербургскомъ комитетѣ грамотности, состоящемъ при Вольномъ Экономическомъ Обществѣ. Посвятивъ обсужденію этого вопроса нѣсколько засѣданій, комитетъ съ особеннымъ вниманіемъ остановился на вольномъ домашнемъ обученіи крестьянскихъ дѣтей, которое, какъ извѣстно, распространено во многихъ мѣстахъ Россіи.

Самое возникновеніе этого вопроса «обусловливалось все болѣе и болѣе ощущаемою недостаточностью начальныхъ народныхъ училищъ для обученія всѣхъ дѣтей школьнаго возраста и невозможностью, по крайней мѣрѣ въ ближайшемъ будущемъ, дальнѣйшихъ затратъ со стороны государственнаго казначейства и земства для быстраго увеличенія числа нормальныхъ школъ» [¹]. Въ обсужденіи этого вопроса приняли участіе земскіе дѣятели по народному образованію, лица, спеціально занимающіяся преподаваніемъ въ школахъ, а также многіе члены комитета.

При этомъ выяснилось, что однимъ изъ способовъ для дости-

[¹] О домашнихъ школахъ грамотности. Н. Бунакова. Спб. 1885 г.

жения указанной выше цели могло бы служить устройство подготовительных или домашних школок грамотности съ преподавателями изъ окончившихъ курсъ въ начальныхъ училищахъ. Главная цѣль такихъ школокъ — подготовленіе дѣтей въ среднія отдѣленія начальныхъ училищъ, что значительно облегчило бы трудъ учителя и въ то же время, въ виду переполненія существующихъ нормальныхъ училищъ, дало бы возможность большему числу дѣтей научиться грамотѣ.

Такія подготовительныя школки существуютъ уже въ нѣкоторыхъ мѣстностяхъ Россіи и, по свѣдѣніямъ комитета, дѣйствуютъ съ значительнымъ успѣхомъ, являясь весьма важнымъ подспорьемъ дѣлу распространенія грамотности въ средѣ простого народа. Въ виду всего этого, комитетъ обратился ко всѣмъ земскимъ управамъ Россіи съ особымъ циркуляромъ, въ которомъ, выяснивъ значеніе и пользу подготовительныхъ школокъ грамотности, просилъ земскія управы сообщить ему слѣдующія свѣдѣнія:

1) Существуютъ-ли въ уѣздѣ или губерніи школки грамотности; если существуютъ, то сколько ихъ, какъ онѣ организованы, сколько учащихся, изъ кого именно состоитъ контингентъ учителей, въ чемъ выразилось участіе земства въ устройствѣ и содержаніи означенныхъ школокъ, размѣръ ихъ бюджета, каковы успѣхи учениковъ, ихъ возрастъ, и т. п.

2) Если такихъ школокъ не существуетъ, то, въ виду несомнѣнно доказанной ихъ пользы въ дѣлѣ распространенія грамотности, не пожелало-ли бы земство обратить вниманіе на этого рода подспорье существующимъ нормальнымъ школамъ и оказать населенію посильное содѣйствіе къ учрежденію подготовительныхъ школокъ.

3) Въ чемъ именно могло бы выразиться участіе комитета грамотности въ трудахъ земства по отношенію къ устройству означенныхъ школокъ.

Такимъ образомъ, циркуляръ комитета грамотности имѣлъ въ виду двѣ цѣли: во-первыхъ, обратить вниманіе земствъ на такой дешевый способъ распространенія грамотности въ Россіи, который, кромѣ дешевизны, имѣетъ за собой то достоинство, что онъ возникъ въ самой жизни и на опытѣ показалъ свою плодотворность; способъ этотъ не только не парализуетъ дѣятельности и не роняетъ авторитета правильно организованной народной школы въ массѣ населенія, но совершенно напротивъ, помогаетъ ей, поддерживаетъ ее. «Факты показали, что домашнія школы грамотности возбуждаютъ въ народѣ стремленія къ нормальной школѣ и даже иногда вызываютъ основаніе таковой съ пожертвованіями со стороны крестьянскаго общества».

Другая цѣль циркуляра комитета грамотности—собраніе фактическихъ данныхъ о вольномъ обученіи въ средѣ крестьянства и особенно о домашнихъ школахъ грамотности, уже организованныхъ земствомъ, ихъ распространеніи и дѣятельности.

Къ сожалѣнію, далеко не всѣ земства отозвались на обращеніе комитета; затѣмъ полученные отзывы далеко неодинаковаго достоинства: нѣкоторые изъ нихъ даютъ отвѣты чисто формальнаго характера, а нѣкоторые совсѣмъ не содержатъ никакихъ свѣдѣній по вопросу, интересовавшему комитетъ. Изъ полученныхъ отзывовъ, многіе даютъ отвѣты отрицательные: одни просто сообщаютъ, что школъ грамотности въ мѣстности нѣтъ,—что вообще весьма сомнительно, замѣтимъ мы отъ себя; другіе прибавляютъ къ этому, что циркуляръ комитета грамотности будетъ доложенъ очередному земскому собранію, или что онъ уже былъ доложенъ, и земское собраніе постановило: «принять къ свѣдѣнію» и т. д.

Вообще же изъ отвѣтовъ *многихъ* земствъ ясно видно, что обращеніе комитета грамотности застало ихъ совсѣмъ врасплохъ, что раньше они совсѣмъ не интересовались возбужденнымъ вопросомъ и не имѣютъ сколько-нибудь точныхъ свѣдѣній о положеніи «вольнаго» обученія, существующаго въ народѣ.

Между тѣмъ не подлежитъ ни малѣйшему сомнѣнію, что вольныя крестьянскія школы въ бо́льшей или меньшей степени распространены по всей Россіи. Мы встрѣчаемъ ихъ въ большомъ количествѣ въ столичныхъ губерніяхъ — Московской и Петербургской и во всѣхъ центральныхъ: Тверской, Ярославской, Рязанской, Тульской, Новгородской, Смоленской, Псковской, Орловской, Курской, Воронежской и т. д. Приволжскія губерніи: Казанская, Самарская, Саратовская и др. также изобилуютъ этого рода школами. Сильно распространено также вольное обученіе и въ сѣверныхъ и восточныхъ окраинахъ, въ губерніяхъ: Вологодской, Архангельской, Вятской, Пермской. Встрѣчается оно и въ Малороссіи (Харьковской, Полтавской и др.), хотя, повидимому, не въ такихъ широкихъ размѣрахъ, какъ въ губерніяхъ съ великороссійскимъ населеніемъ. Новороссійскія губерніи — Екатеринославская и Таврическая — также изобилуютъ вольными крестьянскими школами. Затѣмъ, массу вольныхъ школъ встрѣчаемъ мы на Уралѣ, въ землѣ уральскихъ казаковъ, огромное большинство которыхъ, какъ извѣстно, придерживается старообрядчества. Судя по оффиціальнымъ свѣдѣніямъ, огромное количество школъ грамотности встрѣчается въ губерніяхъ: Могилевской, Кіевской и Подольской. Далѣе имѣются указанія на существованіе этого рода школъ на сѣверномъ Кавказѣ. Наконецъ, вольныя деревенскія школы распространены даже въ наиболѣе отдаленныхъ частяхъ Сибири, — такъ, по свѣдѣніямъ «Восточнаго Обозрѣнія», въ окрестностяхъ Иркутска встрѣчается не мало школъ, устроенныхъ самими крестьянами, помимо всякаго участія лицъ другихъ сословій.

Было бы, конечно, весьма важно знать какъ велико общее число всѣхъ вольныхъ школъ въ Россіи и число учащихся въ нихъ. Къ сожалѣнію, всѣ имѣющіяся свѣдѣнія по части статистики вольныхъ школъ такъ неполны и отрывочны, что нѣтъ никакой возможности сколько-нибудь точно опредѣлять общее количество всѣхъ существующихъ въ народѣ вольныхъ школъ и числа учащихся въ нихъ.

Постараемся, однако, сгруппировать тѣ крупицы свѣдѣній, которыя разбросаны по этому вопросу въ разныхъ источникахъ: въ земскихъ статистическихъ сборникахъ, въ отчетахъ разныхъ духовныхъ братствъ, въ докладахъ земскихъ управъ, въ отчетахъ инспекторовъ народныхъ училищъ и т. д.

Въ Полтавскомъ уѣздѣ 8 школъ грамотности пользуются пособіемъ отъ земства, но какъ велико общее число этого рода школъ въ уѣздѣ — свѣдѣній не имѣется.

Въ Олонецкой губерніи въ 1891 году считалось, по оффиціальнымъ свѣдѣніямъ, 16 школъ грамотности, въ которыхъ обучалось 225 дѣтей обоего пола.

Въ Псковскомъ уѣздѣ въ 1887 году считалось, по свѣдѣніямъ земской управы, 22 школы грамотности, въ которыхъ обучалось 910 учениковъ: 777 мальчиковъ и 133 дѣвочки. Въ слѣдующемъ же году число школъ въ этомъ уѣздѣ возрасло до 25.

Въ Таврической губерніи, по свѣдѣніямъ епархіальнаго начальства, въ 1891 году считалось 28 школъ грамотности, съ 608 учащимися, изъ которыхъ было 447 мальчиковъ и 161 дѣвочка [1]).

Въ Пензенской губерніи, въ 1891 году, по свѣдѣніямъ епархіальнаго совѣта, считалось 32 школы грамотности, въ которыхъ обучалось 823 челов.: 762 мальчика и 61 дѣвочка [2]).

Въ Ковенской губерніи въ 1891 году считалось 34 школы грамотности, находившихся въ вѣдѣніи епархіальнаго совѣта [3]).

Въ Томской губерніи, въ 1890 году, по свѣдѣніямъ епархіальнаго начальства, считалось 44 школы грамоты [4]). То же самое число школъ было въ 1890 году и въ Бесарабской губерніи [5]).

Въ Одоевскомъ уѣздѣ, Тульской губерніи, по сообщенію земской управы, вольныя школы существуютъ съ учителями изъ грамотныхъ крестьянъ, отставныхъ солдатъ, заштатныхъ дьячковъ и т. п., съ числомъ учениковъ не менѣе 20 въ каждой. Школы эти открываются по желанію самихъ крестьянъ и по соглашенію съ учителемъ-грамотеемъ. Количество ихъ земской управѣ неизвѣстно.

---

[1]) «Правител. Вѣсти.», 1891 г., № 30.
[2]) «Правител. Вѣсти.», 1892 г., № 58.
[3]) «Правител. Вѣсти.», 1892 г., № 27.
[4]) «Правител. Вѣсти.», 1891 г., № 150.
[5]) «Правител. Вѣсти.», 1891 г., № 95.

Въ Острогожскомъ уѣздѣ, Воронежской губерніи, «домашнее обученіе дѣтей крестьянами можно считать общераспространеннымъ явленіемъ по уѣзду, хотя домашнія крестьянскія школы въ болѣе или менѣе развитомъ видѣ встрѣчаются лишь мѣстами». Всего въ Острогожскомъ уѣздѣ статистическимъ изслѣдованіемъ было обнаружено 50 вольныхъ школъ, въ которыхъ обучалось 593 ученика [1]).

По Вологодской губерніи свѣдѣнія о числѣ школъ грамотности имѣются лишь изъ двухъ уѣздовъ: Тотемскаго и Никольскаго, причемъ въ первомъ считается 52 школы съ 224 учениками, а во второмъ 17 школъ съ 439 учащимися, слѣдовательно, всего въ двухъ уѣздахъ считается 69 школъ съ 663 учащимися.

Въ Курской губерніи—какъ мы уже видѣли въ предыдущихъ главахъ—вольное домашнее обученіе распространено весьма значительно. Свѣдѣнія о вольномъ обученіи въ этой губерніи можно встрѣтить во всѣхъ 13 выпускахъ «Земскаго Статистическаго Сборника», за исключеніемъ лишь выпуска, посвященнаго Тимскому уѣзду, въ которомъ мы не находимъ никакихъ указаній о вольныхъ школахъ въ этомъ уѣздѣ.

Въ пяти уѣздахъ Курской губерніи: Суджанскомъ, Фатежскомъ, Курскомъ, Дмитріевскомъ и Льговскомъ земскими статистиками было насчитано 95 учителей-грамотеевъ [2]). «Собственно говоря, дѣйствительное число грамотеевъ гораздо больше, но благодаря тому, что во многихъ мѣстахъ грамотеи подвергаются гоненію со стороны полиціи—крестьяне тщательно укрывали ихъ, какъ нѣчто беззаконное».

Въ Вятской губерніи въ 1888 году, по свѣдѣніямъ духовнаго начальства, насчитывалось 103 школы грамотности, въ которыхъ обучалось 2.463 человѣка [3]).

---

[1]) «Народное образованіе въ Острогожскомъ уѣздѣ», Воронежъ, 1887 г. стр. 137.

[2]) А именно въ Суджанскомъ—8 вольныхъ учителей, въ Фатежскомъ—13, въ Курскомъ—21, столько же въ Дмитріевскомъ, въ Льговскомъ—32.

[3]) Какъ далека эта цифра отъ дѣйствительнаго числа существующихъ вольныхъ школъ, видно изъ того, что, напримѣръ, въ Вятскомъ уѣздѣ, по свѣдѣніямъ

Въ Харьковской губерніи въ 1892 году, по свѣдѣніямъ епархіальнаго начальства, считалось 114 школъ грамоты и 151 церковно-приходскихъ; учащихся въ тѣхъ и другихъ числилось 9.160 человѣкъ.

Въ Ставропольской губерніи, по тѣмъ же свѣдѣніямъ, считалось въ 1891 году 154 школы грамоты, въ которыхъ обучалось 2.284 мальчика и 638 дѣвочекъ ¹).

Въ Петербургской губерніи въ 1890 году въ вѣдѣніи мѣстнаго епархіальнаго братства находилось 139 школъ грамоты, въ которыхъ обучалось 2.409 мальчиковъ и 760 дѣвочекъ ²).

Въ Новгородской губерніи, въ 1890 году, по свѣдѣніямъ губернской земской управы, считалось 184 школы грамотности, въ которыхъ обучалось 2.929 человѣкъ, въ томъ числѣ 2.460 мальчиковъ и 469 дѣвочекъ. Приводя эти свѣдѣнія, отчетъ губернской земской управы замѣчаетъ, что«съ устраненіемъ уѣздныхъ училищныхъ совѣтовъ отъ наблюденія за школами грамотности нѣтъ возможности получить вѣрныя свѣдѣнія о нихъ и отъ уѣздныхъ земскихъ управъ».

Даже самъ епархіальный училищный совѣтъ признаетъ свои свѣдѣнія о школахъ грамотности не совсѣмъ точными и подробными, удостовѣряя, что «наблюденія за дѣятельностью учителей школъ грамотности во многихъ случаяхъ почти не существуетъ, а гдѣ и есть, то далеко недостаточное. Для священниковъ-наблюдателей, обремененныхъ прямыми священническими обязанностями и притомъ же не имѣющими въ своемъ распоряженіи ни-

---

духовенства, числится всего 10 школъ, между тѣмъ какъ частное изслѣдованіе обнаружило тамъ 27 школъ грамотности, при чемъ самъ изслѣдователь признаетъ эту цифру далеко ниже дѣйствительной («Русскій Начал. Учитель» 1889 г. № 12, «Школа грамотности въ Вятскомъ уѣздѣ»). По свѣдѣніямъ, доставленнымъ въ комитетъ грамотности, въ одномъ Оренскомъ уѣздѣ значилось въ 1894 г. 70 школъ.

¹) «Правител. Вѣсти.» 1892 г., № 38.

²) «Правител. Вѣст.» 1891 г., № 268. По свѣдѣніямъ же мѣстнаго училищнаго совѣта еще въ 1888 году въ одномъ Лужскомъ уѣздѣ, Петербургской губерніи, считалось 49 вольныхъ крестьянскихъ школъ.

какихъ средствъ на разъѣзды по школамъ, надзоръ за школами крайне затруднителенъ" ¹).

Въ Пермской губерніи въ 1890 году по оффиціальнымъ свѣдѣніямъ считалось 194 школы грамотности ²), но въ дѣйствительности ихъ несравненно больше. По отзыву земской управы, въ Пермскомъ уѣздѣ "въ широкихъ размѣрахъ практикуется въ деревняхъ обученіе дѣтей грамотности разными людьми изъ солдатъ, писарей и т. п.".

Въ Казанской губерніи, по свѣдѣніямъ епархіальнаго начальства, въ 1892 году считалось 198 школъ грамоты, въ которыхъ обучалось 5,289 мальчиковъ и 1,224 дѣвочки, всего же 6,513. Окончило курсъ въ школахъ грамоты съ правомъ на льготу по воинской повинности 304 мальчика и 45 — безъ этого права.

Въ Уральской области въ 1886 году вольныхъ народныхъ школъ считалось до 200, а число учащихся въ нихъ — 2,284 ³).

Въ Иркутской епархіи въ 1890 году, по свѣдѣніямъ духовнаго вѣдомства, считалось 200 школъ грамоты, въ томъ числѣ въ Иркутской губерніи 121 школа и въ Забайкальской области 79 школъ грамотности. Въ 110 школахъ грамотности (объ остальныхъ свѣдѣній не имѣется) обучалось въ 1890 году 1,438 мальчиковъ и 305 дѣвочекъ, всего 1,743 человѣка ⁴).

Въ Орловской губерніи въ 1892 году считалось 205 школы грамоты, въ которыхъ обучалось 6,221 человѣкъ.

Въ Нижегородской губерніи къ началу 1892 года считалось 204 школы грамоты, изъ которыхъ 37 школъ были открыты въ теченіе 1891 года ⁵).

Во Владимірской губерніи, по свѣдѣніямъ мѣстнаго Александро-

---

¹) "Отчетъ Новгородской губернской земской управы о начальномъ народномъ образованіи за 1889—90 г.". Новгородъ, 1891 г., стр. 26.

²) "Правител. Вѣстн.", 1890 г., № 188.

³) "Очеркъ первоначальнаго образованія въ Уральскомъ казачьемъ войскѣ" Н. Бородина.

⁴) "Правител. Вѣстн.", 1891 г., № 130. Перепечат. изъ "Иркутскихъ Епарх. Вѣдом.".

⁵) "Правител. Вѣстн.", 1892 г., № 35.

Невскаго братства, въ 1892 году считалось 244 школы грамоты и 344 школы церковно-приходскихъ; учащихся въ тѣхъ и другихъ школахъ считалось болѣе 15.000.

Въ Черниговской губерніи въ 1891 году, по свѣдѣніямъ епархіальнаго начальства, считалось 276 школъ грамоты, въ которыхъ обучалось 6.116 человѣкъ, изъ нихъ 5.557 мальчиковъ и 559 дѣвочекъ; среднимъ числомъ, на одну школу грамоты приходится по 22 челов. учащихся [1]).

Въ Ярославской губерніи, по свѣдѣніямъ мѣстнаго епархіальнаго училищнаго совѣта, къ началу 1892 года, считалось 300 школъ грамоты [2]).

Въ Самарской губерніи земское статистическое изслѣдованіе открыло въ восьми уѣздахъ 306 вольныхъ школъ.

Въ Саратовской губерніи въ 1891 году, по свѣдѣніямъ епархіальнаго начальства, считалось 355 школъ грамоты, въ которыхъ обучалось 8.241 мальч. и 1.683 дѣвоч., всего же 9.924.

Въ Московской губерніи, по свѣдѣніямъ земскаго статистическаго бюро, въ 1883 году насчитывалось 537 вольныхъ школъ [3]); учащихся въ 499 школахъ (объ остальныхъ не имѣлось свѣдѣній) значилось 3.865 мальчиковъ и 674 дѣвочки, всего 4.539. Между тѣмъ, по свѣдѣніямъ Кирилло-Меѳодіевскаго братства, въ 1892 году считалось всего 109 школъ грамотности съ 2.206 учащимися.

О необычайно широкомъ распространеніи вольныхъ крестьянскихъ школъ въ Смоленской губерніи мы имѣли уже случай говорить въ одной изъ предыдущихъ главъ. Вотъ цифровыя данныя о трехъ уѣздахъ этой губерніи, собранныя земскими статистиками:

---

[1]) «Правител. Вѣсти.», 1891 г., № 21.
[2]) «Правител. Вѣсти.», 1892 г., № 73.
[3]) По уѣздамъ школы эти распредѣлялись слѣдующимъ образомъ: въ Верейскомъ—7, Звенигородскомъ—16, Московскомъ—24, Серпуховскомъ—25, Можайскомъ—26, Рузскомъ—31, Дмитровскомъ—38, Богородскомъ—49, Бронницкомъ—53, Клинскомъ—57, Коломенскомъ—64, Волоколамскомъ—67 и Подольскомъ—80.

В Дорогобужском уезде . . . 66 школ.
» Юхновском   »   . . . 100 ¹) »
» Гжатском   »   . . . 230 ²) »

Таким образом, только в трех уездах этой губернии оказалось 396 вольных домашних школ, организация и содержание которых всецело находится в руках самих крестьян.

Сведений об остальных уездах, к сожалению, не имеется но есть данныя, по которым можно думать, что вольное домашнее обучение как нельзя более распространено и в некоторых других уездах Смоленской губернии. Так, известно, что в Епишевской волости, Рославльского уезда, в настоящее время существует *девяносто* школ грамотности, а в *Субботников-ской* волости, Сычевского уезда, *пятнадцать* таких школ.

Между тем, по сведениям местного Авраамиевского братства, во всей Смоленской губернии считалось в 1892 году всего 283 школы грамоты с 5.442 учащимися ³).

В Тверской губернии, по инициативе В. И. Покровского, было произведено в 1887 году специальное изследование вольных домашних школ, в результате которого была получена масса в высшей степени интересных данных о положении вольного обучения, существующего среди крестьянского населения той губернии. Вот табличка о числе вольных школ и учащихся в них, по уездам ⁴).

	Число школ.	Число учащихся: Мальчиков.	Девочек.	Всего.
В Калязинском . . .	32	266	81	347
» Корчевском	27	396	221	617
» Весьегонском . . .	39	568	78	646
» Ржевском	49	495	164	659
» Осташковском . .	51	612	93	705
» Зубцовском	52	748	129	877

¹) Сборник статист. свед. по Смоленской губ. Том IV, стр. 29.
²) Сборник статист. свед. по Смоленской губ. Том III, стр. 35.
³) «Правител. Вестн.», 1892 г., № 92.
⁴) «Доклад Тверской губернской земской управы». Тверь, 1888 г.

	Число школъ.	Число учащихся.		Всего.
		Мальчиковъ.	Дѣвочекъ.	
Въ Тверскомъ	57	810	214	1.024
» Вышневолоцкомъ	110	1.395	332	1.727
» Старицкомъ	48	1.865	257	2.122
» Новоторжскомъ	121	1.936	320	2.256
» Кашинскомъ	90	1.861	627	2.488
» Бѣжецкомъ	177	2.224	453	2.677
Итого	853	13.176	2.969	16.145

Такимъ образомъ въ вольныхъ домашнихъ школахъ Тверской губерніи обучается свыше 16.000 человѣкъ! Такую цифру нельзя не признать почтенной.

Однако, цифру эту не слѣдуетъ считать исключительной, такъ какъ въ нѣкоторыхъ другихъ губерніяхъ можно встрѣтить то же самое число учащихся и даже значительно болѣе. Такъ, напримѣръ, въ Могилевской губерніи, какъ видно изъ отчета мѣстнаго епархіальнаго училищнаго совѣта, въ 1890 году считалось 941 школа грамоты, въ которыхъ обучалось 16.001 человѣкъ (14.856 мальчиковъ и 1.145 дѣвочекъ) [1].

Въ Кіевской губерніи въ 1891 году считалось въ селахъ и деревняхъ 683 школы грамоты, въ которыхъ обучалось 20.474 мальчика и 1.751 дѣвочка, всего же 22.225 [2].

Въ Подольской губерніи въ томъ же 1891 году считалось 728 школъ грамоты и 460 церковно-приходскихъ; всего учащихся въ тѣхъ и другихъ школахъ было 45.720 дѣтей обоего пола [3].

Подведя итоги только-что приведеннымъ цифрамъ, мы увидимъ, что *въ 29 губерніяхъ*,—свѣдѣнія о которыхъ намъ удалось собрать,—число школъ грамотности доходитъ до 7.577, а число учащихся въ нихъ—до 121.618 человѣкъ обоего пола. Между тѣмъ по оффиціальнымъ свѣдѣніямъ число школъ грамотности

---

[1] «Правительств. Вѣсти.», 1891 г., № 91.
[2] «Правител. Вѣсти.», 1892 г., № 82.
[3] «Правител. Вѣсти.», 1892 г., № 207.

во всей России определялось въ 1890 году *въ 9.374*, а учащихъся въ нихъ, по тѣмъ же свѣдѣніямъ, въ 1889 году считалось 179.178 человѣкъ. Какъ извѣстно, всего въ Россіи считается 96 губерній и областей; такимъ образомъ, если признать оффиціальныя свѣдѣнія о числѣ школъ грамотности точными, то на долю остальныхъ 67 *губерній и областей* приходится всего 1.797 школъ,—что, конечно совершенно неправдоподобно и даже прямо невѣроятно.

На основаніи данныхъ, сгруппированныхъ въ этой главѣ, сами собой вытекаютъ слѣдующіе выводы: 1) свѣдѣнія, которыми располагаетъ оффиціальный міръ о числѣ домашнихъ школъ грамотности и о числѣ учащихся въ нихъ,—отличаются крайней неточностью, неполнотой и не даютъ сколько нибудь надлежащаго представленія о размѣрахъ вольнаго обученія, существующаго въ народѣ. 2) Болѣе точными свѣдѣніями по этому вопросу располагаютъ земства, особенно тѣ изъ нихъ, которыя— какъ напримѣръ Тверское, Московское, Смоленское, Воронежское, Саратовское, Курское и др.—предпринимали подворныя статистическія изслѣдованія*). 3) Число дѣтей, которыя въ настоящее время обучаются въ вольныхъ домашнихъ школахъ, во всякомъ случаѣ слѣдуетъ опредѣлить *не менѣе какъ въ 300— 400 тысячъ*.

VI.

Уменьшается или увеличивается число вольныхъ школъ?

Теперь интересно взглянуть—увеличивается-ли число вольныхъ домашнихъ школъ или-же, наоборотъ, уменьшается?

Въ настоящее время вольныя крестьянскія школы, по свидѣтельству «Русскаго Начальнаго Учителя», «быстро ростутъ и

---

*) Къ сожалѣнію, въ самое послѣднее время, а именно со времени изданія извѣстныхъ «Правилъ о школахъ грамоты», въ силу которыхъ школы этого рода подчинены «исключительно вѣдѣнію и наблюденію духовнаго начальства», замѣчается, что многія земства начинаютъ терять интересъ къ этимъ школамъ, перестаютъ слѣдить за ихъ дѣятельностью.—«Правила» эти читатель найдетъ въ приложеніи къ нашей книгѣ.

многихъ губерніяхъ Россіи». Въ этомъ, конечно, и невозможно сомнѣваться послѣ того, что извѣстно о пробудившемся въ народѣ стремленіи къ грамотности и просвѣщенію.

Тотъ же самый фактъ быстраго увеличенія числа вольныхъ крестьянскихъ школъ или домашнихъ школъ грамотности констатируется и офиціальною статистикой. По отчетамъ духовнаго вѣдомства (г. оберъ-прокурора Св. Синода) число школъ грамотности съ 1884—85 учебнаго года опредѣлялось въ слѣдующихъ цифрахъ.

Въ 1884—85 учебномъ году . . 84 школы грамотности
» 1885—86   »   » . . 3.101   »   »
» 1886—87   »   » . . 6.168   »   »
» 1887—88   »   » . . 7.595   »   »
» 1888—89   »   » . . 9.217   »   » [1]).

Однако, если основываться на голыхъ цифрахъ разныхъ офиціальныхъ отчетовъ, то можно будетъ указать такія мѣстности, въ которыхъ по временамъ будто бы происходитъ *уменьшеніе* числа школъ грамотности. Такъ, напримѣръ, въ Ярославской губерніи, по офиціальнымъ свѣдѣніямъ, считалось въ 1886—1887 году 117 такихъ школъ, а въ слѣдующемъ 1887—1888 году показывалось 98.

По словамъ отчета, «уменьшеніе числа школъ противъ предшествовавшаго года объясняется преобразованіемъ нѣкоторыхъ изъ нихъ въ церковно-приходскія и закрытіемъ другихъ» [2]). Сколько именно было преобразовано и сколько закрыто, а также, почему именно закрыто—отчетъ не говоритъ. Но теперь для насъ уже ясна разгадка.

Быстрое увеличеніе числа церковно-приходскихъ школъ (увеличеніе, которымъ такъ щеголяютъ извѣстнаго рода отчеты) именно тѣмъ и объясняется, что вольныя крестьянскія школы «преобразовываются» или, точнѣе говоря, переименовываются

---

[1]) «Школы грамоты и ихъ новое назначеніе въ народномъ образованіи». «Правител. Вѣстн.», 1891 г., № 105.

[2]) «Правител. Вѣстн.» 1889 г. № 176.

вольныя крестьянскія школы.   4

въ церковно-приходскія. Это дѣлается какъ нельзя болѣе просто, главнымъ образомъ потому, что школы грамотности, какъ извѣстно, всецѣло подчинены въ настоящее время духовенству.

И дѣйствительно, быстрое увеличеніе числа церковно-приходскихъ школъ замѣчается именно въ тѣхъ губерніяхъ, въ которыхъ вольныя крестьянскія школы получили особенно широкое распространеніе. Напримѣръ, въ Курской губерніи, въ которой, какъ мы видѣли, вольное домашнее обученіе распространено по всѣмъ уѣздамъ—въ 1890 году число церковно-приходскихъ школъ достигло 290; въ этихъ школахъ насчитывалось до 10.000 учащихся обоего пола *).

Быстрое увеличеніе числа школъ грамотности замѣчается почти повсюду послѣ 1882 года, т.-е. года изданія циркуляра барона Николаи, которымъ было признано за этими школами право на существованіе.

Въ Лужскомъ уѣздѣ, Петербургской губерніи, по свѣдѣніямъ инспекціи, крестьянскихъ вольныхъ школъ въ 1880—1881 учебномъ году (т.-е. до разрѣшенія школъ грамотности) считалось 11. Въ 1882 году, т.-е. въ годъ разрѣшенія, ихъ было 23, а черезъ годъ въ 1883 году ихъ было уже 42. Необходимо замѣтить, что свѣдѣнія эти крайне неполны: они обнимаютъ только 17 волостей уѣзда изъ 25, между тѣмъ какъ едва-ли найдется хоть одна волость, гдѣ бы такъ называемаго домашняго обученія грамотѣ не было вовсе. Но свѣдѣнія эти интересны въ томъ отношеніи, что нагляднo свидѣтельствуютъ о вліяніи большей свободы обученія. Нѣкоторыя изъ школъ, показанныхъ открытыми въ 1883 году, существовали, безъ сомнѣнія, и раньше, никому невѣдомыя, но столь же несомнѣнно и то, что число школъ грамотности, благодаря циркуляру 1882 года, возросло въ Лужскомъ уѣздѣ не на одной бумагѣ.

Учащихся въ 42 вольныхъ школахъ Лужскаго уѣзда числилось въ 1883 году 752, въ томъ числѣ 99 дѣвочекъ. Такимъ

---

*) «Правит. Вѣстн.», 1890 г. № 181.

образомъ, среднимъ, числомъ приходится по 18 учениковъ на школу. Въ 1898 году въ Лужскомъ уѣздѣ считалось 49 вольныхъ школъ.

Въ 1884 году въ Свіяжскомъ уѣздѣ, Казанской губерніи, было 10 школъ грамотности, спустя же четыре года, въ 1888 году, ихъ было уже 30 [1]).

Подробное изслѣдованіе школъ грамотности въ Тверской губерніи, произведенное въ 1887 году губернскимъ земствомъ, обнаружило, что школы эти количественно «растутъ *съ немыслимой быстротой*, съ какой не росли даже земскія школы, несмотря на то, что на эти послѣднія было обращено вниманіе лучшихъ земскихъ дѣятелей» [2]).

Въ Тверской губерніи школъ грамотности считалось:

```
Въ 1877 году . . . . . . . . . 362 [3]).
 »  1882  »  . . . . . . . . . 460 [4]).
 »  1887  »  . . . . . . . . . 853 [5]).
```

Такимъ образомъ въ то время, когда въ пятилѣтіе *до* изданія циркуляра министра народнаго просвѣщенія этихъ школъ открывалось ежегодно въ среднемъ выводѣ около 19, во второе пятилѣтіе, слѣдовавшее непосредственно за признаніемъ законности этихъ школъ, онѣ стали открываться въ количествѣ, доходящемъ въ среднемъ выводѣ до 78 школъ ежегодно.

Обыкновенно всѣ эти школы возникаютъ по иниціативѣ самихъ же крестьянъ, которые и являются ихъ устроителями и руководителями,—и только въ крайне рѣдкихъ случаяхъ иниціатива исходитъ отъ лицъ болѣе или менѣе интеллигентныхъ, которыя изъ сочувствія къ дѣлу народнаго просвѣщенія берутъ на себя трудъ организовать школы грамотности. И всегда въ этихъ случаяхъ результаты получаются самые блестящіе, такъ какъ дѣятельность интеллигентнаго лица въ этомъ направленіи

---

[1]) «Русскій Начальный Учитель», 1889 г., № 10.

[2]) Докладъ Тверской губернской земской управы очередному земскому собранію о народномъ образованію. Тверь, 1888 г., стр. 34.

[3]) Сборникъ матеріаловъ для исторіи Тверского губерн. земства. Т. II, стр. 1077.

[4]) Приложенія къ Всеподданнѣйшему отчету за 1883 годъ.

[5]) Докладъ по народному образованію очеред. губерн. земскому собранію 1888 г.

встрѣчаетъ въ народѣ уже подготовленную почву, встрѣчаетъ населеніе, которое охотно и воспріимчиво отзывается на его призывъ и идетъ ему на встрѣчу. Въ одной изъ слѣдующихъ главъ мы подробнѣе поговоримъ на эту тему, а теперь приведемъ здѣсь лишь одинъ примѣръ подобной дѣятельности.

Въ 1883 году священникъ Дмитрій Коновотинъ вступилъ въ должность попечителя Епишевскаго волостнаго училища, Рославскаго уѣзда, Смоленской губ., которое было единственнымъ во всей волости. Въ теченіи пяти лѣтъ послѣ этого, «при добромъ вліяніи священника Коновотина на прихожанъ», въ Епишевской волости возникаетъ *двѣнадцать* школъ грамотности. Теперь всѣ вообще дѣти этой волости имѣютъ возможность получать школьное образованіе; благодаря этому, число учащихся все болѣе и болѣе увеличивается: до 1883 года въ Епишевской волости было около 70 человѣкъ учащихся, а въ 1888 году число учащихся возросло до 400 и въ томъ числѣ было не мало дѣвочекъ. Учителями въ школахъ грамотности состоятъ крестьянскіе-же мальчики, успѣшно окончившіе курсъ въ волостномъ училищѣ и получившіе по окончаніи курса нѣкоторую педагогическую подготовку при Епишевскомъ училищѣ.

Всѣ двѣнадцать школъ, согласно волостному приговору, состоятъ подъ контролемъ попечителя волостнаго училища, священника Д. Коновотина, который опредѣляетъ и увольняетъ учителей, выдаетъ имъ жалованіе изъ общихъ училищныхъ суммъ, собираемыхъ со всей волости въ училищную кассу. Учителя школъ грамотности получаютъ въ размѣрѣ отъ 15 до 25 рублей за зиму, при даровомъ столѣ. Обучаютъ церковно-славянскому и русскому чтенію, закону Божію, письму и ариѳметикѣ [1].

Въ нѣкоторыхъ мѣстахъ дѣло развитія вольныхъ крестьянскихъ школъ идетъ по истинѣ гигантскими шагами. Вотъ, напримѣръ, что недавно писалось въ «Русскомъ Начальномъ Учителѣ» изъ Ирбитскаго уѣзда, Пермской губерніи: «года три тому назадъ, во

---

[1] «Смоленскій Вѣстникъ», 1888 г. № 23. «Дѣятельность одного сельскаго священника». Перепечатка изъ «Смоленскихъ Епархіальныхъ Вѣдомостей».

взяли и въ нашемъ уѣздѣ такія школы (т.-е. домашнія крестьянскія школы грамотности); сначала ихъ было 3—4, а за три года число ихъ разрослось до 34». Такимъ образомъ число вольныхъ крестьянскихъ школъ въ Ирбитскомъ уѣздѣ въ теченіи трехъ лѣтъ увеличилось *болѣе чѣмъ въ десять разъ!*

Въ Новгородской губерніи, какъ мы уже упоминали, считалось въ 1885 году, по свѣдѣніямъ губернской земской управы, 121 школа грамотности. Изъ этого числа въ теченіи послѣдняго 1884 года было основано до 50%. А въ 1889 году считалось уже 184 школы.

Въ Орловской губерніи въ 1890 году считалось 108 школъ грамотности [?], а въ слѣдующемъ же 1891 году число это возросло до 205 [?].

Такіе широкіе, по истинѣ могучіе размѣры принимаетъ стремленіе народа къ пріобрѣтенію грамотности.

VII.

Составъ вольныхъ учителей.

Что же это за люди вольные деревенскіе учителя? Изъ какой среды они главнымъ образомъ выходятъ? Какова ихъ подготовка? Что они даютъ народу? Какъ относятся къ нимъ крестьянское населеніе? Кому изъ нихъ всего охотнѣе довѣряетъ народъ обученіе своихъ дѣтей: своему-ли брату, мужику-грамотею, мѣстному-ли батюшкѣ—священнику, черничкѣ-ли, интеллигенту-ли, попадающему въ деревню, захожему-ли солдату и т. д.? Всѣ эти вопросы имѣютъ, конечно, весьма важное практическое значеніе въ дѣлѣ народнаго образованія, особенно въ виду тѣхъ нерѣдко совершенно превратныхъ представленій, которыя сложились и складываются по этимъ вопросамъ у значительной части общества. Считаемъ необходимымъ поподробнѣе остановиться здѣсь

[?] «Правител. Вѣстн.», 1891 г., № 129.
[?] «Правител. Вѣстн.», 1892 г., № 272.

на одномъ изъ тѣхъ превратныхъ представленій, которое, по нашему мнѣнію, имѣетъ огромное значеніе, особенно въ виду извѣстныхъ вѣяній и теченій въ общественной и правительственной сферахъ послѣдняго времени.

Извѣстный дѣятель на поприщѣ народнаго образованія, г. Рачинскій, увѣряетъ, что «нашъ народъ самъ признаетъ духовенство законнымъ своимъ учителемъ. При первой возможности откладывать ежегодно какихъ-нибудь пять рублей, простолюдинъ отдастъ сына своего на обученіе священнику или діакону; при меньшихъ средствахъ онъ обращается къ дьячку, и только въ крайней нуждѣ рѣшается обратиться къ какому-нибудь отставному солдату или своему брату, крестьянину-грамотѣю¹). На основаніи этого, г. Рачинскій, какъ извѣстно, доказываетъ необходимость первоначальное образованіе народа всецѣло ввѣрить духовенству—и отнюдь никому другому.

Какъ извѣстно, мнѣніе г. Рачинскаго раздѣляется нѣкоторой частью русскаго общества и находитъ себѣ многочисленныхъ сторонниковъ среди представителей оффиціальнаго міра. Въ свое время мнѣніе это энергически оспаривалось нѣкоторыми изъ дѣятелей нашего педагогическаго міра, а также многими изъ нашихъ публицистовъ, но разбить, опровергнуть это мнѣніе, при помощи несомнѣнныхъ цифръ и фактовъ, въ то время не представлялось возможности, въ виду почти полнаго отсутствія всякихъ свѣдѣній о положеніи вольнаго домашняго обученія, существующаго въ народѣ. Теперь, благодаря главнымъ образомъ земскимъ статистическимъ изслѣдованіямъ, мы имѣемъ эти свѣдѣнія и съ помощью ихъ намъ не трудно будетъ рѣшить вопросъ о томъ, насколько мнѣніе г. Рачинскаго относительно роли духовенства въ сферѣ вольнаго домашняго обученія вытекаетъ изъ условій и данныхъ дѣйствительной жизни.

Прежде всего приведемъ числовыя свѣдѣнія о составѣ вольныхъ крестьянскихъ учителей во всѣхъ тѣхъ губерніяхъ, отно-

---

¹) Замѣтки о сельскихъ школахъ. Спб. 1883 г. стр. 111.

сительно которыхъ имѣются эти свѣдѣнія. Въ Московской губерніи въ 1882—83 году считалось 537 лицъ, занимавшихся обученіемъ въ вольныхъ школахъ, при чемъ по сословіямъ эти учителя распредѣлялись слѣдующимъ образомъ:

Крестьяне и крестьянки	240 [1]
Причетники	109
Отставные и запасные солдаты	50
Священники	39
Мѣщане	32
Неизвѣстнаго происхожденія мужчины	19
Неизвѣстнаго происхожденія женщины	17
Діаконы	16
Разночинцы	9
Женщины изъ духовнаго сословія	7
Женщины-мѣщанки	5
Женщины-дворянки	3
Питомцы воспитательнаго дома	1
	537

Такимъ образомъ — значительное большинство учителей вольныхъ школъ въ Московской губерніи принадлежитъ къ крестьянскому сословію — 179 мужч. и 61 женщ., всего 240 человѣкъ или 45% общаго числа учителей. Священники же составляютъ лишь 7%, діаконы 3% общаго числа; причетники 18%, солдаты 9% [2].

Во Владимірской губерніи, по свѣдѣніямъ мѣстнаго епархіальнаго начальства [3], составъ учителей школъ грамотности въ 1886—87 учебномъ году былъ слѣдующій:

Крестьянъ	58	человѣкъ
Женщинъ	26	» [4]
Отставныхъ солдатъ	20	»

---

[1] Въ томъ числѣ: крестьянъ и 179 крестьянокъ 61.

[2] Народное образованіе въ Московской губерніи. Изданіе московскаго губернскаго земства. Москва. 1884 г.

[3] Отчетъ о дѣятельности Владимірскаго православнаго братства Александра Невскаго за 1886—87 г. Москва. 1888 г.

[4] Большинство ихъ также принадлежитъ, по всей вѣроятности, къ крестьянскому сословію.

Псаломщиковъ . . . . 19 человѣкъ
Діаконовъ . . . . 12 »
Священниковъ . . . . 8 »
Мѣщанъ . . . . 6 »
Отставныхъ чиновниковъ . . . . . 5 »

Всего . . 154 человѣка.

Въ Тверской губерніи общее число учителей вольныхъ домашнихъ школъ распредѣляется по сословіямъ слѣдующимъ образомъ *):

Крестьянъ . . . . 326 человѣкъ или 72,6%
Духовнаго званія 71   »   »   15,8%
Мѣщанъ 29   »   »   6,5%
Дворянъ 23   »   »   5,1%

Въ Дорогобужскомъ уѣздѣ, Смоленской губерніи, учителя вольныхъ школъ, по сословіямъ, распредѣляются такъ:

Крестьянъ . . . . 15 человѣкъ
Отставныхъ солдатъ . . . . . . 14 »
Лицъ духовнаго званія . . . . . 7 »
Дворовыхъ . . . . 7 »
Дворянъ и чиновниковъ . . . . . 2 »
Мѣщанъ . . . . 1 »

Всего . . 46 человѣкъ **).

Такимъ образомъ и здѣсь крестьяне занимаютъ по численности первое мѣсто среди другихъ сословныхъ группъ, а лица духовнаго званія—третье. Еще большее преобладаніе крестьянскаго элемента сравнительно съ лицами духовнаго званія встрѣчаемъ мы въ составѣ вольныхъ учителей Острогожскаго уѣзда, Воронежской губерніи. По изслѣдованію г. Щербины, здѣсь вольнымъ учителемъ обыкновенно является свой же грамотный крестьянинъ или солдатъ изъ мѣстныхъ жителей, научившійся гра-

---

*) Докладъ Тверской губерн. земск. управы о народ. образованіи. Тверь 1886 г.
**) Всѣхъ учителей въ вольныхъ школахъ Дорогобужскаго уѣзда считается 66, но званіе остальныхъ 20 человѣкъ не было обнаружено.

хотя въ бытность свою на службѣ, въ полковой или ротной школѣ, или же въ деревнѣ отъ своего отца преемственно.

Вотъ составъ вольныхъ учителей по сословіямъ въ Острогожскомъ уѣздѣ:

   Крестьяне и крестьянки . . . . 19 человѣкъ.
   Солдаты и ихъ жены . . . . . 14 »
   Чернички . . . . 6 »
   Сельскіе писаря . . . . 3 »
   Дворовые люди . . . . 2 »
   Мѣщане . . . . 2 »
   Сынъ діакона . . . . 1 »
   Священникъ . . . . 1 »
   Псаломщикъ . . . . 1 »
   Бывшій учитель . . . . 1 »
        Всего . . . 50 человѣкъ.

Такимъ образомъ во всемъ Острогожскомъ уѣздѣ вольнымъ обученіемъ крестьянскихъ дѣтей занимается лишь *одинъ* священникъ. Вообще же лица духовнаго званія въ числѣ учителей вольныхъ школъ Острогожскаго уѣзда составляютъ совершенно ничтожный процентъ. То же самое встрѣчаемъ мы и въ другихъ мѣстностяхъ Россіи. Вотъ, напримѣръ, свѣдѣнія о составѣ вольныхъ учителей въ Лужскомъ уѣздѣ, Петербургской губерніи.

Учителями въ 42-хъ вольныхъ школахъ Лужскаго уѣзда были слѣдующія лица:

   Унтеръ-офицеры и солдаты . . . 9 человѣкъ
   Мѣщане . . . . 9 »
   Крестьяне . . . . 7 »
   Дворяне . . . . 6 »
   Лица духовнаго званія . . . . 3 »
   Фельдшера . . . . 2 »
   Окончившіе курсъ въ начальномъ
    училищѣ . . . . 5 »
   Окончившіе курсъ въ семинаріи
    воспитательнаго дома . . . . 1 »

Здѣсь лица духовнаго званія занимаютъ пятое мѣсто въ числѣ другихъ категорій вольныхъ учителей; крестьяне же, судя по этимъ даннымъ, уступаютъ первенство солдатамъ и мѣщанамъ, но съ этимъ послѣднимъ выводомъ едва-ли можно будетъ согласиться, такъ какъ 5 человѣкъ, показанные въ особой рубрикѣ «окончившихъ курсъ въ начальныхъ училищахъ», по всей вѣроятности, также должны быть отнесены къ лицамъ крестьянскаго званія.

Лица духовнаго сословія составляютъ болѣе или менѣе замѣтный процентъ среди учителей вольныхъ школъ другихъ сословій лишь въ нѣкоторыхъ уѣздахъ Пермской губерніи. Такъ, въ Екатеринбургскомъ уѣздѣ изъ 39 человѣкъ вольныхъ учителей считается крестьянъ 20, духовныхъ 16, мѣщанъ 1, солдатъ 1, неизвѣстнаго званія 1. Въ Шадринскомъ уѣздѣ изъ 47 такихъ учителей считается: крестьянъ 33, духовныхъ 10, дворянъ и чиновниковъ 4. Но такихъ уѣздовъ очень немного, въ большинствѣ же мѣстностей не только священники, но и вообще лица духовнаго званія составляютъ самый ничтожный процентъ среди учителей домашнихъ школъ грамотности. Приведемъ еще нѣсколько примѣровъ.

Въ Сердобскомъ уѣздѣ, Саратовской губерніи, учителя въ школахъ грамотности распредѣлялись по сословіямъ слѣдующимъ образомъ [1]:

Крестьянъ	18 человѣкъ	или	58%
Солдатъ	8	»	25,9%
Духовнаго званія	2	»	6,5 »
Чиновниковъ	1	»	3,2 »
Почетныхъ гражданъ	1	»	3,2 »
Мѣщанъ	1	»	3,2 »

Въ Бугурусланскомъ уѣздѣ, Самарской губерніи, изъ 34 учителей домашнихъ школъ грамотности крестьянъ 24, солдатъ 3, дворянъ и чиновниковъ 3, духовныхъ 2 и столько же мѣщанъ.

---

[1] Свѣдѣнія о происхожденіи были собраны относительно 31 учителя. «Докладъ училищной комиссіи о состояніи народнаго образованія въ Сердобскомъ уѣздѣ». Саратовъ, 1889 г.

Въ Орловской губерніи, по сообщенію «Церковныхъ Вѣдомостей», «въ школахъ грамоты учителями состоятъ, *по большей части* лица изъ крестьянскаго и военнаго сословія. *Но есть школы, въ которыхъ учителями состоятъ и члены причта и даже священники*» [1]).

Въ Новгородской губерніи въ 1889—90 году епархіальный училищный совѣтъ имѣлъ свѣдѣнія относительно 167 учителей домашнихъ школъ грамотности. Въ этомъ числѣ было: 12 священниковъ, 16 діаконовъ и 10 псаломщиковъ, всего 38 лицъ духовнаго званія,—остальную же массу учителей—129 человѣкъ, составляли крестьяне, солдаты, мѣщане, разночинцы и т. д. [2]). Двѣнадцать священниковъ-учителей на цѣлую губернію, состоящую изъ *одиннадцати* уѣздовъ, это, конечно, болѣе чѣмъ скромная цифра!

Въ Сибири учителями вольныхъ школъ «въ большинствѣ случаевъ являются уголовно-ссыльно-поселенцы или крестьяне и мѣщане изъ ссыльныхъ же, а затѣмъ идутъ отставные солдаты, вышедшій со службы канцелярскій людъ и всякіе разночинцы, *лицъ духовнаго званія немного*, преимущественно заштатные дьячки, вдовы и незамужнія дочери разныхъ причетниковъ» [3]).

При оцѣнкѣ статистическихъ данныхъ о числѣ вольныхъ учителей изъ разныхъ сословій необходимо имѣть въ виду, что свѣдѣнія о числѣ священниковъ, занимающихся обученіемъ, почти всегда точны и близки къ дѣйствительности, такъ какъ каждый священникъ болѣе или менѣе у всѣхъ на виду и потому о занятіяхъ его въ школѣ всегда извѣстно, между тѣмъ какъ крестьяне грамотеи, обучающіе въ селахъ, деревняхъ, на хуторахъ и т. д. обыкновенно остаются неизвѣстными ни для уѣзднаго начальства, ни для мѣстной интеллигенціи, поэтому и свѣдѣнія о ихъ числѣ гораздо ниже дѣйствительности.

---

[1]) «Правител. Вѣстн.», 1891 г., № 129.

[2]) Отчетъ Новгородской губернской земской управы о начальномъ народномъ образованіи за 1889—90 годъ». Новгородъ, 1891 г.

[3]) Очерки быта населенія Восточной Сибири. Н. Астырева. «Русская Мысль», 1890 г., № 8.

Затѣмъ можно указать не мало и такихъ мѣстностей, въ которыхъ священники и другія духовныя лица совершенно отсутствуютъ въ числѣ учителей вольныхъ крестьянскихъ школъ. Такъ, напримѣръ, въ Вятскомъ уѣздѣ учителями школъ грамотности являются слѣдующія лица: крестьяне — 21 [1]), солдаты—3, чиновники — 2, старикъ грамотей, званіе котораго не обнаружено-1 [2]). То же самое наблюдается въ Гродненской губерніи, гдѣ, судя по отчетамъ мѣстнаго православнаго Софійскаго братства, учителями въ школахъ грамотности являются: крестьяне, мѣщане, военные писаря и т. п., но нѣтъ ни одного священника, ни одного лица духовнаго званія.

Наконецъ во всѣхъ тѣхъ мѣстностяхъ, въ которыхъ преобладающее населеніе составляютъ старообрядцы или сектанты, мы также не встрѣчаемъ священниковъ и другихъ духовныхъ лицъ въ роли учителей крестьянскихъ домашнихъ школъ.

И такъ, если въ старину священники, монахи, діаконы и т. п. духовныя лица играли видную, выдающуюся роль въ дѣлѣ важнаго домашняго обученія, то въ настоящее время эта роль ими совершенно утрачена, такъ какъ въ большинствѣ мѣстностей учителями домашнихъ школъ являются теперь главнымъ образомъ крестьяне, солдаты, мѣщане, «черничка», разночинцы и т. д.

Установивъ это положеніе, мы не имѣемъ въ виду выяснять и разбирать здѣсь тѣ причины, — во всякомъ случаѣ весьма сложныя, — которыми обусловлено это крупное явленіе современной народной жизни. Мы попытаемся сдѣлать это какъ-нибудь впослѣдствіи, въ другое время, болѣе благопріятное для выясненія подобнаго рода вопросовъ. На этотъ же разъ мы постараемся только представить нѣкоторыя соображенія и факты на тѣ возраженія, которыя намъ могутъ быть сдѣланы по поводу только, что установленнаго нами положенія.

Намъ могутъ замѣтить, что незначительная численность лицъ

---

[1]) Въ томъ числѣ 3 крестьянскихъ дѣвушки.
[2]) «Русскій Начальный Учитель», 1899 г., № 12.

духовнаго званія вообще и священниковъ въ частности, сравнительно съ другими сословными группами учителей домашнихъ школъ грамотности, сама по себѣ доказываетъ еще очень мало. Для разрѣшенія вопроса объ отношеніи народа къ различнымъ группамъ вольныхъ учителей необходимо знать: какъ посѣщаются школы той или другой группы учителей? Какъ велико число учащихся въ школахъ, въ которыхъ преподавателями являются священники и другія лица духовнаго званія сравнительно съ тѣми школами, въ которыхъ преподаютъ крестьяне, солдаты и тому подобный людъ? Число учениковъ, посѣщающихъ ту или другую школу, того или другого учителя, конечно, лучше всего показываетъ отношеніе населенія къ школѣ и учителю.

Вопросы эти по отношенію къ Московской губерніи вполнѣ разрѣшаются слѣдующей табличкой, извлеченной нами изъ трудовъ Московскаго статистическаго бюро.

Учители		Число ихъ.	Число учащихся у нихъ.	Среднее на 1 учителя.
1. Старообрядцы	мужч.	5	79	15,8
	женщ.	6	36	6
2. Дворяне	мужч.	5	77	15,4
	женщ.	1	3	3
3. Солдаты	мужч.	50	545	10,9
	женщ.	4	53	13,2
4. Разночинцы	мужч.	8	100	12,5
	женщ.	3	18	6
5. Выученники зем. школъ	мужч.	3	20	6,7
	женщ.	1	10	10
6. Крестьяне	мужч.	160	1466	9,2
	женщ.	53	487	9,2
7. Мѣщане	мужч.	18	166	9,2
	женщ.	4	29	7,2
8. Причетники		100	808	8,1
9. Женщины духовнаго званія		7	53	7,6
10. Священники		37	280	7,6
11. Діаконы		16	114	7,1

Изъ этихъ свѣдѣній видно, что *наибольшее* число учениковъ встрѣчается въ школахъ, въ которыхъ учителями являются: старообрядцы (т.-е. опять-таки крестьяне же), затѣмъ дворовые, солдаты, разночинцы; далѣе идутъ выученики земскихъ школъ [1]) и крестьяне. *Наименьшее* же число учениковъ встрѣчается въ школахъ, въ которыхъ обучаютъ священники и діаконы [2]).

Хотя по другимъ губерніямъ подобныхъ свѣдѣній, къ сожалѣнію, не имѣется, тѣмъ не менѣе нѣтъ никакихъ основаній думать, что Московская губернія въ этомъ отношеніи представляетъ собою исключительное явленіе. Напротивъ, можно съ увѣренностью сказать, что и въ другихъ мѣстностяхъ Россіи мы встрѣтимся съ тѣми же самыми фактами, доказывающими, что наименьшее число учащихся падаетъ на долю тѣхъ домашнихъ школъ, въ которыхъ преподавателями являются священники. И это совершенно понятно, такъ какъ помимо всякихъ другихъ причинъ, имѣющихъ мѣсто въ данномъ вопросѣ, обученіе у священниковъ почти всегда обходится *гораздо дороже*, чѣмъ обученіе вольныхъ учителей изъ крестьянъ, солдатъ и т. п.

Во многихъ мѣстахъ Россіи обученіемъ крестьянскихъ дѣтей грамотѣ издавна занимается особый, имѣющій широкое распространеніе на Руси классъ женщинъ, извѣстныхъ подъ именемъ «черничекъ», «монашекъ», «спасенницъ», «вѣковушекъ» и т. п. Это обыкновенно дѣвушки, почему-либо не вышедшія замужъ или добровольно обрекшія себя на безбрачную жизнь.

Подражая во внѣшнихъ пріемахъ монашкамъ, онѣ одѣваются всегда въ черное платье, нерѣдко отказываются отъ употребленія мясной пищи и неупустительно присутствуютъ при богослуженіяхъ; онѣ же обыкновенно читаютъ псалтырь надъ покойниками и по покойникамъ. Чернички, за весьма рѣдкими исключеніями, всѣ грамотныя и между ними зачастую встрѣчаются начетчицы; въ большинствѣ же случаевъ грамотность черничекъ ограничи-

---

[1]) То-есть, опять-таки тѣ же крестьяне.
[2]) «Народное образованіе въ Московской губ.». Москва, 1884 г., стр. 193—194.

вается лишь умѣньемъ читать по церковнославянски; писать-же умѣютъ далеко не всѣ.

Нерѣдко крестьянское населеніе вмѣсто приходскихъ священниковъ обращается къ черничкамъ за разрѣшеніемъ и разъясненіемъ того или другого нравственно-религіознаго недоумѣнія, ихъ толкованія въ этомъ отношеніи не идутъ въ разрѣзъ съ установившимися въ крестьянской средѣ понятіями. Эти-то условія жизни и дѣятельности черничекъ, независимо отъ ихъ принадлежности къ крестьянскому сословію, что имѣетъ положительно важное значеніе, создали имъ издавна извѣстное довѣріе, почетъ и уваженіе въ крестьянской средѣ ¹).

Такимъ образомъ чернички играютъ двоякую роль — какъ насадительницы грамотности и какъ наставницы. Школы свои онѣ обыкновенно устраиваютъ у себя же на дому «въ келіяхъ», помѣщающихся почти всегда въ уединенныхъ мѣстахъ, вдали отъ свѣта, на краю села или за дворомъ въ саду. Обученіе грамотѣ мальчиковъ и дѣвочекъ чернички производятъ по такъ называемой церковно-славянской «граматкѣ», далѣе обучаютъ текстамъ часослова и псалтыря; обученіе чтенію нерѣдко соединяется съ обученіемъ письму, а дѣвочекъ сверхъ того и рукодѣлью.

Въ послѣднее время чернички вынуждены уступать свое исконное право на обученіе дѣтей грамотнымъ крестьянамъ, воспитанникамъ земской школы и солдатамъ, которыхъ слѣдуетъ признать болѣе подготовленными, сравнительно съ черничками, почти всегда малограмотными. Тѣмъ не менѣе и до сихъ поръ во многихъ мѣстностяхъ Россіи чернички весьма дѣятельно занимаются обученіемъ крестьянскихъ дѣтей. Изъ Балашовскаго уѣзда, Саратовской губерніи, сообщалось, что тамъ народъ «видимо симпатизируетъ черничкамъ, какъ женщинамъ, старающимся удалиться «отъ міра сего», и охотно отдаетъ имъ въ ученье дѣтей» ²).

Въ большинствѣ мѣстностей мужчины-учителя преобладаютъ

---

¹) «Народное образованіе въ Воронежскомъ уѣздѣ», Воронежъ, 1885 г.

²) «Русскій Начальный Учитель», 1885 г., № 8—9. Статья: Н. Бычкова: «Внѣшкольное обученіе грамотѣ въ Балашовскомъ уѣздѣ, Саратовской губерніи».

над женщинами-учительницами [1]; но въ тѣхъ мѣстностяхъ, въ которыхъ особенно сильно распространенъ расколъ, женщины занимаютъ видное мѣсто среди вольныхъ учителей.

Въ Московской губерніи большинство учащихъ (82,6%) составляли мужчины; учительницы болѣе или менѣе значительный процентъ давали только въ слѣдующихъ трехъ уѣздахъ: въ Московскомъ (58%), Богородскомъ (22%) и Бронницкомъ (22,4%). Въ этихъ уѣздахъ, какъ извѣстно, весьма сильно распространенъ расколъ. То же самое явленіе мы можемъ наблюдать въ восточныхъ губерніяхъ, какъ, напримѣръ, въ Пермской и Вятской, въ которыхъ расколъ издавна свилъ себѣ прочное гнѣздо. Въ нѣкоторыхъ уѣздахъ Пермской губерніи, какъ, напримѣръ, въ Шадринскомъ, учительницъ даже больше, чѣмъ учителей.

Въ Тверской губерніи учительницы въ школахъ грамотности «сумѣли завоевать себѣ довольно прочное положеніе, во всякомъ случаѣ болѣе прочное, чѣмъ положеніе учителей», объ этомъ можно судить по продолжительности пребыванія ихъ въ той или другой школѣ.

Въ дѣлѣ постановки вольныхъ домашнихъ школъ весьма важное значеніе имѣетъ вопросъ о принадлежности учителя къ мѣстной средѣ, къ мѣстному крестьянскому обществу. Въ Гжатскомъ уѣздѣ, Смоленской губ., въ качествѣ вольнаго учителя чаще всего фигурируетъ пришлый, чужой человѣкъ, въ Юхновскомъ же уѣздѣ, той же губерніи, въ роли учителя по большей части является мѣстный человѣкъ, свой крестьянинъ, однообщественникъ, обучающій въ собственной избѣ. (Въ числѣ послѣднихъ нерѣдко встрѣчаются молодые парни, прошедшіе земскую школу). Эта особенность персонала вольныхъ учителей Юхновскаго уѣзда можетъ быть объяснена характеромъ отхожихъ промысловъ въ этомъ уѣздѣ, которые по большей части отрываютъ населеніе отъ деревни въ лѣтнее время, зимою же, по возвращеніи домой

---

[1] Въ Дорогобужскомъ уѣздѣ, Смоленской губ., женщинъ въ числѣ учительницъ вольныхъ школъ почти совсѣмъ не встрѣчается, за исключеніемъ одной «барышни», учительствующей скорѣе въ частной, чѣмъ въ вольной школѣ.

обученіе является для многихъ крестьянъ какъ бы побочнымъ заработкомъ¹).

Въ Курскомъ уѣздѣ «вольными учителями» или «грамотеями», какъ ихъ называютъ здѣсь, нерѣдко являются разные «прохожіе люди»: странники, богомольцы, отставные солдаты, бродяги и проч. «Придетъ солдатъ (чужой), кормится по бѣдности и ребятъ учитъ». Но гораздо чаще эти грамотеи люди осѣдлые, мѣстные. Въ деревнѣ Верхней Косиновой есть такой учитель, къ которому ходятъ 15 мальчиковъ, съ платою по 50 копѣекъ въ мѣсяцъ. Въ селѣ Тазовѣ крестьяне отказались отъ училища, а учитъ ребятъ односельчанинъ крестьянинъ Лазарь Васильевичъ Сѣдыхъ съ братомъ въ жилой избѣ; ходятъ къ нему 12—15 мальчиковъ съ платой по полтинѣ въ мѣсяцъ.

Въ Безлѣсенскомъ обществѣ 3—4 двора складываются вмѣстѣ и нанимаютъ учителя, которому платятъ по рублю съ мальчика. Въ селѣ Вышнемъ Гуторовѣ монашка Пелагея Михайлова Гуторева съ сестрой, по словамъ крестьянъ, «многихъ грамотѣ выучили и сейчасъ учатъ». Даже въ Подгородной слободѣ Пушкарной есть одинъ солдатъ, который обучаетъ 10 мальчиковъ²).

Въ Весьегонскомъ уѣздѣ, Тверской губ., по словамъ князя Шаховского, учителями въ вольныхъ школахъ чаще всего являются: отставные солдаты, бывшіе чиновники, лица духовнаго званія, главнымъ образомъ причетники и дочери священнослужителей, въ числѣ которыхъ есть даже кончившая курсъ въ весьегонской прогимназіи, наконецъ крестьяне, большею частью изъ бездомныхъ, иногда же просто какіе-нибудь прохожіе.

Въ Мелитопольскомъ уѣздѣ, Таврической губерніи, обученіемъ въ вольныхъ школахъ занимаются отставные солдаты, чиновники, лишившіеся службы, лица духовнаго сословія, заштатные дьячки, сыновья и дочери церковно-служителей, сельскіе писаря и т. д. Существованіе этихъ школъ довольно непрочно, учителя большею частью

---

¹) «Сборникъ статистическихъ свѣдѣній по Смоленской губ.», Томъ IV, стр. 30.
²) «Сборникъ статист. свѣдѣній по Курской губ.» Выпускъ первый, статья III, стр. 18.

народъ неустойчивый, кочевой и притомъ не всегда трезвый. «Но и подобныя школы приносятъ несомнѣнную пользу; только благодаря имъ, населеніе многихъ деревень не отличается поголовною безграмотностью» [1]).

Въ Восточной Сибири учительскій персоналъ вольныхъ школъ, по свидѣтельству «Восточнаго Обозрѣнія», въ большинствѣ случаевъ, «самый неудовлетворительный: по большей части это старые отставные солдаты и поселенцы, любящіе запивать водкой и какъ можно вывести заключеніе изъ бесѣдъ съ ними, совершенно неграмотные люди. Въ одной такой школѣ, сообщаетъ корреспондентъ, намъ случилось видѣть дневникъ учителя, обязательно предоставленный нашему вниманію: подобной другой нельзя, и по языку и по орѳографіи, трудно себѣ представить» [2]).

Сословное распредѣленіе до нѣкоторой степени знакомитъ насъ съ образованностью учителей «вольныхъ» школъ. Что касается ихъ общественнаго положенія, то, если не считать учителей изъ духовныхъ, какъ занимающихъ строго опредѣленное общественное положеніе, всѣ остальные учителя разобьются на множество группъ. Такъ, въ Московской губерніи, въ числѣ учителей «вольныхъ» школъ мы встрѣчаемъ лицъ, занимающихся нищенствомъ, отставныхъ чиновниковъ, пастуховъ, землевладѣльцевъ, управляющихъ имѣніями, отставныхъ солдатъ, вдовъ и незамужнихъ дочерей членовъ причта, крестьянъ, какъ домохозяевъ, такъ и ветхихъ стариковъ, разныхъ калѣкъ и убогихъ, т.-е. мало и совсѣмъ неспособныхъ къ физическому труду, — черничекъ, вѣковушъ, церковныхъ сторожей и т. д.

Калѣки въ роли вольнаго учителя встрѣчаются въ деревняхъ довольно часто. Въ селѣ Поповкѣ, Конотопскаго уѣзда, Черниговской губ., вольная школа помѣщается въ хатѣ учителя—безрукаго солдата Улитенка. Во время крымской войны у него оторвало обѣ руки, выше локтя, и онъ долженъ былъ выйти въ отставку

---

[1]) «Сборникъ статистич. свѣдѣній по Таврической губ.» Выпускъ I.
[2]) «Восточное Обозрѣніе», 1885 г., № 7.

и воротиться на родину. «Будучи еще въ цѣхѣ слѣпъ и лишенный возможности трудиться физически, онъ весь отдался своему учительскому званію. Въ хатѣ его стоитъ большой сундукъ, откуда онъ беретъ ртомъ книги и тетради, и прижимая ихъ остатками рукъ къ щекѣ, съ необыкновенной быстротою и ловкостью передаетъ ученикамъ. Крестьяне любятъ «безрукаго москаля», и охотно отдаютъ ему дѣтей своихъ, тѣмъ болѣе, что онъ самъ малороссіянинъ, и живетъ между земляками, какъ въ родной семьѣ» [1].

Въ Черниговской губерніи, по свидѣтельству М. И. Сухомлинова, учителями вольныхъ школъ являются: дьячки, причетники, семинаристы, крестьяне, отставные солдаты, пожилые казаки, вдовы-мѣщанки и т. д.

Такимъ образомъ составъ лицъ, занимающихся вольнымъ домашнимъ обученіемъ, представляетъ необычайное разнообразіе, какъ относительно ихъ происхожденія, такъ и подготовки ихъ къ учительской профессіи. Но почти повсюду большинство составляютъ крестьяне, которые во многихъ мѣстностяхъ составляютъ всѣхъ занимающихся обученіемъ. Выходя въ большинствѣ случаевъ изъ крестьянской среды, вольные учителя обыкновенно дѣйствуютъ въ духѣ и характерѣ крестьянина и благодаря этому легко снискиваютъ расположеніе къ себѣ въ средѣ сельскаго населенія.

Бродячіе учителя, по словамъ земскаго статистика г. Кислякова, представляютъ собою довольно интересный типъ. «Это въ большинствѣ случаевъ совершенно одинокій, безсемейный и бездомный народъ, составляющійся изъ людей самаго разнообразнаго званія, возраста и происхожденія. Тутъ встрѣчается и просто крестьянинъ, и отставной солдатъ николаевскихъ временъ, и кантонистъ, и монахъ, изгнанный изъ обители за мірскія искушенія, и обездоленный Положеніемъ 19-го февраля дворовый, и заштатный церковно- или даже священно-служитель» [2].

---

[1] «Журналъ Министр. Народнаго Просвѣщенія». Январь 1864 г. Отдѣлъ III, стр. 66.

[2] «Странствующіе учителя и подвижныя школы въ Курской губерніи», Н. Кислякова. «Сѣверн. Вѣстникъ», 1888 г. № 3.

Наиболее характерной чертой типичнаго бродячаго учителя является его страсть къ бродяжеству. Эта страсть порождаетъ въ немъ какую-то особенную тупую безшабашность и равнодушiе ко всякимъ жизненнымъ треволненiямъ, и сообщаетъ особый оттѣнокъ его нравственному строю и мiровоззрѣнiю. Имѣя громадное количество знакомыхъ, онъ въ то-же время не имѣетъ ни малѣйшей привязанности къ мѣсту: вездѣ у него родина, вездѣ домъ, вездѣ прiютъ. Лѣто ходячiй грамотей, въ большинствѣ случаевъ, проводитъ въ скитанiяхъ по святымъ мѣстамъ, питаясь Христовымъ именемъ, а осенью, съ наступленiемъ холодовъ, садится на зимовку въ ту деревню, гдѣ прервалъ свою дѣятельность прошлой весной, но чаще всего остается тамъ, гдѣ засталъ его первый серьезный морозъ, и тутъ открываетъ свою педагогическую дѣятельность».

Не менѣе разнообразенъ составъ вольныхъ учителей и по полученному ими образованiю. Для примѣра возьмемъ Тверскую губернiю, относительно которой имѣются болѣе подробныя свѣдѣнiя. Среди вольныхъ учителей этой губернiи мы встрѣчаемъ учениковъ столь значительнаго числа учебныхъ заведенiй, что для большаго удобства, необходимо раздѣлить всѣхъ учителей на шесть группъ.

1) Обучавшiеся неизвѣстно гдѣ — 4 челов. или 0,9%.

2) Самоучки и обучившiеся дома, у родителей и у членовъ причта, внѣ какихъ бы то ни было школъ — 74 челов. или 16,5%.

3) Обучавшiеся въ деревенскихъ школахъ грамотности и на военной службѣ, въ ротныхъ и другихъ школахъ для нижнихъ чиновъ — 99 чел. или 22,1%.

4) Обучавшiеся въ городскихъ, приходскихъ, сельскихъ и земскихъ училищахъ — 159 челов. или 35,4%.

5) Обучавшiеся въ двухклассныхъ сельскихъ училищахъ министерства народнаго просвѣщенiя, въ прогимназiяхъ, уѣздныхъ, духовныхъ и писарскихъ училищахъ, въ кондукторскихъ и фельдшерскихъ школахъ — 80 челов. или 17,8%.

6) Обучавшiеся въ гимназiяхъ, реальныхъ училищахъ, ду-

ховныхъ семинаріяхъ, въ учительской семинаріи и въ корпусахъ — 35 челов. или 7,3%.

Изъ этихъ свѣдѣній видно, что большинство учителей (74%) получили образованіе, которое никоимъ образомъ не можетъ считаться достаточнымъ для хорошаго преподавателя школы грамотности, многіе едва могутъ подписать свою фамилію и даже нашлось двое, за которыхъ, по неумѣнію ихъ писать, расписались постороннія лица» [1].

Изъ 50 вольныхъ учителей Острогожскаго уѣзда, Воронежской губ., только пять получили какое-нибудь образованіе, всѣ же остальные безъ всякаго образованія, ведутъ обученіе чтенію буквослагательнымъ способомъ, главнымъ образомъ по книгамъ церковной печати. Пятеро изъ нихъ: 1 черничка, 1 крестьянинъ, 1 крестьянка, бывшая черничка и 1 жена солдата не умѣютъ даже писать.

Что же заставляетъ крестьянъ отдавать своихъ дѣтей въ ученье къ такимъ малограмотнымъ учителямъ и учительницамъ? Главнымъ образомъ — недостатокъ или, вѣрнѣе говоря, отсутствіе умѣлыхъ и знающихъ учителей. Но разъ появляется такой учитель въ селѣ или въ деревнѣ, онъ немедленно же находитъ себѣ учениковъ, и очень скоро пріобрѣтаетъ довѣріе и расположеніе крестьянскаго населенія. Пока приведемъ хотя одинъ примѣръ.

Какой-то «кантонистъ-фермеръ» Дробышевъ Богъ знаетъ откуда явился въ село Лещево, Бузулукскаго уѣзда, и предложилъ учить ребятъ. Крестьяне платили ему по 15 рублей въ мѣсяцъ, построили школьный домъ, стоимостью въ 800 рублей, и купили школьной мебели на 80 рублей. Восемь лѣтъ сряду училъ этотъ таинственный «фермеръ» не менѣе 40 дѣтей ежегодно, училъ чтенію, письму и ариѳметикѣ, при чемъ нерѣдко на свой счетъ покупалъ бумагу, перья и чернила; онъ такъ

---

[1] Докладъ Тверской губ. земской управы очередному земскому собранію, о народномъ образованіи. Школы грамотности въ Тверской губерніи. Тверь, 1884 года, стр. 28.

расположилъ къ себѣ населеніе, что смерть его оплакивало все село.

Вообще недостатокъ въ учителяхъ ощущается во многихъ мѣстностяхъ. Въ селѣ Рождественскомъ, Щигровскаго уѣзда, нѣсколько лѣтъ тому назадъ, существовала вольная школа, въ которой училъ захожій учитель, беря по 50 коп. въ мѣсяцъ съ мальчика; всѣхъ учениковъ у него было до 20 человѣкъ. *«Крестьяне и теперь желали бы имѣть такого учителя, да не отыскивается».*

«Въ учителяхъ (вольныхъ),—писалъ М. И. Сухомлиновъ относительно Малороссіи,—чувствуется потребность въ различныхъ мѣстностяхъ, и въ большихъ селахъ и въ малыхъ; въ послѣднихъ она еще значительнѣе» [1]).

Нравственный цензъ вольныхъ учителей также представляетъ крайнее разнообразіе. Наиболѣе распространенный недостатокъ между ними—любовь къ выпивкѣ. Крестьяне, наученные горькимъ опытомъ, незнакомаго имъ педагога иногда принимаютъ не иначе, какъ послѣ испытанія въ теченіи мѣсяца или двухъ, причемъ если онъ окажется «переливающимъ черезъ край», его отпускаютъ на всѣ четыре стороны. Часто приходится слышать отзывы крестьянъ о своихъ учителяхъ: «онъ хорошій—то дѣла доволенъ, только одно бѣда—выпивальщикъ!»

Въ Сибири «пьянство (вольныхъ) учителей сильно тормозитъ самый ходъ ученья; очень часто на вопросъ: «учатся ли ребята?»—приходится возслышать отвѣты вродѣ слѣдующихъ: «взялся было тутъ одинъ, недѣли двѣ проучилъ, да и запьянствовалъ; все съ себя пропилъ и ушелъ куда-то»; или: «искали-искали подходящаго—нѣтъ, не нашли; набивался одинъ, да пьяница горькій, мы и не согласились, потому что толку все равно не выйдетъ».

Тѣмъ не менѣе сибирскіе вольные учителя, по увѣренію г. Астырева, «особенно вреднаго вліянія въ нравственномъ отношеніи на молодое поколѣніе оказывать не могутъ, такъ какъ всѣ

---

[1]) «Журналъ Министерства Народнаго Просвѣщенія», 1864 г., № 1.

сношения ихъ производятся на глазахъ у родителей, а самыя сношенія эти ограничиваются только узкимъ кругомъ учебныхъ занятій; вотъ развѣ то, что большинство изъ нихъ — горькіе пьяницы, можетъ служить дурнымъ примѣромъ для ребятъ; но надо принять во вниманіе, что подобныхъ дурныхъ примѣровъ въ деревнѣ вообще не оберешься, потому что и многіе отцы учениковъ не уступятъ учителямъ».

Но нерѣдко встрѣчается среди вольныхъ учителей и иной типъ — типъ людей, которые оказываютъ въ нравственномъ отношеніи самое благотворное вліяніе на деревенскую среду и которые завоевываютъ горячія симпатіи населенія (подробнѣе объ этомъ мы скажемъ въ слѣдующей главѣ). Вообще же не подлежитъ никакому сомнѣнію, что составъ вольныхъ учителей за послѣднее время весьма замѣтно улучшается.

Среди вольныхъ деревенскихъ педагоговъ теперь все чаще и чаще встрѣчаются лица, получившія полное или неполное образованіе въ среднеучебныхъ заведеніяхъ, а также въ прогимназіяхъ и подобныхъ имъ училищахъ. Разные отставные чиновники и офицеры, «барышни» изъ прогимназій, и гимназій, дворяне, юнкера, семинаристы — все чаще и чаще появляются въ роли вольнаго деревенскаго учителя. Съ другой стороны за вольное домашнее обученіе въ деревняхъ все болѣе и болѣе берется крестьянская молодежь, окончившая курсъ въ земскихъ и двухклассныхъ сельскихъ училищахъ.

Статистическое изслѣдованіе по Дорогобужскому уѣзду, Смоленской губерніи, констатируетъ тотъ фактъ, что «въ настоящее время старики, въ качествѣ деревенскихъ учителей, уже не составляютъ преобладающаго элемента»; николаевскіе солдаты, которые въ недавнее еще время составляли главный контингентъ вольныхъ учителей, сходятъ со сцены и замѣняются болѣе молодыми отпускными солдатами, прошедшими полковую школу. Въ средѣ же учителей изъ крестьянъ нерѣдко попадаются совсѣмъ молодые парни — выученники земскихъ школъ [1]). Этотъ же самый

---

[1]) Сборникъ статистическихъ свѣдѣній по Дорогобужскому уѣзду.

фактъ подмѣченъ былъ земскими статистиками и въ Юхновскомъ уѣздѣ.

Въ Сибири, среди вольныхъ учителей-поселенцевъ попадаются весьма искусные мастера своего дѣла, иногда даже со спеціальнымъ педагогическимъ или гимназическимъ образованіемъ. Въ Восточной Сибири среди учителей школъ грамотности встрѣчаются учительницы изъ числа окончившихъ курсъ въ женскихъ прогимназіяхъ [1]).

Указанное нами обновленіе состава вольныхъ учителей и теперь уже сказывается во многихъ мѣстностяхъ весьма замѣтнымъ образомъ. Съ теченіемъ же времени, по мѣрѣ того, какъ сознаніе о необходимости придти на помощь вольному домашнему обученію будетъ сильнѣе и глубже проникать въ среду земства и общества— обновленіе это пойдетъ гораздо болѣе успѣшно и результатомъ его, можно надѣяться, будетъ полное вытѣсненіе изъ состава вольныхъ учителей разныхъ малограмотныхъ черничекъ, отставныхъ солдатъ, пастуховъ и тому подобнаго люда.

VIII.

Интеллигенты въ роли вольнаго учителя.

Въ послѣднее время, какъ мы уже замѣтили выше, въ числѣ вольныхъ учителей все чаще и чаще стали появляться лица привилегированныхъ сословій: отставные чиновники и офицеры, «барышни» изъ прогимназій и гимназій, дворяне и т. д. Большинство изъ этихъ лицъ, безъ сомнѣнія, обладаютъ гораздо лучшей подготовкой, чѣмъ крестьяне-грамотеи, солдаты, дьячки, чернички и т. п. людъ.

Въ селѣ Янчекракѣ, Мелитопольскаго уѣзда, Таврической губерніи, лѣтъ 12 назадъ, устроена была школа при сельской ра-

---

[1]) Въ Бугурусланскомъ уѣздѣ Самарской губерніи, въ числѣ вольныхъ учителей встрѣчается 3 человѣкъ, получившихъ образованіе въ средне-учебныхъ заведеніяхъ, въ Екатеринбургскомъ уѣздѣ, Пермской губерніи—6, въ Тверской губерніи, какъ мы видѣли выше, съ такимъ образованіемъ 33 учителя.

справѣ, обученіемъ занимался какой-то «захожій *дворянинъ*», которому крестьяне платили жалованье по 70 рублей въ годъ. Хотя этотъ учитель, какъ выражаются крестьяне, «мало кого до толку доводитъ», но все же имъ пришлось пожалѣть о немъ, когда, лѣтъ черезъ пять послѣ открытія школы, онъ ушелъ отъ нихъ. Въ настоящее время въ селѣ нѣтъ школы, болѣе состоятельные крестьяне посылаютъ своихъ дѣтей учиться на домъ къ мѣстному священнику, который беретъ по 5 рублей въ зиму съ мальчика.

Въ селѣ Карачекракѣ, того же уѣзда, лѣтъ 10 назадъ училъ дѣтей тоже какой-то *дворянинъ*, который бралъ отъ 50 коп. до одного рубля въ мѣсяцъ. Его школа существовала въ теченіи трехъ лѣтъ; по удаленіи его, крестьяне года четыре оставались безъ учителя, а послѣднія двѣ зимы учитъ дѣтей «*земплеръ*», по 1 рублю въ мѣсяцъ съ мальчика. Хату учитель нанимаетъ у крестьянъ на свой счетъ [1]).

Въ селѣ Подстепномъ, Ставропольскаго уѣзда, Самарской губерніи, дѣтей учитъ «отставной *юнкеръ* изъ Москвы, получая съ каждаго мальчика (всѣхъ учениковъ — 4) по одному рублю въ зиму. Родители учащихся дѣтей кормятъ и обуваютъ учителя, потому что у него ничего нѣтъ; выпивать любитъ» [2]).

Въ деревнѣ Алексѣевкѣ, Рыльскаго уѣзда, Курской губерніи «крестьянскія дѣти учатся у отставного *поручика* Соколовскаго; онъ появился въ деревнѣ лѣтъ 10 назадъ; живетъ въ селеніи только по зимамъ, получаетъ 6 рублей въ мѣсяцъ и кромѣ того содержаніе. Крестьяне имъ очень довольны [3]).

Въ деревнѣ Петровкѣ, Бѣлгородскаго уѣзда, уже два года занимается обученіемъ дѣтей одна пріѣзжая *барыня*, беретъ по 60 коп. въ мѣсяцъ съ мальчика; обученіе ведетъ по звуковому

---

[1]) Сборникъ статистическихъ свѣдѣній по Таврической губерніи. Выпускъ I.
[2]) Сборникъ статистическихъ свѣдѣній по Самарской губ. Ставропольскій уѣздъ.
[3]) Сборникъ статистическихъ свѣдѣній по Курской губерніи. Выпускъ VI. стр. 8??

методу и въ теченіи трехъ мѣсяцевъ выучиваетъ читать и писать ¹).

Въ деревнѣ Ивановкѣ, Ставропольскаго уѣзда, «общество занимаетъ для обученія своихъ дѣтей временно проживающаго, исключеннаго изъ Казанской духовной семинаріи Зороастрова, у котораго зимой 1883—1884 г. училось 18 мальчиковъ, за плату по 50 коп. съ каждаго учащагося. Учитель устроилъ школу въ избѣ крестьянина Еремкина, у котораго за это безплатно обучаетъ двухъ его дѣтей, пользуясь при этомъ и даровымъ столомъ. Кромѣ письма и чтенія, Зороастровъ учитъ еще ариѳметикѣ и закону Божію» ²).

Въ селѣ Косоржѣ, Щигровскаго уѣзда, обученіемъ крестьянскихъ дѣтей занимается отставной Глазовъ, въ своей хатѣ, беретъ по 50 коп. въ мѣсяцъ съ ученика. Зимою 1884 года у него набралось 25 мальчиковъ, но хата его оказалась черезчуръ тѣсною, и вслѣдствіе этого около половины всѣхъ учениковъ должны были разойтись ³).

Въ слободѣ Кинель-Черкассахъ, Бугурусланскаго уѣзда, Самарской губерніи, съ 1858 года учительствуетъ нѣкая Чередникова. Во время земско-статистическаго изслѣдованія у ней было 60 учениковъ, изъ которыхъ 33 обучались безплатно, а 27 платили отъ 1 до 6 рублей въ годъ, всего же за обученіе 60 человѣкъ г-жа Чередникова получала 72 рубля въ годъ, причемъ обученіе идетъ круглый годъ — зиму и лѣто. Желающихъ обучаться у г-жи Чередниковой такъ много, что ей приходится ежегодно отказывать въ пріемѣ нѣсколькимъ десяткамъ.

Въ «Недѣлѣ» былъ напечатанъ дневникъ одного вольнаго учителя, нѣкоего М. Р., который занимался обученіемъ крестьянскихъ дѣтей въ одной деревенькѣ сѣверной полосы Россіи. Дневъ

---

¹) Сборникъ статистическихъ свѣдѣній по Курской губерніи. Выпускъ X, стр. 206.

²) Сборникъ статистическихъ свѣдѣній по Самарской губ. Ставропольскій уѣздъ.

³) Сборникъ статистическихъ свѣдѣній по Курской губерніи. Выпускъ VIII.

ник этот представляетъ такой выдающійся интересъ, такъ подробно и обстоятельно знакомитъ съ жизнью и положеніемъ деревенскаго вольнаго учителя, съ отношеніемъ крестьянскаго населенія къ дѣлу обученія и къ самому учителю, что мы рѣшились привести его здѣсь почти цѣликомъ.

Дневникъ начинается 14 августа. «Положеніе мое выяснилось, — пишетъ г. М. Р., — крестьяне деревни Ж. предложили мнѣ остаться у нихъ на зиму обучать ребятишекъ за 40 коп. мѣсячной платы съ каждаго ученика и готовые харчи. Отдѣльнаго помѣщенія для школы не предназначили. Она будетъ «передвижная» въ полномъ смыслѣ этого слова: каждую недѣлю я буду кочевать изъ избы въ избу. Начнется дѣло послѣ фроловскихъ праздниковъ, а пока, въ нетерпѣливомъ ожиданіи начала ученія, я провожу время въ чтеніи Ушинскаго, Водовозова, Бунакова и др., перелистываю «Семью и Школу» и составляю программы. По праздничнымъ днямъ знакомлюсь со своими будущими учениками».

Время идетъ. Фроловскіе праздники пролетаютъ незамѣтно «Что-то шумное, безобразно-веселое пронеслось надъ тихой обыкновенно деревней, всполошило все и смолкло, оставивъ послѣ себя слѣдъ въ видѣ больныхъ головъ, разбитыхъ лицъ и безконечныхъ толковъ». 5 сентября г. М. Р. пишетъ въ своемъ дневникѣ: «У меня въ школѣ образовалось три отдѣленія изъ 23 учениковъ и 5 ученицъ. Въ первомъ отдѣленіи 16 человѣкъ; это — начинающіе, самые маленькіе и малоспособные изъ большихъ. Во второмъ отдѣленіи 7 человѣкъ; это — тоже начинающіе, но болѣе способные, съ ними можно скорѣе идти впередъ. Остальные 5 учениковъ составляютъ старшее отдѣленіе. Послѣдніе хорошо уже читаютъ и порядочно пишутъ. Съ ними я началъ чтеніе Евангелія и «Дѣтскаго Міра», систематическую диктовку, родиновѣдѣніе, естествовѣдѣніе, ариѳметику и проч. На первыхъ порахъ возни съ ребятишками много, но мѣсяца черезъ два, когда начинающіе научатся читать, дѣло должно значительно облегчиться».

Внѣшнюю сторону своего житья-бытья, свою обстановку г. М. Р. описываетъ такъ:

«Прошлую недѣлю жилъ я въ небольшой и плохой избѣ Григорія Иванова. Не смотря на то, что погода стояла холодная (дулъ сильный вѣтеръ прямо въ окна), въ избѣ не было ни холода, ни угара, ни спертаго воздуха. Хлѣбъ пекли у сосѣдей, такъ что незачѣмъ было закрывать трубу слишкомъ рано. Два раза въ день топили такъ называемую чугунку; можно было пожаловаться скорѣе на излишнюю теплоту, нежели на холодъ. Что касается до спертаго воздуха, то его не можетъ быть въ алдышнихъ избахъ: между одиночнымъ потолкомъ и поломъ существуетъ постоянная тяга воздуха, въ случаѣ нужды усиливаемая окошечкомъ, прорубленнымъ въ стѣнѣ. Съ полу дѣйствительно дуетъ, но намъ горя отъ этого мало: у насъ у всѣхъ обуты теплые валенки, въ которыхъ не холодно и на улицѣ».

Изъ опыта этой недѣли, говоритъ М. Р., «я убѣдился, что даже и въ плохихъ избахъ можно устроиться довольно сносно: можно жить, можно учить. Полезная, дешевая, крестьянская школа возможна. Практическое рѣшеніе вопроса о грамотности народной можетъ подвинуться далеко впередъ: только учители для вольныхъ школъ нашлись бы!»

Что касается стола, или «харчей», то г. М. Р. сообщаетъ слѣдующее меню деревенскихъ обѣдовъ и ужиновъ, которыми угощали его крестьяне. «Щи или похлебка съ картофелемъ, крупами и проч., или лапша, поджаренная говядина съ картофелемъ и хрѣномъ со сметаной, каша гречневая (или запеканки), яичница и молоко. Молокомъ угощаютъ вдоволь. Если у очереднаго хозяина коровы не доятся, молоко занимается у сосѣдей. Утромъ, кромѣ чаю, бываетъ «перехватка»: напекутъ лепешекъ или блиновъ изъ гречневой или ржаной муки; къ нимъ подаютъ по порядку: творогъ, макалку (жидкую яичницу), топленое масло и сметану».

Г. М. Р. видимо человѣкъ не набалованный и притомъ извѣдавшій нужду: его вполнѣ удовлетворяетъ такой столъ и та ная квартира. Сравнивая свое теперешнее положеніе съ прежнимъ своимъ житьемъ въ Петербургѣ, онъ всецѣло отдаетъ предпочтеніе деревенскому своему житью передъ петербургскимъ. «Въ Петербургѣ,— говоритъ онъ,— за вычетомъ всѣхъ необходимыхъ расходовъ, каждый мѣсяцъ у меня или ничего не оставалось, или оставалось рублей 5—10, но этотъ остатокъ надобно было употребить на покрытіе долговъ, сдѣланныхъ въ пору безработицы. Здѣсь же я получаю каждый мѣсяцъ 13 р. 20 коп., и не имѣя нужды тратиться на харчи, помѣщеніе и проч., выписываю газету, покупаю книги и откладываю кое-что на черный день. И вотъ онъ пишетъ въ своемъ дневникѣ: «я рѣшилъ удвоить усилія для того, чтобы это вознагражденіе за мой учительскій трудъ не оказалось незаслуженнымъ».

Порядокъ занятій въ теченіи дня таковъ: ежедневно, кромѣ традиціонныхъ субботъ, ученіе продолжается шесть часовъ; на отдыхъ и сонъ идетъ часовъ восемь, на чтеніе и другія занятія — семь; остальные три часа г. М. Р. употребляетъ на прогулку, если погода хорошая, а не то занимается физическимъ трудомъ, показываетъ ребятишкамъ пріемы столярнаго искусства и т. д.

«Были припадки меланхоліи,— пишетъ г. М. Р. 21-го ноября.— Я спрашивалъ себя: какую пользу приношу я народу? Пока еще — почти никакой. Ждать окончательныхъ результатовъ моей педагогической дѣятельности нужно 3—4 года. Когда-то и что-то еще будетъ, а между тѣмъ я и теперь получаю хорошее вознагражденіе: меня отлично кормятъ и порядочно платятъ за ту работу, которая приноситъ мнѣ наслажденіе, отъ которой остается достаточный досугъ для занятій и удовольствій. Въ особенности цѣнно это вознагражденіе для меня, нерѣдко голодавшаго въ Петербургѣ безъ работы и считавшаго себя необыкновеннымъ счастливцемъ, если удавалось добыть какую-нибудь безсмысленную переписку, за которой нужно было сидѣть дни и ночи для того, чтобы заработать на помѣщеніе, отопленіе, скудный обѣдъ и жидкій чай».

Весною, какъ только окончилось ученіе въ вольной школѣ, г. М. Р. уѣхалъ въ одну изъ южныхъ губерній, гдѣ ему удалось найти репетиторскія занятія.

Но къ 10-му августа онъ снова возвращается въ деревню Ж. Весною, когда онъ уѣзжалъ, крестьяне просили его пріѣхать къ нимъ на слѣдующую зиму. — «Поживи еще, пострадай съ нами, баринъ», говорили они ему. Лѣтомъ, въ письмахъ его учениковъ, эта просьба была повторена нѣсколько разъ.

«И вотъ, — пишетъ г. М. Р., — я снова здѣсь среди людей, къ которымъ за зиму я успѣлъ привыкнуть, которыхъ полюбилъ. Ученики мои выросли, поздоровѣли, запаслись силами для предстоящихъ зимнихъ трудовъ въ школѣ. Экзаменую ихъ, спрашиваю о содержаніи книжекъ, оставленныхъ мною для лѣтняго чтенія, разсматриваю тетради, въ которыхъ ребятишки писали во время каникулъ. Старшія два отдѣленія радуютъ мое сердце, не младшимъ я не совсѣмъ-то доволенъ. Какъ радушны ко мнѣ всѣ! Чувствую себя счастливымъ!»

Но на-ряду съ этими свѣтлыми впечатлѣніями приходилось иногда переживать и тяжелыя минуты одиночества и полнаго отчужденія отъ окружающей среды, и г. М. Р. не скрываетъ этого отъ читателей. Такія минуты обыкновенно выпадали на долю вольнаго учителя въ большіе праздники, когда въ деревнѣ начиналось чуть не поголовное пьянство и разгулъ. Вотъ, напримѣръ, описаніе мѣстныхъ праздниковъ въ честь Фрола и Лавра.

«Утромъ все было тихо. Къ полудню начали сходиться и съѣзжаться гости: родственники адѣшнихъ крестьянъ и сосѣди. Вечеромъ деревня преобразилась. Пьяныя толпы народа съ крикомъ, съ пѣснями подъ аккомпаниментъ гармоники, проходили по улицѣ. Въ избахъ тоже шумно; не отличить мирной бесѣды отъ брани. Гдѣ-то раздались страшные крики и стоны. Вотъ рѣзко выдѣляется чей-то знакомый голосъ: «помогите! рѣжутъ!». Всѣ сбѣгаются на этотъ крикъ, но тревога оказывается преувеличенной: одинъ хозяинъ выгналъ изъ избы пьянаго разбушевавшагося работника; послѣдній, не долго думая, схватилъ полѣно и пустилъ лъ въ окно,—четырехъ стеколъ какъ не бывало. Работника хотѣли было побить, но патрульные поспѣли во время и увели буяна къ десятнику».

Подъ впечатлѣніемъ подобныхъ сценъ, на другой день, учитель пишетъ въ своемъ дневникѣ: «Вчера почти цѣлую ночь не спалъ. До самой зари на улицѣ не смолкалъ шумъ. Чувство полнаго отчужденія отъ этого праздничнаго міра тяготило меня». Это горькое чувство должно было еще болѣе вырости подъ впечатлѣніемъ слѣдующей сцены. Послѣ обѣда учитель сѣлъ у окна наблюдать, что дѣлается на улицѣ. Мимо окна идутъ двое мужиковъ. Замѣтивъ учителя, они остановились.

— Барину наше почтеніе.
— Здравствуйте.
— Извините насъ, мужиковъ—гуляемъ-шумимъ.
— На то праздникъ.
— Вотъ вѣрно изволили сказать. Не все же намъ, мужикамъ, работать, нужно и погулять.

Въ это время подошелъ третій мужикъ и, не вслушавшись хорошенько, въ чемъ дѣло, должно быть, вообразивъ, что учитель упрекаетъ ихъ за гулянье, началъ говорить ему:

— Вамъ, господамъ, можно гулять, а намъ нельзя? Почему такъ? Ахъ ты!

— Что ты, Михей! Баринъ не говорилъ этого. Оставь, пойдемъ. Извините его, вчерашній хмѣль еще въ немъ бушуетъ.

Михея увели. Онъ ушелъ нехотя, оборачиваясь и кивая головой въ сторону учителя.

Передъ открытіемъ школы г. М. Р. созвалъ крестьянъ для сбора денегъ на учебныя книги и пособія. Крестьяне объявили ему, что денегъ у нихъ нѣтъ: всѣ издержаны на закупки къ празднику и просили его самого купить что надо, обѣщая выплачивать понемногу. Онъ высчиталъ, что съ каждаго изъ 23 крестьянъ придется по 50 копѣекъ. Мужики изъявили полную готовность выплатить эту сумму. Рѣшеніе вопроса, что именно купить, предоставили учителю. Вслѣдъ за этимъ происходитъ весьма характерная беседа. Одинъ изъ крестьянъ, сѣдовласый старецъ, пользующійся всеобщимъ уваженіемъ, обратился къ г. М. Р. съ рѣчью отъ лица «всего міра, всѣхъ вопче».

— Мы тобой много довольны,—говорилъ старикъ.—Да и какъ не быть довольными: ты не побрезговалъ нами, пришелъ къ намъ и живешь у насъ, учишь ребятишекъ такъ, что и намъ можно понабраться отъ нихъ ума-разума. Что ни случится у насъ въ чемъ затрудненіе, напишешь намъ какія нужно бумаги, мірскіе сборы подсчитаешь и скоро и правильно такъ, что кричать и шумѣть попрежнему не надо... И снадобья-то намъ даешь лекарственнаго. И ужъ такъ мы тобой довольны, такъ довольны, что и словъ нѣтъ высказать. Не даромъ прочія деревни завидуютъ нашей. Такъ ты, баринъ, не подумай, что просьба наша въ томъ изъ недовольства тобой вышла—не подумай этого...

Старикъ видимо смутился. Г. М. Р. перебилъ его, прося говорить прямо и откровенно, чего они хотятъ.

— Вотъ что, баринъ, не желаемъ мы, чтобы ребята наши учились разнымъ грамматикамъ да риѳметикамъ. Пусть больше пишутъ по бумагѣ да слово божье читаютъ. Научатся читать, писать да еще развѣ на счетахъ откладывать—и довольно съ насъ. Нашимъ ребятамъ вѣдь не господами быть.

— Намъ поскорѣе нужно обучить ребятишекъ,—подхватилъ другой крестьянинъ,—имъ вѣдь не десять лѣтъ въ школѣ сидѣть время проводить за рисованьемъ, да «бреды» разныя читать.

Рѣчи эти не были неожиданностью для вольнаго учителя. Онъ и раньше слышалъ кое отъ кого подобныя мнѣнія о школьныхъ предметахъ и даже составилъ особую «рѣчь» по этому поводу. И вотъ теперь, отыскавъ листки, на которыхъ она была записана, онъ прочелъ ее крестьянамъ.

— Что же,—спросилъ онъ, окончивъ чтеніе,—согласны вы съ этимъ или нѣтъ?

— Баринъ, и намъ было бы лучше и вамъ не надо бы маяться такъ съ ребятишками, если бы учили попросту,—сказалъ одинъ мужикъ.

— Брешешь ты, возразилъ другой.— Развѣ ты не понялъ, какъ намъ объясняли, что къ чему идетъ? Всякій предметъ нуженъ.

— Нуженъ да не намъ.

— Дуракъ! Говори съ такими...

Начался споръ, въ которомъ приняли участіе почти всѣ присутствовавшіе на сходкѣ. Въ результатѣ спора выяснилось, что на сторонѣ г. М. Р. стояло меньшинство. Но это не смутило его.—«Пусть, когда такъ, несогласные со мной не отдаютъ ко мнѣ въ школу своихъ дѣтей,— объяснилъ онъ.— Для меня достаточно и тѣхъ ребятъ, родители которыхъ довѣряютъ мнѣ и понимаютъ пользу тѣхъ предметовъ, которымъ я обучаю».

27 августа онъ началъ занятія въ школѣ и на первыхъ же порахъ къ нему явилось 30 человѣкъ учениковъ. Умудренный опытомъ прошедшей зимы, онъ пришелъ къ убѣжденію въ необходимости нѣкоторыхъ реформъ въ школьной программѣ. Вотъ какъ разсказываетъ онъ объ этомъ въ своемъ дневникѣ.

«Самое главное мое нововведеніе состоитъ въ томъ, что я вызначилъ для третьяго и четвертаго отдѣленій три двухъ-часовыхъ урока въ недѣлю на занятія столярнымъ ремесломъ. Для «мастерской» отвели помѣщеніе въ одной изъ лѣтнихъ избъ, достаточно обогрѣваемой печкой «чугункой». За мастерскую надобно заплатить пять рублей съ хозяйской чугункой. Отапливать будутъ сами ученики поочередно. Инструментовъ составилась достаточная для первыхъ опытовъ коллекція. Кое-что изъ инструментовъ имѣлось у самихъ ребятишекъ, кое-что понабрали въ деревнѣ; нѣкоторыя вещи пришлось мнѣ купить на свои средства. Нужно сказать, что во мнѣ самомъ больше влеченія къ столярному дѣлу, нежели умѣнья. Но я буду въ одно и то-же время и учить, и учиться».

Спустя нѣсколько недѣль послѣ этого, г. М. Р. пишетъ въ дневникѣ: «Я вполнѣ счастливъ... Счастливъ потому, что теперь всѣ высказываютъ и выказываютъ полное довольство школой. И всему этому причиной успѣхи въ столярномъ искусствѣ моихъ учениковъ. Тѣ самые крестьяне, которые раньше были недовольны за то, что я обучаю ребятъ различнымъ «бредамъ» изящной словесности, сказкамъ о движеніи земли и прочимъ «пустяковинамъ», теперь говорятъ мнѣ:

— Учи, баринъ, какъ хочешь и чему хочешь. Тебѣ видно, что нужно и чего не нужно... А мы довольны тобой... Довольны, что ребята грамотѣ порядочно научились да и ремесло узнаютъ.

Явное довольство крестьянъ учителемъ и школою выразилось, между прочимъ, въ томъ, что прежніе недавніе противники ученія теперь заводятъ рѣчь о необходимости увеличить плату за ученіе. «Какъ мало нужно, чтобы удовлетворить крестьянъ!» восклицаетъ г. М. Р.

Какъ много хорошаго, полезнаго можетъ сдѣлать интеллигентный человѣкъ въ положеніи вольнаго деревенскаго учителя, какую горячую любовь можетъ вызвать онъ среди народа, показываетъ слѣдующій разсказъ о дѣятельности одного изъ такихъ учителей, Герасима Михайловича Орла, который занимался обученіемъ дѣтей въ селѣ Рогнѣдинѣ, Рославльскаго уѣзда, Смоленской губерніи. По происхожденію онъ былъ дворянинъ. Восемнадцати лѣтъ отъ роду онъ поступилъ въ военную службу юнкеромъ, но уже черезъ два года вышелъ въ отставку, и съ этого времени всецѣло отдался учительскому дѣлу. На собственныя средства онъ устроилъ въ селѣ Рогнѣдинѣ школу и занялся обученіемъ крестьянскихъ мальчиковъ, съ которыхъ бралъ самъ ничтожную плату — по 25 коп. въ мѣсяцъ. Въ короткое время онъ пріобрѣлъ себѣ такое уваженіе и любовь отъ мѣстныхъ и сосѣднихъ крестьянъ, что тѣ стали отдавать къ нему въ школу своихъ дѣтей съ большою охотою. Случалось, что въ школѣ Герасима Михайловича училось по семидесяти учениковъ сразу. Такимъ образомъ онъ занимался въ своей школѣ ровно пятьдесятъ лѣтъ; въ теченіи этого времени онъ выпустилъ, разумѣется, не одну тысячу дѣтей грамотными.

При весьма ограниченныхъ средствахъ, ему пришлось испытать на своемъ вѣку много лишеній и нужды; но любовь къ дѣтямъ и страстное желаніе служить на пользу народа вдохновляли его

Никто не слыхалъ, чтобы онъ пожаловался на свою судьбу; школа для него была всѣмъ, въ ней онъ забывалъ свои невзгоды. Онъ умеръ 9 октября 1887 года; когда печальная вѣсть о кончинѣ Герасима Михайловича облетѣла рогнѣденскій и сосѣдніе приходы, собралось огромное множество народа проститься съ покойнымъ. При погребеніи пѣлъ хоръ изъ учениковъ покойнаго. Многіе плакали на взрыдъ. Всѣмъ было тяжело, всѣ сознавали и чувствовали, что потеряли близкаго, дорогого человѣка, такъ какъ рѣдко кто изъ мѣстныхъ крестьянъ не прошелъ черезъ школу покойнаго.

Подобные примѣры самоотверженной дѣятельности на пользу народа встрѣчаются и теперь—и даже чаще чѣмъ прежде—въ разныхъ мѣстахъ Россіи.

Въ деревнѣ Приселье, Духовщинскаго уѣзда, вотъ уже семь лѣтъ безвозмездно обучаетъ крестьянскихъ дѣтей грамотѣ интеллигентная женщина. Ея любовь къ дѣлу и энергія по распространенію грамотности представляетъ собою нѣчто выдающееся изъ ряда обыкновенныхъ явленій такого рода. Она нанимаетъ для школы грамотности хату, за которую изъ своихъ средствъ ежегодно платитъ по 30 руб., покупаетъ для дѣтей книги, бумагу, грифельныя доски и проч., а средства на все это, точно также какъ и на содержаніе себя даетъ ей урокъ, который она имѣетъ у сосѣдняго помѣщика Н. З—ло.

Ежедневно, по окончаніи занятій съ крестьянскими дѣтьми, она ѣдетъ на наемной лошади, за которую платитъ 5 руб. въ мѣсяцъ, къ помѣщику давать уроки его дѣтямъ. Ни дожди, ни мятели не останавливаютъ этихъ поѣздокъ. Все, что она зарабатываетъ у помѣщика, за вычетомъ на свое болѣе чѣмъ скромное содержаніе, отдается ею школѣ грамотности. И только любовью къ дѣлу можно поставить школу грамотности такъ, какъ она поставила. Инспекторъ народныхъ училищъ, посѣтившій эту школу, такъ отзывался о ней: «Я рѣдко встрѣчалъ такое осмысленное и успѣшное занятіе съ дѣтьми, какое встрѣтилъ здѣсь; но болѣе всего меня пріятно удивило отношеніе дѣтей къ учительницѣ: онѣ ее любятъ, какъ мать родную, каждый изъ нихъ старается угодить ей, не раздосадовать ее. Я читалъ письма этихъ дѣтей къ своей учительницѣ, которая въ лѣтнее время уѣзжала въ деревню къ роднымъ своимъ: «Скоро-ли ты поѣдешь къ намъ, дорогая В. Н—на? Мы безъ тебя соскучились; вѣдь ты намъ была все равно какъ матка родная»—пишутъ мальчуганы.

Въ той же Смоленской губерніи, въ деревнѣ, расположенной близъ Днѣпра, уже четыре года обучаетъ крестьянскихъ дѣтей грамотѣ интеллигентная дѣвушка за кусокъ хлѣба. «Дочь почтеннаго Смоленскаго помѣщика К—на, она получила хорошее образованіе и имѣла полную возможность жить безпечною жизнью, выйти замужъ; но она разсудила поступить иначе: сняла съ себя дорогіе наряды, одѣлась въ скромную одежду и пошла въ деревню учить дѣтей грамотѣ. Понятно, живетъ она въ курной хатѣ, питается обыкновенной крестьянской пищей, нерѣдко угораетъ, переноситъ не мало лишеній,—и все это для того, чтобы внести свѣтъ знанія и правды въ темную деревенскую среду. Наши, такъ называемые образованные люди, называютъ такое поведеніе этой женщины нравственнымъ юродствомъ, а вотъ мужики, дѣтей которыхъ она обучаетъ, говорятъ: «Пошли ей Богъ здоровья; хорошая, добрая дѣвушка»... [1])

Нѣтъ, это не юродивые! Это тѣ чистыя апологіи сердца, которыя бьются горячей, пламенной любовью къ человѣку,—то подвижники и подвижницы, душа которыхъ полна страстнаго стремленія къ идеалу и подвигу—будь этотъ подвигъ суровъ и тяжелъ, будь онъ лишенъ всякой тѣни эффекта и внѣшняго блеска. Среди современнаго инертнаго общества, утратившаго вѣру въ старые идеалы и не съумѣвшаго создать себѣ новыхъ,—общества разочарованнаго, нравственно расшатаннаго, ушедшаго въ погоню за чувственными наслажденіями—люди подобнаго склада являются предвозвѣстниками того духовнаго возрожденія, которое рано или поздно должно обновить человѣчество...

Заканчивая наши очерки о вольныхъ крестьянскихъ школахъ,

---

[1]) «Недѣля», 1880 г., № 47.

мы еще разъ напомнимъ, что задача и въ то же время священная обязанность интеллигенціи по отношенію этого рода школъ состоитъ въ томъ, чтобы придти на помощь этимъ самороднымъ мужицкимъ школамъ, помочь народу въ его стремленіи устроить эти школы, расширить ихъ программу, улучшить преподаваніе, снабдить ихъ учебниками и библіотеками, — словомъ, употребить съ своей стороны всѣ усилія для того, чтобы эти вольныя крестьянскія школы дѣйствительно явились разсадниками просвѣщенія и развитія. Сотни тысячъ крестьянскихъ дѣтей проходящихъ чрезъ эти школы, вполнѣ, конечно, заслуживаютъ того, чтобы отнестись къ нимъ съ самымъ глубокимъ вниманіемъ и съ самымъ искреннимъ желаніемъ сдѣлать для нихъ все возможное [1]...

---

[1] Намъ предстоитъ еще обрисовать болѣе подробно главные типы вольныхъ школъ, познакомиться по ближе съ программами и характеромъ преподаванія въ нихъ, съ условіями вознагражденія, получаемаго вольными учителями за свой трудъ, указать на тѣ препятствія, тормозы и затрудненія, которыми до сихъ поръ обставлена у насъ дѣятельность вольныхъ учителей и, наконецъ, разсмотрѣть, что именно сдѣлано земствомъ, учебнымъ начальствомъ и духовнымъ вѣдомствомъ для правильной постановки этого рода школъ. Для выясненія всѣхъ этихъ вопросовъ нами собранъ довольно богатый матеріалъ, которымъ мы и воспользуемся при первой возможности.

ПУБЛИЧНЫЯ ЧТЕНІЯ ДЛЯ НАРОДА.

Да здравствуетъ солнце, да скроется тьма!
А. Пушкинъ.

I.

Народныя чтенія въ столицахъ.

Публичныя народныя чтенія при правильной и широкой постановкѣ дѣла могутъ явиться, безъ сомнѣнія, весьма могучимъ факторомъ народнаго просвѣщенія и развитія. Путемъ такихъ чтеній является возможность вліять развивающимъ образомъ даже на среду наиболѣе темнаго, *неграмотнаго люда*, для котораго недоступна книга и вообще печатное слово.

У насъ, въ Россіи, дѣло народныхъ чтеній, какъ извѣстно, ведется болѣе чѣмъ въ скромныхъ размѣрахъ и до сихъ поръ не получило надлежащаго развитія; оно обставлено у насъ массою разнаго рода формальностей и всевозможными стѣснительными ограниченіями, которыя сильно тормазятъ всякую частную иниціативу въ этой области. Болѣе прочно дѣло народныхъ чтеній поставлено въ Петербургѣ, Москвѣ и въ нѣкоторыхъ, весьма немногихъ, провинціальныхъ городахъ, какъ, напримѣръ, въ Тамбовѣ, Одессѣ, Астрахани и Ярославлѣ.

Первыя въ Россіи публичныя чтенія для народа возникли 22 года тому назадъ въ Петербургѣ. Въ 1871 году состоялось Высочайшее разрѣшеніе на устройство, въ видѣ опыта, народныхъ чтеній въ Петербургѣ. Въ томъ же году организовалась особая комиссія подъ предсѣдательствомъ В. П. Коховскаго для устройства народныхъ чтеній въ аудиторіи Педагогическаго музея, и

28 декабря того же года состоялось въ стѣнахъ этой аудиторіи первое народное чтеніе протоіерея В. Г. Пѣвцова о Святой Землѣ. Съ этого времени народныя чтенія ведутся въ Петербургѣ непрерывно до сихъ поръ.

Первое время комиссія устраивала эти чтенія въ трехъ пунктахъ города, наиболѣе населенныхъ рабочимъ людомъ, причемъ чтенія велись и лѣтомъ, когда въ столицу прибываетъ масса рабочаго люда, «нуждающагося въ отвлеченіи отъ кабака». Иниціаторомъ въ дѣлѣ устройства въ Петербургѣ народныхъ чтеній, — если вѣрить г. Воронецкому, — былъ покойный камергеръ Гвоздаво-Голенко, который представилъ о нихъ особый докладъ бывшему въ то время оберъ-полицмейстеру Трепову [1].

Съ теченіемъ времени число аудиторій постепенно увеличивалось; комиссія начала устраивать народныя чтенія и въ нѣкоторыхъ ближайшихъ къ Петербургу городахъ, какъ, напримѣръ, въ Царскомъ Селѣ, Гатчинѣ, Красномъ Селѣ и т. д. О результатахъ дѣятельности петербургской комиссіи можно судить, между прочимъ, по слѣдующимъ даннымъ. Въ теченіи послѣднихъ пяти лѣтъ, 1887—1892 гг., комиссіею устраивались народныя чтенія въ 23 аудиторіяхъ, находящихся въ Петербургѣ, Царскомъ Селѣ, Кронштадтѣ, Гатчинѣ, Красномъ Селѣ и Колпинѣ. Всѣхъ чтеній за этотъ періодъ времени было 1.433, на которыхъ присутствовало 192.127 слушателей. Главною аудиторіею комиссіи служитъ одна изъ залъ петербургской городской думы. Съ 1887 по 1892 г. изъ склада комиссіи было продано 413.637 экземпляровъ изданныхъ ею 70 названій брошюръ для народнаго чтенія, всего на сумму 43.604 рубля.

Въ Москвѣ народныя чтенія существуютъ съ 1874 года и находятся въ завѣдываніи особой комиссіи, состоящей при Обществѣ распространенія полезныхъ книгъ. Благодаря любезному вниманію бывшей предсѣдательницы общества распространенія полезныхъ книгъ, А. Н. Стрѣкаловой, мы имѣли возможность озна-

---

[1] *А. Воронецкій:* «Н. П. Коховскій въ роли организатора народныхъ чтеній въ Славномъ городкѣ». «Русская Школа», 1892 г. № 2.

комиться съ дѣятельностью коммиссiи по устройству народныхъ чтенiй въ Москвѣ почти за все время ея существованiя. Чтенiя, устраиваемыя коммиссiей, подраздѣляются на оффицiальныя и не-оффицiальныя.

Въ настоящее время оффицiальныя народныя чтенiя въ Москвѣ происходятъ въ 8 пунктахъ: въ Политехническомъ музеѣ, въ Межевомъ институтѣ (на Старой Басманной), въ Солодовниковскомъ училищѣ, въ Александро-Марiинскомъ училищѣ, въ Горѣловой народной столовой (на Моховой), въ Смоленской, имени Я. И. Бѣлова, столовой (на Смоленскомъ рынкѣ), въ чайномъ магазинѣ Перлова (на Мясницкой, противъ почтамта) и въ мастерскихъ Московско-Рязанской желѣзной дороги (близъ Рязанскаго вокзала).

Неоффицiальныя чтенiя служатъ исключительно для извѣстнаго, вполнѣ опредѣленнаго контингента слушателей, а именно: въ казармахъ—для военныхъ нижнихъ чиновъ, въ больницахъ—для больныхъ и выздоравливающихъ, въ тюрьмахъ—для заключенныхъ, на фабрикахъ и заводахъ—для рабочихъ и т. д. Такихъ неоффицiальныхъ читаленъ, двери которыхъ закрыты для постороннихъ слушателей, коммиссiя имѣетъ около тридцати.

Въ теченiи года московскою коммиссiею устраивается обыкновенно отъ 400 до 500 духовныхъ бесѣдъ и отъ 600 до 700 общеобразовательныхъ чтенiй, причемъ общее число слушателей во всѣхъ читальняхъ, какъ оффицiальныхъ, такъ и неоффицiальныхъ, достигаетъ до 200.000 человѣкъ и болѣе. 200.000—цифра, конечно, довольно почтенная, говорящая сама за себя.

Но мы всѣ—ужасные скептики, мы готовы съ недовѣрiемъ смотрѣть даже на цифры до тѣхъ поръ, пока во-очiю не убѣдимся, что это дѣйствительно не «бумажныя», а подлинныя, живыя цифры. А чтобы убѣдиться въ этомъ, чтобы лично удостовѣриться, какъ великъ въ средѣ простого люда запросъ на такого рода чтенiя, стоитъ только побывать хотя на двухъ-трехъ народныхъ чтенiяхъ, устраиваемыхъ въ Москвѣ.

Пишущему эти строки удалось посѣтить нѣкоторыя изъ этихъ чтенiй, поэтому и позволю себѣ разсказать здѣсь о впечатлѣнiяхъ, вынесенныхъ изъ этихъ посѣщеній. Смѣю думать, что это не будетъ излишне, особенно въ виду того, что въ публикѣ вообще очень мало извѣстно о народныхъ чтеніяхъ, происходящихъ въ Москвѣ каждое воскресенье. Я началъ съ народной аудиторіи, помѣщающейся въ Политехническомъ музеѣ.

Подъѣзжая, въ пятомъ часу, къ Политехническому музею, я еще издали увидѣлъ толпу народа въ нѣсколько сотъ человѣкъ, стоявшую у входа въ музей со стороны церкви великомученика Георгія. Ровно въ половинѣ пятаго двери музея распахнулись и толпа ринулась туда. Началась страшная, невѣроятная давка, каждый хотѣлъ проникнуть первымъ, поэтому люди то и дѣло спирались въ дверяхъ, ожесточенно работая руками, чтобы пробиться. Упаси васъ Боже попасть въ такую давку!

— Чего они такъ ломятся?—спросилъ я окружающихъ, болѣе степенныхъ людей, спокойно ожидавшихъ, когда масса протискается въ двери.

— Боятся, что мѣстовъ не застанутъ...
— То-то и горе-то: по билетамъ пущаютъ-то... по счету.
— Сверхъ комплекта не пустятъ.
— А какой же комплектъ?—спросилъ я.
— Больше пятисотъ человѣкъ не полагается.

У лѣстницы, ведущей въ главный залъ музея, гдѣ происходятъ чтенія, стоялъ служитель и считалъ посѣтителей, которые сплошною толпой поднимались по лѣстницѣ. На каждый десятокъ посѣтителей давался особый билетъ; такихъ билетовъ обыкновенно выдается до 50-ти, не больше. Это дѣлается съ тою цѣлью, чтобы не впустить больше того, сколько можетъ вмѣстить залъ.

Въ какихъ-нибудь пять минутъ залъ оказался переполненнымъ публикой. Всѣ скамьи были заняты; тѣ, кому недоставало мѣстъ, размѣстились стоя вдоль стѣнъ. Я съ любопытствомъ оглядывалъ собравшуюся публику.

Это былъ настоящій рабочій людъ: мастеровые, ремесленники, фабричные,—словомъ, «чернь», въ полномъ смыслѣ этого слова.

Въ этомъ убѣждали васъ и костюмы — поддевки, полушубки, чуйки, — и лица и руки со слѣдами сажи и копоти.

Огромное большинство публики состояло изъ подростковъ и молодыхъ ребятъ, въ возрастѣ отъ 14 до 20 лѣтъ. Разговорившись съ нѣкоторыми изъ этихъ подростковъ, я узналъ, что они служатъ «въ ученьѣ» мальчиками и подмастерьями въ слесарныхъ и портновскихъ «заведеніяхъ». Были, разумѣется, и люди возмужалые, и старики, но они составляли меньшинство. Женщины въ общей массѣ составляли сравнительно ничтожный процентъ.

Не только интеллигенція, но и вообще такъ-называемая «чистая публика» совершенно отсутствовала. Только въ первомъ ряду виднѣлся какой-то, очевидно, провинціальный «батюшка» въ потертой рясѣ и съ косичкой, завязанной веревочкой, да двѣ какія-то барышни, видимо, мѣщанскаго происхожденія, въ шляпкахъ съ кисточками и голыми красными руками.

Въ программѣ чтенія стояло: «1) Духовная бесѣда: *Св. пророкъ Илія*. Будетъ читать священникъ С. В. Смирновъ. 2) Стихотворенія изъ сборника № 1-й. Будетъ читать А. И. Сумбатовъ».

Какой-то господинъ, появившись передъ публикой, сказалъ: пропоемте всѣ вмѣстѣ «Царю небесный». Всѣ поднялись съ своихъ мѣстъ и хоромъ, довольно стройно и съ одушевленіемъ, пропѣли «Царю небесный». Вслѣдъ за этимъ на каѳедру взошелъ отецъ Смирновъ и началъ читать *Жизнь пророка Иліи*; читалъ онъ громко и внятно. Чтеніе сопровождалось тѣневыми картинами, представлявшими разные эпизоды изъ жизни пророка. Самое описаніе жизни Св. Иліи было изложено весьма живо и занимательно. Публика съ напряженнымъ и неослабнымъ вниманіемъ слѣдила за чтеніемъ, продолжавшимся около трехъ четвертей часа.

Второе отдѣленіе состояло изъ чтенія стихотвореній Пушкина, Жуковскаго, Лермонтова и Некрасова. Г. Сумбатовъ почему-то не явился и его замѣнилъ г. Дурново, также артистъ

Малаго театра. Какъ чтецъ, г. Дурново нѣсколько однообразенъ, но онъ умѣло оттѣнялъ юмористическіе штрихи въ читанныхъ имъ произведеніяхъ и, благодаря этому, то и дѣло приводилъ неприхотливую аудиторію въ веселое настроеніе. Съ особеннымъ оживленіемъ прослушаны были сказка Пушкина *О рыбакѣ и рыбкѣ*, *Мальчикъ-мужичекъ* и *Дѣдушка Яковъ* Некрасова. Кромѣ того, г-мъ Дурново были прочитаны: *Капитанъ Бопъ* Жуковскаго, *Бородино* Лермонтова и *Плачъ* Некрасова. Чтеніе этихъ стихотвореній также сопровождалось тѣневыми картинами.

Нужно было видѣть лица слушателей, чтобы составить себѣ представленіе о томъ впечатлѣніи, которое производило чтеніе. Какимъ глубокимъ, захватывающимъ интересомъ, какимъ жаднымъ любопытствомъ дышали эти простыя, грубоватыя лица! Я никогда не забуду выраженіе лица сидѣвшаго рядомъ со мной мальчугана лѣтъ пятнадцати. Бойкіе, умные глазки такъ и горятъ, такъ и искрятся. Нервно стиснувъ картузъ запачканными сажею руками, онъ весь впился глазами въ лектора, очевидно, боясь пропустить хоть одно слово, хоть одинъ звукъ...

Мнѣ пришлось потомъ побывать въ другихъ читальняхъ (въ домѣ г. Перлова и проч.) и всюду я встрѣчалъ одно и то же: волны «сѣраго» и «чернаго» народа, рвущагося въ читальни, залы, переполненныя слушателями изъ этой «сѣрой» массы, и глубокое, сосредоточенное вниманіе къ чтенію.

II.

Въ Одессѣ.

Изъ провинціальныхъ городовъ народныя чтенія ведутся: въ Одессѣ, Кіевѣ, Казани, Астрахани, Харьковѣ, Тамбовѣ, Ярославлѣ, Николаевѣ, Нижнемъ-Новгородѣ, Твери, Владимірѣ, Саратовѣ, Тифлисѣ, Херсонѣ, Костромѣ, Кишиневѣ, Воронежѣ, Керчи, Ригѣ, Ковно, Орлѣ, Самарѣ, Нѣжинѣ, Томскѣ, Ставрополѣ-Кавказскомъ,

Чистополѣ, Уфѣ, Курскѣ, Екатеринославѣ, Вяльнѣ, Владикавказѣ, Кронштадтѣ, Вологдѣ, Коломнѣ, Царицынѣ, Юрьевцѣ и т. д.

Особенно успѣшно идутъ народныя чтенія въ Одессѣ. Хотя краткія сообщенія объ этихъ чтеніяхъ уже были приведены въ нѣкоторыхъ газетахъ, но, въ виду важности и общественнаго значенія вопроса о народныхъ чтеніяхъ, думаемъ, будетъ вполнѣ умѣстно подробнѣе остановиться на описаніи народныхъ чтеній устраиваемыхъ одесскимъ славянскимъ обществомъ. Для этой цѣли мы воспользуемся отчетами одесскаго славянскаго общества, свѣдѣніями, обязательно доставленными намъ однимъ изъ лицъ завѣдывающихъ этими чтеніями, И. В. Карнацкимъ, а также сообщеніями мѣстныхъ и столичныхъ газетъ.

Необходимость устройства публичныхъ чтеній для народа въ Одессѣ давно уже сознавалась мѣстною интеллигенціею. Лица, сочувствующія этому дѣлу, сгруппировались въ мѣстномъ славянскомъ благотворительномъ обществѣ имени свв. Кирилла и Меѳодія. При содѣйствіи и поддержкѣ почетнаго члена этого общества, князя Дондукова-Корсакова, было возбуждено ходатайство о разрѣшеніи въ Одессѣ народныхъ чтеній съ туманными картинами, и въ мартѣ мѣсяцѣ 1882 года это разрѣшеніе было получено.

Приступая къ дѣлу, Общество не имѣло въ своемъ распоряженіи никакихъ матеріальныхъ средствъ. Первый вкладъ былъ сдѣланъ профессорами одесскаго университета О. Н. Шведовымъ и П. А. Спиро, которые прочли въ пользу народныхъ чтеній публичныя лекціи, давшія 500 рублей. Затѣмъ инженеръ-полковникъ Борисовъ предоставилъ въ распоряженіе Общества волшебный фонарь съ коллекціей картинъ къ нему, а городская управа отвела для народныхъ чтеній безвозмездно залъ Биржи.

Первое чтеніе состоялось 2 апрѣля 1882 года; на немъ одинъ изъ членовъ Общества М. И. Климовичъ прочелъ «О севастопольцахъ». Цѣны на мѣста были назначены по 10 коп. и только стулья перваго ряда стоили 50 коп.; безплатно же допускалось на оныя 100 человѣкъ; путемъ этихъ чтеній имѣлось въ виду увеличить денежные фонды предприятія. Такихъ чтеній въ биржевой залѣ было устроено три, но попытка эта не удалась, такъ какъ публика собиралось мало: она стѣснялась идти въ парадный биржевой залъ.

Это обстоятельство заставило устроителей перенести народныя чтенія въ одинъ изъ ночлежныхъ пріютовъ. Здѣсь число посѣтителей сразу увеличилось, и о недостаткѣ слушателей не могло уже быть рѣчи Въ теченіи перваго (1882) года существованія народныхъ чтеній было произнесено 14 чтеній, на которыхъ присутствовало 4.139 посѣтителей. Въ 1883 году, благодаря энергичной дѣятельности членовъ правленія славянскаго общества, а также помощи профессора А. В. Клоссовскаго, публичная лекція котораго дала Обществу 280 рублей и г-жѣ Каннабихъ, устроившей съ той же цѣлью литературно-музыкальный вечеръ, былъ пріобрѣтенъ второй фонарь и новыя картины. Скоро на нѣкоторыхъ чтеніяхъ не стало хватать мѣстъ. Плата за входъ установлена была въ 5 коп. Въ теченіи 1883 года было устроено 22 платныхъ чтенія, которыя посѣтили 9.443 слушателя. Такимъ образомъ, мало-по-малу дѣло начинало крѣпнуть и развиваться.

Въ 1884 году на помощь славянскому обществу въ дѣлѣ устройства чтеній пришло городское управленіе, которое назначило на это субсидію въ 400 рублей. Благодаря этой субсидіи, а также содѣйствію проф. Н. Я. Грота, произнесшаго въ пользу чтеній публичную лекцію, и артиста Кропивницкаго, явилась возможность нанять и приспособить новое, болѣе обширное помѣщеніе для народной аудиторіи. Нужно было сдѣлать потолокъ, амфитеатръ, провести газъ и т. д.; на все это по смѣтѣ требовалось 1.500 рублей, между тѣмъ въ распоряженіи Общества имѣлось всего лишь 800 рублей. Тогда члены правленія славянскаго общества сложились между собою и дали заимообразно недостающую сумму (700 рублей, по 140 руб. каждый), и въ началѣ октября было освящено и открыто новое помѣщеніе.

Зимою 1888 году членамъ правленія удалось нанять и приспособить помѣщеніе для второй аудиторіи народныхъ чтеній, въ предмѣстьи города, въ слободкѣ Романовкѣ. Сюда на первое же чтеніе собралось до 500 человѣкъ слушателей, хотя аудиторія была расчитана на 300 человѣкъ. Средства на наемъ второй аудиторіи были собраны путемъ устройства спектакля въ русскомъ театрѣ и публичныхъ лекцій, прочитанныхъ профессорами одесскаго университета А. И. Кирпичниковымъ, Н. Я. Гротомъ, О. И. Успенскимъ и Д. Н. Куляковскимъ.

Въ 1891 году членамъ комиссіи народныхъ чтеній удалось осуществить свое давнишнее желаніе о пріобрѣтеніи собственнаго дома для аудиторіи въ слободкѣ Романовкѣ. Покупка этого дома могла осуществиться благодаря только тому, что члены правленія, снова сложившись между собою, ссудили Обществу 2.100 рублей. При этомъ гг. Знаменскій и Аѳанасьевъ внесли по 500 рублей, г. Чаушанскій — 300 р., гг. Каришацкій, Гайдичъ и Плашко — по 200 руб., гг. Маркевичъ и Березинъ — по 100 руб.

Въ томъ же году состоялась закладка особаго зданія, вполнѣ приспособленнаго для народныхъ чтеній, на средства одесской городской думы, которая вообще съ полнымъ сочувствіемъ относится къ дѣятельности устроителей народныхъ чтеній и охотно оказываетъ матеріальную поддержку этому прекрасному дѣлу. И такъ, — замѣчаетъ по этому поводу отчетъ Общества, «десять лѣтъ работы по ночлежнымъ пріютамъ, въ сараяхъ, гдѣ было и сыро и холодно и душно, наконецъ, увѣнчаются должнымъ успѣхомъ; аудиторія, которую строитъ городъ, дастъ возможность не только сохранить здоровье посѣтителей ея, но благотворно отразится и на самыхъ руководителяхъ, давая имъ возможность расширить свою дѣятельность на пользу народа». Въ настоящее время городъ ежегодно ассигнуетъ тысячу рублей въ распоряженіе славянскаго общества на устройство публичныхъ чтеній для народа.

Въ теченіи 1891 года было произнесено въ двухъ аудиторіяхъ 70 чтеній, на которыхъ присутствовало 25.022 человѣка. Изъ этого числа было безплатныхъ посѣтителей 17.770 человѣкъ и 7.252 человѣка платныхъ. Среднимъ числомъ, на каждомъ чтенія присутствовало въ первой аудиторіи 387 человѣкъ, а во второй—327.

Чтенія всегда сопровождались туманными картинами, музыкою и пѣніемъ. Кромѣ оркестра музыки, обязательно игравшаго на каждомъ народномъ чтеніи, иногда принимали участіе въ музыкальномъ отдѣленіи члены мѣстнаго музыкальнаго общества, исполняя хоровыя или оркестровыя произведенія, а также отдѣльные солисты на скрипкѣ, роялѣ и фисгармоніи. Религіозныя чтенія всегда сопровождались пѣніемъ духовныхъ хоровыхъ произведеній, соотвѣтствующихъ по содержанію произносимому чтенію.

Всѣ устраиваемыя въ аудиторіи чтенія религіознаго характера были безплатны. Кромѣ того, и на каждомъ платномъ чтеніи, среднимъ числомъ, около 60 человѣкъ пускались даромъ.

Всѣ чтенія, которыя произносятся въ одесскихъ народныхъ аудиторіяхъ, могутъ быть подраздѣлены на слѣдующіе пять отдѣловъ: религіозныя, историческія, по міровѣдѣнію и естествознанію, по географіи и чисто литературныя. Считаемъ необходимымъ привести здѣсь подробный перечень всѣхъ народныхъ чтеній, произнесенныхъ въ теченіи послѣдняго отчетнаго года. Чтенія религіознаго характера: Рождество І. Христа, Уничиженіе на землѣ Господа нашего І. Христа, Свв. Кириллъ и Меѳодій, Житіе Николая Чудотворца. По исторіи: Мамаево побоище, Михаилъ Тверской, Смутное время на Руси, Алексѣй Михайловичъ, Преемники Петра Великаго, 19-е февраля 1855 г., Милость Божія надъ царемъ, Книгопечатаніе, Египетъ.

По географіи: Волга, Голландія, Колумбъ, Путешествіе Макъ-Клинока, Первое путешествіе Форстера. По естествознанію и міровѣдѣнію: О планетахъ, Какъ поддерживается жизнь человѣка, Телеграфъ. Чтенія литературнаго характера: Иванъ Муромецъ, Князь Серебряный, Послѣ обѣда въ гостяхъ, Муму, Полтава, Пахарь, Іоаннъ Дамаскинъ, Кавказскій Плѣнникъ, Пѣсня про купца Калашникова, Кольцовъ, Стихотворенія Некрасова и Тарасъ Бульба.

На основаніи десятилѣтняго опыта члены Общества пришли къ убѣжденію, что «народъ наиболѣе интересуется историческими чтеніями, носящими характеръ эпизодическій, рисующими или великія реформы, благодѣтельныя для человѣчества, или великихъ людей, послужившихъ съ честью своей родинѣ. Затѣмъ народъ очень любитъ классическія произведенія по русской словесности. Пушкинъ, Гоголь, Лермонтовъ и друг. всегда охотно слушаются. Религіозныя чтенія имѣютъ слушателями преимущественно взрослыхъ. Чтенія по мірозданію и естественной исторіи слушаются съ гораздо меньшею охотою. Это объясняется не отсутствіемъ интереса къ нимъ, а плохимъ составленіемъ брошюръ для чтенія, гдѣ и языкъ, и само изложеніе, а также и подборъ научныхъ фактовъ не приспособлены для простого человѣка».

Съ 1887 года начали устраиваться въ народныхъ аудиторіяхъ общедоступные съ платою за входъ литературно-музыкальные вечера, которые имѣли цѣлью (помимо пріобрѣтенія средствъ на дѣло народныхъ чтеній)—ознакомить среднюю публику какъ съ нашими лучшими писателями, такъ и съ выдающимися иностранными классиками. На первыхъ вечерахъ, благодаря участію профессоровъ гг. Кирпичникова, Маркевича, Аѳанасьева и нѣкоторыхъ драматическихъ артистовъ были прочитаны произведенія Гоголя, Л. Н. Толстого, Некрасова, Пушкина, Жуковскаго, Тургенева, Никитина, Лермонтова, Гаршина, Достоевскаго, Крылова, Кольцова, а также Диккенса и Додэ.

Въ постановкѣ этихъ вечеровъ, кромѣ профессоровъ университета и артистовъ, принимаютъ участіе учители гимназій, народные учители, студенты, а также другія лица изъ числа любителей и любительницъ литературы и музыки. Организаціей музыкальной части этихъ вечеровъ завѣдываетъ докторъ А. А. Пѣновскій. Публика весьма охотно посѣщаетъ эти вечера; обыкновенно на каждомъ вечерѣ присутствуетъ до 500 человѣкъ. Въ день пятидесятилѣтія со дня кончины Пушкина было устроено два литературныхъ вечера, состоявшіе исключительно изъ произведеній этого поэта. На этихъ вечерахъ въ аудиторіи были розданы слушателямъ отлитографированные портреты Пушкина въ числѣ 2.000 экземпляровъ.

Изъ числа десяти вечеровъ, устроенныхъ въ 1891 году, четыре имѣли особое значеніе, а именно: одинъ былъ посвященъ памяти Лермонтова, по случаю 50-ти-лѣтія со дня его смерти, другой — памяти умершаго въ томъ же году И. А. Гончарова; третій вечеръ состоялъ изъ чтенія произведеній нашихъ русскихъ классиковъ и имѣлъ своимъ назначеніемъ послужить на пользу голодающихъ, такъ какъ весь сборъ съ этого вечера былъ употребленъ на помощь пострадавшимъ отъ неурожая. Наконецъ, четвертый вечеръ носилъ названіе Моцартовскаго и по содержанію своему отвѣчалъ этому названію.

Съ сентября 1884 года при аудиторіи народныхъ чтеній открытъ книжный складъ народныхъ изданій, а затѣмъ ежедневная розничная продажа. Складъ этотъ образовался постепенно, дѣло началось съ грошей. Въ 1882 году *на занятые три рубля* было куплено нѣсколько дешевыхъ книгъ и во время чтенія въ народной аудиторіи эти книги предлагались желающимъ пріобрѣсти ихъ. Вначалѣ продажа шла туго, охотниковъ покупать народныя книжки было мало, но мало-по малу спросъ увеличивался и уже въ 1884 году пришлось устроить небольшой складъ народныхъ книгъ для продажи по воскреснымъ и праздничнымъ днямъ. Съ 1886 года продажа ведется уже ежедневно.

Насколько успѣшно идетъ продажа книгъ изъ склада, можно видѣть изъ слѣдующихъ цифръ.

Въ 1884 году	продано	изъ	склада	1.100	экземпляровъ.
» 1885	»	»	»	6.195	»
» 1886	»	»	»	59.800	»
» 1887	»	»	»	103.289	»
» 1888	»	»	»	101.005	»
» 1889	»	»	»	89.220	»
» 1890	»	»	»	103.417	»
» 1891	»	»	»	113.830	»

Всего продано 577.856 экземпляровъ.

Такимъ образомъ въ теченіи восьми лѣтъ, благодаря дѣятельности одесскаго славянскаго общества, пущено въ народъ болѣе полумилліона книжекъ. Особенно важно то, что всѣ эти книжки *продаюмъ*, а не розданы безплатно; важно это потому, что многими наблюдателями давно уже замѣчено, что народъ особенно цѣнитъ тѣ книги, которыя онъ пріобрѣлъ покупкою на свои кровныя денежки. Этому нетрудно повѣрить, такъ какъ всякому, конечно, извѣстно съ какимъ страшнымъ трудомъ достаются рабочему люду эти по-истинѣ *кровныя денежки*.

Устроителямъ чтеній удалось войти въ соглашеніе съ мѣстными войсками, а именно съ Люблинскимъ пѣхотнымъ полкомъ и 15 стрѣлковымъ полкомъ относительно продажи книгъ между солдатами. Книги даются полкамъ въ кредитъ и продаются въ полковыхъ лавочкахъ. По свидѣтельству отчета, спросъ на книги среди солдатъ огромный. Этому много способствуетъ и то обстоятельство, что для солдатъ этихъ полковъ время отъ времени устраиваются ихъ начальствомъ чтенія, происходящія въ аудиторіи народныхъ чтеній одесскаго славянскаго общества. Для продажи солдатамъ книгъ, онѣ подбираются изъ склада Общества по каталогу, изданному военнымъ министерствомъ, гдѣ указаны книги, разрѣшенныя для распространенія между солдатами.

Само собою понятно, что книги, распространяемыя среди солдатъ, въ концѣ концовъ пойдутъ опять-таки въ ту же народную среду, такъ какъ каждый солдатъ, пріобрѣвшій книгу, не только самъ прочтетъ ее, но непремѣнно сохранитъ и понесетъ съ собою въ свое село и деревню, какъ только окончится обязательный срокъ его службы. Но и помимо этого соображенія, распространеніе книгъ между солдатами, конечно, въ высшей степени желательно, тѣмъ болѣе, что грамотность въ нашихъ войскахъ, благодаря войсковымъ школамъ, распространяется въ послѣднее время довольно быстро.

Замѣчено, что публичныя чтенія много помогаютъ народу въ выборѣ книгъ. Обыкновенно послѣ каждаго новаго чтенія въ складъ является много народу для покупки книги этого чтенія или книги, по содержанію подходящей къ прослушанному въ аудиторіи.

На религіозныхъ чтеніяхъ, когда входъ въ аудиторію безплатный и когда, слѣдовательно, приходитъ наиболѣе бѣдный людъ, раздаются посѣтителямъ даромъ различнаго содержанія книги, изданныя для народа. При этомъ преслѣдуется не одна только благотворительная цѣль — снабдить книжкой: раздача хорошихъ дешевыхъ книгъ есть лучшій способъ ознакомить народъ съ существованіемъ такихъ книжекъ. Результаты получаются самые отрадные. Обыкновенно послѣ таковой даровой раздачи не только значительно увеличивается спросъ на книги, но видно уже знакомство съ авторомъ, уже спрашивается и Гоголь, и Пушкинъ, и Тургеневъ, и Гаршинъ и т. д.

Послѣ чтенія въ аудиторіи *Чѣмъ люди живы*, графа Л. Н. Толстого, было раскуплено въ первый разъ 200 экземпляровъ этого разсказа. Затѣмъ въ теченіе недѣли послѣ этого чтенія еще было куплено 100 экземпляровъ. Въ виду такого спроса, чтеніе это было повторено и снова дало самые отрадные результаты: не только покупалась книжка *Чѣмъ люди живы*, но уже прямо спрашивались книги Льва Толстого, обыкновенно, такимъ образомъ: «дайте книжку такую же, какъ о сапожникѣ, того же сочинителя». Народъ, какъ видите, далъ свое названіе произведенію Л. Н. Толстого—вмѣсто *Чѣмъ люди живы* назвалъ разсказомъ о сапожникѣ. Въ виду такого спроса, пришлось выписывать изданія «Посредника» тысячами, чтобы удовлетворить все растущему требованію.

— Хорошо-ли чтеніе? Понравилось оно вамъ?—спросилъ завѣдывающій чтеніями И. В. Карвацкій одного изъ посѣтителей чтенія, покупавшаго разсказъ Толстого.

— Хорошо, очень хорошо! Такъ хорошо какъ въ церкви,—отвѣчалъ тотъ.

По словамъ отчета Правленія, «посѣтители народныхъ чтеній въ Слободкѣ-Романовкѣ—исключительно «простой народъ»—относятся къ чтеніямъ весьма душевно: послѣ каждаго чтенія они считаютъ своимъ долгомъ поблагодарить членовъ Правленія Славянскаго Общества, держатъ себя они на чтеніи образцово; вниманіе полное, впечатлѣніе иногда такое сильное, что слышатся вздохи, а иногда даже и плачъ». Все это приводитъ устроителей чтеній къ тому заключенію, что не столько городское населеніе, сколько населеніе Слободки и другихъ окраинъ нуждается въ народныхъ чтеніяхъ, — здѣсь эти чтенія являются единственнымъ свѣточемъ, озаряющимъ простолюдину его потемки.

Въ 1885 коммиссія народныхъ чтеній устроила библіотечку для выдачи книгъ на домъ. Книга изъ этой библіотечки выдается даромъ, требуется только залогъ, не превышающій въ среднемъ 20 копеекъ, такъ какъ и книги въ библіотекѣ, приблизительно, той же стоимости. Залогъ возвращается по первому заявленію абоната, послѣ исправнаго возвращенія взятой для прочтенія книги. Къ 1-му января 1892 года библіотечка состояла изъ 1,95? названій, на сумму 727 руб. 10 коп.

Въ первые годы существованія библіотечки число абонатовъ увеличивалось чрезвычайно быстро, а именно:

   Въ 1885 году ихъ было 58
   » 1886 » » » 271
   » 1887 » » » 360

Вмѣстѣ съ числомъ абонатовъ росло, разумѣется, и число взятыхъ для прочтенія книгъ:

   Въ 1885 году было взято . . . . 800 названій.
   » 1886 » » » . . . . 2.694 »
   » 1887 » » » . . . . 6.503 »

По затѣмъ начинаются колебанія и даже замѣтное уменьшеніе числа подписчиковъ и количества взятыхъ ими книгъ. Въ 1891 году было, напримѣръ, всего 305 подписчиковъ, которые взяли для прочтенія всего 3.708 названій, т.-е. почти вдвое менѣе, чѣмъ было взято абонатами въ 1887 году. Что же за причина такого явленія? Чѣмъ можно объяснить себѣ такое быстрое охлажденіе къ книгѣ среди людей, которые на первыхъ порахъ обыкновенно съ такой жадностью накидываются на чтеніе?

По нашему мнѣнію, единственная причина этого заключается въ томъ, что, по существующимъ правиламъ, въ народныя библіотеки допущено слишкомъ ограниченное количество книгъ. Чтобы ознакомиться и перечитать тоненькія книжки, которыя допущены въ народную библіотеку, требуется очень немного времени. Усердный читатель можетъ поглотить подобную библіотечку въ первый же годъ, а затѣмъ ему болѣе ничего, конечно, не остается, какъ разстаться съ этой библіотекой.

Просматривая списки абонатовъ, можно замѣтить, что главный контингентъ читающихъ приходится на долю дѣтей школьнаго возраста. Взрослый простолюдинъ составляетъ, сравнительно, небольшой процентъ (20%). И здѣсь, какъ и при покупкѣ книгъ изъ склада, много помогаютъ и аудиторія народныхъ чтеній, и даровая раздача книгъ. Число абонатовъ библіотеки значительно увеличивается послѣ того народнаго чтенія, которое почему-либо понравилось слушателямъ аудиторіи. При этомъ замѣчается слѣдующее явленіе: покупается обыкновенно книжка, освѣщающая простолюдину многіе вопросы міровѣдѣнія и окружающую его природу, берутся же для прочтенія изъ библіотеки книги литературнаго содержанія, историческія и книги, гдѣ въ доступномъ для всего изложеніи описываются бытъ и нравы народовъ отдаленныхъ странъ.

Взятыя въ теченіе 1891 года книги для прочтенія слѣдующимъ образомъ распредѣляются по различнымъ отдѣламъ:

По словесности . . . . 3,450 названій.
» географіи . . . . 97 »
» естественной исторіи . . . . 72 »
» исторіи . . . . 50 »
» священной исторіи . . . . . . 9 »

Но библіотекой можетъ пользоваться, главнымъ образомъ, только грамотный слой народа. Для многомилліонной же массы неграмотнаго и полуграмотнаго люда остаются однѣ публичныя народныя чтенія.

III.

Въ Астрахани [1]).

Мысль объ учрежденіи въ Астрахани народныхъ чтеній возникла въ 1881 году. Иниціаторами дѣла явились преподаватели мѣстныхъ учебныхъ заведеній Н. Д. Пацукевичъ и П. В. Лавровъ. Въ средѣ мѣстнаго общества нашлись просвѣщенные люди, которые поддержали задуманное полезное дѣло и своимъ личнымъ участіемъ и пожертвованіемъ необходимыхъ денежныхъ средствъ. Составился кружокъ учредителей, состоявшій изъ слѣдующихъ лицъ: директоръ гимназіи М. И. Рубцовъ, преподаватели реальнаго училища: Н. Д. Пацукевичъ, П. Н. Ливановъ, И. В. Мышкинъ, П. Н. Муратовскій и вл. А. Бобахъ; преподаватели гимназіи: В. Н. Сахаровъ, М. И. Розановъ, М. В. Черкасовъ; преподаватели духовной семинаріи: П. В. Лавровъ и А. М. Прудентовъ. Изъ частныхъ лицъ въ составъ кружка вошли: Н. П. Живинъ и В. Я. Платоновъ.

Послано было ходатайство попечителю Казанскаго учебнаго округа о разрѣшеніи народныхъ чтеній и, благодаря содѣйствію бывшаго въ то время губернатора графа Протасова-Бахметева, въ скоромъ времени былъ полученъ благопріятный отвѣтъ на это ходатайство. 14-го февраля 1882 года состоялось торжественное открытіе народныхъ чтеній въ приспособленной для этой цѣли читальнѣ, въ зданіи Биржи, на Стрѣлкѣ.

Быстро народныя чтенія начали завоевывать себѣ общія симпатіи населенія, а это еще болѣе, конечно, прибавило энергіи устроителямъ чтеній. Не жалѣя ни силъ, ни трудовъ, члены комиссіи сдѣлали все отъ нихъ зависящее для лучшей постановки народныхъ чтеній. Прежде всего былъ выработанъ планъ чтеній, причемъ обращено было серьезное вниманіе на тщательный подборъ брошюръ, какъ духовнаго, такъ и свѣтскаго содержанія, и надлежащую иллюстрацію ихъ тѣневыми картинами.

---

[1]) Составлено по брошюрѣ: «Краткій историческій очеркъ десятилѣтняго существованія въ г. Астрахани народныхъ чтеній». Г. Астрахань, 1892 г.

Достигнувши въ этомъ отношеніи полныхъ успѣховъ, комиссія распорядителей обратила свое вниманіе на устройство пѣнія. Обратились къ попечителю учебнаго округа за разрѣшеніемъ и былъ полученъ краткій, но очень выразительный отвѣтъ: «духовное пѣніе рекомендуется, а свѣтское требуетъ выбора». Мѣстныя власти, въ свою очередь, нашли возможнымъ разрѣшить пѣть только «канты и народныя пѣсни, но отнюдь не ставить духовныхъ пѣснопѣній». Это распоряженіе мѣстной епархіальной власти поставило членовъ комиссіи въ такое затруднительное положеніе, что у нихъ руки опустились, и послѣ нѣсколькихъ опытовъ все дѣло было оставлено. Впрочемъ, и безъ пѣнія народъ усердно посѣщалъ читальню, несмотря на отдаленность ея отъ центра города и полную неустроенность; зимой въ читальнѣ было такъ холодно, что замерзала вода.

Желаніе слышать чтеніе было такъ велико, что многіе приходили изъ далекихъ, противоположныхъ концовъ города. Чтобы устранить эти неудобства, комиссія распорядителей рѣшила открыть вторую аудиторію, въ Солдатской. Новая аудиторія представляла большой залъ, теплый, но мрачный, грязный, съ промозглымъ воздухомъ. Не смотря, однако, на всѣ эти неудобства, публика усердно посѣщала и эту аудиторію. Въ слѣдующемъ году была открыта временная аудиторія въ Бочарномъ поселкѣ и хотя помѣщалась въ сараѣ, но работала прекрасно, привлекая массу народа.

Насколько были неустроены народныя аудиторіи, можно видѣть, напримѣръ, изъ того, что въ биржевой аудиторіи холодъ доходилъ до такой степени, что слушателямъ приходилось по зимамъ сидѣть не иначе, какъ въ шубахъ и шапкахъ; особенно же этотъ холодъ давалъ себя чувствовать лекторамъ, такъ какъ имъ приходилось отправлять свои обязанности съ открытой головой. Такимъ образомъ народныя чтенія просуществовали до 1886 г. Не мало за это время всякихъ непріятностей и препятствій выпало на долю устроителей народныхъ чтеній. Такъ, въ 1889 году, одинъ изъ городскихъ агентовъ, вопреки праву и своимъ полномочіямъ пріостановилъ было чтенія въ аудиторіи, помѣщавшейся въ зданіи военнаго училища. Только энергическое заступничество городского головы дало возможность парализировать зловредную дѣятельность этого господина.

Въ началѣ 1886 года народныя чтенія очутились совсѣмъ въ критическомъ положеніи. Дѣло въ томъ, что зданіе военнаго училища, гдѣ помѣщалась одна изъ аудиторій, отошло въ казачье вѣдомство и чтенія тамъ должны были прекратиться, а затѣмъ и главная аудиторія, помѣщавшаяся въ зданіи биржи, должна была закрыться, потому что биржевой комитетъ нашелъ болѣе цѣлесообразнымъ зданіе это пріурочить подъ трактиръ. При скромныхъ средствахъ комиссіи нечего было и думать о наймѣ частнаго помѣщенія. Народныя чтенія погибали. Въ эту критическую минуту руку помощи комиссіи протянулъ директоръ реальнаго училища, А. Б. Петерманъ. Онъ любезно взялся ходатайствовать передъ окружнымъ начальствомъ о разрѣшеніи пріютить народныя чтенія въ зданіи реальнаго училища. Разрѣшеніе было получено и въ распоряженіе комиссіи былъ отданъ прекрасный залъ училища. Сдѣланы были необходимыя приспособленія: мочальные стулья и простыя деревянныя скамьи были замѣнены приличной мебелью и 2-го марта 1886 года была торжественно открыта новая аудиторія. Стеченіе народа на первое чтеніе было громадное. Пущено было въ обширный залъ училища до 1.000 человѣкъ, затѣмъ входъ, за неимѣніемъ мѣста, былъ прекращенъ, и масса желающихъ, къ сожалѣнію комиссіи, осталась за порогомъ. Новая аудиторія стала работать на славу. *Приливъ посѣтителей былъ громадный; мѣста брались чуть не съ бою.* Каждый разъ, задолго до начала чтеній, передъ училищемъ скоплялась цѣлая толпа, которая и дожидалась съ нетерпѣніемъ открытія дверей. Успѣхъ народныхъ чтеній такимъ образомъ былъ полный.

Итакъ, труды комиссіи не остались напрасными: число посѣтителей было настолько громадно, что одной аудиторіи, хотя и такой обширной, какъ залъ реальнаго училища, оказалось недостаточно. Пришлось подыскивать новыя помѣщенія, и въ 1888 году въ распоряженіи комиссіи было уже 4 аудиторіи. До настоящаго времени изъ нихъ продолжаютъ существовать двѣ, въ реальномъ училищѣ и во 2-мъ городскомъ училищѣ. Послѣдняя аудиторія, хотя и значительно меньше главной, но все-таки настолько обширна, что въ состояніи безъ особой тѣсноты вмѣстить 150 человѣкъ. Въ большинствѣ же случаевъ количество посѣтителей далеко переходитъ за норму (однажды присутствовало на чтеніи 362 человѣка); поэтому, жаръ и духота являлись постоянно спутниками каждаго чтенія. Однако, не смотря на это, публика стоически выслушивала предлагаемое чтеніе до конца. Немаловажное достоинство этой аудиторіи заключается, между прочимъ, въ томъ, что она находится (Канава, у Татарскаго моста), во-первыхъ, въ мѣстности, удаленной отъ главной аудиторіи, слѣдовательно, служитъ для публики, неимѣющей возможности, по дальности разстоянія, посѣщать главную аудиторію, а во-вторыхъ, еще въ томъ, что та часть города, гдѣ находится эта аудиторія, населена бѣднымъ рабочимъ классомъ.

Въ текущемъ отчетномъ году съ 10-го ноября открыта комиссіей еще новая аудиторія въ Воробьевской дешевой столовой. Эта аудиторія одна изъ наиболѣе удачныхъ. Находится она на окраинѣ города, въ мѣстности, заселенной рабочимъ людомъ, и такимъ образомъ публика, посѣщающая эту аудиторію, самая желательная. Притомъ сосѣдство съ этой аудиторіей такихъ учрежденій, какъ городской ночлежный домъ и дешевыя квартиры для бѣдняковъ, содержащіеся на средства благотворительнаго общества, даетъ большой процентъ желательной для народныхъ чтеній «сѣрой» публики. Наконецъ, помѣщеніе, занимаемое этой аудиторіей, настолько обширно, что вмѣщаетъ свободно болѣе 100 человѣкъ. Такимъ образомъ, въ настоящее время въ распоряженіи комиссіи имѣются три аудиторіи.

14 февраля 1892 года исполнилось ровно десять лѣтъ со дня открытія въ Астрахани народныхъ чтеній. Число посѣтителей

чтеній, а также число самыхъ чтеній и количество прочитанныхъ статей за 10 лѣтъ показываетъ слѣдующая таблица.

Годы	Число квартиръ	Число посѣтителей.			Число чтеній.	Число прочитанныхъ брошюръ
		Муж.	Жен.	Всего.		
1882—83	1	—	—	5.003	31	69
1883—94	2	—	—	9.500	41	85
1884—85	3	—	—	9.230	64	86
1885—86	2	—	—	6.000	65	126
1886—87	1	—	—	14.752	45	73
1887—88	1	9.548	5.852	15.400	42	71
1888—89	4	6.807	6.398	13.205	41	71
1889—90	3	11.106	5.122	17.844	60	90
1890—91	2	10.395	6.999	17.394	65	129
1891—92	3	10.470	5.796	16.266	66	134
И Т О Г О	8	48.324	30.167	125.068	521	894

Изъ этой таблицы видно, что общее число посѣтителей за 10 лѣтъ достигло внушительной цифры 125.068, среднимъ числомъ въ годъ приходится 12.506 посѣтителей. Разсматривая количество посѣтителей по годамъ, нельзя не замѣтить, что интересъ публики къ народнымъ чтеніямъ въ общемъ замѣтно возрастаетъ съ каждымъ годомъ. Число посѣтителей съ 5.000 возрасло до 17.000 въ годъ. Принявъ при этомъ во вниманіе, что въ Астрахани, помимо народныхъ чтеній, устраиваемыхъ коммиссіей, существуютъ еще чтенія епархіальныя, которыя производятся какъ разъ въ одно время съ народными и, слѣдовательно, отвлекаютъ часть публики отъ этихъ чтеній, можно смѣло сказать, что народныя чтенія завоевали симпатіи населенія.

Члены коммиссіи увѣрены въ томъ что, будь еще нѣсколько аудиторій, онѣ не остались бы безъ посѣтителей. Въ виду громаднаго наплыва публики на чтенія, коммиссія въ послѣдніе годы принуждена была прибѣгнуть къ такой крайней мѣрѣ, какъ запрещеніе посѣщать аудиторіи малолѣтнимъ, чтобы этимъ путемъ дать возможность посѣщать чтенія бо́льшему количеству взрослой публики.

Въ высшей степени интересно было бы имѣть статистическія данныя относительно соціальнаго положенія посѣтителей и степени ихъ интеллектуальнаго развитія, но добыть эти свѣдѣнія оказалось весьма затруднительно, почти невозможно. Приходилось ограничиваться поверхностнымъ наблюденіемъ посѣтителей «по внѣшности». Руководствуясь такими наблюденіями, можно было видѣть, что тѣ аудиторіи, которыя находились въ центрѣ города, какъ, напримѣръ, главная аудиторія, помѣщающаяся въ реальномъ училищѣ, посѣщались болѣе «средней» публикой: мелкими приказчиками, ремесленниками и т. п.; напротивъ, въ аудиторіяхъ, расположенныхъ на окраинахъ города, главный по численности контингентъ посѣтителей составляетъ «сѣрый» людъ (чернорабочіе).

Изъ приведенной выше таблицы видно, что въ теченіи 10 лѣтъ на 521 чтеніи было прочитано 894 брошюры, слѣдовательно въ годъ среднимъ числомъ приходится 89 брошюръ. Матеріаломъ для чтеній служили брошюры, одобренныя для народныхъ чтеній министерствомъ народнаго просвѣщенія. Какъ извѣстно, до самаго послѣдняго времени было разрѣшено для народныхъ чтеній всего 108 названій, составляющихъ 132 брошюры. «Изъ этихъ 132 брошюръ минимумъ $^1/_3$ въ продолженіи 10 лѣтъ не читались ни разу за недостаточною удовлетворительностью ихъ». Такимъ образомъ, если допустить, что читались изъ 132 брошюръ $^2/_3$, что составитъ 88 брошюръ, то выходитъ, что за 10 лѣтъ каждая брошюра была прочитана 10 разъ т. е. каждый годъ повторялись однѣ и тѣ же брошюры. Такая ограниченность репертуара имѣетъ то печальное слѣдствіе, что матеріалъ, повторяясь изъ года въ год, въ значительной степени уменьшаетъ пользу и интересъ чтеній. Въ послѣдніе годы распорядителямъ народныхъ чтеній нерѣдко приходилось выслушивать жалобы отъ посѣтителей на частое повтореніе однихъ и тѣхъ же чтеній; не рѣдки и такіе случаи, что многіе изъ посѣтителей, наиболѣе нетерпѣливые, при началѣ чтенія брошюры, уже слышанной ими ранѣе, выходили изъ аудиторіи. Такія произведенія, какъ «Пѣсня про купца Калашникова», «Капитанская дочка», «Тарасъ Бульба», какъ наиболѣе лучшія изъ числа одобренныхъ приходилось повторять по нѣскольку разъ въ годъ.

Принявши во вниманіе до невозможности затруднительное положеніе коммиссіи по отношенію къ матеріалу чтеній, будетъ понятно, почему въ послѣдніе годы коммиссія особенное вниманіе обратила на безплатную библіотеку и книжный складъ. Затѣмъ, кромѣ обычныхъ чтеній, коммиссія устраивала нѣсколько чтеній, приноровленныхъ къ какимъ-либо болѣе или менѣе выдающимся событіямъ. Такъ, 29 января 1887 года въ день пятидесятилѣтія со дня кончины нашего великаго поэта А. С. Пушкина, коммиссіей было устроено народное чтеніе, на которомъ слушатели познакомились съ главными моментами жизни поэта и съ лучшими его произведеніями. Стеченіе публики на этомъ чтеніи было громадное. До 1.000 человѣкъ было впущено въ залъ, а болѣе половины того осталось на улицѣ.

Въ послѣдніе годы коммиссія поставлена въ высшей степени затруднительное положеніе — *читать становится нечего*. Коммиссія всѣми мѣрами старалась выйти изъ этого затруднительнаго положенія, и въ 1886 году среди членовъ коммиссіи возникла мысль устроить въ аудиторіи реальнаго училища читальню съ правомъ книгъ на мѣстѣ по праздничнымъ днямъ, когда залъ реальнаго училища бываетъ свободно. Но оказалось, что устройство читаленъ при учебныхъ заведеніяхъ воспрещено циркуляромъ министра народнаго просвѣщенія. Тогда коммиссія рѣшила устроить вмѣсто проектируемой читальни безплатную народную библіотеку, и вмѣстѣ съ этимъ складъ книгъ для продажи, каковые и были открыты съ разрѣшенія г. министра народнаго просвѣщенія въ декабрѣ 1888 года.

При своемъ открытіи книжный складъ имѣлъ для продажи книгъ всего на 89 руб. въ количествѣ 1,200 экземпляровъ преимущественно дешевыхъ изданій. Продажа книгъ производилась только въ часы народныхъ чтеній. При такихъ условіяхъ продажи нельзя было надѣяться на широкое распространеніе книгъ изъ склада. Поэтому коммиссія начала изыскивать новые способы распространенія въ народѣ книгъ, и въ 1890 году открыта была коммиссіей книжная лавочка у Коммерческаго моста, какъ наиболѣе людномъ мѣстѣ.

Здѣсь торговля пошла довольно бойко. За 6 мѣсяцевъ продано было до 4.000 народныхъ дешевыхъ книгъ. Въ 1889—90 году операціи склада нѣсколько расширились. Количество книгъ въ складѣ возрасло до 5.440 экземпляровъ, на сумму — 268 руб. Продано было изъ склада нѣсколько болѣе 3,000 дешевыхъ книгъ на сумму 165 руб. 40 коп. Въ 1890 году запасъ книгъ въ главномъ складѣ въ отдѣленіи и книжной лавкѣ значительно увеличенъ а именно всего книгъ для продажи имѣлось уже на 9.392 руб. 38 коп. Продано было въ теченіи 1890—91 года книгъ на сумму 2.038 руб. 21 коп. [1]).

Безплатная библіотека при появленіи своемъ на свѣтъ также имѣла болѣе чѣмъ скромный видъ. Помѣщалась она въ реальномъ училищѣ, въ маленькой комнаткѣ, предназначенной для швейцара, и открывалась только по праздникамъ, въ часы народныхъ чтеній. При открытіи библіотеки въ ней было всего 147 названій, на 79 руб. Число подписчиковъ въ первый годъ было 59. На

---

[1]) Въ слѣдующемъ 1892 году, съ переходомъ книжнаго склада въ особое отдѣльное помѣщеніе, операціи его увеличились еще болѣе. Помимо народныхъ изданій, складъ началъ по заказу выписывать книги, предназначенныя для интеллигентной публики. Кромѣ того онъ взялъ на коммиссію снабженіе учебниками всѣхъ школъ Астраханской губерніи. Благодаря этому, въ складѣ, съ 1 марта 1891 г. по 1-е января 1892 г. поступило книгъ для продажи на сумму 5.593 руб. 29 коп. Такимъ образомъ, за три года существованія склада, оборотъ его съ восьми рублей возросъ до солидной цифры—7.000 рублей.

другой годъ запасъ книгъ былъ увеличенъ и число подписчиковъ возрасло до 204 человѣкъ.

Въ январѣ 1890 года открыто было отдѣленіе библіотеки при 2-й аудиторіи, просуществовавшее до 1891 года и закрытое за неудобствомъ помѣщенія: оно помѣщалось у наружной двери аудиторіи. Въ такомъ видѣ библіотека просуществовала до декабря 1890 года; 23 декабря этого года библіотека была переведена въ новое, отдѣльное помѣщеніе, въ которомъ находится и до настоящаго времени. Это помѣщеніе, снятое комиссіей за 200 руб. въ годъ, представляетъ всѣ необходимыя удобства. Высокая, свѣтлая, просторная комната, занимаемая библіотекой, доступность помѣщенія, мѣстоположеніе библіотеки въ центрѣ города — словомъ, при ограниченныхъ средствахъ комиссіи лучшаго помѣщенія нельзя и ожидать.

Съ переходомъ въ новое помѣщеніе библіотека сразу встала на твердую почву. Число книгъ, благодаря пожертвованнымъ на библіотеку Обществомъ взаимнаго кредита 400 руб., а также пожертвованіямъ частныхъ лицъ, сразу возрасло до 617 названій въ количествѣ 920 томовъ, на сумму 845 руб. 38 коп. Количество подписчиковъ въ 2 первые мѣсяца со дня перехода библіотеки въ новое помѣщеніе возрасло до 293 человѣкъ. Въ новомъ помѣщеніи библіотека открывается для публики ежедневно въ будни по 2 часа, а по праздникамъ по 4 часа въ день. Обязанности по выдачѣ книгъ подписчикамъ взяли на себя нѣсколько членовъ комиссіи, распредѣливъ между собой дежурство по библіотекѣ.

Въ настоящее время библіотека имѣетъ въ своемъ распоряженіи книгъ 854 названія въ количествѣ 1.390 томовъ. Въ теченіи послѣдняго отчетнаго года число лицъ, пользовавшихся услугами библіотеки, простиралось до 700 человѣкъ, которыми въ теченіи года было взято 8.344 книги. Наибольшій спросъ былъ на слѣдующихъ авторовъ: Гоголь требовался 593 раза, Тургеневъ — 460, Л. Толстой — 452, Диккенсъ — 416, Данилевскій — 366, Пушкинъ — 322, Григоровичъ — 318 и Гончаровъ — 317 разъ.

Къ 1-му января 1893 года состояло на лицо подписчиковъ 332 человѣка, которые подраздѣляются такимъ образомъ: по сословіямъ: мѣщанъ—171, крестьянъ—88, дворянъ—42, купцовъ—13, нижнихъ военныхъ чиновъ—10, духовныхъ—6, иностранныхъ подданныхъ—2; по занятіямъ: учениковъ мѣстныхъ учебныхъ заведеній—189, ремесленниковъ 34, торговцевъ и прикащиковъ—41, учителей и учительницъ—20 (большинство учителей и учительницъ брали книги для дѣтей), лицъ безъ опредѣленныхъ занятій, или занятія которыхъ неизвѣстны—32, чернорабочихъ—14; кромѣ того, одинъ околоточный надзиратель и одинъ военный фельдшеръ; по возрастамъ: до 10 лѣтъ—5 человѣкъ, отъ 10 до 20 лѣтъ—217 человѣкъ, отъ 20 до 30 лѣтъ—59 человѣкъ, отъ 30 до 40 лѣтъ—36 человѣкъ, отъ 40 до 50 лѣтъ—9 человѣкъ, отъ 50 лѣтъ—6 человѣкъ.

Въ 1889 году возникла мысль реорганизовать комиссію народныхъ чтеній въ «Общество распространенія народнаго образованія въ Астраханской губерніи». Выработанъ былъ уставъ, разсмотрѣнъ экстреннымъ общимъ собраніемъ и посланъ на утвержденіе высшаго начальства. Вскорѣ черезъ г. начальника губерніи былъ полученъ отъ товарища министра народнаго просвѣщенія, князя Волконскаго отвѣтъ, въ которомъ было разъяснено, «что дѣйствующими законоположеніями попеченіе о нуждахъ народнаго образованія предоставлено подлежащимъ органамъ учебнаго и духовнаго вѣдомства по принадлежности. Въ виду этого, онъ, сенаторъ князь Волконскій, находитъ, что въ существованіи частнаго общества, преслѣдующаго ту же цѣль, и стоящаго, притомъ, внѣ контроля названныхъ вѣдомствъ, не представляется надобности».

Небольшой въ началѣ кружокъ учредителей народныхъ чтеній въ Астрахани въ теченіе 10-ти лѣтъ возрасталъ съ каждымъ годомъ, и въ настоящее время астраханская комиссія насчитываетъ въ своей средѣ уже 106 членовъ. Ежегодно, на общемъ собраніи, члены комиссіи избираютъ изъ своей среды 10 членовъ въ распорядительную комиссію, на обязанности которой лежитъ попеченіе о всѣхъ нуждахъ комиссіи и рѣшеніе текущихъ вопросовъ. Члены распорядительной комиссіи избираютъ изъ своей среды предсѣдателя и секретаря. Помимо общихъ обязанностей, на членахъ распорядительной комиссіи лежатъ еще и спеціальныя. Одинъ изъ членовъ несетъ обязанности казначея, другой — завѣдывающаго книжнымъ складомъ, третій — хозяйственнаго распорядителя, четвертый — обязанности завѣдывающаго волшебными фонарями и наконецъ, нѣсколько членовъ составляютъ такъ называемый складочный комитетъ, обязанность котораго заключается въ составленіи списковъ книгъ, наиболѣе желательныхъ для выписки въ складъ. Кромѣ складочнаго комитета, существуетъ съ 1890 года библіотечный комитетъ, на обязанности котораго лежитъ завѣдываніе безплатной библіотекой.

Дѣятельность астраханской комиссіи не осталась не замѣченной со стороны мѣстнаго общества. Это послѣднее, въ лицѣ нѣкоторыхъ учрежденій и отдѣльныхъ лицъ, оказало и продолжаетъ оказываетъ до сихъ поръ серьезную матеріальную поддержку народнымъ чтеніямъ. Такъ, Астраханская городская дума въ первый же годъ существованія комиссіи назначила ей 300 руб. ежегодной субсидіи. Вскорѣ эта сумма была увеличена до 750 руб., а съ 1890 года — до 1.000 руб. въ годъ. Немаловажную поддержку оказало комиссіи и ея просвѣтительной дѣятельности Общество взаимнаго кредита пожертвованіемъ въ 1890 году 886 руб. 72 коп., а въ 1891 году — 156 руб. Кромѣ того, въ теченіе 10 лѣтъ комиссія получила не мало пожертвованій и отъ частныхъ лицъ.

И такъ, несмотря на всѣ невзгоды, дѣятельность астраханской комиссіи не только не уменьшается, а напротивъ, съ каждымъ годомъ расширяется все болѣе и болѣе. Члены коммиссіи проявили много энергіи, много горячей любви къ тому дѣлу, на служеніе которому они съ такой готовностью отдаютъ свои силы, свое время. Эта въ высшей степени плодотворная, безкорыстная дѣятельность почтенныхъ тружениковъ заслуживаетъ самаго полнаго, самаго искренняго сочувствія со стороны образованнаго общества.

IV.

Народная читальня въ Ярославѣ.

Народныя чтенія въ городѣ Ярославлѣ первоначально были открыты при Демидовскомъ лицеѣ подъ непосредственнымъ руководствомъ М. Н. Капустина, бывшаго въ то время директоромъ лицея. Но чтенія эти существовали не долго и вскорѣ были прекращены, вслѣдствіе отдаленности лицея отъ центра города и по нѣкоторымъ другимъ причинамъ.

Мысль возобновить въ Ярославлѣ народныя чтенія съ туманными картинами принадлежитъ воспитателю Ярославской военной школы г. Езерскому. Приступая къ осуществленію задуманной цѣли, г. Езерскій разсчитывалъ на содѣйствіе городскаго общества, своихъ сотоварищей-воспитателей и преподавателей школы, а также представителей мѣстнаго духовенства. И дѣйствительно, онъ не ошибся въ своей надеждѣ. Когда мысль его объ открытіи въ Ярославлѣ народныхъ чтеній была сообщена городскому головѣ И. А. Вахрамѣеву, то послѣдній отнесся къ ней съ полнымъ сочувствіемъ и не замедлилъ принять горячее участіе въ дѣлѣ устройства народныхъ чтеній.

Сначала было рѣшено открыть чтенія въ одной изъ залъ мужской гимназіи, и на это было уже получено разрѣшеніе учебнаго начальства. Но на первомъ же собраніи лицъ, принявшихъ на себя трудъ организовать народныя чтенія, было указано на неудобства этого помѣщенія для чтеній: 1) на отдаленность его отъ центра города и отъ той мѣстности, гдѣ ютится рабочій людъ, для котораго, главнымъ образомъ, и предназначались чтенія, и 2) на то обстоятельство, что простой рабочій людъ обыкновенно боится богатоубранныхъ палатъ, входитъ въ нихъ робко и, находясь въ нихъ, чувствуетъ себя неловко (это обстоятельство, главнымъ образомъ, и повлекло къ закрытію чтеній въ лицеѣ).

Въ виду этого, директоръ лицея, г. Капустинъ, подалъ мысль устроить для народныхъ чтеній особое зданіе въ центрѣ мѣстпости, населенной рабочимъ людомъ, и вполнѣ приспособленной для этой цѣли. Эта мысль была принята всѣми собравшимися. Ив. А. Вахрамѣевъ, въ домѣ котораго происходило собраніе, рѣшилъ привести эту мысль въ исполненіе. Онъ предложилъ городской думѣ отвести для зданія народной читальни свободный участокъ городской земли, находившейся въ центрѣ жилищъ наиболѣе бѣднаго рабочаго населенія города. Дума единогласно выразила свое согласіе.

Предпринята была подписка между гражданами города Ярославля для основанія необходимаго на постройку зданія капитала. Хотя по подпискѣ и было собрано только 1.450 рублей, но недостаточность этой суммы не остановила г. Вахрамѣева въ стремленіи осуществить полезное дѣло. По его распоряженію, немедленно было приступлено къ постройкѣ зданія, которое и было окончено въ 1883 году. 10-го апрѣля состоялось первое чтеніе.

Вмѣстимость зданія Читальни разсчитана на 500 человѣкъ, а съ устройствомъ, позднѣе, хоръ въ читальнѣ теперь легко можетъ помѣститься до 700 человѣкъ. Устройство зданія безъ хоръ обошлось въ 3.035 рублей. Вся недостававшая противъ подписки сумма по устройству читальни была покрыта г. Вахрамѣевымъ изъ его собственныхъ средствъ; когда читальня получила прочное устройство, онъ передалъ ее въ вѣдѣніе города.

Затѣмъ г. Вахрамѣевъ, какъ представитель города, сдѣлалъ предложеніе мѣстному духовенству, педагогамъ и другимъ, интеллигентнымъ лицамъ принять участіе въ дѣлѣ народныхъ чтеній. На это приглашеніе откликнулись многіе, пожелавшіе участвовать въ добромъ дѣлѣ, какъ изъ среды духовенства, такъ и изъ числа преподавателей разныхъ учебныхъ заведеній, а также нѣкоторыя частныя лица.

Лица, изъявившія желаніе участвовать въ занятіяхъ по народной читальнѣ, собрались подъ предсѣдательствомъ И. А. Вахрамѣева и выработали программу чтеній, придерживаясь, разумѣется, существующихъ на этотъ предметъ правилъ. Время назала чтений назначено было отъ 2 часовъ. Впослѣдствіи признано было полезнымъ раздавать присутствующимъ на чтеніяхъ такъ называемые *Троицкіе листки*, а также и другія брошюрки и листы, одобренные духовною цензурой. Опытъ показалъ, что эти листки крайне охотно разбираются и читаются посѣтителями читальни, а потому и было рѣшено постоянно производить раздачу послѣднихъ въ читальнѣ. За первыя пять лѣтъ существованія читальни было роздано 20,050 экземпляровъ подобныхъ листковъ и мелкихъ брошюръ.

Въ началѣ было постановлено за входъ въ читальню брать плату за мѣста на первыхъ двухъ рядахъ скамеекъ по 10 к., а за остальныя мѣста по 3 к. Однако, и эта плата оказалась для рабочаго люда, повидимому, обременительной,—по крайней мѣрѣ, число посѣтителей съ каждымъ чтеніемъ замѣтно уменьшалось. Въ виду этого, рѣшено было отмѣнить плату за входъ. Съ отмѣною платы число посѣтителей читальни стало быстро возростать, а затѣмъ съ введеніемъ раздачи листковъ число посѣтителей настолько увеличилось, что потребовалось расширить помѣщеніе читальни устройствомъ въ ней хоръ. Наибольшій приливъ публики въ читальню замѣчается послѣ праздниковъ Рождества и въ особенности Великимъ постомъ. Въ это время число посѣтителей доходитъ до 600 человѣкъ.

На первыхъ порахъ открытія чтеній читальню посѣщала преимущественно интеллигентная публика, но «чѣмъ больше шло время, тѣмъ болѣе стало посѣщать читальню людей, принадлежащихъ къ низшему классу общества, и за послѣднее время читальня обратилась почти исключительно въ мѣсто, которое посѣщается полушубками и зипунами» [¹].

На содержаніе читальни городъ назначилъ 300 руб. въ годъ; суммы этой, конечно, оказалось недостаточно, поэтому въ 1885 году, по предложенію нѣкоторыхъ лицъ, въ читальнѣ устроена была кружка для добровольныхъ пожертвованій въ пользу на-

---

[¹] «Народная читальня въ Ярославлѣ». Очеркъ, составленный Е. А. Ивановичъ. Ярославль, 1888 г.

родныхъ чтеній, съ цѣлью увеличить средства читальни. Но по вскрытіи этой кружки въ 1888 году, въ ней оказалось всего 1 руб. 68 коп.

За время пятилѣтняго существованія читальни въ ней было произнесено 302 чтенія, въ томъ числѣ: по духовному отдѣлу 152 чтенія (по 66 брошюрамъ), отечественной исторіи 70 чтеній (по 48 брошюрамъ), остальнымъ отдѣламъ 78 чтеній (по 54 брошюрамъ).

Изъ этихъ данныхъ видно, что весьма многія чтенія повторялись,—это объясняется крайнею бѣдностью литературныхъ произведеній, разрѣшенныхъ для публичныхъ народныхъ чтеній.

Въ 1893 году, въ апрѣлѣ мѣсяцѣ исполнилось десять лѣтъ существованія Ярославской народной читальни. По этому поводу городская дума единогласно постановила: выразить чрезъ городского голову искреннюю благодарность отъ города всѣмъ лицамъ, принимавшимъ участіе въ чтеніяхъ, и ознаменовать этотъ день совершеніемъ молебствія въ зданіи читальни.

За десятилѣтній періодъ времени въ Ярославлѣ было прочитано 572 чтенія по 216 брошюрамъ, въ томъ числѣ: по духовному отдѣлу 281 чтеніе по 92 брошюрамъ и по отечественной исторіи 112 чтеній по 53 брошюрамъ. Кромѣ того было безплатно роздано до 24.000 экземпляровъ различныхъ листовъ и брошюръ.

V.

Чтенія для народа въ Кіевѣ.

Въ 1882 году въ средѣ кіевскихъ педагоговъ возникла мысль объ устройствѣ въ Кіевѣ народныхъ чтеній по образцу существующихъ въ Петербургѣ, Москвѣ и въ другихъ городахъ. Лица сочувствовавшія дѣлу и желавшія принять участіе въ его организаціи, составили проектъ устава коммиссіи народныхъ чтеній въ Кіевѣ, который и былъ представленъ на утвержденіе министра внутреннихъ дѣлъ. Въ ожиданіи же его утвержденія, коммиссія открыла свою дѣятельность, согласно высочайше утвержденнымъ 24 декабря 1876 года *Правилами объ устройствѣ народныхъ чтеній въ губернскихъ городахъ* [1]), на основаніи разрѣшенія, полученнаго отъ попечителя кіевскаго учебнаго округа предсѣдателемъ ея, профессоромъ П. П. Алексѣевымъ. Въ томъ же 1882 году профес. Алексѣевъ отказался отъ предсѣдательства въ коммиссіи, оставаясь ея членомъ, и его замѣнилъ профессоръ Н. А. Хржонщовскій, подъ предсѣдательствомъ котораго коммиссія продолжаетъ свою дѣятельность и до настоящаго времени.

Дѣятельность коммиссіи заключается, главнымъ образомъ, въ произнесеніи членами ея народныхъ чтеній по брошюрамъ, одобреннымъ для прочтенія въ народной аудиторіи. Первое чтеніе состоялось 22 мая 1882 года въ залѣ городской думы. Послѣ первыхъ двухъ чтеній прошло около года, пока дѣло окончательно организовалось, и съ осени 1883 года народныя чтенія продолжаются непрерывно до настоящаго времени. По содержанію своему они могутъ быть раздѣлены на слѣдующіе отдѣлы:

1. Чтенія *религіозно-нравственнаго* содержанія: Страданія Іисуса Христа, Жизнь Божіей Матери, Св. Николай Чудотворецъ, Свв. Кириллъ и Меѳодій, пророкъ Даніилъ, о Святой Землѣ, объ Аѳонѣ, Кіево-Печерская лавра, Троицко-Сергіевская лавра, Начало христіанства на Руси, О помощи въ нуждѣ и горѣ, Мужьямъ о женахъ, Отцамъ и матерямъ о дѣтяхъ.

2. Чтенія *историческія*: Начало Руси и Владиміръ Святой, Владиміръ Мономахъ и его завѣщаніе, О кіевской старинѣ, Куликовская битва, О Петрѣ Великомъ, Преемники Петра Великаго, Отечественная война 1812 года, 19-е февраля, Первый русскій книгопечатникъ Кулибинъ.

3. *Біографіи русскихъ писателей*: М. В. Ломоносовъ, И. А. Крыловъ, А. В. Кольцовъ, А. С. Пушкинъ.

4. Чтенія *этнографическаго* характера: О сербахъ и о болгарахъ.

5. Чтенія *изъ области естествознанія*: О затменіяхъ сол-

---

[1]) Правила эти помѣщены нами въ концѣ книги, въ приложеніи.

нечныхъ и лунныхъ, о неподвижныхъ звѣздахъ и планетахъ, о кометахъ и падающихъ звѣздахъ, о водѣ, отчего происходитъ дождь и снѣгъ, о грозѣ, о теплѣ и воздухѣ, о землетрясеніяхъ и горахъ огнедышащихъ, что такое обыкновенная соль, о сахарѣ, чаѣ, о пчелахъ и муравьяхъ, о ядовитыхъ и неядовитыхъ змѣяхъ, о животныхъ, полезныхъ для полей и лѣсовъ, о телеграфѣ, о паровозѣ, о воздухоплаваніи.

6. *Чтенія по медицинѣ и гигіенѣ*: О здоровьѣ и болѣзни вообще, о пищѣ, о сырыхъ и тѣсныхъ квартирахъ, первая помощь въ несчастныхъ случаяхъ, о спасеніи утопающихъ, о вредѣ пьянства, о заразныхъ болѣзняхъ, о холерѣ, о трихинѣ и глистѣ обыкновенной, о ленточныхъ глистахъ.

7. *Произведенія образцовыхъ русскихъ писателей и поэмы, написанныя спеціально для народной аудиторіи*: Н. В. Гоголя *Ночь передъ Рождествомъ, Тарасъ Бульба, Сорочинская ярмарка*, Достоевскаго: *Свѣтлое Христово Воскресеніе*, Григоровича: *Прохожій*, графа Л. Толстого: *Чѣмъ люди живы, Гдѣ любовь, тамъ и Богъ, Кавказскій плѣнникъ*; разныхъ авторовъ: *Архангельскіе китоловы, Роковой кладъ, Русская правда или судъ въ старинныя времена*.

Эти данныя показываютъ, что большая часть чтеній отличалась научнымъ характеромъ и имѣла цѣлью возбудить въ слушателяхъ любознательность и сообщить имъ элементарныя свѣдѣнія по главнѣйшимъ отраслямъ знаній. При этомъ коммиссія не упускала случаевъ для ознакомленія своихъ слушателей съ вопросами, возбуждавшими въ данное время особенный интересъ въ обществѣ. Такъ, въ 1885 году состоялось чтеніе о св. Кириллѣ и Меѳодіи, въ 1887 г.—о Пушкинѣ; въ томъ же году, по поводу землетрясенія въ г. Вѣрномъ и солнечнаго затменія 7 августа, прочитаны были соотвѣтствующія чтенія; кромѣ того, и обыкновенныя свои чтенія коммиссія по возможности примѣняетъ къ извѣстнымъ днямъ: такъ, ежегодно въ февралѣ произносится чтеніе объ Императорѣ Александрѣ II (*Девятнадцатое февраля*), въ декабрѣ—объ *Отечественной войнѣ 1812 г.* и т. п.

Для поясненія прочитаннаго употребляются на всѣхъ почти чтеніяхъ туманныя картины, а на чтеніяхъ естественно-историческихъ — и необходимые опыты.

На ряду съ сообщеніемъ научныхъ знаній, коммиссія преслѣдовала и другую цѣль — доставить своимъ посѣтителямъ эстетическое наслажденіе. Для этой цѣли служили литературныя чтенія и исполненіе музыкальныхъ пьесъ. Литературныя чтенія, кромѣ указанныхъ выше беллетристическихъ произведеній, которымъ посвящалась цѣлая лекція, составляли часто дополненіе къ чтеніямъ серьезнаго характера. При этомъ иногда прочитывалось стихотвореніе, имѣющее близкое отношеніе къ главному чтенію (напр., при чтеніи *Девятнадцатое февраля* читалось извѣстное стихотвореніе А. Н. Майкова *Картинка*, при біографіяхъ русскихъ поэтовъ читались ихъ стихотворенія), иногда же литературное прибавленіе составляло совершенно независимую часть чтенія и въ сопровожденіи туманныхъ картинъ доставляло слушателямъ пріятное развлеченіе послѣ умственнаго напряженія. Прочитываемыя стихотворенія заимствовались изъ *Сборниковъ стиховъ*, издаваемыхъ петербургскою постоянною коммиссіей по устройству народныхъ чтеній.

Что касается музыкальной части, то, признавая за нею высокое образовательное значеніе, коммиссія прилагала не мало заботъ для лучшей ея организаціи. Многія чтенія сопровождались исполненіемъ вокальныхъ и инструментальныхъ музыкальныхъ пьесъ, причемъ характеръ музыкальной части, по возможности, приравнивался къ содержанію читаемаго. Отдѣльные любители музыки, сочувствуя дѣлу народныхъ чтеній, принимали въ нихъ иногда безкорыстное участіе. Кромѣ того, благодаря просвѣщенному сочувствію мѣстнаго военнаго начальства, на чтенія являлись хоры военной музыки.

Кромѣ произнесенія готовыхъ чтеній, коммиссія поставила одною изъ своихъ задачъ составленіе новыхъ чтеній. Членами коммиссіи составлено 11 чтеній, а именно: 1) *Какая пища служитъ намъ въ пользу и какая во вредъ* — г. Шкляревскаго; 2)

О глистѣ обыкновенной и парнишѣ, живущихъ въ тѣлѣ человѣка,—г. Курбанова; 3) *О воздухоплаваніи*—г. Игнатовича-Завилейскаго; 4) *Помощь утопающимъ*—его же; 5) *О волкѣ*—г. Торскаго; 6) *Крымъ и крымскіе татары*—г. Андреевскаго; 7) *Первые русскіе книгопечатники*—его же; 8) *В. А. Жуковскій*—его же; 9) *Изъ бесѣды о любви къ животнымъ*—его же; 10) *25-ти-лѣтіе царствованія Императора Александра II*—г. Сологуба; 11) *О кіевской старинѣ*—В. И. Щербины. Всѣ эти чтенія изданы отдѣльными брошюрами; нѣкоторыя изъ нихъ разрѣшены для произнесенія въ народной аудиторіи, остальныя-же представлены на разсмотрѣніе ученаго комитета мин. нар. просвѣщенія.

Чтенія, устраиваемыя коммиссіею, происходятъ въ воскресные и праздничные дни, отъ 5 часовъ пополудни. Опытъ показалъ, что это наиболѣе удобное время. Лѣтомъ чтенія прекращаются, отчасти вслѣдствіе того, что большинство членовъ коммиссіи разъѣзжается въ это время изъ Кіева, отчасти вслѣдствіе значительнаго уменьшенія числа слушателей съ наступленіемъ лѣтняго времени (начиная съ апрѣля), когда городской людъ предпочитаетъ проводить праздничные дни на чистомъ воздухѣ, за городомъ.

Первоначально чтенія были безплатны, но съ осени 1883 г., съ разрѣшенія начальника края, установлена была плата въ 5 копѣекъ для всѣхъ мѣстъ аудиторіи, за исключеніемъ перваго ряда, гдѣ за мѣсто взимается 40 коп.; впослѣдствіи установлена была, по примѣру чтеній общества врачей, плата въ 20 коп. за мѣста 2-го ряда и въ 10 коп. за мѣста 3-го и 4-го рядовъ. Установленіе платы доставило коммиссіи хотя скромный, но постоянный источникъ средствъ, необходимыхъ для веденія дѣла. Устанавливая плату, коммиссія «имѣла въ виду не только матеріальныя выгоды, но и желаніе придать въ глазахъ народа бо́льшую цѣну тому дѣлу, за которое онъ вноситъ скромную лепту».

Не желая, однако, закрывать двери передъ лицами, которыхъ затруднила бы и такая незначительная плата, коммиссія постасіи выдавать на каждое чтеніе до 150 безплатныхъ билетовъ. Кромѣ того, отводятся безплатно мѣста (до 200 на каждое чтеніе) для нижнихъ воинскихъ чиновъ, постоянно посѣщающихъ чтенія по распоряженію бывшаго начальника штаба кіевскаго военнаго округа генералъ-лейтенанта Андрея Ивановича Косича, состоящаго почетнымъ членомъ кіевской коммиссіи.

Въ 1891 году кіевская коммиссія народныхъ чтеній насчитывала 89 почетныхъ и дѣйствительныхъ членовъ. Общеобразовательныя народныя чтенія, устраиваемыя коммиссіею, происходили въ трехъ пунктахъ города. Всего въ теченіи 1891 года устроено было 26 чтеній. На 17-ти чтеніяхъ, состоявшихся на Подолѣ, въ Контрактовомъ домѣ и на Крещатикѣ, въ нижней залѣ городской думы, платныхъ посѣтителей перебывало 3,010 человѣкъ, или, среднимъ числомъ, по 177 на каждомъ чтеніи. Кромѣ того на каждомъ изъ этихъ чтеній безплатно присутствовало не менѣе ста солдатъ. Весь сборъ со слушателей за 17 чтеній составилъ 121 руб. 20 коп. Въ небольшой аудиторіи, помѣщающейся на Печерскѣ, на девяти чтеніяхъ, состоявшихся въ теченіи 1891 года, кромѣ безплатныхъ посѣтителей, перебывало слушателей съ платою 402, или, среднимъ числомъ, по 45 на каждомъ чтеніи. Платы со слушателей получено 36 рублей 65 коп. Средства коммиссіи въ 1891 году исчислялись суммою въ 2.367 руб., изъ которыхъ израсходовано 492 руб. 87 коп.

Дѣлу народныхъ чтеній въ Кіевѣ въ высшей степени мѣшаютъ перекочевки изъ одного общественнаго зданія въ другое, которыя приходится совершать коммиссіи при устройствѣ публичныхъ чтеній для народа. Предметомъ давнишнихъ и горячихъ желаній коммиссіи служитъ устройство собственнаго дома, въ которомъ помѣщалась бы аудиторія народныхъ чтеній. Въ распоряженіи коммиссіи имѣется уже для этой цѣли опредѣленный капиталъ; недавно она обратилась въ городское управленіе съ ходатайствомъ объ отводѣ въ ея распоряженіе участка городской земли подъ постройку особаго зданія для народной аудиторіи. Нельзя не пожелать, чтобы городское управленіе Кіева поспешило удовлетворить это ходатайство коммиссіи и чтобы вообще оно оказало со своей стороны возможно болѣе широкое содѣйствіе, возможно болѣе активную помощь полезному, прекрасному дѣлу, которое ведется небольшой кучкой интеллигентныхъ, благородныхъ тружениковъ, выносящихъ на своихъ плечахъ все дѣло.

Въ 1892 году исполнилось десять лѣтъ дѣятельности кіевской коммиссіи народныхъ чтеній. Устраивая публичныя чтенія для народа въ теченіи осеннихъ и зимнихъ мѣсяцевъ, коммиссія за истекшее десятилѣтіе имѣла возможность предложить городскому населенію 228 чтеній, т.-е., среднимъ числомъ, 23 чтенія въ годъ. Не считая безплатныхъ слушателей, на этихъ чтеніяхъ перебывало до 57,110 человѣкъ, вносившихъ плату, или, среднимъ числомъ, по 253 на каждомъ. Сборъ, полученный отъ слушателей, составляетъ 3,628 руб. 70 коп., т.-е. по 16 руб. 5 коп. за каждое чтеніе. На устройство же чтеній за это время израсходовано 5.000 рублей, такимъ образомъ на каждое чтеніе, въ среднемъ, падаетъ расходъ въ 21 руб. 55 коп.

Кромѣ платы съ посѣтителей, средства коммиссіи пополнялись постоянными и случайными пособіями отъ разныхъ лицъ и учрежденій. Такимъ образомъ, въ теченіи десяти лѣтъ коммиссіею получено 9.679 руб. 19 коп.; изъ этой суммы израсходовано на пріобрѣтеніе инвентаря 2.063 руб. 75 коп. Нельзя, конечно, не согласиться съ тѣмъ, что всѣ эти цифры слишкомъ скромны, слишкомъ незначительны для такого крупнаго центра, какимъ, безъ сомнѣнія, является Кіевъ.

Таковы результаты дѣятельности коммиссіи за истекшее десятилѣтіе. Если результаты эти не могутъ быть признаны блестящими, то причиною этому,—по словамъ одного изъ отчетовъ коммиссіи,—служатъ тѣ затрудненія, съ которыми постоянно приходится бороться коммиссіи въ своей дѣятельности. Много препятствуетъ расширенію дѣятельности коммиссіи отсутствіе опредѣленнаго устава, который до сихъ поръ все еще тщетно ждетъ своего утвержденія.

Впрочемъ, подобныя затрудненія, какъ мы уже видѣли, испытывает не одна кіевская коммиссія; въ отчетѣ о десятилѣтней дѣятельности коммиссіи народныхъ чтеній въ Москвѣ также встрѣчаются жалобы на тѣ же самыя препятствія. «Не мало,—говорится въ этомъ отчетѣ,—въ нашемъ кружкѣ интеллигентныхъ силъ, готовыхъ служить умственному развитію народа, готовыхъ направлять его къ сознанію патріотическаго долга и безпредѣльной преданности къ престолу; но силы эти парализуются ограниченными правами коммиссіи». Съ своей стороны кіевская коммиссія (а, вѣроятно, и всѣ другія) всецѣло присоединяется къ этому заявленію.

Другимъ важнымъ тормазомъ въ дѣлѣ развитія народныхъ чтеній является недостатокъ средствъ. Почти всѣ отчеты кіевской коммиссіи заканчиваются горькими сѣтованіями на крайне скудныя средства, которыми располагаетъ коммиссія и которыя лишаютъ ее всякой возможности расширять дѣло народныхъ чтеній.

VI.

„Народный университетъ" въ Тамбовѣ [1]).

Мысль объ устройствѣ народныхъ чтеній возникла въ Тамбовѣ въ концѣ 1889 г. въ дружно-сплоченномъ кружкѣ педагоговъ гимназіи и реальнаго училища. Членами этого кружка были: М. Т. Поповъ, В. А. Зоринскій, В. В. Соловскій, М. И. Флеровъ и многіе другіе. Сознавая, что просвѣтительная дѣятельность педагога не должна ограничиваться исполненіемъ однѣхъ обязанностей учителя въ стѣнахъ заведенія, эти безкорыстные и благородные труженики исходатайствовали разрѣшеніе начальства, и въ концѣ 1889 года чтенія были открыты въ гимназической рекреаціонной залѣ мужской гимназіи.

Съ перваго же раза чтенія эти привлекли массу народа, такъ

---

[1]) Матеріалами для этой главы послужили слѣдующія статьи: «Народный университетъ»,—«Недѣля» 1893 г. № 4, отчеты и статьи, помѣщен. въ «Правительственномъ Вѣстникѣ», «Саратовскихъ губернскихъ вѣдомостяхъ» и т. д.

что половинѣ желающихъ пришлось отказать. Впрочемъ, не смотря на значительные размѣры залы, въ ней могли присутствовать только до четырехсотъ слушателей, размѣщавшихся на простыхъ скамьяхъ, которыя каждый разъ вносились сюда передъ чтеніемъ и уносились послѣ чтенія. Вообще разнаго рода неудобствъ было не мало, и только вѣра въ значеніе этого дѣла спасла его отъ прекращенія, а можетъ быть, и окончательной гибели. Читались, разумѣется, брошюрки одобренныя министерствомъ народнаго просвѣщенія; картины къ нимъ выписывались изъ московской коммиссіи народныхъ чтеній, которая давно уже служитъ поставщикомъ брошюръ и картинъ для огромнаго провинціальнаго района, со всѣхъ сторонъ тяготѣющаго къ Москвѣ. Но нерѣдко приходилось читать и безъ картинъ, такъ какъ онѣ постоянно циркулируютъ по городамъ, не успѣвая удовлетворять все увеличивающійся спросъ. За картины тамбовскіе устроители чтеній уплачивали московской коммиссіи по 50 р. въ годъ, собираемыхъ съ немногихъ платныхъ мѣстъ для «чистой» публики.

Такъ продолжались чтенія три года, съ перерывами на лѣтнее время, когда большинство лекторовъ-педагоговъ уѣзжали въ города на отдыхъ. За этотъ періодъ было устроено 75 чтеній, на которыхъ присутствовало до 14 тысячъ посѣтителей, преимущественно изъ среды простого народа. Нѣсколько разъ на эти чтенія являлся оберъ-камергеръ Е. Д. Нарышкинъ, которому дѣло народнаго образованія въ Тамбовской губерніи очень много обязано своимъ развитіемъ. Видя, съ какими неудобствами сопряжены эти чтенія и искренно радѣя о народномъ благѣ родной ему Тамбовской губерніи, гдѣ находятся его помѣстья, Е. Д. Нарышкинъ съ увлеченіемъ отдался мысли построить отдѣльную народную читальню, на которую и ассигновалъ 100,000 рублей.

И вотъ 14-го мая 1891 г. совершена была закладка громаднаго зданія для народныхъ чтеній и народной библіотеки. Планъ и смѣта были составлены съ самыми широкими замыслами и въ результатѣ получилось дѣйствительно грандіозное зданіе, почти до послѣдней вещи сложенное изъ кирпича, желѣза, асфальта и тому подобных несгораемых матеріалов; так, полы обоих этажей асфальтовые, балки желѣзныя, потолки изъ сводчатаго волнистаго желѣза. Единственныя деревянныя части—это окна, двери и стропила пропитаны огнеупорнымъ составомъ, чтобы сдѣлать ихъ несгораемыми, лѣстницы чугунныя. Кровля покрыта оцинкованнымъ желѣзомъ, не требующимъ окраски и могущимъ противостоять сырости въ теченіе 300 лѣтъ [1]).

Нужно отдать справедливость архитектору г. Четвериковy: ему удалось соединить простоту, прочность, красоту и внушительность, которыя невольно бросаются въ глаза. Домъ тамбовскаго народнаго университета въ два этажа, съ двумя крытыми подъѣздами. Нижній этажъ предназначенъ для народной библіотеки, основаніемъ которой будетъ служить такъ называемая Войековская библіотека. Этажъ этотъ еще не совсѣмъ отдѣланъ въ смыслѣ устройства шкафовъ, квартиры библіотекаря и проч. Отворивши двери подъѣзда, вы вступаете въ свѣтлыя, просторныя сѣни и по чугунной лѣстницѣ поднимаетесь на верхній этажъ, который поражаетъ васъ своимъ величіемъ. Представьте себѣ залъ въ 52 арш. длины и 18 арш. ширины, съ потолкомъ на высотѣ 11 арш., и вы получите размѣры читальни, гдѣ свободно помѣщается 700 слушателей. Въ дальнемъ концѣ зала возвышается эстрада, на которой поставленъ большой экранъ для туманныхъ картинъ. Маленькая дверка съ эстрады ведетъ въ лабораторію для полученія кислороднаго газа, употребляемаго въ друммондовомъ свѣтѣ. Во всю длину зала въ два ряда стоятъ красивыя нумерованныя скамьи,—правая сторона для женщинъ, лѣвая для мужчинъ. Платныя мѣста для чистой публики впереди на стульяхъ, за которые взимаются 20—30 к. Каѳедра лектора находится у стѣны, посрединѣ зала [2]).

Къ осени 1892 года постройка зданія была настолько закончена, что въ немъ могли уже начаться народныя чтенія. 11 октября состоялось первое народное чтеніе, причемъ была прочи-

---

[1]) «Правительств. Вѣстникъ», 1891 г., № 110.
[2]) «Недѣля», 1893 г., № 4.

тана брошюра: «О началѣ Руси». На этомъ чтеніи, между прочимъ, присутствовали: тамбовскій губернаторъ, городской голова и уполномоченные отъ городской думы. Передъ началомъ чтенія городскимъ головой былъ прочитанъ привѣтственный адресъ городской думы Е. Д. Нарышкину слѣдующаго содержанія.

«Представитель знаменитаго рода, давшаго нѣкогда Россіи великаго монарха, вы являетесь для насъ олицетвореніемъ того русскаго дворянства, которое, неся свѣтъ знанія, разгоняетъ тьму невѣжества. Только этотъ свѣтъ поможетъ народу отличить истинную религію отъ заблужденій и суевѣрій, дастъ ему правильное понятіе о положеніи государства, сохранитъ его отъ пагубнаго вліянія людей, внушшихъ смуты, и поможетъ ему улучшить свое матеріальное положеніе. И вотъ мы явились, чтобы благодарить васъ — и отъ лица темной массы, для просвѣщенія которой вы сдѣлали такъ много, и отъ всѣхъ почетныхъ и просвѣщенныхъ людей нашего города, которые сочувствуютъ вашей благотворной дѣятельности. Пожелаемъ, дорогой нашъ согражданинъ, чтобы дѣло, которому вы положили такой прекрасный фундаментъ, процвѣтало и росло въ будущемъ, чтобы наша отчизна и нашъ возлюбленный Монархъ всегда находили такихъ помощниковъ и благородныхъ борцовъ за дѣло просвѣщенія и чтобы всегда по справедливости считались они гордостью родного края»[1]. По прочтеніи этого адреса, присутствовавшая на чтеніи публика разразилась дружными и продолжительными рукоплесканіями.

Сотрудникъ «Недѣли» лично посѣтившій Тамбовскую читальню и присутствовавшій при народномъ чтеніи, слѣдующимъ образомъ описываетъ свои впечатлѣнія, вынесенныя имъ изъ этого посѣщенія.

«Праздникъ. Стрѣлка часовъ показываетъ половину втораго, чтеніе же, какъ гласитъ афиша, назначено въ три часа. Между тѣмъ у подъѣзда давно уже стоитъ густая толпа, которая увеличивается съ каждой минутой. Полиція съ трудомъ удержива-

---

[1] «Саратовскія Губернскія Вѣдомости», 1892 г. № 81.

съ наборъ слушателей, рвущихся въ читальню. Безъ десяти минутъ въ три часа подъѣздъ открывается, и алчущіе свѣта и знанія вступаютъ въ сѣни, гдѣ имъ выдаются билеты на мѣста. Раздачей билетовъ, указаніемъ мѣстъ въ залѣ завѣдываютъ ученики гимназіи и реальнаго училища. Во избѣжаніе давки и толкотни, публика пускается по частямъ, и порядокъ соблюдается образцовый. На лѣстницу идутъ: барыня, простая баба, баринъ въ бобрахъ, мѣщанинъ въ поддевкѣ, сидѣлецъ съ краснымъ лицомъ, мастеровой, мальчикъ изъ лавочки, деревенскій мужикъ... Наконецъ, билеты розданы всѣ, и 200—300 человѣкъ съ сожалѣніемъ возвращаются домой.

«Просто не понимаю, откуда это народъ берется!» говорилъ мнѣ одинъ знакомый, вѣроятно, изъ тѣхъ, которые доказывали ненужность такой широкой затѣи.

«Зала полна народу. Шторы опускаются. Чудесный хоръ пѣвчихъ изъ учениковъ реальнаго училища исполняетъ какую-то пьесу, вслѣдъ за которой открывается чтеніе. Я попалъ на «Полтаву» Пушкина. Эта брошюрка иллюстрировалась 21 картиной, приготовленными въ петербургской мастерской учебныхъ пособій спеціально по заказу Е. Д. Нарышкина, рѣшившаго снабдить свою читальню собственными картинами для всѣхъ брошюръ, разрѣшенныхъ къ чтенію. «Полтаву» читалъ товарищъ предсѣдателя тамбовской коммиссіи по устройству народныхъ чтеній В. В. Свѣнцицкій, онъ же инспекторъ мужской гимназіи. Хорошій голосъ, правильная, ясная дикція и выразительность произношенія, въ связи съ безпрестанно смѣняющимися изображеніями на экранѣ, дѣлали чтеніе крайне интереснымъ, такъ что я не замѣтилъ, какъ прошелъ часъ. Хоръ еще разъ спѣлъ музыкальную вещицу и публика стала расходиться» *).

Желая навсегда обезпечить существованіе этой читальни и въ то-же время задавшись цѣлью сдѣлать народныя чтенія доступными по возможности всему городскому населенію Тамбовской губерніи, Е. Д. Нарышкинъ организовалъ особое Общество

---

*) «Народный университетъ», «Недѣля», 1893 г. № 4.

для устройства народныхъ чтеній въ г. Тамбовѣ и Тамбовской губерніи, причемъ пожертвовалъ въ пользу этого Общества 200,000 рублей. По уставу Общество состоитъ изъ дѣйствительныхъ и почетныхъ членовъ; въ первые набираются лица, особенно потрудившіяся по устройству народныхъ чтеній или же сдѣлавшія въ пользу Общества значительныя пожертвованія; дѣйствительные же члены Общества участвуютъ личнымъ трудомъ въ дѣлѣ устройства и веденія чтеній.

Къ публичному прочтенію народу допускаются только сочиненія, одобренныя для этой цѣли ученымъ комитетомъ министерства народнаго просвѣщенія или духовнымъ вѣдомствомъ. Надзоръ за веденіемъ чтеній со стороны учебнаго вѣдомства возлагается на лицо этого вѣдомства, по усмотрѣнію попечителя харьковскаго учебнаго округа. Мѣстомъ для устройства чтеній служатъ въ Тамбовѣ—исключительно зданіе, устроенное для этого на средства Е. Д. Нарышкина, а въ уѣздныхъ городахъ Тамбовской губерніи—преимущественно помѣщенія учебныхъ заведеній или общественныхъ присутственныхъ мѣстъ. Отчеты Общества представляются: черезъ попечителя харьковскаго учебнаго округа—министру народнаго просвѣщенія, и черезъ тамбовскаго губернатора—министру внутреннихъ дѣлъ.

18 іюля 1893 года состоялось освященіе и торжественное открытіе библіотеки, музея и народной читальни. Для устройства этихъ учрежденій былъ командированъ изъ Петербурга членъ совѣта министерства народнаго просвѣщенія камергеръ Хрущовъ, который и объявилъ только-что утвержденный предъ этимъ уставъ Общества народныхъ чтеній въ Тамбовской губерніи. Библіотека, пожертвованная Е. Д. Нарышкинымъ, какъ сообщаютъ газеты, заключаетъ въ себѣ до 20,000 томовъ.

Крупныя, щедрыя пожертвованія Е. Д. Нарышкина на дѣло народнаго образованія обратили на себя вниманіе Государя Императора, удостоившаго жертвователя Высочайшимъ рескриптомъ даннымъ 17 іюля 1893 года, слѣдующаго содержанія:

«Еммануилъ Дмитріевичъ.

«Въ 1870 году вы передали въ распоряженіе министерства народнаго просвѣщенія капиталъ въ 250 т. рублей, для учрежденія, на проценты съ онаго, въ гор. Тамбовѣ, института для приготовленія учителей въ народныя училища. Затѣмъ, съ цѣлью упроченія сего заведенія, вы прибавили къ означенному капиталу еще 150 т. рублей. За столь щедрыя пожертвованія на благо общественное вы удостоились милостивыхъ рескриптовъ въ Бозѣ почивающаго Родителя Моего.

«Состоя съ тѣхъ поръ почетнымъ попечителемъ названнаго института, а также тамбовскихъ мужской гимназіи и реальнаго училища, вы, въ теченіе многихъ лѣтъ, постоянно заботились о благѣ питомцевъ этихъ учебныхъ заведеній и вмѣстѣ съ тѣмъ, находясь во главѣ тамбовскаго Общества вспомоществованія нуждающимся ученикамъ мѣстныхъ учебныхъ заведеній, руководили его дѣятельностью, которая увѣнчалась устройствомъ общежитія для воспитанниковъ, на поддержаніе коего, сверхъ ежегодныхъ отъ васъ пособій, вы внесли капиталъ въ 100 т. рублей.

«Въ настоящее время, въ постоянномъ стремленіи вашемъ къ распространенію среди народа образованія въ духѣ православной вѣры и христіанской нравственности, вы соорудили въ Тамбовѣ, на собственныя средства, обширное зданіе для помѣщенія въ немъ общественной библіотеки и для веденія народныхъ чтеній, и приняли на себя починъ въ учрежденіи Общества для устройства таковыхъ чтеній въ гор. Тамбовѣ и въ Тамбовской губерніи, обезпечивъ существованіе и дѣятельность этого Общества капиталомъ въ 200 т. рублей.

«Разрѣшивъ въ 27 день іюня сего года учрежденіе названнаго Общества, согласно положенію о семъ Комитета Министровъ, Я съ особеннымъ удовольствіемъ и благодарностью привожу себѣ на память всѣ явленные вами подвиги евангельской любви и душевно желаю, чтобы признанное вами къ жизни новое учрежденіе успѣшно развивалось на радость вамъ и на пользу населенія Тамбовской губерніи.

«Пребываю къ вамъ навсегда благосклонный». На подлинномъ

Собственною Его Императорскаго Величества рукою начертано: *Искренно уважающій и любящій васъ Александръ*".

Итакъ, благодаря щедрости Э. Д. Нарышкина, народная читальня въ Тамбовѣ обставлена такъ, что рѣшительно не оставляетъ желать ничего лучшаго въ смыслѣ удобствъ, внѣшней обстановки и вообще матеріальнаго обезпеченія. Въ этомъ отношеніи тамбовскія народныя чтенія оставили далеко позади себя всѣ другія публичныя чтенія для народа, существующія въ разныхъ городахъ Россіи, не исключая и столичныхъ. Но для того, чтобы тамбовская народная читальня сдѣлалась хотя отчасти достойною того названія, которое теперь все чаще и чаще прилагается къ ней— «народный университетъ»,—для этого нужно еще очень многое, и прежде всего необходимо, чтобы она была избавлена отъ тѣхъ затрудненій и стѣсненій въ дѣлѣ выбора матеріала для чтеній, на которыя горько жалуются всѣ учрежденія, завѣдывающія народными чтеніями въ разныхъ городахъ Россіи. Изъ Одессы, Астрахани, Кіева, Самары, Саратова, словомъ, отовсюду, гдѣ только ведутся публичныя чтенія для народа, раздаются сѣтованія и жалобы на то, что читать становится нечего.

Въ самомъ дѣлѣ, что-же это за университетъ, когда въ немъ будутъ читаться, съ одной стороны, только сказки о рыбакѣ да рыбкѣ, о старикѣ да старухѣ да такія стихотворенія Пушкина и Жуковскаго, которыя каждый школьникъ, каждый ученикъ начальной школы знаетъ наизусть, съ другой стороны—нѣсколько десятковъ тоненькихъ брошюрокъ, сообщающихъ отрывочныя, случайныя крупицы знаній изъ самыхъ разнообразныхъ областей знанія, безъ всякой связи, безъ всякой системы, безъ всякой послѣдовательности. Само собою ясно, конечно, что при подобныхъ условіяхъ образовательное и воспитательное значеніе народныхъ чтеній будетъ совершенно незначительно, почти ничтожно.

VII.

Народныя чтенія въ остальныхъ городахъ Россіи.

Приведемъ здѣсь хотя краткія свѣдѣнія о народныхъ чте-

...ніяхъ, существующихъ въ другихъ городахъ Россіи. Начнемъ съ губернскихъ городовъ, такъ какъ въ нихъ народныя чтенія получили наибольшее развитіе.

Въ *Казани* народныя чтенія ведутся особой коммиссіей, которая впервые образовалась 15 лѣтъ тому назадъ. Въ первой половинѣ 80-хъ годовъ она работала довольно энергично; но такъ какъ старые члены мало-по-малу охладѣвали («пріобрѣтали солидныя положенія») или почему либо выходили изъ коммиссіи, а новые въ это учрежденіе не допускались, то чтенія начали болѣе и болѣе приходить въ упадокъ, и въ 1887 году лишь одинъ профессоръ (И. Н. Смирновъ) поддерживалъ угасавшую дѣятельность коммиссіи. Около того времени у коммиссіи отняли ея постоянную аудиторію — думскій залъ, такъ какъ городской голова нашелъ, что посѣтители слишкомъ небрежно относятся къ помѣщенію, которое было только-что отдѣлано. Это послужило предлогомъ къ окончательному прекращенію чтеній. Такимъ образомъ, дѣятельность коммиссіи замерла. Въ 1891 году въ средѣ мѣстной интеллигенціи вновь началось движеніе въ пользу устройства чтеній, и въ результатѣ явилась новая коммиссія, съ профессоромъ Александровымъ во главѣ. Въ нее вошли отчасти члены старой коммиссіи (впрочемъ, очень немногіе), нѣкоторые профессора, а больше преподаватели низшихъ и среднихъ учебныхъ заведеній, всего до 50 человѣкъ. Старая коммиссія передала новой и свое имущество. Помѣщеніе нашлось. Чтенія начались сразу въ двухъ аудиторіяхъ: въ манежѣ юнкерскаго училища и въ одномъ изъ начальныхъ городскихъ училищъ. Насколько назрѣла здѣсь потребность въ народныхъ чтеніяхъ, видно уже изъ того, что *изъ-за билетовъ на первыя чтенія происходила настоящая битва* и многимъ желающимъ побывать на чтеніи пришлось, за недостаткомъ мѣстъ, уйти неудовлетворенными. На 9-ти чтеніяхъ, которыя были устроены въ промежутокъ съ 4-го марта по 8-е сентября, было 5,376 человѣкъ. Читались книжки «О святой землѣ», «Святыни Кіева», «Соловецкій монастырь», «М. В. Ломоносовъ», «Гдѣ на Руси какой народъ живетъ и чѣмъ промышляетъ», «Кавказъ и Закавказье», «Что мы видимъ на небѣ ночью», «Полтава», «1892 годъ». Системы въ чтеніяхъ нѣтъ, да ея и быть не можетъ при недостаткѣ картинъ для волшебнаго фонаря и книгъ для чтенія.

Коммиссія намѣрена на будущій годъ вести чтенія болѣе систематично, разумѣется, насколько это позволитъ ей слишкомъ небольшое число разрѣшенныхъ для народныхъ чтеній брошюръ. Для этого предполагается пополнить и собрать за лѣто необходимый запасъ картинъ и книжекъ. Хотя средствъ для этого у коммиссіи нѣтъ, но она увѣрена, что «свѣтъ не безъ добрыхъ людей», о чемъ коммиссія уже могла судить по поступившимъ въ нее пожертвованіямъ («Полтава», 1891 г. № 16).

Въ теченіи 1891 года коммиссія располагала тремя аудиторіями, въ которыхъ было устроено 43 чтенія, сопровождавшіяся туманными картинами. Посѣтителей на этихъ чтеніяхъ въ теченіи 1891 года перебывало 7.283 человѣка, изъ которыхъ 923 безплатныхъ (воспитанники учебныхъ заведеній и нижніе чины). Въ кассу коммиссіи за годъ поступило 990 рублей, причемъ почти вся эта сумма израсходована на устройство чтеній [1].

Въ *Твери* народная читальня существуетъ двѣнадцать лѣтъ. По отчету читальни съ 1-го декабря 1891 г. по 1-е декабря 1892 г. всѣхъ чтеній въ читальнѣ было устроено 25, на которыхъ перебывало посѣтителей 8.169 челов., въ среднемъ на каждое чтеніе приходило около 326 челов. Число посѣтителей воскресныхъ чтеній, по словамъ составителя годового отчета, постепенно увеличивается, интересъ къ нимъ публики значительно возрастаетъ, изъ чего можно заключить, что «народныя чтенія завоевали прочныя симпатіи населенія». Особенно усердно читальня стала посѣщаться во вторую половину этого года, съ самаго открытія чтеній послѣ каникулъ. Составъ посѣтителей читальни остается прежній: главнымъ образомъ, это—фабричные рабочіе, крестьяне окрестныхъ селеній, пріѣзжающіе по воскреснымъ днямъ въ городъ и учащіеся въ низшихъ школахъ города.

---

[1] «Правител. Вѣстн.», 1892 г. № 267.

въ отчетѣ приводится два случая посѣщенія читальни учениками ближайшей къ городу сельской школы, во главѣ съ своей учительницей, для нихъ было устроено отдѣльное чтеніе, во время котораго были показаны многочисленныя картины замѣчательныхъ видовъ мѣстностей и явленій природы. Въ теченіе года были также попытки устройства чтеній не въ воскресные дни, исключительно для учащихся въ городскихъ начальныхъ училищахъ. Такихъ чтеній было только два; оба происходили на масленицѣ. Успѣхъ этихъ чтеній былъ полный, такъ что кружокъ преподавателей, завѣдывающихъ читальней, рѣшилъ продолжать эти чтенія и въ будущемъ году.

Воскресныя чтенія происходятъ въ особой залѣ мѣстной классической гимназіи, а средства на пріобрѣтеніе новыхъ картинъ и на другіе расходы по читальнѣ ежегодно отпускаются губернскимъ земствомъ въ размѣрѣ 300 руб. («Русск. Вѣдом.»).

Въ *Саратовѣ* народныя чтенія ведутся съ 1887 года мѣстнымъ санитарнымъ обществомъ. «Сознавая, что санитарныя мѣропріятія могутъ осуществиться широко и разумно только при поддержкѣ самаго населенія и видя кругомъ себя глубокое санитарное невѣжество, члены Общества предполагали сначала дать народу, такъ сказать, начальное гигіеническое просвѣщеніе». При помощи общедоступныхъ чтеній Общество предполагало «знакомить массу сѣраго люда съ вопросами санитарными и личной гигіены, а также давать свѣдѣнія по естественнымъ наукамъ и медицинѣ».

Но тутъ Общество наткнулось на обычныя препятствія. Какъ извѣстно, закономъ разрѣшено производить народныя чтенія лишь по тѣмъ брошюрамъ, которыя одобрены для этой цѣли ученымъ комитетомъ министерства народнаго просвѣщенія, при чемъ эти брошюры должны читаться народу безъ всякихъ измѣненій. «Между тѣмъ, въ спискѣ этихъ одобренныхъ изданій нѣтъ почти ни одного по вопросамъ гигіеническимъ и санитарнымъ и очень мало по естествознанію и медицинѣ. Поэтому коммиссія принуждена была расширять первоначальную цѣль устройства чтеній и производила чтенія по всѣмъ отраслямъ знанія, взявъ на себя, такимъ образомъ, нѣсколько не соотвѣтствующую характеру Общества задачу. Но даже и при этомъ условіи коммиссія весьма часто затруднялась въ выборѣ изданій для чтенія, благодаря многимъ весьма существеннымъ ихъ недостаткамъ, въ литературномъ и научномъ отношеніи. Что же касается до составленныхъ членами санитарнаго Общества чтеній по гигіеническимъ и санитарнымъ вопросамъ, то, будучи отосланы куда слѣдуетъ, они до сего времени не получили разрѣшенія на прочтеніе [*]).

Другимъ важнымъ препятствіемъ, мѣшающимъ развитію народныхъ чтеній въ Саратовѣ, является недостатокъ денежныхъ средствъ. Городъ даетъ всего только 150 рублей въ распоряженіе санитарнаго Общества на устройство народныхъ чтеній. Само собою понятно, что суммы этой крайне недостаточно. Бывшій саратовскій губернаторъ Андрей Ив. Косичъ, относившійся съ душевнымъ сочувствіемъ къ каждому предпріятію, направленному къ развитію просвѣщенія въ народѣ, сдѣлалъ значительныя пожертвованія для чтеній картинами, гравюрами и другими пособіями. Чтеніями завѣдываетъ особая коммиссія, выбранная изъ членовъ санитарнаго Общества, подъ руководствомъ врачей С. А. Марковскаго и В. А. Колосова. На чтеніяхъ всегда присутствуетъ столько слушателей, сколько дозволяетъ помѣщеніе, при чемъ многимъ приходится уходить за недостаткомъ мѣстъ. Обыкновенно присутствуетъ отъ 300 до 600 слушателей, смотря по размѣрамъ помѣщенія. Чтенія производятся въ двухъ, трехъ и болѣе пунктахъ города, преимущественно же въ думскомъ залѣ и въ домѣ трудолюбія. Среднимъ числомъ, каждое чтеніе обходится въ 6 рублей, включая сюда и плату прислугѣ. Нельзя не пожалѣть, что саратовское городское управленіе недостаточно цѣнитъ дѣятельность санитарнаго Общества по устройству народныхъ чтеній. «Больно и обидно каждый годъ *вымаливать* у думы пособія для веденія народныхъ чтеній и хлопотать о помѣщеніи

---

[*]) Протоколы засѣданій Общества саратовскихъ санитарныхъ врачей. Саратовъ, 1891 г.

для этих чтений»,—жалуются члены санитарнаго Общества [1]. Индиферентное отношеніе саратовской думы къ народнымъ чтеніямъ, устраиваемымъ санитарнымъ Обществомъ и имѣющимъ цѣлью борьбу съ царящимъ вокругъ «глубокимъ санитарнымъ невѣжествомъ»,—является совершенно непонятнымъ и необъяснимымъ. Неужели гласные думы забыли уже тотъ страшный урокъ, который еще такъ недавно пришлось испытать Саратову, благодаря, главнымъ образомъ, нелѣпымъ взглядамъ, распространеннымъ въ народной массѣ на медицину и врачей?..

Въ *Харьковѣ* народныя чтенія довольно долгое время носили характеръ случайный и, не имѣя постояннаго помѣщенія, принуждены были кочевать изъ одного помѣщенія въ другое. Лишь въ послѣднія пять лѣтъ чтенія эти болѣе или менѣе окрѣпли и упрочились. Въ настоящее время чтенія ведутся въ двухъ аудиторіяхъ; сочувствіе народа къ этимъ чтеніямъ сказывается въ томъ, что «приливъ слушателей возрастаетъ въ громадной прогрессіи», количество посѣтителей всегда значительно превышаетъ число мѣстъ. Лица, завѣдывающія чтеніями, отмѣчаютъ тотъ отрадный фактъ, что чтенія съ каждымъ разомъ все больше и больше привлекаютъ къ себѣ расположеніе простого народа. Нерѣдко на чтенія являются цѣлыя семьи, многіе посѣтители приходятъ изъ самыхъ отдаленныхъ частей города. Обстоятельство это побудило устроителей чтеній открыть небольшія народныя аудиторіи на окраинахъ города. Опытъ этотъ увѣнчался полнымъ успѣхомъ. Въ виду этого нельзя не пожелать, чтобы примѣру Харькова послѣдовали и всѣ другіе крупные центры, тѣмъ болѣе, что устройство небольшихъ аудиторій возможно при самыхъ скромныхъ, незначительныхъ затратахъ.

Въ теченіи 1891—1892 г. народныя чтенія велись сначала въ трехъ, а затѣмъ въ четырехъ пунктахъ города, причемъ всѣхъ чтеній было устроено 76, на которыхъ присутствовало болѣе 8,000 человѣкъ слушателей. За входъ на чтенія взимается

---

[1] «Общій очеркъ дѣятельности саратовскихъ санитарныхъ врачей». Саратовъ, 1893 г., стр. 36.

плата по 3 коп. съ человѣка; но заявившимъ о своей недостаточности выдаются изъ кассы безплатные билеты; замѣчено, что за безплатными билетами обращаются почти исключительно дѣти школьнаго возраста. Главнымъ источникомъ, доставляющимъ денежныя средства коммиссіи на устройство чтеній, служатъ пособія, назначаемыя городской думой, а также нѣкоторыми другими общественными учрежденіями г. Харькова. Чтенія всегда сопровождаются туманными картинами, а нерѣдко и физическими опытами. Кромѣ того, начиная съ 1890 года при чтеніяхъ отъ времени до времени устраиваются музыкальныя отдѣленія, возбуждающія большое сочувствіе публики, посѣщающей народныя чтенія. При этомъ исполняются музыкальныя пьесы какъ на отдѣльныхъ инструментахъ, такъ и оркестрами учениковъ реальнаго училища и военнымъ.

Въ *Нижнемъ-Новгородѣ* народныя чтенія впервые возникли въ 1883 году, но окрѣпли и получили правильное устройство только въ 1886 году. Для развитія народныхъ чтеній здѣсь очень много сдѣлалъ членъ Общества распространенія грамотности въ Нижегородской губерніи, Раткинъ, умершій года три тому назадъ. На него были возложены всѣ заботы по организаціи публичныхъ чтеній для народа. Заручившись согласіемъ нѣсколькихъ лицъ участвовать въ устройствѣ народныхъ чтеній, Раткинъ чрезъ мѣстную газету «Нижегородск. Биржев. Листокъ» обратился съ приглашеніемъ желающихъ принять участіе въ устройствѣ чтеній; на приглашеніе это отозвались очень многіе изъ мѣстнаго общества.

Первыя два-три чтенія были устроены въ столовомъ залѣ соединеннаго клуба и привлекли массу народа; оказалось, что залъ не могъ вмѣстить всѣхъ желающихъ слушать чтенія: въ немъ помѣщалось только по 300—350 человѣкъ и приходилось многимъ отказывать за неимѣніемъ мѣста. Тогда, по ходатайству Раткина, клубъ разрѣшилъ устраивать чтенія въ большомъ клубномъ залѣ, въ которомъ могло помѣститься до 1.000 человѣкъ.

Въ первые годы своего существованія народныя чтенія тервели крайній недостатокъ въ денежныхъ средствахъ, дума единовременно выдала 150 рублей и этимъ ограничилась. Устроители чтеній перебивались кое-какъ, и если вели дѣло, то благодаря лишь пожертвованіямъ частныхъ лицъ, сочувствующихъ ихъ просвѣтительной дѣятельности. Нѣкоторыя изъ этихъ лицъ дѣлали довольно значительныя пожертвованія; такъ, напримѣръ, В. К. Марковъ внесъ 500 рублей.

Въ настоящее время народныя чтенія въ Нижнемъ-Новгородѣ ведутся Обществомъ распространенія начальнаго образованія въ Нижегородской губерніи, причемъ городская дума даетъ помѣщеніе для чтеній и ежегодную субсидію въ 300 рублей. Чтенія происходятъ въ двухъ аудиторіяхъ: въ залѣ городской думы и при одномъ изъ училищъ, въ Макарьевской части. Въ теченіи 1892 года въ первой аудиторіи было устроено 21 чтеніе, а во второй—6. На каждомъ изъ чтеній присутствовало отъ 130 до 525 человѣкъ посѣтителей. По словамъ отчета, «наплывъ посѣтителей былъ нерѣдко такъ великъ, что приходилось многимъ отказывать за недостаткомъ мѣста». За первые ряды мѣстъ взимается плата въ 10 и 5 коп. Общій приходъ по чтеніямъ за 1892 годъ равняется 718 р. 70 коп., а расходъ—609 р. 25 коп., такимъ образомъ народныя чтенія въ 1892 году дали прибыль, въ первый разъ за все время существованія чтеній [*].

Въ *Кишиневѣ* коммиссія народныхъ чтеній начала свою дѣятельность въ 1886 году, но, за неимѣніемъ средствъ для найма подходящаго помѣщенія, чтенія эти влачатъ весьма жалкое существованіе. Городское управленіе заключило условіе съ владѣльцами театра въ томъ смыслѣ, чтобы они по воскреснымъ днямъ предоставляли театръ въ распоряженіе коммиссіи народныхъ чтеній. Но при этомъ была допущена такая оговорка: чтенія будутъ производиться въ театрѣ каждое воскресенье, «если театръ не будетъ занятъ», и въ результатѣ коммиссія въ теченіи всего 1890 года не могла устроить ни одного чтенія, а въ 1891 году

---

[*] Отчетъ Совѣта Общества распространенія начальнаго образованія въ Нижегородской губерніи за 1892 г., стр. 33—38.

ихъ было всего 13, а въ 1892 г.—10, такъ какъ театръ почти все время былъ занятъ смѣнявшими другъ друга антрепренерами, которые отнимали у коммиссіи не только вечера, но и утра по воскресеньямъ для своихъ спектаклей. Между тѣмъ «народныя чтенія съ каждымъ годомъ завоевываютъ все больше и больше симпатій простого народа: создался уже особый контингентъ посѣтителей (преимущественно рабочіе, мелкіе торговцы, прислуга), которые живо интересуются читаемымъ и для которыхъ посѣщеніе народныхъ чтеній стало любимымъ и обычнымъ развлеченіемъ» («Русскія Вѣдом.»).

Въ *Орлѣ* народныя чтенія существуютъ пять лѣтъ и ведутся особымъ комитетомъ, который возникъ въ концѣ 1887 года и предсѣдателемъ котораго былъ избранъ бывшій членъ окружнаго суда г. Козюнъ, одинъ изъ главныхъ иниціаторовъ по устройству въ Орлѣ публичныхъ чтеній для народа.

Зала городской думы, въ которой происходятъ эти чтенія, настолько тѣсна, что приходится отказывать весьма многимъ желающимъ слушать. Къ сожалѣнію, средства комитета такъ скудны, что онъ не имѣетъ возможности нанять другое, болѣе обширное помѣщеніе. Входъ на чтенія безплатный. Расходы комитета были особенно значительны въ первый годъ его существованія, такъ какъ на первыхъ порахъ пришлось пріобрѣтать всѣ необходимые приборы и приспособленія для чтеній. Не имѣя средствъ на покупку картинъ, комитетъ до настоящаго времени принужденъ брать ихъ на прокатъ изъ московской художественной мастерской, уплачивая за это каждый разъ около 3 рублей. За пять лѣтъ комитетомъ было устроено 235 чтеній, изъ числа которыхъ 111 были духовно-нравственнаго содержанія. Обязанности лекторовъ несутъ какъ лица духовнаго званія, такъ и преподаватели разныхъ учебныхъ заведеній. Въ 1893 году комитетъ постановилъ устроить книжный складъ для продажи дешевыхъ народныхъ изданій.

Въ *Костромѣ* народныя чтенія существуютъ около восьми лѣтъ и находятся въ завѣдываніи особой коммиссіи. Судя по отчтениям, чтения эти пользуются большимъ успѣхомъ среди мѣстнаго населения; къ сожалѣнію, средства коммиссіи болѣе чѣмъ скудны; костромское губернское земское собраніе 1887 года прекратило почему-то субсидію въ 200 рублей, которую до тѣхъ поръ оно ежегодно выдавало на поддержаніе народныхъ чтеній. Вслѣдствіе этого коммиссія очутилась въ крайне затруднительномъ положеніи и только благодаря сочувствію и поддержкѣ, которыя она встрѣтила среди мѣстнаго общества, дѣло народныхъ чтеній не разстроилось. Чѣмъ руководствовалось земское собраніе, отказывая въ столь незначительной помощи столь полезному дѣлу, мы не знаемъ.

Въ *Ригѣ* народныя чтенія впервые возникли въ 1882 году, но, просуществовавъ три года, онѣ принуждены были въ 1885 году закрыться за недостаткомъ средствъ. Въ 1891 году, благодаря почину окружнаго инспектора Дерптскаго учебнаго округа, образовалась новая коммиссія по устройству народныхъ чтеній, которыя и были открыты 1 декабря чтеніемъ: «Начало христіанства на Руси». Первое чтеніе происходило въ зданіи соединенныхъ городскихъ начальныхъ училищъ; не смотря на то, что за входъ назначена была плата (по 3 коп.), слушателей собралось болѣе 600 человѣкъ. Съ тѣхъ поръ чтенія идутъ непрерывно до сихъ поръ, при чемъ всѣ они сопровождаются свѣтовыми картинами; передъ началомъ чтеній, во время перерыва и по окончаніи исполняются русскія пѣсни хорами учениковъ. Съ 1892 года, при входѣ въ помѣщеніе, гдѣ происходятъ чтенія, производится продажа дешевыхъ народныхъ изданій. «Рижскій Вѣстникъ», сообщая о ходѣ народныхъ чтеній, выражаетъ сожалѣніе, что «кругъ чтеній весьма ограниченъ». Этимъ послѣднимъ обстоятельствомъ слѣдуетъ, по всей вѣроятности, объяснить тотъ фактъ, что число посѣтителей народныхъ чтеній за послѣднее время начинаетъ быстро убывать. Въ теченіи второй половины 1892 года, среднимъ числомъ, на каждомъ чтеніи присутствовало не болѣе 118 человѣкъ слушателей [1]).

---

[1]) «Правительств. Вѣстникъ», 1892 г. № 246 и 1893 г. № 5.

Въ *Воронежѣ* народныя чтенія открыты братствомъ свв. Митрофана и Тихона въ 1886 году и съ тѣхъ поръ ведутся—по словамъ мѣстныхъ газетъ—«съ огромнымъ успѣхомъ» до настоящаго времени. Братство располагаетъ двумя аудиторіями, изъ которыхъ каждая можетъ вмѣстить не болѣе 300—400 слушателей; между тѣмъ ранѣе, когда братство пользовалось болѣе обширной аудиторіей, оно привлекало на свои чтенія свыше 1.200 человѣкъ слушателей; такимъ образомъ, вслѣдствіе тѣсноты помѣщенія, въ настоящее время нѣсколько сотъ человѣкъ не имѣютъ возможности посѣщать народныя чтенія. Такъ какъ цѣль братства, по уставу, состоитъ въ распространеніи среди народа религіозно-нравственнаго просвѣщенія, то поэтому чтенія по вопросамъ научнаго и практическаго характера не могутъ входить въ программу его дѣятельности. Желая пополнить этотъ пробѣлъ, кружокъ интеллигентныхъ лицъ рѣшилъ съ декабря 1892 года устраивать чтенія для народа по вопросамъ научнаго и прикладнаго характера. Многіе изъ членовъ воронежскаго отдѣла Общества охраненія народнаго здравія выразили полную готовность оказать кружку свое содѣйствіе и помощь.

Въ *Курскѣ* народныя чтенія возникли въ 1885 году, когда мѣстная городская дума выбрала для веденія этого дѣла особую коммиссію и ассигновала 300 рублей на покупку фонаря и картинъ. Въ 1885 и 1886 г. коммиссія устроила 19 чтеній. Всего за это время въ коммиссію поступило, кромѣ упомянутаго ассигнованія думы, 762 руб., полученныхъ въ видѣ пожертвованій и платы съ посѣтителей. Израсходовано же за это время на инвентарь 560 р. и на устройство чтеній 388 р. Но затѣмъ въ теченіи 1887, 1888 и 1889 гг. городская коммиссія почему-то бездѣйствовала. Въ 1890 г. снова было устроено 16 чтеній, на которыя было затрачено 1.354 р., полученныхъ отъ пожертвованій и сборовъ за чтенія.

Въ началѣ 1891 года въ Общество курскихъ врачей было внесено предложеніе двухъ членовъ, гг. Долгополова и Божко-Божинскаго, о необходимости организовать медицинскія народныя чтенія. Въ результатѣ была выбрана коммиссія, которая снеслась съ городскою коммиссіею и начала устраивать народныя чтенія въ залѣ реальнаго училища. Чтенія начались 24 ноября 1891 г. и продолжались до 22 марта 1892 г. Чтенія происходили по воскресеньямъ, два раза въ мѣсяцъ, причемъ каждое чтеніе состояло изъ двухъ отдѣловъ: медицинскаго и литературнаго или историческаго. Картины для фонаря получались безплатно отъ кіевской коммиссіи народныхъ чтеній. Разнаго рода объяснительные опыты было удобно дѣлать, благодаря тому, что необходимые аппараты отпускались физическимъ кабинетомъ реальнаго училища. Чтенія посѣщались весьма охотно; всего на 10 чтеніяхъ присутствовало 1.781 человѣкъ. Устройство каждаго чтенія обошлось по 11 руб. 50 к. [1]).

Въ *Тифлисѣ* народныя чтенія возникли въ маѣ мѣсяцѣ 1890 года, по иниціативѣ лицъ, принадлежащихъ къ мѣстному Обществу вспоможенія учительницамъ. Дѣло было начато безъ всякихъ средствъ и осуществилось только благодаря любезности общества учительницъ, которое изъ своихъ скудныхъ средствъ отпустило въ ссуду пятьдесятъ рублей. Первыя народныя чтенія происходили въ сборномъ залѣ первой мужской гимназіи, причемъ, не смотря на жару, стоявшую въ то время въ Тифлисѣ, залъ былъ переполненъ слушателями. Спустя лѣто, чтенія были возобновлены въ ноябрѣ мѣсяцѣ и сразу возбудили сочувствіе во многихъ лицахъ учебнаго персонала, такъ что вскорѣ число лицъ, принявшихъ участіе въ устройствѣ чтеній, достигло 32-хъ, въ числѣ одинъ инженеръ и три чиновника, остальные—учителя и учительницы различныхъ учебныхъ заведеній Тифлиса. Еженедѣльно происходятъ засѣданія, на которыхъ обсуждается предназначенное для слѣдующаго воскресенья чтеніе, выбирается лекторъ, сообщаются впечатлѣнія, вынесенныя изъ предшествующаго чтенія, указываются замѣченные недостатки, предлагаются мѣры къ упорядоченію дѣла. Въ декабрѣ коммиссія нѣсколько расширила свою дѣятельность, благодаря командиру стрѣлковаго

---

[1]) «Педагогическая хроника» Я. Абрамова, «Русская Школа», 1893 г. № 1, стр. 232.

баталіона, уступившаго для чтеній залъ при казармахъ, которыя расположены на окраинѣ города, въ мѣстности, населенной желѣзнодорожными рабочими и молоканами. На чтеніяхъ, по очереди, играютъ оркестры—гимназическій и стрѣлковаго баталіона. Входная плата взимается въ размѣрѣ пяти копеекъ за всѣ ряды, кромѣ перваго, который стоитъ 20 коп. и двухъ слѣдующихъ—по 10 коп. Но при этомъ обыкновенно нѣсколько десятковъ билетовъ разсылается безплатно въ начальныя школы и въ казармы мѣстныхъ войскъ [*].

Крайняя ограниченность матеріальныхъ средствъ сильно тормозитъ дѣятельность тифлисской коммиссіи. До какой степени не обезпечены чтенія, можно видѣть, напримѣръ, изъ слѣдующаго факта: однажды какъ-то въ волшебномъ фонарѣ лопнули стекла, и вотъ вслѣдствіе этого коммиссія принуждена была прекратить на время свою дѣятельность, такъ какъ другого фонаря не могли достать. Да и тотъ фонарь, которымъ пользуется коммиссія, данъ ей на время инспекторомъ женскаго института. Конечно, ближе всего и естественнѣе было бы городу или, точнѣе говоря, городской думѣ прійти на помощь коммиссіи, подума такого богатаго съ стотысячнымъ населеніемъ города, какъ Тифлисъ, отказывается дать нѣсколько сотъ рублей на полезное, хорошее дѣло... Чѣмъ можно объяснить себѣ подобную, болѣе чѣмъ неумѣстную въ общественномъ дѣлѣ скаредность?

Въ г. *Владикавказѣ* народныя чтенія начались съ осени 1890 года, по иниціативѣ директора мужской гимназіи г. Виноградова. Въ теченіи перваго учебнаго года устроено было 19 чтеній, на которыхъ присутствовало 4.300 платныхъ посѣтителей, помимо безплатныхъ. Плата за входъ установлена по 3 копейки съ человѣка. Чтенія обыкновенно происходятъ въ залѣ мужской гимназіи, изрѣдка—въ мѣстной казармѣ. Лекторами являются большею частью учителя гимназіи. Средства устроителей народ-

---

[*] «Народныя чтенія въ Тифлисѣ» А. П. «Русская Школа», 1891 г., №№ 7—8, стр. 292—294.

ныхъ чтеній весьма скудны; городской думѣ не мѣшало бы прійти на помощь полезному предпріятію.

Въ городѣ *Ковно* коммиссіей народныхъ чтеній въ теченіи 1892 года было устроено двѣнадцать чтеній съ туманными картинами. Чтенія эти посѣтили 6.570 слушателей, въ томъ числѣ 4.010 платныхъ и 2.560 безплатныхъ; среднимъ числомъ, на каждое чтеніе приходилось по 550 челов., изъ нихъ 390 платныхъ и 163 безплатныхъ. За большую часть платныхъ мѣстъ взималось по 5 коп. Безплатными слушателями являлись: учащіеся городскихъ училищъ, воспитанники дѣтскаго пріюта и редѣленнаго при немъ училища и прочихъ низшихъ учебныхъ заведеній. Чтенія чередовались съ музыкой мѣстнаго военнаго оркестра и пѣніемъ хора. За входные билеты выручено 240 р. 2 к. Въ виду потребности, какая ощущается въ народныхъ чтеніяхъ въ Ковнѣ, коммиссія рѣшила въ текущемъ году пріобрѣсти большой проекціонный аппаратъ, стоимостью въ 300 рублей, и серію картинъ къ чтенію «Путешествіе на Востокъ Наслѣдника Цесаревича». Кромѣ того, коммиссіею уже выписаны картины къ чтенію «Христофоръ Колумбъ». («Ковенскія губ. вѣд.»).

Въ *Екатеринославѣ* народныя чтенія ведутся особой коммиссіей, которая состоитъ изъ 50 членовъ; изъ нихъ 15 человѣкъ участвуютъ въ качествѣ лекторовъ. Въ 1890—1891 году коммиссія устроила 23 чтенія, на которыхъ присутствовало 3.312 слушателей. Сравнительно съ предыдущимъ годомъ, посѣтителей было на 2.502 человѣка больше. Желающихъ слушать чтенія являлось обыкновенно значительно больше, нежели могла вмѣстить скромная аудиторія, которою располагала коммиссія, вслѣдствіе этого многимъ приходилось отказывать. Въ теченіи года коммиссія имѣла въ приходѣ 1.320 руб., а израсходовала 837 рублей, главный доходъ доставили вечера (391 руб.) и гулянья (297 р.), устроенные въ пользу коммиссіи [1]).

Во *Смоленскѣ* народныя чтенія возникли въ 1891 году, по иниціативѣ инспектора реальнаго училища г. Никульцева, при

[1]) «Русская Школа», 1892 г., № 1, стр. 182.

активномъ участіи кружка мѣстныхъ педагоговъ. Чтенія происходятъ въ женскомъ городскомъ училищѣ и въ актовой залѣ реальнаго училища. Въ теченіи 1891 года было устроено 12 чтеній, на которыхъ присутствовало 2.420 слушателей. За входъ установлена слѣдующая плата: первый рядъ мѣстъ — по 30 коп., второй — 20 коп., слѣдующіе три ряда — по 10 коп., остальные десять рядовъ по 5 коп. Но допускается и безплатный входъ для тѣхъ, кто заявитъ о своей недостаточности. Установленіе платы за входъ не могло, разумѣется, не отразиться на составѣ слушателей, и дѣйствительно, первое время посѣтителей изъ простого народа было мало, но затѣмъ они стали появляться въ значительномъ числѣ. Всего за годъ собрано съ посѣтителей 333 р. 30 коп.; кромѣ того поступило пожертвованій отъ разныхъ лицъ 265 руб. Первоначальное же устройство чтеній обошлось въ 110 рублей.

Въ *Самарѣ* въ началѣ 1893 года образовался кружокъ лицъ, состоящій, главнымъ образомъ, изъ врачей и педагоговъ, и организовалъ народныя чтенія съ туманными и живыми картинами. Чтенія эти имѣли большой успѣхъ. Залъ городской думы, въ которомъ происходило первое чтеніе, оказался слишкомъ недостаточнымъ, чтобы вмѣстить всю массу желающихъ слушать чтеніе. Въ виду этого, съ разрѣшенія думы, народныя чтенія были перенесены въ городской театръ, куда начали собираться по 500—600 человѣкъ слушателей, а однажды, 17 мая, въ Духовъ день, собралось около 1.200 человѣкъ. Публикѣ особенно понравились живыя картины, которыми иллюстрировались нѣкоторыя чтенія. По свидѣтельству В. О. Португалова, «Пѣснь про купца Калашникова» Лермонтова, «Сказка о рыбакѣ и рыбкѣ» и «Полтава» Пушкина «вызвали неописанный восторгъ слушателей» [1]. За 9 чтеній самарскій кружокъ выручилъ 252 руб., да ему пожертвовали 133 р., итого 385 р. Разумѣется, суммы этой недостаточно для того, чтобы поставить дѣло должнымъ

---

[1] «Народныя чтенія», В. Португалова, «Русская Жизнь», 1893 г., 11 августа.

образомъ, поэтому кружокъ обратился къ городской думѣ съ просьбою о субсидіи. Къ чести самарской думы слѣдуетъ сказать, что она безъ всякихъ колебаній, единогласно постановила ежегодно выдавать устроителямъ чтеній по 300 рублей.

Въ *Архангельскѣ* народныя чтенія ведутся Обществомъ трезвости и «привлекаютъ множество слушателей». Къ сожалѣнію, городская управа, предоставившая-было для чтеній залъ городской думы, вскорѣ взяла свое разрѣшеніе назадъ, такъ какъ мебель думы стала-де быстро портиться отъ большого наплыва публики всякаго званія. Въ настоящее время народныя чтенія устраиваются въ казармахъ и нѣкоторыхъ другихъ мѣстахъ [*)].

Въ *Вологдѣ* кружокъ интеллигентныхъ лицъ, выхлопотавъ разрѣшеніе, началъ устраивать народныя чтенія, со страстной недѣли великаго поста 1893 года. По сообщенію «Русской Жизни», «наплывъ публики на эти чтенія громаденъ. Какъ платныя за первые 10 рядовъ взимается отъ 10 до 20 копеекъ), такъ и безплатныя мѣста занимаются съ бою. Аудиторія, вмѣщающая 400 человѣкъ, каждый разъ бываетъ полна».

О народныхъ чтеніяхъ, существующихъ въ *Ставрополѣ-Кавказскомъ*, мы разскажемъ со словъ одного изъ участниковъ по веденію этихъ чтеній, Я. В. Абрамова. «Помѣщеніе, въ которомъ происходятъ въ Ставрополѣ народныя чтенія, безъ особаго стѣсненія можетъ вмѣстить не болѣе 250 человѣкъ, между тѣмъ на первое же чтеніе явилось около 500 человѣкъ, а на послѣдующихъ присутствовало до 600. И такое число слушателей является, не смотря на разнаго рода ограничительныя мѣры. Такъ, уже послѣ 3-го чтенія пришлось не пускать дѣтей; затѣмъ, послѣ того, какъ набирается 500 человѣкъ, двери затворяются и дальнѣйшій впускъ совершается только по особо уважительнымъ причинамъ (которыя оказываются у столь многихъ, что набирается еще почти цѣлая сотня). Можно представить себѣ, какая тѣснота, какая давка царитъ въ аудиторіи! Обычные способы

[*)] «Изъ поѣздки на сѣверъ», П. Н. «Недѣля», 1893 г., № 42.

вентиляціи оказываются не въ состояніи бороться съ порчею воздуха, и она была такъ сильна въ зимнее время, что лампы фонаря среди чтенія гасли: приходилось прерывать чтеніе, открывать настежь окна и провѣтривать залу. Послѣднее чтеніе, благодаря тому, что настало уже теплое время, производилось при открытыхъ окнахъ, что, однако, имѣетъ свои неудобства: врывается уличный шумъ.

Несмотря на то, что посѣтителямъ чтеній приходится, такимъ образомъ, выносить крайнія неудобства, о которыхъ ясное понятіе можно составить, только испытавши ихъ лично на себѣ, несмотря на то, что отправляющіеся на чтенія рискуютъ быть не впущенными въ залу, если запоздаютъ, посѣтители на чтенія являются изъ самыхъ отдаленныхъ концовъ города, не исключая и предмѣстій, отдаленныхъ отъ города значительнымъ разстояніемъ. Рѣшительно ничто, никакая погода, ни вѣтеръ, ни мятель, ни грязь не останавливаютъ наплыва публики. Въ нѣкоторые дни чтеній погода стояла такая отвратительная, была такая сильная мятель, что устроители чтеній опасались увидѣть аудиторію пустою — и, однако, она оказывалась столь же набитою, какъ и всегда.

Эти факты, свидѣтельствующіе о чрезвычайной потребности населенія въ учрежденіяхъ, подобныхъ народнымъ чтеніямъ, не могутъ не дѣйствовать возбуждающимъ образомъ на устроителей чтеній. Тутъ непосредственно дается вознагражденіе за всѣ труды, которые несутъ устроители чтеній, за всѣ неудобства, которыя имъ приходится испытывать. Еще болѣе чувствуется это вознагражденіе при видѣ толпы внимательныхъ слушателей, при порывистыхъ, пробѣгающихъ по всей толпѣ, вздохахъ или смѣхѣ при появленіи той или другой картины или въ особенно удачномъ мѣстѣ чтенія, при разговорахъ, которые ведутся расходящимися слушателями послѣ чтенія, или при выраженіи ими благодарности и вынесенныхъ изъ чтенія впечатлѣній. Да, кто испыталъ все это, тотъ неизбѣжно долженъ полюбить дѣло народныхъ чтеній и съ радостью отдастъ на это дѣло и время, и трудъ»[1]).

---

[1]) «Русская Школа», 1893 г. № 4.

Кромѣ только что перечисленныхъ городовъ, намъ приходилось встрѣчать въ печати указанія на существованіе народныхъ чтеній въ слѣдующихъ губернскихъ городахъ: *Симбирскѣ, Уфѣ, Херсонѣ, Вяткѣ, Симферополѣ, Новочеркасскѣ, Каменецъ-Подольскѣ, Томскѣ, Владивостокѣ и Читѣ*. Къ сожалѣнію, намъ не удалось собрать объ этихъ чтеніяхъ сколько-нибудь точныхъ свѣдѣній [1]).

Затѣмъ слѣдуетъ замѣтить, что по мѣрѣ того, какъ мысль о пользѣ и необходимости публичныхъ чтеній для народа все болѣе и болѣе входитъ въ сознаніе русскаго общества, народныя чтенія начинаютъ возникать все въ бо́льшемъ числѣ губернскихъ и уѣздныхъ городовъ. Выше мы видѣли, что во многихъ городахъ народныя чтенія возникали въ теченіи послѣдняго 1893 года; вообще извѣстія о возникновеніи публичныхъ чтеній для народа то въ томъ, то въ другомъ городѣ, начинаютъ все чаще и чаще встрѣчаться въ печати. Такъ, напримѣръ, въ газетахъ только что появилось извѣстіе о томъ, что въ *Калугѣ* организуется Общество народныхъ чтеній, учредителями котораго являются: городской голова И. К. Цыпулинъ и старшій врачъ губернской земской больницы И. И. Дубенскій. Лекторами выразили готовность быть преподаватели мѣстныхъ учебныхъ заведеній. Дума сочувственно откликнулась на призывъ организаторовъ возникающаго Общества и постановила отвести для чтеній залъ городской управы, съ принятіемъ на счетъ города освѣщенія этого зала во время народныхъ чтеній.

Такъ поставлено дѣло народныхъ чтеній въ губернскихъ городахъ. Что же касается *уѣздныхъ городовъ*, то, къ сожалѣнію, до сихъ поръ народныя чтенія существуютъ лишь въ весьма немногихъ изъ нихъ, хотя, разумѣется, потребность въ публичныхъ чтеніяхъ въ глухихъ городкахъ ощущается отнюдь не

---

[1]) Пользуясь настоящимъ случаемъ, обращаемся съ убѣдительною просьбою къ лицамъ, завѣдывающимъ народными чтеніями какъ въ городахъ, такъ и въ селахъ, подѣлиться съ нами своими свѣдѣніями и отчетами о положеніи дѣла публичныхъ чтеній для народа. Адресъ нашъ: г. Петровскъ, Саратов. губерніи.

меньше, чѣмъ въ крупныхъ центрахъ, въ которыхъ всетаки имѣются библіотеки, читальни, музеи, театры и т. д. Конечно и здѣсь не безъ исключеній: и среди уѣздныхъ городовъ можно указать три-четыре города, въ которыхъ народныя чтенія привились вполнѣ удачно, но это можно сказать только о такихъ сравнительно крупныхъ городскихъ пунктахъ, какъ Николаевъ, и т. п. Огромная же масса уѣздныхъ городовъ до сихъ поръ лишена публичныхъ народныхъ чтеній.

Въ г. *Николаевѣ*, Херсонской губерніи, народныя чтенія ведутся особымъ комитетомъ, который въ теченіе послѣдняго 1891—1892 г. устроилъ 23 чтенія. Чтенія эти посѣтило 12.523 человѣка, что составляетъ, среднимъ числомъ, по 544 слушателя на каждое чтеніе. Благодаря любезности командировъ квартирующихъ въ городѣ войскъ, каждое чтеніе обыкновенно сопровождается музыкой, такъ какъ командиры присылаютъ свои оркестры.

Городъ даетъ комитету ежегодно субсидію въ 300 рублей на покрытіе расходовъ по устройству народныхъ чтеній. Суммы этой, конечно, слишкомъ недостаточно, поэтому за входъ на чтенія установлена небольшая плата, которая составляетъ постоянный источникъ средствъ комитета. За неимѣніемъ собственнаго помѣщенія, комитетъ устраиваетъ чтенія въ театрѣ г. Монте, уплачивая за каждое чтеніе по 19 рублей. Такимъ образомъ, на одинъ только наемъ помѣщенія для народныхъ чтеній комитетъ принужденъ былъ израсходовать около 400 рублей. Въ настоящее время комитетъ задался цѣлью построить собственное зданіе, спеціально приспособленное для народной аудиторіи, для чего и рѣшилъ образовать особый фондъ. Въ этихъ видахъ былъ устроенъ рядъ концертовъ и литературныхъ вечеровъ, сборъ съ которыхъ пошелъ на усиленіе фонда.

Въ *Таганрогѣ* вопросъ объ устройствѣ народныхъ чтеній возникъ лишь въ 1892 году; къ чести мѣстнаго интеллигентнаго общества слѣдуетъ сказать, что оно отнеслось къ этому вопросу съ полнымъ и горячимъ сочувствіемъ. Такъ, предсѣдатель съѣзда мировыхъ судей предложилъ для чтеній залъ съѣзда, который может вместить отъ 200 до 300 слушателей. Городское общество, нѣкоторые банки и частныя лица изъявили желаніе оказать матеріальную поддержку народнымъ чтеніямъ и обезпечили сумму въ 500 рублей для первоначальнаго устройства чтеній. Директоръ гимназіи предложилъ безвозмездное пользованіе волшебнымъ фонаремъ, экраномъ и имѣющимися въ распоряженіи гимназіи картинами для фонаря. Одинъ изъ преподавателей гимназіи выразилъ готовность принять активное участіе въ чтеніяхъ, другіе предложили свои услуги по части устройства туманныхъ картинъ, которыми должны сопровождаться чтенія, третьи приняли на себя обязанности по веденію отчетности и дѣлопроизводства въ коммиссіи по веденію народныхъ чтеній и т. д.

Съ начала 1893 года воскресныя народныя чтенія съ туманными картинами открыты въ городѣ *Нѣжинѣ*, Черниговской губерніи, Обществомъ, состоящимъ изъ учительницъ гимназіи, городского училища и церковно-приходской школы. Безъ всякихъ средствъ Общество открыло свои чтенія въ одной изъ классныхъ комнатъ приходскаго училища; волшебный фонарь предложило для пользованія городское двухклассное училище; туманными же картинами снабжаетъ безвозмездно кіевское Общество народныхъ чтеній. Съ перваго же дня чтенія привлекли массу публики, число которой съ каждымъ чтеніемъ возрастаетъ все больше и больше. Остается сожалѣть только о томъ, что зала для чтеній слишкомъ мала: въ ней помѣщается не болѣе 200 человѣкъ и то при страшной тѣснотѣ и давкѣ, между тѣмъ желающихъ слушать чтенія является каждый разъ далеко болѣе 400. Городская дума, ассигновавшая новому Обществу 200 рублей, собирается отвести для чтеній одну изъ залъ городского дома. («Рус. Вѣд.», 1893 г. № 58).

Въ г. *Путивлѣ*, Курской губерніи, народныя чтенія возникли въ 1891 году по иниціативѣ врача Антоновскаго и инспектора ремесленнаго училища Плотницкаго, при участіи мѣстныхъ педагоговъ.

Въ городѣ *Чистополѣ*, Казанской губерніи, городская дума, по иниціативѣ гласнаго г. Цвѣтова, представившаго особую записку о необходимости устройства народныхъ чтеній въ городѣ, рѣшила въ 1892 году открыть публичныя народныя чтенія.

Въ г. *Кологривѣ*, Костромской губерніи, уѣздное земское собраніе постановило устроить народныя чтенія и ассигновало 180 руб. на пріобрѣтеніе волшебнаго фонаря.

Въ г. *Дорогобужѣ*, Смоленской губерніи, народныя чтенія были открыты въ 1891 году мѣстнымъ благотворительнымъ Обществомъ. На первомъ чтеніи присутствовали 85 человѣкъ слушателей, на второе явилось 115, а на третье 205. Въ томъ же 1891 году возникли народныя чтенія въ г. *Сычевѣ*, Смоленской губерніи.

Въ 1892 году народныя чтенія возникли въ городѣ *Сергачѣ*, Нижегородской губерніи, при содѣйствіи «Общества распространенія грамотности въ Нижегородской губерніи».

Въ нашихъ рукахъ имѣется, между прочимъ, отчетъ о народныхъ чтеніяхъ, открытыхъ въ г. *Юрьевцѣ*, Костромской губерніи. Здѣсь чтенія ведутся кружкомъ лицъ, подъ наблюденіемъ благочиннаго священника Н. П. Скворцова, съ разрѣшенія мѣстнаго архіерея. Кромѣ нѣкоторыхъ священниковъ, въ чтеніяхъ принимаютъ участіе: товарищъ прокурора окружнаго суда, врачи и учителя городского училища. Чтенія существуютъ на добровольныя пожертвованія, собранныя въ разное время, а также на ежемѣсячные взносы, установленные лицами, сочувствующими народнымъ чтеніямъ; такихъ лицъ въ городѣ нашлось 26 человѣкъ, изъ которыхъ каждый вноситъ не менѣе 3 рублей въ годъ. За первый годъ существованія народной читальни въ г. Юрьевцѣ (1887—1888 г.) было израсходовано 278 рублей, изъ нихъ за выписку волшебнаго фонаря 80 руб.

Чтенія имѣли полный успѣхъ: «желающихъ слушать оказалось столько, что помѣщеніе земской управы, въ которомъ происходили чтенія, не могло вмѣстить всѣхъ слушателей, почему чтенія повторялись для второй группы слушателей». При этомъ было замѣчено, что между посѣтителями (большинство которыхъ принадлежитъ къ простому народу) было не мало такихъ, которые посѣщали чтенія регулярно; ихъ можно было видѣть среди слушателей каждый разъ.

Кромѣ того, народныя чтенія ведутся въ слѣдующихъ уѣздныхъ городахъ: въ *Кронштадтѣ*, *Царицынѣ*, Саратовской губерніи, *Коломнѣ*, Московской губ., *Нерехтѣ*, Костромской губ., и *Керчи*, Таврической губ.

Вообще, изъ собранныхъ нами свѣдѣній видно, что въ настоящее время народныя чтенія, кромѣ Петербурга и Москвы, ведутся въ 35 губернскихъ городахъ и въ 16 уѣздныхъ.

VIII.

Народныя чтенія въ селахъ и деревняхъ.

Изъ уѣздныхъ городовъ перейдемъ въ села и деревни. Здѣсь, разумѣется, мы еще менѣе можемъ разсчитывать встрѣтить публичныя чтенія для народа; и дѣйствительно, лишь въ весьма немногихъ уѣздахъ организованы по селамъ подобныя чтенія: такихъ уѣздовъ найдется не болѣе трехъ-четырехъ на всю необъятную Россію.

Болѣе или менѣе прочно поставлено дѣло народныхъ чтеній въ уѣздахъ: Московскомъ, Петергофскомъ, Петербургской губерніи, и Александрійскомъ, Херсонской губерніи. Во всѣхъ этихъ уѣздахъ народныя чтенія организованы исключительно заботами земства. Скажемъ хотя по нѣскольку словъ о положеніи народныхъ чтеній въ каждомъ изъ этихъ уѣздовъ.

Постановленіе московскаго земскаго собранія объ открытіи народныхъ чтеній въ уѣздѣ состоялось въ 1884 году, но до 1888 года чтенія эти устраивались всего только въ трехъ-четырехъ селеніяхъ, такъ какъ у земства не было собственныхъ волшебныхъ фонарей и туманныхъ картинъ. Въ 1887 году земскимъ собраніемъ ассигновано было 500 рублей на пріобрѣтеніе фонарей и брошюръ съ туманными картинами. Управа пріобрѣла

15 волшебныхъ фонарей, изъ которыхъ 10 были пожертвованы, и 307 картинъ. Въ виду того, что число земскихъ училищъ, въ которыхъ не было фонарей, простиралось въ началѣ 1888 года до 59, управа, для правильнаго обращенія фонарей между школами (народныя чтенія устраивались при училищахъ), распредѣлила послѣднія по районамъ и для каждаго района назначила по одному фонарю, который долженъ былъ переходить для устройства чтеній изъ школы въ школу въ своемъ районѣ. Изъ 64 селеній, гдѣ находятся земскія училища, народныя чтенія были устроены въ 61 селеніи.

Свѣдѣнія о числѣ чтеній и слушателей ихъ доставлены были въ управу только изъ 43 селеній, въ которыхъ было 124 чтенія, и на нихъ присутствовало 22.424 слушателя. Такъ какъ послѣ очередной сессіи земскаго собранія 1887 года ноябрь и декабрь мѣсяцы употреблены были на подготовительныя работы по устройству народныхъ чтеній, то послѣднія открылись только съ начала 1888 года и происходили въ январѣ, февралѣ, мартѣ и апрѣлѣ мѣсяцахъ. Какъ показываютъ приведенныя цифры, народныя чтенія нашли для себя въ сельскомъ населеніи уѣзда благодарную почву: *на чтенія, по словамъ управы, идутъ и ѣдутъ со всѣхъ сторонъ изъ ближнихъ и дальнихъ мѣстъ*. Триста, двѣсти слушателей отмѣчается въ запискахъ о чтеніяхъ почти постоянно, даже въ будничные дни; въ нѣкоторыхъ мѣстахъ слушателей бывало до 400 и даже болѣе 500 человѣкъ.

Чтобы сдѣлать народныя чтенія, сообразно потребности въ нихъ, болѣе частыми и болѣе правильными, московское земское собраніе сессіи 1888 года ассигновало 500 рублей на пріобрѣтеніе еще 5-ти волшебныхъ фонарей и необходимаго числа туманныхъ картинъ съ брошюрами. Вмѣстѣ съ тѣмъ, собраніе разрѣшило управѣ выдавать изъ земскихъ средствъ пособія, въ половинѣ стоимости фонаря, тѣмъ лицамъ, которыя пожелаютъ остальную половину израсходовать изъ своихъ средствъ и передать пріобрѣтенный такимъ образомъ волшебный фонарь въ собственность земства.

Дѣло веденія чтеній въ Московскомъ уѣздѣ, въ силу существующихъ правилъ, всецѣло поручено заботливости священниковъ-законоучителей, отъ которыхъ, слѣдовательно, зависитъ какъ выборъ предметовъ для чтеній, такъ и назначеніе времени или числа чтеній; слѣдуетъ замѣтить, что выборъ предмета чтеній является довольно ограниченнымъ въ виду того, что въ распоряженіи земской управы имѣются только 849 картинъ, изъ которыхъ 327 иллюстрируютъ священную исторію, житія святыхъ и т. п., 292 — главнѣйшіе моменты исторіи русской, 201 — произведенія лучшихъ русскихъ писателей и назидательные разсказы и, наконецъ, 29 картинъ, по ихъ содержанію, можно отнести къ географическимъ. Чтенія духовно-нравственнаго характера ведутся самими законоучителями, чтенія же научнаго или беллетристическаго содержанія — учителями или учительницами, подъ непосредственнымъ наблюденіемъ законоучителей.

Всѣхъ чтеній въ земскихъ школахъ Московскаго уѣзда въ теченіи 1890—1891 года было 328, причемъ большинство ихъ (211) падаетъ на декабрь (60), январь (67) и февраль (84) мѣсяцы; такимъ образомъ, въ среднемъ на школу пришлось 5 чтеній, при колебаніи отъ 1 до 14. Чтобы видѣть, какъ относится мѣстное населеніе къ подобнымъ чтеніямъ, достаточно будетъ сказать, что въ среднемъ, на 1 чтеніи присутствовало 173 человѣка (извѣстно число присутствовавшихъ по 301 случаю), изъ которыхъ на долю взрослыхъ приходится 91 челов. По словамъ отчета, «къ публичнымъ чтеніямъ относятся, повидимому, съ одинаковымъ интересомъ какъ мужчины, такъ и женщины, что можно видѣть изъ того, что изъ числа 91 взрослыхъ человѣкъ, присутствовавшихъ (въ среднемъ) на 1 чтеніи, мужчинъ оказывается 49, а женщинъ — 42. Чтобы яснѣе представить себѣ, насколько значительны указанныя числа въ данномъ случаѣ, достаточно припомнить, что большинство классныхъ помѣщеній предназначается не болѣе, какъ на 60—100 человѣкъ учащихся. Поэтому является вполнѣ понятнымъ отвѣтъ преподавательницы Борисовскаго училища, которая говоритъ, что во время чтеній все помѣщеніе школы бываетъ биткомъ набито, такъ что недостаетъ воздуху дышать»[1]).

Въ Петергофскомъ уѣздѣ народныя чтенія введены по постановленію земскаго собранія отъ 24 октября 1886 года. Тогда же пріобрѣтены были волшебные фонари, коллекціи картинъ и брошюры для чтенія. Въ настоящее время народныя чтенія ведутся во всѣхъ земскихъ школахъ уѣзда. Для этого всѣ школы раздѣлены на 8 группъ, причемъ каждая группа имѣетъ свой фонарь съ коллекціей картинъ и книгъ. Чтенія происходятъ въ каждой школѣ, приблизительно, разъ въ двѣ недѣли. Въ теченіе этого времени фонарь и картины успѣваютъ обойти всѣ школы данной группы и затѣмъ возвращаются въ ту, съ которой начался обходъ. Группы мѣняются между собою картинами и брошюрами каждый годъ. О чтеніяхъ населеніе каждый разъ извѣщается чрезъ сельскихъ властей или чрезъ учениковъ. Число народныхъ чтеній въ уѣздѣ съ каждымъ годомъ растетъ. Такъ,

въ 1886—1887 г. было произнесено 124 чтенія
 » 1887—1888 »   »   173   »
 » 1888—1889 »   »   218   »

Среднимъ числомъ на каждую школу приходилось въ 1889 году около 7 чтеній, слушателей на каждомъ чтеніи бываетъ отъ 100 до 200 человѣкъ. Земство ежегодно расходуетъ на чтенія 300 рублей[2]). Въ 1889 году народныя чтенія устраивались въ 30 школахъ изъ 40, имѣющихся въ уѣздѣ.

Отчетъ училищной коммиссіи Петергофскаго уѣзда отмѣчаетъ тотъ «выдающійся» фактъ, что чтенія съ каждымъ годомъ пріобрѣтаютъ болѣе и болѣе популярности, посѣщаются усердно родителями и родственниками учениковъ, окончившими курсъ подростками и развиваютъ потребность въ чтеніи. Послѣднее доказывается увеличеніемъ требованій на книги изъ училищной библіотеки для чтенія на дому. Сдержанность слушателей, замѣ-

---

[1]) Статистическій отчетъ объ училищахъ въ 1890—1891 гг. Москва. 1891 г. стр. 20 и 21.

[2]) «Русская Школа», 1890 г. № 6, стр. 196.

вавшаяся въ первое время, постепенно уступала мѣсто живому интересу къ предмету чтеній, который выражался въ участіи весьма многихъ слушателей въ бесѣдахъ и объясненіяхъ по поводу прочитаннаго. Свѣдѣнія за 1889—1890 г. изъ того же Петергофскаго уѣзда отмѣчаютъ всѣ тѣ же отрадныя явленія: увеличеніе числа слушателей чтеній и возрастающее къ нимъ сочувствіе. Чтенія уже перестаютъ служить для посѣтителей исключительно предметомъ развлеченія: изъ нихъ стараются извлечь полезное. Такъ, въ одномъ училищѣ производились чтенія по земледѣлію и пчеловодству; хотя эти книжки читались безъ волшебнаго фонаря, но имѣли настолько большой успѣхъ, что нѣкоторые слушатели рѣшились воспользоваться совѣтами авторовъ. Спросъ на книги въ иныхъ случаяхъ доходилъ до того, что, за недостаткомъ ихъ, разбирались даже учебники [1]).

Начало народнымъ чтеніямъ въ Александрійскомъ уѣздѣ положено постановленіемъ уѣзднаго земскаго собранія, состоявшимся 12 мая 1888 года, когда собраніе открыло управѣ кредитъ въ размѣрѣ 1.000 рублей на покупку волшебныхъ фонарей, картинъ, брошюръ и др. принадлежностей народныхъ чтеній. Исполняя это постановленіе собранія, управа выписала 6 фонарей, 300 картинъ къ нимъ и значительное число экземпляровъ брошюръ для чтенія. Въ январѣ 1889 года управа пригласила въ свое помѣщеніе всѣхъ учителей и учительницъ земскихъ школъ уѣзда для ознакомленія съ устройствомъ и употребленіемъ фонарей, и затѣмъ въ земскихъ школахъ начались чтенія, для чего школы были раздѣлены на 6 группъ по числу фонарей, и фонари съ принадлежностями передавались изъ одной школы въ другую. Въ каждой школѣ въ теченіе 1889 года было произведено по нѣсколько чтеній.

Народъ встрѣтилъ это нововведеніе съ большимъ сочувствіемъ и переполнялъ аудиторіи до послѣдней степени. Случалось, что въ школьный классъ, въ которомъ съ трудомъ помѣщается обыч-

---

[1]) Циркуляръ Московскаго комитета грамотности 1892 года. Въ циркулярѣ Петергофскій уѣздъ ошибочно названъ Петербургскимъ.

ное число учащихся, набивалось до 200, 300, 400 человѣкъ слушателей. Рвеніе слушателей, ихъ жажда принять участіе въ слушаніи чтенія доходили до размѣровъ прямо грандіозныхъ. Въ селѣ Губковѣ, по описанію учительницы, во время чтенія «въ классѣ трещали окна и двери; староста, сотскій и десятскій едва сдерживали напоръ толпы, грозили «холоднoю» и зуботычинами, слышались вопли: «голубчику, пустить!» Со стѣнъ и потолка текла вода, кому дѣлалось дурно, тотъ могъ выйти лишь по головамъ толпы, какъ по полу, силъ не хватало читать, задыхались». Въ Аджатской школѣ чтенія происходили съ 10 по 17 января. На первомъ чтеніи присутствовало 180 душъ, въ томъ числѣ 100 дѣтей и 80 взрослыхъ. На второе чтеніе явилось 300 душъ— 170 дѣтей и 130 взрослыхъ, на третье—350 душъ—180 дѣтей и 170 взрослыхъ. Далѣе пришлось уже примѣнить ограничительныя мѣры: именно младшимъ дѣтямъ, присутствовавшимъ въ предшествовавшихъ чтеніяхъ, было отказано въ посѣщеніи дальнѣйшихъ чтеній. Тѣмъ не менѣе, на четвертое чтеніе собралось 375 душъ—100 старшихъ дѣтей и 275 взрослыхъ. На пятомъ чтеніи присутствовало 385 душъ и, наконецъ, на шестомъ— болѣе 400. Въ школѣ села Бакова было произведено три чтенія. На первомъ присутствовали 160 учениковъ и 150 постороннихъ, на второмъ, кромѣ означеннаго числа учениковъ, было около 300 постороннихъ, а на четвертомъ—даже болѣе 400. И то же имѣло мѣсто рѣшительно всюду. Населеніе было положительно увлечено совершенно новымъ для него явленіемъ. Для лекторовъ это была самая благодарная аудиторія. Всѣ слушали съ такимъ вниманіемъ, даже прямо сказать благоговѣніемъ, что чтенія принимали характеръ какого-то священнодѣйствія. Впечатлѣніе, произведенное на слушателей чтеніями, въ особенности благодаря сопровождавшимъ ихъ картинамъ, показаннымъ при помощи волшебнаго фонаря, было до того сильно, что они уже, конечно, никогда не забудутъ этого, столь необычайнаго въ крестьянской жизни радостнаго праздника» [1].

[1] «Педагогическая Хроника», «Русская Школа», 1890 г., № 6, стр. 194.

При этомъ всѣми было замѣчено, что въ дни народныхъ чтеній питейныя заведенія лишались своихъ многочисленныхъ кліентовъ и стояли пустыми. На этомъ основаніи уѣздная управа просила земское собраніе сессіи 1890 года поддержать начатое дѣло, въ виду того, что оно можетъ дать самые желательные результаты. Собраніе, выслушавши отчетъ управы о томъ огромномъ успѣхѣ, какой имѣли въ средѣ народа публичныя чтенія, постановило ассигновать на выписку волшебныхъ фонарей и картинъ еще 500 рублей.

Нельзя не выразить сожалѣнія по поводу того, что до сихъ поръ лишь весьма немногія земства признали необходимымъ организовать народныя чтенія для сельскаго населенія. Опытъ, произведенный этими немногими земствами, ясно показалъ, на сколько очевидна и осязательна та польза, которую приносятъ сельскому населенію публичныя народныя чтенія. Въ виду этого въ высшей степени желательно, чтобы, по возможности, всѣ наши земства послѣдовали прекрасному примѣру, поданному александрійскимъ, московскимъ и петергофскимъ земствами, тѣмъ болѣе, что организація сельскихъ народныхъ чтеній не требуетъ крупныхъ денежныхъ затратъ.

Необходимо, впрочемъ, указать при этомъ на одно весьма существенное обстоятельство, которое сильно стѣсняетъ иниціативу и дѣятельность какъ земства, такъ и частныхъ лицъ въ дѣлѣ устройства народныхъ чтеній въ селахъ и деревняхъ: это именно отсутствіе опредѣленныхъ правилъ, которыми можно было бы руководствоваться при открытіи и веденіи публичныхъ чтеній для народа въ селахъ и деревняхъ. Дѣло въ томъ, что утвержденныя 24 декабря 1876 года «Правила для устройства народныхъ чтеній» относятся исключительно только до чтеній, устраиваемыхъ въ губернскихъ городахъ и ни одного слова не говорятъ о публичныхъ чтеніяхъ для народа въ уѣздныхъ городахъ и селеніяхъ. Были случаи, когда ходатайства земствъ о разрѣшеніи устроить народныя чтенія въ селахъ и деревняхъ отклонялись и оставались безъ послѣдствій именно на томъ основаніи, что законъ разрѣшаетъ чтенія только въ губернскихъ городахъ.

Между тѣмъ народныя чтенія въ уѣздныхъ городахъ, селахъ и деревняхъ, какъ мы видѣли, существуютъ, слѣдовательно законъ допускаетъ подобныя чтенія, хотя и ставитъ при этомъ извѣстныя, весьма существенныя ограниченія и условія. Условія эти состоятъ въ томъ, что открытіе и веденіе народныхъ чтеній въ уѣздныхъ городахъ и селеніяхъ предоставляется исключительно лицамъ духовнаго сана, которыя обязаны испрашивать на это особое разрѣшеніе епархіальнаго начальства. Такимъ образомъ, при настоящихъ условіяхъ, земство лишено права и возможности самостоятельно устраивать народныя чтенія, а можетъ дѣлать это только чрезъ посредство священниковъ. Но этого мало: не только земства, но даже училищные совѣты не имѣютъ права открыть народныя чтенія въ уѣздномъ городѣ или селѣ. Но подробнѣе объ этомъ мы будемъ говорить въ слѣдующей главѣ.

Хотя въ отдѣльныхъ селеніяхъ народныя чтенія и устраиваются иногда то тѣмъ, то другимъ священникомъ, сочувствующимъ дѣлу народнаго просвѣщенія, но подобные случаи, къ сожалѣнію, слишкомъ рѣдки. Укажемъ здѣсь на одинъ изъ такихъ случаевъ. Священникъ слободы Россоши, Воронежской губерніи, устроилъ недавно въ своемъ селѣ народныя чтенія съ туманными картинами. Съ цѣлью собрать средства, необходимыя на покупку волшебнаго фонаря и другія приспособленія, онъ обратился съ особымъ воззваніемъ ко всѣмъ лицамъ, сочувствующимъ устройству народныхъ чтеній. Эпиграфомъ къ этому воззванію онъ взялъ извѣстное евангельское изреченіе: «не о хлѣбѣ единомъ живъ человѣкъ, но и о всякомъ глаголѣ, исходящемъ изъ устъ Божіихъ». «Человѣкъ,—говорится далѣе въ воззваніи,—имѣетъ естественную потребность время отъ времени отвлекаться отъ житейскихъ заботъ и находить развлеченіе—отдыхъ. Съ цѣлью удовлетворенія этой потребности въ нашей мѣстности, гдѣ для народа нѣтъ развлеченій, я остановился на мысли учредить въ слободѣ Россоши чтенія книгъ религіозно-нравственнаго и свѣтскаго содержанія при пособіи волшебнаго фонаря съ свѣтовыми картинами. Хлопоты и трудъ по организаціи и веденію этого дѣла я беру на себя, васъ же прошу помочь мнѣ пріобрѣтеніемъ фонаря и другихъ принадлежностей».

Число отдѣльныхъ селеній, въ которыхъ происходятъ въ настоящее время народныя чтенія, крайне ограничено, вѣрнѣе говоря, совершенно ничтожно. Въ селѣ *Починкахъ*, Нижегородской губерніи, въ 1893 году открыты при земской школѣ народныя чтенія, по иниціативѣ смотрителя мѣстнаго духовнаго училища. Чтенія ведутся учителями какъ духовнаго училища, такъ и земской школы. Организаторы чтеній озабочены пріобрѣтеніемъ волшебнаго фонаря и для этой цѣли открыли подписку.

Въ селѣ *Пришибѣ*, Енотаевскаго уѣзда, Астраханской губерніи, народныя чтенія открыты въ 1888 году, при непосредственномъ содѣйствіи астраханской коммиссіи по устройству народныхъ чтеній.

Въ послѣднее время въ нѣкоторыхъ мѣстностяхъ, подъ вліяніемъ пережитыхъ эпидемій, главнымъ образомъ холеры, возникъ новый типъ народныхъ чтеній—медицинскія бесѣды врачей съ народомъ. Мысль о настоятельной необходимости подобнаго рода бесѣдъ, между прочимъ, высказана была извѣстнымъ земскимъ врачемъ г. Моллесономъ и затѣмъ поддержана въ спеціальной печати многими другими врачами. Докторъ Воскресенскій, указывая въ газетѣ «Врачъ» крайнюю необходимость устройства медицинскихъ бесѣдъ въ селахъ и деревняхъ, между прочимъ, писалъ, что «всякій истинно-земскій врачъ, близко соприкасавшійся съ народомъ, поработавшій въ деревнѣ 5—10 лѣтъ, хорошо узнавшій ея врачебныя потребности и нужды, выноситъ убѣжденіе, что отсутствіе элементарныхъ медицинскихъ и гигіеническихъ знаній у народа составляетъ одну изъ самыхъ главныхъ причинъ ненормально большой болѣзненности» среди крестьянъ. Мысль о пользѣ и необходимости медицинскихъ бесѣдъ съ народомъ была поддержана также многими съѣздами врачей, какъ напримѣръ, симбирскимъ, саратовскимъ и т. д.

Къ сожалѣнію, подобныя «бесѣды» до сихъ поръ устраивались лишь въ очень немногихъ мѣстностяхъ. Недавно «Саратовскій Дневникъ» сообщилъ, что въ селѣ Базарный Карбулакъ земский врачъ г. Милославскій сдѣлалъ первый въ той мѣстности опытъ такого собесѣдованія съ народомъ. Бесѣда имѣла большой успѣхъ, «слушатели остались очень довольны и благодарили г. Милославскаго, прося его продолжать бесѣды». Вслѣдъ за этимъ чтеніе было повторено въ селѣ Алексѣевкѣ также съ полнымъ успѣхомъ.

Въ 1893 году, въ предмѣстьѣ Нижняго-Новгорода, Кунавинѣ врачъ г. Золотницкій прочелъ нѣсколько популярныхъ лекцій о заразныхъ болѣзняхъ вообще и о холерѣ въ частности. «Лекціи» эти были приспособлены для народной аудиторіи, посѣщаемой исключительно рабочимъ людомъ, который съ большимъ интересомъ прослушалъ эти чтенія. Подобныя бесѣды, чтенія и лекціи легко могли бы привиться и принести огромную пользу населенію селъ и деревень, еслибъ разрѣшеніе на ихъ устройство и открытіе не было обставлено разными затрудненіями и препятствіями, преодолѣвать которыя часто бываетъ совершенно не подъ силу для лицъ, берущихся за устройство этихъ чтеній.

Кромѣ публичныхъ чтеній и медицинскихъ бесѣдъ, въ послѣднее время кое-гдѣ въ селахъ и деревняхъ дѣлаются попытки устройства *литературныхъ вечеровъ*. Такъ, напримѣръ, въ селѣ *Елховкѣ*, Самарскаго уѣзда, по иниціативѣ мѣстныхъ учителей и учительницъ, былъ устроенъ такой литературный вечеръ для мѣстныхъ крестьянъ. Вечеръ этотъ состоялъ изъ пѣнія и чтенія произведеній Пушкина, Некрасова, Тургенева и другихъ нашихъ лучшихъ писателей, кромѣ того была прочитана краткая исторія Петра Великаго. Чтеніе сопровождалось туманными картинами. Въ исполненіи принимали участіе ученики земскихъ школъ, учителя, а также постороннія лица изъ мѣстной интеллигенціи. Посѣтителей собралось до 500 человѣкъ; многіе пріѣхали изъ сосѣднихъ селеній. Слушатели были въ восторгѣ и вынесли самое отрадное впечатлѣніе отъ всего, что имъ пришлось видѣть и слышать; вечеръ этотъ надолго останется въ памяти крестьянъ, какъ рѣдкое свѣтлое явленіе на фонѣ сѣрой, обыденной жизни, среди вѣчныхъ заботъ и тяжелыхъ трудовъ изо дня въ день.

Въ не-земскихъ губерніяхъ народныя чтенія въ селахъ можно встрѣтить при нѣкоторыхъ училищахъ Минской, Витебской и Могилевской губерній; здѣсь этими чтеніями руководитъ исключительно сельское православное духовенство. Къ сожалѣнію, въ печати,— сколько намъ извѣстно,— не появлялось болѣе или менѣе подробныхъ свѣдѣній о положеніи народныхъ чтеній въ этихъ губерніяхъ; намъ неизвѣстно даже, изъ какихъ источниковъ покрываются расходы по устройству чтеній въ этихъ мѣстностяхъ.

До сихъ поръ мы видѣли, что народныя чтенія всюду, гдѣ только они возникали, всегда устраивались по иниціативѣ интеллигенціи, т.-е. образованнаго класса русскаго общества; въ виду этого для насъ будетъ весьма, конечно, интересно познакомиться съ чтеніями, которыя устроялись по почину самихъ крестьянъ. О такого рода чтеніяхъ, возникшихъ въ деревнѣ Тюлено, Смоленской губерніи, недавно сообщилъ въ «Смоленскомъ Вѣстникѣ» г. Ровинскій. Изъ свѣдѣній, сообщаемыхъ г. Ровинскимъ, оказывается, что устроенныя въ деревнѣ Тюленѣ чтенія не только вполнѣ привились и упрочились, но даже успѣли уже оказать самое благотворное вліяніе на весь складъ и характеръ жизни этой деревни.

Въ деревнѣ Тюленѣ считается 125 душъ мужского пола; еще недавно жители этой деревни отличались крайней бѣдностью; грамотные между ними составляли рѣдкое исключеніе. Но за то дѣла кабака процвѣтали какъ нельзя лучше; пьянство служило самымъ обычнымъ и самымъ любимымъ времяпрепровожденіемъ для тюленцевъ. При каждомъ удобномъ и неудобномъ случаѣ, «міръ» устраивалъ общественныя попойки, на которыхъ жадные до водки тюленцы старались перепить другъ друга. За подобными попойками слѣдовали, разумѣется, неизбѣжныя ссоры, драки, скандалы всякаго рода. Грубость тюленскихъ крестьянъ вошла въ поговорку среди мѣстнаго населенія.

Но если вы посѣтите деревню Тюлено теперь, то, по увѣренію г. Ровинскаго, вы не встрѣтите въ ней ничего подобнаго только что описанному. Напротивъ, теперь васъ невольно поразитъ совершенно иная, противоположная картина жизни и нравов обитателей этой деревни. И это замѣчательное обновленiе жизни и нравовъ совершилось благодаря влiянiю чтенiя, благодаря тому, что въ темную среду тюленцевъ проникли хорошiя, полезныя книги, которыя усердно читались ими и комментировались людьми, вышедшими изъ ихъ же среды. Дѣло происходило такъ.

Въ Москвѣ, на фабрикѣ Альберта Гюбнера, среди рабочихъ жили, между прочимъ, молодые крестьяне изъ деревни Тюленева Иванъ Филатовъ и Яковъ Романовъ. При фабрикѣ была устроена школа, въ которой оба эти крестьянина обучались грамотѣ и изъ которой они вынесли любовь къ чтенiю. Мало-по-малу Филатовъ и Романовъ настолько пристрастились къ чтенiю, что начали всѣ свои свободныя деньги тратить на покупку книгъ. Явившись къ себѣ въ деревню, Филатовъ предложилъ своимъ односельчанамъ, вмѣсто пирушекъ въ кабакѣ, собираться къ нему для чтенiя книгъ и газетъ и для бесѣдъ о прочитанномъ. Крестьяне приняли это предложенiе и такимъ образомъ въ Тюленевѣ начались чтенiя и такъ сказать, литературныя бесѣды, которыя имѣли огромный успѣхъ. Вскорѣ мiръ составилъ общественный приговоръ, которымъ онъ опредѣлилъ: 1) «деньги, вырученныя отъ сдачи мiрскихъ оброчныхъ статей, употреблять на выписку улучшенныхъ сѣмянъ озимыхъ и яровыхъ хлѣбовъ, кормовыхъ травъ и масличныхъ растенiй, а также на выписку полезныхъ книгъ для чтенiя въ деревенской читальной избѣ; 2) воскресные и праздничные дни собираться въ общественную избу и проводить время въ слушанiи чтенiя священнаго писанiя и книгъ религiозно-нравственнаго содержанiя, а также бесѣдъ о сельскомъ хозяйствѣ, озаботиться прiобрѣтенiемъ для чтенiя газеты «Сельскiй Вѣстникъ» и книжекъ для народнаго чтенiя; 3) въ зимнiе вечера собираться на посѣдки и проводить время въ разговорахъ или чтенiи и обсуждать вопросы объ улучшенiи крестьянскаго хозяйства и пользованiи общественной землей».

Чтенiя устраиваются въ зимнее время каждый вечеръ, а въ лѣтнее—по воскресеньямъ и праздничнымъ днямъ. Въ теченiи зимы, начиная съ половины ноября и до Пасхи, чтенія происходятъ въ особой избѣ, которая для этой цѣли снимается міромъ у одинокаго крестьянина. Къ сожалѣнію, общественная изба, въ которой происходятъ эти чтенія, можетъ вмѣстить не болѣе сорока человѣкъ; поэтому, вслѣдствіе тѣсноты помѣщенія, на чтеніи присутствуютъ только мужчины. Каждый день собираются всѣ домохозяева, находящіеся на лицо въ деревнѣ, а также молодые парни-подростки. Въ остальное время года чтенія происходятъ только въ праздники и воскресные дни, большею частью подъ открытымъ небомъ; въ это время на чтеніяхъ присутствуютъ всѣ жители деревни, не исключая женщинъ.

На этихъ собраніяхъ читаются книги духовнаго и свѣтскаго содержанія, а также газеты. Книги крестьяне берутъ изъ церковной библіотеки въ селѣ Васильевскомъ, изъ библіотеки земскаго училища въ селѣ Баскаковѣ, а газеты—изъ баскаковскаго волостного правленія. Но, кромѣ того, почти у каждаго изъ крестьянъ имѣются книги, которыя покупаются въ Москвѣ или у офеней-книгоношъ. Чтеніемъ руководитъ Яковъ Романовъ и двое другихъ крестьянъ изъ числа болѣе начитанныхъ. Самое чтеніе сопровождается объясненіями темныхъ, непонятныхъ мѣстъ; за чтеніемъ обыкновенно слѣдуютъ общія бесѣды и толки по поводу прочитаннаго. Въ прошломъ 1892 году, тюленевцы, по совѣту г. Ровинскаго, рѣшили устроить у себя по приговору общественную библіотеку. Еще ранѣе въ Тюленѣ, по иниціативѣ Романова, была открыта школа грамотности, въ которой мальчики и дѣвочки обучаются за 2 рубля въ годъ.

Прежде грамотныхъ въ селѣ Тюленѣ насчитывалось только нѣсколько человѣкъ, а теперь почти всѣ тюленскіе крестьяне грамотны; неграмотны только старики и три женщины. Благосостояніе тюленскихъ крестьянъ въ настоящее время сильно поднялось; поля прекрасно удобряются и обрабатываются плугами, почему урожаи хлѣба стали замѣтно лучше, многіе изъ крестьянъ начали разводить садики. Отъ прежняго пьянства нѣтъ и слѣда; прекратились общественныя попойки, а вмѣстѣ съ ними и разныя уличныя безобразія. Праздничные и свободные отъ работы дни проводятся чинно, причемъ главнымъ развлеченіемъ для крестьянъ является чтеніе книгъ и газетъ; дѣвушки также собираются вмѣстѣ и, кромѣ чтенія книгъ, занимаются пѣніемъ, между ними оказались прекрасные голоса. Прежняя грубость также исчезла: теперь въ обхожденіи между собою и съ посторонними тюленевцы какъ нельзя болѣе вѣжливы...

Такъ вотъ какимъ путемъ достигнуто то «обновленіе деревни», то оздоровленіе крестьянства, о которомъ такъ много толкуютъ въ извѣстныхъ органахъ печати и которое составляетъ предметъ усиленныхъ заботъ административныхъ и иныхъ сферъ. Какъ видно, въ этой области можно и легко, и быстро достигнуть весьма вполнѣ благопріятныхъ, но даже, можно сказать, блестящихъ, поразительныхъ результатовъ, совсѣмъ не прибѣгая къ тѣмъ чрезвычайнымъ средствамъ, въ родѣ «твердой власти», «крѣпкой руки» и т. п., которыя столь настойчиво рекомендуются извѣстными органами печати.

Факты, вродѣ только-что приведеннаго нами должны имѣть, по нашему мнѣнію, огромное поучительное и руководящее значеніе, такъ какъ они ясно и опредѣленно указываютъ тѣ средства, тотъ путь, которымъ должны идти правительство и общество для достиженія желательной для всѣхъ цѣли.

IX.

Общіе выводы и замѣчанія.

Въ заключеніе выскажемъ нѣсколько общихъ замѣчаній о положеніи у насъ дѣла народныхъ чтеній, о причинахъ, которыя, по нашему мнѣнію, главнымъ образомъ, препятствуютъ болѣе успѣшному и быстрому развитію ихъ и благодаря которымъ эти чтенія не приносятъ той пользы, которой общество въ правѣ ожидать отъ нихъ.

Публичныя народныя чтенія—дѣло у насъ, въ Россіи, еще совсѣмъ новое, получившее начало въ столицахъ около двадцати лѣтъ тому назадъ; что же касается губернскихъ городовъ, то,— какъ мы видѣли,—народныя чтенія лишь въ весьма немногихъ изъ нихъ (Астрахань, Кіевъ, Ярославль) пережили первое десятилѣтіе своего существованія. Въ большей же части остальныхъ городовъ народныя чтенія возникли въ половинѣ и концѣ восьмидесятыхъ годовъ и въ первые годы настоящаго десятилѣтія.

Публичныя чтенія, устраиваемыя для народа въ городахъ и селеніяхъ, имѣютъ двѣ цѣли: во-первыхъ, сообщеніе народу элементарныхъ свѣдѣній по главнѣйшимъ отраслямъ знаній, а во-вторыхъ, доставленіе посѣтителямъ эстетическаго наслажденія, предоставленіе народу возможности съ пользой и удовольствіемъ провести досугъ праздничныхъ и воскресныхъ дней. Для этой послѣдней цѣли служатъ чтенія литературнаго характера, главнымъ образомъ произведенія русскихъ классиковъ, а также исполненіе музыкальныхъ пьесъ и, наконецъ, постановка туманныхъ и живыхъ картинъ.

Всѣми и безусловно признается, что отдыхъ составляетъ неотъемлемое право и въ то же время насущную потребность каждаго трудящагося человѣка. Нашъ крестьянинъ, фабричный рабочій или мастеровой пользуется свободнымъ временемъ для отдыха только въ праздникъ. Въ будни онъ работаетъ, какъ волъ, съ ранней зари и до поздняго вечера, съ двухчасовой передышкой во время обѣда. Послѣ тяжелой, исключительно физической работы отдыхъ и потребность въ развлеченіи являются особенно необходимы. Но всѣ мы знаемъ также, какія развлеченія доступны теперь нашему крестьянину, нашему рабочему. Въ деревнѣ—кабакъ или, вѣрнѣе говоря — водка — свиуха, «кулачки», т.-е. кулачные бои, игра въ орлянку и «въ трилистникъ». Въ городѣ — трактиры, портерныя, веселые дома. Нужно-ли говорить о томъ, какой ядъ, какую деморализацію вносятъ въ нравы и привычки народа подобныя «развлеченія», развивающія самые грубые, низменные инстинкты, страсть къ азарту, пьянство, развратъ?..

Вотъ здѣсь-то народныя чтенія, правильно и широко организованныя, и могли бы явиться могучимъ противовѣсомъ всѣмъ этимъ вреднымъ вліяніямъ, могли бы оказать огромную услугу дѣлу нравственнаго, этическаго развитія народа, укрѣпленію въ немъ добрыхъ чувствъ и привычекъ, и внесенію въ его среду знаній, всего болѣе полезныхъ и необходимыхъ въ его быту. Къ сожалѣнію, въ настоящемъ своемъ положеніи наши народныя чтенія далеко не приносятъ той пользы, какую они могли бы приносить, если бы были поставлены въ другія, болѣе благопріятныя условія для ихъ дѣятельности.

Въ матеріальномъ отношеніи публичныя народныя чтенія обставлены у насъ самымъ печальнымъ образомъ: въ огромномъ большинствѣ городовъ они не имѣютъ ни опредѣленныхъ средствъ содержанія, ни собственныхъ помѣщеній, сколько-нибудь приспособленныхъ для народной аудиторіи*). Вслѣдствіе этого народныя чтенія нерѣдко принуждены ютиться въ сырыхъ и холодныхъ манежахъ, въ грязныхъ ночлежныхъ домахъ и даже попросту—въ сараяхъ. Городскія думы и земскія собранія до сихъ поръ не обращаютъ должнаго вниманія на дѣло публичныхъ народныхъ чтеній и по большей части ограничиваютъ свое участіе въ этомъ дѣлѣ лишь самымъ мизернымъ, грошовымъ пособіемъ, а нѣкоторыя даже и въ этомъ отказываютъ, какъ сдѣлало, напримѣръ, нѣсколько лѣтъ тому назадъ, костромское земство.

Отраднымъ исключеніемъ изъ этого правила являются лишь городскія управленія Одессы и Астрахани, изъ которыхъ каждое ежегодно ассигнуетъ на устройство народныхъ чтеній по 1.000 рублей. Затѣмъ городскія управленія Ярославля, Самары и Нижняго-Новгорода расходуютъ на устройство народныхъ чтеній по 300 рублей въ годъ; ту же сумму ассигнуетъ тверское губернское земство на веденіе народныхъ чтеній въ г. Твери. Саратовъ, который кичится своей интеллигентностью и претендуетъ

---

*) Особыя, спеціально для народныхъ чтеній построенныя зданія до сихъ поръ существуютъ лишь въ *трехъ* городахъ Россіи: въ Одессѣ, Ярославлѣ и Тамбовѣ.

на званіе «столицы Поволжья», тратитъ лишь 150 рублей на публичныя чтенія для народа. Наконецъ, такіе крупные и богатые города, какъ Тифлисъ, Казань и Кіевъ, ничего не даютъ на устройство народныхъ чтеній.

Народныя чтенія поставлены у насъ въ черезчуръ тѣсныя рамки; какъ открытіе чтеній, такъ и существованіе ихъ обставлено множествомъ всякаго рода формальностей, сильно стѣсняющихъ дѣятельность тѣхъ учрежденій и отдѣльныхъ лицъ, которыя отдаютъ свои силы и время на устройство и веденіе публичныхъ чтеній для народа.

Извѣстныя, утвержденныя «Правила», въ которыхъ точно указанъ порядокъ открытія народныхъ чтеній, относятся только до чтеній, устраиваемыхъ въ губернскихъ городахъ; что же касается до публичныхъ чтеній въ уѣздныхъ городахъ и селеніяхъ, то на этотъ счетъ у насъ до сихъ поръ нѣтъ сколько-нибудь точныхъ и опредѣленныхъ правилъ, которыми бы могли руководствоваться, съ одной стороны, лица, взявшія на себя устройство чтеній, а съ другой—лица, на которыхъ возложенъ надзоръ за этими чтеніями. Въ силу § 6-го «Правилъ объ уѣздныхъ отдѣленіяхъ епархіальныхъ училищныхъ совѣтовъ», въ кругъ дѣятельности этихъ отдѣленій, между прочимъ, входитъ «содѣйствіе къ устройству чтеній для народа, подъ *руководствомъ приходскихъ священниковъ*, въ школьныхъ помѣщеніяхъ». На этомъ основаніи народныя чтенія, устраиваемыя въ уѣздныхъ городахъ и селеніяхъ, въ настоящее время всецѣло подчинены мѣстному духовенству.

Лица, желающія устроить народныя чтенія въ уѣздномъ городѣ или въ селѣ, обязаны подать прошеніе объ этомъ мѣстному священнику, который, въ свою очередь, испрашиваетъ у архіерея разрѣшеніе на открытіе народныхъ чтеній. Въ прошеніи необходимо указать всѣхъ тѣхъ лицъ, которыя изъявили согласіе быть лекторами на этихъ чтеніяхъ. Иногда разрѣшеніе архіерея получается довольно скоро, но весьма часто дѣло затягивается на долгое время, возникаетъ продолжительная переписка.

Намъ извѣстны случаи, когда архіерей изъ представленнаго къ нему списка лекторовъ утверждалъ только лицъ духовнаго вѣдомства, относительно же участія въ чтеніяхъ свѣтскихъ лицъ предлагалъ обратиться за разрѣшеніемъ къ мѣстному губернатору. Съ своей стороны губернаторъ, прежде чѣмъ дать разрѣшеніе, считаетъ долгомъ собрать подробныя справки чрезъ мѣстную полицію о каждомъ изъ лицъ, значащихся въ спискѣ лекторовъ. Въ подобной перепискѣ нерѣдко проходятъ не только цѣлые мѣсяцы, но даже *годы*.

Такъ, въ Николаевѣ гласный думы г. Андреевскій въ 1881 году возбудилъ вопросъ объ устройствѣ народныхъ чтеній въ этомъ городѣ. Разумѣется, началась обычная въ этихъ случаяхъ переписка, которая продолжалась ни болѣе, ни менѣе, какъ *цѣлыхъ шесть лѣтъ*, прежде чѣмъ народныя чтенія были, наконецъ, открыты... И такъ, цѣлыя шесть лѣтъ нужно было хлопотать, просить, отписываться, ходатайствовать—только о томъ, чтобы имѣть возможность публично прочесть нѣсколько десятковъ невинныхъ брошюрокъ! Понятно, что подобныя препятствія, затрудненія и проволочки неизбѣжно должны дѣйствовать самымъ охлаждающимъ образомъ на иниціаторовъ чтеній, и дѣйствительно нерѣдко отнимаютъ у нихъ всякую охоту, всякое желаніе поработать на пользу народнаго просвѣщенія и развитія.

Читать въ народной аудиторіи можно только то, что одобрено для этой цѣли ученымъ комитетомъ при министерствѣ народнаго просвѣщенія. Число же чтеній, дозволенныхъ для произнесенія въ народныхъ аудиторіяхъ, *крайне ограничено*. Чтобы убѣдиться въ этомъ, слѣдуетъ взять «Каталогъ книгъ для употребленія въ низшихъ училищахъ министерства народнаго просвѣщенія» и просмотрѣть IV-й отдѣлъ каталога, въ которомъ перечислены всѣ книги, разрѣшенныя для публичныхъ народныхъ чтеній. Въ этомъ отдѣлѣ значится:

Книгъ духовнаго содержанія 38
» историческаго и географическаго содержанія. 46
Біографій 7

Литературнаго содержанія 24
Естествовѣдѣніе. 15
Разнаго содержанія 11
Всего же . 141

или, точнѣе говоря, 140 тощенькихъ брошюрокъ.

Помимо этихъ 140 брошюрокъ, вы не можете прочесть въ народной аудиторіи ни одной строчки. Если для столицъ и университетскихъ городовъ въ этомъ отношеніи дѣлаются кое-какія исключенія, то для обыкновенныхъ провинціальныхъ городовъ, а тѣмъ болѣе для селъ, не допускается никакихъ послабленій. Насколько строго соблюдается это правило, показываетъ, между прочимъ, слѣдующій случай, бывшій въ городѣ Ригѣ въ 1893 году и сообщенный недавно газетами.

Одинъ чиновникъ особыхъ порученій при мѣстномъ губернаторѣ обратился къ попечителю рижскаго учебнаго округа съ просьбой дозволить ему, какъ члену мѣстной коммиссіи для устройства народныхъ чтеній, прочесть въ обыкновенномъ помѣщеніи этихъ чтеній статью врача Мендельсона: «Что такое зараза», помѣщенную въ № 33 «Сельскаго Вѣстника» за 1892 г. «Сельскій Вѣстникъ»—изданіе правительственное, выходитъ при «Правительственномъ Вѣстникѣ», выписывается обязательно и безплатно всѣми волостными правленіями Россійской Имперіи. И вотъ статью, помѣщенную въ такомъ изданіи, вознамѣрился, въ виду приближенія холеры, прочесть для народа чиновникъ особыхъ порученій при мѣстномъ губернаторѣ… Что же вы думаете? Отношеніемъ отъ 19-го февраля 1893 года за № 1121, канцелярія попечителя увѣдомила просителя, что его превосходительство не нашелъ возможнымъ разрѣшить прочесть эту статью для народа, «такъ какъ къ публичному прочтенію народу, на основаніи § 5 Высочайше утвержденныхъ 24 декабря 1876 г. правилъ для устройства народныхъ чтеній въ губернскихъ городахъ, допускаются только сочиненія, одобренныя для этой цѣли ученымъ комитетомъ министерства народнаго просвѣщенія, въ числѣ которыхъ не значится упомянутой статьи доктора медицины Мендельсона». Напрасно проситель указывалъ на то обстоятельство, что онъ именно потому и обратился къ попечителю за разрѣшеніемъ, что эта статья не помѣщена въ спискѣ 1876 г., иначе бы онъ прочелъ ее, не спрашивая ни у кого разрѣшенія, напрасно правителю попечителя г. В—еву высказывалось въ частномъ разговорѣ, что списокъ 1876 г. исключилъ изъ числа дозволенныхъ къ чтенію только тѣ сочиненія, которыя появились не позже 1876 года, вслѣдствіе чего статья, появившаяся въ 1892 г., не можетъ считаться какъ бы «отреченной» только потому, что она въ этомъ спискѣ «не значится»... Ничто не помогло: статья доктора Мендельсона, помѣщенная въ правительственномъ изданіи, спеціально назначенномъ для распространенія въ народѣ, такъ и не была разрѣшена для прочтенія въ народной аудиторіи.

Чтобы судить о томъ, насколько бѣденъ выборъ изданій, разрѣшенныхъ для народныхъ чтеній, просмотримъ списокъ книгъ литературнаго содержанія. Въ этомъ спискѣ всего только 24 названія, въ числѣ которыхъ находимъ: три разсказа Сѣтковой, три разсказа Желиховской, по одному разсказу: Ковалевской, Борщевскаго, Боголюбова, Куликова, Лаппа, С. Потѣхина, Смирнова, Супонева, Филонова, а также нѣсколько разсказовъ анонимныхъ авторовъ. Изъ произведеній же нашихъ лучшихъ писателей, мы встрѣчаемъ въ этомъ спискѣ лишь одну повѣсть Гоголя («Тарасъ Бульба»), одну сказку Жуковскаго (о Иванѣ царевичѣ и сѣромъ волкѣ) и двѣ вещи Пушкина: «Полтава» и «Капитанская дочка». При этомъ слѣдуетъ замѣтить, что «Тарасъ Бульба» и «Капитанская дочка», какъ сказано въ каталогѣ, «сокращены и приспособлены для чтенія въ народныхъ аудиторіяхъ», а «Полтава» напечатана «въ сокращеніи и пересказѣ». Затѣмъ, ни Лермонтовъ, ни Тургеневъ, ни Толстой, ни Григоровичъ, ни Достоевскій, ни Некрасовъ не удостоились попасть въ этотъ списокъ. Я уже не говорю объ отсутствіи такихъ писателей, какъ Щедринъ, Лѣсковъ, Успенскій, Гаршинъ, Короленко. Но что особенно поразительно, такъ это то, что въ спискѣ нѣтъ ни одного стихотворенія Кольцова, ни одной басни Крылова, ни одного произведенія Алексѣя

Толстого, Плещеева, Майкова, Полонскаго... Все это, конечно, болѣе чѣмъ странно, и даже можно прямо сказать непостижимо. Невольно возникаетъ вопросъ: почему г-жамъ Сытковой и Желиховской отдано предпочтеніе предъ лучшими нашими писателями, составляющими гордость и славу русской земли? Неужели въ числѣ произведеній нашихъ знаменитыхъ писателей, геній которыхъ признанъ всѣмъ образованнымъ міромъ, не нашлось ничего такого, что можно было бы признать вполнѣ благонамѣреннымъ и что могло бы занять мѣсто въ спискѣ рядомъ съ сочиненіями г-жи Желиховской или г. Супонева?

Точно также до крайности бѣдны и всѣ остальные отдѣлы книгъ, разрѣшенныхъ для народнаго чтенія. Отдѣлы же медицинскихъ и юридическихъ книгъ совсѣмъ отсутствуютъ въ спискѣ. Такимъ образомъ, ни по гигіенѣ, ни по санитарнымъ вопросамъ, столь важнымъ въ крестьянскомъ быту, нѣтъ ни одного чтенія. Это тѣмъ болѣе странно, что едва-ли можетъ быть объяснено неимѣніемъ подходящихъ чтеній, такъ какъ составленіемъ популярныхъ брошюръ по гигіеническимъ и санитарнымъ вопросамъ усердно занимаются, какъ мы видѣли, многіе врачи изъ числа членовъ провинціальныхъ коммиссій по устройству народныхъ чтеній. Такъ, напримѣръ, членами саратовскаго санитарнаго Общества врачей давно уже составленъ цѣлый рядъ чтеній по санитарнымъ и гигіеническимъ вопросамъ; чтенія эти давно уже «представлены куда слѣдуетъ, но до сего времени не получено разрѣшенія на прочтеніе ихъ». Точно также мы не находимъ въ каталогѣ чтеній медицинскаго характера, составленныхъ кіевскими врачами, членами мѣстной коммиссіи по устройству народныхъ чтеній.

Внесенныя же въ каталогъ чтенія, взятыя вмѣстѣ, представляютъ собою рядъ обрывковъ, рѣшительно ничѣмъ между собою не связанныхъ. Ни по одной отрасли знаній нельзя указать сколько-нибудь законченныхъ серій, ни по исторіи, ни по естествознанію, ни по другимъ отдѣламъ; все это въ высшей степени случайно, отрывочно, безъ всякихъ признаковъ какой-нибудь системы или даже простой послѣдовательности.

Поэтому, лектору по необходимости приходится перескакивать отъ одного предмета къ другому: отъ Петра Великаго къ дезинфекціи, отъ дезинфекціи къ солнечному затменію, отъ солнечнаго затменія—къ Ломоносову и т. д.

По необходимости также приходится часто повторять одни и тѣже чтенія; слушатели, усердно посѣщающіе народную аудиторію, скоро усваиваютъ содержаніе произносимыхъ чтеній и, не встрѣчая ничего новаго, мало-по-малу утрачиваютъ интересъ къ чтеніямъ. Какая-нибудь сказка Жуковскаго, стихотвореніе Пушкина и т. п. произведенія при частомъ повтореніи запоминаются очень легко, такъ что многіе посѣтители заучиваютъ ихъ наизусть и намъ лично нерѣдко приходилось слышать, какъ во время чтенія этихъ произведеній слушатели начинали хоромъ подсказывать лектору и даже забѣгали впередъ. Видно было, что они давно уже и какъ нельзя лучше заучили эти стихотворенія.

— Опять то же!—съ грустью заявляютъ слушатели въ такихъ случаяхъ,—мы это ужъ и такъ давно вытвердили!—Болѣе же нетерпѣливые слушатели нерѣдко покидаютъ аудиторію въ самомъ началѣ чтенія, которое давнымъ давно стало извѣстно имъ.

Въ доказательство высказанной нами выше мысли о тѣхъ затрудненіяхъ, которыя то и дѣло приходится испытывать устроителямъ чтеній, приведемъ нѣсколько случаевъ изъ числа сообщенныхъ печатью въ самое недавнее время. Въ одномъ изъ уѣздовъ Нижегородской губерніи были организованы воскресныя чтенія для народа. Въ началѣ все шло благополучно: нашли помѣщеніе, выписали свѣтовыя картины и, наконецъ, назначили день открытія чтеній. Лекторъ для перваго чтенія избралъ «Кавказскаго Плѣнника», одобреннаго цензурой и разрѣшеннаго для народныхъ чтеній по всей Россіи. Но вдругъ встрѣтилось совершенно неожиданное препятствіе. Благочинный, наблюдающій за чтеніями, не разрѣшилъ читать на томъ основаніи, что въ имѣющемся у него спискѣ разрѣшенныхъ книгъ изданіе «Кавказскаго Плѣнника» было помѣчено 1870-мъ годомъ, у лектора же было изданіе 1872 года.

И подобныхъ примѣровъ можно было бы привести очень много. Вотъ, напримѣръ, что разсказываетъ В. О. Португаловъ, принимающій участіе въ устройствѣ народныхъ чтеній въ г. Самарѣ. "Разсказъ Тургенева «Муму» значится въ спискѣ разрѣшенныхъ къ чтенію [1]), выписываемъ его отъ Феню, получаемъ, но директоръ народныхъ училищъ не разрѣшаетъ, потому что это не то изданіе... Зачѣмъ же Феню высылаетъ не то изданіе?.. Затѣмъ желаетъ кружокъ прочесть «Чай и его польза» Рейнбота, но директоръ опять не разрѣшаетъ, такъ какъ есть брошюра того же Рейнбота: «Чай и откуда онъ идетъ», а два дня спустя получается разрѣшеніе читать и этотъ «Чай» Рейнбота. По всей вѣроятности, это одна и та же брошюра. Назначается къ чтенію брошюра Филонова «Дѣдушка Крыловъ», и лекторъ, вмѣсто того, чтобы строго держаться текста, прочитываетъ двѣ басни Крылова не въ сокращенномъ видѣ, а цѣликомъ изъ полнаго собранія басенъ. Простое недоразумѣніе, но кружку нахлобучка. А бываютъ условія, при которыхъ даже такія строгости почти желательны, потому что служатъ кружку нѣкоторой охраной (отъ окончательной катастрофы). Въ крупныхъ центрахъ теперь множество добровольцевъ-доносчиковъ. Иной воспользуется такимъ вздорнымъ недоразумѣніемъ, донесетъ и... могутъ прикрыть чтенія...» [2]).

Крайній недостатокъ въ выборѣ книгъ для народнаго чтенія ставитъ въ самое затруднительное, почти безвыходное положеніе провинціальныя коммиссіи по устройству публичныхъ чтеній для народа. Большинство разрѣшенныхъ книгъ уже прочитано по нѣсколько разъ и болѣе читать становится нечего. Въ виду этого коммиссіи вынуждены возбуждать ходатайства о расширеніи программъ народныхъ чтеній. Такъ, напримѣръ, астраханская коммиссія въ 1892 году обратилась къ попечителю казанскаго учебнаго округа съ просьбой дозволить читать въ народ-

---

[1] Вѣрнѣе сказать—значился, такъ какъ въ болѣе позднемъ спискѣ 1891 года, этого разсказа уже нѣтъ.

[2] "Русская Жизнь", 1893 г., "Народныя чтенія" В. Португалова.

ныхъ аудиторіяхъ нѣкоторыя книги, включенныя во II отдѣлъ каталога министерства народнаго просвѣщенія.

Въ мартѣ мѣсяцѣ 1893 года орловскій комитетъ народныхъ чтеній также постановилъ обратиться съ ходатайствомъ въ подлежащія сферы о расширеніи программы народныхъ чтеній, въ смыслѣ дозволенія большаго выбора книгъ — для произнесенія въ народныхъ аудиторіяхъ. При этомъ была избрана особая коммиссія для составленія списка книгъ, который долженъ быть представленъ вмѣстѣ съ ходатайствомъ. Сколько намъ извѣстно, о судьбѣ этого ходатайства, до сихъ поръ извѣстій въ печати не появлялось. Но намъ извѣстна судьба подобнаго же ходатайства, предпринятаго бывшимъ одесскимъ генералъ-губернаторомъ Роопъ.

Генералъ-губернаторъ Роопъ, обратилъ вниманіе министерства народнаго просвѣщенія на затрудненія, встрѣчаемыя одесскимъ славянскимъ благотворительнымъ Обществомъ въ правильномъ веденіи народныхъ чтеній въ Одессѣ. По объясненію предсѣдателя Общества, изложенному въ докладѣ его генералу Роопу, затрудненія эти состояли въ томъ, что мѣстная дирекція народныхъ училищъ, отъ которой зависитъ разрѣшеніе чтеній, руководствуясь исключительно IV отдѣломъ «Каталога книгъ для употребленія въ низшихъ училищахъ», не допускала чтеній тѣхъ произведеній русскихъ авторовъ, которыя, хотя и одобрены для народнаго чтенія ученымъ комитетомъ министерства народнаго просвѣщенія, но не вошли въ вышеозначенный каталогъ. Въ виду этого, генералъ Роопъ просилъ г. министра народнаго просвѣщенія не отказать въ распоряженіи о разрѣшеніи для народныхъ чтеній въ Одессѣ одобренныхъ ученымъ комитетомъ произведеній, перечисленныхъ въ приложенномъ къ вышеозначенному письму спискѣ, а также о допущеніи на будущее время чтенія такихъ сочиненій, которыя, хотя и не вошли еще въ каталогъ книгъ для употребленія въ низшихъ училищахъ, но одобрены для народныхъ чтеній ученымъ комитетомъ министерства народнаго просвѣщенія.

Ученый комитетъ, на разсмотрѣніе котораго было передано это ходатайство, нашелъ, что «таковое основано на недоразумѣніи. Въ представленномъ одесскимъ кирило-меѳодіевскимъ Обществомъ спискѣ брошюръ, не разрѣшенныхъ директоромъ народныхъ училищъ для публичнаго произнесенія, помѣщены дѣйствительно брошюры, читанныя въ аудиторіяхъ Солянаго городка и, отчасти, постоянной коммиссіи народныхъ чтеній; но изъ этого не слѣдуетъ заключать, что всѣ эти сочиненія одобрены ученымъ комитетомъ для публичныхъ чтеній, такъ какъ ни постоянная коммиссія, ни коммиссія педагогическаго музея не подчинены дѣйствію Высочайше утвержденныхъ 24 декабря 1876 года правилъ для устройства народныхъ чтеній въ губернскихъ городахъ».

Но едва-ли можно согласиться съ этими мотивами и соображеніями ученаго комитета, такъ какъ остается совершенно непонятнымъ: почему же въ Одессѣ или, положимъ, въ Самарѣ нельзя читать того, что вполнѣ свободно читается въ петербургскихъ *народныхъ* аудиторіяхъ. Изъ отвѣта ученаго комитета ясно видно, что онъ отнесся къ ходатайству генералъ-губернатора Роопъ самымъ формальнымъ образомъ.

Мы уже не разъ упоминали здѣсь о «Каталогѣ книгъ для употребленія въ низшихъ училищахъ вѣдомства Министерства Народнаго Просвѣщенія», каталогѣ которымъ обязательно должны руководствоваться всѣ лица, устраивающія библіотеки при народныхъ училищахъ. О томъ, что «Каталогъ» этотъ слишкомъ бѣденъ и въ то же время слишкомъ строгъ, такъ какъ онъ оставляетъ за порогомъ школы множество вполнѣ пригодныхъ для народной библіотеки произведеній лучшихъ русскихъ писателей— писалось много въ нашей печати. Но если бы всѣ книги, которыя значатся во II и III отдѣлахъ этого каталога разрѣшено было читать въ народныхъ аудиторіяхъ, то и это было бы значительнымъ шагомъ впередъ.

Отчего также не разрѣшить разъ навсегда читать въ народныхъ аудиторіяхъ *правительственныя* періодическія изданія, въ родѣ: «Сельскаго Вѣстника», «Губернскихъ Вѣдомостей» и т. п. Всѣ эти изданія проходятъ такую строгую и тщательную цензуру, которая—смѣемъ думать—вполнѣ гарантируетъ отъ возможности появленія на страницахъ этихъ изданій чего либо сомнительнаго. Удовлетвореніе этихъ болѣе чѣмъ скромныхъ желаній представляется въ настоящее время самою настоятельною и насущною потребностью.

Подчиненіе народныхъ чтеній, устраиваемыхъ въ уѣздныхъ городахъ, селахъ и деревняхъ *исключительно* мѣстному духовенству имѣетъ очень много важныхъ неудобствъ. Безспорно, конечно, что контроль со стороны духовенства за чтеніями религіозно-нравственнаго содержанія является вполнѣ умѣстнымъ и цѣлесообразнымъ, но этого никакъ нельзя, разумѣется, сказать относительно чтеній чисто литературнаго, научнаго и прикладнаго характера. Приходской или сельскій священникъ, въ большинствѣ случаевъ не обладающій знакомствомъ съ свѣтской литературой, будучи призванъ играть роль руководителя народными чтеніями, часто бываетъ поставленъ въ весьма затруднительное положеніе. Притомъ же, обремененный многочисленными обязанностями по приходу, поглощающими все его время, сельскій священникъ смотритъ на народныя чтенія, какъ на лишнюю и чуждую для него обузу, а потому менѣе всего склоненъ «оказывать содѣйствіе» къ устройству въ своемъ селѣ публичныхъ чтеній для народа. Какъ всегда, и здѣсь, разумѣется, можно указать на отрадныя исключенія, но, къ сожалѣнію, подобныя исключенія слишкомъ рѣдки и одиночны. Въ самомъ дѣлѣ, многіе ли священники, имѣя de jure полное право (и даже будучи обязаны) открывать и устраивать народныя чтенія въ селахъ и деревняхъ—воспользовались широкимъ правомъ, предоставленнымъ имъ закономъ?

На основаніи «Правилъ 24 декабря 1876 г.» надзоръ за народными чтеніями, устраиваемыми въ губернскихъ городахъ, возложенъ на директоровъ народныхъ училищъ; въ виду этого, почему бы не возложить надзоръ за народными чтеніями въ уѣздныхъ городахъ и селеніяхъ, кромѣ священниковъ, на инспекторовъ народныхъ училищъ,—съ предоставленіемъ имъ права разрѣшать устройство и открытіе народныхъ чтеній, при соблюденіи условій, указанныхъ въ Правилахъ 24 декабря 1876 г. Это въ значительной степени облегчило бы трудъ сельскаго духовенства въ дѣлѣ надзора и руководительства народными чтеніями, а главное способствовало бы возникновенію народныхъ чтеній въ гораздо большемъ числѣ уѣздныхъ городовъ и селеній. Затѣмъ въ интересахъ дѣла было бы крайне желательно, чтобы права, предоставленныя теперь священникамъ въ дѣлѣ устройства народныхъ чтеній, были предоставлены также членамъ губернскихъ и уѣздныхъ училищныхъ совѣтовъ. Мѣра эта настоятельно вызывается условіями современной жизни, доказательствомъ чего могутъ служить многочисленныя ходатайства, идущія со стороны земствъ и другихъ учрежденій.

Такъ, въ 1892 году, въ петровскомъ, Саратов. губ., уѣздномъ земскомъ собраніи, гласный Б. А. Малышевъ возбудилъ вопросъ о томъ, что, въ виду крайняго невѣжества нашего народа, выразившагося съ особенной ясностью въ холерныхъ безпорядкахъ этого года,—невѣжества, съ которымъ бороться можно только путемъ развитія и образованія, необходимо ходатайствовать передъ правительствомъ о разрѣшеніи училищнымъ совѣтамъ, подъ ихъ наблюденіемъ, производить для народа при школахъ чтенія, касающіяся разныхъ сторонъ жизни, лицамъ и не духовнаго званія, а по назначенію училищнаго совѣта и съ его разрѣшенія. Земское собраніе приняло это предложеніе и рѣшило возбудить ходатайство чрезъ саратовское губернское земское собраніе.

Слѣдуетъ замѣтить, что саратовское губернское земское собраніе раньше возбуждало уже подобное ходатайство о разрѣшеніи воскресныхъ народныхъ чтеній въ селеніяхъ, но ходатайство это было отклонено 24 марта 1892 года комитетомъ гг. министровъ въ виду несоотвѣтствія ходатайства съ Высочайше утвержденными 24 декабря 1876 года правилами объ устройствѣ народныхъ чтеній». Независимо отъ этого, саратовская губернская санитарно-исполнительная коммиссія въ 1892 году постановила ходатайствовать чрезъ губернское земское собраніе о разрѣшеніи врачамъ публичныхъ бесѣдъ съ народомъ о холерѣ.

Вятское губернское земское собраніе сессіи 1891 г. возбудило ходатайство о томъ, чтобы было разрѣшено устраивать народныя чтенія съ туманными картинами при всѣхъ земскихъ училищахъ подъ руководствомъ инспекторовъ народныхъ училищъ, земскихъ начальниковъ, членовъ училищныхъ совѣтовъ и священниковъ. Подобное-же ходатайство возбуждено Тверскимъ губернскимъ земскимъ собраніемъ послѣдней сессіи.

Польза, приносимая народными чтеніями, такъ очевидна и осязательна, а съ другой стороны расходы, необходимые на устройство этихъ чтеній, такъ незначительны, что необходимо пожелать, чтобы народныя чтенія возникли въ каждомъ городѣ и даже по возможности въ каждомъ селѣ. Публичныя чтенія, сопровождаемыя туманными и живыми картинами, а также исполненіемъ музыкальныхъ пьесъ, являясь лучшимъ развлеченіемъ для рабочаго люда, самымъ разумнымъ, полезнымъ и пріятнымъ препровожденіемъ праздничнаго времени, въ то же время даютъ возможность провести въ народное сознаніе тѣ или иныя необходимыя свѣдѣнія и знанія.

На интеллигенціи тѣхъ городовъ, въ которыхъ до сихъ поръ еще нѣтъ народныхъ чтеній, лежитъ долгъ, не откладывая дѣла въ долгій ящикъ, теперь же озаботиться устройствомъ этихъ чтеній, организовать для этой цѣли особыя коммиссіи, выхлопотать разрѣшеніе, привлечь лекторовъ, пріобрѣсти на первыхъ порахъ хотя путемъ складчины волшебные фонари, коллекціи картинъ и брошюръ,—и приступить къ дѣлу.

Все то, что сдѣлано у насъ до сихъ поръ по части устройства народныхъ чтеній—все это достигнуто почти исключительно благодаря частной иниціативѣ, трудами частныхъ лицъ и кружковъ безъ всякаго содѣйствія правительства и оффиціальныхъ сферъ. Только съ 1889 года министерство народнаго просвѣщенія рѣшило выдавать постоянную субсидію на усиленіе дѣятельности коммиссій народныхъ чтеній. Намъ неизвѣстно, какъ велика эта субсидія, но, во всякомъ случаѣ, она доказываетъ сочувствіе министерства дѣлу публичныхъ народныхъ чтеній и свидѣтельствуетъ о его готовности содѣйствовать развитію этого дѣла. Нельзя не пожелать, чтобы это содѣйствіе выразилось въ возможно болѣе активной формѣ. И первымъ актомъ такого «содѣйствія» должно быть устраненіе тѣхъ многочисленныхъ препятствій и ограниченій, которыми обставлено у насъ въ настоящее время какъ открытіе народныхъ чтеній, такъ и существованіе ихъ,— и которыя, какъ мы видѣли,—сильнѣйшимъ образомъ тормозятъ развитіе такого обще-полезнаго, прекраснаго дѣла, какимъ являются публичныя чтенія для народа.

ЗАПРОСЪ НА ЧТЕНІЕ.

Читаетъ-ли народъ? Существуетъ-ли у него потребность въ чтеніи? Какъ проявляется эта потребность? Пользуется-ли населеніе уже возникшими кое-гдѣ школьными библіотеками? Вопросы эти начинаютъ все сильнѣе интересовать наше общество, земство и всѣхъ вообще лицъ, принимающихъ болѣе или менѣе близко къ сердцу дѣло народнаго развитія.

Десять лѣтъ тому назадъ эти самые вопросы были поставлены статистическимъ отдѣленіемъ московскаго губернскаго земства, которое предложило учителямъ, учительницамъ, священникамъ и другимъ лицамъ, живущимъ въ деревнѣ, доставить свѣдѣнія по этимъ вопросамъ. Полученные такимъ путемъ отвѣты какъ нельзя болѣе заслуживаютъ того, чтобы внимательно прислушаться къ нимъ.

На вопросъ: существуетъ-ли среди сельскаго населенія Московской губерніи потребность въ чтеніи книгъ, статистическое отдѣленіе получило до 400 отвѣтовъ, относящихся до всѣхъ уѣздовъ Московской губерніи: «За весьма рѣдкими исключеніями, когда говорится о равнодушіи населенія къ чтенію, всѣ отвѣты сводятся къ тому, что потребность въ чтеніи существуетъ не только среди окончившихъ курсъ ученія въ школѣ, но и среди прочаго грамотнаго и даже неграмотнаго населенія». Вотъ нѣкоторые изъ отвѣтовъ учителей и учительницъ по этому вопросу.

«Грамотное населеніе, — пишетъ учитель Клиневскаго училища, Клинскаго уѣзда, — къ чтенію книгъ относится сочувственно: многіе очень часто обращаются за книгами для чтенія, но библіотеки при школѣ нѣтъ и потому приходится отказывать. Нерѣдко просятъ указаній, какія книги купить. За отсутствіемъ другихъ книгъ, берутъ учебники и прописи».

«При школѣ совсѣмъ нѣтъ книгъ для чтенія; между тѣмъ, населеніе очень нуждается въ чтеніи; доказательствомъ служитъ то, что крестьяне часто берутъ въ церкви четьи-минеи» (зак—по учитель Станиславской школы, Подольскаго уѣзда).

«Грамотные крестьяне постоянно спрашиваютъ книги для чтенія, но ихъ совсѣмъ нѣтъ при школѣ. Если бы обложить желающихъ читать извѣстною платой, въ размѣрѣ, напримѣръ, 20—30 коп. въ годъ, многіе бы изъявили желаніе платить, лишь бы получать книги для чтенія. Любовь къ чтенію сильно развита (учительница Васильевскаго училища, Дмитровскаго уѣзда).

«Въ мѣстныхъ мастерскихъ (районъ кустарнаго производства мебели) устраиваются по вечерамъ общія чтенія, на которыхъ читаются книги религіознаго содержанія, сказки и повѣсти всякаго рода» (учитель Вѣрловскаго училища, Московскаго уѣзда).

«Библіотеки нѣтъ; но имѣть библіотеку было бы очень полезно; въ нашемъ приходѣ много грамотныхъ крестьянъ обоего пола, обучившихся въ мѣстной школѣ и сдѣлавшихся уже отцами и матерями; крестьяне эти любятъ читать и могутъ читать съ пользою. Учебныя книги берутъ неохотно, — онѣ надоѣли имъ и въ школѣ» (учитель Старорузскаго училища, Рузскаго уѣзда).

Было бы излишне приводить всѣ остальные отвѣты, такъ какъ во всѣхъ ихъ буквально повторяется одно и то же: «населеніе стремится къ чтенію, обращается въ школу за книгами; читаетъ даже учебники, если нѣтъ другихъ книгъ», и т. п. Изъ 400 отвѣтовъ только въ 30 указывается на полное равнодушіе населенія къ чтенію. Само собою понятно, что не всѣ грамотеи одинаково относятся къ чтенію книгъ; у однихъ стремленіе къ нему проявляется въ бо́льшей степени, у другихъ—въ меньшей; наконецъ, нѣкоторые совсѣмъ имъ не интересуются; но не подлежитъ сомнѣнію тотъ фактъ, что въ общей массѣ сельскаго населенія повсюду замѣчается потребность въ чтеніи.

Во многихъ мѣстахъ эта потребность сказывается особенно рѣзко и настойчиво; такъ, напримѣръ, учитель Кузнецовскаго училища, Верейскаго уѣзда, пишетъ: «Библіотеки нѣтъ. Взрослые грамотные крестьяне и окончившіе курсъ ученики *просто осаждаютъ просьбами книгъ для чтенія*,—приходится давать учебники».

Подобный же опросъ учителей и учительницъ произведенъ былъ въ 1884—85 году губернскимъ земствомъ Новгородской губерніи, причемъ было получено 438 отвѣтовъ.

Изъ числа этихъ 438 сообщеній въ 229 случаяхъ оказывается, что все населеніе охотно пользуется книгами изъ библіотекъ, затѣмъ въ 116 случаяхъ берутъ книги для чтенія только окончившіе курсъ въ школахъ и по отзывамъ 93 учителей населеніе относится къ чтенію книгъ равнодушно. Очевидно, что на отношеніе народа къ библіотекамъ должны оказывать большое вліяніе какъ составъ библіотекъ, приспособленныхъ болѣе или менѣе къ потребностямъ населенія, такъ и порядокъ пользованія книгами, установленный учителемъ, препятствующій или поощряющій народъ къ чтенію. Вслѣдствіе этого довольно трудно дѣлать какіе-либо опредѣленные выводы изъ этихъ сообщеній учителей. Для болѣе точной характеристики отношенія грамотнаго населенія къ чтенію книгъ, мы приводимъ краткое резюме изъ сообщеній учителей по каждому уѣзду отдѣльно.

Изъ массы отвѣтовъ, данныхъ учителями Новгородскаго уѣзда, на вопросъ объ отношеніяхъ грамотнаго населенія къ чтенію—ограничимся дословной выпиской наиболѣе характерныхъ изъ нихъ, замѣтивъ предварительно, что вообще населеніе относится къ чтенію книгъ весьма сочувственно, «насколько возможно населеніе пользуется книгами, есть между населеніем любители чтенія»; «полученными книгами пользуется масса народа»; «окончившіе курсъ часто просятъ книгъ, но ихъ нѣтъ». «Видна потребность въ чтеніи историческихъ книгъ». «Пользуются учебниками за неимѣніемъ другихъ книгъ». Фабричные охотно пользуются книгами.

Большинство учителей Крестецкаго уѣзда заявляютъ о сочувственномъ отношеніи къ чтенію какъ бывшихъ учениковъ, такъ и прочаго грамотнаго населенія. Многіе крестьяне пріобрѣтаютъ книги на свой счетъ; каждую субботу и воскресенье,—говоритъ одинъ учитель,—бываютъ просители божественныхъ и интересныхъ сказочныхъ книгъ; газету, получаемую учителемъ, читаютъ нарасхватъ». Стремится къ чтенію, говоритъ другой учитель, но книгъ естественно историческаго содержанія и по сельскому хозяйству крестьяне не любятъ читать и относятся къ нимъ съ большимъ недовѣріемъ. Недостатокъ книгъ, ограниченное число грамотныхъ въ средѣ населенія, отдаленность селеній отъ школъ, частая смѣна учителей,—причины ограниченнаго расхода книгъ школьныхъ библіотекъ. Книги главнымъ образомъ распространены тѣ, которыя можно найти у офеней; часто можно встрѣтить у крестьянъ разсказы изъ сельскаго быта, военные разсказы и разсказы о Россіи, а также біографіи, не говоря уже о книгахъ московскихъ издателей.

Валдайскій уѣздъ. Въ средѣ грамотнаго населенія распространены книги преимущественно духовнаго и историческаго содержанія. Имѣющіяся книги читаютъ и слушаютъ чтеніе съ удовольствіемъ. Наибольшій запросъ на книги существуетъ въ мѣстностяхъ, гдѣ находятся министерскія школы, но въ большинствѣ ихъ или книгъ мало, или выборъ ихъ не соотвѣтствуетъ требованіямъ. Въ нѣкоторыхъ мѣстностяхъ крестьяне пользуются книгами изъ церковныхъ библіотекъ.

Боровичскій. За исключеніемъ четырехъ учителей, заявившихъ объ индиферентномъ отношеніи населенія къ чтенію (по незначительному количеству грамотныхъ, недостатку книгъ и времени), большинство указываетъ на сочувственное отношеніе бывшихъ учениковъ и населенія къ чтенію. Впрочемъ, вышеприведенныя причины отнимаютъ и у кончившихъ охоту къ чтенію. «Доставшимися книгами пользуется масса народа,—говоритъ одинъ учитель,—крестьяне любятъ читать, но книгъ при школѣ очень мало; приходится давать учебники».

Довольно равнодушное отношеніе къ чтенію замѣчается среди населенія Тихвинскаго уѣзда. Въ 2-хъ—3-хъ школьныхъ районахъ ученики берутъ книги для родителей, преимущественно духовнаго, военнаго и историческаго содержанія. И здѣсь, какъ и въ другихъ уѣздахъ, недостатокъ книгъ при школахъ мѣшаетъ распространенію путемъ ихъ знаній среди народа. По отзыву учителя одного школьнаго района крестьяне, охотно читаютъ книги по земледѣлію.

Преподаватели Устюженскаго уѣзда сообщаютъ весьма мало характернаго по этому вопросу. Недостатокъ книгъ, неизбѣжно связанная съ этимъ необходимость перечитывать одно и то-же по нѣскольку разъ, отбиваютъ, но не совершенно уничтожаютъ, охоту къ чтенію, тѣмъ болѣе, что и свободнаго времени у крестьянъ мало. «Осенью и зимой охотно пользуются книгами», говоритъ одинъ учитель. «Если окончившіе курсъ узнаютъ, что въ школѣ есть новая книга, то тотчасъ приходятъ за нею». «Читаютъ съ пользою для себя».

Череповскій уѣздъ. «Пользуются книгами не только окончившіе курсъ, но и взрослые грамотные крестьяне. «Окончившіе курсъ въ школахъ пользуются книгами, но взрослые не отличаются любовью къ чтенію». «Окончившіе курсъ пользуются книгами изъ земской библіотеки, также и нѣкоторые изъ грамотныхъ, но особой любви къ чтенію между грамотными не проявляется». Въ нѣкоторыхъ мѣстностяхъ ученики, за неимѣніемъ книгъ въ своей школѣ, обращаются за ними въ сосѣднюю. «Есть потребность, во негдѣ взять книгъ». Всѣ грамотные съ удовольствіемъ читаютъ книги; доказательствомъ чего служатъ пожертвованія учащихся и окончившихъ на сумму 4 р. 38 к., на которые и куплены книги, учениками же выписывается «Сельскій Вѣстникъ».— Окончившіе курсъ иногда обращаются за книгами. Нѣкоторые изъ крестьянъ берутъ книги.—Въ первый годъ существованія школы, когда дѣти научились читать, родители больше заставляли читать ихъ книги священнаго писанія, теперь же начинаютъ благосклонно относиться и къ книгамъ другого содержанія.— Охотно читаютъ всѣ грамотные. Выписывается «Сельскій Вѣстникъ»; наиболѣе распространены сказки и книги духовно-нравственнаго содержанія, добываемыя у мѣстныхъ книгонопъ.— Окончившіе охотно берутъ книги естественно-историческаго содержанія. Весьма были бы всѣ рады, если бы были книги. Одинъ крестьянинъ выписываетъ «Еженедѣльное Обозрѣніе». Желающихъ читать много, но библіотеки нѣтъ.—Библіотекою пользуются окончившіе курсъ, нѣкоторые изъ грамотныхъ крестьянъ охотно берутъ книги. Распространены книги московскаго изданія и духовныя. Книги охотно читаются всѣми. Трое крестьянъ выписываютъ «Свѣтъ» и «Вѣстникъ Краснаго Креста».—Охотно читали бы всѣ, но книгъ нѣтъ. Окончившіе перечитали всѣ книги библіотеки, часто обращаются за книгами изъ учительской библіотеки.—Не пользуются по недостатку книгъ.—Рѣдко пользуются за недостаткомъ хорошихъ книгъ. Распространены книги духовнаго содержанія и московскія изданія.—Взрослое населеніе читаетъ книги военнаго содержанія. Одинъ торгующій крестьянинъ получаетъ «Ниву» и «Русскій Курьеръ», другой «Вокругъ Свѣта». Часто обращаются за книгами, особенно окончившіе курсъ. Покупаютъ книги у разносчиковъ. Выписывается «Сельскій Вѣстникъ», читаютъ по очереди.—Книги наиболѣе распространенныя церковныя и московскія изданія. Окончившіе охотно пользуются книгами. Одинъ крестьянинъ выписываетъ «Сельскій Вѣстникъ». Двое крестьянъ выписываютъ «Газету Гатцука» и «Свѣтъ», книги духовнаго содержанія и сказки. Всѣ охотно читаютъ книги, наиболѣе распространены духовныя. Пользуются книгами, пока не перечитаютъ немногое содержимое въ библіотекѣ. Покупаютъ московскія изданія. Окончившіе курсъ пользуются книгами, хотя библіотека очень бѣдна. Выписываютъ: «Сельскій Вѣстникъ», «Свѣтъ», «Новости». Рады бы пользоваться, но книгъ нѣтъ. Постоянно осаждаютъ учителя требованіями книгъ. Наиболѣе распространены книги духовнаго содержанія.—Взрослые и окончившіе охотно берутъ книги даже по нѣсколько разъ, а непонятное для нихъ просятъ разъяснить. На чтеніе потребность есть, но читать нечего.—Пользуются книгами съ большой охотой. Нѣкоторые изъ окончившихъ пользуются книгами, прочее населеніе рѣдко.—Пользуются книгами только окончившіе курсъ. Двое выписываютъ «Сельскій Вѣстникъ». Многіе обращаются за книгами духовнаго содержанія. Многіе стали бы читать, но нѣтъ книгъ. Ежегодно пользуются книгами болѣе 100 человѣкъ. Выписываются: «Новости», «Еженедѣльное Обозрѣніе», «Нива». Всѣ читаютъ довольно охотно.—Населеніе пользуется книгами, но въ ограниченномъ размѣрѣ, по недостатку книгъ, преимущественно читаютъ историческія книги и о явленіяхъ природы. Наиболѣе распространены книги: Евангеліе на русскомъ языкѣ и «Сельскій Вѣстникъ». Книги берутъ изъ церковной библіотеки.

Учителя *Кирилловскаго* уѣзда по разсматриваемому вопросу дали слѣдующіе отзывы: «съ охотою пользуются книгами всѣ грамотные, но окончившіе курсъ самые желательные и разумные читатели; берутъ книги историческаго и духовно-нравственнаго содержанія; видятъ пользу въ чтеніи; спрашиваютъ совѣта учителя при выборѣ книгъ. Выписывается «Газета Гатцука», «Свѣтъ», «Лучъ», «Всеобщая Газета», «Иллюстрированный Міръ».

По *Бѣлозерскому* уѣзду учителями даны слѣдующіе отзывы: «всѣ относятся къ чтенію со вниманіемъ, читаютъ съ охотой, стараются вычитать что-либо полезное»; «за послѣдніе годы усиливается желаніе читать у окончившихъ курсъ», «Читаютъ охотно и съ пользой для себя» и т. п. Распространены книги военнаго, духовнаго содержанія, сказки. Выписываются: «Вѣстникъ Краснаго Креста», «Газета Гатцука», «Лучъ» (2), «Сельскій Вѣстникъ», «Сынъ Отечества», «Петербургскій Листокъ». По сообщенію одного учителя: «крестьяне мало пользуются книгами по недостатку книгъ духовнаго содержанія».

Изъ всего вышеприведеннаго можно сдѣлать общій выводъ, что среди населенія Новгородской губ. существуетъ настоятельная потребность въ матеріалѣ для чтенія и вмѣстѣ съ тѣмъ, что средства для удовлетворенія этой потребности крайне недостаточны. Во многихъ случаяхъ, за неимѣніемъ доброкачественнаго матеріала, населеніе вынуждено читать спекулятивныя московскія изданія, могущія вмѣсто пользы приносить прямой вредъ для умственнаго и нравственнаго развитія народа [1]).

Тѣ же самыя явленія встрѣчаемъ въ Тверской губерніи. Въ отчетѣ о первомъ съѣздѣ учительницъ-семинарокъ земской учительской школы Максимовича, издан. въ 1883 г., очень часто встрѣчаются жалобы на невозможность удовлетворять потребности чтенія. Вотъ, напримѣръ, что пишетъ учительница Медвѣдева: «Кончившіе курсъ часто приходятъ въ школу, прослушиваютъ съ удовольствіемъ уроки и просятъ почитать книжку: «Нѣтъ-ли новенькихъ?»—добавляютъ, обыкновенно, любознательные ребята. Къ величайшему сожалѣнію, школа лишена возможности удовлетворять это доброе желаніе. Походятъ, походятъ бывшіе ученики за новенькими книжками, и постепенно прекращаютъ посѣщать школу».

«Страсть къ чтенію очень сильно развита между дѣтьми и подростками,—пишетъ учительница Никонова.—Несмотря на то, что на нѣкоторыхъ изъ учениковъ лежатъ уже довольно серьезныя домашнія обязанности, они успѣваютъ перечитать все, что есть у учителя подъ руками».

По словамъ отчета, всѣ, безъ исключенія, учительницы свидѣтельствуютъ объ охотѣ къ чтенію учениковъ, окончившихъ курсъ. Всѣ, какія только есть въ школѣ книги, не исключая и учебниковъ, читаются и перечитываются по шести и болѣе разъ, а «новенькія книжки» очень рѣдко доходятъ до школы» [2]).

---

[1]) Очеркъ народнаго образованія въ Новгородской губерніи за 1884—1885 учебный годъ. Новгородъ, 1887 г., стр. 56—66.

[2]) «Отчетъ о первомъ съѣздѣ учительницъ-семинарокъ земской учительской

Въ Карсунскомъ уѣздѣ, Симбирской губерніи, «чтеніе вообще довольно развито и постепенно продолжаетъ развиваться среди сельскаго населенія. Особенно замѣтно это въ болѣе бойкихъ и торговыхъ пунктахъ его и среди болѣе зажиточныхъ семействъ, располагающихъ сравнительно бо́льшимъ досугомъ на удовлетвореніе своихъ духовныхъ потребностей и бо́льшими средствами на пріобрѣтеніе книгъ».

По свѣдѣніямъ повѣрочнаго испытанія, произведеннаго въ этомъ уѣздѣ, оказалось, что изъ общаго числа 2.842 экзаменовавшихся бывшихъ учениковъ народныхъ училищъ чтеніемъ книгъ въ свободное отъ занятій время занимались 2.275 человѣкъ. Затѣмъ 165 бывшихъ учениковъ читали книги очень рѣдко, въ видѣ исключенія, и только 56 совсѣмъ не занимались чтеніемъ [1]). При этомъ оказалось, что «бывшіе ученики сельскихъ училищъ сохранили во всей цѣлости и даже значительно развили въ себѣ технику чтенія по книгамъ русской печати, причемъ въ пониманіи прочитаннаго обнаружили гораздо бо́льшую быстроту, сообразительность и широту, чѣмъ какими обладали они при окончаніи курса ученія».

Переходимъ въ другія губерніи, направляясь на этотъ разъ на югъ. Вотъ, напримѣръ, передъ нами Воронежъ. Въ изслѣдованіи о состояніи народнаго образованія въ Воронежскомъ уѣздѣ, изданномъ земствомъ въ 1883 году, находимъ слѣдующія свѣдѣнія по интересующему насъ вопросу.

«Что касается спроса на книги и произведенія печати, то, *по общему отзыву учителей*, такой спросъ можно считать общераспространеннымъ явленіемъ. Грамотные крестьяне любятъ читать книжки и даже газеты, а неграмотные — слушать читаемое». Но этимъ дѣло не ограничивается. Крестьяне Воронежскаго

школы Максимовича въ Твери». Составилъ руководитель съѣзда Д. Тихомировъ, Спб., 1883 г., стр. 120.

[1]) Затѣмъ о 346 бывшихъ ученикахъ, подвергавшихся повѣрочному испытанію, не дано учителями и учительницами вполнѣ опредѣленныхъ и точныхъ отвѣтовъ.

уѣзда не только любятъ читать, но даже охотно тратятъ, изъ своихъ скудныхъ средствъ, деньги на покупку книгъ. «Крестьяне съ одинаковою охотой покупаютъ священныя книги, житія святыхъ и сельскохозяйственныя книжки, съ одной стороны, и книги лубочнаго характера—съ другой» [1]).

Въ Мелитопольскомъ уѣздѣ, Таврической губерніи, по отзыву учителей, «потребность въ чтеніи у взрослыхъ и учениковъ очень велика. Изъ 60-ти школьныхъ записей только въ *трехъ* заявлено о равнодушіи населенія къ чтенію, въ остальныхъ говорится о *любви и даже жаждѣ къ чтенію*; упоминается, что, за неимѣніемъ книгъ, читаютъ учебники». Большинство учителей выражаетъ сожалѣніе объ отсутствіи библіотекъ при школахъ. «Дѣти, желая удовлетворить жаждѣ къ чтенію, покупаютъ у разносчиковъ грошевыя изданія и жадно перечитываютъ ихъ. Страсть къ чтенію замѣчается и во взрослыхъ, особенно же среди окончившихъ курсъ народныхъ училищъ» [2]).

Вопросъ: «пользуются-ли жители книгами школьныхъ библіотекъ?» былъ, между прочимъ, поставленъ г. Бородинымъ, при собраніи имъ свѣдѣній, чрезъ учителей, о состояніи народнаго образованія въ Уральскомъ казачьемъ войскѣ. Изъ 52 учителей на этотъ вопросъ дали отвѣты въ утвердительномъ смыслѣ—14, въ утвердительномъ же смыслѣ, но съ оговоркой, что «пользуются мало»—11, въ отрицательномъ смыслѣ—27.

По словамъ г. Бородина, «главная причина того, что, въ большинствѣ случаевъ, населеніе библіотекой не пользуется, заключается въ отсутствіи болѣе или менѣе порядочныхъ станичныхъ библіотекъ». Что же касается потребности въ чтеніи, то въ существованіи ея лучше всего убѣждаютъ слѣдующіе отвѣты народныхъ учителей Уральской области:

«Родственники учащихся часто выражаютъ желаніе читать

---

[1]) «Народное образованіе въ Воронежскомъ уѣздѣ». Воронежъ, 1893 г., стр. 70.
[2]) «Сборникъ статистическихъ свѣдѣній по Таврической губерніи». Томъ I, вып. 2, стр. 26.

книги, но удовлетворить ихъ желаніе не приходится, по недостатку книгъ для чтенія».

«Пользуются школьными библіотеками, но ихъ очень мало».

«Не пользуются, потому что нѣтъ книгъ для взрослыхъ».

«За малочисленностью и ветхостью книгъ — не пользуются».

«Берутъ книги, но читаютъ плохо, такъ какъ книги — не подходящія по содержанію».

«Нерѣдко, особенно молодежь, обращаются съ просьбою дать почитать книжку, но, къ сожалѣнію, я не могу удовлетворить ихъ желанію; причина тому — скудныя средства школьной библіотеки».

«Пользуются и читаютъ съ удовольствіемъ, но книги довольно плохи».

«Жители постоянно приходятъ просить книгъ и читаютъ съ большою охотой, но давать имъ нельзя, потому что и для своихъ учениковъ ихъ мало», и т. д. [1]).

Въ с.-петербургскомъ комитетѣ грамотности, на запросъ секретаря его, г. Кетрица, было получено до 400 писемъ отъ народныхъ учителей изъ различныхъ мѣстностей Россіи, — отъ Варшавы до Камчатки. Всѣ эти отвѣты и письма, какъ заявилъ г. Кетрицъ въ своемъ докладѣ комитету, свидѣтельствуютъ о жаждѣ молодого крестьянскаго населенія къ просвѣщенію и, вмѣстѣ съ тѣмъ, о полной скудости мѣстныхъ средствъ для удовлетворенія назрѣвшихъ потребностей.

Отзывы частныхъ лицъ, живущихъ въ провинціи, въ деревняхъ, еще ярче рисуютъ эту пробудившуюся въ народѣ съ такою силой потребность въ чтеніи, въ знаніи, въ умственной пищѣ. Въ нашихъ рукахъ имѣется нѣсколько писемъ, полученныхъ изъ разныхъ мѣстъ Россіи и какъ нельзя болѣе подтверждающихъ это положеніе. Мы позволимъ себѣ привести здѣсь нѣсколько строчекъ изъ письма, полученнаго нами отъ живущей въ деревнѣ г-жи X.:

---

[1]) «Очеркъ первоначальнаго образованія въ Уральскомъ Казачьемъ Войскѣ». Н. Бородина. Уральскъ, 1887 г.

«Бывши въ Москвѣ, я закупила всѣ изданія «Посредника», «Народной Библіотеки», кое-что изъ изданій «Комитета грамотности» и т. п.,—словомъ, я отобрала все сколько-нибудь сносное и подходящее изъ такъ-называемой народной литературы. Съ осени, когда начались длинные вечера, ученики-подростки и взрослые крестьяне начали все чаще и чаще обращаться за книгами. Собирались по избамъ по нѣсколько семействъ, и нерѣдко засиживались чуть не до полуночи, слушая чтеніе какого нибудь грамотея-подростка. Особенно прилежно читались книги въ октябрѣ, ноябрѣ и декабрѣ, такъ что къ январю *все уже было прочитано*, а нѣкоторыя книги прочитаны были даже по два или по три раза. Теперь на просьбы крестьянъ дать «почитать» я принуждена отвѣчать отказомъ... Вы не можете себѣ представить, какъ это тяжело и грустно»... Письмо кончается просьбою сообщить о вновь вышедшихъ изданіяхъ для народа и выслать лучшія изъ нихъ.

Г-жа Цебрикова сообщала въ «Новостяхъ», что «проводя лѣтъ пять сряду, лѣтніе мѣсяцы въ деревнѣ, Красинскаго уѣзда, Смоленской губерніи, гдѣ грамотность сравнительно менѣе распространена и для народнаго образованія дѣлается значительно менѣе, чѣмъ въ другихъ земствахъ», она «имѣла возможность убѣдиться собственнымъ опытомъ въ потребности чтенія». По ея словамъ, наиболѣе алчущій духовной пищи просилъ сначала робко «почитать книжку»; стоило дать одному,—являлись десятки желающихъ, всѣхъ возрастовъ. «Небольшой запасъ, экземпляровъ 200, нѣкоторыхъ изданій «Посредника», да около 50 сброшюрованныхъ отдѣльно дѣтскихъ разсказовъ изъ педагогическаго журнала «Воспитаніе и обученіе» былъ быстро исчерпанъ». Особенно много лѣзлось дѣтей и подростковъ.

Обучившійся грамотѣ крестьянскій ребенокъ обыкновенно вноситъ въ семью источникъ умственнаго интереса и наслажденія: взрослые, не знающіе грамоты члены семьи какъ нельзя болѣе любятъ послушать чтеніе вслухъ. «Не одинъ мальчуганъ,— пишетъ г-жа Цебрикова,—говорилъ мнѣ съ гордостью: «По праздникамъ я дома книжку читаю, а тятька, и мамка, и дѣдко слушаютъ, и сосѣди придутъ слушать». Сознаніе того, что книжка отвлекаетъ отъ кабака, распространяется въ народѣ. Не одна баба просила меня дать почитать книжку на праздникъ: парень со скуки въ кабакъ не побѣжитъ[1]).

Г-жа Некрасова, въ своихъ статьяхъ о народныхъ изданіяхъ, сообщаетъ о томъ, какъ къ ней толпою являлись крестьяне, узнавъ, что она раздаетъ книжки.

Было бы совершенно ошибочно думать, что крестьяне только потому берутъ эти книжки, что онѣ предлагаются имъ *даромъ*, безъ всякой платы. Можно указать множество случаевъ, когда крестьяне съ полною готовностью затрачиваютъ деньги, изъ своихъ скудныхъ средствъ, на пріобрѣтеніе книгъ. Выше мы уже привели такое указаніе по отношенію крестьянъ Воронежскаго уѣзда, охотно покупающихъ священныя и свѣтскія лубочныя книги; далѣе, намъ не разъ придется встрѣтиться съ подобными фактами.

Князь Шаховской констатируетъ фактъ «*сильнаго развитія продажи книгъ* въ Весьегонскомъ уѣздѣ». «Къ сожалѣнію,—замѣчаетъ онъ,—теперь, въ большинствѣ случаевъ, приходится мужику покупать изданія московскихъ никольскихъ торговцевъ, но и между этими изданіями есть порядочныя вещи, а, кромѣ того, въ послѣднее время на ряду съ разными сказками и малограмотными повѣстями начинаютъ проникать въ народъ цѣнныя произведенія (напримѣръ, разсказы Толстаго и др.). Особенно много расходится книжекъ вообще и въ частности этихъ хорошихъ изданій въ Красномъ-Холмѣ».

До чего велика въ настоящее время потребность народа въ чтеніи, лучше всего показываетъ тотъ фактъ, что отдача книгъ въ прочтеніе начинаетъ дѣлаться особымъ деревенскимъ промысломъ. Весьма любопытныя въ этомъ отношеніи свѣдѣнія были недавно сообщены «Сельскимъ Вѣстникомъ». Газета разсказываетъ объ одной мѣстности Волоколамскаго уѣзда, Московской

---

[1]) «Новости» 1887 г., № 204.

губерніи, гдѣ пять сосѣднихъ деревенскихъ лавочниковъ устроили своеобразныя народныя библіотеки. Они покупаютъ книжки и раздаютъ ихъ желающимъ для прочтенія, взимая за это по копейкѣ въ сутки. Число книгъ, вносимыхъ этимъ путемъ въ деревню, весьма значительно. Книги читаются такъ охотно, что лавочники находятъ отдачу книгъ въ прочтеніе самою выгодною «коммерціей»: книга быстро окупается и даетъ немалый доходъ, а когда, наконецъ, бываетъ прочитана всѣми въ данномъ районѣ, то перепродается однимъ лавочникомъ другому, благодаря чему, еще болѣе увеличивается число обращающихся въ данной мѣстности книгъ [1]).

Попытки частныхъ лицъ заняться продажей народныхъ книгъ какъ въ городахъ, такъ и въ селахъ обыкновенно увѣнчиваются полнымъ успѣхомъ. Такъ, въ 1891 году членъ московскаго комитета грамотности П. Д. Антипова открыла въ г. Костромѣ складъ народныхъ изданій, который въ теченіи перваго же года своего существованія распродалъ книгъ и учебниковъ для сельскихъ народныхъ школъ на 5.381 руб. 19 коп. Въ этомъ числѣ было продано: 35.431 экземпляръ книгъ для чтенія, 5.454 картины и 9.270 экземпляровъ учебниковъ.

Изъ числа 35.431 экземпляра книгъ для чтенія продано непосредственно въ центральномъ складѣ всего только 5.370 экземпляровъ на 200 рублей съ небольшимъ, а все остальное количество продано либо чрезъ знакомыхъ учителей (8.880 экз. книгъ и 927 картинъ) либо чрезъ докторовъ и фельдшеровъ (2.576 экз.) либо чрезъ своего агента (3.239 экз.) либо чрезъ уѣздныхъ торговцевъ (6.899) [2]).

Въ селѣ Богородскомъ, Нижегородской губерніи, живетъ знакомый мнѣ молодой крестьянинъ-кустарь Желтовъ; окончивъ курсъ въ мѣстной земской школѣ, онъ продолжалъ работать надъ своимъ самообразованіемъ, читая и перечитывая всѣ книги, какія

---

[1]) «Недѣля» 1887 г., № 23.
[2]) «Книжные склады въ провинціи», рефератъ, прочитанный г. Вахтеровымъ въ московскомъ комитетѣ грамотности.

только ему удавалось доставать. Въ 1890 г. я получалъ отъ него письмо, изъ котораго позволяю себѣ привести слѣдующую выдержку по интересующему насъ вопросу:

«Не могу не сообщить вамъ, что я вступилъ съ мая мѣсяца настоящаго года въ члены-сотрудники общества распространенія начальнаго образованія въ Нижегородской губерніи, открылъ у себя здѣсь складъ книгъ изъ народныхъ изданій и при нѣкоторыхъ не столь благопріятныхъ условіяхъ распространенія, все таки, распродалъ у себя на дому въ теченіе 6 мѣсяцевъ, не занимаясь этимъ дѣломъ спеціально, болѣе 1,000 экземпляровъ разныхъ изданій, на сумму около 80 рублей. Вы не можете себѣ представить, какой спросъ на книги и съ какою жаждой набрасываются на чтеніе! Я не успѣваю удовлетворять желающихъ: этотъ проситъ выбрать ему книжку получше и платитъ не торгуясь, тотъ проситъ почитать что-нибудь,—просто нѣтъ отбоя!.. Берутъ и сочиненія Пушкина въ 6 томахъ, издан. Сытина, за 80 коп. Общество, о которомъ я упоминаю, утверждено въ 1887 году и теперь, кромѣ главнаго склада (въ Нижнемъ-Новгородѣ), имѣетъ много отдѣленій по уѣздамъ. Если бы была возможность распространять книги чрезъ книгоношъ, можно бы достигнуть поразительныхъ результатовъ!...»

Не будь у народа привычки покупать книги, не существовало бы лубочныхъ издателей, лубочныхъ книгопродавцевъ. А, между тѣмъ, они не только существуютъ, но и процвѣтаютъ какъ нельзя лучше. Здѣсь будетъ вполнѣ кстати привести годовые обороты (конечно, приблизительные) московскихъ и петербургскихъ лубочниковъ:

Московскіе лубочники:

Сытинъ и К°.	300.000 руб.
Лузина, наслѣдница Шарапова	150.000 »
Морозовъ, А. В.	100.000 »
Губановъ, Е. А.	80.000 »
Абрамовъ, Андрей	50.000 »
Мелкіе издатели: Пономаревъ, Ө. Морозовъ, И. Абрамовъ, Еробее въ и др.	40.000 »
	720.000 руб.

Таким образом, одни московскіе лубочники продають книжекъ и картинокъ въ теченіе года на 720.000 рублей. При этомъ необходимо имѣть въ виду, что главнымъ, почти исключительнымъ, покупателемъ лубочниковъ является крестьянство.

Петербургскіе лубочники: Кузинъ, Шатаевъ, Еншурскій торгуютъ, главнымъ образомъ, московскими изданіями, но они имѣютъ также и собственныя изданія книгъ для народнаго чтенія. Годовой оборотъ отъ продажи этихъ послѣднихъ изданій всѣхъ петербургскихъ лубочниковъ можно опредѣлить въ 50—60 тыс. рублей (мы беремъ минимальныя цифры).

Но не одни «лубочники» являются поставщиками книгъ для народа. Въ Москвѣ существуетъ еще цѣлая группа издателей-книгопродавцевъ, которымъ по преимуществу присвоено названіе «никольскихъ» и которые хотя удовлетворяютъ, главнымъ образомъ, потребностямъ низшихъ слоевъ городского населенія, тѣмъ не менѣе, очень многія изъ ихъ изданій издавна получали широкое распространеніе въ народной средѣ (особенно разнаго рода самоучители, лечебники и т. п.). Къ этой группѣ относятся: Прѣсновъ, Земскій, Леухинъ и друг., сюда же принадлежалъ недавно покончившій свое поприще Манухинъ, наконецъ, къ этой же группѣ можно отнести и Ступина. Обороты нѣкоторыхъ изъ этихъ книгопродавцевъ-издателей доходитъ до 100.000 и даже болѣе, какъ, напримѣръ, у Прѣснова, Ступина и др. Подобные-же издатели имѣются и въ Петербургѣ.

Затѣмъ народъ, хотя и немного, но все же покупаетъ изданія интеллигентныхъ фирмъ, вродѣ комитетовъ грамотности, «Народной Библіотеки», «Общества распространенія полезныхъ книгъ» и т. д. Такимъ образомъ, *весь народъ въ теченіе года затрачиваетъ на книги и картины отъ 800 тысячъ руб. до 1.000.000*.

КНИЖНЫЕ СКЛАДЫ.

Что бы ни говорили враги и хулители земскаго самоуправленія, не подлежитъ сомнѣнію, что, благодаря единственно работамъ земства, дѣло начальнаго народнаго образованія или, точнѣе говоря, распространеніе грамотности въ народѣ сдѣлало за послѣднія 25 лѣтъ такіе успѣхи, которые были рѣшительно немыслимы въ столь короткій сравнительно срокъ при прежнемъ, дореформенномъ порядкѣ веденія этого дѣла, когда оно всецѣло находилось въ рукахъ чиновниковъ разныхъ вѣдомствъ и духовенства.

Сдѣлавъ многое для распространенія въ народѣ грамотности, земство не могло, разумѣется, не обратить вниманія на то, чтобы облегчить населенію возможность воспользоваться этой грамотностью для укрѣпленія и дальнѣйшаго развитія тѣхъ свѣдѣній, тѣхъ задатковъ и навыковъ, которые выносятъ изъ школы молодыя поколѣнія крестьянъ и съ которыми они вступаютъ въ жизнь. Однимъ изъ лучшихъ средствъ для этого является книга.

И дѣйствительно, мы видимъ, что распространеніемъ въ народѣ полезныхъ книгъ въ послѣднее время озабочены многія земства. Къ сожалѣнію, большинство нашихъ земствъ свою роль въ этомъ дѣлѣ ограничиваютъ устройствомъ библіотекъ и читаленъ и — сравнительно лишь въ рѣдкихъ случаяхъ — учрежденіемъ книжныхъ складовъ при земскихъ управахъ, не прибѣгая къ другимъ способамъ проведенія книгъ въ крестьянскую среду. Не подлежитъ никакому сомнѣнію, конечно, что устройство библіотекъ и читаленъ и учрежденіе книжныхъ складовъ въ губернскихъ и уѣздныхъ городахъ является весьма дѣйствительнымъ средствомъ для распространенія въ народѣ хорошихъ книгъ и потому дѣятельность земствъ въ этомъ направленіи заслуживаетъ, разумѣется, самаго горячаго сочувствія. Но въ библіотекѣ или читальнѣ мужикъ только знакомится съ содержаніемъ книжки, пріобрѣсть же себѣ ту или иную понравившуюся ему книжку, онъ можетъ только въ складѣ, въ лавкѣ или у разносчика-книгоноши, между тѣмъ такіе склады существуютъ до сихъ поръ лишь въ весьма немногихъ земствахъ, а объ учрежденіи по селамъ книжныхъ лавокъ или о заведеніи особыхъ земскихъ книгоношъ до сихъ поръ ничего не слыхать.

Изъ губернскихъ земствъ книжные склады вполнѣ прочно и

хорошо поставлены лишь въ трехъ земствахъ: въ Тверскомъ, Харьковскомъ и Саратовскомъ.

Тверской складъ открытъ въ 1877 году; дѣятельность его ограничивается предѣлами Тверской губерніи. Черезъ 4 года послѣ своего открытія, складъ уже не требовалъ особыхъ ассигновокъ со стороны земства на его содержаніе, покрывая всѣ расходы изъ своихъ прибылей. Начавъ съ 4,547 рублей, вырученныхъ за продажу книгъ, въ первый годъ своего существованія, Тверской складъ въ 1889 году выручалъ за книги уже около 20,000 рублей. Пріобрѣтая товаръ по возможности изъ первыхъ рукъ, складъ продаетъ его, прибавляя къ покупной стоимости лишь расходы по перевозкѣ и 10% на содержаніе склада и благодаря этому значительно удешевляетъ цѣны для своихъ покупателей. Въ складѣ имѣются: учебники, учебныя принадлежности и пособія не только для сельскихъ школъ, но и для другихъ учебныхъ заведеній, русскіе классики, дѣтскія книги, дешевыя народныя изданія и канцелярскія принадлежности. Для многихъ учрежденій складъ отпускаетъ товаръ въ кредитъ.

Подобную-же широкую постановку имѣетъ и Харьковскій книжный складъ, дѣятельность котораго выходитъ даже за предѣлы Харьковской губерніи. Продавая книгъ и учебниковъ въ иные годы на сумму свыше 20,000 рублей, Харьковскій земскій складъ со времени своего открытія въ 1879 г. по 1889 годъ получилъ чистой прибыли 10,325 руб., составляющихъ его собственный капиталъ [1]).

Что касается саратовскаго склада, то не смотря на недавнее его существованіе [2]) и на разныя неблагопріятныя обстоятельства послѣдняго времени (главнымъ образомъ — голодъ и неурожай), обороты этого склада постепенно увеличиваются, а именно въ теченіе 1892 года продано книгъ, учебниковъ, картинъ и письменныхъ принадлежностей на 18,148 рублей, между тѣмъ какъ въ 1891 году было продано на 14,424 рубля, т.-е. менѣе

---

[1]) Циркуляръ Москов. комитета грамотности.
[2]) Складъ этотъ открытъ въ 1891 году.

въ 3,724 рубля. Если бы книжный складъ продавалъ учебники и другія школьныя пособія по той же цѣнѣ, какъ и другіе магазины, то онъ получилъ бы около 4,000 рублей прибыли.

Но складъ, разумѣется, не гонится за барышами и прибылью, такъ какъ главная цѣль его—удешевленіе книгъ, учебниковъ и школьныхъ принадлежностей. Вслѣдствіе этого складъ дѣлаетъ большія уступки съ номинальной цѣны не только уѣзднымъ земствамъ, но и отдѣльнымъ школамъ, даже отдѣльнымъ лицамъ при покупкѣ хотя бы одной только книги или учебника. При этихъ условіяхъ валовая прибыль саратовскаго книжнаго склада за минувшій годъ выразилась въ 1,351 руб. 80 коп. За покрытіемъ же всѣхъ расходовъ и за уплатой 751 рубля 18 коп. процентовъ занесному капиталу, чистой прибыли осталось 380 р. 3 коп.

Отраднымъ явленіемъ въ дѣятельности саратовскаго книжнаго склада,—по свидѣтельству отчета,—является то обстоятельство, что къ нему все чаще и чаще начинаютъ обращаться волостныя правленія и отдѣльныя школы, покупающія обыкновенно за наличныя деньги или съ наложеннымъ платежемъ. До учрежденія склада они не пользовались никакою уступкой. Между тѣмъ, далеко не всѣ уѣздныя земства снабжаютъ школы учебниками, да и тѣ, которыя берутъ на себя это дѣло, обыкновенно только отчасти удовлетворяютъ существующую потребность.

Такъ, напримѣръ, изъ отчета инспектора народныхъ училищъ Саратовскаго уѣзда видно, что всего учебниковъ и учебныхъ пособій для школъ Саратовскаго уѣзда требуется на 12,000 рублей, между тѣмъ Саратовское уѣздное земство—нужно замѣтить, одно изъ самыхъ щедрыхъ въ этомъ отношеніи,— тратитъ на учебники лишь 3,000 рублей. Недостающее количество въ большей или меньшей степени приходится докупать самому населенію. Вслѣдствіе этого, по предложенію инспектора Саратовскаго уѣзда, уѣздное земское собраніе постановило открыть при всѣхъ школахъ Саратовскаго уѣзда склады учебниковъ и учебныхъ пособій и, пользуясь кредитомъ въ книжномъ складѣ Саратовскаго губернскаго земства, продавать ихъ по заготовительной цѣнѣ.

Такое же рѣшеніе приняло и Хвалынское уѣздное земство. Затѣмъ Аткарская уѣздная управа намѣрена открыть при земской библіотекѣ продажу народныхъ книгъ и уже затребовала образцы имѣющихся въ складѣ изданій. Наконецъ, нѣчто подобное предполагается и въ Петровскомъ уѣздѣ.

Въ минувшемъ году книжный складъ въ первый разъ выписалъ учебники для среднихъ учебныхъ заведеній. Такъ какъ въ Саратовѣ существуютъ два книжныхъ магазина, то на первое время, изъ опасенія, чтобы учебники не залежались, было выписано около половины всего количества учебниковъ, требующихся для учебныхъ заведеній. Оказалось, что опасенія были совершенно напрасны. Благодаря уступкѣ въ 10%, желающихъ купить учебники въ книжномъ складѣ явилось столько, что помѣщеніе склада не могло всѣхъ вмѣстить и черезъ два, три дня послѣ открытія учебнаго сезона, многихъ учебниковъ не хватило[1]).

Вообще, благодаря дешевизнѣ, въ складѣ съ каждымъ днемъ все болѣе и болѣе является покупателей. Вмѣстѣ съ тѣмъ прибавляется и работа по веденію дѣла, тѣмъ болѣе, что складъ открытъ съ 7 часовъ утра до 8 часовъ вечера. До сихъ поръ складомъ завѣдывалъ безплатно одинъ изъ служащихъ въ губернской управѣ, г. Сиротининъ, имѣя помощника, который получалъ 300 рублей въ годъ. Въ настоящее время, при увеличивающихся оборотахъ, продолжать вести дѣло такимъ образомъ становится уже невозможно. У завѣдывающаго складомъ не хватаетъ времени ни для отвѣта на ежедневно поступающіе запросы, ни для своевременной выписки книгъ, ни для своевременнаго исполненія заказовъ и, наконецъ—для аккуратнаго веденія довольно сложной отчетности. Вслѣдствіе этого, губернская управа просила земское собраніе разрѣшить ей, по примѣру харьков-

---

[1]) Отчетъ саратовской губерн. земской управы по книжному складу. Саратовъ, 1892 г.

скаго и тверскаго складовъ, пригласить отдѣльнаго завѣдывающаго складомъ 1.200 рублей, причемъ помощника завѣдывающаго предлагала замѣнить мальчикомъ. При этомъ управа выражала увѣренность, что книжный складъ вполнѣ окупитъ этотъ расходъ. Собраніе удовлетворило ходатайство управы.

Уже изъ этихъ данныхъ можно видѣть, что книжные склады, учреждаемые губернскими земствами, главнымъ образомъ способствуютъ удешевленію учебниковъ и школьныхъ пособій и облегчаютъ для народныхъ училищъ и отдѣльныхъ лицъ возможность пріобрѣтать, какъ эти учебники и пособія, такъ и книги на льготныхъ условіяхъ. Но ждать, чтобы крестьяне, мужики, обитатели глухихъ селъ и деревень, начали выписывать изъ склада, находящагося гдѣ-нибудь въ Саратовѣ или Харьковѣ, книги для себя—было бы, конечно, очень наивно,—по крайней мѣрѣ въ данное время.

Ближе и доступнѣе для крестьянскаго населенія книжные склады, учреждаемые уѣздными земствами при управахъ въ уѣздныхъ городахъ. Подобные склады существуютъ въ настоящее время во многихъ уѣздныхъ земствахъ. Такъ, изъ доклада бѣжецкой земской управы Тверской губ., между прочимъ, видно, что въ 1891 году ею, съ разрѣшенія губернатора, открыта продажа книгъ дешеваго изданія изъ склада учебныхъ пособій при земской библіотекѣ для лицъ крестьянскаго сословія, которыя по окончаніи курса въ начальныхъ училищахъ очень часто обращались въ управу съ просьбою о продажѣ имъ книгъ дешеваго изданія. Съ этою цѣлью управою пріобрѣтено такихъ книжекъ на 80 рублей, которыя распродаются весьма успѣшно по покупной цѣнѣ [¹].

Съ іюня 1891 года при тихвинской земской управѣ открытъ книжный складъ, состоящій въ завѣдываніи лица, служащаго въ управѣ. Цѣна на книги здѣсь доведена до крайней дешевизны: на изданія спб. комитета грамотности и А. М. Калмыковой

[¹] Докладъ тверской губерн. земской управы о народномъ образованіи. Тверь, 1893 г., стр. 39.

дѣлается уступка въ 20%, а на остальныя книги 10%, кромѣ изданій Св. Синода и дешевыхъ, стоющихъ отъ 1½ до 4 коп. До марта 1893 г. здѣсь продано 10.400 книгъ на 776 р. 78½ к. Наибольшее количество проданныхъ экземпляровъ приходится на книги беллетристическаго содержанія (6.080), затѣмъ идутъ книги духовно-нравственнаго содержанія (1.480), затѣмъ учебники и книги педагогическаго содержанія (790), историческія (734), біографіи (300), географическія (248), сельскохозяйственныя (129), по естествознанію и медицинѣ (111), юридическія (17) и по другимъ отдѣламъ (517). Въ устюженскомъ земствѣ Новгородской губерніи изъ 8.848 купленныхъ для продажи земствомъ книгъ въ теченіи нѣсколькихъ недѣль было продано 6.000 экземпляровъ [1].

Затѣмъ нѣкоторыя земства, желая сдѣлать книжные склады еще болѣе доступными для крестьянскаго населенія, открываютъ отдѣленія книжныхъ складовъ въ болѣе значительныхъ и бойкихъ селеніяхъ, главнымъ образомъ, при школахъ.

Новгородское земство дало толчекъ распространенію среди населенія полезныхъ книгъ, путемъ организаціи книжныхъ складовъ въ наиболѣе населенныхъ пунктахъ губерніи. Но, помимо усилій уѣздныхъ земствъ, въ этомъ дѣлѣ играетъ видную роль также частная иниціатива. Свѣдѣнія, доставленныя учителями въ 1884—1885 году объ организаціи книжныхъ складовъ, можно резюмировать слѣдующимъ образомъ:

Новгородскій уѣздъ. Книжные склады имѣются при одной земской и одной городской школахъ. Основаны эти склады: первый—законоучителемъ, второй—учителемъ. Изъ перваго покупаютъ въ небольшомъ количествѣ книги религіознаго содержанія, а изъ второго книги общаго содержанія.

Крестецкій уѣздъ. Въ 4 земскія школы высланы земствомъ для продажи книги преимущественно духовно-нравственнаго содержанія; но книги эти раскупаются мало; по замѣчанію учителей, «крестьяне предпочитаютъ даровое пользованіе книгами».

---

[1] «Книжные склады въ провинціи».

Демянскiй уѣздъ. При одной земской и одной образцовой школахъ продаются книги духовно-нравственнаго содержанiя.

Боровичскiй уѣздъ. Продажа книгъ производится при церкви въ селѣ Устрѣкѣ за ¼ версты отъ школы, завѣдываетъ продажей священникъ; книги крестьяне покупаютъ охотно.

Череповскiй уѣздъ. Имѣется книжный складъ при одной церковно-приходской школѣ.

Кирилловскiй уѣздъ. Книги для продажи присылаются земской управой въ 28 земскихъ и 1 образцовую школу. Крестьяне покупаютъ книги охотно. Въ одной школѣ книги были раскуплены въ тотъ же день, въ 6 школахъ проданы всѣ книги, въ 3-хъ школахъ продано на 12 руб.

При этомъ замѣчено, что покупаютъ книги преимущественно духовнаго содержанiя въ 11 школахъ.

Преимущественно сказки . . . . въ 7 школахъ.
» историческiя книги » 8 »
» повѣсти . . . . . . » 3 »
» путешествiя . . . » 1 »

Наиболѣе удовлетворительно поставлено было это дѣло въ Кирилловскомъ уѣздѣ, гдѣ земство организовало продажу книгъ при 28 школахъ. Къ сожалѣнiю, по послѣднимъ извѣстiямъ, въ этомъ уѣздѣ прекращена разсылка книгъ въ школы для продажи населенiю. Во всѣхъ прочихъ уѣздахъ Новгородской губернiи имѣется 17 книжныхъ складовъ, что для миллiоннаго населенiя губернiи равняется почти нулю. А между тѣмъ обученiе въ начальныхъ школахъ, давая только средства для прiобрѣтенiя полезныхъ свѣдѣнiй для дальнѣйшаго умственнаго и нравственнаго развитiя, безъ чтенiя книгъ, обогащающихъ умъ новыми фактами и новыми мыслями, представляется мертвой буквой,— почти безполезнымъ дѣломъ [1]).

Въ Красноуфимскомъ уѣздѣ, Пермской губ., книжные склады организованы съ 1890 г. Самое устройство складовъ при народ-

---

[1]) Очеркъ народнаго образованiя въ Новгородской губернiи за 1884—85 уч. г. Новгородъ, 1887 г., стр. 63.

ныхъ школахъ вызвано желаніемъ земства: 1) придти на помощь грамотному населенію уѣзда путемъ предоставленія ему возможности пріобрѣтать полезныя книги и 2) противодѣйствовать офенямъ и книгоношамъ, распространяющимъ лубочныя изданія вполнѣ безграмотныя и нерѣдко безнравственнаго содержанія. Завѣдываніе каждымъ складомъ поручено учителю школы, который долженъ вести строгую отчетность, получая отъ управы книги. Въ 1890 г. всѣхъ складовъ въ Красноуфимскомъ уѣздѣ было устроено 24, причемъ съ января по сентябрь продано книгъ на 93 р. 75 к., причемъ въ нѣкоторыхъ изъ этихъ складовъ продажа книгъ достигала до 15 р.

Столь слабая дѣятельность складовъ по продажѣ книгъ должна быть объяснена не только новизною самаго дѣла, но и другими неблагопріятными условіями, къ числу которыхъ земская управа относитъ: 1) Обѣдненіе населенія вслѣдствіе неурожая трехъ послѣднихъ лѣтъ и, кромѣ того, 2) обыватели селъ и деревень, расположенныхъ вблизи училища, имѣющаго книжный складъ, не всегда имѣютъ возможность приходить въ училище за покупкой книгъ, такъ какъ склады бываютъ открыты въ извѣстные дни и часы, причемъ наиболѣе удобное время для народа—какъ, напримѣръ, праздничные дни—составляетъ дни отдыха учителя и требовать отъ него пребыванія въ складахъ въ эти дни едва-ли справедливо [1]).

Самарское уѣздное земство, нѣсколько лѣтъ тому назадъ, устроило въ трехъ пунктахъ уѣзда книжные склады для продажи книгъ народу по дешевымъ цѣнамъ. Въ первые же три года существованія этихъ складовъ было продано крестьянамъ до 10.000 книгъ. Примѣру самарскаго земства — какъ сообщали газеты — намѣрены послѣдовать и нѣкоторыя другія уѣздныя земства Самарской губерніи.

Въ апрѣлѣ мѣсяцѣ 1893 года, екатеринбургской земской управой, съ разрѣшенія губернатора, при народныхъ училищахъ открыты склады дешевыхъ книгъ для продажи сельскому насе-

[1]) «Образованіе», 1893 г., № 1, стр. 45.

нію. Книги уже разосланы учителямъ, которымъ поручено завѣдываніе продажей книгъ; продаются онѣ по дѣйствительной стоимости. Большинство книгъ белетристическаго содержанія,— есть книги по сельскому хозяйству (брошюры г. Котельникова), естественной исторіи, и очень мало по русской исторіи, о чемъ нельзя не пожалѣть, такъ какъ книги историческаго содержанія читаются крестьянами очень охотно. Продажа книгъ съ первыхъ же дней пошла весьма успѣшно. Такъ, въ селѣ Рождественскомъ всѣ книги, цѣною въ 1—5 коп. были разобраны въ теченіи 2—3 дней. Книги брались съ охотой («Русская Жизнь», 1893 годъ, № 111).

Кромѣ земствъ и комитетовъ грамотности, распространеніемъ въ народѣ полезныхъ книгъ нынѣ занимаются также тѣ общества попеченія о начальномъ народномъ образованіи, которыя въ послѣдніе годы возникаютъ въ разныхъ губернскихъ и уѣздныхъ городахъ. Особенную дѣятельность въ этомъ отношеніи проявило «Общество распространенія начальнаго образованія въ Нижегородской губерніи», которое въ теченіи послѣднихъ трехъ-четырехъ лѣтъ открыло въ разныхъ пунктахъ губерніи цѣлую массу мелкихъ книжныхъ складовъ.

Къ 1-му января 1893 года всѣхъ отдѣленій общества для продажи книгъ было 166; изъ нихъ пять закрыто за отказомъ завѣдывающихъ ими. Остается всего 161 отдѣленіе. Сравнительно съ 1891 годомъ, число ихъ почти удвоилось. Въ отдѣленія отправлено 30.408 экземпляровъ книгъ на 1.219 р. 76 к. (болѣе прошлаго года почти на 8 тысячъ экземпляровъ). Получено за книги изъ отдѣленій 540 р. 18 к. и продано въ Нижнемъ изъ склада на 68 р. 9 коп. Въ эту сумму вовсе не входятъ поступленія изъ вновь открытыхъ отдѣленій, которыя только къ концу года начали свою дѣятельность, почему въ общемъ продажу книгъ въ истекшемъ году можно признать очень успѣшной, тѣмъ болѣе, что въ первой половинѣ 1892 года, благодаря бывшему въ 1891 году неурожаю, продажа книгъ почти вовсе не производилась. Кромѣ того, надо принять во вниманіе, что заведывающіе отделеніями присылаютъ обыкновенно не всѣ выручаемыя при продажѣ книгъ деньги, а часть ихъ оставляютъ у себя на рукахъ, почему въ действительности продано книгъ на сумму болѣе 540 р. 18 к.

По количеству проданныхъ книгъ на первомъ мѣстѣ стоитъ нижегородское отдѣленіе (завѣдываетъ имъ П. М. Евдокимовъ); въ этомъ отдѣленіи продано книгъ на 90 руб., преимущественно на народныхъ чтеніяхъ и отчасти на пароходахъ г. Кашина. Затѣмъ, очень успѣшно шла продажа книгъ въ отдѣленіяхъ: богородскомъ (выслано за проданныя книги 60 руб.), воронежскомъ (выслано 34 р.), балахнинскомъ 1-мъ (32 р. 81 к.), ермоловскомъ (24 р. 96 к.), ватунскомъ (21 р.), юринскомъ (14 р.), ……ковскомъ (13 р.), неродчинскомъ (11 р.), дальне-константиновскомъ (10 р.), куземкинскомъ (10 р.), кужендѣевскомъ (9 р.). Потеря или утрата книгъ въ истекшемъ году была незначительна: въ сомовскомъ отдѣленіи (Васильскаго уѣзда) сгорѣло книгъ, во время пожара, на 3 р. 54 к. и утеряно въ семеновскомъ отдѣленіи на 3 р. 31 к. Возвращено изъ отдѣленій книгъ на 129 р. 6 к. Причиной возврата книгъ была отчасти дороговизна ихъ и отсутствіе спроса на книги, отчасти переводъ завѣдывающихъ отдѣленіями въ другія школы. Долга за отдѣленіями къ 1-му января 1893 года числится 1.208 р. 97 к., среднимъ числомъ по 7 р. 50 к. на отдѣленіе. Такой долгъ нельзя считать значительнымъ.

Важное значеніе въ дѣлѣ распространенія книгъ въ народѣ имѣетъ способъ продажи книгъ. Деревенскаго покупателя весьма часто нужно привлекать къ покупкѣ, знакомить его съ хорошей книгой. Завѣдывающіе отдѣленіями, особенно въ многолюдныхъ пунктахъ, должны конкуррировать съ спеціально лубочной литературой, которая чрезъ офеней и базарныхъ торгашей находитъ хорошій сбытъ въ народной средѣ. Нѣкоторые изъ завѣдывающихъ отдѣленіями продавали книги на базарахъ (д. Константиново), сбывали ихъ крестьянамъ разносчикамъ книгъ (Толскій Майданъ), нанимали за особую плату (20% съ вырученнаго рубля)

особое лицо для разноса книг по селу и базару (Ворсма). За-
ведывающий юринским отделением указывает следующий очень
полезный прием распространения книг в народе: «Юринское
отделение (сообщает он в письме) продает книги большею
частью ученикам и недавно окончившим курс. Нуждающихся
в книгах очень много и приезжающие на наш базар книго-
ноши со своими часто безнравственными, но дешевыми книжон-
ками имеют не малый сбыт, предлагая разнообразный и сво-
бодный выбор покупателям. Когда я замечаю, что ученики пе-
рестают меньше покупать книги, я выбираю небольшой расска-
зец, написанный простым и понятным языком, и читаю его
старшему и среднему отделению. Чтение это доставляет боль-
шое удовольствие ученикам, внимательно следящим за каж-
дым произносимым словом, настолько внимательно, что не
приходится даже напоминать о необходимости слушать; после та-
кого чтения обыкновенно является масса покупателей на прочи-
танную и на другие книжки. Подобные чтения желательно было бы
устраивать и для взрослых, хоть несколько раз в зиму».

Почти во все отделения требуются книги дешевые от 1½
до 5 к., книги ценою 10—15 коп. считаются уже дорогими и
покупаются очень редко. Что именно более любит читать народ—
определить по запросам заведывающих отделениями трудно.
Требования их, как доказывает и прошлогодний отчет, очень
разнообразны. Есть значительный спрос на книги религиозно-
нравственные, но удовлетворить этот спрос, за отсутствием де-
шевых и в то же время хорошо составленных книг по этому
отделу, очень трудно.

Наиболее успешно распространялись следующие издания: коми-
тетов грамотности (московского и петербургского), Жиркова,
общества распространения полезных книг, Библейского обще-
ства, сельскохозяйственные—Девриена и Тихомирова, московского
губернского земства—брошюра Бажаева о травосеянии, издание
доктора Вишневского о сохранении здоровья, издания Харьковского
общества распространения в народе грамотности, а также издания

Муринова, епископа Виссариона, священника Михайловскаго, редакціи журнала «Русская Мысль», народныя изданія Гоголя, Пушкина, Лермонтова, Тургенева, Толстого, Островскаго, Грибоѣдова и Фонвизина. Изъ всѣхъ новыхъ изданій особенно удачны по содержанію и доступны по цѣнѣ народныя книжки изданія Харьковскаго общества распространенія въ народѣ грамотности. Главнымъ поставщикомъ дешевыхъ книгъ, какъ и въ прежніе годы, является издатель Сытинъ. По годовому счету съ нимъ общество состоитъ должнымъ ему по 1-е января 1893 года 127 руб. 69 коп. Счетъ съ Сытинымъ въ постоянномъ движеніи, долгъ увеличивается и уменьшается.

Въ общемъ дѣятельность книжнаго склада по распространенію книгъ въ Нижегородской губерніи быстро развивается, что должно быть приписано, съ одной стороны, распространенію грамотности въ народѣ; а съ другой — личной энергіи завѣдывающихъ отдѣленіями, изъ которыхъ многіе въ теченіи уже нѣсколькихъ лѣтъ безкорыстно посвящаютъ свой досугъ этому, нерѣдко весьма хлопотливому занятію. Но общество недовольствуется достигнутымъ успѣхомъ и, помимо обычныхъ способовъ распространенія книгъ въ народной средѣ, начинаетъ намѣчать новые пути.

Въ 1890 году общество это учредило особую коммиссію по вопросу о лучшей организаціи продажи книгъ для народнаго чтенія, подъ предсѣдательствомъ П. К. Позерна. Коммиссія занялась, между прочимъ, слѣдующими вопросами: какія мѣры могли бы послужить для болѣе успѣшной продажи книгъ, напримѣръ: 1) нельзя-ли организовать продажу книгъ *въ разносъ*, на базарахъ; 2) войти въ соглашеніе съ мѣстными торговцами о продажѣ книгъ въ ихъ лавкахъ; 3) устроить книжные лари или столы на базарахъ или около нихъ, рекламировать продажу книгъ съ помощью вывѣсокъ или выставляя книжки въ особыхъ рамахъ и окнахъ сельскихъ училищъ и т. п.

Съ этими вопросами коммиссія обратилась къ лицамъ, завѣдывающимъ отдѣленіями книжнаго склада общества, которыхъ въ то время считалось во всей губерніи 75. Какъ и слѣдовало ожи-

爽, разумѣется, отвѣты получались весьма различные. Относительно продажи книгъ *въ разносъ* нѣкоторые изъ завѣдывающихъ отдѣленіями (четверо) высказались отрицательно, находя, что этотъ способъ распространенія книжекъ обставленъ многими практическими затрудненіями и убыточенъ для общества. Но другіе, напротивъ, относятся къ этой мѣрѣ очень сочувственно и считаютъ разносъ книгъ «самымъ вѣрнымъ средствомъ» развить ихъ продажу.

Завѣдывающій починковскимъ отдѣленіемъ г. Пановъ сообщаетъ, что имъ уже пріисканъ человѣкъ для продажи книгъ въ разносъ не только въ базарные дни, но и въ другіе дни недѣли; остается только назначить этому разносчику вознагражденіе за трудъ. Крестьянинъ Желтовъ, завѣдывающій книжнымъ складомъ въ селѣ Богородскомъ, пишетъ, что за успѣхъ продажи книгъ въ разносъ «смѣло можно ручаться», и предлагаетъ теперь же сдѣлать опытъ такой продажи книгъ на базарахъ въ селѣ Богородскомъ (при его, г. Желтова, содѣйствіи), назначивъ разносчику соотвѣтствующее вознагражденіе. Кулебацкій учитель Щегловъ полагаетъ возможнымъ выдавать вознагражденіе разносчикамъ-продавцамъ въ формѣ опредѣленнаго процента съ вырученной суммы [1]).

По обсужденіи всѣхъ этихъ сообщеній, коммиссія пришла къ заключенію о необходимости организовать, гдѣ окажется возможнымъ, продажу книгъ на базарахъ, чрезъ разносчиковъ, а также на зоряхъ и въ лавкахъ мѣстныхъ торговцевъ, и вмѣстѣ съ тѣмъ рѣшила немедленно же воспользоваться предложеніями гг. Панова и Желтова относительно назначенія извѣстнаго вознагражденія разносчикамъ, которые изъявили готовность продавать народныя книги и картины. Къ сожалѣнію, о результатахъ этого рѣшенія мы не находимъ никакихъ свѣдѣній въ дальнѣйшихъ отчетахъ общества.

Въ г. Ярославлѣ возникаетъ складъ народныхъ изданій по ини-

---

[1]) Отчетъ совѣта общества распространенія начальнаго образованія въ Нижегородской губерніи за 1890 годъ. Нижній-Новгородъ, 1891 г., стр. 31—32.

иниціативѣ мѣстнаго губернатора А. Я. Фриде. Складъ этотъ явится центральнымъ складомъ для всей губерніи. Книги изъ него будутъ отпускаться на самыхъ льготныхъ условіяхъ, по самымъ дешевымъ цѣнамъ и въ кредитъ — народнымъ учителямъ и всѣмъ лицамъ, за добросовѣстность которыхъ поручится какое-либо учрежденіе или лица извѣстныя, такъ что деньги въ уплату за полученныя книги лица эти могутъ вносить уже послѣ ихъ распродажи. Складъ будетъ помѣщаться въ особомъ павильонѣ, который одинъ изъ мѣстныхъ гражданъ, В. Я. Кузнецовъ, выразилъ желаніе выстроить на свой счетъ. Мѣсто для павильона городская управа предполагаетъ отвести на Театральной площади или Стрѣлецкомъ бульварѣ. Для завѣдыванія помѣщеніемъ будетъ назначено особое лицо. Всѣ лица, завѣдывающія въ столицахъ изданіемъ и распространеніемъ народной литературы, въ содѣйствію которыхъ обратились, выразили полную готовность оказать дѣлу поддержку льготной и дешевой высылкой книгъ. Инспекторы народныхъ училищъ обѣщали принять въ свое попеченіе устройство школьныхъ народныхъ библіотекъ въ губерніи тѣми народными учителями, которые возьмутся за это дѣло.

Корреспондентъ «Русскихъ Вѣдомостей», сообщившій это извѣстіе, выражаетъ надежду, что «услугами склада не замедлятъ воспользоваться всѣ лица, которыя сочувствуютъ дѣлу распространенія полезныхъ книгъ среди промышленнаго и бойкаго населенія Ярославской губерніи, и примутся за устройство народныхъ библіотекъ, въ которыхъ чувствуется такой недостатокъ и для помощи которымъ собственно и устраивается ярославскій складъ».

Затѣмъ книжные склады существуютъ при нѣкоторыхъ коммиссіяхъ по устройству народныхъ чтеній, какъ, напримѣръ, при одесской, астраханской, орловской и друг. О необыкновенно успѣшной дѣятельности одесскаго и астраханскаго складовъ мы довольно подробно говорили въ статьѣ: «Публичныя чтенія для народа». Затѣмъ въ одной изъ слѣдующихъ статей («Офени и книгоноши») мы также подробно укажемъ тѣ мѣры, которыя по нашему мнѣнію, необходимо принять всѣмъ книжнымъ складамъ для того, чтобы возможно успѣшнѣе провести хорошія и полезныя книги въ народную среду.

ГАЗЕТЫ И ЖУРНАЛЫ ВЪ НАРОДНОЙ СРЕДѢ.

Въ послѣднее время въ средѣ народа все сильнѣе и сильнѣе ощущается новая, еще недавно почти совершенно неизвѣстная ему потребность въ области чтенія — *потребность въ газетѣ*.

Что касается такъ-называемыхъ толстыхъ журналовъ, то они почти совсѣмъ не встрѣчаются среди крестьянскаго населенія. Лично намъ приходилось встрѣчать эти журналы лишь среди молоканъ Самарской, Саратовской и нѣкоторыхъ другихъ губерній. Это было въ началѣ 80-хъ годовъ, когда наши журналы изобиловали статьями по вопросу о религіозныхъ движеніяхъ, по сектантству и расколу; эти-то именно статьи и служили приманкою для зажиточныхъ молоканъ, охотно выписывавшихъ толстые, дорого стоющіе журналы: «Русскую Мысль», «Отечественныя Записки» и т. п.

Масса же крестьянскаго населенія до сихъ поръ не имѣетъ и малѣйшаго представленія о журналѣ. По словамъ одной учительницы Московскаго уѣзда, «наши крестьяне не любятъ читать журналовъ; они любятъ читать только такія книги, начало и конецъ которыхъ заключается въ одномъ переплетѣ».

Совсѣмъ другое дѣло — газеты, какъ ежедневныя, такъ и еженедѣльныя. Газета сравнительно весьма недавно проникла въ деревню, но кругъ ея читателей въ крестьянской средѣ съ каждымъ годомъ растетъ все болѣе и болѣе. По свѣдѣніямъ московскаго статистическаго отдѣленія, крестьянами Московской губерніи въ 1883 году выписалось до 350 экземпляровъ газетъ разныхъ названій. Слѣдуетъ замѣтить, что въ этомъ числѣ не значатся газеты, выписываемыя волостными правленіями какъ добровольно, такъ и обязательно. *Около половины* всего числа экземпляровъ выписывается мѣстными сельскими трактирщиками для чтенія публики, посѣщающей трактиры и нерѣдко проводящей въ нихъ цѣлые дни.

Выписываніе газетъ трактирами и чтеніе ихъ здѣсь сельскою публикой представляетъ собою явленіе новое, почти не встрѣчавшееся десять лѣтъ тому назадъ. Содержатели трактировъ и питейныхъ заведеній подмѣтили, что мужикъ началъ интересоваться чтеніемъ, что у него возникаетъ потребность въ этомъ чтеніи; вмѣстѣ съ тѣмъ, они видятъ, конечно, что «удовлетворить эту потребность собственными средствами онъ не можетъ, а потому и порѣшили давать ему духовную пищу даромъ и тѣмъ привлекать къ болѣе частому посѣщенію своихъ заведеній и болѣе продолжительному пребыванію въ нихъ. Разсчетъ, конечно, вполнѣ вѣрный: лишніе посѣтители, привлекаемые газетой, сторицею окупятъ стоимость ея [1]). Но тутъ невольно является другой вопросъ: окупитъ-ли польза и удовольствіе, выносимыя мужикомъ изъ чтенія газеты, тѣ расходы, которые онъ волей-неволей долженъ сдѣлать, сидя въ трактирѣ или въ питейномъ заведеніи? Во всякомъ случаѣ, нельзя не признать, что мужику слишкомъ дорого приходится расплачиваться за возможность прочесть газету.

Другая половина изъ означеннаго числа газетъ (350) выписывается крестьянами, конечно, болѣе зажиточными, для домашняго чтенія. Большинство выписывающихъ газеты крестьянъ занимаются торговлею или же содержатъ различныя промышленныя (кустарныя) заведенія. Крестьяне малозажиточные, занимающіеся однимъ земледѣліемъ, не могутъ, разумѣется, выписывать газетъ; однако, и у нихъ можно встрѣтить отдѣльные нумера разныхъ газетъ, покупаемые ими при поѣздкахъ на станціи желѣзныхъ дорогъ или въ Москву. Такихъ особенно много въ ближайшихъ къ Москвѣ и къ станціямъ желѣзныхъ дорогъ селеніяхъ.

---

[1]) Народное образованіе въ Московской губерніи.

«Крестьяне-угольщики [1]),— сообщаетъ учитель Кутменевскаго училища, Верейскаго уѣзда,— иногда привозятъ изъ Москвы нумерки газетки («Листокъ»), и это цѣлое событіе: всѣ сходятся слушать».

«Крестьяне-сѣнники [2]) часто покупаютъ въ Москвѣ отдѣльные нумера газетъ и привозятъ ихъ въ деревню» (Быковской волости, Бронницкаго уѣзда) и т. д. Между прочимъ, любопытенъ слѣдующій фактъ, сообщенный учителемъ Кривошеиновскаго училища, Рузскаго уѣзда: «Крестьянинъ деревни Анолыщины, Ѳедоръ Голубевъ, платитъ мѣстному трактирщику 2 р. въ годъ за право брать у него на домъ и читать газету».

Какія же газеты чаще и охотнѣе всего выписываются и читаются крестьянскимъ населеніемъ? Къ сожалѣнію, скудный запасъ данныхъ по этому вопросу лишаетъ возможности отвѣтить на него сколько-нибудь удовлетворительно. Мы можемъ привести списокъ періодическихъ изданій, которыя выписывались крестьянами Московской губерніи въ 1883 году:

«Московскій Листокъ».	44	экземпляра.
«Русскія Вѣдомости».	32	»
«Современныя Извѣстія	31	»
«Сельскій Вѣстникъ».	27	»
«Нива».	22	»
«Московскія Вѣдомости».	13	»
«Газета Гатцука».	12	»
«Свѣтъ».	12	»
«Лучъ».	6	»
«Русскій Курьеръ».	6	»
«Радуга».	4	»
«Ребусъ».	2	»
«Петербургская Газета».	2	»
«Петербургскій Листокъ».	1	»
«Новое Время».	1	»

[1]) Занимающіеся возкой и продажей угля.
[2]) Продавцы сѣна на московскихъ рынкахъ.

«С.-Петербургскія Вѣдомости» . . . . 1 экземпляръ
«Модный свѣтъ» . . . . 1 »
«Развлеченіе» . . . . 1 »

                          Всего 218 экземпл. [1]).

Изъ этого списка, прежде всего, видно явное предпочтеніе, которое отдается крестьянами Московской губерніи газетамъ, выходящимъ въ Москвѣ. Это, конечно, вполнѣ понятно и естественно, но нельзя не выразить сожалѣнія по поводу того обстоятельства, что самою распространенною газетой среди крестьянъ является «Московскій Листокъ». И это замѣчается не въ одной только Московской губерніи, но и въ нѣкоторыхъ другихъ, особенно сосѣднихъ и близкихъ къ Москвѣ. Вообще не можетъ подлежать сомнѣнію фактъ огромнаго распространенія и популярности этой газеты въ средѣ сельскаго и особенно низшихъ слоевъ городского населенія. Главная причина такого успѣха, по нашему мнѣнію, заключается въ той легкой, удобочитаемой формѣ, въ какой излагаются статьи, очерки и разсказы, помѣщаемые въ этой газетѣ. Благодаря этому, она является вполнѣ доступной для всякаго дворника, рабочаго, кустаря и т. д.

Крестьяне Новгородской губерніи, по свѣдѣніямъ, собраннымъ чрезъ сельскихъ учителей, выписывали въ 1884—1885 году слѣдующіе журналы и газеты:

«Сельскій Вѣстникъ» . . . . 33 экземпл.
«Свѣтъ» . . . . 21 »
«Нива» . . . . 13 »
«Петербургская Газета» . . . . . . 10 »
«Сынъ Отечества» . . . . 7 »
«Новое Время» . . . . 5 »
«Новости» . . . . 5 »
«Лучъ» . . . . 5 »
«Вѣстникъ Краснаго Креста» . . . 5 »

---

[1]) Изъ 350 экземпляровъ, значащихся въ свѣдѣніяхъ, собранныхъ московскимъ статистическимъ отдѣленіемъ, названія газетъ обозначены только въ 21 случаяхъ.

«Минута»	5	экземпл.
«Газета Гатцука»	3	»
«Московскій Листокъ»	1	»
«Живописное Обозрѣніе»	1	»
«Вокругъ Свѣта»	1	»
«Всеобщая Газета»	1	»
«Шутъ»	1	»
«Нева»	1	»
«Иллюстрированный Міръ»	1	»
«Радуга»	1	»

Всего 120 экземпл. [1]).

Изъ Петербурга недавно сообщали газеты, что, въ виду все усиливающагося среди рабочихъ спроса на книги и газеты, конторы нѣсколькихъ наиболѣе крупныхъ заводовъ и фабрикъ, находящихся за Невскою заставой, открыли у себя подписку на газеты и журналы на самыхъ льготныхъ условіяхъ. Такъ, напримѣръ, контора одного завода выписываетъ до 100 экземпляровъ «Нивы», за которую взимаетъ съ подписчиковъ-рабочихъ по 40 коп. въ мѣсяцъ. Рабочіе съ особенною охотой подписываются на иллюстрированные журналы, дающіе въ премію олеографіи, которыми они украшаютъ стѣны своихъ незатѣйливыхъ помѣщеній. Развивается также любовь и къ серьезному чтенію. Бываетъ, что нѣсколько человѣкъ въ складчину выписываютъ какую-нибудь большую политическую газету.

Лѣтомъ 1888 года мнѣ, между прочимъ, пришлось посѣтить слободу Мстеру, Вязниковскаго уѣзда, Владимірской губерніи, и я воспользовался этимъ, чтобы собрать свѣдѣнія о количествѣ періодическихъ изданій, получаемыхъ мѣстнымъ населеніемъ и въ частности—крестьянами. Это было тѣмъ болѣе интересно, что являлась возможность сравнить добытыя мною данныя съ свѣдѣніями о числѣ періодическихъ изданій, получавшихся въ томъ же районѣ шестнадцать лѣтъ тому назадъ, въ 1872 году. Свѣдѣнія за 1872

---

[1]) «Очеркъ народнаго образованія въ Новгородской губ.». Новгородъ, 1897 г.

год были собраны И. А. Голышевым, постоянно живущим в слободе Мстере, и напечатаны во «Владимирских Губернских Ведомостях» (1872 г., № 11).

По словам г. Голышева, въ 60-хъ годахъ въ Мстере никто ничего не получал, не выписывал; когда онъ устроилъ библиотеку при рисовальной школе, то многіе не хотели ходить читать, считая это прямо грехомъ. Въ 1872 году чрезъ Мстерское почтовое отделеніе получались следующія изданія:

«Сынъ Отечества».	4	экземпляра
«Владимірскія Губернскія Ведомости»	4	»
«Русскія Ведомости».	3	»
«Северное Сіяніе».	2	»
«Христіанское Чтеніе».	2	»
«Московскія Ведомости».	2	»
«Деятельность».	2	»
«Воскресный Досугъ».	2	»
«Биржевыя Ведомости».	1	»
«Вечерняя Газета».	1	»
«Воскресное Чтеніе».	1	»
«Казанскій Биржевой Листокъ».	1	»
«Нива».	1	»
«Отечественныя Записки».	1	»
«Русскій Вестникъ».	1	»
«Развлеченіе».	1	»
«Русскій Инвалидъ».	1	»
«Русскій Базаръ».	1	»
«Современныя Известія».	1	»
«Современность».	1	»
«Сенатскія Ведомости».	1	»
«Указатель Министерства Финансовъ».	1	»
«Детское Чтеніе».	1	»

Всего 23 названія въ 36 экземплярахъ.

Эти 36 экземпляровъ следующимъ образомъ распределялись между подписчиками:

Крестьяне получали . . . . 12 экземпляр.
Почетные граждане, купцы и фабриканты 10 »
Дворяне и офицеры . . . . 5 »
Духовенство¹) . . . . 5 »
Волостныя правления . . . . 3 »
_____
                                      36 экземпляр.

Это было въ 1872 году; ныне же, въ 1888 году, чрезъ Мстерское почтовое отделение выписывались следующія изданія:

«Сельскій Вѣстникъ» . . . . 17 экземпляр.
«Нива» . . . . 16 »
«Церковныя Вѣдомости» . . . . 15 »
«Свѣтъ» . . . . 13 »
«Владимірскія Епарх. Вѣдомости» . . 12 »
«Сынъ Отечества» . . . . 8 »
«Московскій Листокъ» . . . . 7 »
«Иллюстрированный Міръ» . . . . . . 4 »
«Владимір. Губер. Вѣдомости» . . . . 4 »
«Лучъ» . . . . 3 »
«Родина» . . . . 3 »
«Русскія Вѣдомости» . . . . 2 »
«Нижегород. Биржевой Листокъ» . . 2 »
«Новое Время» . . . . 2 »
«Московскія Вѣдомости» . . . . 1 »
«Петербургскій Листокъ» . . . . 1 »
«Развлеченіе» . . . . 1 »
«Вокругъ Свѣта» . . . . 1 »
«Сѣверъ» . . . . 1 »
«Русскій Курьеръ» . . . . 1 »
«Стрекоза» . . . . 1 »
«Сверчокъ» . . . . 1 »
«Неделя» . . . . 1 »

_____
¹) При этомъ не указано количество получаемыхъ экземпляровъ «Владимірскихъ Епарх. Вѣдомостей», такъ какъ онѣ выписываются духовенствомъ «болѣе или менѣе обязательно».

«Живописное Обозрѣніе» . . . . . . 1 экземпляръ
«Воскресенье» кн. Мещерскаго . . . 1 »
«Русскій Паломникъ» . . . . 1 »
«Школа» . . . . 1 »
«Церковно-приходская Школа» . . . 1 »
«Церковный Вѣстникъ» . . . . . . 1 »
«Христіанское Чтеніе» . . . . . . 1 »
«Руководство для сельскихъ пастырей» 1 »
«Врачъ» . . . . 1 »
«Клиническая Газета» . . . . . . 1 »
«Практическая Медицина» . . . . . 1 »
«Вѣстникъ Псковскаго Земства» . . . 1 »
«Судебная Газета» . . . . 1 »
«Вѣдом. справ. о судимости» . . . . 1 »
«С.-Петерб. Сенатскія Вѣдомости» . . 1 »
«С.-Петерб. Сенатскія Объявленія» . 1 »
«Листокъ книжныхъ объявленій» . . 1 »

Всего 40 названій въ 134 экземплярахъ.

Исключивъ изъ этого числа 12 экземпляровъ «Владимірскихъ Епархіальныхъ Вѣдомостей», такъ какъ эти «вѣдомости» не значились и въ свѣдѣніяхъ за 1872 годъ, получимъ 122 экземпляра. Такимъ образомъ, количество періодическихъ изданій, получаемыхъ населеніемъ мстерскаго района въ теченіе послѣднихъ 15 лѣтъ, увеличилось *болѣе чѣмъ въ три раза*. По сословіямъ подписчики получаемыхъ изданій распредѣлялись слѣдующимъ образомъ:

1) Крестьяне . . . . 57 экземпляровъ
2) Церковные причты и духовенство . . 33 *) »
3) Волостныя правленія . . . . . . 17 »
4) Дворяне, чиновники, разночинцы . . 16 »

---

*) За исключеніемъ изъ этого числа 12 экземпляровъ «Владимірскихъ Епархіальныхъ Вѣдомостей»,—получимъ 21.

5) Почетные граждане, купцы, фабриканты . . . . 11 экземпляров.

134 экземпляра.

Въ 1872 году, какъ мы видѣли, крестьяне выписывали лишь 12 экземпляровъ, теперь же—57, слѣдовательно, число выписываемыхъ ими журналовъ и газетъ за послѣднія 15 лѣтъ увеличилось почти въ пять разъ. Приводимъ здѣсь списокъ изданій, которыя выписывались именно крестьянами въ теченіе 1888 года:

«Свѣтъ»	11	экземпляровъ.
«Нива»	11	»
«Сынъ Отечества»	6	»
«Московскій Листокъ»	6	»
«Сельскій Вѣстникъ»	4	»
«Иллюстрированный Міръ» . . .	3	»
«Нижегородскій Биржевой Листокъ»	2	»
«Родина»	2	»
«Русскій Курьеръ»	1	»
«Лучъ»	1	»
«Воскресенье», кн. Мещерскаго .	1	»
«Сверчокъ»	1	»
«Новое Время»	1	»
«Петербургскій Листокъ» . . .	1	»
«Развлеченіе»	1	»
«Вокругъ Свѣта»	1	»
«Школа»	1	»
«Живописное Обозрѣніе»	1	»
«Русскій Паломникъ»	1	»
«Судебная Газета»	1	»

Всего 20 названій въ 57 экземплярахъ.

На основаніи приведенныхъ нами данныхъ о количествѣ журналовъ и газетъ, выписываемыхъ крестьянами въ разныхъ губерніяхъ Россіи, мы вправѣ установить слѣдующій выводъ: крестьянское населеніе особенно охотно выписываетъ, во-первыхъ, дешевыя ежедневныя изданія, вродѣ «Свѣта» г. Комарова; во-вторыхъ, газеты мелкой прессы, вродѣ «Московскаго Листка» г. Пастухова, «Петербургской Газеты», «Минуты» и т. п., и, въ-третьихъ, иллюстрированныя изданія, вродѣ «Нивы» г. Маркса, «Луча» г. Окрейца и т. д.

О томъ, насколько всѣ эти изданія въ состояніи удовлетворить требованія и вкусы народа, а также насколько желательно широкое распространеніе ихъ въ народной средѣ — мы предоставляемъ судить самимъ читателямъ. Со своей стороны мы замѣтимъ только, что распространеніе въ народѣ такихъ изданій мелкой прессы, какимъ является, напримѣръ, «Московскій Листокъ» г. Пастухова, ничего, кромѣ явнаго вреда, не можетъ принести народу, такъ какъ весь успѣхъ подобныхъ газетъ основанъ на такихъ пріемахъ, которые невольно возмущаютъ сколько-нибудь развитое нравственное чувство. Правдивую оцѣнку нравственнаго вліянія, оказываемаго мелкой прессой вообще и «Московскимъ Листкомъ» въ частности недавно сдѣлалъ г. Меньшиковъ въ статьяхъ, помѣщенныхъ въ «Книжкахъ Недѣли».

Мысль о необходимости изданія народныхъ газетъ и журналовъ, т.-е. особыхъ періодическихъ органовъ для народа, высказывалась у насъ уже давно. Такъ, напримѣръ, еще въ 50-хъ годахъ устроители воскресныхъ школъ очень рѣшительно высказывались въ этомъ смыслѣ. Съ тѣхъ поръ было предпринято не мало попытокъ издавать народные журналы и газеты, но почти всѣ эти попытки не имѣли сколько-нибудь значительнаго успѣха [1], по винѣ, главнымъ образомъ, самихъ же руководителей подобныхъ изданій, приступавшихъ къ этому важному и трудному дѣлу безъ достаточной подготовки, безъ надлежащаго

---

[1] Объ этихъ попыткахъ подробно писала Е. С. Некрасова въ статьяхъ, помѣщенныхъ въ «Русской Мысли»: «Были-ли у насъ газеты для народа?» и «Журналы для народа».

знанія той среды, въ интересахъ которой предпринимались самыя изданія.

Нѣсколько лѣтъ тому назадъ изданіе народной газеты задумывалъ предпринять графъ Л. Н. Толстой, но замысламъ этимъ почему-то не суждено было осуществиться. Затѣмъ покойный В. И. Орловъ также указывалъ на необходимость «созданія такого газетнаго органа, который былъ бы приноровленъ къ потребностямъ сельской жизни и мысли и доступенъ населенію по цѣнѣ». Такой органъ, по мнѣнію покойнаго изслѣдователя, принесъ бы огромную пользу народному просвѣщенію,—конечно, въ томъ случаѣ, если бы онъ не задавался коммерческими цѣлями, а честно бы служилъ распространенію среди населенія началъ христіанской любви, расширенію кругозора народной мысли и умноженію различныхъ практическихъ знаній.

Насколько великъ въ народѣ запросъ на подобнаго рода изданія, лучше всего доказываетъ огромный успѣхъ существующихъ теперь дешевыхъ газетъ вродѣ «Сельскаго Вѣстника», «Свѣта» и т. п., хотя эти изданія заставляютъ желать, конечно, очень многаго съ точки зрѣнія программы, намѣченной В. И. Орловымъ. Тѣмъ не менѣе, несмотря на всю неудовлетворительность этихъ изданій, они расходятся съ замѣчательною быстротой и въ огромномъ количествѣ экземпляровъ. Почти ежегодно, начиная съ іюля мѣсяца, въ каждомъ № «Сельскаго Вѣстника» появляется слѣдующее объявленіе: «Все число экземпляровъ «Сельскаго Вѣстника», печатавшееся въ нынѣшнемъ году, въ настоящее время *уже разошлось по подпискѣ*, а потому пріемъ подписки на эту газету на сей годъ прекращается. За симъ, полученныя отъ новыхъ подписчиковъ подписныя деньги будутъ имъ возвращаемы, за вычетомъ почтовыхъ расходовъ».

Какъ извѣстно, «Сельскій Вѣстникъ» издается съ 1881 года при «Правительственномъ Вѣстникѣ» подъ редакціею г. Богушевича и выходитъ еженедѣльно тетрадками около двухъ печатныхъ листовъ. Несмотря на свои крупные недостатки: въ высшей степени сухой, оффиціальный тонъ помѣщаемыхъ въ немъ статей, крайне неудовлетворительную внѣшность, мелкій, неразборчивый шрифтъ и т. д., «Сельскій Вѣстникъ» въ 1893 году расходился въ количествѣ свыше 50.000 экземпляровъ, причемъ имѣлъ платныхъ подписчиковъ до 35.000, а безплатныхъ, по числу волостей—15.465. Одно время въ этой газетѣ дѣятельное участіе принимали теперь покойный С. Я. Капустинъ и извѣстный писатель по сельскому хозяйству г. Котельниковъ. Участію этихъ лицъ «Сельскій Вѣстникъ» въ значительной степени обязанъ тѣмъ успѣхомъ, какимъ онъ пользуется въ настоящее время среди крестьянскаго населенія. Газета «Свѣтъ», стоющая четыре рубля въ годъ, печатается въ количествѣ 60 тысячъ экземпляровъ, причемъ главную массу подписчиковъ этой газеты составляютъ опять-таки крестьяне.

Всѣ эти факты какъ нельзя лучше показываютъ, насколько назрѣлъ въ настоящее время вопросъ о необходимости періодическаго изданія для народа. Пора, давно пора людямъ, искренно сочувствующимъ народнымъ нуждамъ, серьезно подумать объ удовлетвореніи этой потребности. Это тѣмъ болѣе необходимо что для удовлетворенія назрѣвшей потребности выступаютъ, какъ мы видѣли, такіе элементы, отъ которыхъ менѣе всего можно ожидать, что они въ своихъ органахъ будутъ проводить «разумное, доброе, вѣчное». Между тѣмъ именно эти-то элементы и обнаруживаютъ въ настоящее время особенную энергію. Такъ, съ 1894 года началъ выходить новый журналъ для народа «Русь» извѣстнаго князя Мещерскаго, редактора пресловутаго «Гражданина». Не трудно себѣ представить, что можетъ внести въ народное сознаніе органъ, предпринятый такимъ лицомъ, какъ редакторъ «Гражданина», съ его извращенными взглядами на просвѣщеніе, умственное и нравственное развитіе личности и человѣческое достоинство.

НАРОДНЫЯ БИБЛІОТЕКИ И ЧИТАЛЬНИ.

I.

Городскія народныя читальни.

И такъ, не подлежитъ никакому сомнѣнію, что потребность въ чтеніи въ средѣ народа съ каждымъ годомъ сказывается все громче и настоятельнѣе. О существованіи этой потребности единогласно свидѣтельствуютъ изслѣдованія земскихъ статистиковъ и частныхъ лицъ, изучающихъ народную жизнь въ разныхъ мѣстахъ Россіи. Объ этомъ же въ одинъ голосъ заявляютъ учители, священники, помѣщики и вообще всѣ тѣ лица, которыя болѣе или менѣе близко стоятъ къ народу и имѣютъ возможность и желаніе непосредственно наблюдать его.

Что же сдѣлано для удовлетворенія этой насущной потребности? Къ сожалѣнію, крайне мало. Забота объ улучшеніи экономическаго положенія народа, казалось всецѣло поглотила вниманіе интеллигентнаго общества и не давала времени подумать о нуждахъ и интересахъ народа въ области умственной, интеллектуальной жизни. Только въ самое послѣднее время въ обществѣ все яснѣе замѣчается стремленіе придти на помощь народу по части удовлетворенія его умственныхъ интересовъ и запросовъ.

Въ доказательство того, какъ вообще мало заботились мы до сихъ поръ объ удовлетвореніи этого рода интересовъ, лучше всего можетъ служить тотъ фактъ, что до самаго послѣдняго времени ни Петербургъ, ни Москва не имѣли ни одной народной читальни. Первая народная читальня въ Москвѣ открыта въ 1885 г. на средства, пожертвованныя В. А. Морозовою, въ память И. С. Тургенева. Затѣмъ въ 1888 году московскою городскою думой открыта была вторая читальня—въ память А. Н. Островскаго.

Вслѣдъ затѣмъ и петербургское городское управленіе положило начало устройству народныхъ читаленъ, приноровленныхъ, главнымъ образомъ, для пользованія рабочаго населенія столицы. Первая безплатная народная читальня была открыта въ Петербургѣ 24 ноября 1887 года въ память А. С. Пушкина. При открытіи въ читальнѣ имѣлось до 4.000 томовъ книгъ самаго разнообразнаго содержанія: беллетристическаго, духовно-нравственнаго, историческаго и т. д. Значительная часть книгъ была пожертвована разными лицами, въ числѣ которыхъ встрѣчаемъ имена: М. Е. Салтыкова, А. Н. Пасщеева, М. П. Семевскаго, А. А. Краевскаго и др. Помѣщеніе читальни заключается въ двухъ залахъ, роскошно отдѣланныхъ, съ паркетными полами, прекрасною мебелью. Въ обѣихъ залахъ находится 5 столовъ, предназначенныхъ для занятія читающей публики. На главномъ столѣ разложены нѣкоторыя изъ ежедневныхъ петербургскихъ газетъ. Читальня открыта ежедневно по буднимъ отъ 5 часовъ пополудни до 10 часовъ вечера и по праздникамъ отъ 1 часу дня до 9 часовъ вечера. Въ первый же день открытія читальня была переполнена публикой. То и дѣло прибывали все новыя и новыя массы народа. Всѣхъ записавшихся на чтеніе книгъ въ день открытія читальни было около 100 человѣкъ. Большая часть публики состоитъ изъ простого народа.

Устройство подобныхъ читаленъ—дѣло, разумѣется, въ высокой степени полезное. Опытъ московской Тургеневской читальни наглядно показалъ, какъ быстро прививаются подобнаго рода учрежденія; но тотъ же опытъ, по нашему мнѣнію, указалъ и на слабыя стороны организаціи такихъ читаленъ. Дѣло въ томъ, что тотъ рабочій людъ (ремесленники, фабричные, прислуга, мастеровые и т. д.), для котораго, главнымъ образомъ, и предназначаются подобныя читальни, занятъ въ будни цѣлые дни съ ранняго утра и до поздняго вечера, и потому не можетъ пользоваться читальней, которая закрывается въ 9 часовъ. Такимъ образомъ, для всего этого люда «народная читальня» можетъ быть доступна только по праздникамъ. Изъ отчетовъ Тургеневской читальни можно видѣть, что главную массу ея посѣтителей составляютъ воспитанники разныхъ учебныхъ заведеній; ремесленники же, мастеровые и фабричные составляютъ сравнительно весьма небольшой процентъ общаго числа посѣтителей читальни. Для того же, чтобы доставить возможность рабочему люду пользоваться чтеніемъ въ продолженіе цѣлой недѣли, необходимо *устроить выдачу книгъ на домъ*.

Народныя читальни-библіотеки мало-по-малу начинаютъ возникать и въ провинціальныхъ городахъ. Почти одновременно съ московской Тургеневской читальней, прекрасная народная библіотека была основана въ г. Томскѣ. Исторія возникновенія этой библіотеки настолько поучительна и представляетъ такъ много интереснаго съ общественной точки зрѣнія, что мы позволимъ себѣ вкратцѣ разсказать ее здѣсь.

Народная читальня въ Томскѣ была задумана въ августѣ 1884 г. Средства, необходимыя для устройства читальни, предполагалось собрать путемъ взносовъ и пожертвованій—«кто чѣмъ можетъ». Дѣло началось съ копеекъ и рублей. Сами грамотные бѣдняки, вышедшіе изъ училищъ, почувствовали важность этой задачи и начали вносить свою лепту. Какой-то мальчикъ принесъ старыя книги и 10 коп. денегъ, какая-то старуха жертвуетъ старые канделябры. Иниціаторъ и учредитель читальни П. И. Макушинъ собираетъ гроши, откуда можетъ. Понемногу явились на помощь библіотекѣ и жертвователи солидные. Тогда началось пріобрѣтеніе народныхъ книгъ, нанято было помѣщеніе и т. п. Пожертвованія начались и изъ другихъ городовъ. И. М. Сибиряковъ предложилъ на улучшеніе и увеличеніе зданія народной читальни 4.000 руб.; далѣе, томскій купецъ С. С. Валгусовъ, сочувствуя народному образованію, построилъ для библіотеки особый каменный домъ.

Въ 1885 году въ томской народной библіотекѣ было до 1.000

названій книгъ и число подписчиковъ доходило до 440 человѣкъ. Въ числѣ ихъ были ученики начальныхъ училищъ, ученики первыхъ классовъ гимназій, ремесленники, мелочные торговцы, ихъ приказчики, прислуга, чернорабочіе. Въ семьяхъ 440 подписчиковъ было 1.913 человѣкъ и изъ нихъ грамотныхъ, пользовавшихся чтеніемъ,—834 человѣка. Въ 1886 году число подписчиковъ съ 440 возрасло до 756 человѣкъ,—цифра весьма почтенная, могущая сдѣлать честь и не такому захолустному городу, какимъ является Томскъ по сравненію съ нашими столицами. Въ послѣдніе годы—1890—1891 гг. число подписчиковъ томской библіотеки постоянно держится на цифрѣ 800 человѣкъ [1]).

При томской читальнѣ устраиваются народныя чтенія, при ней образованъ музей, устроена сцена для любительскихъ спектаклей, въ залѣ, по вечерамъ, устраиваются спѣвки и хоры съ роялемъ, купленнымъ на счетъ общества вспомоществованія, и т. д. Словомъ, мы видимъ, какъ народно-воспитательное учрежденіе весьма быстро развивается. Въ пользу читальни и общества попеченія о народномъ образованіи устраиваются въ Томскѣ гулянья, спектакли, въ читальню высылаются книги, журналы, пособія и т. д. Около читальни начали находить удовлетвореніе любознательности какъ ученики школъ, такъ и бѣдная масса населенія («Восточное Обозрѣніе» 1887 г., № 39).

Такъ создалось это прекрасное учрежденіе, безъ всякой помощи со стороны казны и города, исключительно на средства людей, искренно сочувствующихъ дѣлу народнаго развитія, и благодаря тому, что въ средѣ общества явился человѣкъ—честный, энергичный, горячо воодушевленный идеею народнаго блага. Какой прекрасный примѣръ для всѣхъ «стоящихъ и ноющихъ»

---

[1]) Примѣръ Томска не остался безъ подражаній, въ 1887 году открывается народно-общественная библіотека въ г. Ачинскѣ, по иниціативѣ Ив. М. Сибирякова, пожертвовавшаго 1.000 рублей на устройство библіотеки. Даже красноярская городская дума, въ засѣданіи 17 марта 1888 года, сдѣлала постановленіе объ устройствѣ въ городѣ безплатной библіотеки и музея, которые и были открыты. Въ 1889 году открылась народная читальня въ г. Омскѣ, затѣмъ подобныя же библіотеки были учреждены въ Барнаулѣ, Енисейскѣ и Тобольскѣ.

и не находящихъ себѣ дѣла! А между тѣмъ дѣла такъ много— хорошаго, живого, неотложнаго дѣла... [*]).

Въ 1888 году въ г. Тифлисѣ возникла народная библіотека, устроенная кружкомъ учительницъ, во главѣ котораго стояла О. В. Кайданова. Но подробнѣе объ этой библіотекѣ мы скажемъ въ статьѣ «Частная иниціатива въ дѣлѣ народнаго образованія».

19-го февраля 1891 г. въ г. Одессѣ открыта народная безплатная читальня, сооруженная на средства городского головы Г. Г. Маразли. Потребность въ такомъ учрежденіи ощущалась давно, такъ какъ въ Одессѣ до тѣхъ поръ не было ни одной даже платной читальни. Между тѣмъ спросъ на газеты и журналы среди рабочаго люда очень большой; напримѣръ, въ чайныхъ трактирахъ, вслѣдствіе требованія посѣтителей, преимущественно простонародья, выписывается по 10—30 экземпляровъ газетъ. При открытіи читальни городомъ было ассигновано единовременно на пріобрѣтеніе книгъ 1,000 рублей и, затѣмъ, назначена ежегодная субсидія въ 300 руб. Эта сумма, съ присоединеніемъ къ ней еще 200 руб., пожертвованныхъ Г. Г. Маразли, послужила для пріобрѣтенія «фундаментальной библіотеки».

Изъ отчета читальни за 1892 годъ видно, что всѣхъ посѣтителей въ теченіи года было болѣе 7½ тысячъ, изъ нихъ больше

---

[*]) У насъ далеко еще не всѣ губернскіе города имѣютъ свои общественныя публичныя библіотеки. Лучшія общественныя библіотеки мы можемъ указать въ слѣдующихъ губернскихъ городахъ: въ Нижнемъ-Новгородѣ (благодаря заботамъ покойнаго А. С. Гацискаго и г. Бониескаго), въ Воронежѣ (благодаря дѣятельности цѣлаго кружка лицъ, группирующихся около г-жи Федяевской), затѣмъ — въ Харьковѣ, Херсонѣ, Одессѣ, Саратовѣ, Симбирскѣ, Вяткѣ, Перми. Объ уѣздныхъ городахъ и говорить нечего, — если въ нихъ и встрѣчаются библіотеки, то по большей части онѣ состоятъ чуть не исключительно изъ разныхъ переводныхъ и русскихъ романовъ — преимущественно уголовныхъ и раздражительныхъ. Само собою понятно, что подобныя библіотеки не могутъ имѣть никакого воспитательнаго, цивилизующаго значенія. Необходимо, однако, замѣтить, что въ послѣднее время и въ нѣкоторыхъ уѣздныхъ городахъ начинаютъ устраиваться публичныя библіотеки, вполнѣ удовлетворяющія своему назначенію. Такая библіотека недавно возникла, напримѣръ, въ г. Богородицкѣ, Тульской губерніи, по иниціативѣ одного изъ мѣстныхъ земскихъ дѣятелей П. Л. Яковлева, затѣмъ въ г. Вязьмѣ, Смоленской губ., и т. д.

1½ тысячи приходится на долю женскаго пола. Число всѣхъ посѣщеній читальни достигло до 67 тысячъ, а книгъ было выдано свыше 88.000. Такъ какъ одесская читальня еще очень не богата книгами (1.561 томъ), то каждая книга, въ среднемъ за 1892 годъ, побывала въ рукахъ читателя больше 56 разъ, а были книги, выдававшіяся свыше 500 разъ. Усерднѣе и больше всего читались книги по отдѣлу словесности (до ³/₄ общаго числа), причемъ чаще всего спрашивались сочиненія Тургенева, Гоголя, Вальтеръ-Скотта, Диккенса и др., затѣмъ слѣдуютъ періодическія изданія, исторія, географія, естествознаніе и книги духовнаго содержанія.

Главными посѣтителями читальни были учащіеся (58%), за ними слѣдуютъ лица, занимающіяся дома (21%), ремесленники (10%) и торговцы (6%); лица свободныхъ профессій и служащіе дали по 2% всѣхъ посѣтителей, а прислуга — менѣе 1%. Изъ числа учащихся посѣщали читальню главнымъ образомъ ученики низшихъ школъ; среднія и спеціальныя учебныя заведенія дали немного больше пятой части посѣтителей изъ учащихся, а изъ высшихъ учебныхъ заведеній было всего 9 лицъ, занимавшихся въ читальнѣ. Читальня была открыта въ 1892 году 360 дней, такъ что, среднимъ числомъ, въ ней бывало въ день до 186 посѣщеній, а были дни, когда насчитывалось въ ней до 400 посѣтителей, хотя здѣсь одновременно могутъ читать лишь 82 человѣка; иногда желающіе читать толпились у входной двери, ожидая очереди. Общій годовой расходъ по содержанію читальни въ 1892 году равнялся 2.790 руб., такимъ образомъ годовой посѣтитель обошелся городу въ 36½ коп., а каждое посѣщеніе немного больше 4 коп.

Въ томъ же 1891 году въ г. Харьковѣ открыта первая безплатная читальня мѣстнымъ обществомъ распространенія грамотности. Помѣщеніе читальни занимаетъ три заново отдѣланныхъ комнаты. На открытіи присутствовали: попечитель учебнаго округа, городской голова, предсѣдатель правленія общества грамотности, профессора университета и др. лица. Въ день открыту читальню посѣтили 54 человѣка по преимуществу учащихся низшихъ учебныхъ заведеній и мастеровыхъ [1]). Приведемъ здѣсь наиболѣе интересныя свѣдѣнія, сообщаемыя о харьковской читальнѣ г-жей Новицкой.

Иниціатива устройства читальни принадлежитъ Л. Е. Ефимовичъ, которая представила докладъ мѣстному обществу распространенія грамотности о крайней необходимости читальни. Собраніе согласилось съ докладомъ, и подъ предсѣдательствомъ проф. В. Я. Данилевскаго былъ избранъ комитетъ для устройства ея. Распорядительницею читальни была назначена Л. Е. Ефимовичъ. На другой день послѣ этого постановленія въ комитетъ стали поступать пожертвованія какъ деньгами, такъ и книгами для добраго дѣла. Большинство пожертвованій состояло изъ скромныхъ рублевокъ, а подчасъ и просто серебряныхъ и мѣдныхъ монетъ. Жертвовались также разрозненные томики дешевыхъ изданій русскихъ классиковъ, зачитанныя дѣтскія и такъ называемыя копеечныя «народныя» книжки, пришедшія въ ветхость, иллюстрированныя изданія и т. п. Работа въ комитетѣ закипѣла. Нужно было разобрать книги, выработать правила, получить разрѣшеніе отъ трехъ вѣдомствъ: учебнаго, духовнаго и министерства внутреннихъ дѣлъ, приспособить помѣщеніе, безплатно отведенное обществомъ въ одномъ изъ принадлежащихъ ему домовъ, собрать денежныя средства для необходимой обстановки и выписки книгъ, а также пригласить персоналъ сотрудницъ.

Наконецъ, 1-го декабря 1891 г. читальня была открыта и стала быстро богатѣть и общественнымъ сочувствіемъ, и деньгами. Читальня открывается ежедневно съ 11 часовъ утра до 8 ч. вечера круглый годъ. Въ 1892 году ее посѣтило 3.475 человѣкъ, сдѣлавшихъ 28.830 посѣщеній. Этимъ посѣтителямъ впродолженіи отчетнаго года было выдано 30 тысячъ книгъ, 11 тысячъ иллюстрированныхъ изданій и до 7.000 газетъ. Главный составъ читателей: дѣти и подростки изъ мѣщанъ и крестьянъ,

---

[1]) «Правител. Вѣстникъ», 1891 г. № 265.

обучающіеся дома и въ народныхъ школахъ ремесленники и рабочіе на мѣстныхъ фабрикахъ и заводахъ. Зимою преобладаютъ малолѣтки, лѣтомъ — взрослые.

Надо замѣтить, что въ Харьковѣ давно существуетъ превосходная общественная библіотека съ безплатнымъ кабинетомъ для чтенія. Доступъ въ этотъ кабинетъ не сопряженъ ни съ какими затрудненіями даже для простонародья. Однако, несмотря на доступность этого кабинета, онъ бываетъ биткомъ набитъ, главнымъ образомъ, интеллигенціею: студенты, профессора, чиновники, учителя, военные, дамы и проч.; но, ни блузы фабричнаго рабочаго, ни грубыхъ рукъ мастерового, ни покрытой платочкомъ головы молоденькой швеи, ни подростка, принадлежащаго къ многочисленному классу «пѣвчихъ», вы здѣсь никогда не встрѣтите. Вотъ эту-то публику и заманила къ себѣ народная читальня.

«Молодежь дѣйствительно льнетъ къ народной читальнѣ — говоритъ г-жа Новицкая. — Все ихъ здѣсь привлекаетъ: и свѣтлыя, чистыя, большія комнаты, къ вечеру ярко освѣщаемыя прекрасными лампами, и «обходительныя барышни», какъ зачастую называютъ эти посѣтители симпатичный кружокъ интеллигентныхъ женщинъ, одухотворенныхъ одною идеею и сплоченныхъ въ единомыслящій кружокъ, и ласковое обращеніе, и интересныя книжки» [1]. Живое участіе въ дѣятельности харьковской читальни принимаютъ также профессора мѣстнаго университета: В. Я. Данилевскій, А. Н. Стояновъ и Д. И. Багалѣй.

17 января 1893 года состоялось открытіе безплатной народной библіотеки-читальни имени И. А. Гончарова въ г. Симбирскѣ. Здѣсь дѣло началось также безъ всякихъ средствъ. Устроители библіотеки — г-жи А. А. Знаменская и А. Н. Сахарова — задумавъ учредить народную читальню, обратились къ обществу съ приглашеніемъ къ пожертвованіямъ на это дѣло какъ деньгами, такъ и книгами. На это приглашеніе отозвались многія частныя

---

[1] «Недѣля», 1893 г., № 27.

лица, редакціи періодическихъ изданій и т. д. Всего въ теченіи перваго года получено было 869 рублей деньгами (въ томъ числѣ отъ Великой Княгини Екатерины Михаиловны 150 рублей), и книгами 1.367 томовъ. Городъ также пришелъ на помощь полезному начинанію, назначивъ съ своей стороны ежегодную субсидію въ 300 рублей. Въ теченіи года библіотека имѣла 804 читателя. Замѣчательно, что, несмотря на отсутствіе залога, за все время было не возвращено лишь 3—4 книги.

Въ г. Казани также проектируется устройство народной читальни, объ открытіи которой тамъ хлопочетъ профессоръ университета г. Александровъ.

II.

Сельскія народныя библіотеки.

Переходя изъ городовъ въ села и деревни, мы прежде всего должны замѣтить, что сельскія народныя библіотеки появляются у насъ также лишь въ самое недавнее время, а именно не ранѣе 70-хъ годовъ. Библіотеки эти возникаютъ по иниціативѣ земствъ — какъ уѣздныхъ, такъ и губернскихъ. До введенія земскихъ учрежденій у насъ, можно сказать, совсѣмъ не существовало сельскихъ народныхъ библіотекъ. Едва-ли не единственнымъ исключеніемъ изъ этого правила является вязовская сельская библіотека, существующая въ селѣ Вязовкѣ, Вольскаго уѣзда, Саратовской губерніи съ 1861 года. Думаемъ, что для читателей будетъ небезъинтересно поближе познакомиться съ этой единственной въ своемъ родѣ библіотекой. Учреждена она была по иниціативѣ тайнаго совѣтника А. Ө. Раева и мѣстнаго священника Соринскаго; при открытіи библіотеки крестьяне пожертвовали по подпискѣ 39 рублей, а г. Раевъ и священникъ подарили книги. Попечителемъ библіотеки до сихъ поръ состоитъ г. Раевъ, а библіотекаремъ крестьянинъ села Вязовки Лутогинъ. За свою полезную дѣятельность кр-нъ Лутогинъ получилъ, нѣсколько лѣтъ тому назадъ, отъ С.-Петербургскаго комитета грамотности большую серебряную медаль. Библіотека постепенно пополняется книгами, которыя жертвуютъ частныя лица, мѣстные крестьяне, а также нѣкоторыя учрежденія, какъ, напримѣръ, комитеты грамотности, ученыя общества и т. д. Текущіе же расходы по библіотекѣ: переплетъ книгъ, пріобрѣтеніе шкафовъ, жалованье библіотекарю и проч.,—покрываются изъ ежегодныхъ ассигновокъ сельскимъ обществомъ отъ 25—30 рублей и частныхъ пожертвованій. Осенью 1886 года вязовское общество торжественно отпраздновало 25-ти-лѣтній юбилей библіотеки, а въ 1891 году волостной сходъ въ память событія 17-го октября единовременно пожертвовалъ 100 рублей на покупку книгъ. Въ теченіе 1890 г. услугами библіотеки пользовалось 1,495 человѣкъ, которые прочли 1,739 книгъ. Отъ начала же своего существованія до 1890 г. библіотека насчитываетъ 12,763 читателей, получившихъ 16,347 книгъ [1]. Управляется библіотека согласно особаго устава, который выработанъ самимъ обществомъ [2].

Болѣе или менѣе систематическія заботы земства объ открытіи народныхъ библіотекъ совпадаютъ съ началомъ 80-хъ годовъ, когда, благодаря дѣятельности земской школы, въ селахъ и деревняхъ образовался достаточный контингентъ грамотнаго люда. Такъ, напримѣръ, въ Московской губерніи, съ 1880 года при земскихъ школахъ начинаютъ устраиваться библіотеки, предназначаемыя для внѣкласснаго чтенія учениковъ и другихъ лицъ мѣстнаго населенія. Чтобы указать, насколько быстро росло число устраиваемыхъ библіотекъ при земскихъ школахъ въ различныхъ уѣздахъ, приведемъ здѣсь данныя относительно 1882—1883, 1886—1887 и 1890—1891 учебныхъ годовъ.

---

[1] «Саратовскій Дневникъ», 1892 г., № 17.
[2] Уставъ Вязовской библіотеки читатель найдетъ въ приложеніи къ этой книгѣ.

	Московскій.	Богородскій.	Бронницкій.	Верейскій.	Подольскій.	Дмитровскій.	Звенигородскій.	Клинскій.	Коломенскій.	Можайскій.	Подольскій.	Рузскій.	Серпуховскій.	Итого.
Въ 1882—1883 учебномъ году	54	5	9	5	11	12	1	6	4	2	7	1	12	129
„ 1886—1887	59	12	22	13	22	36	7	34	5	4	12	4	26	256
„ 1890—1891	63	25	31	23	26	40	6	35	20	3	21	5	38	336

Таблица эта указываетъ, что Московское уѣздное земство ранѣе всѣхъ остальныхъ озаботились обезпеченіемъ библіотеками большинства своихъ школъ, и что наиболѣе дѣятельнымъ въ этомъ отношеніи оказалось, кромѣ московскаго, земство клинское, а наименѣе дѣятельными—звенигородское, рузское и можайское.

Вообще же приведенная таблица указываетъ, что съ теченіемъ времени число библіотекъ при земскихъ школахъ неуклонно возрастаетъ и едва-ли будетъ смѣлымъ предположить, что въ недалекомъ будущемъ обогатятся библіотеками и тѣ земскія школы, которыя въ настоящее время еще не имѣютъ такихъ библіотекъ. Что касается числа книгъ въ этихъ библіотекахъ, то, согласно тѣмъ даннымъ, которыя представляютъ отчеты преподавателей, общее число книгъ, имѣющихся въ указанныхъ библіотекахъ, достигаетъ до 56 тысячъ экземпляровъ, причемъ наиболѣе богатыми библіотеками (въ среднемъ на школу по отдѣльнымъ уѣздамъ приходится отъ 168 до 213 экз.) обладаютъ школы Московскаго, Бронницкаго, Дмитровскаго, Клинскаго и Коломенскаго уѣздовъ.

Въ 1891—1892 учебномъ году число земскихъ школъ, обезпеченныхъ библіотеками, съ 335 увеличилось до 371, т.-е. на 36 библіотекъ. Слѣдующая таблица указываетъ какой именно процентъ земскихъ школъ каждаго уѣзда имѣлъ библіотеки для внѣклассного чтенія:

Въ Клинскомъ уѣздѣ	100%	Въ Верейскомъ уѣздѣ	77%
» Московскомъ »	99»	» Волоколамскомъ »	71»
» Дмитровскомъ »	90»	» Коломенскомъ »	59»
» Богородскомъ »	88»	» Бронницкомъ »	55»
» Подольскомъ »	84»	» Рузскомъ »	47»
» Серпуховскомъ »	80»	» Можайскомъ »	33»

и въ Звенигородскомъ уѣздѣ . . . 13%.

Такимъ образомъ, только въ двухъ уѣздахъ Московской губерніи,—Клинскомъ и Московскомъ,—земскія школы представляются достаточно обезпеченными библіотеками, причемъ въ Московскомъ уѣздѣ не имѣлось библіотеки только въ одной школѣ, а именно—Перловской, которая въ послѣднемъ году перешла въ вѣдѣніе земства изъ разряда школъ частныхъ. Наименѣе же обезпеченными библіотеками оказываются земскія школы Можайскаго и, въ особенности, Звенигородскаго уѣздовъ [1]).

Въ Тверской губерніи еще весьма недавно, какихъ-нибудь десять лѣтъ тому назадъ, «большая часть школъ была крайне бѣдна книгами для самостоятельнаго внѣкласснаго чтенія учениковъ. Въ нѣкоторыхъ уѣздахъ всѣ школы сплошь не имѣли никакихъ книгъ, кромѣ учебныхъ, лишь въ немногихъ школахъ этихъ уѣздовъ имѣлось по нѣскольку изданій богослужебныхъ книгъ, житій святыхъ, дешевыхъ историческихъ и географическихъ брошюръ» [2]). Но съ тѣхъ поръ положеніе дѣла замѣтно и сильно измѣнилось въ благопріятномъ смыслѣ.

Въ послѣдніе годы среди сельскаго населенія Тверской губерніи замѣтенъ особенно сильный спросъ на книги для чтенія. Для удовлетворенія зарождающейся потребности въ чтеніи уѣздныя земства губерніи устраиваютъ, во-первыхъ, ученическія библіотеки изъ книгъ для внѣкласснаго чтенія, а во-вторыхъ, библіотеки для взрослаго грамотнаго населенія.

---

[1]) Статистическій отчетъ по училищамъ Московской губерніи за 1891—1892 уч. годъ, стр. 19.

[2]) Отчетъ о первомъ съѣздѣ учительницъ-семинарокъ земской учительской школы П. П. Максимовича въ Твери 1883 г. Спб., 1883 г., стр. 63.

Въ настоящее время ученическія библіотеки существуютъ почти при всѣхъ нормальныхъ земскихъ школахъ губерніи, при чемъ въ нѣкоторыхъ уѣздахъ для пополненія ихъ ежегодно ассигнуются извѣстныя, хотя и скромныя, конечно, суммы, въ другихъ на пріобрѣтеніе книгъ для внѣкласснаго чтенія употребляются остатки отъ ассигновокъ на учебныя пособія, а также пожертвованія частныхъ лицъ. Книгами для внѣкласснаго чтенія лучше другихъ обезпечены школы уѣздовъ: Новоторжскаго и Тверскаго; въ послѣднемъ при 50-ти школахъ устроены ученическія библіотеки, въ 25 рублей каждая, и затѣмъ продолжаются дальнѣйшія ежегодныя ассигновки на тотъ же предметъ. Менѣе распространены въ губерніи сельскія библіотеки для взрослаго населенія. Больше всего ихъ въ Весьегонскомъ уѣздѣ (18), библіотеки эти, цѣною въ 50 руб. каждая, земствомъ посылаются только въ тѣ пункты уѣзда, гдѣ на мѣстѣ соберется пожертвованій на 25 руб. Въ Калязинскомъ уѣздѣ,— какъ сообщаютъ «Рус. Вѣдомости»,— недавно открыты 4 сельскія библіотеки для взрослаго населенія, которыя находятся въ завѣдываніи земскихъ участковыхъ врачей.

Въ 1892 году, тверское уѣздное земство ассигновало на устройство десяти новыхъ библіотекъ при школахъ 200 рублей и такую же сумму на пополненіе существующихъ народныхъ библіотекъ. Вышневолоцкое земское собраніе также ассигновало 200 рублей на снабженіе начальныхъ училищъ книгами для внѣкласснаго чтенія; кромѣ того, оно, благодаря частнымъ пожертвованіямъ, собрало для той же цѣли около 80 рублей. Въ томъ же году гласный Бѣжецкаго уѣзда А. Д. Способинъ представилъ земскому собранію подробную записку объ устройствѣ народныхъ библіотекъ и читаленъ, причемъ для пріобрѣтенія въ эти читальни книгъ рекомендовалъ обратиться ко всѣмъ землевладѣльцамъ уѣзда съ просьбой о пожертвованіи книгъ. При этомъ г. Способинъ пожертвовалъ до 1.000 томовъ на это дѣло. Къ сожалѣнію, мы не знаемъ, отозвался-ли еще кто-нибудь на это предложеніе [1]).

[1]) Докладъ Тверской губернской земской управы о народномъ образованіи. Тверь, 1893 г.

Въ Пермской губерніи народныя библіотеки при земскихъ школахъ существуютъ во многихъ уѣздахъ, какъ, напримѣръ, въ Екатеринбургскомъ, Чердынскомъ, Ирбитскомъ, Оханскомъ и Красноуфимскомъ. Въ Екатеринбургскомъ уѣздѣ народныя библіотеки начали открываться, по иниціативѣ земской управы, съ 1883 года. Съ первыхъ же дней своего существованія эти библіотеки обратили на себя вниманіе мѣстнаго населенія. Теперь въ Екатеринбургскомъ уѣздѣ насчитывается до 15 библіотекъ въ разныхъ концахъ уѣзда. Дѣла этихъ библіотекъ, какъ видно изъ отчетовъ управы, идутъ прекрасно.

Въ 1890 г., напримѣръ, въ библіотекахъ Екатеринбургскаго уѣзда состояло 9.142 т. на сумму 5.420 руб. 31 к. Всего прочитано въ этомъ году было 40.325 книгъ, изъ которыхъ 6.607 духовно-нравственнаго содержанія и 33.618 — свѣтскаго. Первое мѣсто по числу прочитанныхъ книгъ занимаетъ невьянская библіотека, гдѣ было прочитано 4.862 книги (425 духовно-нравственнаго и 4.437 свѣтскаго), второе мѣсто занимаетъ въ этомъ отношеніи шайтанская библіотека, въ которой прочитано книгъ 190 духовно-нравственнаго и 4.076 свѣтскаго. Послѣднее мѣсто по числу прочитанныхъ книгъ принадлежитъ черемисской библіотекѣ: тамъ прочитано 193 духовно-нравственнаго и 940 свѣтскихъ, всего 1.133 книги. Читателей было въ 1890 г. 3.096 человѣкъ, изъ которыхъ 494 женщинъ и 2.602 мужчины. Изъ женщинъ больше всего берутъ книги въ невьянской библіотекѣ — 125 жен.; всего меньше пользующихся изъ библіотеки книгами женщинъ въ сыретской библіотекѣ — 5 жен. Первое мѣсто по числу читателей занимаетъ ревдинская библіотека, гдѣ читателей было 393 чел. (354 муж., 39 женщ.). По числу прочитанныхъ книгъ ревдинская библіотека занимаетъ третье мѣсто: прочитано книгъ тамъ 4.109, такъ что на одного читателя приходится больше 10 книгъ. Второе мѣсто по числу читателей принадлежитъ невьянской библіотекѣ, гдѣ читателей было 368 (243 муж. и 125 жен.). Такимъ образомъ на одного читателя приходится болѣе 13 книгъ. Послѣднее мѣсто по числу читателей занимаетъ багарякская библіотека: число читателей тамъ доходитъ до 133 (119 муж. и 14 жен.). При этомъ на одного читателя приходится около 14 книгъ. Въ шайтанской библіотекѣ на читателя приходится до 22 книгъ, и въ этомъ отношеніи она занимаетъ первое мѣсто въ уѣздѣ. Среднимъ числомъ, по уѣзду на одного читателя приходится около 13 книгъ. По возрастамъ читатели распредѣляются слѣдующимъ образомъ:

  Моложе 10 лѣтъ — 34 человѣка;
  отъ 10 до 15 » —1.227 »
  » 15 » 20 » — 775 »
  » 20 » 30 » — 531 »
  » 30 » 40 » — 286 »
  » 40 » 50 » — 151 »
  » 50 » 60 » — 71 »
  Свыше 60 » — 21 »

Изъ этой таблицы видно, что книгами больше всего пользуются подростки отъ 10 до 15 л. или ученики, кончающіе курсъ, или уже окончившіе. Для пополненія 14 существующихъ библіотекъ (15-я верхне-уральская — не вошла въ отчетъ къ 1891 году) въ нихъ было выслано 660 экземпляровъ книгъ на сумму 317 руб. 84 коп. и выписано періодическихъ изданій на 332 руб. 10 коп. Выписываются въ библіотеки слѣдующія изданія: «Начальный учитель», «Нива», «Свѣтъ», «Недѣля», «Екатеринбургская Недѣля», «Воскресеніе»—эти изданія больше всего распространены въ библіотекахъ. Всѣхъ богаче по количеству томовъ багрякская библіотека, въ которой считается 713 томовъ на сумму 413 руб. 19 коп. Всѣхъ бѣднѣе ревдинская библіотека, въ которой насчитывалось въ 1891 году 530 томовъ на 369 руб. 80 коп. («Русская Жизнь», 1893 г. № 60).

Чердынское уѣздное земство также весьма заботливо относится къ существующимъ въ уѣздѣ школьнымъ народнымъ библіотекамъ и принимаетъ различныя мѣры къ тому, чтобы возможно болѣе пріохотить населеніе пользоваться этими библіотеками. Какъ непосредственно, такъ и чрезъ мѣстный училищный совѣтъ, земская управа старается побудить учителей, завѣдывающихъ народными библіотеками, относиться къ этому дѣлу не формально, но искренно, чтобы при выдачѣ книгъ учителя, путемъ разспросовъ читателей, убѣждались въ степени сознательности ихъ чтенія и разъясняли бы непонятое, а при выдачѣ новой книги указывали бы тѣ мѣста ея, которыя могутъ быть особенно полезны, при чемъ для руководства учителямъ въ этомъ дѣлѣ управа указываетъ на имѣющуюся во многихъ училищахъ книгу: «Что читать народу».

Изъ свѣдѣній, доставленныхъ въ управу учителями народныхъ училищъ Чердынскаго уѣзда видно, что число книгъ, выдаваемыхъ изъ школьныхъ библіотекъ съ каждымъ годомъ замѣтно возрастаетъ, при чемъ читателями являются какъ бывшіе ученики народныхъ школъ, такъ и неучившіеся въ школѣ.

Приводимъ табличку о числѣ выданныхъ книгъ за послѣдніе четыре года.

	Бывшимъ ученикамъ.	Неучившимся въ школѣ.	Всего.
Съ 20-го января 1888 г. по день окончанія экзаменовъ.	1.196	364	1.560
Въ 1888—1889 учебномъ году	2.403	597	3.000
Въ 1889—1890 учебномъ году	2.802	523	3.325
Въ 1890—1891 учебномъ году	3.875	1.033	4.908
Всего.	10.566	2.517	12.883 [*]

Такимъ образомъ за четыре года сельскимъ населеніемъ Чердынскаго уѣзда было прочитано изъ школьныхъ библіотекъ 12.883 книги; слѣдовательно, въ годъ, среднимъ числомъ, приходится около 3.220 книгъ. Принявъ во вниманіе значительную населенность Чердынскаго уѣзда и то обстоятельство, что прочитанныя «книги», за рѣдкими исключеніями, суть маленькія брошюрки—все таки

---

[*] Доклады Чердынской уѣздной земской управы 1891 г. № 27, стр. 342.

нельзя не придти къ заключенію о крайней скудости умственной пищи, доступной для крестьянскаго населенія этого уѣзда.

Въ Оханскомъ уѣздѣ земство съ 1887 года начало основывать при училищахъ въ селахъ и заводахъ народныя библіотеки для чтенія, изъ которыхъ всѣ мѣстные жители могутъ получать книги на домъ. Въ теченіе 1887 года были открыты земствомъ три народныя библіотеки въ селахъ Б.-Сосновскомъ, Частинскомъ и Карагайскомъ. На выписку книгъ для этихъ селъ было употреблено 207 рублей, причемъ въ каждую библіотеку выслано по 284 книжки разнаго содержанія. Двумя библіотеками завѣдываютъ учителя, а третьей — учительница, и хотя они не получаютъ за это особаго вознагражденія, но занимаются этимъ дѣломъ съ усердіемъ, и книжки не залеживаются въ библіотекахъ, а имѣютъ постоянно читателей. Больше всего читаютъ взрослые учащіеся и окончившіе курсъ въ земскихъ школахъ, а уже затѣмъ и грамотные взрослые крестьяне. «Грамотное населеніе относится къ этимъ библіотекамъ очень сочувственно и дорожитъ ими. Читатели очень бережно обращаются съ библіотечными книжками, такъ что не было ни одного случая порчи ихъ или потери [1]. Затѣмъ земствомъ были открыты еще двѣ библіотеки въ заводахъ Очерскомъ и Нытвинскомъ.

Въ Ирбитскомъ уѣздѣ въ 1893 году имѣлось семь сельскихъ публичныхъ библіотекъ: одна при конторѣ Ирбитскаго завода, другая — при Волковскомъ церковно-приходскомъ попечительствѣ и 5 при земскихъ училищахъ. Земство всѣмъ этимъ библіотекамъ оказываетъ пособіе по 20 руб. въ годъ каждой, причемъ для вновь открывающихся при земскихъ училищахъ библіотекъ поставлено условіемъ, чтобы мѣстныя общества ассигновали на библіотеку или единовременно 50 руб. или ежегодно по 10 рублей. Съ начала будущаго учебнаго года открываются библіотеки еще при трехъ земскихъ училищахъ. На одну изъ нихъ мѣстное сельское общество назначило 100 рублей.

---

[1] «Сельскій Вѣстникъ» 1889 г. № 13.

Къ числу земствъ, въ которыхъ народныя библіотеки поставлены болѣе или менѣе удовлетворительно, слѣдуетъ отнести также псковское уѣздное земство, которое ежегодно ассигнуетъ извѣстную сумму на пополненіе библіотекъ, устроенныхъ при народныхъ школахъ. Въ 1887 году въ 42 земскихъ начальныхъ школахъ псковскаго уѣзднаго земства состояло 6.936 книгъ, изъ нихъ въ теченіе года исключено 256, а вновь пріобрѣтено 986. Такимъ образомъ, къ концу учебнаго года общее число книгъ возрасло до 7.665; слѣдовательно, среднимъ числомъ на каждую школу приходилось около 182 книгъ; на каждаго же ученика приходилось по 4 книги.

Псковское земство заботится о томъ, чтобы существующія при народныхъ школахъ библіотеки имѣли воспитательное значеніе не только для учениковъ, но и для всего окрестнаго населенія. Въ этихъ видахъ учителямъ поручено управою привлекать къ чтенію, по возможности, большее число лицъ, какъ ближайшихъ родственниковъ обучающихся въ школѣ дѣтей, такъ и постороннихъ грамотныхъ крестьянъ.

Чтобы имѣть возможность слѣдить за точнымъ исполненіемъ учителями этихъ требованій, земская управа обязываетъ всѣхъ учителей представлять ежегодные отчеты о положеніи народныхъ библіотекъ и о числѣ выданныхъ книгъ. Судя по этимъ отчетамъ, въ теченіе 1886—1887 учебнаго года изъ всѣхъ библіотекъ выдано было для чтенія 12.282 книги [1]).

Изъ общаго числа книгъ было взято [2]):

Учащимися	7.962 книги.
Прежде учившимися	3.081 »
Посторонними	1.013 »

По содержанію своему книги, выданныя въ теченіе года изъ школьныхъ библіотекъ, распредѣляются слѣдующимъ образомъ:

---

[1]) Въ теченіе года каждая книга выдавалась приблизительно, по два раза.
[2]) «Вѣстникъ Псковскаго Губернскаго Земства» 1887 года, № 12, статья «Школьная библіотека при земскихъ училищахъ Псковскаго уѣзда».

Повѣсти и разсказы	4.429 книгъ.
Духовно-нравственныя	1.643 »
Историческія	1.117 »
Разныя книги и періодическія изданія	1.006 »

Изъ всѣхъ этихъ, взятыхъ въ теченіи года, книгъ только 21 не возвращены и двѣ возвращены попорченными.

Нельзя не замѣтить, что за послѣднія 5—6 лѣтъ произошелъ значительный поворотъ въ отношеніяхъ земства къ вопросу о народныхъ библіотекахъ. Весьма многія изъ земствъ перестаютъ уже относиться индифферентно къ этому вопросу и, сознавая его огромное воспитательное значеніе, начинаютъ все болѣе и болѣе заботиться объ устройствѣ при школахъ народныхъ библіотекъ.

Казанское губернское земское собраніе въ 1887 году постановило внести въ смѣту 3.000 рублей на образцовыя училищныя библіотеки, которыя должны быть учреждены по одной въ каждой волости, причемъ каждая такая библіотека должна служить, по возможности, для всѣхъ школъ, входящихъ въ составъ той или другой волости. Екатеринославское губернское земское собраніе въ 1887 году ассигновало на устройство сельскихъ библіотекъ 2.000 рублей. На эти деньги къ началу 1889 года были открыты 32 библіотеки, по четыре въ каждомъ уѣздѣ. Такую же сумму назначило на устройство народныхъ библіотекъ черниговское губернское земское собраніе.

Елецкое земство, Орловской губерніи, устроило въ селахъ и деревняхъ десять небольшихъ библіотекъ, имѣя въ виду этимъ путемъ «уменьшить среди крестьянъ рецидивъ безграмотности и въ то же время, по возможности, отвлечь ихъ отъ кабака». Попытка эта имѣла успѣхъ, и открытыя на первый разъ 10 библіотекъ не только признаны несомнѣнно полезными на одномъ изъ земскихъ собраній, но послѣднее рѣшило устроить еще 13 новыхъ такихъ же библіотекъ; при этомъ гласные пожелали придти на помощь хорошему дѣлу своими личными средствами и, по свидѣтельству «Орловскаго Вѣстника», тутъ же собрали порядочную сумму денегъ.

Одесское уѣздное земское собраніе сессіи 1887 года, по докладу земской управы о необходимости устройства библіотекъ при народныхъ училищахъ, ассигновало по 40 рублей въ годъ, въ теченіи трехъ лѣтъ, на каждую школу. Всѣхъ народныхъ школъ въ уѣздѣ 38. Самарское уѣздное земство въ 1889 году сдѣлало первый опытъ открытія при сельскихъ школахъ народныхъ библіотекъ, которыя были учреждены въ 10 селеніяхъ. Въ эти библіотеки управою было разослано болѣе 1.000 книгъ и брошюръ, которыми могутъ пользоваться безплатно всѣ крестьяне, внесшіе залогъ отъ 25 коп. до 1 рубля — «смотря по своему желанію и состоянію».

Устьсысольское земство, Вологодской губерніи, въ 1891 году постановило учредить при всѣхъ земскихъ училищахъ уѣзда безплатныя народныя библіотеки. Велико-Устюжское земство, той же губерніи, также рѣшило открыть безплатныя народныя библіотеки при всѣхъ земскихъ училищахъ, оставшихся незакрытыми послѣ постановленій послѣднихъ собраній, и ассигновало ежегодный отпускъ на каждую библіотеку въ 30 рублей. То же земство ассигновало на основаніе народныхъ библіотекъ при всѣхъ 46 церковно-приходскихъ школахъ уѣзда по 5 р. на школу. Народныя библіотеки въ Велико-устюжскомъ уѣздѣ, впрочемъ, не новость. По С. Дилѣ уже 2—3 года существуютъ три библіотеки: одна при земскомъ училищѣ и двѣ при церковно-приходскихъ школахъ; всѣ они учреждены по почину частныхъ лицъ. Спросъ на книги въ нихъ весьма значителенъ. Въ прошломъ году учреждена безплатная народная библіотека при Ледонгскомъ земскомъ училищѣ, Никольскаго уѣзда. Послѣдняя библіотека организована на частныя средства, но мѣстные крестьяне рѣшили давать ей дальнѣйшее содержаніе, постановивъ на сельскомъ сходѣ оказывать ей ежегодную поддержку въ размѣрѣ 30 руб. Въ одномъ изъ приходовъ по р. Сухонѣ при церковно-приходской школѣ уже два года ведутся народныя чтенія съ волшебнымъ фонаремъ, выписаннымъ отъ Фену устроителемъ чтенія.

молодымъ сельскимъ священникомъ; при школѣ существуетъ также и народная библіотека ¹).

Въ Орловскомъ уѣздѣ, Вятской губерніи, существуютъ двѣ сельскихъ библіотеки. Въ день открытія великорѣцкой библіотеки явилось уже 15 читателей, а къ концу перваго же года библіотекою пользовались (конечно безплатно) 142 чел., въ томъ числѣ 135 крестьянъ. Книгъ въ первый годъ въ этой библіотекѣ было 988, которыя были взяты 1.428 разъ, т.-е. каждая книга обернулась, въ среднемъ, 5 разъ. Въ Вятскомъ уѣздѣ 4 сельскихъ библіотеки, открытыя осенью 1891 года. Здѣсь въ первый же годъ число подписчиковъ достигло 567, изъ которыхъ 550 крестьяне. Книги разбираются жадно. «Бываютъ дни,—говоритъ одинъ изъ учителей,—когда приходятъ за полученіемъ книгъ по 100 и болѣе человѣкъ. Принять отъ нихъ прочитанныя, выбрать и выдать другія книги для чтенія—времени нужно не мало, такъ что подписчикамъ приходится выходить изъ библіотеки тогда, какъ уже совершенно стемнѣетъ, въ особенности въ декабрѣ мѣсяцѣ. Нѣкоторымъ подписчикамъ приходится стоять на ногахъ до 5 часовъ вечера, ожидая очереди, и, получивъ книги, идти домой за 6, за 10 верстъ» ²).

Въ 1892 году, саратовское губернское земское собраніе, вполнѣ соглашаясь съ мнѣніемъ особой коммиссіи, учрежденной земствомъ по народному образованію ³), о томъ, что народу необходимо дать хорошую и полезную книгу для чтенія, постановило ассигновать 3.000 рублей для основанія 10 народныхъ

---

¹) «Русская Жизнь», 1893 г. № 153.
²) «Недѣля», 1893 г. № 46.
³) Коммиссія эта обязана къ будущему земскому собранію свести всѣ итоги по народному образованію за 27-лѣтіе земской дѣятельности, опредѣлить и выяснить недостатки существующей организаціи народнаго образованія и указать тѣ мѣры, которыя необходимо предпринять для болѣе раціональной постановки этого дѣла въ Саратовской губерніи. Участіе въ трудахъ этой коммиссіи Н. П. Фролова и графа А. Д. Нессельроде,—извѣстныхъ своимъ сочувственнымъ отношеніемъ къ дѣлу народнаго образованія,—можетъ служить ручательствомъ въ томъ, что она достойнымъ образомъ выполнитъ возложенную на нее задачу.

библіотекъ, по одной на каждый уѣздъ, и 1.000 рублей на школьныя библіотеки.

Съ 1892 года, рыбинское земство, Ярославской губерніи, желая удовлетворить потребности крестьянъ въ чтеніи и тѣмъ противодѣйствовать рецидиву безграмотности, по предложенію гласнаго А. Ѳ. Лаврова, предприняло открытіе цѣлаго ряда сельскихъ библіотекъ при земскихъ училищахъ. Въ 1892 г. были открыты первыя четыре сельскія библіотеки при училищахъ: Арефинскомъ, Орлово-Чесменскомъ, Троицкомъ и Городецкомъ. Безплатное наблюденіе за библіотеками и непосредственное завѣдываніе ими приняли на себя законоучители и старшіе преподаватели училищъ. Библіотеки эти находятся въ пунктахъ, наиболѣе отдаленныхъ отъ города; открывая ихъ одними изъ первыхъ, земство руководствовалось тѣмъ соображеніемъ, что жители отдаленныхъ мѣстностей имѣютъ меньшую возможность, сравнительно съ ближайшими къ городу, пользоваться книгами изъ городскихъ публичныхъ библіотекъ. Районъ для выдачи книгъ изъ библіотекъ опредѣляется училищнымъ райономъ, съ правомъ для завѣдующаго библіотекою, подъ своею отвѣтственностью, выходить изъ указанныхъ предѣловъ въ случаѣ надобности въ этомъ. Книги выдаются безплатно для чтенія на домъ, какъ крестьянамъ, такъ и лицамъ другихъ сословій. Библіотеки помѣщены въ классныхъ комнатахъ; каждая снабжена особымъ шкафомъ для книгъ и вывѣскою на домѣ; каждая библіотека въ настоящее время имѣетъ до 200 томовъ. Къ открытію въ 1893 году поставлена была на очередь народная библіотека при Истоминскомъ училищѣ (Копринской волости), объ устройствѣ которой ходатайствуетъ мѣстный учитель. На содержаніе всѣхъ пяти сельскихъ народныхъ библіотекъ земство ассигновало на 1893 годъ 250 руб. Продолжая дѣйствовать такимъ образомъ, земство въ семь-восемь лѣтъ можетъ выполнить значительную часть принятой имъ на себя задачи — устройства сельскихъ библіотекъ въ уѣздѣ. Въ самомъ городѣ Рыбинскѣ земство имѣетъ прекрасную библіотеку съ кабинетомъ для чтенія, не такъ давно переведенвуѣ въ новое, спеціально для нея приспособленное помѣщеніе въ земскомъ домѣ, на центральной Крестовой улицѣ. Здѣсь кстати замѣтить объ очень распространенномъ въ Рыбинскѣ обыкновеніи брать книги въ прочетъ у букинистовъ и другихъ торговцевъ старыми книгами. Мелочные лавочники, служащіе въ гостинницахъ, даже рабочіе берутъ у букинистовъ книги, по выбору, для прочтенія и платятъ за это отъ 3 до 5 к., а иногда и менѣе; при этомъ торговецъ беретъ небольшой денежный задогъ, но дозволяетъ держать книгу довольно продолжительное время. («Русскія Вѣдомости»).

Въ Херсонской губерніи, по отчету директора народныхъ училищъ, въ 1892 году считалось 182 библіотеки. Въ Уфимской губерніи въ теченіи 1893 года, согласно постановленія губернскаго земскаго собранія, было вновь устроено 129 народныхъ библіотекъ.

Семеновское уѣздное земство, Нижегородской губерніи, въ 1892 году постановило открыть сельскія библіотеки при всѣхъ существующихъ въ уѣздѣ народныхъ школахъ, причемъ на каждую библіотеку назначило въ первый годъ по 25 рублей. Городнянское уѣздное земское собраніе, Черниговской губерніи, въ томъ же 1892 году внесло въ смѣту расходовъ по народному образованію 255 рублей на устройство при земскихъ школахъ библіотекъ для чтенія. Хвалынское земское собраніе на тотъ же предметъ назначило 200 рублей. Даже пресловутое лукояновское земство назначило въ 1892 году 150 рублей на основаніе четырехъ сельскихъ библіотекъ.

Затѣмъ почти всѣ бывшія въ теченіи 1893 года очередныя земскія собранія ассигновали большія или меньшія суммы на устройство народныхъ библіотекъ. Такъ, малмыжское собраніе назначило 750 рублей на пять народныхъ библіотекъ, которыя предполагается открыть въ наиболѣе населенныхъ пунктахъ уѣзда; слободское земское собраніе постановило открыть еще три сельскихъ библіотеки, сверхъ трехъ, открытыхъ въ прошломъ году. Подобныя же постановленія состоялись во многихъ уѣздныхъ земствахъ Смоленской, Тамбовской, Орловской, Саратовской, Черниговской и другихъ губерній.

Тамъ, гдѣ земствомъ устроены народныя библіотеки болѣе или менѣе правильно, онѣ пользуются обыкновенно большимъ сочувствіемъ мѣстнаго крестьянскаго населенія. Директора и инспектора народныхъ училищъ единогласно свидѣтельствуютъ въ своихъ отчетахъ о томъ благотворномъ вліяніи, которое оказываютъ сельскія библіотеки на окружающую ихъ среду. Такъ, директоръ народныхъ училищъ Екатеринославской губерніи г. Малиновскій, въ сообщеніи своемъ на имя губернской земской управы, дѣлаетъ слѣдующій отзывъ о сельскихъ библіотекахъ, открытыхъ мѣстнымъ земствомъ въ 1889 году: «Уже чрезъ годъ послѣ своего открытія, библіотеки эти успѣли заинтересовать сельское населеніе и начали приносить значительную пользу какъ подросткамъ, обучавшимся въ народныхъ школахъ, такъ и другихъ возрастовъ крестьянамъ не только грамотнымъ, но даже неграмотнымъ, которые охотно прислушиваются къ чтенію грамотныхъ. Теперь, т.-е. въ 1893 году, со времени открытія общественныхъ сельскихъ библіотекъ прошло четыре года и благодѣтельное вліяніе ихъ на крестьянскую среду весьма усилилось. Чтобы не быть голословнымъ, я привожу отзывы объ этихъ библіотекахъ гг. инспекторовъ ввѣренной мнѣ дирекціи, помѣщенные ими въ отчетахъ по осмотру училищъ. Инспекторъ, завѣдующій Александровскимъ и Маріупольскимъ уѣздами, пишетъ: «Публичныя библіотеки даютъ хорошій результатъ, онѣ поддерживаютъ связь между школой и окончившими курсъ учениками, которые охотно берутъ отсюда книги, преимущественно религіозно-нравственнаго и историческаго содержанія. Къ сожалѣнію, книги въ этихъ библіотекахъ отъ частаго употребленія приходятъ въ ветхость, а библіотеки, вслѣдствіе утери книгъ, въ разстройство». Инспекторъ, завѣдующій уѣздами Павлоградскимъ, Бахмутскимъ и Славяносербскимъ, дѣлаетъ такой отзывъ: «Библіотека, составленная спеціально изъ книгъ для народнаго чтенія, интересуетъ взрослое населеніе и настоятельно чувствуется потребность въ расширеніи библіотеки книгами для народа. Книги въ Петропавловской публичной библіотекѣ уже истрепаны. Въ селѣ много грамотныхъ, и взрослые крестьяне постоянно просятъ книги на домъ». Относительно публичныхъ библіотекъ вообще замѣчено: «По праздникамъ случается, что крестьяне и въ одиночку, и компаніями приходятъ въ училище и просятъ учителя почитать. Неоспоримо, что при умѣломъ составѣ книгъ для народа и при умѣньи учителя руководить чтеніемъ, народныя библіотеки въ недалекомъ будущемъ явятся нравственною силой и могуче повліяютъ на нравственную и экономическую сторону жизни крестьянъ. Инспекторъ 1-го района по поводу народной библіотеки въ с. Ѳедоровкѣ отзывается такъ: «Мѣстное населеніе пользуется библіотекой въ широкихъ размѣрахъ. Сравнивъ за нѣсколько лѣтъ подрядъ журнальныя записи о числѣ лицъ читающихъ и о числѣ книгъ, взятыхъ для чтенія, легко замѣтить, что какъ то, такъ и другое число постоянно, изъ года въ годъ, увеличивается. Въ числѣ читателей послѣднихъ годовъ можно найти и такихъ, которые давно окончили ученье, какъ будто прервали было свою связь съ книгой и школой, а теперь опять являются въ школу побесѣдовать и взять книгу для чтенія».

Къ сожалѣнію, до сихъ поръ, во многихъ земствахъ дѣло народныхъ библіотекъ находится въ печальномъ положеніи. Такъ, напримѣръ, въ Харьковской губерніи библіотеки имѣются лишь при 233 школахъ, между тѣмъ какъ общее число земскихъ школъ въ губерніи доходитъ до 426. Слѣдовательно, около 50%, общаго числа земскихъ школъ совершенно лишены библіотекъ. Притомъ же изъ числа существующихъ 233 библіотекъ только 78 библіотеки могутъ быть признаны удовлетворяющими своему назначенію,—остальныя же находятся въ самомъ жалкомъ положеніи: есть такія библіотеки, которыя состоятъ изъ нѣсколькихъ старыхъ книжекъ журналовъ. М. Л. Шаховской, производившій недавно, по порученію харьковской губернской земской управы, изслѣдованіе народнаго образованія въ этой губерніи, указывает, что на устройство народныхъ библіотекъ до сихъ поръ земствомъ не обращено должнаго вниманія ¹).

Но земствъ, которыя не хотятъ дѣлать, весьма немного сравнительно съ тѣми, которыя не могутъ дѣлать. Едва-ли можно сомнѣваться въ томъ, что для большинства нашихъ земствъ, особенно уѣздныхъ, устройство народныхъ библіотекъ въ томъ размѣрѣ, въ какомъ это вызывается настоятельною необходимостью, представляется дѣломъ непосильнымъ. Средства, которыми располагаютъ наши земства, къ сожалѣнію, слишкомъ скудны, слишкомъ недостаточны для того, чтобы должнымъ образомъ удовлетворить все растущую потребность многомилліоннаго населенія. Къ тому же, потребность эта ощущается не въ однѣхъ только земскихъ губерніяхъ, но и во всѣхъ остальныхъ частяхъ Россіи, лишенныхъ земскаго представительства. Въ виду этого необходимо, чтобы на помощь земству въ этомъ дѣлѣ пришло государство, которое одно только располагаетъ достаточными средствами для того, чтобы поставить это дѣло на подобающую ему высоту.

III.

Библіотеки, открываемыя самими крестьянами.

По мѣрѣ того, какъ сознаніе о пользѣ грамотности и ученья все сильнѣе распространяется въ народной средѣ, крестьянскія общества начинаютъ уже вполнѣ самостоятельно заботиться объ открытіи у себя библіотекъ и читаленъ. Года три тому назадъ «Сельскій Вѣстникъ» передавалъ, что въ земскія собранія все чаще и чаще поступаютъ просьбы крестьянъ объ устройствѣ библіотекъ при школахъ. Тамъ же, гдѣ народныя библіотеки уже существуютъ, крестьяне, особенно молодежъ скоро привыкаютъ къ нимъ, привязываются къ чтенію книгъ, и если библіотека почему-нибудь вдругъ закроется, то они не мирятся съ ея отсутствіемъ.

---

¹) «Образованіе», 1893 г., № 1.

Так, напримѣръ, когда при школѣ въ селѣ Липцахъ, Харьковскаго уѣзда, сгорѣла библіотека, то крестьяне упросили одного изъ гласныхъ крестьянъ ходатайствовать передъ земствомъ о пособіи на возстановленіе библіотеки. При этомъ одинъ крестьянинъ пожертвовалъ на нее 50 руб. («Сотрудникъ» 1887 г., № 3).

Инспекторъ училищъ Лужскаго уѣзда, г. Александровъ, въ отчетѣ за 1884 годъ сообщалъ въ высшей степени интересный фактъ о составленіи крестьянами трехъ волостей Лужскаго уѣзда особыхъ общественныхъ приговоровъ, которыми установленъ трехкопеечный сборъ съ души на устройство какъ школьныхъ библіотекъ, такъ и библіотекъ для чтенія. Въ одной волости собрано было съ этою цѣлью 15 руб., въ другой — 25 руб. и въ третьей — 50 рублей.

На петербургскихъ фабрикахъ, за Невскою заставой, рабочіе поддерживаютъ своими пожертвованіями существованіе фабричныхъ читаленъ, изъ которыхъ они пользуются избранными сочиненіями русскихъ писателей, разными популярными изданіями, а также журналами и газетами.

Въ селѣ Истобенскомъ, Орловскаго уѣзда, Вятской губ., два зажиточныхъ крестьянина Нелюбинъ и Ожигановъ пожертвовали 300 рублей на устройство народной библіотеки при Истобенскомъ двухклассномъ училищѣ. Библіотека въ этомъ селѣ особенно нужна, такъ какъ число грамотныхъ и учащихся составляетъ въ немъ половину всего населенія («Сельскій Вѣстникъ» 1889 г., № 10).

Крестьянское общество села Стряпунино, Оханскаго уѣзда, въ 1888 году добровольно собрало и пожертвовало 150 рублей на устройство библіотеки при земскомъ училищѣ въ ихъ селѣ, и теперь эта библіотека уже открыта (тамъ же, № 13).

Крестьяне Турингской волости, Тверскаго уѣзда, особымъ приговоромъ волостного схода постановили учредить при волостномъ правленіи, въ память 17 октября, народную библіотеку, на что предположили собрать до 500 рублей, изъ которыхъ 75 рублей уже собраны.

Не смотря на тѣ тяжелыя условія, которыми обставлено у насъ устройство сельскихъ общественныхъ библіотекъ, послѣднія все чаще и чаще начинаютъ возникать въ разныхъ мѣстахъ Россіи. Весьма часто иниціатива открытія сельскихъ библіотекъ исходитъ отъ того или другого интеллигентнаго лица, живущаго среди крестьянъ, какъ, напримѣръ: учителя, священника, помѣщика и т. д. Крестьянское же населеніе въ подобныхъ случаяхъ обыкновенно весьма охотно отзывается на такой почвѣ и съ своей стороны даетъ посильныя средства на устройство читальни, очень скоро привязывается къ библіотекѣ и начинаетъ уже самостоятельно заботиться о ея поддержаніи и развитіи.

Въ селѣ Пескахъ, Новохоперскаго уѣзда, Воронежской губерніи, по почину мѣстнаго священника о. Михаила Осетрова, открыта безплатная народная библіотека. Въ селѣ Балаковѣ, Самарской губерніи, въ 1893 году открыта общедоступная библіотека при мѣстномъ мужскомъ училищѣ, по иниціативѣ жены земскаго врача, А. П. Евгеньева, ветеринарнаго врача г. Карпѣева и купца Голованова. Лица эти устроили два концерта, сборъ съ которыхъ — 210 рублей — вошелъ на устройство библіотеки. Библіотека находится подъ наблюденіемъ мѣстнаго земскаго начальника, а отвѣтственнымъ лицомъ по веденію ея является г. Карпѣевъ. Въ Афанасьевской волости, Шуйскаго уѣзда, Владимірской губерніи, народная библіотека устроилась по иниціативѣ волостного писаря. Библіотека эта возникла на штрафныя суммы волостного суда, остававшіяся въ ведомствѣ за нѣсколько предшествующихъ лѣтъ; кромѣ того, волостной сходъ ежегодно ассигнуетъ 50 рублей на выписку книгъ. Ко времени открытія библіотеки устроители ея располагали капиталомъ въ 400 рублей. Уставъ, утвержденный губернаторомъ, ставитъ во главѣ управленія библіотекою особый совѣтъ изъ почетныхъ жителей волости, въ составъ котораго входятъ: волостной старшина, два члена отъ крестьянъ, по выбору схода, и два члена по назначенію уѣзднаго училищнаго совѣта — священникъ и учитель мѣстной школы.

Изъ сельскихъ общественныхъ библіотекъ особенную извѣстность получила народная библіотека, возникшая въ 1889 году въ селѣ Марковкѣ, Лебединскаго уѣзда Харьковской губерніи. Иниціатива устройства этой библіотеки принадлежала учителю мѣстной школы О. П. Литкевичу и попечителю школы В. М. Добросельскому, которые съ предложеніемъ устроить библіотеку обратились къ волостному сходу, ассигновавшему на это 10 рублей. Постановивъ учредить библіотеку, марковскіе крестьяне обратились за содѣйствіемъ къ Харьковскому обществу грамотности, которое отнеслось къ этой просьбѣ съ полнымъ сочувствіемъ и открыло сборъ пожертвованій книгами. Благодаря содѣйствію, оказанному Обществомъ, Марковская библіотека къ 1 января 1890 года имѣла уже 2.419 экземпляровъ книгъ, стоимостью болѣе чѣмъ въ 1.000 рублей.

По свѣдѣніямъ Харьковскаго Общества грамотности, крестьянское населеніе Марковской волости относится къ библіотекѣ весьма сочувственно, съ каждымъ годомъ болѣе и болѣе убѣждаясь въ ея необходимости. Книги, взятыя изъ библіотеки, держатся читателями различное время, смотря по объему книги, по разстоянію читающаго отъ библіотеки и т. д., но, приблизительно, отъ 2 до 6 дней. Съ книгами читающая публика обращается довольно бережно, что видно уже изъ того, что утраты книгъ за истекшій періодъ времени почти не было; если же случится утеря или порча книги, то съ виновнаго въ томъ взыскивается ея стоимость. При выдачѣ книгъ, не требуется ни залога, ни поручительства. Библіотека открыта въ продолженіи всего года ежедневно: въ праздничные дни отъ 2 до 6 часовъ, въ будни отъ 4 до 5 часовъ. Волостному сходу представляется въ концѣ года отчетъ о состояніи и дѣятельности библіотеки; правленіе собирается по мѣрѣ накопленія дѣлъ. Завѣдывающій библіотекою всѣ нужды и ходъ дѣла докладываетъ правленію. Книги для чтенія изъ библіотеки выдаются и принимаются обратно по заведенной при библіотекѣ дневной книгѣ: въ этой книгѣ въ первой графѣ прописываются мѣсяцъ и число, во второй — номеръ выданной книги, въ третьей — номеръ каталога, въ четвертой, имя, отчество и фамилія берущаго, въ пятой — его лѣта, въ шестой — мѣсто жительства и въ седьмой — росписъ уже въ полученіи книги обратно. Пользованіе книгами изъ библіотеки установлено безплатное; но это относится лишь къ коренному населенію волости, лица же, временно проживающія въ ея предѣлахъ, дѣлаютъ небольшіе взносы за право чтенія, въ видѣ пожертвованій, на поддержаніе библіотеки.

Марковская волость, въ районѣ которой находится библіотека, заключаетъ въ себѣ 12 селеній съ 2,822 душами мужескаго пола и 2,839 душами женскаго пола, причемъ эти селенія занимаютъ районъ около 20 верстъ въ длину и около 10 верстъ въ ширину. «Большинство читающихъ въ библіотекѣ, — говоритъ профессоръ А. Шимковъ, — крестьяне; за ними слѣдуютъ дворянство, духовенство и мѣщане (случайные жители волости, преимущественно евреи). Въ послѣднее время въ библіотеку стали обращаться и служащіе въ экономіяхъ и на заводахъ (сахарныхъ) г. Харитоненко и изъ г. Лебедина (за 30 верстъ). Всѣ жители волости, и простой народъ, и интеллигенція, весьма сочувственно относятся къ библіотекѣ; изъ крестьянъ много есть уже такихъ, для которыхъ библіотека составляетъ необходимую потребность. Одни только неграмотные старики, хотя и сознаютъ пользу библіотеки, относятся къ ней индифферентно, зато молодежь горой стоитъ за новое учрежденіе. Вліяніе библіотеки на населеніе, несмотря на краткость времени ея существованія, весьма благодѣтельно: знанія, даваемыя школою, укрѣпляются и расширяются; пьяный разгулъ и грубыя удовольствія замѣтно слабѣютъ сравнительно съ недавнимъ прошлымъ, и среди крестьянъ возникаютъ запросы на знанія выходящія изъ уровня обыденныхъ потребностей крестьянской деревенской жизни» [1].

Завѣдующій библіотекою въ своихъ отчетахъ отмѣчаетъ,

---

[1] Сборникъ Саратовскаго земства, 1893 г. № 7. Матеріалы и труды комиссіи по народному образованію.

между прочимъ, что «библіотека совершенно уничтожила потребность въ книгахъ лубочныхъ, которыя покупались раньше мѣстными крестьянами въ большомъ количествѣ у офеней и на ярмаркахъ.

Въ 1891 году, въ мѣстечкахъ Богачкѣ у Шишакахъ, Миргородскаго уѣзда, Полтавской губерніи, открыты сельскія библіотеки, по образцу только-что описанной нами Марковской. Въ Шишакахъ, при библіотекѣ предполагается открыть читальню и складъ книгъ религіозно-нравственнаго содержанія. Кромѣ этихъ двухъ библіотекъ, крестьяне Лютинской волости, Гадячскаго уѣзда, также предполагаютъ открыть библіотеку. Въ приговорѣ волостного схода по этому поводу, между прочимъ, говорится: «грамотные люди Лютенской волости, въ особенности молодежь и дѣти, по окончаніи ученія въ школахъ, проводятъ свободное отъ работъ, а также и праздничное время, самымъ безпорядочнымъ образомъ; поэтому, мы нашли не только желательнымъ, но и въ высшей степени необходимымъ открытіе въ волости доступной для народа библіотеки, которая, во-первыхъ, служила бы средствомъ для укрѣпленія и развитія въ грамотной части населенія тѣхъ знаній и религіозно-нравственныхъ понятій и правилъ, какія пріобрѣтены въ школѣ, а затѣмъ путемъ семейнаго чтенія хорошихъ книжекъ — передачи этихъ знаній и понятій отцамъ, матерямъ, братьямъ, сестрамъ и вообще неграмотнымъ людямъ; во-вторыхъ, давая грамотнымъ возможность посвящать свободное и праздничное время чтенію, отвлекала бы населеніе отъ пьянства, распространяющагося съ каждымъ годомъ все болѣе и болѣе и крайне вредно вліяющаго на нашу жизнь». Нѣсколько лицъ уже изъявили желаніе сдѣлать пожертвованія на предполагаемую библіотеку. Такъ, мѣстные священники, учитель и волостной писарь обязались вносить по 50 коп. ежемѣсячно, въ теченіи двухъ лѣтъ со дня открытія библіотеки. Кромѣ того, разными лицами пожертвовано нѣсколько десятковъ рублей. Изъ общественныхъ суммъ волостной сходъ назначилъ единовременно 50 руб., а дальнѣйшее существованіе библіотеки предположено, обезпечить платой за пользование книгами и пожертвованиями [1].

Сельское общество с. Песчанаго, Полтавскаго уѣзда, постановило приговоръ объ устройствѣ сельской общественной библиотеки, причемъ ассигновало на этотъ предметъ 25 р. и обратилось къ мѣстной земской управѣ съ просьбой помочь ему въ этомъ дѣлѣ. Земская управа отнеслась къ ходатайству крестьянъ сочувственно и, признавая развитіе въ народѣ привычки къ чтенію весьма желательнымъ, обратилась къ бывшему въ началѣ осени земскому собранію съ просьбой уполномочить ее на будущее время выдавать изъ земскихъ суммъ пособія сельскимъ обществамъ на устройство библіотекъ съ тѣмъ, чтобы выдаваемое земствомъ пособіе не превышало суммы, ассигнуемой на тотъ же предметъ сельскимъ обществомъ. Земское собраніе разрѣшило управѣ выдавать пособія на устройство сельскихъ библіотекъ [2].

Иногда иниціатива устройства сельской общественной библіотеки исходитъ отъ мѣстнаго волостного правленія. Такъ, напримѣръ, Осино-Граевское волостное правленіе, Кирсановскаго уѣзда, въ декабрѣ мѣсяцѣ 1889 г. постановило учредить сельскую общественную библіотеку. Одного постановленія волостного правленія оказалось недостаточнымъ для направленія ходатайства о разрѣшеніи открытія библіотеки; поэтому пришлось выжидать очереди собранія волостного схода; 25-го апрѣля 1890 года по нѣкоторымъ дѣламъ былъ созванъ сходъ, который, выслушавъ докладъ волостного правленія объ его постановленіи, отнесся къ нему довольно сочувственно и постановилъ: ассигновать на содержаніе библіотеки единовременно двадцать пять рублей и поручить правленію возбудить ходатайство о разрѣшеніи ея открытія. Интересны тѣ мотивы, которыми руководствовалось волостное правленіе, возбуждая вопросъ объ открытіи народной библіотеки. По сообщенію «Сельскаго Вѣстника», Осино-Граевское волостное правленіе обратило вниманіе на то, что среди населе-

---

[1] «Правительственный Вѣстникъ» 1891 г. № 113.
[2] «Русская Школа» 1892 г. № 11.

ся развивается пьянство и замѣчается упадокъ нравственности вслѣдствіе совершеннаго отсутствія умственныхъ полезныхъ занятій; обсуждая вопросъ о мѣрахъ къ искорененію этого зла, волостное правленіе остановилось на мысли, что доставленіе народу дѣльнаго и хорошаго чтенія можетъ принести несомнѣнную пользу, и потому и приняло рѣшеніе: учредить при волостномъ правленіи сельскую общественную библіотеку, которая принадлежала бы всей волости. Завѣдываніе библіотекою принялъ на себя волостной писарь. Каждому крестьянину предоставлено право безплатно брать книги изъ библіотеки. Волостное правленіе, открывъ сборъ пожертвованій книгами и деньгами, обратилось за содѣйствіемъ въ Петербургскій и Харьковскій Комитеты грамотности, къ С. А. Рачинскому и другимъ лицамъ.

Крестьяне с. Нижне-Условскаго, Свіяжскаго уѣзда, Казанской губерніи, постановили: учредить въ своемъ селѣ безплатную общественную библіотеку при мѣстномъ народномъ училищѣ, въ самый событія 17 октября 1888 г. Цѣль этой библіотеки—содѣйствовать подъему въ народѣ религіозно-нравственнаго развитія и способствовать упроченію и пополненію тѣхъ знаній, которыя пріобрѣтаются населеніемъ въ школѣ. На учрежденіе библіотеки и въ обезпеченіе дальнѣйшаго ея существованія общество постановило ежегодно вносить изъ своихъ мірскихъ доходовъ по 25 руб. и, кромѣ того, отчислять на усиленіе средствъ библіотеки всю чистую прибыль отъ школьнаго садика; затѣмъ рѣшено обратиться къ существующимъ обществамъ распространенія грамотности съ просьбой о пособіи книгами для устроиваемой библіотеки [1]). Частныя пожертвованія на эту библіотеку достигли уже 200 рублей.

Сельское общество села Ростовки, Нижнеломовскаго уѣзда, Пензенской губерніи, собрало по подпискѣ деньги на составленіе библіотеки при мѣстной сельской школѣ. Независимо отъ этого, сельское общество выдѣлило участокъ общественной земли, доходы съ которой назначены на содержаніе этой библіотеки.

---
[1]) «Правительств. Вѣстникъ», 1891 г., № 155.

Къ числу такихъ же отрадныхъ явленій надо отнести открытіе библіотеки при Переяславскомъ станичномъ училищѣ Ставропольской губерніи и уѣзда. Библіотека открыта и содержится станичнымъ обществомъ, которое выписываетъ для нея 7 періодическихъ изданій, такъ что вмѣстѣ съ 4-мя журналами, получаемыми учителями, библіотека эта имѣетъ 11 періодическихъ изданій. Въ 1888 году ею пользовалось 72 постоянныхъ читателя изъ казаковъ землевладѣльцевъ [1]).

Въ Смоленской губерніи, въ деревнѣ Преселѣ, существуетъ маленькая деревенская библіотека, которою завѣдуетъ крестьянинъ. Онъ съ особенной любовью относится къ своей библіотекѣ. Даромъ онъ получилъ эту библіотеку, даромъ и раздаетъ крестьянамъ книжки для чтенія. Исторія возникновенія этой библіотеки такова: здѣсь въ теченіи нѣсколькихъ лѣтъ существовала школа грамотности, устроенная на личныя средства одной учительницы. Съ переходомъ школки въ духовное вѣдомство учительница потеряла энергію продолжать занятія съ дѣтьми, и школа эта должна была закрыться [2]). Пресельская учительница, разставаясь съ деревней, гдѣ она много потрудилась, отдала свои книжки грамотному крестьянину, своему бывшему ученику, который и сдѣлался первымъ нашимъ деревенскимъ библіотекаремъ [3]).

Въ с. Калысовѣ, Соликамскаго уѣзда, въ 1891 году возникла мысль объ устройствѣ народной библіотеки. Сначала поговаривали объ этомъ представители сельской интеллигенціи—священникъ, учителя, писарь; затѣмъ появились у нихъ союзники изъ числа крестьянъ, число которыхъ постепенно возростало, и вотъ въ 1893 году приговоромъ общества постановлено учредить библіотеку для взрослаго населенія, и на содержаніе ея вносить ежегодно во

---

[1]) «Городскія и сельскія библіотеки», В. Девеля.

[2]) «Кстати сказать,—замѣчаетъ по этому поводу смоленскій корреспондентъ «Недѣли»,—почти всѣ наши параллельныя школы съ переходомъ ихъ въ вѣдѣніе духовенства закрылись».

[3]) «Недѣля», 1893 г., № 4.

копейки съ души (всѣхъ душъ въ обществѣ 1.600). Скромныя средства, ассигнованныя на библіотеку обществомъ, уже увеличились частными пожертвованіями; кромѣ того постановлено обратиться за помощью къ мѣстному земству, которое, конечно, окажетъ поддержку начатому дѣлу, и такимъ образомъ существованіе библіотеки будетъ обезпечено.

Въ Борисоглѣбскомъ уѣздѣ, Тамбовской губерніи, въ селѣ Махровкѣ въ 1891 году была открыта первая въ уѣздѣ сельская публичная библіотека при земскомъ начальномъ училищѣ. Библіотека эта весьма быстро завоевала симпатіи мѣстнаго крестьянскаго населенія. Вѣсть о библіотекѣ разнеслась по уѣзду и въ нѣкоторыхъ сельскихъ обществахъ вызвала желаніе устроить у себя подобную же библіотеку. Въ февралѣ мѣсяцѣ 1892 года въ селѣ Уваровѣ, Борисоглѣбскаго уѣзда, состоялся волостной сходъ, который приговоромъ постановилъ: 1) открыть при мѣстномъ земскомъ училищѣ публичную библіотеку; 2) выдавать на содержаніе ея изъ волостныхъ суммъ по 10 руб. ежегодно; 3) войти съ ходатайствомъ въ мѣстный уѣздный училищный совѣтъ о разрѣшеніи на открытіе библіотеки, и 4) выбрать нѣсколькихъ лицъ въ попечители по устройству ея. Въ попечители были выбраны мѣстный земскій начальникъ, 2 священника, 2 учителя земскаго училища и 1 попечитель послѣдняго. Приговоръ былъ препровожденъ въ борисоглѣбскій училищный совѣтъ, откуда восходилъ до министерства народнаго просвѣщенія, которое, по соглашенію съ министерствомъ внутреннихъ дѣлъ, и дало недавно разрѣшеніе на открытіе библіотеки». Уварово—торговое и многолюдное село съ хорошимъ будущимъ, такъ какъ черезъ него нынѣ проводится желѣзная дорога. Библіотека безъ сомнѣнія будетъ имѣть здѣсь весьма большой успѣхъ и послужитъ виднымъ примѣромъ для окрестныхъ селъ, жители которыхъ часто ѣздятъ на уваровскіе базары. Благодаря энергіи попечительства, оно уже теперь располагаетъ нѣсколькими сотнями рублей, собранными путемъ пожертвованій на устройство библіотеки.

Плосковское сельское общество Нѣжинскаго уѣзда Черниговъской губерніи, на сходѣ 25-го марта 1891 года, по предложенію старосты Т. И. Яроша, единогласно изъявило желаніе устроить въ селѣ своемъ общественную библіотеку, откуда можно было бы пользоваться книгами для чтенія. Если устройство библіотеки будетъ разрѣшено, то для перваго раза общество постановило ассигновать на нее 20 рублей.

Въ Пружанскомъ уѣздѣ, Гродненской губерніи, въ 1892 году, согласно приговорамъ волостныхъ сходовъ, открыты библіотеки при 27 народныхъ училищахъ. На устройство этихъ библіотекъ сходами ассигновано 555 рублей [1]).

На Лоховскомъ волостномъ сходѣ Саратовскаго уѣзда 28 декабря 1892 года разсматривался вопросъ объ устройствѣ библіотеки при волостномъ правленіи. Сходъ, по сообщенію «Саратовскаго Листка», нашелъ, однако, что библіотекой при волостномъ правленіи затруднительно будетъ пользоваться жителямъ другихъ селъ и деревень, кромѣ с. Лоха, и потому призналъ за лучшее устроить библіотеки въ каждомъ обществѣ отдѣльно, почему вопросъ о библіотекѣ будетъ обсуждаться на сельскихъ сходахъ Лоховской волости.

Недавно общественная библіотека открылась въ селѣ Кривинѣ, Апраксиной волости, Новгородскаго уѣзда. Библіотека эта открылась по иниціативѣ самихъ крестьянъ, которые неоднократно выражали желаніе имѣть книги для чтенія. На помощь крестьянамъ пришелъ ихъ однообщественникъ Я. Е. Егоровъ, который, происходя изъ крестьянъ села Кривина, уже много лѣтъ состоитъ учителемъ въ селѣ Рыбацкомъ близъ Петербурга (по Шлиссельбургскому тракту), а въ родное село наѣзжаетъ обыкновенно на время каникулъ. «Проживая ежегодно лѣтомъ въ Кривинѣ,—пишетъ онъ,— и наблюдая жизнь роднаго села, я пришелъ къ тому убѣжденію, что народъ нашъ сильно нуждается въ средствахъ къ образованію. Въ селѣ, правда, есть церковно-приходская школа, есть грамотные и дѣти и взрослые, но книгъ нѣтъ и читать совсѣмъ

---

[1]) «Правительственный Вѣстникъ», 1893 г. № 9.

нечего». Въ виду этого Егоровъ обратился однажды на сходѣ къ кривинскому сельскому обществу съ предложеніемъ устроить безплатную общественную сельскую библіотеку. Въ своемъ обращеніи къ сходу, 23 іюня 1891 г., онъ произнесъ небольшую рѣчь, въ которой объяснилъ полезное значеніе грамотности и книги для крестьянскаго населенія и затѣмъ предлагалъ взять на себя трудъ хлопотать передъ начальствомъ о разрѣшеніи на открытіе библіотеки, собирать, покупать и хранить книги, вести отчетность и каталоги и проч. Помѣщеніе для библіотеки Егоровъ отвелъ въ собственной избѣ. Принявъ на себя весьма значительную долю труда и хлопотъ, Егоровъ обратился къ обществу съ вопросомъ о томъ, не найдетъ-ли оно возможнымъ назначить ежегодный сборъ съ души на пополненіе библіотеки, на устройство шкафовъ, переплетъ книгъ и на прочіе расходы, сопряженные съ правильнымъ веденіемъ дѣла». Прежде чѣмъ дѣлать это предложеніе, Егоровъ уже заручился обѣщаніемъ нѣкоторыхъ частныхъ лицъ послужить доброму начинанію словомъ и дѣломъ. Такъ, напримѣръ, мѣстный священникъ, о. Судаковъ, изъявилъ согласіе безплатно взять на свое попеченіе наблюденіе за чтеніемъ и выдачу книгъ изъ библіотеки во все то время, пока Егорову приходится жить въ Петербургѣ. Въ пожертвованіи на библіотеку приняли участіе также Спб. Комитетъ грамотности, ассигновавшій на это дѣло до 30 рублей, извѣстная издательская фирма «Посредникъ» и друг.

Посовѣтовавшись между собою, крестьяне постановили учредить библіотеку и ежегодно удѣлять на нее изъ мірскихъ суммъ отъ 5 до 10 руб. Какъ ни мала эта сумма, но она все же довольно значительна, если принять во вниманіе тяжелое экономическое положеніе населенія и задолженность его. Подъ приговоромъ подписался 31 домохозяинъ. За устройство библіотеки подавали свой голосъ не только грамотные, но и неграмотные, которые хотя и не умѣютъ читать, но жадно стремятся слушать чтеніе. Дѣло пошло въ ходъ и безъ особенныхъ приключеній въ маѣ 1892 года ходатайство Кривинскаго общества объ открытіи безплатной общественной библіотеки было уважено губернаторомъ. Извѣщая объ этомъ разрѣшеніи Кривицкое общество, мѣстный земскій начальникъ, между прочимъ писалъ слѣдующее: «сообщая для свѣдѣнія и для исполненія объ этомъ, я, съ своей стороны, нахожу, что въ данное время сельскому обществу необходимо прежде заняться болѣе существеннымъ, именно озаботиться пополненіемъ недоимокъ и прінсканіемъ заработковъ». Очевидно, авторъ, этого замѣчанія забылъ то общеизвѣстное и мудрое изреченіе, что «не о хлѣбѣ единомъ живъ будетъ человѣкъ» и что не можетъ же крестьянинъ, и безъ того работающій, какъ волъ, отказаться отъ всякаго свободнаго распоряженія своимъ временемъ и исключительно посвятить себя на пополненіе недоимокъ. Сумма, ассигнованная обществомъ на библіотеку, казалось бы, и безъ того не особенно угрожаетъ интересамъ фиска. Сдѣлавъ вышеизложенное замѣчаніе, земскій начальникъ потребовалъ, чтобы объ избранномъ отвѣтственномъ лицѣ было ему донесено¹).

Въ большомъ и бойкомъ селѣ Канадеѣ, Сызранскаго уѣзда, Симбирской губерніи, существуютъ двѣ начальныя школы — мужская и женская: первая — съ 1840 года, вторая — съ 1870. Въ обоихъ училищахъ ежегодно обучается до 160 человѣкъ обоего пола. Благодаря этимъ школамъ, въ селѣ много грамотныхъ: на 15 человѣкъ приходится одинъ неграмотный, при населеніи 2.366 душъ мужского и 2.573 — женскаго пола. Грамотное населеніе желаетъ, конечно, читать, но читать нечего, такъ какъ при училищахъ нѣтъ библіотекъ.

Въ концѣ 1892 года учитель мужской школы г. Байчевъ началъ заговаривать съ крестьянами о необходимости устроить въ селѣ Канадеѣ сельскую библіотеку, по образцу извѣстной Марковской библіотеки, существующей въ Лебедянскомъ уѣздѣ, Харьковской губерніи. Крестьяне очень сочувственно откликнулись на это предложеніе. Результатомъ явился общественный приговоръ, въ которомъ были выяснены причины, побуждающія общество открыть библіотеку, а также указаны условія пользо-

---

¹) «Образованіе», 1893 г. № 5—6.

вания книгами и т. д. Притомъ общество дало на первоначальное обзаведеніе книгами 10 рублей. Дальнѣйшее существованіе библіотеки обезпечивается добровольными пожертвованіями. Сельскій сходъ выбралъ уполномоченныхъ на исходатайствованіе разрѣшенія начальства на открытіе сельской библіотеки. Уполномоченные представили приговоръ инспектору народныхъ училищъ; инспекторъ съ своимъ заключеніемъ представилъ приговоръ директору, директоръ—губернатору и т. д.

4-го іюля 1893 г. получилось, наконецъ, отъ губернатора разрѣшеніе открыть въ селѣ Канадеѣ безплатную народную читальню, причемъ наблюденіе за читальней, съ разрѣшенія попечителя Казанскаго учебнаго округа, возложено на мѣстнаго инспектора народныхъ училищъ. Нужно замѣтить, что въ приговорѣ общества выражена была просьба, обращенная къ инспектору, о принятіи имъ на себя непосредственнаго завѣдыванія библіотекой.

И такъ, читальня открыта, но средствъ у ней — только 10 рублей. Ждать, чтобы общество крестьянъ сдѣлало еще новыя затраты на библіотеку въ настоящее время рѣшительно невозможно, такъ какъ голодовка послѣднихъ лѣтъ страшно подорвала крестьянское хозяйство и навязала обществу массу всевозможныхъ долговъ. Хотя въ 1893 году урожай въ селѣ Канадеѣ былъ выше средняго, но, по словамъ мѣстныхъ жителей, крестьянамъ для того, чтобы вполнѣ оправиться, необходимо подрядъ по крайней мѣрѣ 10 такихъ урожаевъ.

Учитель г. Байчевъ обратился къ пишущему эти строки съ просьбою оказать помощь возникающей сельской библіотекѣ и въ тоже время просилъ меня сообщить ему адресы тѣхъ учрежденій, редакцій и частныхъ лицъ, къ которымъ можно было бы обратиться съ просьбой о высылкѣ безплатно книгъ въ народную читальню. Полагая, съ своей стороны, что заявленіе въ печати о нуждахъ возникающей въ селѣ народной читальни можетъ скорѣе всего вызвать присылку книгъ и т. п., я помѣстилъ въ газетѣ «Недѣля» письмо, въ которомъ приглашалъ лицъ, сочувствующихъ дѣлу народнаго образованія, оказать помощь канадѣевской читальнѣ присылкою книгъ и денежныхъ пожертвованій.

Затѣмъ одинъ изъ моихъ корреспондентовъ сообщаетъ мнѣ о движеніи возникшемъ осенью 1893 года среди крестьянъ нѣкоторыхъ волостей Лебедянскаго уѣзда, Тамбовской губерніи, и имѣющимъ цѣлью открытіе сельскихъ общественныхъ библіотекъ. Движеніе это выразилось въ составленіи нѣсколькихъ приговоровъ какъ сельскими, такъ и волостными сходами. Такъ, крестьяне села Пороя, Куйманской волости, «единогласно постановили: просить приходскаго священника Петра Никифорова исходатайствовать у высшаго начальства разрѣшеніе на открытіе при женской церковно-приходской школѣ библіотеки народныхъ книгъ для чтенія, такъ, чтобы самое зданіе сей школы въ праздничное время служило бы читальней для всѣхъ желающихъ изъ нашего общества пользоваться книгами, для пріобрѣтенія которыхъ на первый разъ жертвуемъ двадцать пять рублей». Попечителемъ библіотеки крестьяне выбрали мѣстнаго помѣщика, врача К. И. Аменицкаго.

Далѣе волостной сходъ Трубетчинской волости, Лебедянскаго уѣзда, приговоромъ отъ 10 октября 1893 г., постановилъ: «1) открыть при Трубетчинскомъ волостномъ правленіи библіотеку на указанныхъ для того закономъ основаніяхъ, которою могли бы пользоваться безплатно всѣ лица, входящія въ составъ волости съ правомъ брать книги на домъ; 2) выдать на устройство библіотеки изъ волостныхъ суммъ 50 рублей, каковую выдачу и продолжать затѣмъ ежегодно; 3) для завѣдыванія библіотекой и руководительства въ ея дѣйствіяхъ постановили просить мѣстную землевладѣлицу графиню О. А. Толстую, земскаго начальника М. А. Гедеонова и мѣстнаго земскаго врача А. Т. Казанскаго».

IV.

Какія книги, журналы и газеты разрѣшается читать народу?

Болѣе быстрому распространенію народныхъ библіотекъ и

читателей, какъ городскихъ, такъ и сельскихъ, сильно мѣшаютъ тѣ многочисленныя затрудненія и тормазы, которыми до сихъ поръ обставлено у насъ открытіе этого рода библіотекъ. Полученіе разрѣшенія на открытіе народной читальни сопряжено со множествомъ хлопотъ не только для отдѣльныхъ, частныхъ лицъ, но даже для цѣлыхъ учрежденій, въ родѣ уѣзднаго или губернскаго земства. Въ подтвержденіе этого мы могли бы привести много фактовъ имѣющихся въ нашемъ распоряженіи, но на этотъ разъ мы ограничимся указаніемъ на одинъ вполнѣ характерный случай, извлеченный нами изъ докладовъ чердынской земской управы, Пермской губерніи.

Въ 1885 году преподаватели Шакшерскаго сельскаго училища обратились въ земство съ просьбой, объ открытіи народной читальни въ селѣ Шакшерѣ, при училищѣ. По этому поводу Чердынское уѣздное земское собраніе 30 сентября 1885 года постановило: возбудить предъ пермскимъ губернаторомъ ходатайство о разрѣшеніи открыть, въ видѣ опыта, въ с. Шакшерѣ, народную читальню при сельскомъ училищѣ. Ходатайство это было отправлено по назначенію въ январѣ 1886 года. Вслѣдъ за этимъ изъ Пермскаго губернскаго правленія получается въ уѣздной управѣ запросъ: какія именно книги предполагается имѣть въ читальнѣ и кто именно будутъ отвѣтственными лицами съ ней. Управа немедленно же (въ февралѣ 1886 г) представила подробный списокъ книгъ, составленный согласно существующимъ на этотъ счетъ правиламъ и вмѣстѣ съ тѣмъ увѣдомила, что отвѣтственными лицами въ читальнѣ будутъ законоучитель Шакшерскаго училища, священникъ о. Тяжеловъ и учитель Михайловъ. И вотъ проходитъ мѣсяцъ, другой, наконецъ третій, нѣтъ отвѣта. Управа ждетъ. Проходитъ годъ, другой, третій—а отвѣта все нѣтъ. Наконецъ, управа рѣшается спросить губернатора: въ какомъ положеніи находится дѣло объ открытіи народной читальни при Шакшерскомъ начальномъ училищѣ? Губернаторъ немедленно же отношеніемъ отъ 26 апрѣля 1889 года увѣдомляетъ управу, что ходатайство чердынскаго земства «представлено имъ на благоусмотрѣніе г. министра внутреннихъ дѣлъ 5 сентября 1886 г. за № 6866, но отвѣта еще не получено». Съ этого времени управа никакихъ свѣдѣній о положеніи дѣла по открытію народной читальни не получала...

Выше мы приводили фактъ, что устроители народной библіотеки въ Харьковѣ принуждены были добиваться разрѣшенія на открытіе читальни *отъ трехъ вѣдомствъ*: отъ учебнаго начальства, отъ духовнаго вѣдомства и отъ министерства внутреннихъ дѣлъ. При этомъ необходимо имѣть въ виду, что харьковскіе устроители народной библіотеки дѣйствовали по уполномочію мѣстнаго общества распространенія грамотности и при дѣятельной поддержкѣ со стороны многихъ профессоровъ университета, т.-е. лицъ, которыя уже въ силу своего общественнаго положенія достаточно, кажется, застрахованы отъ подозрѣній въ «неблагонадежности», «неблагонамѣренности» и т. д. Но если даже при наличности подобныхъ благопріятныхъ условій трудно добиться разрѣшенія на открытіе читальни, то что же сказать о попыткахъ отдѣльныхъ, частныхъ лицахъ, не обладающихъ ни связями, ни протекціей, но въ то же время проникнутыхъ горячимъ, страстнымъ желаніемъ потрудиться на пользу развитія и просвѣщенія «темныхъ, невѣжественныхъ массъ»?

Существованіе народныхъ библіотекъ также обставлено у насъ многими весьма стѣснительными условіями и формальностями: особенно же это относится до библіотекъ, устраиваемыхъ при народныхъ школахъ. Чтобы составить объ этомъ надлежащее представленіе, достаточно познакомиться съ министерскимъ каталогомъ книгъ, которыя только и могутъ быть выписываемы въ эти библіотеки. Во-первыхъ, число книгъ, значащихся въ этомъ каталогѣ, крайне ограничено; во-вторыхъ, самый выборъ книгъ сдѣланъ весьма неудачно, такъ какъ, съ одной стороны въ списокъ вошло очень много изданій болѣе чѣмъ сомнительнаго достоинства (напримѣръ, слащавыя сочиненія г-жи Е. Погожевой и т. п.), а съ другой стороны въ этомъ спискѣ отсутствуетъ масса книгъ пригодныхъ для народнаго чтенія произведеній нашихъ лучшихъ писателей. Можно подумать даже, что составители каталога, въ силу какихъ-то совершенно непостижимыхъ соображеній, задались цѣлью во что бы то ни стало оградить народъ отъ сочиненій всѣхъ тѣхъ писателей, которые составляютъ славу и гордость всей Россіи.

Въ самомъ дѣлѣ, возьмемъ для примѣра беллетристическій отдѣлъ школьной библіотеки. Изъ лучшихъ писателей болѣе другихъ посчастливилось Пушкину, изъ сочиненій котораго встрѣчаемъ въ спискѣ двѣ сказки («О рыбакѣ и рыбкѣ» и «О купцѣ Остолопѣ»), «Капитанскую дочку», «Полтаву», «Мѣдный всадникъ», изданную г-жею Тихомировой книжку: «Избранныя сочиненія Пушкина для дѣтей школьнаго возраста». Безъ сомнѣнія, это слишкомъ, слишкомъ мало для нашего великаго «народнаго» поэта, пробуждавшаго своей лирой добрыя чувства въ народѣ... Но, сравнительно съ другими корифеями нашей литературы—Пушкина можно признать счастливцемъ.

Изъ всѣхъ сочиненій Гоголя удостоился попасть въ каталогъ только одинъ «Тарасъ Бульба» и больше ничего. Точно также изъ всѣхъ сочиненій Лермонтова въ каталогѣ значится лишь одна «Пѣсня о купцѣ Калашниковѣ» и—больше ничего. Изъ Тургенева—одинъ отрывокъ изъ «Муму» и—больше ничего. Изъ сочиненій Достоевскаго—одинъ «Мужикъ Марей» и—больше ничего. Изъ Островскаго—одна комедія «Бѣдность не порокъ» и—больше ничего. Изъ Алексѣя Толстого—одинъ «Князь Серебряный» и то въ передѣлкѣ г-жи Свѣшниковой. Мы охотно соглашаемся, что все это представляется слишкомъ невѣроятнымъ, непостижимымъ...

Въ первомъ изданіи этой книги, разбирая министерскій каталогъ 1887 года, мы, между прочимъ, писали: «Изъ многочисленныхъ произведеній графа Л. Н. Толстого удостоились попасть въ каталогъ только слѣдующіе четыре разсказа: «Богъ правду видитъ да не скоро скажетъ», «Гдѣ любовь, тамъ и Богъ», «Кавказскій Плѣнникъ», и «Разсказы о Севастопольской оборонѣ». Такимъ образомъ всѣ остальные народные разсказы и сказки Льва Толстого, какъ, напримѣръ: «Чѣмъ люди живы», «Два старика», «Первый винокуръ», «Три сказки», «Упустишь огонь — не потушишь» и т. д. — не допущены въ народныя библіотеки» ¹).

Можно было надѣяться, что позднѣйшія изданія каталога проявятъ бо́льшую терпимость къ произведеніямъ великаго русскаго писателя и снимутъ запретъ, по крайней мѣрѣ, съ его народныхъ разсказовъ. Къ сожалѣнію, ожиданіямъ этимъ не суждено было сбыться, такъ какъ въ послѣднемъ изданіи каталога вышедшемъ въ 1891 году значится даже не четыре разсказа Л. Н. Толстого, какъ было въ 1887 году, а всего лишь два: «Кавказскій плѣнникъ» и «Разсказы о Севастопольской оборонѣ». Такимъ образомъ, вмѣсто того, чтобы сдѣлать хотя одинъ шагъ впередъ или — по меньшей мѣрѣ — остаться на прежнемъ мѣстѣ, мы сдѣлали два шага назадъ...

Разборомъ министерскаго каталога 1891 года, при выходѣ его въ свѣтъ, занялся, между прочимъ, В. Е. Якушкинъ въ статьѣ, помѣщенной въ «Русскихъ Вѣдомостяхъ». Подробно и обстоятельно разсмотрѣвъ этотъ каталогъ, г. Якушкинъ пришелъ къ заключенію, что недостатки и пробѣлы каталога происходятъ отъ физической невозможности для ученаго комитета министерства народнаго просвѣщенія своевременно разсмотрѣть всю массу вновь появляющихся книгъ и новыхъ изданій — прежнихъ. Въ доказательство этого онъ приводитъ цѣлый рядъ фактовъ, въ высшей степени краснорѣчивыхъ. Такъ, напримѣръ, оказывается, что разсказы Гоголя: «Тарасъ Бульба», «Ночь предъ Рождествомъ» и «Майская ночь», изданныя въ 1874 году, были одобрены Комитетомъ лишь въ 1883 году, т.-е. *девять лѣтъ* спустя; повѣсть Григоровича «Четыре времени года», изданная въ 1871 году, была одобрена лишь въ 1882 году, т.-е. одиннадцать лѣтъ спустя; поэма Жуковскаго «Агасферъ», изданная въ 1870 году, была одобрена лишь въ 1887 году, т.-е. семнадцать лѣтъ спустя... и т. д.

Не менѣе поразителенъ и другой фактъ, приводимый г. Якуш-

---

¹) «Запросы народа и обязанности интеллигенціи.» М., 1890 г. стр. 116.

книгъ, за послѣднія 30 лѣтъ — съ 1860 по 1890 гг. — ученымъ комитетомъ было одобрено для народныхъ библіотекъ всего лишь 1.600 книгъ, считая въ томъ числѣ и учебники (450 названій); въ дѣйствительности же за этотъ періодъ времени было издано до 12.000 книгъ, не считая учебниковъ. Слѣдовательно, ученымъ комитетомъ было одобрено всего лишь 10 процентовъ; такимъ образомъ остальные *девяносто процентовъ* книгъ слѣдуетъ отнести въ числу неодобренныхъ, т.-е. признанныхъ вредными и недозволенными, что, разумѣется, совершенно неправдоподобно и немыслимо, такъ какъ изъ этихъ 90%, добрая половина, безъ сомнѣнія, была бы одобрена, еслибы только ученый комитетъ имѣлъ возможность своевременно разсмотрѣть всѣ вышедшія 12.000 книгъ, а не ограничивался бы одними 1.600 книгъ.

Какъ же выйти изъ этого вполнѣ ненормальнаго положенія? Для этого, — говоритъ г. Якушкинъ, — «нужно, чтобы министерство издавало не каталогъ книгъ, разрѣшенныхъ, а напротивъ, каталогъ книгъ, запрещенныхъ для народныхъ библіотекъ». Въ подкрѣпленіе своего предложенія и въ доказательство его практичности, г. Якушкинъ указываетъ на тотъ фактъ, что такой же списокъ запретительнаго характера существуетъ и для всѣхъ частныхъ библіотекъ для чтенія; списокъ этотъ отмѣчаетъ тѣ книги, которыя запрещены для выдачи, а не тѣ, которыя дозволены. Безъ сомнѣнія, ученый комитетъ могъ бы выполнить подобную задачу несравненно легче той, которая возложена на него въ настоящее время, безъ возможности осуществленія ея. Вмѣстѣ съ этимъ устранились бы и тѣ безчисленныя затрудненія и препятствія, которыя теперь сильнѣйшимъ образомъ тормазятъ дѣло развитія народныхъ библіотекъ и отнимаютъ всякую энергію у лицъ, глубоко вѣрующихъ въ силу просвѣщенія и готовыхъ съ увлеченіемъ работать надъ устройствомъ библіотекъ и читаленъ для народа.

Въ заключеніе своей статьи г. Якушкинъ совершенно справедливо говоритъ: «потребность въ чтеніи все растетъ и растетъ среди нашего народа. Вопросъ о народномъ чтеніи — одинъ изъ самыхъ важныхъ и существенныхъ вопросовъ современной русской жизни. Это живое дѣло, для блага Россіи, не должно быть стѣсняемо сухими формальностями. Обращаясь съ совѣтомъ къ составителямъ народныхъ книгъ, покойный Достоевскій вполнѣ справедливо говорилъ: «прежде непремѣнной, немедленной пользы народныхъ книжекъ, кромѣ всѣхъ солей, искорененій и правоученій, очень бы не худо было имѣть въ виду просто распространеніе въ народѣ чтенія, постараться заохотить народъ къ чтенію—занимательностью книги, и потому пусть вещь будетъ хоть и безъ соли, да если чуть-чуть занимательна и положительно не вредна (надѣюсь, поймутъ, что мы подразумѣваемъ подъ словомъ «невредна»), такъ и спасибо за нее»... Этотъ справедливый совѣтъ до сихъ поръ имѣетъ значеніе для нашихъ народныхъ писателей и издателей; но и взглядъ контролирующей власти долженъ быть тотъ же: невредная книга полезна. И этотъ справедливый взглядъ можетъ получить осуществленіе въ дѣятельности ученаго комитета лишь тогда, когда въ ней будетъ сдѣлана указанная выше перемѣна».

Если составленная по министерскому каталогу библіотека недостаточна для учениковъ и дѣтей, то само собою понятно, что она никоимъ образомъ не въ состояніи удовлетворить взрослое крестьянское населеніе. Что это за библіотека, которая состоитъ изъ сказокъ и тощенькихъ брошюрокъ, сочиненныхъ разными благотворительными дамами, и которая усерднымъ чтецомъ можетъ быть прочитана въ два-три мѣсяца? Ну, а затѣмъ—чѣмъ же будетъ питаться умъ молодого поколѣнія, прошедшаго школу? Ясно, что ему не остается больше ничего, какъ обратиться къ лубочникамъ, которые съ готовностью предложатъ ему и «Разбойника Чуркина», и «Похожденія англійскаго милорда», и «Ночь у сатаны» и т. п. прелести.

При устройствѣ народныхъ библіотекъ, земству постоянно приходится считаться съ министерскимъ каталогомъ, который, разумѣется, для земства такъ же обязателенъ какъ для всѣхъ другихъ учрежденій и лицъ. Въ виду этого въ послѣднее время земскія собранія все чаще и чаще начинаютъ возбуждать ходатайства объ измѣненіи этого каталога.

Такъ, рязанское уѣздное земское собраніе въ засѣданіи 21 декабря 1895 года, въ виду крайне ограниченнаго числа книгъ, разрѣшенныхъ для школьныхъ библіотекъ, уполномочило управу ходатайствовать предъ г. министромъ народнаго просвѣщенія о разрѣшеніи возможно большаго числа книгъ для библіотекъ при народныхъ школахъ. Управа предполагаетъ, пересмотрѣвъ книги, не вошедшія въ число разрѣшенныхъ, составить новый списокъ и таковой представить г. министру для разрѣшенія. Съ этой цѣлію рязанская уѣздная земская управа обращается ко всѣмъ авторамъ книгъ для народа съ просьбой прислать въ управу для просмотра по одному экземпляру своихъ изданій, не вошедшихъ въ каталогъ книгъ министерства народнаго просвѣщенія для низшихъ учебныхъ заведеній.

Съ своей стороны, мы не сомнѣваемся, что къ ходатайству рязанскаго земства вполнѣ присоединятся всѣ тѣ земства, которыя искренно интересуются дѣломъ народнаго просвѣщенія и озабочены его развитіемъ.

Такъ поставлено у насъ дѣло съ народными *книгами*; что же касается до періодическихъ изданій—журналовъ и газетъ,— которые могутъ быть выписываемы въ народныя читальни, то и здѣсь мы встрѣчаемся съ самой строгой регламентаціей, не допускающей никакихъ послабленій. Въ 1892 году министерствомъ народнаго просвѣщенія опубликованъ «Списокъ періодическихъ изданій, допущенныхъ къ обращенію въ безплатныхъ народныхъ читальняхъ» [1]. Всего въ этомъ спискѣ значится 69 періодическихъ изданій [2]. Изъ этого числа бо́льшая часть—38 названій— приходится на долю изданій *спеціальнаго* характера, затѣмъ идутъ: *дѣтскія*—8 названій, *народныя*—3 названія и *иллюстраціи*—7 названій. На долю же изданій обще-литературнаго характера приходится лишь 10 газетъ и 3 журнала.

---

[1] Списокъ этотъ напечатанъ нами въ приложеніи къ этой книгѣ.
[2] Въ настоящее время въ Россіи выходитъ около 300 періодическихъ изданій.

Спеціальныя изданія по своему содержанію могутъ быть подраздѣлены на слѣдующія рубрики: 1) по разнымъ отраслямъ сельскаго хозяйства—10 названій: «Вѣстникъ русскаго сельскаго хозяйства», «Сельскій хозяинъ», «Вѣстникъ садоводства, плодоводства и огородничества», «Русское садоводство», «Садъ и огородъ», «Лѣсной журналъ», «Коннозаводство и коневодство», «Вѣстникъ рыбопромышленности», «Русскій пчеловодный листокъ» и «Счетоводство»; 2) по медицинѣ и гигіенѣ—5 названій: «Врачъ», «Русская медицина», «Практическая медицина», «Санитарное дѣло» и «Наука и жизнь»; 3) по техникѣ—4 названія: «Зодчій», «Ремесленная газета», «Записки Импер. Рус. Технич. Общества» и «Записки Московскаго Отдѣленія Импер. Рус. Технич. Общества»; 4) органы благотворительности—4 названія: «Вѣстникъ россійскаго общества Краснаго Креста», «Русскій слѣпецъ», «Дѣтская помощь» и «Вѣстникъ россійскаго общества покровительства животнымъ»; 5) духовно-нравственнаго характера—3 названія: «Благовѣстъ», «Странникъ» и «Русскій паломникъ»; 6) по географіи и этнографіи—2 названія: «Извѣстія Импер. Рус. Географич. Общества» и «Славянское обозрѣніе»; 7) по исторіи—2 названія: «Русскій Архивъ» и «Чтенія въ Импер. Обществѣ исторіи и древностей»; 8) по педагогикѣ—2 названія: «Образованіе» и «Русскій начальный учитель»; 9) по ветеринаріи—2 названія: «Ветеринарное дѣло» и «Вѣстникъ общественной ветеринаріи»; 10) по части спорта также два названія: «Охотничья Газета» и «Природа и охота»; 11) по библіографіи—одинъ органъ: «Библіографъ» и, наконецъ, 12) по экономическимъ вопросамъ также одинъ журналъ: «Труды Импер. Вольно-Экономическаго Общества».

Изъ дѣтскихъ журналовъ въ народныя читальни допущены: «Малютка», «Дѣтское чтеніе», «Задушевное слово», «Игрушечка», «Родникъ» и приложеніе къ нему: «Воспитаніе и обученіе», «Семейные вечера», «Вокругъ свѣта» и «Дѣтскій отдыхъ». Изъ числа періодическихъ изданій, назначенныхъ спеціально для народа, въ спискѣ встрѣчаемъ: «Досугъ и дѣло», «Читальня народной школы» и «Чтеніе для солдатъ». Изъ иллюстрацій: «Нива», «Живописное обозрѣніе», «Всемірная иллюстрація», «Сѣверъ», «Звѣзда», «Колосья» и «Царь колоколъ».

Разсматривая министерскій списокъ журналовъ и газетъ, допущенныхъ въ народныя читальни, мы прежде всего замѣчаемъ, что онъ обнимаетъ только изданія, выходящія въ Петербургѣ и Москвѣ, и ни слова не говоритъ о періодическихъ изданіяхъ, выходящихъ во всѣхъ остальныхъ городахъ Россіи. Въ виду этого невольно является вопросъ: слѣдуетъ-ли объяснить подобный пробѣлъ какой-нибудь случайностью, напримѣръ, простымъ недосмотромъ со стороны составителей списка или же, наоборотъ, слѣдуетъ видѣть въ этомъ прямой запретъ, наложенный на всю провинціальную литературу? Что-нибудь одно изъ двухъ: или составители списка забыли о существованіи провинціальной печати, или же признали почему-нибудь неудобнымъ допускать эту печать въ народную читальню...

Какъ бы то ни было, но въ результатѣ получается нѣчто весьма странное. Народная читальня, открытая въ Одессѣ или въ Саратовѣ, оказывается, лишена права получать мѣстныя изданія, мѣстныя газеты. Но кому же неизвѣстно то значеніе, какое имѣетъ въ настоящее время провинціальная печать, особенно въ глазахъ мѣстнаго населенія, для огромнаго большинства котораго своя мѣстная газета — какой-нибудь «Вѣстникъ», «Листокъ», «Дневникъ» и т. п.—давно уже сдѣлалась насущною потребностью. Точно также въ министерскомъ спискѣ мы не находимъ ни одного изъ земскихъ періодическихъ изданій, хотя такія изданія выходятъ во многихъ городахъ Россіи, какъ напримѣръ, въ Перми, Саратовѣ, Псковѣ и т. д.

Переходя къ частностямъ, не можемъ не замѣтить, что изъ историческихъ журналовъ допущены лишь «Русскій Архивъ» и «Чтенія въ Императ. Обществѣ исторіи и древностей», но ни «Русская Старина», ни «Историческій Вѣстникъ» не допускаются въ народныя читальни.

Изъ педагогическихъ журналовъ разрѣшены къ обращенію

въ народныхъ библіотекахъ лишь «Образованіе» и «Русскій народный учитель», между тѣмъ какъ ни «Русская школа» г. Гуревича, ни «Вѣстникъ воспитанія» д-ра Покровскаго не получили доступа въ народную библіотеку. Точно также подвергся запрету извѣстный журналъ для юношества «Міръ Божій», издаваемый г-жей Давыдовой и В. П. Острогорскимъ.

Но спеціальныя изданія, особенно же такія, какъ «Записки Техническаго Общества», «Счетоводство», «Вѣстникъ общественной ветеринаріи» и т. п.—не найдутъ много читателей въ народной средѣ. Главнымъ же образомъ читателя привлекаютъ изданія общелитературнаго характера, на которыхъ собственно и воспитывается умъ и чувство значительной массы читающей публики. Въ виду этого представляется въ высшей степени важнымъ вопросъ о томъ: какія именно изданія получили права гражданства въ области умственнаго и нравственнаго воздѣйствія на народную массу?

Изъ изданій общелитературнаго характера въ народныя читальни допущены слѣдующія газеты: 1) «Воскресенье», князя Мещерскаго, 2) «Гражданинъ», его-же, 3) «Московскія Вѣдомости», г. Петровскаго, 4) «Московскій Листокъ», Пастухова, 5) «Свѣтъ», г. Комарова, 6) «Новое Время», г. Суворина, 7) «Биржевыя Вѣдомости» и 8) «Родина» [1].

Изъ журналовъ же только три: «Русскій Вѣстникъ», «Новь» и «Переводы отдѣльныхъ романовъ»... На всѣ остальныя изданія наложено veto.

Почему «хорошія книжки» не доходятъ до народа.

Народъ нашъ желаетъ читать,—въ этомъ теперь уже нельзя сомнѣваться. Земскія, городскія, полковыя, казенныя, частныя,

---

[1] Кромѣ того, допущены еще «День» и «Вѣстникъ литературный, политическій и художественный», но оба эти изданія давно уже не выходятъ и если не ошибаемся оба они признаны прекратившимися.

фабричныя и, наконецъ, «вольныя» крестьянскiя школы за время своего существованiя создали огромный контингентъ грамотнаго люда, и контингентъ этотъ съ каждымъ годомъ растетъ все болѣе и болѣе.

На помощь народу въ этомъ случаѣ идутъ разные люди, которые подходятъ къ нему съ двухъ разныхъ сторонъ. Съ одной стороны идутъ образованные, развитые, интеллигентные люди, иногда съ крупными художественными талантами, съ громкими научными именами и, почти всегда, съ искреннимъ и горячимъ стремленiемъ принести пользу. Съ другой стороны подходятъ темные, невѣжественные, часто совсѣмъ неграмотные «лубочники», которые, приступая къ изданiю книгъ для народа, не задаются никакими другими цѣлями, кромѣ наживы и барыша.

Но что же мы видимъ? Въ то время, какъ всѣ попытки интеллигентныхъ издателей неминуемо терпятъ болѣе или менѣе рѣшительное фiаско, «невѣжественные» лубочники процвѣтаютъ какъ нельзя болѣе: книжки и картинки ихъ расходятся (и, притомъ, расходятся именно въ народной средѣ) въ огромномъ количествѣ экземпляровъ, доставляя издателямъ солидные барыши и доходы.

Чѣмъ объяснить такое странное явленiе? Неужели вкусы народа такъ испорчены, такъ извращены, что онъ сознательно предпочитаетъ «нелѣпыя и безграмотныя изданiя» Никольскаго рынка «хорошимъ книжкамъ», вышедшимъ изъ рукъ людей образованныхъ и интеллигентныхъ?

Вопросъ этотъ такъ интересенъ, такъ существенно-важенъ съ точки зрѣнiя общественнаго служенiя народу, что необходимо подойти къ нему поближе, необходимо внимательнѣе присмотрѣться къ условiямъ, породившимъ такое странное явленiе.

Различные «комитеты грамотности», «общества распространенiя полезныхъ книгъ», «коммиссiи по устройству народныхъ чтенiй» и т. п. учрежденiя, а также многiя частныя лица изъ интеллигенцiи составляли, печатали и издавали очень много книгъ и книжекъ спецiально «для народа». Среди этихъ изданiй, хотя и не часто, встрѣчались, разумѣется, и удачныя, хорошія, полезныя книги, доступныя народному пониманію.

Но — странное дѣло! — всѣ эти «хорошія книжки» обыкновенно преспокойно оставались на полкахъ столичныхъ магазиновъ. Въ лучшемъ случаѣ онѣ расходились среди той же интеллигентной публики, изрѣдка попадали въ болѣе обезпеченныя школы и училища.

Деревня, фабрика, село и не подозрѣвали о существованіи «хорошихъ книжекъ», и, попрежнему, деревенскіе грамотеи читали лубочныя издѣлія «Никольскаго рынка»... Почему же «хорошія книжки» не попадали въ деревню? Почему не доходили до мужика?

По нашему мнѣнію, главная причина этого заключалась въ томъ, что лица, бравшіяся за изданіе книгъ «для народа», въ сущности, почти совсѣмъ не знали этого народа, не знали условій деревенской среды, не знали потребностей мужика, его привычекъ и вкусовъ, которые, во всякомъ случаѣ, необходимо было принять во вниманіе. Затѣмъ у этихъ людей не было, собственно говоря, никакихъ связей съ селомъ или съ деревней, — тѣхъ связей, которыя выростаютъ только на почвѣ живого, реальнаго дѣла и безъ которыхъ немыслимъ успѣхъ никакого практическаго предпріятія. Въ то же время у нихъ не было никакихъ посредниковъ, вродѣ, напримѣръ, офеней, ходебщиковъ, коробейниковъ и т. п., которые могли бы сблизить ихъ съ мужикомъ, ознакомить его съ ихъ изданіями, съ ихъ добрыми замыслами, гуманными задачами.

Интеллигентные издатели народныхъ книжекъ обыкновенно упускали изъ виду, что еще мало напечатать и издать хорошія книжки для народа, но что необходимо позаботиться о распространеніи ихъ въ народной средѣ. Думать, что мужики будутъ сами выписывать хорошія книжки изъ столичныхъ магазиновъ, по меньшей мѣрѣ, наивно. Необходимо, чтобы книжки эти были занесены въ село и деревню, чтобъ онѣ появились на ярмаркахъ и базарахъ, на которые стекаются крестьяне для закупки всего необходимаго для себя. А объ этомъ-то и не думали совсѣмъ интеллигентные издатели народныхъ книжекъ, и этимъ какъ нельзя лучше доказали свое полное незнакомство съ условіями жизни деревенской среды.

Затѣмъ всѣ эти изданія «для народа» обыкновенно были черезчуръ дороги, совсѣмъ не по карману мужику. Маленькія, тоненькія брошюрки стоили отъ 20 до 50 копѣекъ и дороже. Было бы, однако, совершенно несправедливо видѣть въ этомъ корыстные разсчеты со стороны интеллигентныхъ издателей народныхъ книжекъ. При всемъ желаніи удешевить свои изданія, они не могли этого сдѣлать, главнымъ образомъ потому, что, въ виду крайне ограниченнаго сбыта и распространенія, принуждены были печатать свои книжки въ незначительномъ количествѣ экземпляровъ — одну, двѣ тысячи, не болѣе.

Наконецъ, и самая внѣшность этихъ изданій «для народа» не внушала довѣрія крестьянамъ и не располагала ихъ къ покупкѣ. Дѣло въ томъ, что народъ въ теченіе долгихъ лѣтъ уже пріученъ лубочными издателями къ извѣстной внѣшности и даже къ извѣстному формату книжекъ. Ему нравятся яркораскрашенныя картинки, которыя всегда находятся на обложкахъ книжекъ, вышедшихъ изъ лавокъ «Никольскаго рынка». А тутъ какая-то сѣренькая, тусклая обложка прикрываетъ тощую, длинную и нескладную брошюрку; на обложкѣ, вмѣсто заманчиваго названія, возбуждающаго любопытство или фантазію, стоятъ какія-то непонятныя слова: «Изданіе Народной Библіотеки», или «Изданіе С.-Петербургскаго комитета грамотности, состоящаго при Императорскомъ вольномъ экономическомъ обществѣ», или что-нибудь въ этомъ родѣ. Прочтетъ эти слова мужикъ и задумается: что это такое? Что-то непонятное, чуждое, странное... и оставитъ книжку, не купитъ.

Постоянныя неудачи, которыя терпѣли интеллигентные издатели народныхъ книжекъ, заставили ихъ, наконецъ, обратить вниманіе на дѣятельность «лубочниковъ», изданія которыхъ обыкновенно расходились съ замѣчательною быстротой въ огромномъ количествѣ экземпляровъ и составляли единственное чтеніе крестьянскаго населенія. Изъ интеллигентныхъ издателей народныхъ книжекъ г. Маракуевъ первый счелъ необходимымъ поближе ознакомиться съ дѣятельностью издателей «Никольскаго рынка».

Къ сожалѣнію, результаты своихъ наблюденій надъ лубочною торговлей г. Маракуевъ изложилъ лишь въ самыхъ общихъ чертахъ въ рѣчи (о школьныхъ библіотекахъ), прочитанной имъ въ 1883 году на съѣздѣ земскихъ учителей Московскаго уѣзда и вышедшей впослѣдствіи отдѣльною брошюркой (Москва, 1884 г.). Очеркъ г. Маракуева о лубочной торговлѣ и издательствѣ, скомканный на пяти-шести страничкахъ брошюрки, не можетъ, конечно, дать сколько-нибудь полнаго и обстоятельнаго представленія объ этомъ предметѣ, хотя необходимо признать, что, при всемъ томъ, очеркъ этотъ содержитъ въ себѣ нѣсколько цѣнныхъ свѣдѣній.

Между прочимъ, онъ указалъ на тѣ заслуги, которыя безспорно имѣютъ за собою «лубочники», а также отмѣтилъ ихъ замѣчательное умѣнье, опытность и практичность въ дѣлѣ изданія народныхъ книжекъ и ихъ распространенія. Можно было думать, что г. Маракуевъ воспользуется опытностью «лубочныхъ издателей», но, познакомившись съ его издательскою дѣятельностью, мы должны замѣтить, что этого совсѣмъ незамѣтно.

Начиная въ 1882 году издательскую дѣятельность, г. Маракуевъ слѣдующимъ образомъ опредѣлялъ свою задачу: «цѣль изданія—распространить въ народѣ чрезъ посредство школъ, арміи и коробейниковъ дѣйствительно хорошія книги, дать народу здоровую и разумную пищу, противодѣйствовать книжной спекуляціи и лубочнымъ безграмотнымъ издателямъ». Такимъ образомъ, г. Маракуевъ задался двумя цѣлями: во-первыхъ, *издать* для народа полезныя книги и, во-вторыхъ, *распространить* эти книги въ народной средѣ. Мы не будемъ здѣсь касаться вопроса: могутъ-ли изданія г. Маракуева служить народу дѣйствительно «здоровою и разумною пищей», но остановимся на томъ, что именно г. Маракуеву удалось сдѣлать для распространенія въ народѣ полезныхъ, по его мнѣнію, книгъ.

Действительно, ему удалось завязать кое-какія связи съ земствами, училищными совѣтами, со школами и библіотеками, но онъ совсѣмъ не съумѣлъ воспользоваться тою широкою организаціей сбыта, которая давно уже существуетъ въ народѣ въ лицѣ цѣлой массы офеней, ходебщиковъ, «картинщиковъ» и друг. разносчиковъ-продавцовъ, ежегодно совершающихъ путешествія, начиная отъ центровъ и кончая самыми отдаленными, захолустными концами Россіи.

Между тѣмъ, лубочные издатели, издатели «Никольскаго рынка», находятся въ самыхъ близкихъ и тѣсныхъ сношеніяхъ съ этою чисто-народною организаціей и, благодаря именно ей, распространяютъ свои изданія въ милліонномъ количествѣ экземпляровъ по всѣмъ концамъ и угламъ Россіи. Благодаря этимъ связямъ, изданія лубочниковъ дѣйствительно попадаютъ прямо въ деревню, въ руки настоящаго, сѣраго мужика. Чтобы «противодѣйствовать» этимъ издателямъ, чтобы бороться съ ними, необходимо было, прежде всего, стать на одну съ ними почву, необходимо было воспользоваться ихъ же оружіемъ, пригодность котораго слишкомъ очевидна и несомнѣнна.

Нѣкоторые изъ лубочныхъ торговцевъ выражали г. Маракуеву готовность распространять его изданія, но при этомъ ставили условіемъ, чтобъ онъ измѣнилъ форматъ и внѣшній видъ своихъ изданій, по образцу лубочныхъ книжекъ. По какому-то странному упрямству, г. Маракуевъ не согласился исполнить это условіе и, такимъ образомъ, лишился возможности распространить массу своихъ изданій въ той средѣ, для которой именно и предназначаются эти изданія. Для насъ, признаемся, совершенно непонятно, почему г. Маракуевъ такъ упорно стоитъ за *внѣшность* своихъ тощихъ, долговязыхъ и нескладныхъ книжекъ [1]).

Въ 1885 году г. Маракуевъ открылъ книжный магазинъ и

---

[1]) Справедливость требуетъ замѣтить, что, кромѣ формата и наружнаго вида обложекъ, книжки г. Маракуева со стороны внѣшности довольно удовлетворительны: обыкновенно онѣ изданы на хорошей бумагѣ и четкимъ шрифтомъ. Только корректура во многихъ книжкахъ сильно хромаетъ.

при немъ складъ народныхъ изданій. Но и при этомъ онъ не избѣжалъ крупной ошибки: вмѣсто того, чтобы открыть магазинъ на Никольской, въ центрѣ народно-лубочной торговли, онъ открываетъ его въ Петровскихъ линіяхъ, куда, конечно, ни офени, ни мужики не заглядываютъ.

Въ результатѣ всего этого явилось то, что торговля народными книгами г. Маракуева пошла крайне туго и вяло, особенно съ появленіемъ «Посредника». Въ послѣднее время г. Маракуевъ имѣлъ въ провинціи лишь нѣсколько десятковъ постоянныхъ коммиссіонеровъ и покупателей (опять-таки изъ интеллигенціи), а годовой оборотъ его не достигалъ и 20.000 руб. [1].

Но мы были бы несправедливы, если бы не отмѣтили одной положительной заслуги г. Маракуева: ему первому изъ интеллигентныхъ издателей удалось достичь значительнаго удешевленія книжекъ, предназначенныхъ для народа. Напримѣръ, извѣстный разсказъ гр. Л. Н. Толстаго «Чѣмъ люди живы» первоначально былъ изданъ Обществомъ распространенія полезныхъ книгъ и продавался по 35 коп. за экземпляръ. Г. Маракуевъ издалъ этотъ разсказъ въ 1882 году и пустилъ его по 5 коп., т.-е. въ семь разъ дешевле.

Книжки *Якова Полѣны* продавались обыкновенно по 20 коп., а г. Маракуевъ началъ издавать и продавать ихъ по 5 коп., т.-е. въ четыре раза дешевле, и т. д. Этимъ пониженіемъ цѣнъ онъ нанесъ сильный ударъ издательской дѣятельности «Общества распространенія полезныхъ книгъ». Но вотъ явился «Посредникъ» — и ударъ нанесенъ г. Маракуеву.

«Посредникъ», сознавая силу и опытность лубочниковъ въ дѣлѣ изданія и распространенія народныхъ книжекъ, постарался сойтись и заключить союзъ для совмѣстной дѣятельности съ однимъ изъ наиболѣе крупныхъ представителей книжной лубочной торговли, г. Сытинымъ, располагающимъ огромными связями между офе-

---

[1] По настоящее время г. Маракуевымъ издано около 60 народныхъ книжекъ, цѣною отъ 2 до 25 коп.

ями и разными провинциальными торговцами народных книг [1]. Оставивъ за собою, главнымъ образомъ, право выбора литературнаго матеріала, право редактора, «Посредникъ» все дѣло печатанія и распространенія своихъ изданій всецѣло возложилъ на г. Сытина.

Результаты такого сближенія не замедлили обнаружиться: 1) изданія «Посредника» начали печататься въ огромномъ, неслыханномъ до тѣхъ поръ количествѣ экземпляровъ; 2) стоимость этихъ изданій была доведена до крайняго минимума, какъ это умѣютъ дѣлать только одни лубочные издатели; 3) благодаря тому, что книжкамъ «Посредника» была придана внѣшность лубочныхъ изданій, онѣ охотно, безъ всякаго предубѣжденія, раскупались мужиками и, наконецъ, 4) при посредствѣ офеней и разныхъ мелкихъ торговцевъ книжки «Посредника» пошли прямо въ деревню, въ народъ.

Нѣкоторыя изъ дѣйствующихъ въ Россіи обществъ, понявъ, какъ много могутъ сдѣлать офени-разносчики въ дѣлѣ распространенія изданій, предназначенныхъ для массы населенія, стараются завести собственныхъ книгоношъ. Такъ, напримѣръ, поступило Великобританское Библейское Общество, имѣющее своею цѣлью распространеніе Священнаго Писанія.

Находя по нѣкоторымъ причинамъ неудобнымъ воспользоваться для своихъ цѣлей офенями-коробейниками, Библейское Общество создало собственныхъ офеней, грамотныхъ и начитанныхъ книгоношъ, которые объѣзжаютъ и обходятъ Россію изъ конца въ конецъ. Такой книгоноша получаетъ отъ общества 25 рублей жалованья въ мѣсяцъ, причемъ онъ обязанъ продать книгъ не менѣе, какъ на 75 рублей въ мѣсяцъ. На самомъ же дѣлѣ каждый книгоноша продаетъ гораздо больше: рѣдкій изъ нихъ не

---

[1] Число такихъ торговцевъ въ послѣднее время растетъ все болѣе и болѣе. Въ провинціальныхъ городахъ многіе лавочники, торгующіе посудой, желѣзомъ и т. п., начинаютъ торговать и книжками, получая ихъ изъ Москвы отъ «никольскихъ издателей».

выручить: 100—150 рублей, а нѣкоторые выручаютъ 200 и даже болѣе.

Изъ послѣдняго отчета великобританскаго и иностраннаго библейскаго общества узнаемъ, что общество это въ разныхъ странахъ содержитъ 661 книгоношу, на обязанности которыхъ лежитъ «разносить книги по дальнимъ, разбросаннымъ деревнямъ и ходить изъ дому въ домъ, предлагая слово Божіе по самой дешевой цѣнѣ». Болѣе половины изъ этого числа (333 книгоноши) работаютъ въ разныхъ государствахъ Европы, такъ, напримѣръ, въ Германіи и Швейцаріи распространеніемъ св. писанія занимаются 24 книгоноши, въ Испаніи—30, въ Италіи—32, въ Турціи—37, во Франціи—44, въ Австріи—58 и т. д. Въ Россіи работаютъ 79 книгоношъ, изъ которыхъ 48 трудятся въ сѣверной Россіи, а остальные 31—въ южной, на Кавказѣ и въ Туркестанѣ.

Судя по отчету, дѣятельность книгоношъ библейскаго общества, отличаясь значительной энергіей, даетъ блестящіе результаты, не смотря на огромныя затрудненія, которыя приходится преодолѣвать имъ. «Отъ границы Германіи до береговъ Камчатки, отъ Архангельска до Каспійскаго моря, повсюду ревностно трудится книгоноша, и хотя постигаютъ его разныя ненастья, терпитъ онъ суровые холода и зной, переходя со святой ношей изъ деревни въ деревню,—однако успѣхъ его трудовъ несомнѣнный. Подробности, пополняющія этотъ общій обзоръ, находимъ мы въ дневникахъ книгоношъ. Тутъ они бесѣдуютъ съ ремесленниками, или крестьянами, то въ суровой Финляндіи, гдѣ, однако, встрѣчается много духовной теплоты и радушія, то въ подмосковныхъ губерніяхъ или Прибалтійскомъ краѣ; потомъ, направляясь къ югу, мы встрѣчаемъ ихъ въ Самарѣ и въ Саратовѣ, или на переполненной народомъ палубѣ одного изъ волжскихъ пароходовъ. Особенное вниманіе въ этомъ году обращаетъ на себя дѣятельность книгоношъ въ Сибири. Лѣтомъ, посланный отъ агентства г. Девидсонъ предпринялъ путешествіе до Иркутска, и когда онъ проѣзжалъ безконечныя лѣсныя пространства или огромные луга и поля, — много усердія и надежды возбудило въ немъ это новое поприще, и затрудненіями представились ему лишь разстоянie и недостатокъ времени. Въ Западной Сибири было распространено 25.000 экземпляровъ, въ предыдущемъ же году только 11.000 экземпляровъ» [1]).

Книгоноши общества проникли въ Амурскую область, на островъ Сахалинъ, до Камчатки и береговъ Охотскаго моря. Въ этихъ далекихъ путешествіяхъ имъ приходится, конечно, подвергаться не только всевозможнымъ лишеніямъ, но нерѣдко и серьезнымъ опасностямъ. «Въ нѣкоторыхъ степяхъ только и рѣчей у путешественниковъ, что о разныхъ разбояхъ и приключеніяхъ, и книгоношѣ, присѣвшему у ночного костра, много приходится слышать того, что могло бы напугать его. Но всѣ они, благодаря Бога, непредимы и ни одинъ не отступился отъ святого дѣла. Среди темныхъ лѣсовъ и болотъ Мингреліи, на Араратскихъ высотахъ, гдѣ встрѣчаешься съ необузданными, часто свирѣпыми курдами, въ Туркестанѣ, гдѣ семь мѣсяцевъ въ году солнце палитъ какъ огонь, воды съ трудомъ достанешь и населеніе полу-дикое, вездѣ трудятся книгоноши бодро и успѣшно, невзирая на многія препятствія и испытанія».

Всего въ отчетномъ году было распространено чрезъ книгоношъ въ южной Россіи 64.698 экз. св. писанія, и въ сѣверной — 105.920 экз. Въ Европѣ, считая въ томъ числѣ и Россію, книгоношами библейскаго общества распространено 574.029 экземпляровъ. Всего же во всѣхъ странахъ книгоношами общества въ теченіе 1890—1891 гг. было продано болѣе милліона экземпляровъ св. писанія, а именно: 1.024.824... Вотъ какіе блестящіе результаты достигаются обществомъ, благодаря дѣятельности книгоношъ.

Такимъ образомъ, если даже въ такихъ культурныхъ странахъ, какъ Германія, Швейцарія, Франція и Австрія, книгоноши являются необходимыми посредниками между издателями и чи-

---

[1]) Статистическія записки и извлеченія изъ 87-го отчета великобританскаго и иностраннаго библейскаго общества. Спб. 1892 г., стр. 9.

тающей публикой, то само собою ясно, что подобные посредники гораздо болѣе необходимы у насъ, въ Россіи, при нашей болѣе чѣмъ слабой культурѣ, при разбросанности нашихъ селъ, деревень и мѣстечекъ, и, наконецъ, при томъ въ высшей степени неудовлетворительномъ, можно сказать, жалкомъ состояніи, въ какомъ находится наша книжная торговля вообще. Затѣмъ необходимо имѣть въ виду, что нашъ крестьянинъ издавна пріученъ офенями и ходебщиками къ тому, чтобы нужныя ему книги и картины приносились къ нему прямо въ деревню, въ его избу или хату.

Примѣру Библейскаго Общества послѣдовало возникшее у насъ въ 1863 году общество распространенія Св. Писанія. Изъ годового отчета о его дѣятельности за 1886 годъ видно, что въ теченіе этого года имъ распространено болѣе 90.000 экземпляровъ книгъ, на сумму 22.660 рублей; изъ этого числа слишкомъ 82.000 экземпляровъ приходится на долю *Евангелій* всѣхъ видовъ и цѣнъ, отъ 2 коп. до 3 рублей.

«Нашъ простолюдинъ, — говорится въ обзорѣ дѣятельности общества, — не привыкъ покупать книгу въ магазинѣ, онъ охотнѣе пріобрѣтаетъ ее изъ рукъ разносчика; иной, быть можетъ, и не слыхалъ еще о появленіи Новаго Завѣта на русскомъ языкѣ; съ другой стороны, находящіеся въ больницахъ, тюрьмахъ или на фабрикахъ и т. п. не могутъ сами пойти за *Евангеліемъ*, хотя бы и желали его имѣть, — къ такимъ нужно принести его». Такимъ образомъ, явилась необходимость въ лицахъ, которыя бы исключительно посвятили себя этому дѣлу, явилась необходимость въ книгоношахъ.

Отъ книгоношъ общество требуетъ: любовь къ дѣлу, безусловную честность, знаніе Св. Писанія настолько, чтобы объяснить его содержаніе темному человѣку, наконецъ, усердіе до самоотверженія, — словомъ, требуется то, что мы называемъ *призваніемъ*. Въ первый годъ своего существованія общество имѣло всего одного книгоношу; въ настоящее же время оно имѣетъ ихъ семь, на долю которыхъ изъ числа распространенныхъ въ 1886 году

90,000 экземпляровъ приходится болѣе трети — 36,705 экземпляровъ; остальные же распространены путемъ складовъ, продажи въ кіоскахъ и проч.

Какъ и слѣдовало ожидать, лица съ призваніемъ къ этому дѣлу не замедлили явиться на помощь обществу; дѣятельность книгоношъ, какъ она описана въ отчетѣ, дѣйствительно полна энергіи и труда. Одинъ изъ нихъ, напримѣръ, книгоноша Г*. въ 1886 году совершилъ свое четвертое путешествіе въ Сибирь и въ этотъ разъ проникъ въ самыя глухія захолустья и дебри Якутской области. Описаніе этого путешествія представляетъ настоящую Одиссею, полную борьбы со всевозможными трудностями пути и всякаго рода лишеніями. Достаточно сказать, что въ теченіе 10½ мѣсяцевъ этотъ книгоноша сдѣлалъ на пароходѣ, на лошадяхъ, пѣшкомъ и на лодкѣ *болѣе 17,000 верстъ!* Результатомъ такого подвига было то, что онъ распространилъ около 15,000 экземпляровъ книгъ. Другой книгоноша въ теченіе отчетнаго года побывалъ въ 28 городахъ средней полосы Россіи, третій исключительно занимался продажей въ войскахъ, четвертый — на фабрикахъ и заводахъ, пятый — въ тюрьмахъ и т. д.

Въ настоящей статьѣ мы совсѣмъ не касаемся вопроса о внутреннемъ содержаніи книгъ, предназначаемыхъ для народнаго чтенія, о большей или меньшей пригодности ихъ для народа и т. д.; мы желали только обратить вниманіе читателей на важное значеніе, которое имѣютъ различные способы сбыта и распространенія народныхъ изданій, независимо отъ того или другого содержанія ихъ. Насколько зависитъ распространеніе народныхъ книжекъ отъ той или другой организаціи сбыта, лучше всего можно видѣть на разсказахъ графа Л. Н. Толстого.

Когда эти разсказы издавались разными интеллигентными обществами и лицами, ихъ расходовалось въ теченіе года тысяча, много — двѣ тысячи экземпляровъ. Но вотъ тѣ же самые разсказы («Чѣмъ люди живы» и «Богъ правду видитъ») начинаетъ печатать г. Сытинъ, и въ первый же годъ продаетъ [1]), ни больше

---

[1]) По свѣдѣніямъ, полученнымъ нами отъ самого издателя.

ни меньше, какъ по 100.000 экземпляровъ каждаго изъ этихъ разсказовъ.

Лубочные издатели.

Лубочные издатели... «Издатели съ Никольской»... «писатели Никольскаго рынка»... «подворотные книгопродавцы»... «лубочные картинки»... «лубочная литература»... ходебщики... офени... коробейники — это цѣлый міръ, въ высшей степени своеобразный, замкнутый и очень мало извѣстный, хотя и представляющій громадное значеніе для всякаго, кому дороги и близки интересы и запросы умственной жизни народа.

Правда, о лубочныхъ картинахъ мы имѣемъ прекрасное изслѣдованіе Д. А. Ровинскаго; но, къ сожалѣнію, оно доведено только до 40-хъ годовъ. Свѣдѣнія по исторіи лубочной литературы мы можемъ найти въ отдѣльныхъ трудахъ А. Н. Пыпина, покойнаго Н. С. Тихонравова, Ѳ. И. Буслаева и нѣкоторыхъ другихъ ученыхъ, но эти труды, при всей ихъ высокой научной цѣнности, не даютъ цѣльнаго, законченнаго изслѣдованія вопроса. О современномъ же состояніи лубочной литературы мы не имѣемъ ни одного сколько-нибудь серьезнаго труда.

Большинство нашего интеллигентнаго общества съ давнихъ поръ усвоило себѣ за правило относиться къ лубочнымъ издателямъ и лубочной литературѣ не иначе, какъ съ презрительною насмѣшкой. Между тѣмъ, подойдя поближе къ этому міру, мы увидимъ далеко не одни только курьезы и недостатки, но и нѣчто такое, чему съ большою пользой могли бы поучиться интеллигентные люди. Примѣръ «Посредника» какъ нельзя лучше доказалъ это.

Въ то время, какъ интеллигентные издатели терпѣли постоянныя неудачи въ своихъ стремленіяхъ дать народу «хорошія книжки», народъ этотъ не могъ, разумѣется, оставаться совсѣмъ безъ книги, такъ какъ запросъ на чтеніе замѣтно возросталъ въ народной средѣ съ начала настоящаго столѣтія съ каждымъ десятилѣтіемъ. «Тогда на помощь къ народу, жаждущему духовной пищи, т.-е. книги, пришли люди изъ самаго народа, ибо всѣ настоящіе лубочные издатели есть, въ то же время, настоящіе мужики, умѣющіе едва-едва кое-какъ читать. Отсюда, съ перваго же времени,—успѣхъ лубочника, ибо онъ зналъ, что издавать и какъ распространять изданное» [1]).

Но нужно оговориться.

Публика обыкновенно смѣшиваетъ всѣхъ издателей Никольской улицы въ одну кучу: Манухина, Морозова, Ступина, Шарапова, Леухина, Абрамова, Сытина, Прѣснова, Губанова, Земскаго. Всѣхъ этихъ издателей публика (и не только публика, но и серьезные органы печати) честитъ «лубочниками» и сыплетъ на ихъ головы одни и тѣ же обвиненія, одни и тѣ же насмѣшки.

На самомъ же дѣлѣ издатели Никольской улицы весьма рѣзко раздѣляются на двѣ совершенно отличныя одна отъ другой группы. Одна изъ этихъ группъ имѣетъ дѣло исключительно съ народомъ, съ деревней, съ селомъ; другая же, главнымъ образомъ, съ низшими классами городского населенія. Поэтому, если издатели первой группы могутъ быть названы «народными» (сами они такъ и называютъ себя), то издателямъ второй группы можетъ быть присвоено названіе «мѣщанскихъ» издателей.

Дѣятельность народныхъ или такъ-называемыхъ «лубочныхъ» издателей сосредоточилась, главнымъ образомъ, около Ильинскихъ воротъ и историческаго «Пролома»; здѣсь свили себѣ гнѣздо всѣ наиболѣе крупныя издательскія фирмы этого рода: И. Н. Шарапова, теперь О. В. Лузиной, Сытина и К°, Губанова, И. А. Морозова и Абрамова [2]).

Дѣятельность свою они начали съ изданія картинъ для на-

---

[1]) В. Маракуевъ: «О школьныхъ библіотекахъ».

[2]) Что касается петербургскихъ лубочниковъ (Кузинъ, Шатаевъ и др.), то они сравнительно мало и не охотно занимаются изданіемъ книгъ и предпочитаютъ торговать московскими изданіями, покупая ихъ, главнымъ образомъ, у Сытина. Картинъ же петербургскіе лубочники никогда не издавали и не издаютъ.

рода. «По естественному ходу человѣческаго развитія, картина (изображеніе предмета) предшествовала описанію (книгѣ). Поэтому, въ прежнія времена торговля лубочниковъ, главнымъ образомъ, была картинами, такъ какъ изображеніе какого-нибудь событія въ формѣ картины доступно каждому безграмотному, описаніе же предмета доступно болѣе развитому человѣку, грамотному. Отсюда естественное предпочтеніе нашего простолюдина картины передъ книгой»[1]. И дѣйствительно, только въ рѣдкой избѣ вы не встрѣтите картинъ, которыми каждый мужикъ обыкновенно при первой же возможности спѣшитъ украсить стѣны своего жилья.

По этому поводу намъ невольно вспоминается слѣдующій, по нашему мнѣнію, глубоко трогательный народный разсказъ, записанный однимъ изъ статистиковъ московскаго земства.

Старикъ-крестьянинъ, возвращаясь откуда-то домой, вмѣстѣ съ своей женой, нашелъ на дорогѣ исписанный листокъ писчей бумаги.

— Крестись, старуха, — говоритъ онъ, обращаясь къ женѣ, — у насъ теперь дома грамотка завелась!

— А ты, старикъ, — отвѣчаетъ жена, — прилѣпи грамотку-то на стѣнку: *все въ избѣ-то повеселѣе будетъ*[2].

Такъ скромны эстетическія требованія мужика, придавленнаго нуждой, но, въ то же время, и такъ живучи!

Чтобы поближе познакомить читателей съ «лубочниками», считаемъ не лишнимъ остановиться на болѣе характерныхъ представителяхъ этого типа.

Вотъ, напримѣръ, въ нѣсколькихъ словахъ, біографія одного изъ народно-лубочныхъ издателей-книгопродавцевъ, Морозова. Родомъ Морозовъ изъ бѣдной крестьянской семьи Калязинскаго уѣзда, Тверской губерніи. До девятнадцати лѣтъ Морозовъ прожилъ на родинѣ, работая «около дома», на родную семью. Парень онъ былъ здоровый и сильный — «быка кулакомъ сшибетъ».

---

[1] *В. Маракуевъ*. «О школьныхъ библіотекахъ».
[2] «Сборникъ статист. свѣд. по Московск. губ.», томъ VI, вып. I, стр. 87.

нигдѣ, разумѣется, не учился, такъ какъ въ то время школъ въ деревняхъ почти совсѣмъ не существовало и грамотность среди мужиковъ была очень большою рѣдкостью. Когда въ деревнѣ стало «жить не у чего», Морозовъ отправился искать счастія въ Москву.

Девятнадцати лѣтъ, пѣшкомъ, въ лаптяхъ, пришелъ онъ въ Бѣлокаменную и здѣсь, прежде всего, конечно, столкнулся съ вопросомъ: чѣмъ жить, чѣмъ кормиться? А денегъ въ карманѣ всего только двадцать копѣекъ. Морозовъ не теряется; онъ дѣлаетъ лотокъ изъ лубка, покупаетъ нѣсколько пучковъ зеленаго луку и начинаетъ «торговлю». Съ ранняго утра и до поздняго вечера обходитъ онъ улицы и площади Москвы, съ крикомъ: «луку, луку зеленаго!» Не трудно представить себѣ, сколько нужды и всякаго рода лишеній приходилось испытать при подобной «торговлѣ». Отъ луку Морозовъ переходитъ къ колбасѣ, сайкамъ горячимъ и т. д.

Затѣмъ онъ мѣняетъ занятіе и, бросивъ торговлю, начинаетъ чеканить пуговицы на машинкѣ собственнаго издѣлія. Наконецъ, обзаведясь ручнымъ станкомъ, Морозовъ началъ дѣлать на лубкѣ картины. Это послѣднее производство пошло у него успѣшно и, постепенно разростаясь, приносило ему хорошій доходъ. Тогда только выучился онъ кое-какъ читать и подписывать свою фамилію. Какъ разъ около этого времени подоспѣла крымская война,—торговля картинами необыкновенно оживилась, какъ это всегда наблюдается во время войны. Когда въ народѣ усилилось требованіе на книги, Морозовъ началъ печатать книжки,—сказки, оракулы и житія. Дѣло его все разросталось и разросталось.

Къ семидесятымъ годамъ Морозовъ былъ уже московскимъ купцомъ, имѣлъ огромный каменный домъ на бойкомъ мѣстѣ, большую литографію, книжную лавку и т. д. Онъ умеръ два года тому назадъ. Въ послѣдніе годы своей жизни онъ мало занимался книжнымъ и издательскимъ дѣломъ, передавши его сыновьямъ. Тѣмъ не менѣе, до самаго послѣдняго времени онъ внимательно слѣдилъ за всѣмъ, что появлялось новаго въ области народно-лубочной литературы. Правда, отъ лѣтъ, глаза его притупились и он не въ состоянiи былъ самъ читать книгъ, но обыкновенно онъ заставлялъ читать вслухъ кого-нибудь изъ своихъ домашнихъ или служащихъ, а самъ сидѣлъ и все очень внимательно слушалъ.

Морозовъ человѣкъ стараго времени; начало его дѣятельности по изданiю народныхъ картинъ и книгъ относится еще къ первой половинѣ пятидесятыхъ годовъ. Но вотъ образчикъ «народнаго издателя» самаго послѣдняго времени, восьмидесятыхъ годовъ,— Губановъ.

Губановъ—крестьянинъ Алексинскаго уѣзда, Тульской губернiи; сначала онъ былъ коноваломъ; затѣмъ долгое время былъ ходебщикомъ, расхаживая и разъѣзжая съ картинками и книжками по разнымъ мѣстамъ Россiи. Расторговавшись и сколотивши небольшой «капиталецъ», онъ задумалъ открыть книжную лавку въ Москвѣ и, въ то же время, заняться издательствомъ картинъ и книгъ для народа. Приступая къ этого рода дѣятельности, онъ не могъ, разумѣется, не сознавать своей безграмотности, но обстоятельство это, повидимому, совсѣмъ не смущало его. Безъ сомнѣнiя, его ободрялъ примѣръ другихъ лубочныхъ издателей, его предшественниковъ, которые, несмотря на свою безграмотность, какъ нельзя болѣе преуспѣвали въ коммерческомъ отношенiи.

Въ 1881 году Губановъ переселяется въ Москву и покупаетъ здѣсь книжную лавку у Пономарева, который, имѣя свою типографiю, занимался изданiемъ и торговлею народныхъ книгъ. Сдѣлавшись книгопродавцемъ, Губановъ спѣшитъ обзавестись *собственными* изданiями народныхъ книгъ и картинъ, безъ чего почти немыслима лубочная книжная торговля въ болѣе или менѣе широкихъ размѣрахъ. И вотъ начинается усиленная фабрикацiя «божественныхъ» и «свѣтскихъ» картинъ, а также «житiй», оракуловъ, «Соломоновъ», сонниковъ, «романовъ» и т. д. Все это редактируется лично самимъ Губановымъ, несмотря на то, что вся его грамотность ограничивается умѣньемъ «приложить руку», то-есть, кое-какъ подписать свою фамилiю.

Въ виду этого, казалось бы, можно было съ увѣренностью

разсчитывать на полное и неминуемое фіаско издательской попытки Губанова; однако, на дѣлѣ ничего подобнаго не случилось. Напротивъ, съ самаго начала его предпріятія по изданію народныхъ книгъ и картинъ, дѣла его пошли какъ нельзя лучше, и торговля съ каждымъ годомъ развивалась и до сихъ поръ развивается все болѣе и болѣе. Теперь у Губанова свои лавки: въ Москвѣ, въ Казани, Кіевѣ, Воронежѣ и Саратовѣ. Уже изъ одного этого факта можно видѣть, какъ быстро и широко разросся районъ его дѣятельности.

Чѣмъ же объясняется подобный успѣхъ? Исколесивъ десятки разъ, въ качествѣ коробейника, почти всю Россію, Губановъ до тонкости могъ изучить тѣ требованія, которыя въ разныхъ мѣстахъ предъявляютъ крестьяне къ офенямъ. На мѣстѣ, непосредственно отъ самихъ мужиковъ, бабъ и парней онъ могъ доподлинно узнать, какія именно книжки и картины больше всего нравятся въ деревнѣ и какія охотнѣе покупаются крестьянами, фабричными, раскольниками, различными инородцами и т. д. Такимъ образомъ, онъ имѣлъ полную возможность изучить разнообразные оттѣнки вкусовъ, привычекъ, требованій и желаній различныхъ слоевъ и элементовъ деревенскаго населенія. Это разъ.

Далѣе, успѣхомъ своимъ онъ обязанъ, главнымъ образомъ, тѣмъ связямъ, которыя были у него среди офеней, населяющихъ Алексинскій уѣздъ, Тульской губерніи. Ему не стоило большого труда привлечь къ себѣ этихъ офеней, и они охотно вошли къ своему земляку, какъ только онъ открылъ свою торговлю. Лично и хорошо зная всѣхъ этихъ офеней, онъ могъ безошибочно опредѣлить, насколько каждый изъ нихъ заслуживалъ довѣрія, и, сообразно этому, открывалъ имъ кредитъ, который въ дѣлѣ книжной лубочной торговли играетъ весьма важную роль,—едва-ли не большую, чѣмъ во всякой другой торговлѣ.

Приступая къ изданію народныхъ книгъ, Губановъ былъ, конечно, далекъ отъ мысли воспитывать народъ своими изданіями или развивать въ немъ тѣ или другія стороны ума или характера, сообщать полезныя свѣдѣнія и вообще такъ или иначе вліять на народъ. Нѣтъ, всѣ его старанія сводились только къ тому, чтобы приноровиться ко вкусамъ, поддѣлаться подъ требованія того люда, для котораго предназначались изданія; онъ руководствовался чисто-практическими цѣлями, цѣлями наживы, и старался давать только то, на что больше требованія, что всего скорѣе раскупается офенями, «картинщиками», «фарисеями¹) и т. д. Это же самое слѣдуетъ сказать и относительно всѣхъ другихъ народно-лубочныхъ издателей.

Наиболѣе отсталымъ изъ народныхъ издателей является Абрамовъ, настоящая фамилія котораго — Жуликовъ.

— «Это самый скупой изъ всѣхъ никольскихъ издателей, — отзываются о немъ его сотрудники. — Всего два рубля за листовку платитъ; больше ни за что не дастъ... «Я, говоритъ, и безъ васъ обойдусь... очень вы мнѣ нужны... заставлю своихъ молодцовъ, они не хуже васъ сочинятъ...» И чтожъ бы вы думали? Вѣдь, въ самомъ дѣлѣ, заставляетъ своихъ молодцовъ сочинять книги для народа. А молодцы его едва-едва грамотѣ знаютъ».

Этотъ же Абрамовъ особенно безцеремонно пользуется для своихъ книжекъ «заимствованіями» изъ разныхъ чужихъ изданій. Нѣсколько лѣтъ тому назадъ, напримѣръ, онъ издалъ юмористическій разсказъ: «Нужда пляшетъ, нужда скачетъ, нужда пѣсенки поетъ». Оказывается, что это почти дословная перепечатка извѣстнаго разсказа Гл. Ив. Успенскаго. Вся разница состоитъ въ томъ, что Абрамовъ въ своемъ изданіи, вмѣсто слова «корридорный», поставилъ «половой», вмѣсто «закричалъ» — «загорлавилъ», вмѣсто «отвѣтилъ» — «гаркнулъ», вмѣсто «честь имѣю» — «имѣю честь» и т. д., все въ этомъ родѣ.

Необыкновенно быстрое развитіе народно-лубочной литературы не можетъ подлежать никакому сомнѣнію. Въ настоящее время одинъ г. Сытинъ дѣлаетъ оборотъ на 300.000 р. въ годъ, по-

---

¹) Фарисеями называются въ Москвѣ уличные продавцы книгъ и картинъ; по большей части это разные оборванцы, обитатели ночлежныхъ домовъ.

прежнему, продолжая вести дѣло почти исключительно съ деревней, съ народомъ.

Успѣхъ г. Сытина въ качествѣ издателя-книгопродавца можетъ служить лучшею иллюстраціей къ нашимъ словамъ о быстромъ развитіи народно-лубочной литературы и о пробудившемся въ народѣ запросѣ на чтеніе. Еще недавно, какихъ-нибудь десять лѣтъ тому назадъ, г. Сытинъ былъ мелкимъ приказчикомъ въ книжной лубочной лавкѣ Шарапова, теперь же онъ стоитъ во главѣ фирмы, располагающей огромною типографіей, едва-ли не самою большою въ Москвѣ, литографіей, двумя книжными магазинами и т. д. Фирма имѣетъ до 2.000 постоянныхъ покупателей изъ офеней и мелкихъ и крупныхъ провинціальныхъ книгопродавцевъ; обороты ея растутъ съ каждымъ годомъ все болѣе и болѣе.

Обыкновенно, изданія, предназначаемыя для народнаго чтенія, выходятъ въ огромномъ количествѣ экземпляровъ. Самое меньшее количество экземпляровъ, въ какомъ печатается народная книжка, это — 6.000 экземпляровъ или пять «заводовъ». Чаще же лубочные издатели печатаютъ свои книжки въ 20, 30, 40 и 50 тысячахъ экземпляровъ. Въ тѣхъ же случаяхъ, когда издатель заранѣе увѣренъ въ успѣхѣ книжки, онъ печатаетъ ее въ количествѣ 80.000 экземпляровъ и даже болѣе. При этомъ нѣкоторыя изданія въ теченіе одного года выходятъ два-три раза.

Предназначенные для распространенія среди народа дешевые календари (въ 5, 10, 15 коп.) издаются обыкновенно въ количествѣ 200.000—300.000 экземпляровъ. Болѣе же упрочившіеся календари въ ту же цѣну печатаются обыкновенно въ количествѣ 500.000—600.000. Наконецъ, есть календари, которые печатаются въ милліонномъ количествѣ экземпляровъ. И все это немедленно же расходится, немедленно же находятъ себѣ сбытъ. Народно-лубочные издатели даже не знаютъ, что значитъ залежавшееся, не нашедшее сбыта изданіе. Такихъ у нихъ нѣтъ и не бываетъ. Чтобы они ни издали, какъ бы плохо ни было это изданіе, оно, во всякомъ случаѣ, непремѣнно разойдется, и, притомъ разойдется не иначе, конечно, какъ въ народной средѣ.

Интересно и въ высшей степени поучительно сравнить въ этомъ отношеніи результаты издательской дѣятельности нашихъ комитетовъ грамотности и другихъ интеллигентныхъ обществъ съ дѣятельностью лубочныхъ издателей.

Изданіемъ книгъ для народа[1]) у насъ занимались и отдѣльныя лица, и цѣлыя учрежденія: «Товарищество общественной пользы», «Высочайше утвержденная коммиссія для устройства народныхъ чтеній», «Соляной Городокъ», «Общество распространенія полезныхъ книгъ», редакціи журналовъ «Мірской Вѣстникъ», «Досугъ и Дѣло», «Русская Мысль», Русское «Богатство» (при редакціи г. Оболенскаго), московскій и петербургскій комитеты грамотности и т. д. Каждое изъ этихъ учрежденій выпустило различное количество книгъ для народа: отъ 10 до 60 названій, не больше.

Напримѣръ, петербургскій комитетъ грамотности, предпринявъ съ 1880 года рядъ изданій для народнаго чтенія съ цѣлью «восполнить недостатокъ въ книжкахъ, доступныхъ простолюдину по цѣнѣ и содержанію», по настоящее время издалъ всего 37 названій. Тридцать семь книжекъ за четырнадцать лѣтъ дѣятельности, т.-е. менѣе чѣмъ по три книжки въ годъ. Какъ же расходятся эти книжки? Изъ отчетовъ комитета грамотности мы знаемъ, что въ 1886 году было продано всего 69.356 экзем., въ 1887 году—41.048 экзем., 1888 году—47.700 экзем. Въ 1891 году комитетомъ было издано всего 5 названій народныхъ книгъ въ количествѣ 40.000 экземпляровъ, а въ 1892 году только 4 названія въ количествѣ 35.000 экземпляровъ. Но если издательская дѣятельность петербургскаго комитета грамотности представляется слишкомъ незначительной, то дѣятельность московскаго комитета грамотности по изданію народныхъ книгъ должна быть

---

[1]) Объ изданіи картинъ для народа интеллигенція никогда не думала; единственная попытка въ этомъ направленіи была сдѣлана «Посредникомъ»; попытка эта не имѣла успѣха—по винѣ самихъ издателей.

признана совершенно ничтожной. И дѣйствительно, за все время своего полувѣкового существованія московскій комитетъ издалъ не болѣе десяти книжекъ для народнаго чтенія ¹).

Между тѣмъ Сытинъ имѣетъ въ своихъ лавкахъ болѣе 580-ти названій народныхъ книгъ ²), изъ которыхъ большая часть его собственныя изданія, повторяемыя имъ почти ежегодно. Ежегодно Сытинъ печатаетъ однихъ только календарей цѣною отъ 5 до 20 копѣекъ *болѣе 1.500.000 экземпляровъ*. Продаетъ же онъ не менѣе 8—10 милліоновъ экземпляровъ народныхъ изданій, большая часть которыхъ составляютъ его собственность. А затѣмъ, помимо этого, сколько выпускается имъ народныхъ картинъ: духовныхъ, свѣтскихъ, юмористическихъ, военныхъ, портретовъ, видовъ и т. д.!

«Издатели съ Никольской».

Литература «улицы».

По сосѣдству съ чисто-народными «лубочными» издателями размѣстились по Никольской улицѣ другого рода издатели, которые почти ничего общаго съ деревней не имѣютъ, но удовлетворяютъ требованія, главнымъ образомъ, низшихъ слоевъ городского населенія. Приказчики, мѣщане, мелкіе торговцы, писцы, модистки, лакеи, швейцары—вотъ публика, которой служатъ эти издатели. Прѣсновъ, Леухинъ и Земскій являются главными представителями этой группы.

---

¹) Гораздо болѣе успѣшно дѣйствуютъ нѣкоторыя частныя издательскія фирмы, какъ, напримѣръ, «Посредникъ» и слѣдомъ за нимъ недавно возникшая фирма «Правда»; но при этомъ необходимо имѣть въ виду то обстоятельство, что обѣ эти фирмы ведутъ издательское дѣло не самостоятельно, а чрезъ посредство того же Сытина, который всецѣло завѣдуетъ хозяйственной стороной ихъ изданій и на которомъ лежатъ всѣ заботы по распространенію этихъ изданій въ народѣ.

²) Въ нашихъ рукахъ находится точный списокъ всѣхъ этихъ книгъ, доставленный намъ самимъ издателемъ.

Эти господа преимущественно издают разныя «Настольныя книги холостымъ, съ общепонятными рисунками», «Записки для молодыхъ людей, желающихъ въ свѣтѣ сдѣлаться ловкими и образованными», «Руководства къ выбору женъ», разные «Ключи къ женскому сердцу», «Наставленія женщинамъ, какъ нравиться мужчинамъ», и наоборотъ: «Наставленія мужчинамъ, какъ нравиться женщинамъ», «Письмовники — руководства для составленія всевозможныхъ писемъ — поздравительныхъ, почтительныхъ, любовно-интимныхъ, а также на имя князей, графовъ и т. д.

Они же особенно охотно издаютъ сборники разныхъ шансонетокъ, куплетовъ и романсовъ, непремѣнно «жестокихъ, сердцещипательныхъ», а также сборники «пикантныхъ разсказовъ, комедій, анекдотовъ, остротъ» и т. п. Сборники эти обыкновенно носятъ громкія, заманчивыя заглавія, въ такомъ, напримѣръ, родѣ: «Бездна удовольствій для молодыхъ людей, любящихъ повеселиться», или: «Возбудитель удовольствій жизни, веселья, любви и счастья. Школа домашнихъ увеселеній для молодыхъ и пожилыхъ. Подарокъ любви и пикантные мотивы для обоихъ половъ и всѣхъ сословій. Полная библіотека шутокъ, смѣха и шика въ 3-хъ томахъ», заключающихъ въ себѣ «юмористическіе романы, повѣсти, картины, наброски, эскизы и снимки изъ жизни хлыщей, актеровъ, танцовщицъ, студентовъ, цыганокъ, кутилъ, пушеровъ, ловеласовъ, адвокатовъ, докторовъ. Пикантные разсказы, анекдоты, остроты и каламбуры, французскія шансонетки и шиковыя пѣсни... Тайны женскаго туалета; любовная почта и языкъ цвѣтовъ; супружеская грамматика; полное описаніе карточныхъ игръ: преферанса съ табелькой и курочкой, ералаши, рамса, стуколки» и т. д. и т. д. И подобными изданіями гг. Леухинъ, Земскій и К° угощаютъ публику изъ года въ годъ.

Чтобъ убѣдиться, что мы не преувеличиваемъ, стоитъ только заглянуть въ каталоги этихъ издателей. Вотъ, напримѣръ, каталогъ г. Прѣснова, книжный магазинъ котораго существуетъ болѣе пятидесяти лѣтъ. Посмотримъ, чѣмъ онъ угощаетъ свою публику. Прежде всего бросается въ глаза напечатанное жирным шрифтом слѣдующее объявленіе: «Дамскій угодникъ. Практическіе уроки въ волокитствѣ и ухаживаніи за молодыми женщинами. Погоня за прекраснымъ поломъ и побѣда надъ нимъ. Аттака женскаго сердца. Тактика волокиты. Что нравится женщинѣ въ пожиломъ и некрасивомъ мужчинѣ. Любовныя письма и записочки». Всѣ эти прелести стоятъ 1 рубль, въ красивомъ переплетѣ 2 рубля.

По сосѣдству съ «Дамскимъ угодникомъ» читаемъ: Роль мужчины въ свѣтѣ. Учитель молодыхъ людей изысканнымъ манерамъ, граціознымъ движеніямъ, элегантному обращенію, свѣтской вѣжливости и изящному вкусу, придворному этикету и наружному блеску, составляющихъ главную (!) принадлежность каждаго образованнаго человѣка въ средѣ аристократическаго общества.

Далѣе идутъ всевозможные самоучители: «Искусство сдѣлаться даровитымъ писателемъ стиховъ и прозы. Легкій способъ безъ всякаго образованія выучиться въ нѣсколько уроковъ мастерски и литературно сочинять лирическія(е), сатирическія(е) и юмористическія(е) стихотворенія, куплеты и шансонетки, романы, повѣсти, разсказы, очерки, сцены, пьесы и т. д. Учителя словесности И. Погорѣльскаго». Или: «Новая метода: не учившись живописи, быть живописцемъ, художникомъ или фотографомъ. Искусство сдѣлаться замѣчательнымъ художникомъ посредствомъ новооткрытаго зеркала». Далѣе: «Опытный руководитель для тѣхъ, кто хочетъ сдѣлаться истиннымъ, настоящимъ актеромъ-артистомъ», и, наконецъ, «Практическіе уроки играть въ карты и не проигрываться» и т. д.

Всѣ эти книги значатся въ отдѣлѣ «искусства»; что же касается «научнаго» отдѣла, то въ немъ главное мѣсто занимаютъ лѣчебники и разнаго рода якобы «медицинскія сочиненія», напримѣръ: «Русскій лѣчебникъ», сочиненный докторомъ медицины Лаевскимъ, который, по словамъ объявленія, «помѣщенными въ *Лѣчебникѣ* средствами вылѣчилъ около 34.000 человѣкъ». Тутъ же: «Вѣрныя средства для рощенія волосъ... и для воспроизведенія ихъ на черепахъ самыхъ лысыхъ». Кромѣ массы содержащихся въ книгѣ радикальныхъ средствъ, авторъ знакомитъ насъ «съ китайскимъ способомъ окрашиванія волосъ посредствомъ пищи и питья. Тайна этого секрета куплена кантонскимъ епископомъ Имбертомъ у китайскаго бонзы (жреца) за кучу золота».

Но бо́льшая часть медицинскихъ сочиненій относится къ области половыхъ сношеній, какъ, напримѣръ: «Практическія врачебныя и неврачебныя наставленія вступившимъ въ бракъ», «Докторъ холостыхъ мужчинъ», «Самоучитель лѣченія секретныхъ болѣзней», «Картины послѣдствій разврата», «Проституція и сифилисъ», «Новѣйшій практическій врачъ исцѣлитель всѣхъ секретныхъ болѣзней. Самоизлеченіе веренических(!) болѣзней для обоего пола. Руководство для охраненія себя отъ зараженія ими», «Половой аппетитъ со всѣми его послѣдствіями» и т. д.

То же самое мы встрѣчаемъ и у другихъ издателей этой группы. Вотъ, напримѣръ, каталогъ Леухина. Въ немъ добрую половину занимаютъ слѣдующія объявленія и рекламы: Альбомъ любви и наслажденій. Въ который (сохраняемъ правописаніе подлинника) собраны и соединены, въ совершенно-отдѣльныхъ, законченныхъ отдѣлахъ, всѣ необходимыя свѣдѣнія въ любовныхъ дѣлахъ и интригахъ. Въ 15-ти отдѣлахъ. Цѣна 2 рубля съ пересылкой. «Портфель секретныхъ развлеченій и тайны любовной школы. Въ 4-хъ частяхъ, 11-ти отдѣлахъ, съ прибавленіемъ статьи объ исправленіи сварливыхъ женъ и дурныхъ мужей. Часть 1-я. Для молодыхъ дѣвицъ. Часть 2-я. Для молодыхъ людей. Часть 3-я. Для дамъ. Часть 4-я для пожилыхъ. Содержаніе отдѣловъ: Рецепты для поддержанія молодости и красоты. Наука о разставленіи сѣтей и привлеченіи въ нихъ богатыхъ и чиновныхъ жениховъ. Глазное, ручное и ножное электричество. Способы заставить полюбить себя и разлюбить. Танцы любовной школы. Приготовленіе косметиковъ и различныхъ секретныхъ средствъ. Какъ назначать свиданія и гдѣ? Способы не носить роговъ. Съ картинами. Цѣна 2 руб. съ пересылкою». «Цвѣты любви или адская почта любовныхъ наслажденій. Настольная книга для мужчины и женщины во всѣхъ періодахъ возраста. Заключающая въ себѣ всевозможныя объясненія для изслѣдованія характеровъ любящихъ, приличія, комплименты, альбомныя стихотворенія, письма, экспромты и прочія правила для молодежи, желающей нравиться и быть любимымъ. Съ дополненіемъ искусства удержанія вѣчной красоты и молодости, выбора жениха и невѣсты и правилъ для поддержанія семейнаго счастія. Книга вполнѣ наградитъ читателя полнотою содержанія и доступна по своей цѣнѣ. Цѣна 1 руб. съ перес.» Далѣе идутъ: «Тайны женскаго сердца», «Кабинетъ молодого мужчины и дамы», «Весельчакъ съ новымъ шикомъ», «Женщины-шалуньи» и т. д.

По части переводной и отечественной беллетристики Леухинъ предлагаетъ слѣдующія произведенія: «1.001 тайна парижскихъ ночей или сердечныя драмы. Новый романъ извѣстнаго французскаго писателя Гуссэ, въ 4-хъ томахъ и 28 книгахъ; цѣна за полное изданіе 4 рубля, въ переплетѣ 5 рублей». «Ночные гуляки и веселыя женщины. Сцены, разсказы, тайны, романы и комедіи. Изъ міра: актрисъ, пѣвицъ, гувернантокъ, модистокъ, швей, приказчицъ, фигурантокъ, экономокъ, снахъ, компаньонокъ приживалокъ, содержанокъ, кокотокъ и проч. Раскрытыя тайны закулисной жизни плутни, жуировки любви, замужества, заблужденій, привычекъ и общественныхъ отношеній женщинъ. Ихъ удовольствія бальныя, маскарадныя, дачныя, театральныя, ярмарочныя, на увеселительныхъ вечерахъ, собраніяхъ и домашнемъ театрѣ. Сочиненіе *Страуса*. Цѣна назначается доступная для каждаго 2 руб.» Или въ такомъ, напримѣръ, родѣ: «Убійцы, гризетки, каторжники и бунтовщики или типы трущобъ темнаго и бѣлаго царства», сочиненіе *Топоркова*, въ 2-хъ томахъ, цѣна 3 рубля».

Въ «научномъ» отдѣлѣ здѣсь также преобладаютъ разные лѣчебники, главнымъ образомъ «травники» и «цвѣтники», а затѣмъ самоучители и энциклопедіи. Напримѣръ: «Вѣрная безопасная метода лѣченія травами во всякое время года и во всякомъ мѣстѣ, для пользованія (отъ) различныхъ болѣзней, изъ которыхъ многіе почитались неизлечимыми. Цѣна 2 руб. съ перес.». Одинъ изъ своихъ травниковъ Леухинъ рекламируетъ слѣдующимъ образомъ: «Обращаемъ вниманіе всѣхъ, кому дорога своя жизнь и здоровье. Только что отпечатанъ и поступилъ въ продажу 2-мъ изданіемъ исправленный и дополненный по послѣднимъ научнымъ открытіямъ, еще небывалый въ Россіи и по истинѣ грандіозный русскій народный лечебный травникъ и цвѣтникъ. Съ рисунками всѣхъ цѣлебныхъ травъ, корней и цвѣтовъ, отпечатанныхъ красками въ ихъ натуральномъ видѣ. Подробное описаніе всѣхъ, безъ исключенія, травъ и цвѣтовъ, употреблявшихся когда либо и употребляющихся теперь для полнаго излеченія различныхъ болѣзней и недуговъ, съ подробнымъ указаніемъ признаковъ ихъ, мѣста произрастанія, отличительныхъ качествъ, времени сбора, врачебныхъ дѣйствій на организмъ человѣка отъ болѣзней, въ которыхъ они даются, какъ современными врачами, такъ равно и на основаніи народныхъ повѣрій и убѣжденій, съ указаніемъ всѣхъ способовъ приготовленія изъ растеній лекарства для самоизлеченія. Столбъ (?!) исцѣленія всѣхъ болѣзней и недуговъ».

Составители этого «грандіознаго травника» въ своемъ предисловіи къ нему утверждаютъ «на основаніи опыта и тридцатилѣтней практики», что съ помощью его «излечивались такія болѣзни, какъ чахотка, сухотка, ракъ, падучая, глухота, блѣдная немочь, худосочіе и даже самый сильный сифилисъ и всѣ простудныя болѣзни». Въ заключеніе они заявляютъ: «И такъ, посвящая нашъ трудъ всѣмъ страдающимъ самыми неизлечимыми болѣзнями, всякими злокачественными сыпями, столбнякомъ, женскими болѣзнями, а въ особенности безплодіемъ, безсиліемъ, простудой, грудными болѣзнями, подагрой, язвами, удушьемъ, умопомѣшательствомъ, пороками сердца и т. д.,—мы смѣло говоримъ, что они—всѣ эти страдальцы, болѣзни которыхъ почему-то (!) считались неизлечимыми и отъ леченія которыхъ отказываются даже сами врачи, *всѣ эти лица найдутъ себѣ полное исцѣленіе* или, по крайней мѣрѣ, облегченіе при помощи леченія себя травами и цветами, т.-е. именно теми средствами, къ которымъ всегда прибѣгали наши дѣды и отцы, и которыя мы помѣстили въ нашемъ травникѣ, узнавъ объ нихъ во время своей многолѣтней практики среди различныхъ народныхъ врачевателей». И наконецъ составители выражаютъ увѣренность, что «врядъ-ли найдется на всемъ земномъ шарѣ хоть одинъ человѣкъ, который, пріобрѣвъ этотъ Травникъ, не нашелъ бы въ немъ истинной пользы для себя»... За все это г. Леухинъ хочетъ взять съ читателя лишь пять рублей.

А вотъ образчикъ рекламы по части изданій энциклопедическаго характера. «30,000 новѣйшихъ открытій и рецептовъ, общеполезныхъ практическихъ свѣдѣній и современныхъ изысканій по части всѣхъ знаній, выработанныхъ современными науками и искусствами. Сокровищница всего практически-полезнаго изъ прикладной физики, химіи, механики, архитектуры и технико-строительнаго искусства и по химическимъ, механическимъ фабричнымъ производствамъ и технологіи. Полный сводъ рецептовъ, секретовъ, совѣтовъ, открытій, приспособленій, усовершенствованій и новостей послѣднихъ лѣтъ по части зоологіи, ботаники, минералогіи, агрономіи, медицинѣ, фармаціи, акушерству, алопатіи, гомеопатіи, гигіенѣ, дантистикѣ, физіологіи, домашней экономіи, парфюмерному искусству, металлургіи, живописи, ваянію, скульптурѣ, музыкѣ, кулинарному искусству и вообще всѣхъ свѣдѣній необходимыхъ въ общественной жизни и въ домашнемъ быту»...

Казалось бы, сказано достаточно сильно и полно, но г. Леухину и этого мало; далѣе реклама о его энциклопедіи гласитъ, что читатели найдутъ въ ней «всѣ указанія по фотографіи, литографіи, цинкографіи, сельскому и городскому хозяйству, домоводству, охотѣ, рыболовству, скотоводству, огородничеству, цвѣтоводству, лѣсоводству, лошадиной охотѣ, овцеводству, птицеводству, пчеловодству и молочному хозяйству, а также виноделію, пиво и медовареніи, выдѣлкѣ уксуса, минеральныхъ и шипучихъ водъ и по всѣмъ производствамъ и ремесламъ: токарному, слесарному, столярному, кузнечному, футлярному, картонному, переплетному и по горно-заводскимъ промысламъ, инженерному и желѣзнодорожному дѣлу, торфянымъ и нефтянымъ работамъ, а также по добыванію рудъ и каменнаго угля и т. д. до безконечности!

Но гг. Земской, Леухинъ и К° не ограничиваются профанаціей науки и научныхъ знаній: тѣ же пріемы наглой безстыдчивости и грубаго невѣжества вносятъ они и въ область религіи. Вотъ, напримѣръ, образчикъ рекламы объ изданіи книги по вопросу о безсмертіи души. «Только что вышла и поступила въ продажу замѣчательно важная новая книга въ обличеніе атеизма и въ опроверженіе доктринъ невѣрія. Окончательное доказательство о вѣчномъ безсмертіи человѣка и со включеніемъ вѣковыхъ тайнъ о томъ, будемъ-ли мы жить въ загробномъ мірѣ послѣ нашей кончины? Эти окончательные вопросы о дѣйствительной и вѣчно-безсмертной жизни человѣка за гробомъ, разрѣшенные по неопровержимымъ выводамъ на основаніи Св. Писанія и ученія Св. Отецъ, съ указаніемъ на мнѣнія и древнихъ мудрецовъ. Объясненіе о состояніи души, *что она испытываетъ, слышитъ и видитъ вокругъ себя въ тотъ страшный моментъ, когда она исходитъ изъ тѣла и куда и въ какія мѣста переселяется*. Книга составлена по историческимъ Богословскимъ сочиненіямъ и по научнымъ трактатамъ древнихъ и новыхъ философовъ Іоанномъ Архангельскимъ. Изданная трудами Алексѣя Земскаго. Цѣна съ пересылкой 2 руб.». Затѣмъ слѣдуетъ «краткое извлеченіе изъ содержанія книги», изъ котораго мы приведемъ хотя нѣсколько строчекъ. «Голосъ истины изъ загробнаго міра. Начало вѣчности во Вселенной и появленіе въ ней злыхъ душъ и ихъ тайные голоса изъ преисподней... Какъ живутъ души великихъ преступниковъ и души проклятыхъ и души обыкновенныхъ другихъ грѣшниковъ. Гдѣ находятся души отверженныхъ и души проклятыхъ великихъ преступниковъ... Неоспоримыя доказательства о существованіи демоновъ по книгамъ Святого Писанія. Что ожидаетъ въ загробной жизни тѣхъ людей, которые отрицаютъ святыя, небесныя и вѣчныя истины, возвѣщающія намъ наше безсмертіе... Жертвы погибели и сѣти коварныхъ темныхъ силъ. Чрезвычайно интересное и замѣчательное заключеніе», и т. д.

Большое вниманіе удѣляютъ этого сорта издатели вопросамъ, касающимся волшебства, гаданій, магіи и вообще всякаго рода чертовщины. Земскій, напримѣръ, издаетъ «Волшебную книжку», которую онъ рекомендуетъ «для невиннаго семейнаго развлеченія въ длинные зимніе вечера». Онъ увѣряетъ, что «по этой чудной волшебной книжечкѣ можно узнать у всякаго неизвѣстнаго лица, сколько у него въ карманѣ денегъ, сколько кому лѣтъ; кромѣ того, по этой волшебной книжечкѣ можно вызывать тѣни на воздухѣ, или у себя дома въ освѣщенной комнатѣ лицъ (?) или кого кого пожелаетъ, хотя бы эта личность была въ отсутствіи. Кромѣ этого по этой чудной волшебной книжкѣ можно узнать всякаго незнакомаго человѣка, какъ его звать. Цѣна этой книжечки съ пересылкой 1 руб. во всѣ города».

Леухинъ издаетъ «Практическую алхимію или любопытныя открытія изъ физики и химіи. Чудеса природы. Разъясненіе изобрѣтеній великихъ древнихъ маговъ, алхимиковъ, кабалистовъ и чародѣевъ: Сведенборга, Альберта Великаго, Мартына Задеки, Шота, Султана Аслима и Экскаргаузена. Поясненныя таблицами вычисленій и рисунками. Собрано и выписано изъ всѣхъ древнѣйшихъ рукописей, записокъ и книгъ Шахъ-Эль-Аборомъ. Тайны мудраго Соломона. Талисманы, заклинанія, привидѣнія, заговоры отъ пуль и злодѣевъ, привораживанія, волшебныя силы природы, магическія предсказанія на всѣ случаи жизни, тѣни, отыскиваніе кладовъ, кабалистическія вычисленія, электричество, гаданія, книга ворожбы. Вызываніе духовъ и тѣней умершихъ. Опыты Пинетти. Разрывъ трава. Невидимки и проч. и проч. Два тома, цѣна 3 рубля».

Затѣмъ идутъ: «Волшебныя гадательныя карты»,—книга, заключающая въ себѣ «тайны жизни и смерти, основанныя на предсказаніяхъ 77 картъ и полнаго обстоятельнаго текста о прошедшемъ, настоящемъ и будущемъ судьбы каждаго человѣка обоихъ половъ и всякаго возраста, по личнымъ запискамъ знаменитой предсказательницы Ле-Норманъ. Съ приложеніемъ 77 гадательно-предсказательныхъ кабалистическихъ картъ, снятыхъ съ подлиннаго оригинала. Цѣна съ колодой 77 картъ 2 руб. съ пересылкой». «Ясновидящая. Книга гаданій и предсказаній на всѣ случаи настоящаго и будущаго. Для узнанія судьбы и всего, что произойдетъ съ гадающимъ, и вообще всего, что полезно для него и чего ему нужно остерегаться и избѣгать въ жизни. Предсказанія посредствомъ разложенія (!) обыкновенной колоды картъ, а также разгадываніе всѣхъ сновъ и видѣній по картамъ. Составлено по запискамъ и указаніямъ Эмиліи Гюлась. Цѣна 2 руб.» Далѣе идутъ: «Дѣдушкины тайны, съ прибавленіемъ искусства узнавать будущее на картахъ, по лицу и по чертамъ руки», также въ два рубля. «Новая образцовая гадалка»,—въ ту же цѣну, «Предсказатель человѣческой судьбы. Разрѣшеніе затруднительныхъ житейскихъ вопросовъ. Тайны магіи и магическіе секреты. Счастье и любовь. Чтеніе чужихъ мыслей. Съ приложеніемъ трехъ сонниковъ. Составилъ предсказатель А. И. Литвяновъ. Цѣна 1 рубль», «Кіевская ворожея, золотая угадчица или зеркало волшебныхъ открытій. Цѣна съ колодой картъ 3 руб.», и т. д.

Но однако—довольно! Думаемъ, что для читателя достаточно уже обрисовался характеръ дѣятельности издателей Никольской улицы и для него вполнѣ выяснилось, какое море пошлости, суевѣрій, предразсудковъ и невѣжества всякаго рода разливается въ изданіяхъ гг. Леухина, Земскаго, Прѣснова и другихъ дѣятелей Никольскаго рынка. Со своей стороны, отмѣтимъ еще одну черту издательской дѣятельности этихъ господъ.

Въ то время, какъ «народные издатели» принимаютъ всѣ мѣры къ возможному удешевленію своихъ книжекъ, зная, по собственному опыту, какъ дорогъ для мужика каждый грошъ,— издатели à la Земскій ни мало не заботятся о дешевизнѣ своихъ изданій. Рубль, два, три рубля—обыкновенныя цѣны въ каталогахъ гг. Прѣснова, Земскаго, Леухина и К°.

Къ этой же группѣ «мѣщанскихъ издателей», поставщиковъ

«улицы», слѣдуетъ отнести и Манухина, пріобрѣвшаго столь громкую и столь печальную извѣстность. Теперь онъ совершенно разорился и нѣсколько лѣтъ тому назадъ принужденъ былъ прекратить свою издательскую и книгопродавческую дѣятельность. Угостивъ еще разъ своихъ покупателей «веселыми разсказами» Миши Евстигнѣева, вродѣ «Два туза и пиковая дама или герои стуколки», и «маленькимъ романомъ» того же автора: «Камелія поневолѣ», онъ принужденъ былъ ликвидировать свои дѣла. «Товаръ», наполнявшій его лавку, начиная съ разныхъ «Ключей къ женскому сердцу» и кончая «Бездною удовольствій для молодыхъ людей, любящихъ повеселиться», распроданъ на вѣсъ, и самая лавка его заколочена, вывѣска снята. Sic transit gloria mundi! Но мѣсто Манухина въ ряду издателей Никольской улицы не осталось вакантнымъ: на смѣну ему явился нѣкій Григорій Брилліантовъ, который въ своей издательской дѣятельности какъ нельзя болѣе вѣренъ традиціямъ своего предшественника.

Эта лакейская литература не можетъ, разумѣется, не оказывать деморализующаго вліянія на народно-лубочную литературу. Особенно замѣтнымъ образомъ это вліяніе начинаетъ сказываться въ послѣднее время; оно отражается какъ на внутреннемъ содержаніи лубочныхъ книжекъ, такъ и на ихъ внѣшности... Но подробнѣе объ этомъ мы скажемъ въ одной изъ слѣдующихъ статей.

ОФЕНИ И КНИГОНОШИ.

Главная сила лубочныхъ издателей заключается въ той организаціи сбыта, которою они располагаютъ и которая состоитъ изъ цѣлой арміи офеней, ходебщиковъ и коробейниковъ. Поэтому каждый изъ лубочныхъ издателей старается во что бы то ни стало заручиться возможно большимъ числомъ покупателей изъ офеней. Послѣднихъ они привлекаютъ къ себѣ всевозможными способами: широкимъ кредитомъ на самыхъ льготныхъ условіяхъ, трактирными угощеніями, подарками, разными услугами и т. д. Размѣры оборотовъ лубочнаго издателя-книгопродавца непосредственно зависятъ отъ числа офеней, которые имѣютъ съ нимъ дѣло. Потерять офеней для лубочнаго издателя значитъ — разориться.

Отсюда видно, какую важную роль играютъ офени въ дѣлѣ книжной народно-лубочной торговли: отъ нихъ зависитъ проведеніе въ народную среду того или другого изданія и распространеніе этого изданія въ народѣ. Съ давнихъ поръ и по настоящее время они являются почти единственными посредниками между народомъ и печатнымъ словомъ, литературой. Пусть плоха, пусть неудовлетворительна эта литература, но это ужъ не вина офеней.

Въ 1888 году состоящее при московскомъ университетѣ общество любителей россійской словесности, заинтересовавшись вопросомъ о распространеніи въ народѣ лубочныхъ книгъ и картинъ, командировало пишущаго эти строки въ центральныя и поволжскія губерніи для собиранія свѣдѣній по этому вопросу. Имѣя въ виду, что народныя лубочныя книги и картины распространяются главнымъ образомъ чрезъ особыхъ разносчиковъ, извѣстныхъ подъ именемъ офеней, картинщиковъ, ходебщиковъ, коробейниковъ, и т. п., я и рѣшилъ прежде всего направиться въ тѣ мѣстности, которыя въ настоящее время являются главными гнѣздами офеней и книгоношъ.

Такихъ мѣстностей, какъ извѣстно, нѣсколько; въ ряду ихъ первое мѣсто занимаетъ Владимірская губернія, особенно же уѣзды Вязниковскій и Ковровскій, въ которыхъ офени существуютъ уже съ давнихъ поръ, затѣмъ—Тульская губернія, главнымъ же образомъ—Алексинскій уѣздъ и, наконецъ, Московская, или точнѣе говоря Серпуховскій и отчасти Подольскій уѣзды. При посѣщеніи этихъ мѣстностей, мнѣ пришлось въ нѣкоторыхъ изъ нихъ прожить въ теченіе цѣлыхъ мѣсяцевъ, причемъ я входилъ въ личныя, непосредственныя сношенія съ офенями, изучая условія ихъ промысла, а также стараясь, по возможности, подробнѣе ознакомиться съ дѣятельностью тѣхъ провинціальныхъ торговцевъ народными книгами и картинами, которые являются посредниками между офенями и московскими лубочными издателями.

I.

Владимірскіе офени.

О владимірскихъ офеняхъ въ нашей литературѣ имѣется нѣсколько журнальныхъ статей С. В. Максимова, В. П. Безобразова, г. Трахимовскаго, К. Н. Тихонравова и Голышева. Несмотря на несомнѣнный интересъ, который представляютъ эти статьи, онѣ не даютъ, однако, сколько-нибудь цѣльнаго и всесторонняго изслѣдованія, которое подробно знакомило бы насъ съ исторіей и современнымъ состояніемъ «офенства», представляющаго собою своеобразное и характерное явленіе русской народной жизни.

Въ послѣднее время, подъ вліяніемъ пробудившагося въ обществѣ интереса къ вопросу о томъ, что читаетъ народъ, и вслѣдствіе стремленія интеллигенціи доставить народу болѣе питательную умственную пищу, офенство начинаетъ привлекать къ себѣ вниманіе публики. Необходимо сознаться, однако, что наши свѣдѣнія объ офеняхъ черезчуръ скудны и неполны. Со времени появленія статей объ офеняхъ г. Трахимовскаго, Максимова и др. прошло уже болѣе двадцати пяти лѣтъ; съ тѣхъ поръ очень многое существеннымъ и кореннымъ образомъ измѣнилось въ положеніи офеней. Къ тому же, всѣ прежнія статьи и изслѣдованія офенства совсѣмъ не даютъ отвѣта на вопросъ, который всего болѣе интересуетъ современное общество, а именно: можно ли воспользоваться офенями и въ какой именно формѣ въ дѣлѣ распространенія дѣйствительно хорошихъ книгъ въ народной средѣ?

Этотъ въ высшей степени важный вопросъ настоятельно требуетъ своего рѣшенія. Если почему-нибудь пришлось бы отказаться отъ мысли воспользоваться офенями, тогда явилась бы крайняя необходимость создать разносную передвижную книжную торговлю на тѣхъ условіяхъ и началахъ, которыя окажутся наиболѣе цѣлесообразными и практичными.

Заинтересованный рѣшеніемъ этого вопроса, пишущій эти строки, съ особеннымъ удовольствіемъ принялъ порученіе Общества любителей россійской словесности — по изслѣдованію вопроса о распространеніи въ народѣ лубочныхъ книгъ и картинъ.

Владимірскіе офени считаются самыми старинными, самыми «коренными» офенями въ Россіи. Въ настоящее время они распространены въ слѣдующихъ уѣздахъ Владимірской губерніи: Вязниковскомъ, Ковровскомъ, Судогодскомъ, Гороховецкомъ, Меленковскомъ и Муромскомъ; особенно же ихъ много въ Вязниковскомъ уѣздѣ, гдѣ они распространены по всему уѣзду, главнымъ же образомъ сосредоточены въ волостяхъ: Мстерской, Станковской, Рыловской и Сарыевской. Затѣмъ въ Ковровскомъ уѣздѣ особенно много офеней живетъ въ волостяхъ: Клюшниковской, Овсянниковской и Санниковской, а въ Судогодскомъ уѣздѣ больше всего офеней встрѣчается въ Григоровской волости.

Развитію офенскаго промысла въ Вязниковскомъ уѣздѣ не мало способствовала, конечно, и самая почва этого уѣзда, вообще весьма неблагодарная въ сельскохозяйственномъ отношеніи. Состоя изъ глины и суглинка, а въ сѣверныхъ волостяхъ большею частью изъ песка и хряща, почва эта плохо вознаграждала трудъ землевладѣльца. Кромѣ того, по уѣзду разбросано много мелкихъ озеръ и еще больше—болотъ. Такъ, напримѣръ, болота тянутся въ восточной части уѣзда отъ деревни Рыло до Клязьмы на пространствѣ 25 верстъ. Около села Палехъ растянулось болото на 15-ти кв. верстахъ. По обѣ стороны рѣки Лухъ находится также множество болотъ, поросшихъ лѣсомъ [1]).

Характерною особенностью Вязниковскаго уѣзда является сильное развитіе въ немъ книжной и картинной торговли, начало которой слѣдуетъ отнести къ сороковымъ годамъ.

Мѣстная торговля картинками и книжками во Владимірской губерніи развилась сначала въ селѣ Холуѣ, благодаря существовавшимъ тамъ въ прежнее время знаменитымъ ярмаркамъ, на которыя съѣзжались всѣ сколько-нибудь значительные торговцы народными лубочными картинами и книжками изъ Москвы и Нижняго [2]). Изъ Холуя торговля перешла въ слободу Мстеру, отстоящую отъ этого села на разстояніи 25 верстъ, а затѣмъ и въ уѣздный городъ Вязники. Развитію книжной торговли въ этихъ трехъ пунктахъ главнымъ образомъ способствовало то обстоятельство, что всѣ они расположены въ районѣ, населенномъ офенями, ходебщиками и коробейниками.

Въ настоящее время книжная и картинная торговля главнымъ образомъ сосредоточена въ слободѣ Мстерѣ, гдѣ живутъ два крупныхъ торговца: И. А. Голышевъ и И. Е. Мумриковъ. Дѣятельность перваго изъ нихъ настолько выдается, что мы посвятимъ ему особую главу; что же касается Мумрикова, то хотя онъ началъ книжную и картинную торговлю весьма недавно, а именно лишь въ 1885 году, тѣмъ не менѣе дѣло у него видимо развивается, несмотря на то, что ведется самымъ рутиннымъ об-

---

[1]) «Владимірскій Сборникъ». Матеріалы для статистики, этнографіи, исторіи и археологіи. К. Тихонравова. М. 1857 г. стр. 7.

[2]) Особенно эти ярмарки процвѣтали въ концѣ пятидесятыхъ годовъ. Въ 1857 г., напримѣръ, на ярмарку въ Холуй было привезено товаровъ на сумму 2.160.000 р., а изъ нихъ продано на 1.020.590 р.

разом. Мумряков—богатый крестьянин слободы Метеры, видный член местной единоверческой общины, в которой он играет руководящую роль, состоя старостой метерской единоверческой церкви и попечителем единоверческой церковно-приходской школы.

Мумриков по профессии—«старинщик»; так называются здесь лица, занимающиеся покупкой и продажей старинных вещей: икон, книг, лампадок, чернильниц, бокалов, разных принадлежностей церковнаго богослужения, и т. д. Старинныя иконы и книги до-никоновской печати он продает богатым старообрядцам, а остальныя старинныя вещи сбывает любителям древностей, антикварiям и археологам. Будучи человеком совершенно неразвитым и малограмотным, он не может, разумеется, поставить торговлю народными книгами и картинами надлежащим образом, не может внести в это дело прогрессивных начал, да он и далек от подобных стремлений.

Кроме Голышева и Мумрякова, в Метере торговлею народными книгами и картинами занимался еще местный крестьянин Иван Васильевич Антоновский, который только недавно прекратил эту торговлю вследствiе старости и неимения детей, которыя могли бы продолжать это дело. Я застал его уже дряхлым стариком, «на восьмом десятке»; судя по его словам, торговлею народными книгами и картинами он занялся с начала сороковых годов, причем вел дело главным образом с П. Н. Шараповым,—известным лубочным издателем и книгопродавцем того времени.—«Тогда я здесь первый торговец был,—разсказывал нам старик,—на ярмарках сразу закупал на 10, на 12 тысяч (на ассигнации) книг и картин. А теперь и торговать-то нет разсчету: цены сбиты до последней степени».

В слободе Холуе книжную и картинную торговлю ведет также местный крестьянин Михаил Петрович Шахов, к которому дело это перешло от его отца Петра Федоровича. Наконецъ, въ уѣздномъ городѣ Вязникахъ народными книгами и картинами торгуетъ купецъ Дикушинъ.

Слобода Мстера расположена въ самомъ центрѣ цѣлой сѣти мелкихъ деревень и селъ, отстоящихъ отъ нея во всѣ стороны на разстоянiи 2, 3, 4, 5 и 6 верстъ: Новосёлки, Слободка, Родiониха, Федосѣиха, Ковырлиха, Бортниково, Ворошилиха, Раменье, Жары, Коробы, Черноморье, Носково, село Акиньшино (Богородское), село Спассъ, деревня Исаковка, Жолобиха, Крутонка, Козловка, село Татарово, Троицкое, Добрины, Косяково, Павлово и Круглицы. Во всѣхъ этихъ селахъ и деревняхъ живутъ офени: офени-иконники, т. е. торгующiе главнымъ образомъ иконами, и офени-книжники и картинщики, которые преимущественно торгуютъ книгами и картинами.

Владимiрскiе офени, какъ извѣстно, создали свой собственный, офенскiй языкъ, «чтобы легче и удобнѣе скрывать отъ другихъ свои намѣренiя и поступки въ торговомъ дѣлѣ, при продажѣ, покупкѣ и т. д.». Языкъ этотъ, по словамъ К. Тихонравова, «состоитъ преимущественно изъ словъ народныхъ, мѣстныхъ, только съ перемѣною значенiя или буквальной формы, отчасти же изъ словъ иностранныхъ; но въ томъ и другомъ случаѣ духъ народнаго языка положилъ на него свою неизгладимую печать, и синтаксисъ и этимологiя его отзываются просторѣчiемъ. Главное, исключительно принадлежащее этому искусственному языку, свойство то, что онъ остается съ теченiемъ времени безъ перемѣны, какъ мертвое созданiе произвола людей, не имѣющее въ себѣ никакого движенiя, ни развитiя, съ которыми неразлучны измѣненiя языка живого [1]).

Большая часть словъ офенскаго языка давно уже записана разными лицами; такъ, К. Тихонравовъ записалъ 268 словъ, затѣмъ много словъ записалъ покойный Срезневскiй, а также г. Голышевъ и, наконецъ, дѣйствительный членъ владимiрскаго статистическаго комитета г-жа Добрынкина.

---

[1]) «Владимiрскiй Сборникъ», Москва, 1857 г. стр. 24.

Для образца я приведу несколько оfенскихъ словъ: Бутуса—Москва, брысы—вѣсы, брысить—вѣсить, буза—бѣдный, бухарка—рюмка, бухарникъ—стаканъ, бурьмеха—шуба, васильки—волосы, вершеть—видѣть, вершу—вижу, вершальница—зеркало, видка—правда, витерить—писать, витерщикъ—писарь, восварь—лѣсъ, воскари—дрова, вольяна—корова, громать—телѣга, дряба—вода, дрябка—водка, дулить—жечь, дуликъ—огонь, дульясный—рыжій, красный, елтуха—жена, елтониться—жениться, калымъ—барышъ, качуха—тюрьма, куль—ножикъ, жузыники—ножницы и т. д.

Языкъ этотъ до сихъ поръ въ большомъ ходу среди офеней, особенно во время путешествій. Въ дорогѣ между собою они даже мало говорятъ по-русски, а все по-офенски, такъ по крайней мѣрѣ увѣряли меня многіе офени.

Большую часть года офени проводятъ въ странствованіяхъ. Наиболѣе раннiе офени отправляются въ путь въ концѣ іюля и началѣ августа, а самые позднiе—въ сентябрѣ и октябрѣ; возвращаются же: раннiе—къ масляницѣ и великому посту, а позднiе—къ Пасхѣ. Но иногда случается, что офени, забравшись куда-нибудь въ сѣверъ, застрѣваетъ тамъ и возвращается уже лѣтомъ; такъ при мнѣ одинъ офеня вернулся изъ поѣздки въ Архангельскую губернію въ іюлѣ мѣсяцѣ. Нѣкоторые офени-хозяева въ теченіе зимы пріѣзжаютъ за новымъ товаромъ, т.-е. за иконами, книгами и картинами, причемъ съ собой привозятъ: рыбу, медъ, свѣчи восковыя, плоды сушеные, черносливъ и «старину», т.-е. старинные образа, старинныя книги и другія вещи, имѣющiя археологическое значенiе или же почему-нибудь цѣнныя для старообрядцевъ. Все это они обмѣниваютъ на изготовляемыя мѣстнымъ населеніемъ иконы, на лубочныя картины и книги, обмѣниваютъ, по выраженію офеней, «съ уха на ухо», т.-е. по приблизительному разсчету.

Офени, которые занимаются покупкою и продажею старинныхъ вещей, называются *старинщиками*. Въ послѣднее время, благодаря главнымъ образомъ развившейся въ нѣкоторой части вашего общества любви къ археологіи и старинѣ, число старинщиковъ замѣтно увеличилось. Пріобрѣтаемыя ими старинныя вещи офени продаютъ Мумрикову, живущему въ самой Мстерѣ, или же сбываютъ въ Москву: Постникову, Большакову, какому-то Лукачу и т. д. Благодаря своему невѣжеству, офени въ дѣлѣ антикварной торговли дѣйствуютъ совершенно наугадъ и ощупью. Скупщики старинныхъ вещей пользуются, разумѣется, ихъ невѣжествомъ и нерѣдко пріобрѣтаютъ отъ нихъ за безцѣнокъ такія вещи, которыя сами сбываютъ впослѣдствіи за большія деньги. Наученные горькимъ опытомъ офени, чтобы не попасть въ просакъ, обыкновенно начинаютъ теперь запрашивать за ту или другую старинную вещь какъ можно дороже. Случается, что за обыкновенную старинную мѣдную чернильницу офеня запрашиваетъ 100 рублей, а въ концѣ-концовъ отдаетъ за пять.

Успѣхъ торговли офеней въ той или другой мѣстности главнымъ образомъ зависитъ отъ степени урожая: чѣмъ лучше урожай у крестьянъ, тѣмъ лучше идетъ торговля офени. Въ виду этого офени всегда крайне интересуются свѣдѣніями объ урожаѣ въ различныхъ мѣстахъ Россіи и всѣми способами собираютъ эти свѣдѣнія; сообразно полученнымъ свѣдѣніямъ, они обыкновенно составляютъ свои маршруты. Въ разныхъ мѣстахъ Россіи они имѣютъ даже своихъ агентовъ, которые доставляютъ имъ свѣдѣнія объ урожаяхъ. Такими агентами обыкновенно являются содержатели постоялыхъ дворовъ, у которыхъ останавливаются офени во время своихъ путешествій; у нихъ же иногда офени оставляютъ на лѣто товаръ, оставшійся непроданнымъ.

Посѣщавшіе меня и моего хозяина офени, видя у меня газеты, обыкновенно спрашивали: «а что пишутъ въ газетахъ на счетъ урожая? Каковъ нынѣ урожай на Дону? Уродился-ли хлѣбъ на Линіи?» [1]) и т. д.

Офени обыкновенно скрываютъ свои маршруты другъ отъ друга, вслѣдствіе чего иногда въ томъ или другомъ городѣ, чаще всего во время ярмарки—гдѣ-нибудь въ Бендерахъ, Кунгурѣ,

---

[1]) Подъ именемъ «Линіи» у офеней и книгоношъ извѣстенъ Сѣверный Кавказъ или, точнѣе, пред-Кавказье.

Тирасполѣ или Ростовѣ, совершенно неожиданно сталкиваются десять—двадцать человѣкъ офеней. Подобныя встрѣчи, конечно, невыгодно отражаются на торговлѣ офеней, такъ какъ при этомъ цѣны сильно падаютъ, сбиваются и дѣло подчасъ доходитъ до продажи товара въ убытокъ себѣ.

Куда только не проникаютъ офени съ своими «зубочными» коробами, наполненными картинами и книжками! Вы можете встрѣтить ихъ и на Кавказѣ, и за Кавказомъ, и въ Восточной Сибири, и въ Туркестанѣ, и въ Архангельскѣ. Нѣкоторые изъ нихъ уходятъ заграницу, проникаютъ въ Румынію, Болгарію, Сербію и даже въ Турцію.

Почти каждый офеня лелѣетъ мысль открыть «новыя мѣста», т.-е. проникнуть въ такую мѣстность, гдѣ еще не бывали офени. Подобныя мѣстности чаще всего «открываются» гдѣ-нибудь на окраинахъ. Недавно одинъ офеня изъ деревни Коробы, Шиловъ, открылъ такой уголокъ гдѣ-то въ Сибири; населеніе оказалось богатое и два воза съ иконами, съ которыми ѣхалъ Шиловъ, были быстро распроданы по высокимъ цѣнамъ. На другой годъ Шиловъ ѣдетъ туда съ еще большимъ запасомъ товара и «зарабатываетъ» еще больше. Въ короткое время изъ бѣдняка онъ обращается въ крупнаго торговца и теперь располагаетъ капиталомъ въ 25,000 рублей. Разумѣется, онъ тщательно скрываетъ отъ всѣхъ открытую имъ Америку, но вотъ однажды какъ-то пьяный проговаривается,—этого, конечно, совершенно достаточно, чтобы въ тотъ же годъ слѣдомъ за нимъ поѣхали другіе офени.

Каждый офеня, какъ только позволятъ ему его средства, старается обзавестись приказчиками [1]), которыхъ онъ посылаетъ съ товаромъ въ разныя стороны. Болѣе богатые офени имѣютъ по 10, 15 и даже болѣе такихъ приказчиковъ. Офеня Шиловъ, о которомъ я только-что упоминалъ, имѣетъ 18 человѣкъ служащихъ. Каждую осень, собравъ свѣдѣнія и справки объ урожаѣ

---

[1]) По офенски—счетами.

въ разныхъ мѣстностяхъ Россіи, онъ распредѣляетъ своихъ служащихъ на группы и отправляетъ — однихъ на Линію, другихъ — на Донъ, третьихъ — въ Сибирь и т. д., смотря по собраннымъ свѣдѣніямъ.

Обыкновенно приказчики нанимаются офенями съ конца іюля до Пасхи, съ жалованьемъ за это время отъ 120 до 150 рублей. При этомъ всегда заключается особое условіе, образецъ котораго я приведу здѣсь. «1888 г. іюля 28 дня, мы, нижеподписавшіеся, Владимірской губерніи, Вязниковскаго уѣзда, Мстерской волости, крестьянинъ-собственникъ Осипъ Ѳедоровъ Модаровъ и Ковровскаго уѣзда, Овсянниковской волости, деревни Ромодановки, крестьянинъ Василій Егоровъ Коноваловъ, заключили между собою слѣдующій договоръ: я, Модаровъ, пригласилъ Коновалова съ 28 числа сего іюля въ качествѣ приказчика моего заниматься распродажею ввѣреннаго Коновалову при особомъ счетѣ по товарной разсчетной книжкѣ разнороднаго товара въ мѣстахъ по моему, Модарова, указанію, до Пасхи 1889 года, и за все это время назначаю жалованья серебромъ 120 рублей. — Я, Коноваловъ, соглашаясь вести торговлю отъ имени хозяина своего Модарова, за плату мнѣ назначенную, обязуюсь, безъ письменнаго отъ хозяина своего приказанія, товара въ убытокъ не продавать, вести разсчетъ по врученному мнѣ счету и имѣть отъ хозяина разсчетную книжку для записки ввѣряемаго мнѣ на распродажу товара, выручки денегъ и доставки таковыхъ по принадлежности. При этомъ обязуюсь по службѣ въ качествѣ приказчика вести себя благообразно, во всемъ подчиняться требованіямъ хозяина своего, безвременнаго требованія разсчета отъ хозяина отнюдь не дозволять себѣ; а по окончаніи торговли, дать Модарову правильный отчетъ въ торговыхъ своихъ дѣйствіяхъ. Въ счетъ договорной цѣны при заключеніи договора сего получаю въ задатокъ отъ хозяина своего, О. Ѳ. М—ва, серебромъ 52 руб. 36 коп. А по счету товара и по выданной книжкѣ получилъ 1,902 рубля 50 коп. серебромъ».

Многіе офени, скитаясь по разнымъ мѣстамъ, обыкновенно

присматриваются къ условіямъ жизни и торговли на новыхъ мѣстахъ, и если встрѣчаютъ подходящую подъ ихъ требованія мѣстность, то остаются въ ней и заводятъ осѣдлую торговлю. «Святое дѣло—найти хорошее мѣстечко и завести торговлю на одномъ мѣстѣ, а то подъ старость, охъ, какъ устаешь бродить-то,—говорятъ офени.

Изъ нѣкоторыхъ сельскихъ обществъ эмиграція офеней совершается въ весьма обширныхъ размѣрахъ. Такъ, напримѣръ, въ Груздевскомъ обществѣ, Вязниковскаго уѣзда, было выпущено на волю 1,049 душъ; теперь же въ этомъ обществѣ остается не болѣе 500 человѣкъ. Всѣ сколько-нибудь зажиточные офени переселились въ Сибирь—западную и восточную, на Уралъ, въ Пермскую и Оренбургскую губерніи и т. д. Многіе изъ этихъ переселенцевъ ведутъ теперь значительную торговлю, преимущественно знанскимъ, т.-е. краснымъ товаромъ, и имѣютъ собственныя лавки въ мѣстахъ своего новаго жительства.

Но въ то же время встрѣчаются и другого типа офени—неисправимые, закоренѣлые скитальцы, у которыхъ бродяжество вошло въ плоть и кровь, обратилось въ органическую потребность и которыхъ только болѣзни и дряхлая старость заставляютъ разстаться со скитаніями. Мнѣ пришлось въ Мстерѣ встрѣтить подобный типъ въ лицѣ бывшаго офени—Малькова. Это былъ шестидесятилѣтній старикъ, всю свою жизнь проведшій въ хожденіяхъ и разъѣздахъ по Россіи, въ качествѣ офени, десятки разъ исколесившій Россію вдоль и поперекъ, побывавшій и на Кавказѣ, и въ Архангельскѣ, и въ Сибири, и на Амурѣ. Теперь лѣта и болѣзни ногъ заставили его отказаться отъ путешествій, и онъ волей-неволей принужденъ сидѣть дома. Нужно видѣть его огорченіе, его тоску, особенно при наступленіи осени, когда всѣ окрестные офени начинаютъ снаряжаться и затѣмъ трогаются въ путь.

— Повѣришь, Лексанъ Степанычъ,—обращался онъ не разъ ко мнѣ со своими изліяніями,—сердце горитъ... Такъ тебя всего и подмываетъ... Повѣришь, ночи не сплю... Такъ бы, кажется, и залился въ дорожку дальную да знакомую... Горитъ мое сердце!..

Для него составляло огромное удовольствіе вспоминать о своихъ прежнихъ похожденіяхъ и разсказывать о нихъ кому-нибудь. Изъ его разсказовъ мнѣ припоминается между прочимъ характеристика китайцевъ, съ которыми онъ встрѣчался на Амурѣ.

— Тихой народъ, вовсе тихой народъ,—говорилъ Мальковъ,— по Амуру нашъ пароходъ идетъ,—на встрѣчу китайцы ѣдутъ на своемъ пароходѣ и—ничего!.. Но только то-о-нкій народъ, твердый! Въ родѣ еврея, денежка къ нему попадетъ—ужъ онъ ее не выпуститъ, сдѣлай милость... ни-ни... Аминь, братъ!..

Въ настоящее время владимірскіе офени главнымъ образомъ торгуютъ иконами, которыя въ огромномъ количествѣ изготовляются населеніемъ Мстеры, Холуя и Палехи. По временамъ требованія на иконы особенно усиливаются; такъ было, напримѣръ, зимою 1888 года, когда вдругъ обнаружился небывалый спросъ на иконы изъ разныхъ мѣстностей Россіи: съ Кавказа, изъ Сибири, изъ Малороссіи. Офени высылали деньги на родину и требовали скорѣйшей присылки иконъ. Въ мѣстныхъ мастерскихъ работали иконы день и ночь; цѣны на работу поднялись въ нѣсколько разъ; даже дѣвушки, трудъ которыхъ въ обыкновенное время оплачивается грошами, зарабатывали по 7 рублей въ недѣлю за уборку иконъ фольгой и цвѣтами.

Въ началѣ, когда только-что появились «фолежныя» иконы, т.-е. иконы, убранныя фольгой, нѣкоторые изъ офеней ухитрялись продавать эти иконы по баснословно высокой цѣнѣ, а именно, по 30, 50 и даже по 100 рублей за икону, въ то время какъ красная цѣна такой иконы три рубля, не больше. Особенно по этой части отличался офеня Мунинъ, торговавшій въ Сибири.

— Да какъ у тебя смѣлости-то достало заломить такія деньги? Какъ духу-то у тебя хватило?—спрашивали его знакомые земляки, когда онъ, вернувшись изъ путешествія, хвалился передъ ними своей «удачей» и барышами.

— Приходимъ это мы въ село,—разсказывалъ Мунинъ,—а села тамъ, въ Сибири, богатѣющія! Народъ живетъ сытый, достаточный, въ хлѣбѣ изобиліе. Заходимъ въ первую избу. Хозяева говорятъ: «кажи иконы!»—«Да вамъ какія требуются-то? спрашиваю я. Что получше, али такъ,—расхожихъ?—Извѣстное дѣло, говорятъ, получше. Подавай, говорятъ, самыхъ что ни на есть лучшихъ!—Пожалуй, говорю, дороговато покажется для васъ».— «Не твоя забота. Подавай!»—Ладно, молъ... Вынулъ это я фолежный десятирикъ, показываю.—Вотъ, молъ, говорю, икона такъ икона: такихъ еще, молъ, не было». Вижу, у нихъ глаза такъ и разбѣжались.—«А какая цѣна будетъ?» спрашиваютъ.—«Цѣна, говорю, не дорогая,—окончательная—десять рублей». Стали торговаться. Рублевку уступилъ, и взяли.—«Эге, думаю! здѣсь можно дѣло сдѣлать... Заходимъ въ другой домъ. Расхваливаю иконы: необыкновенныя, молъ, заграничныя, съ Аѳонской горы, червоннаго золота, себѣ 25 рублевъ стоятъ... Такъ все и прибавлялъ да прибавлялъ. А въ послѣднемъ домѣ,—богатенькій! по сто рублей за икону взяли... Ну, за то ужъ какъ только вышли мы изъ этого дома,—давай Богъ ноги, поскорѣе въ сани да на утекъ. Настегали лошадь и ай-да! А то, думаемъ, еще нагонятъ, да отнимутъ, да, пожалуй, и въ загривокъ-то попадетъ,—народъ сибирскій отчаянный!»

Кромѣ иконъ, картинъ и книгъ, офени торгуютъ разнымъ товаромъ, какой только попадетъ имъ подъ руку во время ихъ путешествій. Въ Нижнемъ они забираютъ мѣха, въ Тулѣ—самовары, мѣдный и скобяной товаръ, въ Москвѣ—чай и сахаръ, въ Варшавѣ—олеографіи и т. д. Попадется офенѣ лошадь, онъ и лошадь купитъ и приведетъ ее на родину, гдѣ непремѣнно продастъ съ барышемъ. Конечно, подобныя операціи могутъ производить лишь болѣе состоятельные офени.

Офени-бѣдняки, которые не имѣютъ лошадей, ходятъ съ товаромъ пѣшкомъ, причемъ сами возятъ коробъ—лѣтомъ на тележкѣ, а зимою на санкахъ; такихъ офеней, расхаживающихъ пѣшкомъ, называютъ ходебщиками. Въ прежнее время подобныхъ ходебщиковъ было очень много; закупая товаръ по мелочамъ, на 2, на 3, на 5 рублей, они разносили его по окрестнымъ селамъ и, распродавъ, сейчасъ же закупали вновь. Офени-ходебщики торговали почти исключительно однѣми картинами и книжками.

Съ однимъ изъ такихъ офеней я недавно встрѣтился въ вагонѣ желѣзной дороги на пути изъ Тамбова въ Саратовъ. Это былъ молодой парень, лѣтъ 23-хъ, изъ села Палехи, Вязниковскаго уѣзда, Владимірской губерніи. Въ его коробѣ были картины, книги и альбомы узоровъ для вышиванія, — все изданія Сытина, Морозова, Губанова и другихъ лубочниковъ. По его словамъ, онъ забираетъ товаръ, т.-е. картины и книги въ Москвѣ, у Сытина; покупаетъ рублей на 15, не больше, и затѣмъ отправляется по рязанской желѣзной дорогѣ въ Саратовъ. Большею частью весь этотъ товаръ онъ продаетъ въ пути, не доѣзжая до Саратова, въ вагонахъ и на станціяхъ. Пассажиры «отъ скуки» охотно покупаютъ книжки.

Пріѣхавъ въ Саратовъ, такой офеня забираетъ у мѣстныхъ торговцевъ книги, картины и мелочь: иголки, булавки, пуговицы, тесемки, металлическія цѣпочки, пояски и т. п., и затѣмъ отправляется съ этимъ товаромъ по деревнямъ и хуторамъ Саратовской губерніи. Онъ подходитъ къ окнамъ избы и выкрикиваетъ: «азбуки, картинки, булавки, иголки!» По его словамъ, онъ выручаетъ при этомъ отъ 10 до 12 рублей въ недѣлю, рѣдко 15 рублей, еще рѣже — 8 рублей. Изъ этихъ денегъ очищается барыша, за всѣми расходами, рубля три въ недѣлю. Можно было бы выручить гораздо больше, еслибъ торговать по базарамъ, но для этого необходимо имѣть свидѣтельство, которое, по словамъ офени, обходится не дешевле семи рублей, а это «больно дорого» для ходебщика-коробейника.

Частенько бываетъ, что у мужика-покупателя не оказывается денегъ, въ такихъ случаяхъ офеня даетъ книжки и картинки въ долгъ, до слѣдующаго года. При остановкахъ, за ночлегъ и харчи офеня обыкновенно расплачивается не деньгами, а картинами и мелочью, которую особенно любятъ бабы. Офеня съ особеннымъ удовольствіемъ вспоминалъ о своихъ посѣщеніяхъ мельницъ. «На мельницахъ народъ живетъ зажиточный, добрый. Начнутъ обѣдать, хозяйка скажетъ: «садись за столъ вмѣстѣ съ ребятами!..» Напоятъ, накормятъ, и копѣйки съ тебя не возьмутъ...»

Уменьшеніе числа офеней-ходебщиковъ, по свидѣтельству лицъ, близко знакомыхъ съ дѣломъ, произошло вслѣдствіе тѣхъ въ высшей степени стѣснительныхъ правилъ относительно разносной книжной торговли, которыя установлены закономъ 1865 года. Подробнѣе объ этомъ мы скажемъ въ одной изъ слѣдующихъ главъ.

Трудъ офени только съ перваго взгляда можетъ представляться легкимъ. На самомъ же дѣлѣ онъ преисполненъ всевозможныхъ трудностей и лишеній. «Сколько ихъ гибнетъ въ далекихъ странствованіяхъ отъ непомѣрныхъ трудовъ, сколько ихъ грабятъ по дорогамъ, убиваютъ! Про нихъ подлинно можно сказать: «скитальческія косточки, въ какихъ только мѣстахъ васъ нѣтъ?» На обозникахъ офеней въ зимнюю пору часто бываетъ жалко смотрѣть: въ трескучіе морозы, одѣтыя въ лохмотья, съ обмороженными лицами, насквозь прохватываемыя вѣтромъ, ихъ фигуры свидѣтельствуютъ слишкомъ краснорѣчиво объ ихъ горькой долѣ».

Такъ изображаетъ положеніе офеней человѣкъ, который какъ по роду своихъ занятій, такъ и по мѣсту своего жительства имѣетъ полную возможность хорошо и близко знать ихъ дѣятельность и всѣ условія ихъ существованія. Хотя наблюденія г. Голышева относятся къ владимірскимъ офенямъ, но само собою ясно, что все высказанное имъ о нихъ можно отнести и ко всѣмъ другимъ офенямъ, такъ какъ общія условія, тормозящія дѣятельность ихъ, повсюду въ Россіи одни и тѣ же.

Въ высшей степени важнымъ представляется вопросъ объ отношеніяхъ, которыя установились между крестьянскимъ населеніемъ и продавцами-офенями. Основываясь на свѣдѣніяхъ, сообщаемыхъ въ статьѣ г. Голышева, слѣдуетъ заключить, что отношенія эти не заставляютъ желать ничего лучшаго.

«Мужичку вольготно принять у себя въ избѣ, не слѣзая съ печи, офеню, въ лицѣ котораго онъ встрѣчаетъ своего же собрата-товарища. По своему вкусу онъ выберетъ книжку, азбуку, картинку; если въ семьѣ нѣтъ денегъ, офеня выведетъ его изъ затрудненія: товаръ свой промѣняетъ на ленъ, холстъ, хлѣбъ въ зернѣ или въ мукѣ, на овесъ и вообще на что угодно, подходящее для него, и оба остаются довольны».

Отсюда понятно, почему въ любомъ крестьянскомъ домѣ офеню принимаютъ, какъ дорогого гостя: ему даютъ ночлегъ, пріютъ; накормятъ не только его самого, но и лошадку его, если онъ съ нею, да еще на дорогу дадутъ кусочекъ хлѣбца, и за это ничего не возьмутъ. Въ свою очередь, и офеня цѣнитъ ласку и гостепріимство хозяевъ, и за ихъ радушіе прибьетъ имъ на стѣну картинку, подаритъ лишнюю книжку».

Такимъ путемъ поддерживаются и крѣпнутъ эти добрыя, хорошія отношенія. Судя по этому, Некрасовъ, рисуя типъ офени въ лицѣ «дядюшки Якова», старика «съ доброю душой», пріѣзду котораго искренно радо все населеніе деревни и который охотно даритъ книжку бѣдной «Ѳеклушѣ-сироткѣ», не идеализировалъ, а воспроизвелъ дѣйствительно существующій, жизненный типъ.

Тѣмъ не менѣе, тотъ, отмѣченный нами выше фактъ, что крестьянамъ приходится сильно переплачивать при покупкѣ картинъ и книгъ у офеней, остается, разумѣется, въ полной силѣ. Но послѣ того, что мы узнали объ условіяхъ, среди которыхъ приходится офенямъ вести свою торговлю, мы врядъ-ли рѣшимся обвинять ихъ въ алчности и въ стремленіи къ кулачеству.

Конечно, будетъ время, когда въ каждомъ сколько-нибудь крупномъ и населенномъ пунктѣ,—будетъ-ли это уѣздный захолустный городишко, торговое село или мѣстечко,—заведется своя книжная лавка (земская или частная), въ которой окрестный мужикъ можетъ выбрать себѣ любую картинку и книжку. Тогда сама собою устранится, разумѣется, всякая надобность въ офеняхъ и коробейникахъ (уже и теперь районъ ихъ дѣятельности отодвигается все дальше и дальше, въ глубь и глушь окраинъ). Но пока этого нѣтъ, офеня является для деревни лицомъ необходимымъ и въ высшей степени полезнымъ, какъ «носитель» (понимая это слово буквально) «умственной пищи».

Эта миссія получаетъ особенную важность теперь, въ наше время, когда содержаніе народно-лубочной литературы замѣтнымъ образомъ обновляется, когда въ изданіяхъ лубочниковъ начинаютъ встрѣчаться имена талантливыхъ и популярныхъ писателей, когда, наконецъ, достояніемъ этой мужицкой литературы становятся произведенія величайшихъ поэтовъ, «богатырей русской литературы», составляющихъ славу и гордость Русской земли.

Въ виду этого, вопросъ о возможно большемъ облегченіи книжной и картинной торговли офеней, ходебщиковъ и коробейниковъ пріобрѣтаетъ особенное значеніе, особенную практическую важность. Пожелаемъ же, чтобы вопросъ этотъ получилъ, наконецъ, разрѣшеніе въ смыслѣ, благопріятномъ для возможно болѣе широкаго распространенія книги въ народной средѣ, и чтобы тѣ препятствія, которыя теперь тормозятъ дѣятельность офеней и другихъ продавцевъ-разносчиковъ по распространенію народныхъ книгъ, были устранены.

II.

Торговля народными книгами и картинами въ г. Вязникахъ.

Въ Вязникахъ имѣется постоянная лавка А. И. Дикушина. Начало книжной торговли положено здѣсь въ 1853 году отцомъ настоящаго владѣльца, И. И. Дикушинымъ, зятемъ извѣстнаго археолога и книгопродавца Голышева. «Народный товаръ», т. е. народныя книжки и картины, составляетъ главный предметъ торговли Дикушина; кромѣ этого, онъ торгуетъ еще учебными пособіями и руководствами для городскихъ и земскихъ школъ.

Главными покупателями Дикушина, какъ прежде, такъ и теперь, являются офени изъ различныхъ селъ и деревень Вязниковскаго уѣзда: Липки, Шевариха, Стряпково, Успенскій погостъ, Новоселки, Бортниково, Круглицы, Тимино и др. Большинство офеней покупателей—жители ближайшихъ къ городу селеній, но есть не мало и изъ отдаленныхъ деревень, отстоящихъ отъ Вязниковъ на разстояніи 20 и болѣе верстъ. Многіе офени предпочитаютъ закупать товаръ въ Вязникахъ, такъ какъ тамъ вмѣстѣ съ тѣмъ они могутъ дешевле и лучше, чѣмъ въ Мстерѣ, сдѣлать закупки краснаго или такъ-называемаго «панскаго» товара.

Въ прежнее время покупщиковъ офеней было значительно больше, чѣмъ теперь. Явленіе это, по мнѣнію Дикушина, Голышева и другихъ торговцевъ, слѣдуетъ объяснить слѣдующими тремя причинами:

1) Въ настоящее время многіе офени предпочитаютъ забирать книжный и картинный товаръ въ Москвѣ и на Нижегородской ярмаркѣ, непосредственно отъ самихъ издателей-книгопродавцевъ: Сытина, Морозова, Абрамова и Губанова.

2) Въ послѣднее время, подъ вліяніемъ растущаго въ народѣ запроса на книжки, развилась и развивается все болѣе *мѣстная* книжная торговля. Въ каждомъ сколько-нибудь значительномъ городкѣ появляется книжная лавка, или же мѣстные торговцы галантерейными и мелочными товарами заводятъ торговлю и народными книжками. Такимъ образомъ офени, отправляясь въ путь въ ту или другую мѣстность, могутъ не запасаться книжками и картинками, а покупать ихъ, по мѣрѣ спроса, уже на самыхъ мѣстахъ торговли.

3) Московскіе издатели-книгопродавцы начинаютъ учреждать книжные склады въ большихъ провинціальныхъ городахъ; такъ, напримѣръ, Губановымъ открыты книжные склады въ г. Казани, Кіевѣ, Воронежѣ и Саратовѣ. Въ южныхъ поволжскихъ и новороссійскихъ городахъ также имѣются теперь такіе склады; поэтому многіе офени во время пути запасаются товарами изъ этихъ складовъ и такимъ образомъ избавляются отъ необходимости выписывать товаръ и платить за пересылку.

Въ настоящее время офени, по словамъ Дикушина, закупаютъ у него въ годъ не болѣе какъ на 5.000 рублей. Прежде они закупали значительно больше; такъ, еще въ началѣ 80-хъ годовъ офени покупали у него тысячъ на восемь въ годъ. Затѣмъ, въ розницу, Дикушинымъ продается еще ежегодно на 1.000 рублей народныхъ книгъ и картинъ; на такую же сумму (1.000 руб.)

продается въ годъ учебныхъ пособій и руководствъ [1]). Такимъ образомъ, весь оборотъ Дикушина, судя по его словамъ, не превышаетъ 7.000 рублей въ годъ.

Само собою понятно, что опредѣленіе годового дохода—дѣло довольно щекотливое для торговца. Обыкновенно при этомъ одни изъ торговцевъ стараются представить размѣры своихъ оборотовъ возможно въ большихъ цифрахъ, другіе же, наоборотъ, всячески уменьшаютъ размѣры своихъ оборотовъ; послѣднее особенно имѣетъ мѣсто въ тѣхъ случаяхъ, когда торговцы или опасаются почему-нибудь новыхъ налоговъ на свою торговлю или желаютъ предупредить появленіе конкуррентовъ. Мѣстный податной инспекторъ, г. Вальтеръ, годовой оборотъ книжной торговли Дикушина опредѣляетъ въ 20.000 рублей, т.-е. почти въ три раза болѣе цифры, показанной самимъ владѣльцемъ. Ознакомившись съ положеніемъ мѣстной книжной торговли, мы лично склонны думать, что истина въ этомъ случаѣ, какъ говорится, по средни и что средняя цифра дохода, выведенная изъ показаній Дикушина и Вальтера, будетъ болѣе или менѣе точно опредѣлять дѣйствительные размѣры годового оборота.

Офени закупаютъ книги и картины на разныя суммы, начиная отъ одного рубля и кончая 500 рублей. Офеней, которые бы закупали на 500 рублей въ годъ—очень немного: три, четыре человѣка, не больше. Большая часть офеней покупаютъ на 100—150 рублей; другіе—меньше: на 70, 50 и 30 руб.

Кредитъ въ торговлѣ офеней, какъ мы уже замѣтили выше, играетъ огромную роль. Въ прежнее время торговцы обыкновенно довѣряли офенямъ въ долгъ, безъ всякихъ векселей, теперь же рѣдко обходятся безъ нихъ. Только офени стариннаго закала и теперь не даютъ векселей. Такой офеня ни за что не дастъ вамъ векселя; если же вы потребуете отъ него выдачи долгового документа, то онъ сочтетъ это за личное оскорбленіе. Въ виду этого по необходимости приходится вѣрить на слово.

---

[1]) Учебныя пособія и руководства поставляются Дикушинымъ въ два уѣзда: Вязниковскій и Гороховецкій.

Следует, однако, замѣтить, что такихъ офеней теперь ужъ очень немного.

При покупкѣ «товара», т.-е. книгъ и картинъ, офени обыкновенно уплачиваютъ ⅓, рѣже ½, всей суммы, слѣдующей за забранный товаръ. На остальную сумму выдается вексель. Затѣмъ часть долга высылается офеней съ дороги, когда онъ расторгуется, окончательная же уплата и разсчетъ происходитъ по возвращеніи домой, что обыкновенно бываетъ около Пасхи.

По словамъ г. Дикушина, въ долгахъ за офенями теперь пропадаетъ немного, такъ какъ торговцы, наученные опытомъ, стали осторожны, «не довѣряютъ зря», а требуютъ непремѣнно поручительство извѣстныхъ и состоятельныхъ лицъ. Тѣмъ не менѣе, все-таки бываютъ случаи, когда за офеней пропадаютъ деньги.

— Какъ же это случается?—спрашивалъ я.

— Очень просто. Приходитъ офеня и забираетъ, положимъ, рублей на 200 товара, и при этомъ ничего не уплачиваетъ,— вѣдь бываютъ и такіе случаи—и даже часто. Затѣмъ торгуетъ зиму, къ веснѣ возвращается домой и объясняетъ, что торговля была плохая, вноситъ только 50 рублей, остальные проситъ подождать до слѣдующаго года и снова выпрашиваетъ товару еще рублей на сто. Что станешь дѣлать? Человѣкъ Христомъ-Богомъ проситъ помочь ему.—«Дайте только подняться—заслужу». Ну, и даешь ему. А на другой годъ онъ уплатитъ рублей сто, а товару снова заберетъ рублей на 200, и такъ постепенно затянетъ и затянетъ. А тамъ смотришь — перейдетъ къ другому, т.-е. начнетъ забирать товаръ въ Мстерѣ у Мумрикова или Антоновскаго, или въ Москвѣ у кого-нибудь, а не то въ Нижній поѣдетъ на ярмарку.

— Затѣмъ вы должны имѣть въ виду,—разсказывалъ намъ Дикушинъ,—что при разсчетахъ со своими кредиторами офени обыкновенно стараются расплатиться не деньгами, а товаромъ, съ которымъ они возвращаются изъ своихъ путешествій. Лично я избѣгаю брать натурою, такъ какъ это сопряжено съ большими неудобствами, и предпочитаю лучше оставлять въ долгахъ до слѣдующаго года, чѣмъ получать натурою. Однако, не смотря на это, нерѣдко приходится брать холстомъ, мукой, крупой, свѣчами восковыми и т. п. Затѣмъ каждый офеня послѣ торга всегда непремѣнно потребуетъ «скости», т.-е. еще новой уступки. «А скоста сколько будетъ?» Это ужъ всегдашній и неизмѣнный офенскій обычай. Какую бы крайнюю цѣну за товаръ вы ни ставили офенѣ, все-таки при окончательномъ разсчетѣ съ нимъ вы непремѣнно должны будете «скостить», т.-е. сбросить что-нибудь со счетовъ.

— Сколько же, приблизительно, приходится скащивать?

— Различно, смотря по настойчивости офеней, обыкновенно отъ 2-хъ до 3-хъ процентовъ.

Я интересовался знать: есть-ли среди покупателей офеней такіе, которые торговали бы исключительно однѣми только книгами и картинами.

— Такихъ у насъ здѣсь очень мало, не больше трехъ-четырехъ человѣкъ. Большинство же офеней торгуетъ иконами, краснымъ товаромъ и въ то же время книгами и картинами.

— Что прежде всего и главнымъ образомъ спрашиваютъ у васъ офени?

— Прежде всего—картины: онѣ для нихъ дороже всего; картинами они заманиваютъ покупателей, картинами нерѣдко расплачиваются съ хозяевами за хлѣбъ-соль, при остановкахъ въ деревняхъ. Да и вообще картина идетъ гораздо больше книги; она доступнѣе для пониманія мужика: чтобы прочитать книжку, нужно быть грамотнымъ, а содержаніе картины понятно для каждаго. Къ тому же картина служитъ украшеніемъ избы, только въ рѣдкой крестьянской хатѣ вы не встрѣтите народныхъ картинъ, прибитыхъ въ переднемъ углу, тотчасъ же за образами.

— Какіе же сорта картинъ больше всего покупаются офенями?

— Прежде больше всего шелъ «простовикъ»[1]), какъ самый дешевый и доступный для кармана мужика. Теперь же «простовикъ» спрашивается очень мало, зато усилился спросъ на хромо-

---

[1]) Такъ называется самый дешевый сортъ картинъ, на сѣрой плохой бумагѣ, съ ручной раскраской.

литографію, особенно полулистовую, которая хотя и дороже простовика, но зато неизмѣримо красивѣе и изящнѣе.

Это же самое впослѣдствіи я слышалъ и отъ всѣхъ другихъ торговцевъ народными картинами, какъ московскихъ, такъ и провинціальныхъ. Отсюда несомнѣнно слѣдуетъ выводъ, что эстетическій вкусъ народа видимо развивается: грубая, безобразная мазня зубочнаго простовика уже не удовлетворяетъ его. Выводъ этотъ, какъ извѣстно, вполнѣ подтвердился выставкой народныхъ картинъ, устроенной два года тому назадъ С.-Петербургскимъ комитетомъ грамотности.

— А изъ книгъ что больше всего спрашиваетъ офеня?

— Прежде всего, — отвѣчалъ Дякушинъ, — мелкую книгу— «листовку» и особенно «житія» и сказки. Изъ житій особенно большой спросъ на «Алексѣя человѣка Божія», «Николая угодника», «Георгія побѣдоносца», «Тихона Задонскаго», «Великомученицы Варвары». Изъ сказокъ больше всего идутъ старинныя: «Бова», «Еруслан Лазаревичъ», «Иванъ Царевичъ» и т. д.

— А затѣмъ?

— Затѣмъ — молитвенники и святцы; далѣе — азбуки, календари дешевые въ 5—10 копѣекъ, «Царь Соломонъ» для гаданія, сонники, письмовники и, наконецъ, «романы» или «историческія» — какъ говорятъ офени.

Я просилъ своего собесѣдника назвать: какія именно книги изъ этого послѣдняго сорта всего больше и всего охотнѣе покупаются офенями?

— Каждый офеня непремѣнно и обязательно спроситъ: «Милорда», — «Повѣсть объ англійскомъ милордѣ», — «Гуакъ», «Францыль Венціанъ», «Битва русскихъ съ кабардинцами», «Громобой», «Панъ Твардовскій»... Эти книги съ давнихъ поръ больше всего спрашиваются офенями изъ «романовъ».

— Все это давнишніе, старинные романы, — но неужели не является спроса на какія-нибудь новѣйшія произведенія послѣдняго времени, напримѣръ, современныхъ авторовъ?

— Какъ же, бываютъ требованія. Въ послѣдніе годы сильный спросъ былъ на «Прапорщика-портупея» [1] и особенно на «Разбойника Чуркина» — странное требованіе: можно сказать «Чуркинъ перебилъ «Гуака». Между тѣмъ вотъ уже нѣсколько лѣтъ почему-то нѣтъ новыхъ изданій «Разбойника Чуркина». Я въ Москвѣ всѣ лавки обошелъ, отыскивая «Чуркина», былъ у Сытина, Морозова, Губанова, но нигдѣ не нашелъ. А офени требуютъ.

— Ну, а какъ идутъ изданія «Посредника»?

— Изданія «Посредника» охотно раскупаются городской и интеллигентной публикой; что же касается офеней, то лишь весьма немногіе изъ нихъ покупаютъ изданія этой фирмы. Изъ числа моихъ покупщиковъ-офеней у меня есть лишь одинъ постоянный и усердный покупатель изданій «Посредника», это одинъ крестьянинъ Меленковскаго уѣзда. Другіе же офени обыкновенно неохотно берутъ эти изданія, главнымъ образомъ потому, что они стоятъ дороже обыкновенныхъ лубочныхъ изданій. «Посредникъ», если только онъ желаетъ, чтобы его изданія расходились въ народѣ наравнѣ съ лубочными книжками, непремѣнно долженъ довести стоимость своихъ изданій до тѣхъ цѣнъ, которыя установлены лубочниками. Это, конечно, трудно, такъ какъ лубочники, ничего не платя, или платя только гроши за авторскій трудъ, могутъ до крайняго минимума спустить стоимость своихъ изданій.

— Гдѣ и у кого вы закупаете свой товаръ?

— Всегда въ Москвѣ у Сытина, Морозова и Абрамова.

Я попросилъ Дикушина сообщить цѣны, по которымъ онъ и другіе торговцы покупаютъ народныя книги и картины у московскихъ лубочныхъ издателей.

— Вамъ, вѣроятно, извѣстно, — отвѣчалъ онъ, — что въ лубочной торговлѣ книжки и картинки продаются обыкновенно по сотнямъ. За сотню обыкновенной лубочной «листовки», какъ я, такъ и другіе торговцы платимъ 1 р. 5 к. и 1 р. 10 к. За листовку «Посредника» 1 р. 20 к. и 1 р. 35 к. «Двойная» — т. е. книжка въ два печатныхъ листа — цѣнится обыкновенно вдвое.

---

[1] Сочиненіе лубочнаго писателя И. Кассирова.

— А картины?

— За *полулистовую* хромолитографію платится 1 р. 90 к. за сотню; 19 рублей за тысячу; за *листовую*—3 р. 80 к. за сотню и 38 р. за тысячу, за *двухлистовую*—7 р. 75 к. за сотню и 77 р. 50 к. за тысячу. Затѣмъ есть болѣе дорогіе сорта двухлистовой хромолитографіи, цѣною по 8, 9 и даже по 10 р. за сотню, какъ, напримѣръ, «Европейскіе цари», «Двѣнадцатый годъ», и т. д.

— А почемъ вы продаете книжки и картинки?

— Въ оптовой торговлѣ офенямъ мы продаемъ по 1 р. 30 к. и 1 р. 40 к. за сотню обыкновенной листовки. Сотня листовки «Посредника» продается у насъ по 1 р. 60 к. и 1 р. 70 к. Картины мы продаемъ по 2 р. 15 к. за сотню полулистовой хромолитографіи и по 4 р. 40 к. за сотню листовой.

— А почемъ продаютъ книжки сами офени?

— Обыкновенно они берутъ по три копѣйки за книжку, пятачекъ за пару. Вы, пожалуй, скажете, что это безбожный процентъ—и будете неправы. Нужно знать условія офенской торговли, всѣ тѣ безчисленныя мытарства, которыя испытываютъ они во время своихъ скитаній, чтобы не обвинять ихъ въ жаждѣ къ наживѣ и кулачествѣ... Еслибъ вы знали, что приходится переносить имъ отъ однихъ урядниковъ, какого труда стоитъ имъ добиться «правовъ», т.-е. получить разрѣшеніе на торговлю произведеніями печати!..

III.

Среди офеней.

Изъ Вязниковъ я поѣхалъ въ слободу Мстеру, гдѣ и прожилъ нѣсколько мѣсяцевъ, посѣщая сосѣднія села и деревни, населенныя офенями и иконописцами. Мстера по справедливости можетъ быть названа главнымъ центромъ, столицею офенскаго края. По десятой ревизіи въ ней считалось 2.620 душъ обоего пола; въ настоящее же время населеніе слободы значительно возрасло.

Жители Мстеры только по названію крестьяне, въ сущности же это настоящіе горожане, такъ какъ, будучи обдѣлены землею [1]), они волей-неволей должны были заняться ремеслами и торговлей, что и положило, разумѣется, извѣстный отпечатокъ на весь строй и складъ ихъ жизни. Главнымъ, преобладающимъ занятіемъ жителей Мстеры является иконописаніе, которое — какъ видно изъ древнихъ актовъ — существуетъ здѣсь съ давняго времени.

Кромѣ Мстеры, иконописаніемъ занимаются жители Палеха и Холуя. Первая изъ этихъ слободъ особенно славится «живописною» иконописью, въ Холуѣ же и Мстерѣ главнымъ образомъ производятся такъ-называемые «расхожіе» сорта иконъ, т. е. болѣе дешевые и менѣе тщательной работы. Было время, когда почти всѣ жители Холуя, чуть не поголовно, занимались иконописаніемъ, но теперь это производство тамъ значительно падаетъ, между тѣмъ какъ въ Мстерѣ оно съ каждымъ годомъ развивается все болѣе и болѣе и переходитъ даже въ сосѣднія деревни: Раменье, Козловку и др.

Въ послѣднее время въ народѣ явилось огромное требованіе на фолежныя иконы, т.-е. образа, украшенные ризами изъ фольги и бумажными цвѣтами. Заведенія, приготовляющія фольгу (такія заведенія находятся въ Москвѣ и около Хотькова монастыря), не въ состояніи удовлетворять тѣхъ требованій на фольгу, которыя идутъ изъ Мстеры и другихъ слободъ Вязниковскаго уѣзда. Кіоты для иконъ частію изготовляются на мѣстѣ, частію же привозятся изъ лѣсной стороны, изъ села Ландеха, Гороховецкаго уѣзда.

Характерной особенностью слободы Мстеры является присутствіе въ ней литографіи и книжныхъ лавокъ. Въ началѣ сороковыхъ годовъ крестьянинъ А. К. Голышевъ (отецъ И. А. Го-

---

[1]) Всей земли, считая въ томъ числѣ усадебную, выгонъ, покосъ и занятую лѣсомъ, у мстерскихъ жителей—808 десятинъ, благодаря этому на ревизскую душу мужского пола здѣсь приходится лишь 1.600 саженъ.

лышева) открылъ въ Мстерѣ торговлю народными книгами и картинами, конечно, лубочнаго издѣлія. Тѣ и другія онъ получалъ отъ московскихъ издателей, причемъ картины присылались не раскрашенными. Раскраскою картинъ начали заниматься дочери Голышева, а за ними и другія крестьянскія дѣвушки. Такимъ образомъ для женщинъ явился новый промыселъ, который съ каждымъ годомъ разросталася; мстерскія дѣвицы начали раскрашивать картины не только для Голышева, но и для московскихъ, вязниковскихъ и холуйскихъ торговцевъ картинами. Въ шестидесятыхъ годахъ въ слободѣ Мстерѣ раскраскою картинъ занималось болѣе 200 женщинъ [1]).

Въ 1858 году Голышевъ открылъ въ Мстерѣ для печатанія народныхъ картинъ, собственную литографію, которая вскорѣ начала выпускать до 3,000 картинъ ежедневно. Благодаря тому обстоятельству, что офени были, такъ сказать, подъ рукой, картины Голышева очень быстро расходились между ними, а черезъ нихъ и въ народъ. Но это продолжалось лишь до тѣхъ поръ, пока московскіе издатели народныхъ картинъ не пріобрѣли скоропечатныхъ машинъ. Понятно, что конкуренція съ этими машинами съ разу же сдѣлалась совершенно не подъ силу для сельской литографіи съ ея допотопными станками.

Собственно офеней въ самой Мстерѣ очень немного — всего лишь нѣсколько семействъ, но они, какъ мы уже замѣтили, населяютъ тѣ деревни и села, которыя раскиданы вокругъ Мстеры. Каждый базаръ, особенно же въ осеннее время, офени во множествѣ съѣзжаются въ Мстеру главнымъ образомъ для закупки иконъ, которыя производятся здѣсь чуть не въ каждомъ домѣ. Иконы закупаются цѣлыми возами, укладываются на особыя дроги, которыя спеціально изготовляются для офеней мстерскими мастерами, и затѣмъ развозятся офенями по всѣмъ концамъ Россіи.

---

[1]) Раскраска лубочныхъ картинъ еще въ недавнее время составляла довольно видный промыселъ и въ нѣкоторыхъ другихъ мѣстностяхъ, главнымъ образомъ въ Московской губ.

Кромѣ иконъ, они закупаютъ въ Мстерѣ у Голышева и Мумрикова народныя книги и картины.

Меркантильный характеръ жителей этой слободы, между прочимъ, сказался въ названіи улицъ. Главная улица въ Мстерѣ называется Милліонной, слѣдующая за ней — Сотенной.

— Почему же Милліонной? — спрашиваю я.

— Потому что на этой улицѣ главные богачи живутъ. Демидовы, Сеньковы, которые теперь въ Вязникахъ фабрики имѣютъ, на этой улицѣ жили.

Здѣсь кстати будетъ отмѣтить нѣкоторыя черты и особенности духовной, нравственной физіономіи населенія офенскаго края. Невольно и съ перваго же раза бросается вамъ въ глаза необыкновенная почтительность мѣстнаго населенія: буквально никто не пройдетъ мимо васъ безъ того, чтобы не поклониться. Кланяются бабы, кланяются молодыя дѣвушки, снимаютъ шапки и раскланиваются мужчины, старики и парни, даже дѣти, при видѣ культурнаго человѣка, спѣшатъ стянуть поскорѣе съ своей головы отцовскій картузъ, нахлобученный по самыя уши.

Что это? Вѣжливость-ли, привитая съ дѣтства, или же низкопоклонство, остатокъ вліянія крѣпостного права? Если въ низкихъ поклонахъ стариковъ и старухъ нельзя не прочесть рабозпіѣ крѣпостного раба, прошедшаго тяжелую школу нравственнаго униженія и придавленности, то совсѣмъ иначе кланяются вамъ представители болѣе молодого и современнаго поколѣнія. Поклонъ съ ихъ стороны — простой актъ вѣжливости бывалаго, «полированнаго» человѣка, какимъ, безъ сомнѣнія, является офеня или иконописецъ, — безъ всякихъ слѣдовъ униженія.

Кстати замѣтимъ, что, сталкиваясь съ народомъ, наблюдая его настроеніе и отношеніе къ людямъ разныхъ общественныхъ слоевъ, нельзя не придти къ тому выводу, что за послѣднее время сознаніе человѣческаго достоинства замѣтно и сильно выросло въ народной средѣ. Въ большей или меньшей степени явленіе это можно наблюдать почти повсюду, но особенно рѣзко это бросается въ глаза въ центральныхъ мѣстностяхъ Россіи, главнымъ же образомъ въ такихъ губерніяхъ, какъ Московская, Владимірская, Тульская и т. д.

Въ умственномъ отношеніи владимірскіе офени, по свидѣтельству г. Н. Трахимовскаго, стоятъ значительно выше своихъ собратій крестьянъ, и послѣдніе сами признаютъ за ними преимущество ума и наметанности. «У крестьянъ неофеней офеня въ уваженіи, не только какъ человѣкъ, имѣющій больше денегъ, чѣмъ они, но и какъ человѣкъ, у котораго можно и совѣта попросить, который много видѣлъ и можетъ порасказать о многомъ такомъ, о чемъ сѣрому мужику и во снѣ не снилось»[1]). Въ большинствѣ случаевъ офени, будучи у себя дома, очень гостепріимны и радушны, любятъ заводить новыя знакомства и легко сходятся съ людьми, не принадлежащими къ ихъ средѣ.

Особенно же васъ поражаетъ интелигентность, если можно такъ выразиться, крестьянскаго населенія въ такихъ крупныхъ центрахъ, какъ слобода Мстера, Холуй или Палеха. Представьте себѣ крестьянскихъ парней и «дѣвокъ», которые, ходя по улицамъ, громко, во все горло распѣваютъ стихотворенія Лермонтова и Некрасова. Представьте себѣ мужиковъ, которые въ свободное время, сидя на завалинкахъ и на лавочкахъ предъ своими избами, читаютъ сочиненія Пушкина. Совсѣмъ не то было двадцать, тридцать лѣтъ тому назадъ. Чтобы убѣдиться въ этомъ, стоитъ только прочесть тѣ пѣсни, которыя приводилъ въ 1865 году г. Голышевъ, какъ наиболѣе распространенныя среди населенія Мстеры[2]).

Въ настоящее время самой распространенной и любимой пѣсней является здѣсь извѣстное стихотвореніе Лермонтова: «Выхожу одинъ я на дорогу». Наслушавшись въ поволжскихъ губерніяхъ разныхъ «Матань» и желѣзнодорожныхъ куплетовъ въ родѣ:

   Раздушечка кондукторъ,
   Что не ходишь къ намъ на дворъ?

---
[1]) «Русскій Вѣстникъ», 1866 г., № 6.
[2]) «Богоявленская слобода Мстера» И. Голышева, стр. 60—66.

и т. п., признаюсь, мнѣ было какъ-то странно и въ то же время, разумѣется, крайне отрадно слышать какъ во время хоровода, въ селѣ Татаровѣ [1]) крестьянскіе парни и дѣвушки выводили чудныя слова одного изъ лучшихъ стихотвореній нашего великаго поэта. Замѣчательно, что стихотвореніе это (я слышалъ его здѣсь десятки разъ) распѣвается крестьянскими парнями и дѣвушками безъ всякихъ пропусковъ, безъ перевиранія словъ, если не считать нѣкоторыхъ особенностей мѣстнаго говора, какъ напримѣръ, «скрозь туманъ», вмѣсто «сквозь туманъ». Жаль только, что усвоенный ими мотивъ крайне однообразенъ и заунывенъ. Затѣмъ поютъ «Огородника» Некрасова, поютъ извѣстную пѣсню о Стенькѣ Разинѣ:

Внизъ по Волгѣ рѣкѣ, съ Нижня-Новгорода,
Снаряженъ стружокъ, что стрѣла летитъ... и т. д.

Поютъ также многія пѣсни Кольцова: «Послѣдній поцѣлуй», «Хуторокъ», а также «Подъ вечеръ осени ненастной» — Пушкина.

Въ Мстерѣ — три училища: два земскихъ, мужское и женское, и церковно-приходская школа, открытая на средства Мумрикова, для дѣтей единовѣрцевъ. Всѣ три училища буквально переполнены учащимися; за недостаткомъ мѣста многимъ приходится отказывать въ пріемѣ. Кромѣ этихъ оффиціальныхъ училищъ, въ слободѣ и въ окрестныхъ селахъ обученіемъ дѣтей грамотѣ занимаются многіе вольные учителя, разные отставные солдаты, старухи-староверки и т. п. людъ.

Въ первый же день моего пребыванія въ Мстерѣ я наткнулся на такую сцену. Возвращаясь домой, вижу на бревнахъ, сложенныхъ около воротъ, расположилась группа молодыхъ мастеровыхъ, человѣкъ 5—6, изъ которыхъ одинъ, сидѣвшій въ срединѣ, читаетъ какую-то книжку.

— Что это вы читаете? — спросилъ я, подходя къ нимъ.
— Про Емельку Пугачева, — отвѣчалъ одинъ изъ сидѣвшихъ.
— Можно взглянуть, что за книжка?

---

[1]) Село Татарово находится всего въ полуверстѣ отъ Мстеры.

Оказалось, что это «Капитанская дочка» Пушкина въ изданіи Сытина.

— Что-жъ, какова книжка?

— Страсть занятная... На рѣдкость... Въ субботу какъ есть цѣлую ночь читали, пока къ обѣдни не ударили...

Въ другой разъ я видѣлъ эту же самую компанію за чтеніемъ лубочнаго романа «Малюта Скуратовъ и опричники». Когда я сообщилъ этой компаніи, что у меня имѣется съ собой не мало разныхъ книгъ, то ко мнѣ то и дѣло начали навѣдываться молодые парни изъ среды мастеровыхъ, съ просьбами «дать почитать».

Конечно, по жителямъ такихъ большихъ, торговыхъ слободъ, какъ Мстера или Холуй, нельзя судить о всемъ населеніи Вязниковскаго уѣзда, а тѣмъ болѣе о населеніи всей Владимірской губерніи. Можно указать уѣзды (какъ, напримѣръ, Судогодскій), въ которыхъ населеніе рѣшительно ничѣмъ не выдѣляется въ интеллектуальномъ отношеніи отъ другихъ мѣстностей Россіи.

Офени Судогодскаго уѣзда представляютъ собою особый типъ; это гораздо менѣе развитые, менѣе бывалые и въ то же время менѣе зажиточные, чѣмъ ихъ товарищи по профессіи изъ Вязниковскаго и Ковровскаго уѣздовъ.— «Сѣрый народъ»,— презрительно отзываются о нихъ жители слободъ. Судогодскіе офени почти всегда ѣздятъ въ одни и тѣ же мѣста, по близости: въ Рязанскую, Московскую, Калужскую и Тульскую губерніи. Изрѣдка заходятъ они въ болѣе отдаленныя губерніи, какъ, напримѣръ, въ Харьковскую, Самарскую, Саратовскую.

Мнѣ пришлось какъ-то встрѣтиться съ офенями изъ деревни Есино, Судогодскаго уѣзда. Это были совсѣмъ сѣрые, деревенскіе мужики, лишенные всякой полировки,— въ сермяжныхъ, неуклюжихъ кафтанахъ. Разговорившись съ ними, я узналъ, что деревня Есино состоитъ изъ ... дворовъ, что офеней считается въ ней 5—8 человѣкъ, которые ежегодно уѣзжаютъ съ товаромъ, главнымъ образомъ иконами и лишь отчасти картинами и книгами. Ѣздятъ обыкновенно на дрогахъ, направляясь сначала въ

Москву, по шоссе, затѣмъ на Серпуховъ, на Тулу, на Орелъ, на Курскъ, на Харьковъ. Съ Орла иногда поворачиваютъ на Рязань торгуютъ почти исключительно по селамъ и деревнямъ.

— Гдѣ же вы покупаете книжки и картины?
— Гдѣ придется: въ Москвѣ, въ Серпуховѣ, въ Тулѣ.
— А много-ли вы закупаете ихъ?
— Мы беремъ немного этого товара, рублей на 20 на 30. Хватаетъ недѣль на пять. А если на полсотню возьмешь, такъ на всю зиму хватитъ. Другіе офени больше набираютъ. Вонъ Викторъ Петровъ изъ Дѣрова завода одинъ рублей поди на тысячу забираетъ книгъ и картинъ.

— А расходовъ-то въ дорогѣ много?
— Какъ не быть расходамъ! Первое дѣло — за ночлегъ и ужинъ, за себя и за работника копѣекъ 25 отдашь. Потомъ овесъ и сѣно для лошади. Мы стараемся вездѣ товарцемъ платить, однако, кой-когда приходится и деньгами отдавать.

Въ разговорахъ своихъ съ офенями я всегда старался выяснить вопросъ о томъ: развивается-ли разносная книжная и картинная торговля въ народѣ или же, наоборотъ, слабѣетъ. И на мои вопросы по этому поводу мнѣ не разъ приходилось слышать такой отвѣтъ:

— Прежде народъ тоже [1]) бралъ у насъ и картины и книжки, а теперь — меньше.

— Почему же такъ? Грамотныхъ становится все больше и больше, поэтому и книжки должны раскупаться сильнѣе, чѣмъ прежде.

— А потому и меньше, — говорили офени, — что теперь повсюду въ каждомъ городѣ своя книжная торговля завелась. Въ Рязани Селивановъ содержитъ мелочную лавочку и тутъ же продаетъ картины и книжки. Проѣхалъ 60 верстъ — въ городѣ Михайловѣ — опять своя лавочка, нашъ владимірскій торгуетъ, въ Серпуховѣ — тоже; въ Тулѣ — Алексѣй Алексѣевичъ Козловъ боль-

---

[1]) Гоже — хорошо.

шую лавку содержитъ со всякимъ товаромъ, съ картинками и книгами. И въ Курскѣ есть своя лавка, и въ Орлѣ есть, и въ Саратовѣ — словомъ сказать — во всякомъ городѣ. А въ прежнее-то время такихъ лавокъ почитай-что нигдѣ, кромѣ Москвы, не было, поэтому-то весь народъ и закупалъ у насъ книги и картины. Тогда и торговать-то было лестно, потому что картины и книги стоили гораздо дороже, а теперь листовка-то идетъ по 3 копѣйки, пара — пятачекъ.

Въ послѣднее время нѣкоторые офени начали совсѣмъ отказываться отъ покупки книгъ и картинъ и ограничиваются продажею однѣхъ иконъ. При разспросахъ о причинахъ этого явленія, мнѣ чаще всего приходилось слышать такія объясненія офеней:

— Нынѣ, чтобы книжками торговать, надо права доставать, свидѣтельство выправлять. Прежде слободно было, — торгуй сколько хочешь и гдѣ хочешь, а теперь безъ свидѣтельства и не думай соваться: первымъ дѣломъ въ полицію угодишь. А чтобы права достать, надо прошенія писать, да подавать по начальству, надо марки покупать, надо руки отъ стариковъ отобрать, одобреніе отъ общества исхлопотать... Тому — дать, того — угостить, третьяго — водочкой попотчивать... Нѣтъ конца хлопотамъ и расходамъ.

Въ прежнее время офени производили свою торговлю совершенно свободно. Какъ «птицы перелетныя» кочевали они изъ конца въ конецъ по матушкѣ Россіи. Но съ половины шестидесятыхъ годовъ, а именно со времени изданія въ 1865 году закона съ новыми правилами относительно типографій, литографій и книжной торговли, дѣятельность ихъ обставляется разными стѣснительными условіями. Въ силу этихъ правилъ, офени, прежде всего, обязываются достать отъ волостныхъ правленій особыя удостовѣренія о своей полной благонадежности и о томъ, что они не состояли и не состоятъ подъ судомъ и слѣдствіемъ. Затѣмъ, они должны подать прошеніе уѣздному исправнику о выдачѣ свидѣтельства на право торговли книгами.

Правила эти на практикѣ повлекли за собою множество стѣсненій и послужили поводомъ для разнаго рода злоупотребленій со стороны уѣздныхъ и сельскихъ властей. По свидѣтельству г. Голышева, «офени, благодаря этимъ правиламъ, попали въ такое положеніе, что сначала ихъ обирали за написаніе прошеній и выдачу удостовѣреній въ волостныхъ правленіяхъ, а потомъ у уѣздныхъ исправниковъ канцеляристы. Свидѣтельства выдавались только на свой уѣздъ и всего на одинъ годъ; но были лица, которыя выдавали и на болѣе краткіе сроки, просто какіе имъ вздумается. Напримѣръ, юрьевскій уѣздный исправникъ выдалъ одному крестьянину свидѣтельство всего *на три дня*. Между тѣмъ, въ законѣ не упомянуто о срокѣ и потому свидѣтельства могли быть безсрочными. Постановленіе это вызвало новые источники доходовъ на счетъ расходовъ офеней; въ то же время, свидѣтельства эти оказались вполнѣ неприложимыми къ торговлѣ офеней».

И это вполнѣ, конечно, понятно, такъ какъ офени не ограничиваются хожденіемъ по одному какому-нибудь уѣзду или губерніи, а ходятъ буквально по всей Россіи, не исключая Сибири, Кавказа, Польши, Туркестана и т. д. «При такихъ условіяхъ офенямъ, разумѣется, нѣтъ возможности запасаться свидѣтельствами въ каждомъ новомъ уѣздѣ. Формальности породили множество неудобствъ, изъ которыхъ выхода не оказывалось. Офени перебивались какъ могли; многіе изъ нихъ вынуждены были бросить торговлю».

Въ 1876 году вязниковское уѣздное земское собраніе сдѣлало постановленіе объ исходатайствованіи для офеней, занимающихся разносной книжной торговлей, облегчительныхъ правилъ, а именно, чтобы офенямъ предоставлено было право получать дозволеніе на эту торговлю отъ мѣстнаго, по мѣсту жительства офеней, полицейскаго начальства и чтобы это дозволеніе имѣло силу во всѣхъ мѣстностяхъ Россіи. Ходатайство объ этомъ было представлено владимірскому губернатору, который препроводилъ его на разрѣшеніе министра внутреннихъ дѣлъ.

К сожалѣнію, ходатайство вязниковскаго земства не встрѣтило сочувствія въ министерствѣ внутреннихъ дѣлъ. Главное управленіе по дѣламъ печати, увѣдомляя владимірскаго губернатора, что ходатайство вязниковскаго земскаго собранія оставлено безъ послѣдствій, слѣдующимъ образомъ аргументировало этотъ отказъ: «Принимая въ соображеніе, что на основаніи ст. 23, главы III, временныхъ правилъ о печати 6 апрѣля 1865 г., выдача разрѣшеній на право торговли произведеніями печати въ разносъ зависитъ исключительно отъ полицейскаго начальства каждой данной мѣстности, а слѣдовательно, удовлетвореніе изложеннаго ходатайства земства противорѣчило-бы этому закону, и что ходатайствовать въ законодательномъ порядкѣ объ измѣненіи указаннаго закона въ настоящее время не представляется удобнымъ, г. министръ внутреннихъ дѣлъ призналъ ходатайство вязниковскаго уѣзднаго земскаго собранія объ установленіи облегчительныхъ правилъ для офеней не подлежащимъ удовлетворенію».

Благодаря этому офени бѣдствовали по прежнему. «Горе было тому торгашу-офенѣ, который по старой привычкѣ отправлялся торговать безъ свидѣтельства; такихъ преслѣдовали становые, старшины, старосты, сотскіе, десятскіе, писаря. Съ учрежденіемъ же института урядниковъ, послѣдніе преслѣдовали еще усерднѣе и рьянѣе. Зачастую офени отдѣлывались подачками; говорятъ, для послѣднихъ болѣе и осаждаютъ, благо предлогъ есть. Если миролюбивая сдѣлка не могла состояться, то у офени отбирали товаръ и тащили, какъ какого-либо уголовнаго преступника, въ полицію. Здѣсь, не торопясь, съ подобающею важностью и проволочкой, разсматривали книжки: понравшуюся по вкусу безъ церемоніи брали себѣ; иногда конфисковали и весь товаръ. Затѣмъ писались протоколы, которые передавались мировымъ судьямъ, а послѣдніе не спѣша вызывали въ судъ и усердно налагали штрафы. Товаръ въ самомъ жалкомъ видѣ, уже, конечно, не въ цѣлости, возвращался хозяину. Между тѣмъ, офенѣ дорогъ въ пути не только день, но и часъ, а тутъ ему приходилось, вмѣсто торговли, съ лошадью и работникомъ, скрѣпя сердце, ожидать продолжительное время, пока разберутъ и разсмотрятъ самый простой, невинный товаръ».

Тяжесть этихъ придирокъ и проволочекъ особенно увеличивалась, благодаря невѣжеству «досмотрщиковъ», т.-е. урядниковъ, становыхъ и т. п. По словамъ г. Голышева, «эти провинціальные блюстители законовъ о печати выказывали такое непониманіе въ книжномъ дѣлѣ, что рѣшительно сами не знали, что они отбираютъ и что преслѣдуютъ. Если бы имъ случилось у офени встрѣтить книжку, выпущенную безъ предварительной цензуры, какъ заключающую въ себѣ болѣе 10 печатныхъ листовъ и не имѣющую словъ: «дозволено цензурою», то ее приняли бы за преступную находку, торговца преслѣдовали бы строжайше за распространеніе безцензурныхъ изданій».

Этимъ, между прочимъ, объясняется тотъ фактъ, что офени крайне неохотно и только въ рѣдкихъ случаяхъ берутъ для продажи книги, на которыхъ нѣтъ надписи: «дозволено цензурою». Зная это, и народные издатели избѣгаютъ выпускать книги толще десяти листовъ, безъ предварительной цензуры.

Въ подтвержденіе своихъ словъ г. Голышевъ приводитъ нѣсколько примѣровъ, рисующихъ крайне низкое умственное развитіе «провинціальныхъ блюстителей законовъ о печати». По его словамъ, «одинъ становой, и, притомъ, не въ глухой какой-нибудь губерніи, а въ бойкой мѣстности, терминъ «кустарная промышленность» понималъ въ смыслѣ древесныхъ породъ и отчислялъ его чуть-ли не къ *рогозу*, и т. д.

Десять лѣтъ тому назадъ послѣдовало нѣкоторое измѣненіе: офеней обязали взамѣнъ прежнихъ свидѣтельствъ получать свидѣтельство на право торговли отъ губернатора. Казалось бы, измѣненіе это должно облегчить положеніе офеней, но на практикѣ обнаружилось совсѣмъ противное. «Легко сказать, — говоритъ г. Голышевъ, — «получить свидѣтельство отъ губернатора», но достать такое очень и очень трудно. Для этого необходимо представить приговоръ отъ общества о благонадежности и прочихъ преимуществахъ. Но многіе-ли знаютъ, какъ трудно выхлопотать такую меморію? Увольнительные и пріемные приговоры крестьянъ сопряжены и съ расходами, и съ пьянствомъ, и съ нравственною пыткой. Затѣмъ, далѣе, слѣдуютъ справки и дознанія чрезъ станового и, въ концѣ-концовъ, выдадутъ ли дозволеніе, или нѣтъ—это еще вопросъ».

Чтобы получить общественный приговоръ, «необходимо ублаготворить писарей, старостъ, старшинъ, поставить всему обществу водки, да напоить тѣхъ понятыхъ, которыхъ будетъ спрашивать становой. Богатые, зажиточные крестьяне все это справятъ: ихъ облекутъ не только въ благонадежность, но и благочестивыми признаютъ. Но что дѣлать бѣдному?».

Каждый офеня, собираясь въ дорогу, прежде всего долженъ уплатить всѣ подати и повинности впередъ,—иначе волостное правленіе не дастъ ему увольненія,—затѣмъ долженъ «выправить» паспортъ, достать свидѣтельство на право торговли и, наконецъ, закупить «товаръ», т.-е. иконы, картины, книжки и разную мелочь, вродѣ иголокъ, пуговицъ, крестяковъ, тесемокъ, ленточекъ, платковъ и т. д. Покончивши со всѣмъ этимъ, офеня трогается въ путь, на которомъ его ожидаютъ всевозможныя трудности и лишенія, неизбѣжныя, разумѣется, при подобныхъ скитаніяхъ. Къ этому еще присоединяются придирки и преслѣдованія со стороны разныхъ низшихъ чиновъ сельской и уѣздной полиціи.

— Страсть строго стало,—жалуются офени,—въ городахъ полицейскіе придираются, а въ деревняхъ урядники больно прижимаютъ. Прямо сказать: намъ отъ урядниковъ житья нѣтъ. Какъ только попался ему на глаза, сичасъ: «стой! свидѣтельство есть?»— «Есть, молъ».—Давай сюда! Вытащишь изъ-за пазухи свидѣтельство, подашь ему.—«Кажи товаръ!» Взмолишься Христомъ-Богомъ: «г. урядникъ, помилосердуйте! товаръ у насъ извѣстный, обнакновенный».—Знать ничего не хочу! кажи книжки, кажи картинки! И почнетъ рыться въ товарѣ, почнетъ мять, почнетъ коверкать...

Въ селахъ и городахъ, на базарахъ и ярмаркахъ вездѣ берутъ съ офени извѣстную плату «за мѣсто», за право разложить на рогожкѣ, лежащей прямо на землѣ, на площади книжки и картинки. Плата эта въ разныхъ мѣстностяхъ различная; въ Мстерѣ, напримѣръ, офени платятъ «за рогожку» отъ 30 до 60 коп. въ день.

Существуетъ, говорятъ, циркуляръ, воспрещающій выдачу свидѣтельствъ на право книжной торговли *неграмотнымъ* офенямъ. Однако это совсѣмъ не соблюдается, и до сихъ поръ можно встрѣтить не мало офеней и книгоношъ, которые совсѣмъ не умѣютъ ни читать, ни писать. Особенно много неграмотныхъ офеней встрѣчается среди крестьянъ стараго поколѣнія, котораго не коснулась земская школа. Однако неграмотность не мѣшаетъ офенямъ бойко вести торговлю книжками и картинками. Неграмотный офеня какимъ-то чутьемъ различаетъ книги и, изучивъ ихъ заголовки со словъ хозяина или грамотнаго товарища, никогда уже не ошибется, не перемѣшаетъ книжекъ, не перепутаетъ цѣнъ.

— Не бось, ихъ не обманешь,—говорили мнѣ о нихъ лубочные торговцы,—даромъ, что неграмотные, а въ обманъ не даются: попробуй-ка подсунуть имъ одну книжку вмѣсто другой, чутьемъ услышатъ!

Офеня можетъ спутать только вновь выходящія книжки, къ которымъ онъ еще не успѣлъ привыкнуть. Къ новымъ изданіямъ офени въ большинствѣ случаевъ относятся недовѣрчиво, но обыкновенно они скоро и охотно мирятся съ ними, если изданія эти снабжены громкими и завлекательными заголовками и яркими рисунками на обложкахъ.

Каждый офеня, даже неграмотный, всегда отлично знаетъ, что именно ему нужно изъ книгъ и картинъ. Обыкновенно, придя въ лавку, онъ первымъ дѣломъ спрашиваетъ: есть-ли такія-то житія святыхъ, такія-то сказки, молитвенники, псалтыри, календари, романы, такія-то картины и т. д. Если у васъ не окажется хотя двухъ-трехъ названій изъ этого «подбора»,—онъ не станетъ съ вами и говорить, скажетъ: у васъ ничего нѣтъ и уйдетъ къ другому торговцу. Поэтому каждый торговецъ лубочнонародными изданіями прежде всего заботится о томъ, чтобы въ его лавкѣ былъ возможно болѣе полный «подборъ» всѣхъ тѣхъ книжекъ и картинъ, которыя всего охотнѣе распускаются офенями и которыя составляютъ необходимую принадлежность каждой «шаши», т.-е. офенскаго короба.

IV.
Г. Голышевъ и его торговля.

Ив. Ал. Голышевъ, бывшій крѣпостной крестьянинъ графа Панина, которому принадлежала слобода Мстера,—теперь потомственный почетный гражданинъ, «кавалеръ ордена Станислава второй степени», дѣйствительный членъ многихъ ученыхъ обществъ и почетный членъ нижегородскаго и владимірскаго губернскихъ статистическихъ комитетовъ. Почетное гражданство и орденъ были пожалованы г. Голышеву «во вниманіе къ его долголѣтнимъ, плодотворнымъ и безкорыстнымъ трудамъ». Дѣйствительно, г. Голышевъ давно уже извѣстенъ, какъ авторъ множества статей и замѣтокъ по археологіи и этнографіи Владимірскаго края, помѣщенныхъ большею частью въ мѣстныхъ изданіяхъ и въ трудахъ разныхъ ученыхъ обществъ.

Сначала его руководилъ К. Н. Тихонравовъ,—неутомимый изслѣдователь и знатокъ древностей Владимірской губерніи. По совѣту его, Голышевъ занялся изданіемъ такихъ памятниковъ старины, которые оставались до тѣхъ поръ еще мало извѣстными и сверхъ того могли погибнуть для науки скорѣе, чѣмъ многіе другіе. «Въ этомъ отношеніи Голышевъ съ замѣчательно тонкимъ пониманіемъ археологическаго значенія остатковъ старины, сталъ выбирать между ними тѣ памятники, на которые до него мало обращено было вниманія, хотя и въ этихъ остаткахъ попадаются весьма любопытныя черты своеобразности русскаго стиля» [1]).

---

[1]) «Извѣстія Император. русскаго археологическаго общества». Томъ X, выпускъ 3—6. Спб., 1884 г., стр. 326.

Въ «Запискахъ» русскаго археологическаго общества» находимъ слѣдующую оцѣнку трудовъ г. Голышева: «нѣкоторыя изъ изданій г. Голышева заслуживаютъ особеннаго вниманія, какъ, напримѣръ: а) Памятники деревянныхъ церковныхъ сооруженій. Старинные деревянные храмы во Владимірской губерніи; б) Памятники старинной русской рѣзьбы по дереву во Владимірской губ.; в) Рѣзьба по дереву и разныя украшенія въ храмахъ, дворцахъ и въ крестьянскомъ быту; г) Атласъ рисунковъ съ старинныхъ пряничныхъ досокъ Вязниковскаго уѣзда; д) Альбомъ снимковъ съ древнихъ русскихъ синодиковъ, могущій по истинѣ стать въ одинъ рядъ съ произведеніями лучшихъ литографическихъ заведеній и дѣлающій величайшую честь сельскому заведенію, основанному крестьяниномъ самоучкою» [1].

Слѣдуетъ замѣтить, что всѣ перечисленные труды были исполнены на средства самого автора и въ его собственной литографіи, находящейся въ слободѣ Мстерѣ; за нихъ г. Голышеву присуждены были русскимъ археологическимъ обществомъ двѣ медали: большая серебряная, въ 1880 г., и малая золотая, въ 1886 году.

Но для насъ г. Голышевъ представляетъ интересъ не какъ археологъ, а какъ издатель народныхъ картинъ и еще болѣе, какъ человѣкъ, издавна ведущій торговлю народными книгами и картинами, при посредствѣ офеней-коробейниковъ.

Г. Голышевъ живетъ въ собственной, уютной усадьбѣ, Голышовкѣ, рядомъ со слободою Мстерою; въ нижнемъ этажѣ его дома помѣщается книжный магазинъ, наполненный исключительно народными книгами и картинами. Въ подвальномъ этажѣ дома помѣщается литографія, основанная въ 1858 году; въ ней нѣсколько лѣтъ тому назадъ работало шесть станковъ, а теперь остались только два. Было время, когда эта литографія производила до 530.000 народныхъ картинъ въ годъ, цѣною отъ 55 к. до 5 рублей за сотню.

[1] «Записки Импер. русскаго археологическаго общества». Томъ II, Спб. 1887 г.

Книжная торговля перешла къ Голышеву отъ его отца, который началъ ее въ 1844 году. И. А. Голышевъ самостоятельно началъ вести торговлю народными книгами и картинами съ 1871 года. Торговля ведется имъ почти исключительно только съ офенями.

Въ настоящее время число офеней, забирающихъ товаръ у Голышева, доходитъ до 200 человѣкъ. Въ прежнее время было много офеней-коробейниковъ, которые ходили съ «шаней» [1]), торгуя главнымъ образомъ народными картинами, книжками и разной мелочью: ленточками, крестиками, образками, кольцами, серьгами и т. п. Теперь такихъ коробейниковъ, которые бы торговали *главнымъ образомъ* книгами и картинами, осталось очень немного: ихъ убили тѣ формальности и затрудненія, которыми по новому закону обставлено полученіе разрѣшенія на книжную разносную торговлю.

Съ другой стороны,—по словамъ г. Голышева,—многіе богатые офени также почти совсѣмъ бросили торговать книгами и картинами и предпочитаютъ вести торговлю иконами, находя ее болѣе выгодною для себя. Это особенно стало замѣтно со времени появленія фолежныхъ иконъ (т.-е. иконъ, украшенныхъ фольгою), спросъ на которыя растетъ все сильнѣе и сильнѣе. Продавши одну икону большого размѣра, офеня сразу выручаетъ 5—6 рублей, между тѣмъ какъ книжки и картинки онъ долженъ продавать по грошамъ, по копѣйкамъ. Цѣны на книжки и картинки «страшно сбиты» и постепенно сбиваются все болѣе и болѣе.

— Я не разъ наблюдалъ,—говорилъ намъ г. Голышевъ,— какъ офеня, начавшій торговлю книгами и картинами, мало-по-малу бросалъ этотъ товаръ и переходилъ на иконы, затѣмъ оставлялъ и иконы и брался уже за «панской», т.-е. красный товаръ. Въ селѣ Татаровѣ (отстоящемъ въ полуверстѣ отъ Метеры) прежде было много офеней, теперь же почти всѣ пере-

---

[1]) «Шаней» называется коробъ изъ лубка, съ которымъ расхаживаютъ владимірскіе коробейники-ходебщики; внутри такіе короба обыкновенно обиваются для прочности холстомъ.

велись. Одни переселились въ другія губерніи, и завели тамъ осѣдлую торговлю, другіе оставили офенство и поступили на Татаровскую писчебумажную фабрику наслѣдниковъ Протасьева и т. д.

Нѣкоторые офени не берутъ книгъ, но всегда охотно берутъ картины. Это—для прокормленія,—говорятъ они. Дѣло въ томъ, что офеня, останавливаясь въ деревняхъ и селахъ, ночуя у крестьянъ, не любитъ платить денегъ за ночлегъ, за хлѣбъ, за овесъ и сѣно для лошади. Обыкновенно они стараются отплатить за это хозяевъ картинкой, которую по утру предъ отъѣздомъ прибиваютъ на стѣнку избы.

Владимірскіе офени закупаютъ товаръ на разныя суммы, начиная отъ 3 рублей и кончая 150. Офеней, которые закупаютъ на сумму свыше ста—очень немного. Чаще же всего офени закупаютъ на 10, на 30, на 50, на 70 и, наконецъ, на 100 рублей. Немногіе офени берутъ товаръ на чистыя деньги; огромное же большинство забираетъ въ кредитъ. Только новымъ, неизвѣстнымъ лицамъ не даютъ въ кредитъ и потому они принуждены забирать товаръ на наличныя деньги. А извѣстнымъ, постояннымъ покупателямъ товаръ отпускается подъ вексель, на сто и болѣе рублей, но не иначе, какъ подъ закладъ различныхъ вещей.

Уплата производится обыкновенно по частямъ; зимою офеня высылаетъ часть долга съ дороги, весною-же, вернувшись домой, уплачиваетъ остальную сумму. Многіе офени—бѣднота—ведутъ торговлю на занятыя деньги, которыя достаютъ отъ разныхъ лицъ. Ссудою денегъ офенямъ занимаются обыкновенно богатые крестьяне, большею частью наживщіеся отъ офенства. Ссуды даются не менѣе какъ изъ-за 20%, чаще же 25%; кромѣ того должники обязуются доставить кредитору извѣстное количество хлѣба, крупы и т. п. Ссуды всегда выдаются не иначе, какъ подъ вексель, и притомъ часто подъ залогъ хлѣба, экипажей, телѣгъ, саней и т. д.

Возвращаясь домой, офени обыкновенно привозятъ съ собою

самый разнообразный товаръ, смотря потому, въ какой мѣстности они вели торговлю. Такъ, одни привозятъ рыбу и медъ, другіе — свѣчи восковыя, подсолнечники, черносливъ, орѣхи, третьи — чай, сахаръ, четвертые — холстъ, чулки, носки, варежки (вязаныя рукавицы) и т. д. Многіе приводятъ съ собой лошадей. Этимъ товаромъ офени всегда стараются расплатиться съ своими кредиторами. По словамъ г. Голышева, у него ежегодно получается до 5.000 аршинъ холста отъ офеней. Холстъ имѣетъ то преимущество предъ другими товарами, что онъ не подверженъ быстрой порчѣ и легко сбывается, такъ какъ нуженъ вездѣ: и въ деревнѣ, и въ городѣ.

Холстъ, которымъ расплачиваются офени, стоитъ обыкновенно 8—10 копѣекъ аршинъ, но есть и болѣе дешевые сорта: по 6—7 коп. за аршинъ и даже самый грубый и дешевый по 5 копѣекъ. Офени пускаютъ въ оборотъ какъ свой собственный, домашній холстъ, натканный ихъ женами и дочерьми, такъ и привозный.

— Какъ великъ кредитъ, который вы открываете офенямъ въ теченіе года? — спросилъ я г. Голышева.

— Отъ двухъ до двухъ съ половиною тысячъ. Т мѣръ, въ прошломъ году мною было отпущено въ кредитъ офенямъ на 2.189 руб. Въ апрѣлѣ нынѣшняго года, сдѣлавъ обычный учетъ, я убѣдился, что изъ этой суммы остается еще въ долгахъ за офенями 693 рубля.

— Навѣрное они еще уплатятъ?

— Надѣюсь, что многіе уплатятъ, однако, непремѣнно придется кое-что скинуть. Рублей сто пропадетъ навѣрное; нѣкоторые уже отступились отъ своихъ закладовъ.

— Что чаще всего закладываютъ офени?

— Всевозможное имущество: экипажи — тарантасы, телѣги, сани, затѣмъ хлѣбъ — рожь, гречу... холстъ... наконецъ, сбрую, шлеи, сѣделки, поддёвки, самовары. Пріемъ закладовъ и выдача подъ нихъ товара начата еще моимъ отцомъ; онъ пріучилъ къ этому офеней. Мнѣ хотя и не нравится эти операціи, но уничтложить ихъ теперь уже трудно: бѣдняки-офени ѣдутъ нерѣдко издалека въ надеждѣ получить кредитъ, и поэтому не хочется отказать имъ въ этомъ.

— А какъ великъ вашъ годовой оборотъ по книжной торговлѣ?—спросилъ я.

— Прежде мой оборотъ былъ значительно больше, не менѣе 10.000 рублей, теперь же, благодаря усилившейся конкуренціи и сильнаго пониженія цѣнъ на книги и картины, оборотъ мой не превышаетъ 5—6 тысячъ рублей.

Я интересовался знать: какъ идутъ въ продажѣ книжки, изданныя для народа «Посредникомъ», комитетами грамотности, редакціями журналовъ «Русская Мысль», «Русское Богатство» и т. д. Къ удивленію моему, оказалось, что, за исключеніемъ изданій «Посредника», Голышевъ совсѣмъ не имѣетъ народныхъ книжекъ другихъ интеллигентныхъ издателей.

— Какъ только появились книжки «Посредника»,— передавалъ намъ г. Голышевъ,—я немедленно взялъ ихъ, предполагая, что онѣ пойдутъ здѣсь такъ же хорошо, какъ и въ Москвѣ. Но на дѣлѣ вышло совсѣмъ другое: здѣсь на нихъ почти совсѣмъ не было спросу. Ни одинъ офеня ни разу не попросилъ у меня изданій «Посредника» или разсказовъ графа Толстого. Изъ всѣхъ изданій «Посредника» болѣе ходко шелъ разсказъ... думаете Толстого?.. совсѣмъ нѣтъ: разсказъ Лѣскова: «Христосъ въ гостяхъ у мужика». Громкое и заманчивое заглавіе этого разсказа заинтересовало офеней. Главная же причина того, что офени не брали книжекъ «Посредника», заключалась въ томъ, что книжки эти въ оптовой торговлѣ были все-таки значительно дороже обыкновенныхъ народныхъ изданій. За сотню простыхъ народныхъ листовокъ я плачу Сытину 1 руб. 5 коп., а за сотню листовокъ «Посредника» Сытинъ назначаетъ 1 руб. 20 коп. Поэтому я и не могъ взять этихъ изданій. Дѣло въ томъ, что офени привыкъ къ извѣстной, опредѣленной цѣнѣ за листовку, поэтому нельзя выдѣлять и назначать дороже за нѣкоторые сорта. Разъ это листовка, т.-е. книжка не больше 36 печатныхъ страницъ —

офеня не дастъ вамъ за сотню такихъ книжекъ дороже того, что онъ привыкъ платить постоянно.

— По этой же самой причинѣ я не могъ взять и народныхъ изданій «Русской Мысли», такъ какъ изданія эти значительно дороже даже посредниковскихъ книжекъ; такъ, напримѣръ, разсказъ Короленко «Убивецъ» продается въ редакціи по 1 руб. 25 коп. за сотню, «Сборникъ стихотвореній» по 2 руб., «Народный поэтъ Никитинъ» и «Объ уходѣ за лугами» — также по 2 рубля. Объ изданіяхъ же комитета грамотности нечего и говорить. Изъ этихъ изданій только двѣ-три книжки стоятъ по 5 коп. (тѣ самые разсказы графа Толстого, которые мы продаемъ по 2 коп. за книжку), а всѣ остальныя по 10, 15 и 20 коп. Сотня листовки въ комитетѣ стоитъ не дешевле 3—4 рублей. Понятно, что мужикъ никогда не дастъ 5 коп. за ту же самую книжку (хотя и лучше изданную), которую онъ можетъ купить за 2 копѣйки у любого офени, въ любой лавочкѣ, гдѣ только продаются народныя книжки.

— Вообще, — говоритъ г. Голышевъ, — необходимы два условія, чтобы книжка хорошо пошла у офеней: во-первыхъ — дешевизна, во-вторыхъ — громкое завлекательное заглавіе и красивая обложка. «Летучая библіотека» князя Оболенскаго, конечно, ерунда, но когда книжки этой «библіотеки» («двойныя» и «тройныя», т. е. въ два-три листа) пустили по 1 руб. 50 коп. за сотню, ихъ начали брать, начали покупать тѣ же офени.

— А какъ идутъ картины, изданныя «Посредникомъ»?

— У насъ онѣ почти совсѣмъ не идутъ, — отвѣчалъ г. Голышевъ [1]. — Какъ только онѣ были изданы, я взялъ ихъ въ надеждѣ на хорошій сбытъ, но онѣ до сихъ поръ не разошлись у меня.

— Чѣмъ вы объясняете это?

— Сначала эти картины были дороже обыкновенныхъ хромолитографій и потому не могли бойко идти въ продажѣ; теперь

---

[1]) Здѣсь рѣчь идетъ о первой серіи картинъ, изданныхъ «Посредникомъ»: «Два брата и золото», «Спѣсь» и т. д.

они въ одной цѣнѣ, и все-таки офени весьма не охотно берутъ ихъ. Картины эти видимо не нравятся нашимъ мужикамъ: я часто замѣчалъ, какъ офеня, перебирая разныя сорта картинъ, взглянетъ на картины, изданныя «Посредникомъ», и мимо, и мимо.

Изъ дальнѣйшаго разговора съ Голышевымъ, а также изъ разговоровъ съ другими торговцами выяснилось, что посредническія картины не нравятся крестьянину главнымъ образомъ потому, что сюжеты этихъ картинъ слишкомъ бѣдны содержаніемъ, бѣдны дѣйствіемъ, сравнительно съ лубочными картинами, къ которымъ издавна привыкъ народъ. Въ самомъ дѣлѣ, возьмите любую изъ извѣстныхъ лубочныхъ картинъ: напримѣръ о пьяницѣ, или о сотвореніи міра, или о пришествіи антихриста, о «страшномъ судѣ» и т. д. и т. д. Вѣдь чего-чего только нѣтъ на этихъ картинахъ! Вотъ ужъ подлинно можно сказать: «и черти, и любовь, и страхи, и цвѣты!» Между тѣмъ «Посредникъ» дастъ «Два брата и золото» или «Дѣвчонка умнѣе стариковъ» и т. п. картины съ самымъ бѣднымъ содержаніемъ, хотя, можетъ быть, и глубокія по идеѣ.

Я спросилъ Голышева: интересуются-ли офени содержаніемъ книжекъ, которыя они покупаютъ и затѣмъ продаютъ?

— Нисколько не интересуются!—отвѣчалъ Голышевъ.—Могу васъ увѣрить, что при покупкѣ они руководствуются только заголовками, а еще болѣе — цѣной, стоимостью того или другого сорта книжекъ. Почемъ «листовка»? Почемъ «двойная»? Почемъ «романы»? Вотъ вопросы, которые предлагаетъ каждый офеня при покупкѣ книгъ; но что именно въ этихъ «листовкахъ», «двойныхъ» и «романахъ»—это для него совершенно безразлично. Онъ требуетъ только дешевизны книжекъ, и затѣмъ, чтобы были на лицо: «житія» извѣстныхъ святыхъ, «Бова», «Еруслань», «Соломонъ», «Сонникъ», «Поминанье», «Пѣсенникъ», «Милордъ», «Гуакъ» и т. д., словомъ тѣ книжки, которыя сотни лѣтъ, изъ поколѣнія въ поколѣніе продаются офенями. Вообще офеня—большой рутинеръ. Предложите ему, напримѣръ, «Николая угодника», онъ не возьметъ, а скажите «*Житіе Николая угодника*», непремѣнно возьметъ.

— Не было ли случаевъ, когда офени продавали книги, которыя были запрещены или изъяты изъ обращенія?

— Сколько мнѣ извѣстно,—отвѣчалъ г. Голышевъ,—здѣсь совсѣмъ не было такихъ случаевъ; по крайней мѣрѣ, лично я не знаю ни одного офени, который бы былъ замѣченъ въ распространеніи какихъ бы то ни было нецензурныхъ изданій.

— По закону 1865 года,—продолжалъ г. Голышевъ,—книгопродавецъ отвѣчаетъ, если изъ его магазина выйдетъ книга, значущаяся въ спискѣ запрещенныхъ изданій. Но что это за списокъ? какія именно книги въ немъ значатся? Мы не знаемъ. Не желая подвергаться отвѣтственности, я обращаюсь къ губернатору съ просьбою выдать мнѣ этотъ каталогъ для руководства. Мнѣ отказываютъ въ этомъ на томъ основаніи, что списокъ запрещенныхъ изданій составляетъ административный секретъ. Я, конечно, настаивалъ на выдачѣ мнѣ этого списка, писалъ даже въ Главное управленіе по дѣламъ печати, и въ концѣ концовъ добился-таки присылки этого каталога. Но это стоило мнѣ большого труда. Другіе же здѣшніе книготорговцы и до сихъ поръ не имѣютъ этого списка.

V.

«Листовка».

Желая поближе и въ точности ознакомиться съ тѣмъ книжнымъ матеріаломъ, который разносятъ и развозятъ владимірскіе офени, я прибѣгнулъ къ такому способу: зайдя въ магазинъ Голышева, я отобралъ по одному экземпляру всѣхъ тѣхъ изданій, которыя имѣются у него и которыми онъ изъ года въ годъ снабжаетъ офеней. Благодаря этому у меня составилась, конечно, очень интересная коллекція. Въ виду того, что въ продажѣ офеней всего болѣе расходится «листовка», т.-е. книжки въ одинъ печатный лист, поэтому ознакомиться съ составомъ этой категоріи книгъ особенно, разумѣется, интересно и существенно.

Всѣхъ названій «листовки» оказалось у Гольцева 262. Число это слѣдующимъ образомъ распредѣлялось по отдѣламъ:

Разсказы и повѣсти	97	названій.
Сказки	49	»
Жизнеописанія святыхъ	41	»
Духовно-нравственныя наставленія и поученія	28	»
Пѣсенники и сборники стихотвореній	19	»
По исторіи русской и всеобщей	9	»
Разсказы изъ священной исторіи	8	»
Сонники и письмовники	7	»
По медицинѣ и гигіенѣ	2	»
По естествознанію	1	»
По техникѣ	1	»
Всего	262	названія.

Изъ общаго числа разсказовъ и повѣстей (97), «Посредникомъ» издано 27 и 3 книжки изданы редакціей «Русскаго Богатства»; за исключеніемъ этихъ 30 книжекъ, всѣ остальныя повѣсти и разсказы изданы лубочниками: Сытинымъ, Абрамовымъ, Шараповымъ и Морозовымъ. Въ числѣ изданныхъ Сытинымъ встрѣчаемъ восемь листовокъ изъ произведеній Пушкина [1], «Бѣдную Лизу» Карамзина и «Бѣдность не порокъ» г-жи Свѣшниковой.

Чтобы удобнѣе оріентироваться въ остальной массѣ лубочныхъ повѣстей и разсказовъ, раздѣлимъ ихъ на нѣсколько группъ, по ихъ содержанію. По нашему мнѣнію, ихъ можно раздѣлить на слѣдующія четыре главныя группы: 1) старинныя лубочныя повѣсти, 2) разсказы, заимствованные изъ разныхъ болѣе или менѣе извѣстныхъ русскихъ и иностранныхъ авторовъ, но передѣланные и искаженные лубочными писателями, 3) разные «волшебные» и фантастическіе разсказы и 4) повѣсти и разсказы

---

[1] «Метель», «Станціонный смотритель», «Пиковая дама», «Выстрѣлъ», «Барышня-крестьянка», «Гробовщикъ», «Исторія села Горюхина» и «Кирджали».

изъ современной жизни, принадлежащіе перу современныхъ лубочныхъ писателей, въ родѣ Миши Евстигнѣева, Валентина Волгина, Ив. Кассирова, Шмитановскаго и др.

Къ первой группѣ слѣдуетъ отнести: «Проказы купеческой жены и прикащика и веселые разсказы про прежнія были», «Пантюха и Сидорка въ Москвѣ», «Удивительныя и забавныя похожденія пошехонцевъ или веселые разсказы объ ихъ мѣдномъ лбѣ и замысловатомъ разумѣ», «Громобой, новгородскій русскій витязь и прекрасная княжна Косожская Миловзора», «Преданіе, какъ солдатъ спасъ Петра Великаго отъ смерти у разбойниковъ», «Бабушка Марѳа или за Богомъ молитва, а за царемъ служба не пропадаютъ» и т. д.

Нѣкоторые изъ этихъ разсказовъ до сихъ поръ печатаются въ томъ самомъ видѣ, въ какомъ они печатались сто и болѣе лѣтъ тому назадъ и какъ они воспроизведены въ извѣстномъ трудѣ г. Ровинскаго. Для примѣра укажу на разсказъ въ стихахъ: «О купцовой женѣ и о прикащикѣ», который начинается такъ:

«Былъ нѣкто пожилой купецъ и знатный,
И въ томъ городѣ по богатству своему славный,
Жена же его въ совершенной младости процвѣтала
И мужа своего лицемѣрно возлюбила,
Въ домѣ его много людей было,
Изъ которыхъ она на одного прикащика глядѣла очень мило:
Понеже былъ очень младъ, собою красовиченъ
И въ разговорахъ очень политиченъ» и т. д.

Изъ разсказовъ второй группы назовемъ слѣдующія: «Ночь у сатаны», волшебная повѣсть Валентина Волгина, «Вѣдьма и черный воронъ или страшная ночь за Днѣпромъ», «Волшебный замокъ знаменитой Родригъ», «Мертвецъ безъ гроба», повѣсть Вал. Волгина, «Проказы сатаны или не любо не слушай, а врать не мѣшай», соч. Инзарцева, и т. д.

Третью группу составляютъ разсказы: «Параша сибирячка, историческая русская былина изъ временъ царствованія императора Александра I-го»; «Юрій Милославскій или нечаянная свадьба его» (въ изданіяхъ Сытина и Шатаева), «Князь Серебряный», «Таинственный монахъ, повѣсть изъ первыхъ временъ царствованія Петра Великаго», «Жизнь и приключенія пана Твардовскаго, польскаго колдуна» Миши Евстигнѣева и проч.

Изъ разсказовъ четвертой группы отмѣтимъ: «Телячье сердце, веселый разсказъ» В. Волгина, «Не жениться — горе, а жениться — вдвое, шутка въ трехъ картинахъ, съ эпилогомъ» Миши Евстигнѣева, «Женихъ въ чернилахъ, а невѣста во щахъ, разсказъ въ стихахъ», «Портной въ аду подъ пьяную руку, шуточка въ стихахъ» Миши Евстигнѣева, «Утопленница», повѣсть В. Волгина, «Чортово гнѣздо, разсказъ изъ народнаго быта» Ив. Касирова, «Послѣдній изъ московскихъ колдуновъ XIX столѣтія» разсказъ сыщика М. Максимова, «Ай, да ярославцы! Вотъ такъ народецъ! Правдивый разсказъ о томъ, какъ одинъ ярославецъ пришелъ пѣшкомъ въ Питеръ, надулъ чорта и, одурачивъ нѣмца, сдѣлался буфетчикомъ и женился на старостихиной дочкѣ» и т. д.

Всѣхъ сказокъ у Голышева оказалось 49 названій. Рискуя вызвать неудовольствіе читателя и показаться «скучнымъ», я все-таки считаю необходимымъ привести здѣсь точный списокъ сказокъ, которыя усиленно распространяются въ народной средѣ офенями. 1) Сказка о славномъ и сильномъ витязѣ Еруслане Лазаревичѣ и о прекрасной супругѣ его Анастасіи Вахрамѣевнѣ. Изданіе Сытина. 2) Сказка о славномъ и сильномъ богатырѣ Бовѣ Королевичѣ. Изданіе Сытина. 3) Сказка объ Иванушкѣ дурачкѣ. Изданіе В. В. Пономарева. 4) Сказка объ Иванѣ дуракѣ и его двухъ братьяхъ Семенѣ-воинѣ и Тарасѣ-брюханѣ и нѣмой сестрѣ Маланьѣ и о старомъ дьяволѣ и трехъ чертенятахъ. Льва Толстого. Изданіе «Посредника». 5) Сказка объ Иванѣ богатырѣ и прекрасной супругѣ его Свѣтланѣ. Изданіе Ө. В. Морозова. 6) Сказка съ тѣмъ же самымъ заглавіемъ изданіе Сытина. 7) Соловей разбойникъ. Русская сказка въ трехъ частяхъ. Въ стихахъ. Соч. В. Шмитановскаго. Изданіе Сытина. 8) Сказка три пояса. Изъ временъ великаго князя Владиміра. Типографія Сытина. 9) Семь Семіоновъ родныхъ братьевъ. Старинная сказка.

Изданіе А. В. Морозова. 10) Илья Муромецъ, богатырь крестьянинъ временъ владимірскихъ и соловей разбойникъ. Изданіе О. В. Морозова. 11) Сказка объ Емельянѣ-дурачкѣ. Изданіе Сытина. 12) Сказка о Петрѣ Королевичѣ и объ Иванкѣ Медвѣжьемъ ушкѣ. Изданіе Сытина. 13) Конекъ-Горбунокъ, русская сказка въ трехъ частяхъ. Подражаніе сказкѣ П. Ершова; въ стихахъ. Изданіе Сытина. 14) Сказка о лисицѣ и дуракѣ. Изданіе Сытина. 15) Восточное повѣствованіе о томъ, какъ львица воспитала царскаго сына. Изданіе Сытина. 16) Сказка объ Иванѣ-Царевичѣ, жаръ-птицѣ и сѣромъ волкѣ. Состав. В. Суворовъ. Изданіе Сытина. 17) Сказка объ Иванѣ-Царевичѣ. Жаръ-птица и живая и мертвая вода. Изданіе Морозова. 18) Мальчикъ съ мизинчикъ или самъ съ ноготокъ, борода съ локотокъ. Изданіе Сытина. 19) Солдатъ Яшка. Русская народная сказка. Изданіе Сытина. 20) Сказаніе о мельникѣ-колдунѣ[1]), жидкѣ да батракѣ и старухѣ-хлопотухѣ, бабѣ—старой повитухѣ. Изданіе Сытина. 21) Новое не любо не слушай, а лгать не мѣшай. Русская сказка въ стихахъ. Изданіе Сытина. 22) Сказка о рыбакѣ и рыбкѣ. А. С. Пушкина. Изданіе Сытина. 23) Сказка о купцѣ Кузьмѣ Остолопѣ и работникѣ его Балдѣ. А. С. Пушкина. Изданіе Сытина. 24) Сказка о царѣ Салтанѣ. А. С. Пушкина. Изданіе Сытина. 25) Сказка о мертвой царевнѣ и семи богатыряхъ, его же. Изданіе О. В. Морозова. 26) То же. Изданіе Абрамова. 27) Три сказки Льва Толстого. Изданіе «Посредника». Много-ли человѣку земли нужно?—Зерно съ куриное яйцо.—Какъ чертенокъ краюшку выкупалъ. 28) Пропавшая совѣсть. Сказка Петра Карманова. изданіе Сытина. Передѣлка изъ сказки М. Е. Салтыкова-Щедрина: «Пропала совѣсть». 29) Три копѣечки. Сказка въ стихахъ Л. П. Бѣльскаго. Изданіе комитета грамотности московскаго общества сельскаго хозяйства, исполненное Сытинымъ. 30) Царевна Меллина. Сказка о томъ, какъ появилась на свѣтѣ насмѣшка. Кота Мурлыки. Изданіе «Посредника». 31) Царевна русалка.

---

[1]) На обложкѣ жирнымъ шрифтомъ напечатано: «Сказаніе о мельникѣ колдунѣ...»

Изданіе Сытина. 32) Рождественская сказка. (Передѣлка съ англійскаго). Изданіе «Посредника». 33) Сказка о крикушѣ и чертенкѣ. Соч. Саши Смирнова, въ стихахъ. Изданіе Кузина. 34) Химера. Изданіе Сытина. Разсказывается о трехголовомъ чудовищѣ, которое губило людей, сожигая ихъ и называлось Химерой. Одинъ «пригожій молодецъ, по имени Беллерофонъ» поразилъ это чудовище, при помощи крылатаго коня Пегаса. 35) Марко богатый и Василій безсчастный. Народная сказка. Изданіе Сытина. 36) Котъ въ лаптяхъ, катаевича въ чеботахъ. Волшебная сказка. Изданіе В. Пономарева. 37) Дѣдушка водяной царь морской и Садко купецъ новгородскій. Старинная русская сказка. Изданіе Ѳ. В. Морозова. 38) Сказка объ именитомъ витязѣ Ростиславѣ-Бѣлоусѣ, или ужасное пораженіе огненнаго дракона. Изданіе Ѳ. В. Морозова. 39) Два дурака и болтливая жена. Народная сказка, изданіе Морозова. Подъ этимъ заглавіемъ помѣщены собственно четыре маленькія сказки: Иванушка дурачекъ, Дуракъ и береза, Набитый дуракъ и Жена домашница. 40) Разбойникъ сватъ. Изданіе Морозова. Заглавіе совсѣмъ не соотвѣтствуетъ содержанію книжки, которая состоитъ изъ дословной перепечатки сказокъ, указанныхъ въ предыдущемъ № 39-мъ. 41) Приключенія стрѣльца, или три диковинны купца. Народная сказка. Сочин. А. Ѳ. Рѣчкова. Изданіе А. Абрамова. 42) Атаманъ Львиное Сердце, или чары волшебника Сезама. Русская волшебная сказка. Изданіе А. Абрамова. 43) Таинственная дѣвушка или роковая минута. Изданіе А. Абрамова. 44) Алеша Поповичъ, русскій богатырь и другія сказки. Изданіе Ѳ. В. Морозова. 45) Оомушка въ Питерѣ или глупому сыну не въ помощь богатство. Сказка, похожая на быль. Соч. П. Татаринова, въ стихахъ. Изданіе 19-ое, Шатаева, сто двадцать шестая тысяча. 46) Сказка о двухъ Иваяхъ: объ Иванѣ работницѣ, за Иванѣ Пустодомъ. Князя Львова. 47) Дѣдушкинъ волкъ. Народная сказка въ стихахъ и съ картинами. Сочинилъ Ѳ. А. Х—въ. 7-ое изданіе Шатаева. 48) Хитрая лисица или сѣрый волкъ. Народная сказка, разсказанная своимъ внучатамъ старушкою—деревенскою пѣвцею.

Въ стихахъ, изданіе 5-ое, Шатаева и, наконецъ, 49) Вотъ такъ лѣшій не нашего лѣса или чортъ вѣдьму искалъ, сто паръ лаптей стопталъ. Въ стихахъ, изданіе 5-ое, Шатаева.

«Житія» группируются по издателямъ въ слѣдующемъ порядкѣ:

Изданныхъ Сытинымъ и К⁰ . . . . . 23 названія.
»   Морозовымъ 11   »
»   Шатаевымъ 4   »
»   А. Абрамовымъ 2   »
»   «Посредникомъ» 1   »
                                    41   »

Такимъ образомъ всѣ «житія»—за исключеніемъ лишь одного, выпущеннаго «Посредникомъ»—изданы лубочниками.

Въ продажѣ офеней болѣе всего расходятся житія слѣдующихъ святыхъ угодниковъ: Николая Чудотворца, Георгія Побѣдоносца, Алексія человѣка Божія, великомученика и цѣлителя Пантелеймона, пророка Иліи, Тихона Задонскаго, Ефрема Сирина, Филарета Милостиваго, Андрея Первозваннаго, Василія Блаженнаго, Іоанна многострадальнаго, преподобнаго Сергія Радонежскаго, Симеона Столпника.

Далѣе идутъ жизнеописанія слѣдующихъ святыхъ: Іоанна архіепископа Новгородскаго, блаженнаго Іоанна Устюжскаго чудотворца, «преподобнаго отца нашего Іоанна Кущника», святаго мученика Трифона, «священномученика Харлампія, епископа города Магнезіи, въ Азіи», «св. Андрея Христа ради юродиваго», святителя Филиппа, митрополита московскаго, Макарія, калязинскаго чудотворца, св. праведнаго Симеона Верхотурскаго, старца Саровской пустыни, іеромонаха Серафима, «святаго Петра, который прежде былъ мытарь», «преподобнаго Іоанна Лѣствичника», Александра Свирскаго, «святаго Павлина Нолзнскаго» и, наконецъ, «св. Григорія Двоеслова».

Изъ описаній жизни святыхъ женскаго пола въ продажѣ г. Голышева находится только пять названій: «Жизнь и страданія святой великомученицы Варвары», «Жизнь преподобной матери нашей Маріи Египетской», «Житіе и страданіе великомученицы Екатерины», «Жизнь и чудеса преподобной мученицы Евдокіи» и «Сказаніе о двадцати мытарствахъ блаженной Феодоры и о разлученіи души ея отъ тѣла».

Изъ числа духовно-нравственныхъ поученій и наставленій назовемъ слѣдующія: «Размышленія о томъ, коль страшенъ судъ Господень неправедной душѣ», «О седми Архангелахъ Божіихъ», «Объ антихристѣ и кончинѣ міра», «Водка, какъ духъ сатаны», «О необходимости покаянія», «О приготовленіи къ таинству покаянія», «О смерти закоренѣлаго грѣшника», «Внутреннее состояніе сердца человѣческаго при жизни праведной и грѣшной», «Наставленіе о томъ, како подобаетъ стояти въ церкви Божіей во время службы» и т. д. Къ числу разсказовъ изъ священной исторіи слѣдуетъ отнести: «Исторію о прекрасномъ Іосифѣ», «Рождество Пресвятыя Богородицы», «О богатомъ и Лазарѣ», «Чудеса Божіи въ Вавилонѣ» и проч.

Исторіи—и русской и всеобщей—посвящено всего лишь девять книжекъ. Привожу ихъ точный перечень: 1) День паденія Константинополя, столицы Турецкой имперіи. Изданіе Сытина и К°. Книжка состоитъ изъ слѣдующихъ четырехъ главъ: I. Паденіе. II. Найденное пророчество на гробѣ Константина Великаго. III. Объясненіе словъ, переведенныхъ на русскій языкъ. IV. Храмъ св. Софіи. 2) Иванъ Гусъ. Разсказъ А. Эрлявейна. Изъ Ясной Поляны графа Л. Н. Толстого. Изданіе «Посредника». 3) Борисъ Ѳеодоровичъ Годуновъ. Историческій разсказъ. Типографія Сытина и К°. 4) Историческая быль. Великій князь московскій, Дмитрій Донской. Въ стихахъ. Изданіе второе. Шатаева. 5) Василій Темный и Шемякинъ судъ. Историческій разсказъ. Типографія Сытина и К°. 6) Кузьма Захарьичъ Мининъ-Сухорукъ. Изъ драматической хроники А. Н. Островскаго, передѣлано Е. Свѣшниковой. 7) Рука Всевышняго отечество спасла, или освобожденіе Москвы отъ поляковъ въ 1612 г. Изданіе Абрамова. 8) Стенька Разинъ, атаманъ разбойниковъ и, наконецъ, 9) Кровавая месть и страшная казнь, или гибель Коростена, города древлянскихъ славянъ. Историческая повѣсть изъ времени языческой Руси. Изданіе А. Абрамова.

О томъ, что изъ себя представляютъ лубочные пѣсенники и сонники мы будемъ подробно говорить въ статьѣ: «Современная лубочная литература», а потому, на этотъ разъ пройдемъ ихъ молчаніемъ.

По медицинѣ и гигіенѣ оказались двѣ книжки, изданныя Посредникомъ: «Дурная болѣзнь или сифилисъ» г-жи Трутовской и «Совѣты матерямъ объ уходѣ за грудными дѣтьми» доктора Н. Ф. Михайлова. По естествознанію единственная книжка: «Сарычъ и ворона», изданная редакціею «Русскаго Богатства» и, наконецъ, по техникѣ также единственная книжка: «Кто выдумалъ желѣзную дорогу». Этимъ исчерпываются всѣ тѣ научныя свѣдѣнія, которыя несутся въ народъ офенями.

Но кромѣ чисто лубочныхъ изданій, владимірскіе офени нерѣдко разносятъ въ своихъ коробахъ разныя ненашедшія себѣ сбыта и залежавшіяся въ складахъ книги, которыя обыкновенно продаются съ пуда. Приведу одинъ примѣръ.

Въ 1875 году какой-то князь В. В. Оболенскій вздумалъ издавать «Летучую библіотеку», состоявшую изъ маленькихъ брошюръ, въ 60 и 100 печатныхъ страницъ, для чтенія «въ вагонахъ и каютахъ». Брошюрки эти наполнялись разными переводными пошловатыми разсказами («Бархатная маска и т. п.), «желѣзнодорожными анекдотами» и т. п.; въ довершеніе всего книжки «Летучей библіотеки» украшались большею частью изображеніемъ разныхъ пикантныхъ, свыше всякой мѣры обнаженныхъ барынь или же фатоватыхъ кавалеровъ-Альфонсовъ, съ хлыстиками въ рукахъ и т. д. Изъ «оригинальныхъ произведеній» Летучая библіотека преподнесла своимъ читателямъ «Записки (довольно-таки скабрезнаго содержанія) застрѣлявшагося гимназиста»,—сочиненіе пресловутаго К. В. М., автора романа «Женщины большого свѣта». Каждая книжка стоила въ продажѣ отъ 15 до 25 коп.

Такая грязь, лишенная притомъ всякихъ признаковъ таланта, не могла, конечно, найти читателей и застряла въ кладовыхъ книжныхъ магазиновъ, до тѣхъ поръ, пока не была куплена г. Голышевымъ на вѣсъ, съ пуда. Спустивши цѣну за эти книжки до 2—3 коп. за экземпляръ, г. Голышевъ предложилъ ихъ офенямъ, которые,—какъ мы уже замѣтили выше съ его словъ,—начали охотно раскупать и разносить ихъ по селамъ и деревнямъ. Благо—дешево, а вѣдь имъ только это и требуется.

Познакомимся теперь съ типомъ тульскаго книгоноши.

VI.

Что разносятъ тульскіе книгоноши?

На улицахъ маленькаго глухого степного городка появились какіе-то видимо зашлые люди, въ высокихъ сапогахъ, въ короткихъ суконныхъ поддевкахъ и въ фуражкахъ, съ какими-то не то коробами, не то ящиками, которые они таскали за плечами.

— Баринъ, купите книжекъ!—сказалъ одинъ изъ этихъ людей, подходя ко мнѣ въ то время, какъ я остановился у крыльца, готовясь войти въ свою квартиру.

— А что у тебя за книги?—спросилъ я.

— Извольте посмотрѣть: самыя лучшія… Романы и повѣсти… съ разными приключеніями… «Погоня за дьяволомъ»… «Золотая Орда»… Полные оракулы… картины и олеографія—всевозможныя… Дозвольте взойти?

Получивъ разрѣшеніе, книгоноша вслѣдъ за мною вошелъ въ комнату, ловко спустилъ съ плечъ ящикъ съ книгами и большой свертокъ картинъ и началъ спѣшно и проворно раскладывать книги и развертывать картины.

— Ты откуда самъ?—спросилъ я его.

— Мы—тульскіе.

— Алексинскаго уѣзда?

— Изъ него самаго… а вы почему же знаете? удивился разносчикъ.

— Я знаю, что всѣ тульскіе книгоноши изъ Алексинскаго уѣзда.

— Это точно, только теперь и въ Каширскомъ уѣздѣ начали появляться... малая часть.

Купивши у офени на нѣсколько рублей картинъ, я этимъ самымъ расположилъ его въ свою пользу. Онъ очень охотно разрѣшилъ мнѣ переписать весь «товаръ», который онъ носитъ съ собою, т. е. книги и картины. Думаю, что для читателей будетъ небезъинтересно узнать въ точности, чѣмъ именно награждаютъ провинцію шустрые офени-книгоноши, разъѣзжающіе и расхаживающіе по всѣмъ концамъ и угламъ Россіи. Вотъ что оказалось въ коробѣ или, точнѣе говоря, въ ящикѣ книгоноши:

«Загробная жизнь. О томъ, какъ живутъ люди послѣ смерти». Ивина. Цѣна 50 коп.

«Полный письмовникъ», изданіе Губанова, цѣна 1 р. 20 к. «Полный коммерческій письмовникъ», цѣна 1 руб. 75 коп.

«Герой нашего времени», соч. Окрейца, 50 коп.

«Въ погоню за идеаломъ» (это то, что книгоноша называлъ «Въ погонѣ за дьяволомъ!»). Коломби, цѣна 1 руб. 20 коп.

«Бумажная принцесса», 1 руб. 25 коп.

«Золотая орда», сочин. Пазухина, изд. Сытина, 75 коп. (Сначала печаталось въ «Московскомъ Листкѣ»).

«Половодье», Инсарскаго, 1 руб.

«Королева по неволѣ», переводъ съ англійскаго, ц. 50 коп.

«Хищники», Вишнякова, 1 руб. 25 коп.

«Приложенія къ газетѣ Свѣтъ», по 40 и 50 к. за книжку.

«Сверху—внизъ», фонъ-Деваля, цѣна 1 руб. 25 коп.

«Очерки и разсказы», г. Мало, цѣна 75 коп.

«Нужды русскаго народа», Ив. Кашкарова.

«Дочь купца Жолобова», 60 коп. (Лубочное изданіе).

«Дѣти капитана Гранта», цѣна 2 руб. 50 коп.

«Московскія норы», романъ Кершенъ.

«Бурныя времена», Густава Эмара, цѣна 70 коп.

«Золотая свинья», Фортюне-де-Буагобэя, 1 руб.

«Полусвѣтъ во время террора», его же, 1 руб. 75 коп.

«Блудный братъ», Орловскаго, 1 руб. 60 коп.

«Таинственная монахиня», изд. Манухина, 10 коп.

«Часословъ», въ переплетѣ, 1 руб. 20 коп. «Пѣсенникъ», лубочнаго изданія, въ разныя цѣны.

«Архаровцы. Разношерстные архаровцы (слуги мрака) веселая жизнь, нравы, обычаи, шалости и замашки аристократовъ, купцовъ, пролетаріевъ и паразитовъ русскаго общества. Въ формѣ романа, повѣсти, разсказа, очерковъ, сценъ и анекдотовъ. Трущобы всего свѣта. Живые образы и живописныя картины на землѣ и въ аду». Три тома, 14 частей. Цѣна 2 руб. 50 коп.

«Ложный шагъ», Форстера, 1 р. 25 к.

«Подъ лиліями и розами», Флоренса-Марріета, 1 руб.

«Черная красавица села Отраднаго», соч. Соколова, 1 руб.

«Одинъ милліонъ — уголовный романъ», Копита, 1 руб.

«Рыцари вѣры», Густава Эмара, цѣна 75 коп.

«Пустынникъ дикой горы», виконта д'Арленкура, 75 коп.

«Полный оракулъ», 1 руб. 75 коп.

«Потерянный и возвращенный рай», Мильтона, Москва, 1889 г., ц. 1 р.

«Всадникъ безъ головы», 25 коп.

«Исповѣдь старика», Ипполита Пьево, 1 руб.

«Фокусы Пинетти».

«Реалисты большого свѣта», князя Мещерскаго, 1 руб.

...Вотъ вамъ подробный и точный каталогъ короба тульскаго книгоноши! И не подумайте, что приведенный каталогъ является какимъ-нибудь исключеніемъ; напротивъ, почти тотъ же самый подборъ книгъ найдете вы и у всѣхъ другихъ разносчиковъ-книгоношъ. Я пересмотрѣлъ десятки коробовъ у офеней и книгоношъ изъ разныхъ мѣстностей Россіи, и утверждаю, что приведенный мною каталогъ является вполнѣ типичнымъ для книжнаго товара, разносимаго тульскими и московскими книгоношами.

— Черезчуръ плохія книжки вы разносите, — сказалъ я. — Совсѣмъ плохія, многія изъ нихъ прямо никуда не годятся.

— Это дѣло хозяйское, — возразилъ книгоноша, — онъ самъ

выбираетъ и закупаетъ въ Москвѣ. Наше дѣло только продавать.

— А вашъ хозяинъ учился гдѣ-нибудь?

— Какое наше ученье... Такъ, самую малость... Фамилію можетъ подписать и печатное разбираетъ.

— Ну, а ты гдѣ учился?

— Я-то? Я нигдѣ не учился. Я неграмотный.

— Какъ же ты торгуешь книгами?

— А вотъ такъ и торгую: по примѣтамъ каждой книжкѣ цѣну знаю... Небось, не ошибусь!..

— Если бы вы разносили книжки получше, у васъ больше и охотнѣе раскупали бы ихъ.

— Это точно... Какой мы народъ? Мы народъ темный: продаемъ, что намъ подсунутъ.

— Гдѣ же вы закупаете свой товаръ?

— Хозяева закупаютъ: книги—въ Москвѣ, олеографіи—въ Варшавѣ.

— У кого же книги закупаете въ Москвѣ!

— Да у кого придется: у Губанова, у Сытина, у Морозова, у букинистовъ, подъ Сухаревой... гдѣ случится, гдѣ посходнѣе, да подешевле... Иной разъ у самихъ писателей закупаемъ.

— Какъ такъ? У какихъ писателей?

— У сочинителей, которые стало быть эти самыя книжки составляютъ, у нихъ... Букинисты съ ними довольно хорошо знакомы. Ну, извѣстно, укажутъ фатеру хозяину, тотъ и разыщетъ... Такъ и такъ, молъ слышалъ, что желаете свою книгу съ уступочкой продать... И частенько случается, съ большой пользой покупаютъ. Съ ба-альшой пользой! На книгѣ, примѣрно, цѣна приставлена 1 руб. 50 коп., а онъ ее чёхомъ продастъ, такъ что въ покупкѣ-то она обойдется намъ не дороже пятнадцати или десяти копѣекъ, а то и пятачекъ. Намъ за эту книжку полтора рубля, разумѣется, никто тоже не дастъ, ну а полтину-то за нее мы возьмемъ... Вотъ и считайте, какая намъ польза отъ этихъ самыхъ книгъ... А вы говорите: книжки плохія, никуда не годятся... Намъ вѣдь все единственно, что не продавать, лишь бы барыши побольше... Мы этимъ живемъ.

Картинъ у книгопопа оказалась цѣлая масса; бо́льшая часть ихъ вышла изъ московскихъ литографій И. Д. Сытина, М. Т. Соловьева, В. В. Васильева, А. В. Морозова, П. В. Пурецкаго, А. А. Абрамова, Щеглова и др.; затѣмъ было множество варшавскихъ олеографій, разныхъ размѣровъ и самаго разнообразнаго содержанія. Чтобы легче и удобнѣе оріентироваться въ этой массѣ картинъ, я отмѣчу сначала тѣ изъ нихъ, которыя по своему содержанію и исполненію заслуживаютъ одобренія.

Къ сожалѣнію, такихъ очень немного; къ числу ихъ слѣдуетъ прежде всего отнести извѣстное изданіе Сытина: портреты русскихъ писателей: Ломоносова, Державина, Пушкина, Жуковскаго, Лермонтова, Гоголя, Кольцова, Некрасова и Островскаго,—вмѣстѣ со сценами изъ ихъ произведеній. Далѣе можно указать изданныя тѣмъ же Сытинымъ двѣ картины: «Князь Серебряный у боярина Морозова» и «Боярыня Морозова у мельника», сюжеты которыхъ заимствованы изъ романа графа А. К. Толстого «Князь Серебряный». Затѣмъ, къ числу этого же сорта картинъ слѣдуетъ отнести исполненную въ литографіи Щеглова серію историческихъ картинъ, изображающихъ разные эпизоды изъ исторіи Россіи и снабженныхъ соотвѣтствующимъ текстомъ. Вся серія, впрочемъ, состоитъ всего изъ 8 листовъ слѣдующаго содержанія: 1) Начало Руси. Призваніе первыхъ князей въ 862 году; 2) Смерть Аскольда и Дира; 3) Ярославъ Мудрый. Русская Правда; 4) Владиміръ Мономахъ. Съѣздъ на Долобскомъ озерѣ; 5) Крещеніе Руси при Св. Владимірѣ въ Кіевѣ въ 988 г.; 6) Св. Преподобный Сергій благословляетъ Дмитрія Донского на борьбу съ Мамаемъ; 7) Покореніе Великаго Новгорода Іоанномъ III и 8) Свержение татарскаго ига великимъ княземъ Іоанномъ III.

Къ числу историческихъ картинъ можно также отнести изданную въ 1877 году Абрамовымъ: «Неистовства турокъ надъ болгарами» и картину, изданную Соловьевымъ, «Пребываніе его величества шаха персидскаго въ Россіи.—Прибытіе шаха въ Москву на станцію Рязанской желѣзной дороги 9 мая 1889 года». Исполненіе обѣихъ картинъ носитъ явно лубочный характеръ: грубо, аляповато сдѣланный рисунокъ и яркая, пестрая и совершенно произвольная раскраска. Картина «Неистовства турокъ» изображаетъ—какъ гласитъ надпись—«чудовищныя жестокости, совершаемыя турками по всему пространству Болгаріи», и дѣйствительно, на картинѣ видимо старательно подобраны всевозможные и даже прямо невѣроятные ужасы, мученія и жестокости, какіе только можно придумать.

Очень многія картины являются иллюстраціями къ народнымъ пѣснямъ, текстъ которыхъ большею частью и приводится на поляхъ картинъ; къ сожалѣнію, почти всѣ эти пѣсни, помимо того, что онѣ воспроизводятся крайне безграмотно, искажены разными вставками и передѣлками доморощенныхъ лубочныхъ стихотворцевъ. Для примѣра укажу на картину, изданную Абрамовымъ, въ которой приводится пѣсня: «По всей деревнѣ Катенька красавицей слыла и въ самомъ дѣлѣ дѣвочка какъ розанчикъ была». Нѣкоторыя картины совершенно не соотвѣтствуютъ тексту и содержанію приведенныхъ подъ ними пѣсенъ,—такова, напримѣръ, изданная Сытинымъ картина на текстъ извѣстной пѣсни: «По улицѣ мостовой, по широкой столбовой шла дѣвица за водой»,— на самомъ же дѣлѣ картина изображаетъ просто русскую пляску среди улицы.

Текстъ подъ картинами большею частью отличается безграмотностью, а нерѣдко и пошловатымъ тономъ. Подъ хромолитографіей Васильева «Малороссійскіе косари» помѣщено такое четверостишіе:

«Косарь дѣвку обнялъ ловко
Пѣсню напѣваетъ,
А она—плутовка
Складно подсобляетъ!»

На картинѣ, изданной Стрѣльцовымъ, «Вася, не шали!» молоденькая горничная съ фруктами въ рукахъ выходитъ изъ двери на балконъ; кончикъ платья ея остается въ дверяхъ,—она не можетъ ступить шагу: это дѣло ея обожателя—лакея Васи, къ которому она адресуется съ такими стихами:

«Оставь меня, Вася! Оставь, отпусти!
Тебѣ обѣщано я грушъ принести.
Сердятся вѣдь будутъ что долго хожу,
Вотъ какъ я вернуся тогда но сежу».

Изъ обычныхъ, старинныхъ, чисто лубочныхъ картинъ у книгоноши оказались: «Бова королевичъ, поражающій Полкана богатыря», «Страшный судъ», «Ступени человѣческаго вѣка», «Камаринскій мужичекъ», картина «О пьянствѣ и его послѣдствіяхъ», «Сонъ скупого богача» и т. д.

Среди картинъ, изданныхъ Сытинымъ за послѣднее время, встрѣчаются явныя подражанія «Посреднику»; таковы, напримѣръ, картина: «Царь Кнутъ и его придворные». Вліяніемъ «Посредника» слѣдуетъ, вѣроятно, объяснить и изданіе картинъ: «Сила—не право» и «На что кладъ, коли въ семьѣ ладъ». Выпуская эти картины, издатель, безъ сомнѣнія, руководствовался самыми лучшими намѣреніями, однако исполненіе вышло болѣе чѣмъ неудачно. Судите сами.

Картина «На что кладъ, коли въ семьѣ ладъ», изображаетъ крестьянскую избу; за столомъ сидятъ: молодая баба съ ребенкомъ на колѣняхъ и мужикъ, читающій Евангеліе; рядомъ съ нимъ мальчуганъ-подростокъ, внимательно слушающій чтеніе. Читающій, очевидно мужъ молодой бабы, но онъ по милости художника изображенъ почему-то дряхлымъ старикомъ, рухлой. Трудно допустить мысль, чтобы это сдѣлано было съ цѣлью; хочется думать, что здѣсь мы имѣемъ дѣло съ простымъ недосмотромъ, непродуманностью. Широкія поля вокругъ всей картины покрыты надписями, изъ которыхъ нѣкоторыя невольно вызываютъ недоразумѣнія и вообще никакъ не могутъ считаться удачными,—напримѣръ: «Мужъ женѣ отецъ (?), жена мужу—вѣнецъ» (?) и т. д.

На картинѣ «Сила—не право» представлена печальная домашняя сцена, судя по обстановкѣ, изъ жизни мѣщанской семьи,

Видимо пьяный мужъ въ грозной позѣ и съ свирѣпымъ лицомъ стоитъ среди комнаты, съ засученными рукавами и ударяетъ кулакомъ по столу. Плачущая жена склонилась на лавку,— около нея тѣснятся въ страшномъ испугѣ дѣти. Можно думать, что женѣ только что нанесены побои. По полямъ картины — сентенціи въ такомъ родѣ: «Хоть уступи, да помирись», «Покорное слово гнѣвъ укрощаетъ», «*Учи жену безъ дѣтей, а дѣтей — безъ людей*». Послѣднее наставленіе, въ связи съ содержаніемъ картины, невольно возмущаетъ васъ до глубины души. Кому же неизвѣстно, что въ простонародной средѣ выраженія «учить жену» и «бить жену» — совершенно равнозначущія; этого не могъ не знать лубочный моралистъ, составлявшій нравоучительныя сентенціи къ картинѣ. Слѣдовательно, ясно, что лубочная мораль разрѣшаетъ «учить жену», но лишь при одномъ условіи — безъ дѣтей. Нечего сказать, хорошіе уроки нравственности преподаются простому люду!..

Тѣмъ же г. Сытинымъ издана какая-то размалеванная барыня съ обнаженными плечами и руками, въ короткой юбочкѣ, чуть-чуть прикрывающей ея колѣни; барыня сидитъ среди фантастической обстановки, окруженная цвѣтами, — надпись подъ картиной гласитъ:

Душевный взоръ она возводитъ,
Дивясь и радуясь душой —
И ничего передъ собой
Себя прелестнѣй не находитъ.

Вообще всевозможныхъ барынь и барышень, болѣе или менѣе декольтированныхъ, болѣе или менѣе обнаженныхъ — цѣлая масса. Множество также женскихъ головокъ и бюстовъ, множество, наконецъ, различныхъ «венеръ», «пѣвицъ», «грузинокъ», «черкешенокъ», и просто «красавицъ». Литографія Пурецкаго выпустила, напримѣръ, «Пѣвицу грузинку», съ такою надписью:

«Въ груди съ дарами сладострастья,
Съ огнемъ сверкающихъ очей,
Она сулитъ любовь и счастье
Любовной пѣснію своей.

> Забыта дѣвичья кручина,
> А очи пламенно глядятъ
> И звонко кольца тамбурина
> Подъ пѣснь красавицы гудятъ».

Тѣмъ же Пуренкимъ издана картина «Сладкій отдыхъ»: красивая брюнетка съ распущенными волосами лежитъ въ нескромной позѣ, закинувши руки за голову. Надпись внизу картины слѣдующимъ образомъ комментируетъ содержаніе картины:

> «Танецъ былъ безумно милъ,
> Въ пляскѣ, перлами звеня,
> Дѣва эта даръ улыбокъ
> Всѣмъ несла, полна огня.
> Но плясунья утомилась,
> Опьянѣвъ какъ отъ вина
> На коверъ теперь склонилась,
> Въ нѣгѣ сладостной она».

Вообще картинъ съ пикантнымъ содержаніемъ у книгоноши оказалось огромное количество. Для примѣра укажу только нѣкоторыя изъ этого рода картинъ. Къ числу ихъ нужно отнести, напримѣръ, хромолитографію Соловьева «Шалость амура». На роскошной постели лежитъ полуобнаженная молодая красивая женщина съ пышными формами, отмахиваясь голыми руками отъ крылатаго амура, который настойчиво силится ее поцѣловать. Или вотъ, напримѣръ, изданная тѣмъ же Соловьевымъ цѣлая серія картинъ, изображающихъ катанье на велосипедахъ молодыхъ дамъ и мужчинъ. Одна изъ этихъ картинъ: «Пріятная прогулка на велосипедахъ» изображаетъ двухъ молодыхъ особъ — мужчину и даму, ѣдущихъ рядомъ на велосипедахъ; мужчина обнялъ даму, привлекъ ее къ себѣ и цѣлуетъ въ щеку. На другой картинѣ, озаглавленной «Преслѣдованіе», кавалеръ-велосипедистъ догоняетъ ѣдущую на велосипедѣ декольтированную даму, которая манитъ его и поддразниваетъ, и т. д. ¹).

---

¹) Въ самое послѣднее время Сытинымъ выпущено множество новыхъ картинъ въ томъ же приблизительно родѣ. Въ этихъ картинахъ изображаются различныя сцены, происходящія въ загородныхъ ресторанахъ, увеселительныхъ са-

Невольно думается: зачѣмъ навязывается народу вся эта порнографія, выросшая на совершенно чуждой для него почвѣ, праздной, бульварной жизни? Кому и для чего нужно прививать этотъ ядъ къ здоровому организму народа, для чего нужно грязнить его чистое, не развращенное воображеніе? Отчего не несутся въ народъ снимки съ картинъ Рѣпина, Верещагина, Крамского, Сурикова, Полѣнова, на которыхъ могло бы развиваться нравственное и эстетическое чувство народа, которыя бы пробуждали, воспитывали и укрѣпляли лучшія и благороднѣйшія стороны человѣческаго духа?

VII.

Маршруты книгоношъ и ихъ заработки.

— Куда же вы ѣздите со своимъ товаромъ?—спросилъ я книгоношу.

— Мы-то? Да мы всю Россію какъ есть скрозь проходимъ: и вдоль и поперекъ. Мы вездѣ бываемъ: и въ Москвѣ, и въ Кіевѣ, и на Дону, и подъ Питеромъ, и въ Уфѣ, и въ Сибири, и въ Одессѣ и на Линіи. Мы повсемѣстно торгуемъ. А нѣкоторые изъ нашихъ алексинцевъ заграницу ѣздютъ, вѣрно слово: въ Турещину, въ славянскія земли, вплоть до австріяка доходили.

— Ну, и что же, торговали?

— Въ лучшемъ видѣ!.. особливо картинами... Только у австріяка на счетъ пачпортовъ больно строго. Бѣда какъ строго! Живо скрутятъ и—маршъ назадъ, въ Россію...

Мнѣ непремѣнно хотѣлось знать по возможности точные маршруты офеней-книгоношъ при ихъ разъѣздахъ по Россіи; поэтому и попросилъ офеню подробнѣе разсказать мнѣ, въ какомъ направ-

---

дахъ, отдѣльныхъ кабинетахъ и т. п.,—сцены, героями которыхъ являются продажныя женщины, пикантныя кокотки, старички—мышиные жеребчики и т. д. Картины эти можно встрѣтить теперь почти у любаго тульскаго или московскаго книгоноши.

ляли и чрез какіе именно города ѣздятъ они обыкновенно со своимъ товаромъ.

— Какъ ѣздимъ-то?—переспросилъ книгоноша.—Съ первоначалу ѣдемъ на Тулу, изъ Тулы на Богородицкъ, Ефремовъ, Елецъ, Грязи, Козловъ. Потомъ—Тамбовъ, Аткарскъ, Саратовъ, Камышинъ; другой разъ проѣзжаемъ по Волгѣ на Вольскъ, Хвалынскъ, Сызрань. Тутъ въ Сызрани мы получаемъ товаръ—книги и картины чрезъ транспортную контору россійскаго общества. Изъ Сызрани ѣдемъ на Самару въ Бузулукъ, въ Самарѣ мы не останавливаемся: тамъ торговли не бываетъ, потому тамъ почитай все раскольники, нашихъ книгъ и картинъ не покупаютъ. Потомъ ѣдемъ на Богуруслань, Бугульму, Белебей, Уфу, Златоустъ, Верхнеуральскъ, Челябинскъ, Троицкъ, Красноуфимскъ, ну, а потомъ опять черезъ Уфу обратно.

— Тѣмъ же самымъ путемъ?

— Зачѣмъ? Нѣтъ, опять по другимъ городамъ. Можно, примѣрно, ѣхать на Симбирскъ, Карсунь, Кузнецкъ, Сердобскъ, село Беково, Кирсановъ, село Разсказово, Тамбовъ, оттуда на лошадяхъ на Анбургъ (Раненбургъ), Данковъ, Епифань и—домой.

— Вы останавливаетесь не въ однихъ городахъ, но и въ селахъ и въ деревняхъ?

— Нѣтъ, мы по деревнямъ не торгуемъ, мы ведемъ торговлю только въ городахъ, да въ большихъ, богатыхъ селахъ, въ слободахъ, а деревни и хутора мы мимо проѣзжаемъ.

— Отчего же такъ?

— Не стоитъ!—рѣшительно произнесъ книгоноша.—Какой мнѣ интересъ время въ деревнѣ проводить изъ-за пятачка или скажемъ изъ-за гривенника, когда я въ городѣ могу сразу на рубль или на два продать. У насъ товаръ больше дорогой, не по карману мужику. Вѣдь вашъ братъ мужикъ наровитъ все какъ бы подешевле, хочетъ за грошъ книжку купить. Ну, а въ городахъ у насъ купцы покупаютъ, господа, чиновники, духовные. Какъ двадцатое число,—въ этотъ день всѣ служащіе жалованье получаютъ,—мы сейчасъ по присутственнымъ мѣстамъ; тутъ у насъ и раскупаютъ и картины, и романы, и олеографіи... А мужикъ что купитъ? Букварь за копѣйку, да сказку объ Еруслане Лазаревичѣ за семишникъ, да и то еще торгуется.

— А когда обыкновенно вы отправляетесь изъ дома?

— Завсегда въ одно время; всѣ мы уходимъ изъ дому въ первыхъ числахъ августа и ѣздимъ всю осень и зиму, стало быть безъ малаго десять мѣсяцевъ; домой возвращаемся весной, къ Троицѣ. Такъ и къ хозяевамъ нанимаемся съ 1 августа до Троицына дня.

— Сколько-же вы получаете отъ хозяина за эти десять мѣсяцевъ?

— Разно платятъ, глядя по человѣку. Я получаю сто сорокъ рублей, а другой мой товарищъ — полтораста. Мальчикъ, который ѣздитъ вмѣстѣ съ нами, получаетъ сорокъ пять рублей въ годъ.

— На всемъ на хозяйскомъ?

— Харчи хозяйскіе, а платье и обувь свои.

— Сколько же ты выручишь за десять мѣсяцевъ торговли?

— Опять-таки разно, глядя по году. Въ прошломъ году я тысячу четыреста рублей выручилъ. А сколько Богъ приведетъ въ нынѣшнемъ году — не знаю... Содержаніе нынѣ больно дорого: къ сѣну, къ овсу просто приступу нѣтъ [1]. А вѣдь мы ѣдемъ на двухъ лошадяхъ. Прежде сѣно стоило 10 копѣекъ за пудъ, а теперь 30 да 35 копѣекъ лупятъ. За овесъ прежде 30 коп. платили, а теперь за него 70 да 75 коп. берутъ. А вѣдь на одной соломѣ далеко не уѣдешь, да и солома-то вздорожала... Признаться, мы не думали быть въ вашихъ мѣстахъ нынѣшній годъ, потому слышали, что у васъ здѣсь большой недородъ. Мы на Линію ѣдемъ: тамъ, говорятъ, хлѣба больно хорошо уродились.

— Что это у васъ за ящики?

— Изъ-подъ пряниковъ или винограда. У торговцевъ беремъ.

— А много-ли ты носишь товару на плечахъ?

— Пуда полтора ношу.

---

[1] Разговоръ происходилъ зимою 1892 года, въ февралѣ мѣсяцѣ.

— Не тяжело?

— Нѣтъ, ничего. Сначала, безъ привычки—тяжело, а какъ попривыкнешь—ничего. Цѣлый день на ногахъ ходишь по улицамъ, по лѣстницамъ и—ничего. Вѣдь недаромъ пословица сложена: волка ноги кормятъ...

Тульскіе книгоноши появились сравнительно весьма недавно,— всего какихъ-нибудь тридцать лѣтъ тому назадъ, не болѣе. Въ настоящее время книгоноши главнымъ образомъ встрѣчаются въ четырехъ смежныхъ между собою волостяхъ Алексинскаго уѣзда, центромъ которыхъ считается село Дмитровское, иначе—Соломянной заводъ. Съ давнихъ поръ главное занятіе мужского населенія этого района было коновальство. Здѣсь почти каждый мужикъ непремѣнно коновалъ; занятіе это передается наслѣдственно отъ отца къ сыну и такъ ведется издавна: «и дѣды наши и прадѣды были коновалами, да и намъ велѣли»,— говорятъ крестьяне.

Алексинскіе коновалы бродили и бродятъ по всей Россіи, съ осени и до весны. Лѣтъ 30 назадъ, нѣкоторые изъ коноваловъ начали брать съ собою народныя книжки и лубочныя картинки, которыя и продавали по деревнямъ. Такъ какъ крестьяне весьма охотно покупали эти дешевыя изданія, то коновалы, видя для себя въ книжной торговлѣ «хорошую выгоду», начали все больше и больше обращать вниманія на торговлю книжками и картинками. Въ настоящее время рѣдкій коновалъ изъ Алексинскаго уѣзда не занимается книжной разносной торговлей. Большинство же коноваловъ обыкновенно занимаются своимъ ремесломъ («струментомъ»,— какъ выражаются алексинцы) въ теченіе сентября и октября, а затѣмъ ноябрь, декабрь, январь февраль и мартъ, т.-е. цѣлые четыре мѣсяца, они торгуютъ книжками и картинками; апрѣль же и май мѣсяцы опять посвящаютъ «струменту».

Коновалы, отправляясь въ путь, закупаютъ книгъ и картинъ на небольшія суммы, а именно каждый изъ нихъ беретъ съ собою рублей на 30. Этого количества ему хватаетъ мѣсяца на два; по распродажѣ товара, онъ снова закупаетъ или выписывзять книжки и картинки на ту же сумму. Наконецъ, многіе коновалы совсѣмъ оставили свое прежнее ремесло и предпочли заняться исключительно книжною разносною торговлею; нѣкоторые изъ нихъ дѣлаютъ довольно крупные обороты на 5—6 тысячъ въ годъ и болѣе, имѣютъ по нѣскольку человѣкъ рабочихъ и мальчиковъ, которыхъ на лошадяхъ разсылаютъ во всѣ концы Россіи.

Въ числѣ коноваловъ, оставившихъ свое ремесло и перешедшихъ на книжную торговлю, были братья Губановы, крестьяне Соломянаго завода. Дѣла ихъ отъ книжной и картинной торговли пошли настолько удачно, что вскорѣ они получили возможность открыть свою собственную книжную лавку въ Кіевѣ, а спустя нѣкоторое время—и въ Москвѣ, близъ Ильинскихъ воротъ, въ самомъ центрѣ народно-лубочной торговли. Поселившись въ Москвѣ, одинъ изъ братьевъ Губановыхъ принимается за издательство народныхъ книгъ, ни мало не смущаясь тѣмъ обстоятельствомъ, что все его образованіе ограничивалось умѣніемъ кое-какъ подписать свою фамилію. Другой же братъ, завѣдывающій книжной торговлей въ Кіевѣ, такъ и остался неграмотнымъ, но это обстоятельство, въ свою очередь, не мѣшаетъ ему все болѣе и болѣе расширять свои торговые обороты и открывать книжныя лавки въ различныхъ городахъ южной Россіи.

Главными покупателями тульскихъ книгоношъ является городской людъ: чиновники, приказчики, священники, торговцы, зажиточные мѣщане, мастеровые, затѣмъ жители слободъ и большихъ торговыхъ селъ. Вотъ та публика, которой преподносится тотъ печатный хламъ, тѣ литературные отбросы, которыми главнымъ образомъ наполняются короба этихъ книгоношъ.

Въ заключеніе скажемъ нѣсколько словъ объ офеняхъ Московской губерніи, распространенныхъ въ Серпуховскомъ и Подольскомъ уѣздахъ, а также о городскихъ офеняхъ, встрѣчающихся въ нѣкоторыхъ крупныхъ центрахъ, какъ напримѣръ, въ Москвѣ.

Въ «Сборникѣ статистическихъ свѣдѣній по Московской губерніи» (томъ шестой, выпускъ первый) находимъ интересную статью, знакомящую съ промысломъ офеней Московской губерніи, которые здѣсь называются картинщиками. «Картинщики, несмотря на свое названіе, имѣютъ дѣло далеко не съ одними только картинками: у нихъ можно найти и разныя дешевыхъ изданій книжки, брошюрки, у нихъ можно найти и ленточки, и крестики, и пуговки, и проч. мелочной товаръ. Но такъ какъ этотъ мелочной товаръ имѣетъ меньшее значеніе въ ихъ торговыхъ операціяхъ, нежели картины, то, вѣроятно, поэтому они получили исключительное названіе картинщиковъ».

Товаръ свой картинщики закупаютъ въ Москвѣ, на Никольской улицѣ и въ игольномъ ряду, большею частью прямо на чистыя деньги. Самый бѣдный изъ нихъ покупаетъ товара не менѣе, какъ рублей на 25. Со втораго Спаса, то-есть, послѣ 6 августа, картинщики трогаются въ свой дальній путь. До проведенія желѣзныхъ дорогъ, картинщики обыкновенно ѣздили на лошадяхъ; въ настоящее же время они отправляются по желѣзнымъ дорогамъ.

Одни изъ картинщиковъ ѣдутъ въ южныя губерніи, другіе — на Кавказъ и за Кавказъ, въ Грузію, третьи — въ Сибирь и доходятъ до Иркутска; иные же направляются въ Польшу и остзейскія губерніи. Въ послѣднее время нѣкоторые изъ картинщиковъ бывали за Дунаемъ, торговали въ разныхъ мѣстахъ Турціи, даже пробрались въ Австрію, но здѣсь имъ не повезло: за несоблюденіе какихъ-то формальностей картинщики были выпровождены оттуда австрійскими властями.

Прибывъ въ извѣстное уже по прежнимъ поѣздкамъ мѣсто, въ тотъ или другой, допустимъ, городъ, хозяинъ, прежде всего, нанимаетъ квартиру. Затѣмъ часть привезеннаго товара онъ дѣлитъ между своими работниками, при чемъ тѣмъ изъ нихъ, которые получаютъ большое жалованье, онъ даетъ много товара, иногда до 7 пудовъ. Малолѣткамъ же и плохимъ работникамъ, которые получаютъ у него невысокое жалованье, онъ даетъ въ руки только 20—30 картинъ; кромѣ того, изъ мелочи три-четыре книжки и нѣсколько дюжинъ пуговокъ. Послѣ того, хозяинъ назначаетъ, кому изъ его работниковъ слѣдуетъ куда идти, и опредѣляетъ для каждаго изъ нихъ время возвращенія — «явку», какъ говорятъ картинщики.

Рабочихъ своихъ хозяинъ отпускаетъ иногда верстъ за 200 и 300; только одни малолѣтніе, такъ сказать, ученики «картиночнаго» промысла, не посылаются далеко: «ихъ дѣло походить объ шкомъ». Сами хозяева обыкновенно остаются на мѣстѣ; только самые бѣдные изъ нихъ, имѣющіе одного-двухъ рабочихъ, принимаютъ личное участіе въ торговлѣ. «Отпуская на дѣло своихъ молодцовъ, хозяева не ассигнуютъ имъ никакой суммы на содержаніе: рабочіе должны содержать себя на излишекъ, какой они могутъ получить при продажѣ товара, противъ хозяйской расцѣнки» [1].

Интересны основанія этой расцѣнки. Производится она очень просто, а именно: за все назначаются *двойныя цѣны*. Напримѣръ, за «простовиковый» сортъ картинъ, стоящій самому хозяину 1½ коп. за штуку, онъ назначаетъ по 3 коп. за штуку; за «литографный» сортъ, цѣна которому 5—8 коп., онъ кладетъ 10—16 коп. Такой же разсчетъ примѣняется къ книжкамъ и прочему товару. Слѣдовательно, работникъ отъ каждаго товара долженъ представить хозяину не болѣе, не менѣе, какъ 100% барыша. Уже отсюда можно видѣть, сколько приходится переплачивать мужикамъ при покупкѣ книгъ и картинъ.

Скажемъ два слова о городскихъ офеняхъ, называемыхъ въ Москвѣ почему-то «фарисеями»... Вы идете по одной изъ самыхъ оживленныхъ улицъ Москвы, вдругъ надъ вашимъ ухомъ раздается:

— «Баринъ, купите календарикъ!»... Вы оглядываетесь: передъ вами стоитъ оборванецъ съ посинѣвшимъ отъ холода лицомъ, одѣтый, не смотря на морозъ, въ парусинныя штаны и стоптанные опорки на босую ногу; онъ робко протягиваетъ вамъ календари и какіе-то портреты лубочнаго изданія, убѣждая васъ «поддержать коммерцію». Это — фарисей. Большинство ихъ при-

---

[1] «Сборникъ статистическихъ свѣдѣній по Московской губ.», томъ шестой, выпускъ первый, стр. 106.

надлежатъ къ такому классу людей, который извѣстенъ подъ именемъ «босой команды». Ночь они проводятъ въ ночлежныхъ домахъ, а день бродятъ по трактирамъ, продавая разныя дешевыя лубочныя изданія.

Каждое утро, какъ только лубочные издатели-торговцы откроютъ свои лавки, «фарисеи» толпами являются къ нимъ за товаромъ. Каждый изъ нихъ беретъ на 20, на 30, на 50 коп. дешевыхъ календарей, разныхъ листовокъ и тѣхъ изъ лубочныхъ портретовъ или картинъ, которые въ данное время почему-нибудь въ особомъ спросѣ. За 10 штукъ обыкновенной «листовки» они платятъ 12 копѣекъ; продаютъ же по 3 коп. за штуку и по 5 коп. за пару. Такимъ путемъ каждый фарисей распродаетъ въ день не менѣе 3—5 десятковъ книжекъ, причемъ чистаго барыша выручаетъ поменьше 50—70 коп. Нѣкоторые зарабатываютъ гораздо больше; вообще успѣхъ продажи зависитъ отъ многихъ причинъ, нерѣдко совершенно случайныхъ.

Главными покупателями фарисеевъ являются подгородные крестьяне, ежедневно въ огромномъ количествѣ пріѣзжающіе въ Москву на базары, а также для пріисканія себѣ работы, службы и т. п. Обыкновенно весь этотъ людъ значительную часть дня проводитъ въ трактирахъ за безконечнымъ чаепитіемъ. Извѣстно, что такими трактирами буквально кишитъ Москва. Сюда-то и являются фарисеи, здѣсь-то они и ведутъ, главнымъ образомъ, свою торговлю, сбывая накупленныя книжки и картинки. Какъ велико число фарисеевъ въ Москвѣ—точно опредѣлить весьма трудно, но, во всякомъ случаѣ, ихъ не одна сотня.

VIII.

Офени-добровольцы и земскіе книгоноши.

Мысль о томъ, чтобы воспользоваться офенями для распространенія въ народѣ дѣйствительно полезныхъ и хорошихъ книгъ возникла въ средѣ интеллигенціи еще въ началѣ шестидесятыхъ годовъ. Въ только что возникшемъ тогда петербургскомъ комитетѣ грамотности вопросъ объ этомъ не разъ затрогивался и обсуждался на комитетскихъ засѣданіяхъ. Одинъ изъ членовъ комитета г. Толь предлагалъ устроить особую артель офеней, которымъ поставлено было-бы въ обязанность распространять исключительно изданія, одобренныя комитетомъ. Но, къ сожалѣнію, какъ это у насъ очень часто бываетъ, дальше разговоровъ дѣло не пошло.

Затѣмъ около того же времени въ комитетѣ былъ возбужденъ вопросъ объ *интеллигентныхъ офеняхъ*, о ходебщикахъ-добровольцахъ, изъ среды лицъ образованныхъ и сочувствующихъ дѣлу народнаго просвѣщенія. Но и это предложеніе сразу же встрѣтило серьезныя возраженія.

— Господа!—сказалъ извѣстный дѣятель того времени А. Ѳ. Погосскій,—да гдѣ же намъ найти этихъ апостоловъ, которые такъ самоотверженно пошли бы на этотъ подвигъ?

И съ нимъ всѣ согласились, признавъ, что такихъ «апостоловъ» не найдется. Такимъ образомъ и этотъ планъ былъ признанъ неосуществимымъ.

Изъ отдѣльныхъ лицъ, которыя дѣлали попытки завязать сношенія съ офенями, съ цѣлью распространять въ народѣ чрезъ ихъ посредство книги интеллигентныхъ авторовъ, мы укажемъ на Н. А. Некрасова.

Извѣстно, съ какимъ горячимъ интересомъ относился покойный поэтъ къ вопросу о книгахъ, распространяемыхъ въ народѣ, какъ страстно желалъ онъ дождаться того времени, когда «мужикъ не Блюхера и не Милорда глупаго,—Бѣлинскаго и Гоголя съ базара понесетъ». Съ любовью останавливался онъ въ своихъ произведеніяхъ надъ типами офеней-коробейниковъ, которые вмѣстѣ съ другими товарами, разносятъ букварй, книжки и картинки по селамъ и деревнямъ, а въ своемъ извѣстномъ стихотвореніи «Дѣдушка Яковъ» нарисовалъ одинъ изъ этихъ типовъ въ самомъ привлекательномъ и симпатичномъ свѣтѣ.

Считая своимъ призваніемъ «воспѣть страданія терпѣніемъ

изумляющаго народа», Некрасовъ не разъ высказывалъ въ своихъ стихахъ сердечную, жгучую скорбь по поводу того, что пѣснь его, посвященная интересамъ и нуждамъ народа—«до народа не дошла». Теперь оказывается, что «печальникъ народнаго горя» лично предпринималъ попытки къ распространенію своихъ стихотвореній въ средѣ народа, при посредствѣ офеней. Съ этой цѣлью въ началѣ шестидесятыхъ годовъ онъ посѣтилъ слободу Мстеру и завязалъ сношенія съ Голышевымъ. Такъ какъ объ этой попыткѣ знаменитаго поэта,—сколько намъ извѣстно—не появлялось сообщеній въ печати, то поэтому мы считаемъ вполнѣ умѣстнымъ привести здѣсь свѣдѣнія, сообщенныя намъ по этому поводу И. А. Голышевымъ.

«Лѣтомъ 1861 года,—разсказывалъ намъ г. Голышевъ,—къ нашему дому подъѣхала дорожная коляска, запряженная, хорошо не припомню, не то тройкой, не то четверкой лошадей. Изъ коляски вышелъ господинъ небольшого роста, съ блѣднымъ лицомъ и спросилъ: можетъ-ли онъ видѣть Голышева? Я поспѣшилъ на встрѣчу прiѣхавшему и отрекомендовался ему. Незнакомецъ оказался поэтомъ Некрасовымъ, слава о которомъ, разумѣется, давно уже долетѣла до насъ. Онъ объявилъ, что ѣдетъ въ Петербургъ изъ своего имѣнія и что нарочно заѣхалъ въ Мстеру, чтобы узнать объ офеняхъ и о книжной торговлѣ, которую они производятъ. Разумѣется, я съ полнѣйшей охотой предложилъ ему сообщить всѣ интересовавшія его свѣдѣнія. Некрасовъ долго сидѣлъ у насъ, подробно разспрашивая о книжной торговлѣ офеней и ходебщиковъ. Затѣмъ, напившись чаю, онъ просилъ показать ему нашъ магазинъ; въ магазинѣ онъ внимательно пересматривалъ народныя книги и картины. При этомъ онъ сообщилъ мнѣ о своемъ намѣреніи заняться изданіемъ для народа особыхъ книжекъ, которыя онъ предполагалъ составлять изъ своихъ стихотвореній и распространять черезъ офеней.

«По моему совѣту, Некрасовъ рѣшилъ, что брошюрки съ его стихами будутъ издаваться въ видѣ маленькихъ книжекъ, въ форматѣ обыкновенной лубочной листовки, въ красной обложкѣ и будутъ называться «Красными книжками», причемъ офени должны продавать ихъ не дороже 3 коп. за экземпляръ. Действительно, въ слѣдующемъ же, 1862 году, Некрасовъ издалъ первую «Красную книжку», въ которую вошло его извѣстное стихотвореніе «Коробейники» [1], и прислалъ мнѣ 1.500 экземпляровъ этой книжки, при письмѣ, въ которомъ просилъ продавать ихъ чрезъ офеней».

По моей просьбѣ г. Голышевъ розыскалъ это письмо и съ его разрѣшенія, я привожу здѣсь это письмо цѣликомъ. Вотъ оно:

«Милостивый государь! Посылаю вамъ 1.500 экземпляровъ моихъ стихотвореній, назначающихся для народа. На оборотѣ каждой книжечки выставлена цѣна—3 копѣйки за экземпляръ,— потому я желалъ бы, чтобы книжки не продавались дороже: чтобы изъ 3-хъ копѣекъ одна поступала въ вашу пользу и двѣ въ пользу офеней (продавцевъ)—такимъ образомъ книжка и выйдетъ въ три копѣйки, не дороже. Послѣ Пасхи я пришлю къ вамъ еще другія, о которыхъ мы тогда и поговоримъ.

Желаю вамъ полнѣйшаго успѣха въ вашихъ дѣлахъ.

Н. Некрасовъ».

Въ 1863 году вышла вторая «Красная книжка», которая состояла изъ сказки какого-то А. Ѳомича: «Бобыль Наумъ Сорокодумъ» и стихотвореній Некрасова: «Забытая деревня», «Огородникъ», «Городская ключа» и «Школьникъ». Эта книжка также была прислана Некрасовымъ Голышеву для распространенія чрезъ офеней. Обѣ книжки были быстро разобраны офенями, но, къ сожалѣнію, этимъ и заканчивалась попытка Некрасова распространить въ народѣ свои стихотворенія при помощи офеней: «Красныя книжки» болѣе не появлялись. Причину этого, если не ошибаемся, нужно видѣть въ цензурныхъ строгостяхъ того времени. Когда въ 1862 году Голышевъ, бывши въ Петербургѣ,

---

[1] Г. Голышевъ выражаетъ увѣренность, что Некрасовъ написалъ «Коробейниковъ», подъ впечатлѣніемъ его разсказовъ, во время посѣщенія имъ Мстеры.

посѣтилъ Некрасова, то послѣдній горько жаловался ему на придирки цензуры.

Въ послѣднее время распространеніемъ въ народѣ полезныхъ книгъ, какъ мы уже говорили, озабочены многія земства. Къ сожалѣнію, большинство нашихъ земствъ свою роль въ этомъ дѣлѣ ограничиваетъ лишь устройствомъ библіотекъ и читаленъ и—сравнительно въ весьма рѣдкихъ случаяхъ—учрежденіемъ книжныхъ складовъ при земскихъ управахъ, не прибѣгая къ другимъ способамъ проведенія книгъ въ крестьянскую среду. Не подлежитъ никакому сомнѣнію, конечно, что устройство библіотекъ и читаленъ и учрежденіе книжныхъ складовъ является весьма дѣйствительнымъ средствомъ для распространенія въ народѣ хорошихъ книгъ и потому дѣятельность земствъ въ этомъ направленіи заслуживаетъ, разумѣется, самаго горячаго сочувствія. Но въ библіотекѣ или читальнѣ мужикъ только знакомится съ содержаніемъ книжекъ, купить же себѣ ту или иную понравившуюся ему книжку онъ можетъ только въ складѣ, между тѣмъ такіе склады существуютъ до сихъ поръ лишь въ весьма немногихъ земствахъ, и къ тому же, будучи расположены въ губернскихъ и уѣздныхъ городахъ, они очень мало доступны для сельскаго населенія, не привыкшаго выписывать книги. Выше мы уже говорили, что нашъ крестьянинъ издавна пріученъ офенями и хозебниками къ тому, чтобы нужныя ему книги и картины приносились къ нему прямо въ деревню, въ его избу или хату.

Въ виду всего этого крайне необходимо, чтобы наши земства приняли болѣе активное участіе въ дѣлѣ распространенія въ народной средѣ хорошихъ книгъ и вытѣсненія нелѣпыхъ и вредныхъ изданій Никольской улицы. Лучшимъ средствомъ для этого, по нашему мнѣнію, было бы учрежденіе особыхъ *земскихъ книгоношъ*, хотя двухъ-трехъ человѣкъ на губернію.

Такой земскій офеня-книгоноша могъ бы обходить и объѣзжать всѣ селенія извѣстной мѣстности, посѣщая ярмарки, базары, деревенскіе праздники и продавая лишь тѣ книги и картины, которыя укажетъ и одобритъ земство. Земскій книгоноша непремѣнно долженъ быть грамотенъ и умѣть при случаѣ прочесть мужикамъ ту или другую изъ книжекъ, которыя онъ будетъ продавать. Какъ показываютъ опыты, это самый лучшій способъ возбудить въ мужикѣ желаніе пріобрѣсти книжку.

Князь Д. А. Хилковъ, живущій постоянно въ деревнѣ и внимательно присматривающійся ко всему, что происходитъ въ народной средѣ, сообщилъ намъ, между прочимъ, слѣдующій случай по этому поводу. Онъ выписалъ книжки «Посредника» и с.-петербургскаго комитета грамотности и поручилъ одному знакомому крестьянину продавать ихъ на базарѣ. Продавецъ разложилъ книжки и — ждетъ. Мужики и бабы ходятъ мимо и никто изъ нихъ не обращаетъ на книжки ни малѣйшаго вниманія, никто и не думаетъ покупать. «Постой, — думаетъ продавецъ, — я васъ заставлю купить книжки». Выбираетъ разсказъ графа Толстого «Богъ правду видитъ, да не скоро скажетъ» и начинаетъ читать вслухъ. Тотчасъ же появляются слушатели, заинтересовываются чтеніемъ разсказа, съ нетерпѣніемъ ждутъ развязки. Мало по малу вокругъ чтеца собирается цѣлая толпа. Разсказъ оконченъ и, видимо, производитъ на всѣхъ сильное впечатлѣніе. Въ результатѣ — всѣ экземпляры этого разсказа были тутъ же раскуплены мужиками. Впослѣдствіи этотъ продавецъ не разъ прибѣгалъ къ этому способу съ полнымъ успѣхомъ.

Такимъ образомъ, подобные книгоноши могли бы быть, въ то же время, *странствующими лекторами*, вродѣ тѣхъ, какіе давно уже существуютъ въ Германіи, Англіи и въ нѣкоторыхъ другихъ странахъ Западной Европы.

Потребность въ такого рода въ странствующихъ чтецахъ чувствуется въ очень многихъ мѣстахъ; кое-гдѣ они уже появляются, и, притомъ, появляются изъ народной среды. Вотъ интересный примѣръ, сообщенный «Смоленскимъ Вѣстникомъ». Въ Порѣчскомъ уѣздѣ, Смоленской губерніи, расхаживаетъ какой-то странникъ, который читаетъ мужикамъ разныя имѣющіяся при немъ книги. Содержаніе послѣднихъ довольно разнообразно: тутъ есть и житія святыхъ, и Еруслапъ Лазаревичъ, и изданія «Посредника» и т. п.,—всего около сорока книгъ. Крестьяне съ удовольствіемъ сходятся въ избу, гдѣ читаетъ странникъ, и со вниманіемъ слушаютъ его чтеніе. За это онъ получаетъ отъ нихъ пищу и ночлегъ, а бабы даютъ ему холстину, яицъ и проч.

Появленіе странствующихъ чтецовъ въ селахъ, деревняхъ и на фабрикахъ въ высокой степени желательно. Такіе чтецы должны быть снабжены извѣстными, точно обозначенными книгами, заранѣе просмотрѣнными и одобренными компетентными учрежденіями, какъ, напрмм., земскими управами, училищными совѣтами, комитетами грамотности и т. п.

При посредствѣ этихъ чтецовъ-книгоношъ народъ легко и быстро можетъ ознакомиться съ лучшими произведеніями нашихъ лучшихъ писателей. При помощи ихъ онъ узнаетъ

И басни хитрыя Крылова,
И пѣсни вѣщія Кольцова,

узнаетъ сказки Пушкина и Жуковскаго, произведенія Гоголя, стихотворенія Некрасова, разсказы Льва Толстого, «Записки охотника» Тургенева, комедіи Островскаго и т. д., и т. д.

Лично къ намъ обращалось не мало лицъ,—преимущественно изъ числа интеллигентной молодежи,—которыя выражали желаніе взяться на время за ремесло офеней и намѣревались двинуться въ путь по селамъ и деревнямъ для распространенія лучшихъ народныхъ изданій. Одинъ изъ такихъ лицъ, бывшій офицеръ г. Красовскій, составилъ даже цѣлый проектъ организаціи особыхъ артелей офеней-книгоношъ для передвижной книжной торговли. Проектъ этотъ переданъ авторомъ въ наше распоряженіе и будетъ напечатанъ нами въ «Сборникѣ матеріаловъ по вопросу о томъ, что читаетъ народъ».

Два года тому назадъ, я получилъ письмо изъ Москвы отъ двухъ студентовъ, которые писали мнѣ: «Въ вашей книгѣ «Запросы народа и обязанности интеллигенціи» вы упомянули, между прочимъ, о томъ, что многія лица, желавшія на время взяться за ремесло офеней, чтобы распространять въ народѣ «хорошія книжки», обращались къ вамъ за совѣтомъ, и вы никогда имъ въ немъ не отказывали. И мы съ своей стороны, желая заняться этимъ дѣломъ, обращаемся къ вамъ, какъ человѣку, сочувствующему всему доброму, что сѣется на ниву народную, съ просьбой разрѣшить нѣкоторыя недоумѣнія и дать намъ нѣсколько практическихъ совѣтовъ. Насъ двое, мы студенты и готовы іюль и августъ мѣсяцы посвятить разносной книжной торговлѣ, а потому просимъ васъ посовѣтовать намъ:

1) Какъ и гдѣ (въ Москвѣ или провинціи) выхлопотать намъ разрѣшеніе на торговлю?

2) Какого рода книгами и картинами запастись?

3) Къ кому изъ московскихъ книгопродавцевъ обратиться за товаромъ?

4) Какой районъ выбрать для торговли?

5) Какимъ способомъ вести ее?

«При этомъ надо замѣтить, что мы располагаемъ очень небольшими средствами, примѣрно по двадцати рублей на брата... Если нашъ планъ удастся, то мы доставимъ вамъ подробный отчетъ о нашей экскурсіи, а на слѣдующее лѣто надѣемся привлечь къ этому святому дѣлу новыхъ членовъ...»

Конечно, я не замедлилъ отвѣтить на предложенные мнѣ вопросы. Въ виду того, что съ подобными же вопросами ко мнѣ и теперь нерѣдко обращаются разныя лица, интересующіяся дѣломъ распространенія книгъ и картинъ въ народной средѣ, я считаю умѣстнымъ привести здѣсь мои отвѣты на поставленные мнѣ вопросы.

1) Разрѣшенія на книжную торговлю даются губернаторомъ, на имя котораго и слѣдуетъ подать прошеніе, съ приложеніемъ двухъ гербовыхъ, восьмидесятикопѣечнаго достоинства, марокъ. Прошенія подаются по мѣсту постояннаго жительства просителей. Для лицъ, живущихъ большую часть года въ Москвѣ [1]), удоб-

---

[1]) Одинъ изъ моихъ корреспондентовъ,—какъ видно изъ его письма,—сынъ московскаго домовладѣльца.

нѣе выхлопотать разрѣшеніе въ этомъ городѣ, гдѣ они болѣе или менѣе извѣстны, такъ какъ подобныя разрѣшенія выдаются не иначе, какъ по наведеніи полиціей справокъ о благонадежности просителей. Прошеніе слѣдуетъ адресовать такимъ образомъ:

Его Превосходительству

Господину N—скому, Губернатору

такого-то (званіе, имя, отчество и фамилія)

Прошеніе.

Желая заняться разносной книжной торговлей, имѣю честь покорнѣйше просить Ваше Превосходительство сдѣлать распоряженіе о выдачѣ мнѣ установленнаго свидѣтельства на разносную торговлю книгами и картинами въ разныхъ губерніяхъ Россійской имперіи, согласно 177 ст. устава о цензурѣ и печати. Затѣмъ слѣдуетъ подпись и точный адресъ просителя.

2) Изъ книгъ книгоношѣ-добровольцу необходимо имѣть: евангеліе, псалтирь, азбуки, буквари, календари, затѣмъ слѣдуетъ запастись изданіями «Посредника», с.-петербургскаго комитета грамотности, редакцій журналовъ: «Русская Мысль» и «Русское Богатство», «Народной библіотеки» г. Маракуева, изданіями («Правда») И. В. Жиркова, М. М. Ледерле, харьковскаго общества распространенія грамотности въ народѣ, лучшими изданіями Сытина и другихъ лубочниковъ.

Но кромѣ книгъ офеня-доброволецъ обязательно долженъ имѣть картины. Изъ числа картинъ, изданныхъ Сытинымъ и Соловьевымъ, можно выбрать нѣсколько десятковъ картинъ болѣе или менѣе удовлетворительныхъ, какъ по сюжету, такъ и по исполненію. Картины, изданныя «Посредникомъ», безъ сомнѣнія, заслуживаютъ распространенія, хотя, какъ мы видѣли, онѣ и не совсѣмъ охотно раскупаются народомъ.

3) За покупкою картинъ и книгъ лубочныхъ издателей всего удобнѣе обратиться къ Сытину, книжная лавка котораго помѣщается близъ Ильинскихъ воротъ, въ домѣ Медынцевой. Зовутъ

его Иваномъ Дмитріевичемъ. Это самый крупный изъ всѣхъ лубочныхъ издателей и притомъ наиболѣе развитой и интеллигентный изъ нихъ. Сколько мнѣ извѣстно, онъ весьма охотно открываетъ кредитъ торговцамъ книгами. Кромѣ того, онъ можетъ быть полезенъ своими совѣтами въ этомъ дѣлѣ, такъ какъ поддерживаетъ постоянныя сношенія со множествомъ офеней изъ разныхъ мѣстностей Россіи. Онъ хорошо знакомъ съ требованіями народа на тѣ или иныя книги и картины, имѣющіяся у лубочныхъ издателей.

Народныя книги интеллигентныхъ издателей всего удобнѣе пріобрѣтать: въ Петербургѣ—отъ г-жи Калмыковой (Литейная, № 60), а въ Москвѣ—въ книжномъ магазинѣ Конусова (Страстная площадь, д. Чижова); въ этомъ магазинѣ помѣщается складъ изданій «Посредника», а также имѣются всѣ сколько-нибудь порядочныя вновь выходящія книги для народа.

Евангеліе, библію и другія книги священнаго писанія всего лучше пріобрѣтать въ складѣ библейскаго общества (Москва, Третьяковскій проѣздъ).

4) Лѣтніе мѣсяцы вообще неблагопріятны для разносной книжной торговли среди народа: въ это время весь крестьянскій людъ всецѣло поглощенъ работами по уборкѣ хлѣба и сѣна; «страда» не дастъ ему ни времени, ни возможности думать о книжкѣ или картинкѣ. Къ тому же въ теченіе лѣта денежныя средства мужика всегда находятся въ самомъ печальномъ положеніи, и это обыкновенно продолжается до осени, т.-е. до тѣхъ поръ, когда онъ получитъ возможность продать что-либо изъ урожая.

Настоящіе офени, конечно, отлично знаютъ все это и потому всѣ они въ теченіе лѣта преспокойно сидятъ по домамъ, занимаясь собственнымъ хозяйствомъ и только осенью, обыкновенно въ сентябрѣ мѣсяцѣ, трогаются въ путь.

По моему мнѣнію, въ теченіе лѣта разносную книжную торговлю можно съ успѣхомъ вести лишь на пароходахъ и пристаняхъ болѣе значительныхъ рѣкъ. Волга въ этомъ отношеніи представляетъ, конечно, особенно много преимуществъ, сравнительно со всѣми другими рѣками, такъ какъ нигдѣ, разумѣется, нѣтъ такого скопленія народныхъ массъ, какъ на этой рѣкѣ.

5) Среди офеней и книгоношъ практикуются два главные способа разносной торговли книгами и картинами: одинъ—пѣшкомъ (ходебщики), другой—на лошадяхъ, на одной, на двухъ подводахъ. Въ первомъ случаѣ весь книжный запасъ офени заключается въ лубочномъ коробѣ, который онъ таскаетъ за плечами (а зимой на салазкахъ) и который вмѣщаетъ товара не болѣе двухъ пудовъ. Во второмъ случаѣ запасъ книгъ и картинъ, конечно, гораздо болѣе значительный, такъ какъ на каждую подводу можетъ быть уложено по 20-ти и болѣе пудовъ товара. Но при второмъ способѣ, особенно когда двѣ-три подводы, требуются, разумѣется, особые приказчики (по-офенски—«лѣта») и мальчики.

Всѣ эти свѣдѣнія я сообщилъ моимъ корреспондентамъ, отъ которыхъ вскорѣ получилъ новое письмо, съ выраженіями благодарности за доставленныя свѣдѣнія. «Письмо ваше,—писали мнѣ студенты,—мы получили въ самый Татьянинъ день, и у насъ благодаря этому былъ двойной праздникъ. Черезъ недѣлю мы подали прошеніе къ губернатору и сегодня, наконецъ, получили желанный отвѣтъ: намъ обоимъ пришло по повѣсткѣ о востребованіи съ насъ гербоваго сбора для оплаты свидѣтельства на торговлю. На будущей недѣлѣ намъ выдадутъ, конечно, и самыя свидѣтельства, такъ что скоро мы будемъ стоять на порогѣ къ дѣлу.

«Намъ приходится теперь хорошенько обдумать подробности нашей поѣздки и мы снова рѣшились прибѣгнуть къ вашей опытности. Путь мы думаемъ избрать слѣдующій: изъ Москвы до Рязани ѣхать по желѣзной дорогѣ, отсюда уже начнемъ свои торговыя операціи на окскихъ пароходахъ, затѣмъ, спустившись до Нижняго, поѣдемъ внизъ по Волгѣ до Саратова. Изъ Саратова поѣдемъ обратно до Ярославля, а оттуда ужъ въ Москву. Каму же въ нынѣшнюю поѣздку оставимъ въ сторонѣ.

«Первый опытъ нашей торговли мы думаемъ произвести въ Москвѣ у вокзаловъ желѣзныхъ дорогъ, на страстной недѣлѣ когда рабочій людъ массами стремится къ себѣ на родину... Вотъ наши планы относительно лѣтней поѣздки. Не знаемъ: одобрите вы ихъ или нѣтъ».

Я только что собрался отвѣчать на это письмо, какъ вдругъ получаю отъ моихъ корреспондентовъ новое посланіе, на этотъ разъ очень краткое и грустное. Молодые люди съ горечью сообщали мнѣ, что радость ихъ была слишкомъ преждевременна, что гербовыя марки требовали отъ нихъ для оплаты отвѣта и что въ ходатайствѣ ихъ о выдачѣ свидѣтельствъ на разносную книжную торговлю имъ, какъ студентамъ, отказано.

Намъ неизвѣстно, какими собственно мотивами руководствовалась московская администрація, отказывая въ ходатайствѣ молодыхъ людей; быть можетъ, относительно студентовъ на этотъ предметъ существуютъ особыя, спеціальныя распоряженія. Но мы должны заявить, что законъ такихъ ограниченій не предусматриваетъ. Въ статьѣ 177 Устава о цензурѣ и печати говорится такъ: «продажа всѣхъ дозволенныхъ книгъ и разнаго рода повременныхъ изданій отдѣльными номерами не въ лавкахъ, а на улицахъ и площадяхъ, равно какъ и въ разносъ, *дозволяется всякому безъ различія*, съ тѣмъ только, чтобы желающіе производить уличную и разносную продажу имѣли, сверхъ установленнаго для такой торговли существующими правилами свидѣтельства, дозволеніе мѣстнаго полицейскаго начальства на производство сего промысла»... Какъ видите, редакція статьи не оставляетъ мѣста для какихъ бы то ни было сомнѣній.

Къ счастью, въ другихъ мѣстностяхъ разрѣшенія на разносную книжную торговлю выдаются, повидимому, болѣе свободно. Такъ, «Смоленскій Вѣстникъ» сообщалъ недавно, что въ Бѣльскомъ уѣздѣ, Смоленской губерніи, одинъ изъ сельскихъ учителей «задумалъ распространять дѣльныя книги между крестьянскимъ людомъ тѣмъ же путемъ, какъ дѣлаютъ это офени. Запасшись книжками изданій «Посредника» и другихъ фирмъ, ничего общаго съ изданіями Никольскаго рынка не имѣющихъ, и выхлопотавъ разрѣшеніе начальства, учитель, вскинувъ коробъ на плечи, ходитъ лѣтомъ въ свободное отъ занятій время изъ села въ село, особенно гдѣ есть храмовые праздники, и слѣдовательно масса народа, и распродаетъ свой товаръ. Торговля идетъ бойко. Раскупаютъ не только мелкія изданія, но и по крупнѣе, напримѣръ, въ 60 копѣекъ. Къ торговлѣ книгами учитель присоединилъ торговлю картинами».

Въ виду того, что попытка эта представляетъ несомнѣнный интересъ, мы считаемъ вполнѣ умѣстнымъ привести здѣсь подробный разсказъ лица, предпринявшаго этотъ опытъ разносной продажи книгъ.

«Лѣтомъ этого года, — пишетъ учитель, — я торговалъ въ двухъ волостяхъ, стоящихъ въ довольно хорошихъ условіяхъ грамотности. Для первоначальной торговли мною были выписаны книги священнаго писанія изъ московской синодальной книжной лавки, а книги литературнаго содержанія изъ склада «Посредникъ» и «Народной библіотеки» Маракуева.

«Доставши билетъ на торговлю, 9 мая, съ чемоданчикомъ, въ которомъ лежало сотни двѣ книгъ, отправился я въ сосѣднее село, гдѣ былъ въ этотъ день храмовой праздникъ, а потому и рынокъ. Знакомый мнѣ священникъ, котораго я заранѣе предупредилъ о задуманномъ мною, съ любезностью предоставилъ въ мое распоряженіе одну изъ лавочекъ, построенныхъ на церковный счетъ, для сдачи мѣстнымъ торговцамъ въ храмовые праздники. Не успѣлъ я разложить своихъ книгъ, какъ мою лавочку обступили любопытные, главнѣйшимъ образомъ подростки 12 — 15-ти лѣтъ и молодые парни. Начался осмотръ книгъ доскональнымъ образомъ. Книга бралась въ руки, читалось заглавіе, а потомъ и первая страница самаго разсказа, за ней зачастую другая и третья. Я не препятствовалъ такому подробному осмотру книгъ, хотя онѣ и мялись отъ этого по рукамъ, желая, чтобы, хорошенько заглянувъ въ книжку, моя публика вошла во вкусъ ея.

«И точно, прочитавъ страницу, двѣ, справлялись о цѣнѣ книги: Много ли стоитъ? — «Двѣ копейки». — Надо купить. Молодастая рука лѣзла за пазуху, вынимала оттуда кожанный мѣшечекъ, висѣвшій на груди на ремешкѣ, извлекала оттуда двѣ копѣйки и передавала мнѣ. — «А эта махонькая?» — «Копѣйка». — Копѣйка, поди ты, удивляется, видимо дешевизнѣ вопрошавшій. Про что-жъ въ ей писано? — «А писано въ ней про то зло, которое на свѣтѣ отъ водки бываетъ. Видишь тутъ писано: «Какъ помочь нашему горю». Наше горе — водка, отъ ней и бѣдность, и ссора, и драка, и брань; тутъ вотъ и пишутъ, какъ уйти отъ этого горя». — А, книжка занятная, надо купить. Покупается и эта. Если цѣна книжки оказывалась болѣе дорогой, 10, 12, 15 копѣекъ, то тутъ же у лавочки прочитывались не двѣ, три, а пять, шесть страницъ и вся книжка просматривалась самымъ тщательнымъ образомъ, и уже только тогда покупалась.

«Изъ всего этого видно, какъ относится крестьянинъ къ содержанію книги, если ему только представляется выборъ. Изъ почти двухсотъ покупателей, только пять человѣкъ спросили у меня книги лубочныхъ изданій. Именно, четверо спрашивали «Оракулъ» и «Сонникъ», и одинъ спросилъ лубочный разсказъ «Разбойникъ Чуркинъ».

«Производилъ я торговлю всего шесть разъ въ пяти различныхъ селахъ. Продано мною всего 305 книгъ 97 названій. Изъ нихъ книгъ священнаго писанія (Евангелія, Псалтири) 20, поученій противъ пьянства — 23, изданій «Народной библіотеки» Маракуева — 67, изданій книжнаго склада «Посредникъ» — 195. Изданія «Посредника» извѣстны всѣмъ, такъ что говорить о нихъ нечего. Въ проданныхъ же мною изданіяхъ «Народной библіотеки» Маракуева были такія книги, какъ «Король Лиръ», «Князь Серебряный», «Донъ-Кихотъ», «Хижина дяди Тома», «Робинзонъ», разсказы Диккенса, Бретъ-Гарта, Н. Успенскаго, Оржешко, Флобера и др.

«Мой опытъ торговли книгами для народнаго чтенія, мнѣ кажется, вполнѣ можетъ послужить еще однимъ доказательствомъ того, что народъ хочетъ читать, хочетъ знать; что за удовлетвореніе своей жажды знанія онъ не прочь и заплатить деньги, только бы деньги эти были «мужицкія», маленькія, потому что большихъ ему взять неоткуда».

Современная лубочная литература.

> ...Придетъ ли время,
> Когда мужикъ не Блюхера
> И не Милорда глупаго—
> Бѣлинскаго и Гоголя
> Съ базара понесетъ?
>
> *Некрасовъ.*

Въ числѣ вопросовъ, выдвинутыхъ въ послѣднее время самою жизнью, одно изъ первыхъ мѣстъ, безъ сомнѣнія, слѣдуетъ отвести вопросу о такъ-называемой «народной литературѣ». Среди русскаго образованнаго общества съ необыкновенною силою проснулся интересъ къ тому: что читаетъ народъ? Какова его умственная пища? Нельзя-ли помочь ему въ этомъ отношеніи такъ или иначе?

Пробужденіе этого интереса является, конечно, вполнѣ логическимъ результатомъ того широкаго и плодотворнаго движенія общественной мысли, которое, съ одной стороны, поставило на своемъ знамени серьезное и всестороннее изученіе народной жизни, ея нуждъ и запросовъ, съ другой—практическое удовлетвореніе этихъ нуждъ, по мѣрѣ возможности.

Не то было прежде.

Когда, въ 1824 году, извѣстный русскій ученый И. М. Снегиревъ представилъ въ общество любителей россійской словесности свою замѣчательную статью о народныхъ лубочныхъ картинкахъ, то среди членовъ этого общества явилось сомнѣніе: «можно-ли и должно-ли допустить разсужденіе въ ихъ обществѣ о такомъ *пошломъ, площадномъ* предметѣ, какой предоставленъ въ удѣлъ черни?»

Долго толковали почтенные члены литературнаго общества на эту тему и, наконецъ, скрѣпя сердце, рѣшили принять статью

Снегирева, но не иначе, какъ измѣнивши заглавіе ея, а именно, вмѣсто словъ «лубочныя картинки», поставить: «простонародныя изображенія».

Презрительное отношеніе къ народно-лубочнымъ картинкамъ и книжкамъ со стороны большинства образованнаго общества установилось съ давнихъ поръ и начало его, безъ сомнѣнія, относится еще къ тому времени, когда все *народное* третировалось и считалось низкимъ и презрѣннымъ, а самый народъ даже въ оффиціальныхъ документахъ неизмѣнно величался «подлымъ». Тредьяковскій и Сумароковъ считали подлыми даже всѣ народныя пѣсни, а Кантемиръ и Барковъ признавали народныя картинки «негодными и гнусными». Сатирикъ Кантемиръ не безъ гордости замѣчалъ, что сочиненіе его «гнусно не будетъ лежать въ одномъ сверткѣ съ *Бовою* или *Ершомъ*», а Сумароковъ въ эпистолѣ о русскомъ языкѣ обращается къ бездарнымъ и безграмотнымъ писателямъ съ такимъ совѣтомъ:

«Лишь только ты склады немножко поуча:
Изволь писать *Бову, Петра златы ключи*.

«Эти чопорные господа, въ большинствѣ сами вышедшіе изъ «подлаго» народа,—какъ справедливо замѣчаетъ Д. А. Ровинскій,—никакъ не могли вообразить, что *Ершъ, Бова* и *Петръ златые ключи* переживутъ ихъ безсмертныя творенія» [1]).

Однако, уже и въ то время наиболѣе передовые люди иначе относились къ произведеніямъ народнаго творчества: къ числу этихъ немногихъ людей принадлежалъ и нашъ первый народный поэтъ А. С. Пушкинъ. Во время одного изъ путешествій ему пришлось увидѣть на стѣнахъ станціонной комнаты картины погребенія кота и споръ краснаго носа съ сильнымъ морозомъ; онъ тотчасъ же замѣчаетъ въ своихъ запискахъ, что «картинки эти заслуживаютъ какъ въ нравственномъ, такъ и въ художественномъ отношеніи вниманія образованнаго человѣка».

Подъ впечатлѣніями знакомства съ произведеніями непосред-

---

[1]) Д. *Ровинскій*: «Народныя картинки», книга V.

ственнаго народнаго творчества Пушкинъ, какъ извѣстно, написалъ нѣсколько русскихъ сказокъ и цѣлую поэму *Русланъ и Людмила*. «Можно представить себѣ,—говоритъ Д. А. Ровинскій,— какой переполохъ сдѣлало появленіе этой поэмы и сказокъ въ тогдашнемъ литературномъ мірѣ. Журнальные критики пришли въ неописанный ужасъ; негодованію ихъ не было конца. Вотъ, напрм., что писалъ «фешенебельный критикъ» тогдашняго *Вѣстника Европы*: «Возможно-ли просвѣщенному или хотя немного свѣдущему человѣку терпѣть, когда ему предлагаютъ новую поэму, писанную въ подражаніе *Еруслану Лазаревичу*? Вѣдь, это все равно, еслибъ въ московское благородное собраніе какъ-нибудь втерся гость съ бородою (!), въ армякѣ, въ лаптяхъ и закричалъ бы зычнымъ голосомъ «здорово, ребята» и т. д., и т. д., все въ томъ же родѣ (*В. Евр.* 1820 г., № 11) [1].

Но какъ ни громко заявляли о себѣ эти «фешенебельныя» тенденціи, тѣмъ не менѣе, съ каждымъ годомъ обаяніе ихъ въ глазахъ лучшей части общества слабѣло и они все болѣе и болѣе теряли подъ собою почву. На смѣну имъ все ярче и ярче выступали новыя начала, новые принципы и идеи, въ основѣ которыхъ лежало сочувственное отношеніе къ «порабощенному народу», стремленіе ознакомиться съ его бытомъ, съ его потребностями и воззрѣніями, искреннее желаніе помочь ему выйти на дорогу «знанія и свѣта»...

Въ этой статьѣ мы намѣрены говорить исключительно лишь о *современномъ* состояніи народно-лубочной литературы, причемъ, главнымъ образомъ, постараемся выяснить тѣ вліянія, которыя въ настоящее время сильнѣе всего сказываются на характерѣ лубочныхъ изданій и которыя обусловливаютъ ихъ внутреннее содержаніе и отражаются даже на самой внѣшности ихъ. Но сначала скажемъ два слова въ объясненіе самаго термина *лубочная литература*, часто встрѣчающагося въ нашей книгѣ.

Сначала терминъ этотъ прикладывался, главнымъ образомъ,

---

[1] Тамъ же.

къ извѣстнымъ народнымъ картинкамъ и уже потомъ, сравнительно недавно, стали прикладываться къ народнымъ книжкамъ, вышедшимъ изъ книжныхъ лавокъ Никольской улицы. По словамъ г. Ровинскаго, «названіе народныхъ картинокъ *лубочными* въ старинной литературѣ нашей совсѣмъ не встрѣчается; появилось оно только въ нынѣшнемъ столѣтіи, а на ученомъ языкѣ употребилъ его въ первый разъ Снегиревъ въ своихъ статьяхъ, писанныхъ въ 1822 и 1824 гг.». По замѣчанію Снегирева, названіе картинъ лубочными могло произойти отъ слова *лубъ*, т.-е. липовая кора, а также и липовое дерево, на которомъ рѣзаны первыя народныя картинки, какъ это видно изъ сохранившихся до нашего времени гравированныхъ досокъ XVII вѣка, поступившихъ въ Христіанскій музей академіи художествъ изъ собранія Погодина.

Однако, г. Ровинскій отдаетъ въ этомъ случаѣ предпочтеніе мнѣнію г. Н. Трохимовскаго, который говоритъ, что названіе простыхъ картинъ лубочными произошло отъ лубочныхъ коробовъ, въ которыхъ онѣ укладывались и разносились офенями. Это же мнѣніе раздѣляютъ и другія лица, писавшія о лубочной торговлѣ, какъ, напримѣръ, И. А. Голышевъ и г. Маракуевъ. Наконецъ, слѣдуетъ замѣтить, что названіе *лубочнаго* въ первой половинѣ нынѣшняго столѣтія придавалось всему, что дѣлалось и строилось плохо и наскоро, на живую руку.

Всю массу лубочныхъ книгъ, по ихъ содержанію, можно раздѣлить на двѣ главныя группы, изъ которыхъ въ первую войдутъ духовныя или, какъ говорятъ лубочники, «божественныя» книги, а во вторую—свѣтскія. Отдѣлъ духовныхъ книгъ состоитъ, главнымъ образомъ: 1) изъ «житій», т.-е. жизнеописаній святыхъ угодниковъ и подвижниковъ православной церкви, 2) псалтырей, часослововъ, евангелій, молитвенниковъ, 3) изъ разсказовъ и поученій духовно-нравственнаго, назидательнаго содержанія, какъ, напримѣръ: «О поминовеніи усопшихъ и о смерти праведнаго и грѣшнаго человѣка», «Милостыни подаяніе во имя Христово принимаетъ самъ Христосъ», «Загробная жизнь», «Поученіе како стояти въ церкви». «О пьянствѣ, объ ужасныхъ послѣдствіяхъ этой гнусной страсти и о томъ, какъ избавиться отъ сего порока» и т. д.

Изъ «житій» назовемъ болѣе популярныя: «Житіе преподобнаго отца нашего Алексія человѣка Божія», «Жизнь и чудеса святаго Николая чудотворца», «Жизнь и страданіе святаго славнаго великомученика и побѣдоносца Георгія», «Жизнь, страданія и чудеса святаго великомученика и цѣлителя Пантелеймона», «Житіе преподобнаго отца нашего Сергія Радонежскаго чудотворца», «Жизнь блаженнаго Іоанна Христа ради юродиваго Устюжскаго чудотворца», «Жизнь и чудеса преподобнаго и богоноснаго отца нашего Сумеона Столпника», «Святый Филаретъ милостивый», «Сказаніе о жизни и подвигахъ старца Саровской пустыни іеромонаха Серафима», «Житіе и страданіе святаго священномученика Антипы, иже благодать имать отъ Бога цѣлити болѣзнь зубную», «Жизнь и страданія святаго великомученика Евстафія Плакиды, или примѣръ любви къ Богу, испытуемой скорбями», «Жизнь и страданія святой великомученицы Варвары», «Житіе преподобной Маріи Египетской», «Житіе и страданіе святой великомученицы Параскевы, именуемой Пятницы» и т. д. Значительная часть этихъ «житій» заимствована изъ Четій-миней.

Отдѣлъ свѣтскихъ книгъ отличается гораздо большимъ разнообразіемъ; здѣсь мы встрѣчаемъ: 1) сказки, 2) повѣсти и разсказы, 3) романы, 4) разные историческіе очерки, 5) пѣсенники, 6) сонники и оракулы и, наконецъ, 7) календари.

Изъ сказокъ особенной извѣстностью пользуются слѣдующія наиболѣе старинныя сказки, которыя обязательно имѣются у каждаго изъ лубочныхъ книгопродавцевъ-издателей: «Сказка о славномъ и сильномъ богатырѣ Бовѣ-Королевичѣ и о прекрасной супругѣ его Дружевнѣ», «Сказка о славномъ и непобѣдимомъ богатырѣ Еруслана Лазаревичѣ и о супругѣ его прекрасной Анастасіи Вахрамѣевнѣ», «Сказка о Иванушкѣ-дурачкѣ», «Сказка о Иванѣ-богатырѣ, о прекрасной супругѣ его Свѣтланѣ и о зломъ волшебникѣ Карачунѣ», «Сказка о Иванѣ-царевичѣ, жаръ-птицѣ и сѣромъ волкѣ» и т. д.

Это тѣ самыя сказки, которыми въ былое время зачитывались наши прадѣды и прапрадѣды. Еще въ началѣ нынѣшняго столѣтія съ этихъ сказокъ обыкновенно начиналось литературное образованіе большинства людей, принадлежавшихъ къ среднимъ и низшимъ классамъ общества. Въ біографіи Кольцова находимъ указаніе, что всѣ получаемыя отъ отца деньги на игрушки онъ обыкновенно употреблялъ на покупку сказокъ, и «Бова Королевичъ» съ «Еруслаомъ Лазаревичемъ» составляли его любимѣйшее чтеніе. «На Руси не одна одаренная богатою фантазіей натура, подобно Кольцову, начала съ этихъ сказокъ свое литературное образованіе,— замѣчетъ по этому поводу Бѣлинскій.— Охота къ сказкамъ всегда есть вѣрный признакъ въ ребенкѣ присутствія фантазіи и наклонности къ поэзіи, и переходъ отъ сказокъ къ романамъ и стихамъ очень естественъ: тѣ и другіе даютъ пищу фантазіи и чувству, съ тою только разницей, что сказки удовлетворяютъ дѣтскую фантазію, а романы и стихи составляютъ потребность уже болѣе развившейся и болѣе подружившейся съ разумомъ фантазіи».

Изъ сказокъ интеллигентнаго происхожденія, встрѣчающихся въ лубочной торговлѣ, можно указать слѣдующія: «Марко богатый и Василій Безчастный», «Царевна-русалка», «Индѣйская сказка о двухъ братьяхъ», «Двѣнадцать братьевъ лебедей, или царевна Золотая Звѣзда», «Пропавшая совѣсть», сказка Петра Карманова (передѣлка изъ Щедрина), сказка г. Л. Бѣльскаго, «О царевнѣ лягушкѣ», въ стихахъ. Всѣ эти сказки изданы г. Сытинымъ сравнительно весьма недавно, годовъ шесть-семь тому назадъ.

Но сказки этого рода совершенно исчезаютъ въ огромной массѣ сказокъ чисто-лубочнаго характера, какъ, напримѣръ: «Соловей разбойникъ, гроза муромскихъ лѣсовъ», сказка о Емельянѣ дуракѣ и о его путешествіи къ королю на печкѣ, о славномъ колдунѣ Парамонѣ Парамоновичѣ и лихомъ купеческомъ сынѣ Елистратѣ Кузьмичѣ, сказка о Иванѣ, купеческом сынѣ, о храбром богатырѣ Вадимѣ и о красной дѣвицѣ, о царѣ Дозонѣ, чародѣйской метлѣ и дивном богатырѣ (в стихах), сказка о Добрынѣ Никитичѣ, славном богатырѣ русском, и невѣжѣ Полканѣ, змѣѣ Горынычѣ и о княжнѣ Миколицѣ; «Булат царевич и Баба-Яга» (в стихах), «Громобой, русскiй витязь и прекрасная княжна Косожская Миловзора», сказка о Эдуардѣ королевичѣ, «Дурак-красная шапка и колдун Лютобор», сказка М. Евстигнѣева (в стихах); «Восточное повѣствованiе о том, как львица воспитала царского сына», «Мальчик с пальчик». Послѣднiя двѣ сказки распространены во множествѣ варiантов, напримѣр: «Исторiя о львицѣ, воспитавшей царского сына», изд. Губанова, «Сказка о мальчикѣ с пальчикѣ», «Мальчик с мизинчик», изд. Абрамова, «Сам с ноготок, борода с локоток», изд. Сытина и т. д.

Затѣм идет огромная масса сказок болѣе новѣйшаго происхожденiя, как, напримѣр: «Не по носу табак», «Задiкировская вѣдьма или колдовство на Лысой горѣ», «Сказка о лягушкѣ и богатырѣ», «Лѣсной бѣс», соч. М. Евстигнѣева, «Волшебный бочонок или злая жена», «Кот в лаптях, а Котофѣевна в чоботах», «Сказка-говоруха», «Похожденiе Ерша Ершовича Щетинина», соч. В. Потапова (в стихах), «Непобѣдимый витязь», богатырская сказка, слышанная от странствующаго слѣпца М. Евстигнѣевым, «Мраморное царство и три спящих красавицы», «Проказы сатаны и о том, как кузнец обманул лихо-одноглазое», «Новобрачные, волшебное приключенiе из народнаго преданiя», соч. Н. Пазухина, «Роковое кольцо или завѣщанiе вѣдьмы», «Невѣста колдунья», «Гроб или русалка», соч. Н. Пазухина, «Не любо не слушай, а лгать не мѣшай», в стихах, «Волшебник Карачун», соч. Н. Миронова, «Сказка о семи Симiонах», «Дочь разбойника или любовник в бочкѣ», «Львиное сердце», «Проклятая свадьба», «Фармазон-богатырь», «Портной и чорт» и т. д., и т. д.

О повѣстях и романах мы поговорим болѣе подробно в

слѣдующей статьѣ; здѣсь же замѣтимъ только, что на нихъ еще болѣе, чѣмъ на сказкахъ, отражается вліяніе литературы Никольской улицы, той лакейской литературы, органами которой являются извѣстные уличные «Листки» мелкой прессы, а главными издателями: Прѣсновъ, Леухинъ, Земскій и К°.

Вліяніе это отражается какъ на внѣшности, такъ и на внутреннемъ содержаніи книжекъ и картинъ, выходящихъ изъ лавокъ народно-лубочныхъ издателей. Вамъ невольно бросается въ глаза, что обложки лубочныхъ книжекъ все чаще и чаще начинаютъ украшаться изображеніями обнаженныхъ или полуобнаженныхъ женщинъ, въ разныхъ болѣе чѣмъ непринужденныхъ позахъ, или же сценами, представляющими объятія и поцѣлуи особъ прекраснаго и непрекраснаго пола, и т. п. При этомъ дамы обыкновенно изображаются въ балетныхъ или же маскарадныхъ костюмахъ (это для народа-то!), всегда декольтированныхъ до послѣдней степени. Для примѣра укажу на слѣдующіе романы: «Купленный выстрѣлъ или шайка отравителей», изд. Губанова, «Женѣ смѣхъ, а мужу слезы», романъ Н. Миронова, изданіе Луяиной, «Приключеніе козацкаго атамана Урвана», издан. Губанова, и т. д.

Въ послѣднее время чуть-ли не главными поставщиками литературнаго матеріала для лубочныхъ издателей являются сотрудники мелкой прессы; теперь весьма часты случаи, когда разсказъ или романъ, помѣщавшійся въ видѣ фельетоновъ въ какомъ-нибудь «Листкѣ», вдругъ появляется въ отдѣльномъ изданіи Сытина, Губанова, Морозова или другого какого-нибудь лубочника.

Изъ области исторіи мы находимъ лишь обрывки, отдѣльные эпизоды, выхваченные изъ разныхъ временъ, безъ малѣйшихъ признаковъ простой послѣдовательности, не говоря уже о какой-нибудь опредѣленной идеѣ, которая бы освѣщала эти очерки и разсказы объ отдѣльныхъ событіяхъ и лицахъ. Назовемъ здѣсь заглавія наиболѣе распространенныхъ очерковъ: «Какъ жили-были предки наши славяне», изъ разсказовъ стараго дѣда, «Путята крестилъ мечемъ, а Добрыня огнемъ», разсказъ изъ временъ Св. Владиміра, «Дмитрій Ивановичъ Донской», «Гибель Кучума, послѣдняго сибирскаго царя», историческая повѣсть, «Великій князь Василій Темный и шемякинъ судъ», «Панъ Сапѣга или 16 мѣсяч. осада Троицкой лавры», «Избраніе на царство Михаила Ѳеодоровича Романова и подвигъ крестьян. Ивана Сусанина», «Иванъ Мазепа, гетманъ малороссійскій», историч. разсказъ въ двухъ частяхъ, «Преданіе о томъ, какъ солдатъ спасъ Петра Вел. отъ смерти», «Карсъ, турецкая крѣпость и взятіе ея въ третій разъ штурмомъ русскими войсками 7-го ноября 1877 года», «Скобелевъ 2-й Михаилъ Дмитричъ», и, наконецъ, анекдоты о Балакиревѣ — въ огромномъ количествѣ варіантовъ.

Поэзія въ лубочной литературѣ представляется «пѣсенниками», т.-е. сборниками различныхъ пѣсенъ и стихотвореній. Такіе пѣсенники давно и довольно сильно распространены въ народѣ, особенно же въ средѣ городского рабочаго и фабричнаго населенія. Каждый лубочный издатель непремѣнно имѣетъ свой собственный «пѣсенникъ» и, притомъ, не одинъ, а въ нѣсколькихъ изданіяхъ, полные и сокращенные, болѣе дорогіе и болѣе дешевые. Точно также и издатели Никольской улицы, особенно тѣ изъ нихъ, которые ранѣе занимались изданіемъ народныхъ книгъ, какъ, напримѣръ, Манухинъ и Прѣсновъ, имѣютъ свои пѣсенники. Укажемъ названія нѣкоторыхъ изъ этихъ изданій:

«Золотой букетъ. Новѣйшее собраніе русскихъ пѣсенъ», изданіе Губанова. «Незабудка, сборникъ пѣсенъ и новѣйшихъ романсовъ для любительницъ пѣнія», составилъ Я. Пловцовъ. Изданіе Манухина. Цѣна 50 коп. «Сердечная радость, горе и кручина. Новѣйшее собраніе русскихъ народныхъ пѣсенъ», изданіе Губанова. «Новая бездна удовольствій для молодыхъ людей, любящихъ повеселиться», сборникъ разсказовъ, стихотвореній, анекдотовъ, загадокъ, шарадъ, куплетовъ и сценъ изъ еврейскаго, армянскаго, нѣмецкаго, чухонскаго и народнаго быта, въ двухъ частяхъ. Составлено любителемъ А. А. М. Изданіе Манухина. Цѣна 1 рубль. «Пѣсенникъ, сборникъ лучшихъ пѣсенъ, романсовъ и тиролек (?), съ прибавленіемъ цыганскихъ и малороссійскихъ». Составилъ А. Соколовъ. Изданіе Манухиной. «Хуторокъ», сборникъ русскихъ народныхъ пѣсенъ, собралъ С. Легасовъ, изданіе Губанова.

Хотя въ этихъ сборникахъ нерѣдко встрѣчаются стихотворенія Пушкина, Лермонтова, Кольцова, Некрасова, но обыкновенно они совершенно исчезаютъ въ массѣ разныхъ безобразныхъ пѣсенъ солдатско-фабричнаго пошиба и не менѣе безобразныхъ шансонетокъ, «тиролекъ», куплетовъ и т. п. Къ тому же, печать самой грубой, безшабашной безграмотности лежитъ на всѣхъ этихъ «пѣсенникахъ». Чтобы не быть голословными, приведемъ нѣсколько примѣровъ. Вотъ, напримѣръ, образчикъ современной фабричной пѣсни изъ сборника «Хуторокъ».

  Какъ фабричные ребята
  Цѣломудренные,
  Принапудренные,
    Мы!
  Во рукахъ платки, салфетки,
  Все на разныя златки..
  Мы всѣ сукна переткали,
  На кафтаны першивали.
    Шила!
  Вотъ подходимъ къ кабаку,
  Цѣловальникъ на боку;
  Мы, собравши свово духу,
  Цѣловальника по уху
    Цапъ!
  Ты не знай нашу Катюху,
  Не люби нашу Настюху.
    Разъ!
  А что бьете вы по уху?
  Я не зналъ вашу Катюху,
  Не любилъ вашу Настюху.
  —А кто былъ съ ней во чуланѣ
  И игралъ съ ней на воргані?
    Ты!

Въ извѣстной пѣснѣ: «Волга рѣченька глубока» встрѣчаемъ такую тарабарщину:

> Но къ несчастному мученью
> Страсть свою должна скрывать,
> Здѣсь предавшись слезъ стремленью
> Дома спокойною казать.
> . . . .
> Поспѣшай ко мнѣ любезный,
> Ты почувствуй скорбь мою,
> Токъ утри очей моихъ слезный,
> Облегчи печаль мою! и т. д. [1])

То и дѣло встрѣчаются образчики лакейской поэзіи въ такомъ, напримѣръ, родѣ:

> Холостой парень любилъ дорогой
> Онъ не чувствуетъ любови никакой,
> Какова любовь на свѣтѣ горячъ и т. д.

И вотъ подобныя произведенія лакейской и кабацкой поэзіи, съ помощью печати и книги, разносятся по деревнямъ и, такимъ образомъ, способствуютъ вытѣсненію тѣхъ чудныхъ поэтическихъ пѣсенъ, которыя создалъ нашъ народъ и которыми онъ вправѣ гордиться. Извѣстно, что, подъ вліяніемъ фабрики, казармы, мѣщанства или лакейства, трактира и мелкой, уличной прессы, русская народная лирика быстро утрачиваетъ свои наиболѣе характерныя, наиболѣе привлекательныя черты; вновь возникающія въ народѣ пѣсни сильно уступаютъ прежнимъ, какъ относительно мелодіи, такъ и по своему содержанію [2]).

Извѣстно, что русская народная пѣсня даже за границей, въ средѣ тамошнихъ людей науки, вызываетъ самые лестные, можно сказать — восторженные отзывы. «Поразительно громадное большинство русскихъ народныхъ пѣсенъ, — говоритъ извѣстный германскій ученый Рудольфъ Вестфаль, — представляетъ намъ такую богатую, неисчерпаемую сокровищницу истинной, нѣжной поэзіи, чисто-поэтическаго міровоззрѣнія, облеченнаго въ высоко-поэтическую форму, что литературная эстетика, принявъ разъ рус-

---

[1]) Пѣсенникъ «Хуторокъ». Москва, 1886 г., стр. 72.
[2]) Подробнѣе объ этомъ мы имѣли случай говорить въ статьѣ «Пѣсни современной деревни» («Русскія Вѣдомости» 1888 г., № 21).

скую народную пѣснь въ кругъ своихъ сравнительныхъ изслѣдованій непремѣнно назначитъ ей *безусловно первое мѣсто между народными пѣснями всѣхъ народовъ земного шара*». Въ этомъ заграничные ученые видитъ «ясное доказательство высокаго поэтическаго дарованія русскаго народа». Поэтому, по ихъ мнѣнію, «философія исторіи имѣетъ полное право вывести изъ этого дарованія самыя свѣтлыя заключенія для будущности русской исторіи».

Не обидно-ли послѣ этого, что печать способствуетъ вытѣсненію чудныхъ народныхъ пѣсенъ и взамѣнъ ихъ несетъ въ народъ разные лакейскіе куплеты, пошловатыя тиролькн и т. п.?

Поэтому было бы въ высшей степени желательно появленіе такого сборника народныхъ пѣсенъ, въ которомъ были бы собраны, по возможности, всѣ лучшія произведенія народнаго пѣснотворчества и который по цѣнѣ былъ бы доступенъ массѣ крестьянскаго населенія. Прекраснымъ матеріаломъ для такого изданія могли бы послужить сборники Киpѣевскаго, Рыбникова, Якушкина и многихъ другихъ русскихъ этнографовъ. Всѣ попытки, которыя до сихъ поръ предпринимались въ этомъ направленіи («Гусляръ» Посредника, «Соловушко» г. Ледерле и т. д.) никакъ не могутъ быть признаны удачными.

Оракулы и сонники составляютъ еще болѣе необходимую принадлежность каждаго лубочнаго издателя, чѣмъ пѣсенники. Нельзя не удивляться живучести этихъ нелѣпѣйшихъ изданій. Изъ огромной массы изданій этого рода назовемъ здѣсь два-три: «Новый полный оракулъ, весьма удачно предсказывающій будущее по предложеннымъ вопросамъ, составленъ по запискамъ знаменитыхъ астрологовъ, какъ-то: Брюса, Альберта Великаго и др., съ присовокупленіемъ занимательнѣйшихъ фокусовъ, святочныхъ гаданій и сонника», изданіе Шарапова. «Толкователь сновъ на основаніи ученій великихъ мудрецовъ, индійскихъ, ассирійскихъ, вавилонскихъ и египетскихъ, а также астрономическихъ наблюденій», изданіе Губанова. «Полный и лучшій сборникъ, собранный изъ лучшихъ сочиненій древнихъ и средневѣковыхъ маговъ и астрологовъ, а также и позднѣйшихъ снотолкователей Брюса, Каліостро, Сведенборга, Мартина Задеки и др.», изданіе Шарапова.

Далѣе идутъ: «Милліонъ сновъ; руководство, снотолкователей какъ древнихъ, такъ и позднѣйшихъ, какъ-то...»—слѣдуетъ длинный перечень этихъ предсказателей, заканчивающійся «знаменитою провѣщательницей Ленорманъ», изданіе Губанова. Къ этому «руководству» приложенъ: «Астрономическій телескопъ, объясняющій свойство небесныхъ планетъ и различныя явленія природы, съ присовокупленіемъ правилъ физіогномики, по которымъ можно узнать характеръ и судьбу каждаго человѣка»... Но Губанову и милліона сновъ показалось недостаточно, поэтому онъ спѣшитъ издать новое руководство подъ названіемъ «Милліонъ двѣсти тысячъ сновъ» снабдивъ это изданіе всевозможными приложеніями, вродѣ «Астрономическаго телескопа», «Любопытной книжки изъ секретовъ Альберта» и т. п.

Чтобы дать представленіе читателю объ изданіяхъ этого рода, позволимъ себѣ привести здѣсь объясненіе сновъ на букву *а*.

Автомата видѣть во снѣ—предвѣщаетъ благополучіе.

Аграманты и кружева—ссору или непріятность.

Адмиралтейство—благополучіе.

Адмирала—успѣхъ въ дѣлахъ.

Актера—обманъ.

Актрису—измѣну.

Адресъ свой давать—потерю; адресъ чужой давать кому нибудь—новости.

Адъ—опасность; адскій огонь—печаль (?).

Адъютанта—счастье.

Азартную игру—неудовольствіе.

Азбуку читать—благополучіе; азбукѣ учиться—непріятность.

Аиста—неудовольствіе.

Академика—новость.

Акушерку—радость.

Акціи читать—неудовольствіе.

Алади печь — успѣхъ.

Алебарду — потерю.

Алебастръ — прибыль и т. д.

Къ этой же группѣ оракуловъ и совниковъ слѣдуетъ отнести и разныя руководства къ выбору женъ, ключи къ женскому сердцу, наставленія женщинамъ, какъ нравиться мужчинамъ, и т. п. Надѣемся, что читатели не потребуютъ отъ насъ, чтобы мы поближе познакомили ихъ съ содержаніемъ этихъ руководствъ, ключей и наставленій,—дѣло говоритъ само за себя. Но не можемъ не замѣтить, что нѣкоторыя изъ этихъ руководствъ носятъ на себѣ черезчуръ клубничный характеръ, благодаря массѣ разсѣянныхъ въ нихъ совѣтовъ и наставленій въ такомъ родѣ: «при выборѣ женъ, совѣтуемъ оказывать предпочтеніе полненькимъ передъ худощавыми, ибо полненькую пріятнѣе обнимать и ласкать». Далѣе слѣдуетъ подробное описаніе женскихъ ручекъ, ножекъ, губокъ, причемъ даются подробныя указанія относительно того, какія именно губки пріятнѣе цѣловать, описываются спеціальныя прелести и недостатки блондинокъ, брюнетокъ, шатенокъ, «каштанокъ», рыжихъ и т. д..... Подумаешь, какъ все это нужно для народа, для мужика!

Въ послѣднее время обложки почти всѣхъ этихъ «совниковъ» начинаютъ неизмѣнно украшаться порнографическими картинками. Большею частью эти картинки изображаютъ спящихъ полуобнаженныхъ женщинъ съ необычайно развитыми формами, или же дамъ, раскинувшихся на кушеткахъ въ болѣе чѣмъ свободныхъ и черезчуръ игривыхъ позахъ. Впрочемъ, подобнаго рода картинки начинаютъ появляться въ послѣднее время, какъ мы уже замѣтили выше, не на однихъ только совникахъ. Въ этомъ слѣдуетъ видѣть несомнѣнное вліяніе «литературы улицы» и мелкой прессы, которая несетъ въ народъ разныя скабрёзныя шансонетки, порнографическіе рисунки и т. п. гадость.

Интеллигенція должна энергически противодѣйствовать этому стремленію и принять съ своей стороны всѣ мѣры къ тому, чтобы въ корнѣ парализовать то растлѣвающее вліяніе, которое могутъ внести невѣжественные спекулянты, захватившіе въ свои руки органы мелкой прессы.

Календари въ послѣднее время получаютъ съ каждымъ годомъ все большее и большее распространеніе въ народной средѣ. Лубочные издатели спѣшатъ удовлетворить этотъ запросъ и ежегодно выпускаютъ огромную массу календарей въ разныя цѣны: въ пять копѣекъ, десять, пятнадцать, двадцать. Необходимо, въ этомъ случаѣ, отдать полную справедливость лубочнымъ издателямъ: они за самую дешевую цѣну даютъ въ своихъ календаряхъ очень много. Возьмемъ, напримѣръ, «Русскій всеобщій календарь» Сытина на 1886 годъ. Въ немъ, кромѣ обычныхъ справочныхъ календарныхъ и статистическихъ свѣдѣній, находимъ слѣдующіе очерки: «Патріархъ Никонъ», «Праздникъ дворянъ и горожанъ» (по поводу столѣтія со дня обнародованія грамоты дворянству и Городового Положенія), «Двадцатипятилѣтіе освобожденія крестьянъ», «Сраженіе русскихъ съ авганцами 18 марта 1885 г.», «Двадцатипятилѣтіе присоединенія Амурскаго и Уссурійскаго края»; далѣе идутъ біографическіе очерки графа А. С. Уварова, Глѣба Ив. Успенскаго, А. Н. Островскаго, Михаила Ив. Глинки и Костомарова. Въ заключеніе статья о пчеловодствѣ, съ рисунками, статьи объ охотѣ и, наконецъ, «врачебный отдѣлъ». Всѣ біографическіе очерки снабжены портретами; кромѣ того, въ календарѣ помѣщены портреты: патріарха Никона, царя Алексѣя Михайловича, Екатерины Великой, Петра 1-го и генерала Комарова. Изъ болѣе значительныхъ рисунковъ находимъ въ календарѣ: объявленіе манифеста объ освобожденіи крестьянъ въ С.-Петербургѣ, древній обрядъ обниванія, празднество у гиляковъ, видъ города Хабаровки и т. д.; затѣмъ очень много мелкихъ рисунковъ; широкая обложка календаря украшена хромолитографіей, исполненной яркими, красивыми красками, изображающей Кирилла и Меѳодія... И все это за 20 коп.!

Разныя интеллигентныя лица не разъ пытались издавать календари «для народа»; но, по многимъ причинамъ, всѣ эти попытки не достигали цѣли; главная причина этой неудачи лежитъ въ томъ, что издатели, не зная требованій, которыя предъявляетъ въ этомъ отношеніи крестьянинъ, мѣряли все на свой аршинъ и давали народу то, что имъ казалось болѣе подходящимъ. Наиболѣе удачнымъ изъ календарей этого сорта, безъ сомнѣнія, слѣдуетъ признать издававшійся нѣсколько лѣтъ тому назадъ въ Петербургѣ «Сельскій календарь» г. Абрамова.

Кто же пишетъ и составляетъ эти сѣрыя, съ страшными заглавіями книжки, которыя имѣютъ такую прелесть въ глазахъ деревенскихъ грамотеевъ? Оказывается, что Ильинская и Никольская улицы имѣютъ своихъ собственныхъ писателей, своихъ собственныхъ поэтовъ, историковъ, романистовъ, которые и извѣстны въ лубочноиздательскомъ мірѣ подъ именемъ «сочинителей», «писакъ», «писулекъ» и т. п. Вотъ фамиліи нѣкоторыхъ изъ писателей, чаще всего встрѣчающихся въ лубочной литературѣ: М. Евстигнѣевъ, В. Суворовъ, И. Кассировъ, Н. Пазухинъ, А. Пазухинъ, В. Потаповъ, П. Кувшиновъ, Валентинъ Волгинъ, М. Мироновъ, И. Зряховъ, Ѳедотъ Кузмичевъ, Шматановскій и проч.

Изъ всей этой братіи самыми плодовитыми и, въ то же время, самыми популярными въ своей средѣ являются трое: Миша Евстигнѣевъ, Владиміръ Суворовъ и И. Кассировъ. Изъ нихъ по старшинству первое мѣсто принадлежитъ Мишѣ Евстигнѣеву. Говорятъ, онъ былъ студентомъ Московскаго университета въ шестидесятыхъ годахъ; оставивъ университетъ, Евстигнѣевъ, послѣ разныхъ мытарствъ и напрасныхъ поисковъ службы и дѣла, пристроился, наконецъ, въ качествѣ «сочинителя» къ издателямъ Никольскаго рынка.

Евстигнѣевъ явился главнымъ поставщикомъ литературнаго «товара» для Манухина, Прѣснова и Леухина, изъ которыхъ первый въ то время находился въ самой блестящей порѣ своего существованія. Евстигнѣевъ отличался необыкновенною плодовитостью: разные «веселые и фантастическіе разсказы», сказки въ стихахъ и прозѣ, «маленькіе романы» и т. п. произведенія сочинялись имъ чуть не сотнями. Въ качествѣ бывшаго студента. Евстигнѣевъ слылъ на Никольской за «ученаго». Никольскіе издатели обращались къ нему съ просьбами сочинять книги по медицинѣ, по технологіи и т. п. И Евстигнѣевъ «сочинялъ» разные лечебники, самоучители по всѣмъ отраслямъ знанія и т. д.

— А что онъ былъ за человѣкъ?—спрашивалъ я его бывшихъ сотоварищей по профессіи.

— Хорошій былъ человѣкъ, только одно его губило...

— Что такое?

— Извѣстно что: водочка... Она его и въ могилу свела...

А вотъ лубочный «историкъ», это нѣкто Владиміръ Суворовъ, мужчина лѣтъ сорока, отставной офицеръ, ходитъ въ рваномъ пальто и въ форменной фуражкѣ съ краснымъ околышемъ, благодаря чему извѣстенъ на Никольской улицѣ подъ именемъ «полковника», пьетъ горькую. Спеціальность его составляютъ историческія повѣсти и романы. Между прочимъ, его перу принадлежатъ слѣдующія произведенія: «Разбойникъ Тарасъ Черноморъ», «Малюта Скуратовъ», «Князь Серебряный» (изданіе Морозова), «Князь Золотой», «Юрій Милославскій», въ изданіи Сытина. «Даже больше написалъ, чѣмъ у Загоскина»,—съ почтеніемъ отзываются лубочники о послѣднемъ произведеніи В. Суворова.

Техника писанія развита у Суворова въ высшей степени. «Листовку въ одну ночь напишетъ... Это ему ни-почемъ... Зажжетъ сальную свѣчку, и валяетъ съ одного маху... безъ черновика... Къ свѣту ужъ готово... И всегда вынимный»... Въ послѣднее время Суворовъ сошелъ со сцены никольской литературы: онъ оставилъ Москву и уѣхалъ куда-то въ провинцію, къ родственникамъ.

Представителемъ болѣе молодого поколѣнія среди лубочныхъ писателей является И. Касировъ. Касировъ—крестьянинъ Можайскаго уѣзда, Московской губерніи, деревни Старая Тяга, изъ крѣпостныхъ крестьянъ графа Уварова, извѣстнаго археолога. Учился онъ въ мѣстной сельской школѣ, но курса не окончилъ, такъ какъ отданъ былъ отцомъ въ Москву, на фабрику Гонера, гдѣ прожилъ «въ ученьѣ» пять лѣтъ.

Съ 16-ти лѣтъ Кассировъ началъ пописывать — сначала прозой, а затѣмъ и стихами. Около этого времени ему пришлось познакомиться съ извѣстнымъ поэтомъ-самоучкой Суриковымъ, который, ознакомившись съ писаніями Кассирова, одобрилъ ихъ и совѣтовалъ ему продолжать писать, а, главное, какъ можно больше читать. На литературное поприще Кассировъ выступилъ въ 1877 году, во время русско-турецкой войны «разсказомъ въ стихахъ»: «Приключенія русскаго рядоваго солдата, возвращавшагося съ войны», изд. Орѣхова. Съ тѣхъ поръ имъ написана цѣлая масса сказокъ, разсказовъ, повѣстей и т. д. Привожу заглавія нѣкоторыхъ изъ его произведеній: «Воскресшій мертвецъ или неожиданная развязка», «Замокъ смерти или храбрый рыцарь Актаръ-Бей», «Отъ любви до висѣлицы», «Борьба между чортомъ и женщиной», «Сказка о храбромъ воинѣ прапорщикѣ Портупеѣ», «Страшный волшебникъ и храбрый могучій витязь Рогдай», «Вѣдьма и Соловей — атаманъ разбойниковъ», «Аскольдова могила», повѣсть, «Жена разбойника Чуркина», «Удалой разбойникъ Чуркинъ», «Разбойникъ Чуркинъ въ плѣну у черкесовъ», «Разбойникъ Чуркинъ или кровавая расплата», «Ужасная тайна или мертвый среди живыхъ», «Кто богатъ, тотъ и рогатъ, или къ кожѣ ума не пришьешь», «Кровавый призракъ безъ головы или наказанное звѣрство баши-бузуковъ», фантастическій разсказъ, «Сказка о страшномъ волшебникѣ Семигубовѣ и храбромъ витязѣ Синодалѣ», «Мертвецъ безъ гроба», «Похожденія таинственной полумаски», «Кровавая Лана», повѣсть, «Чертово гнѣздо», разсказъ изъ крестьянскаго быта, и т. д.

Кромѣ сказокъ, разсказовъ и повѣстей, Кассировъ составилъ: «Руководство, какъ учить женъ, чтобы жить съ ними въ ладу», изд. Сытина, «Полный русскій пѣсенникъ», изд. Морозова, «Историческое описаніе Кіевопечерской лавры», изд. Губанова, «Описаніе св. Аѳонской горы», «Жизнеописаніе Кирилла и Меѳодія», «Плачъ Пресвятой Богородицы» и, наконецъ, «Естественную исторію для ознакомленія дѣтей съ породами звѣрей, птицъ, рыбъ и насѣкомыхъ», изд. Морозова.

Стихотворенія Кассирова собраны вмѣстѣ и изданы Шараповымъ подъ названіемъ: «Тяжелое горюшко». Необыкновенная плодовитость лубочныхъ писателей объясняется, главнымъ образомъ, ихъ болѣе чѣмъ своеобразнымъ отношеніемъ къ чужой литературной собственности. Дѣло въ томъ, что большая часть современныхъ лубочныхъ произведеній составляютъ болѣе или менѣе замѣтное «позаимствованіе» изъ тѣхъ или иныхъ сочиненій общей литературы.

Права авторской литературной собственности въ лубочномъ мірѣ почти совсѣмъ не признаются и не цѣнятся. Литературный трудъ оплачивается грошами. Обыкновенно авторскій гонораръ не превышаетъ 3—4 рублей за «листовку», т.-е. за 36 печатныхъ страницъ. При этомъ издатель, заплатившій автору подобный нищенскій гонораръ, считается уже *полнымъ собственникомъ сочиненія* и можетъ издавать его сотни разъ, въ какомъ угодно количествѣ экземпляровъ, не платя при этомъ автору ни одной копѣйки. Таковы обычаи и правила этого своеобразнаго міра. Отсюда понятно, что литературный трудъ лубочнаго писателя не въ состояніи гарантировать его не только отъ нищеты, но даже и голодной смерти.

Издатели лубочныхъ книгъ, главнымъ образомъ, заботятся только о томъ, чтобы дать книгѣ возможно болѣе громкое, бьющее въ глаза заглавіе. «Главное названіе-то позабористѣй!—говорятъ они своимъ сотрудникамъ-«сочинителямъ»,—чтобы въ носъ бросалось, съ ногъ сшибало!»

И сотрудники стараются. Пользуясь полнымъ невѣжествомъ лубочныхъ издателей, они зачастую сбываютъ имъ за собственныя произведенія отрывки изъ сочиненій извѣстныхъ авторовъ, вродѣ Гоголя, Пушкина, Мельникова-Печерскаго и т. д. Для того же, чтобы больше плѣнить издателя, они обыкновенно придѣлываютъ къ выкраденному отрывку какое-нибудь «страшное», кричащее заглавіе, ни мало не заботясь о томъ, подходитъ или не подходитъ это заглавіе къ содержанію книжки.

Вотъ, напримѣръ, книжка, на обложкѣ которой стоитъ: «Пещера въ лѣсу или трупъ мертвеца», старинное преданіе, сочин. Е. Кувшинова, изданіе Губанова. Вы прочитываете эту книжку и — что же? Ни о пещерѣ, ни о трупѣ мертвеца въ книжкѣ не говорится ни одного слова даже ни разу не упоминается. Оказывается, что это «страшное преданіе» ничто иное, какъ отрывокъ изъ сочиненія Мельникова-Печерскаго «Въ лѣсахъ», слегка кое-гдѣ измѣненный г. Кувшиновымъ, который съ отвагой, граничащей съ полною наивностью, выставилъ на этомъ отрывкѣ свое имя.

Здѣсь будетъ кстати привести разсказъ одного изъ извѣстныхъ лубочныхъ издателей на эту же тему.

— Приходитъ ко мнѣ одинъ изъ нашихъ сочинителей (съ Никольской) и приноситъ рукопись подъ заглавіемъ: «Страшный колдунъ». Посмотрѣлъ я рукопись, вижу: написано складно, а главное, очень ужъ страшно; такія страсти — просто волосъ дыбомъ становится. Ну, думаю, эта книга безпремѣнно пойдетъ. Купилъ рукопись, заплатилъ сочинителю пять рублей, отдалъ въ печать. Отпечатали 30,000. И что бы вы думали? На расхватъ! Такъ понравилась, такъ понравилась! Приказалъ еще 60.000 печатать. Начали набирать. Вдругъ подходитъ ко мнѣ метранпажъ и говоритъ:

— Что мы надѣлали-то, Иванъ Дмитричъ!

— Что такое?

— Да, вѣдь, мы Гоголя издали, не спросившись.

— Какъ такъ?

— Вѣрно, — говоритъ, — Гоголя, извольте посмотрѣть. И показываетъ мнѣ «Страшную месть» Гоголя, — смотрю: дѣйствительно, изъ слова въ слово «Страшный колдунъ», только заглавіе другое.

— Что же вы сдѣлали? — спросилъ я.

— Понятно: приказалъ передѣлать, — отвѣчалъ мой собесѣдникъ.

— Какъ передѣлать?

— Очень просто: передѣлать на свой ладъ, перемѣнить имена,

кое-что убавить, кое-что прибавить. Ну, и выпустили, и теперь идеть въ продажѣ подъ заглавіемъ «Страшный колдунъ или кровавое мщеніе», старинная повѣсть изъ казачьей жизни.

И подобныя «передѣлки» составляютъ самое обычное явленіе въ лубочной литературѣ. Такъ напримѣръ, изъ того же Гоголя, кромѣ «Страшной мести», подверглись передѣлкамъ слѣдующія произведенія: «Вій», «Кузнецъ Вакула» и «Тарасъ Бульба». Эти передѣлки снабжены громкими и «страшными» заглавіями: «Страшная красавица или три ночи у гроба», «Страшная битва колдуна съ мертвецами» и т. д. «Тарасъ Бульба» имѣетъ множество варіантовъ.

Въ подлинникахъ же произведенія нашихъ лучшихъ писателей до самаго послѣдняго времени почти совсѣмъ не встрѣчались въ лубочной литературѣ. Да и въ послѣднее время только сочиненія Пушкина и отчасти Льва Н. Толстого сдѣлались достояніемъ лубочной литературы.

До 1887 года изъ сочиненій Пушкина въ лубочной литературѣ можно было встрѣтить лишь двѣ его сказки: «О рыбакѣ и рыбкѣ» и «О царѣ Салтанѣ». Теперь же у лубочныхъ издателей-книгопродавцевъ можно найти почти всѣ сочиненія нашего великаго поэта, какъ его стихотворенія, такъ и повѣсти и разсказы.

Въ томъ же 1887 году графъ Л. Н. Толстой отказался отъ права собственности на всѣ свои произведенія, изданныя «Посредникомъ», и, такимъ образомъ, предоставилъ полное право каждому желающему издавать эти произведенія. Объ этомъ онъ тогда же письменно сообщилъ всѣмъ лубочнымъ издателямъ, которые и не замедлили воспользоваться этимъ разрѣшеніемъ и вскорѣ выпустили цѣлый рядъ изданій его разсказовъ и сказокъ.

Изъ стихотвореній Жуковскаго въ лубочной литературѣ встрѣчаемъ лишь нѣсколько сказокъ: «Три пояса», «Кощей безсмертный» и «Царь Берендей»; всѣмъ имъ приданы «соотвѣтствующіе» заголовки, вродѣ «Дѣдушка водяной», «Чортъ въ дуплѣ» и т. п.

Изъ произведеній Лермонтова въ лубочную литературу проникла лишь одна «Пѣсня о купцѣ Калашниковѣ», въ нѣсколькихъ варіантахъ, въ которыхъ болѣе полнымъ и грамотнымъ является изданный И. Морозовымъ подъ заглавіемъ «Повѣсть про московскаго купца Калашникова и про царскаго опричника Кирибѣевича (изъ временъ Іоанна Грознаго), сочин. А. Пазухина. Москва, 1886 г.». Разсказъ излагается прозою, но въ немъ приводятся большіе отрывки изъ стихотворенія Лермонтова.

Гораздо болѣе посчастливилось Карамзину, изъ сочиненій котораго въ лубочной литературѣ можно встрѣтать «Бѣдную Лизу», «Марѳу Посадницу», «Наталью, боярскую дочь»; всѣ эти вещи изданы Прѣсновымъ еще въ то время, когда онъ занимался изданіемъ книгъ для народа и когда имѣлъ сношенія съ офенями. Затѣмъ въ послѣднее время Сытинъ издалъ «Письма русскаго путешественника». Далѣе, отрывки изъ сочиненій Карамзина и даже Устрялова можно встрѣтить въ различныхъ историческихъ очеркахъ и разсказахъ лубочнаго изданія.

Изъ сочиненій Загоскина лубочная литература взяла «Юрія Милославскаго», который расходится въ массѣ варіантовъ и въ огромномъ количествѣ экземпляровъ. Въ этомъ отношеніи съ нимъ соперничаетъ лишь извѣстный романъ графа Алексѣя Толстого «Князь Серебряный». Изъ сочиненій Лажечникова лубочники воспользовались «Ледянымъ домомъ».

Множество варіантовъ вызвалъ въ лубочной литературѣ «Конекъ-Горбунокъ» Ершова. Отдѣльныя басни Крылова, Хемницера, Дмитріева и Измайлова также встрѣчаются въ различныхъ сборникахъ лубочнаго изданія.

Изъ сочиненій Тургенева въ лубочной литературѣ встрѣчаемъ передѣлку «Бѣжина луга», подъ заглавіемъ: «Домовой проказитъ»; изъ сочиненій Щедрина — передѣлку его извѣстной сказки: «Пропала совѣсть»; изъ сочиненій Мельникова-Печерскаго — отрывокъ изъ романа «Въ лѣсахъ», изданный подъ заглавіемъ: «Пещера въ лѣсу или трупъ мертвеца», и разсказъ «Груня», изданный Сытинымъ; изъ сочиненій Глѣба Ив. Успенскаго — его разсказъ: «Нужда пляшетъ, нужда скачетъ, нужда пѣсенки поетъ».

Многія изъ сказокъ Кота-Мурлыки (Вагнера) передѣланы Кассировымъ и выпущены лубочными издателями подъ разными названіями, какъ, напримѣръ: «Въ чемъ счастье?», «Проклятый горшокъ», «Таинственный островъ», «Заколдованный замокъ».

Лубочный романъ «Изъ-подъ вѣнца—въ заточеніе» составляетъ подражаніе роману Всеволода Соловьева «Княжна Острожская». Недавно Сытинъ издалъ «Наталку Полтавку», украинскую оперу Н. П. Котляревскаго.

Изъ иностранныхъ писателей въ лубочной литературѣ встрѣчаемъ передѣлки нѣкоторыхъ романовъ Дюма («Графъ Монте-Кристо» и «Три мушкетера»), Евгенія Сю («Вѣчный жидъ»), Шатобріана—«Мученики», изданіе Сытина, Крашевскаго—«Панъ Твардовскій», а также нѣкоторыя сказки Андерсена и пѣсни Беранже. Но едва-ли не всего болѣе изъ иностранныхъ писателей посчастливилось у лубочныхъ издателей Поль-де-Коку. Морозовымъ нѣсколько лѣтъ тому назадъ была однажды сдѣлана попытка издать Шекспира—опять-таки, разумѣется, въ передѣлкѣ.

Кромѣ Пушкина и Льва Толстого, на лубочномъ рынкѣ появился въ послѣднее время А. Н. Островскій. Благодаря любезному разрѣшенію наслѣдниковъ знаменитаго драматурга, Сытинъ имѣлъ возможность издать двѣ его комедіи, сначала «Бѣдность не порокъ», а затѣмъ—«Не такъ живи, какъ хочется». Обѣ комедіи изданы маленькими, опрятными книжками, въ форматѣ изданій «Посредника», и продаются въ розничной продажѣ по 7—10 коп. Жаль только, что всѣ пѣсни, которыхъ въ комедіи «Бѣдность не порокъ», какъ извѣстно, не мало, напечатаны черезчуръ мелкимъ петитомъ, что не можетъ не затруднять ея чтенія въ народѣ.

Весьма интересно знать, какъ примутся деревенскими читающими людьми комедіи нашего знаменитаго драматурга? До сихъ поръ въ этомъ направленіи мы имѣемъ лишь одно указаніе г-жи Алчевской, которая пробовала читать комедіи Островскаго въ малороссійской деревнѣ простымъ крестьянамъ—хохламъ и хохлушамъ. По свидѣтельству г-жи Алчевской, чтеніе комедій и драмъ покойнаго драматурга сопровождалось огромнымъ успѣхомъ среди этихъ слушателей, которые не только съ напряженнымъ вниманіемъ слѣдили за развитіемъ и развязкою той или другой драмы, но, казалось, переживали и горе, и радости дѣйствующихъ лицъ. Но вѣдь одно дѣло—слушать чтеніе того или иного произведенія изъ устъ хорошаго, искуснаго чтеца, другое дѣло—читать самому; это различіе имѣетъ особенное значеніе для читателей изъ народа, для которыхъ, въ огромномъ большинствѣ случаевъ, самый процессъ чтенія представляетъ очень много трудностей. Необходимо, однако, замѣтить, что здѣсь, т. е. на чтеніяхъ г-жи Алчевской, народъ является только *слушателемъ*, а не самостоятельнымъ читателемъ.

Характерною особенностью народно-лубочной литературы, между прочимъ, является огромное изобиліе варіантовъ одного и того же произведенія. Почти каждая сказка, каждый разсказъ или романъ читаютъ по нѣсколько варіантовъ. И чѣмъ большій успѣхъ имѣетъ та или другая книжка, чѣмъ большее число подражаній вызываетъ она; для примѣра укажемъ на слѣдующія произведенія: «Юрій Милославскій», «Князь Серебряный», «Битва русскихъ съ кабардинцами», «Конекъ-Горбунокъ», «Солдатъ Яшка—красная рубашка» и т. д. Каждый лубочный издатель непремѣнно имѣетъ своего собственнаго «Князя Серебрянаго», своего собственнаго «Юрія Милославскаго» и т. д.

Такъ было прежде, такъ и теперь. Едва появился, напримѣръ разсказъ Пастухова о «Разбойникѣ Чуркинѣ», немедленно же появляется цѣлый рядъ варіантовъ [1]: «Разбойникъ Чуркинъ»— изданіе И. А. Морозова, «Разбойникъ Чуркинъ или кровавая расплата»—изданіе Шарапова, «Разбойникъ Чуркинъ въ плѣну у черкесовъ»—изданіе Губанова, «Страшный разбойникъ Чуркинъ»—приключенія его въ острогѣ, на каторгѣ, въ рудникахъ, его бѣгство изъ Сибири, жизнь его въ городахъ и страшный ко-

---

[1] Первоначально «Разбойникъ Чуркинъ» печатался въ «Московскомъ Листкѣ» и уже въ то время имъ зачитывались фабричные рабочіе и т. н. людъ.

нецъ его ужасной жизни»—изданіе В. Пономарева; наконецъ, появляется «Жена разбойника Чуркина» и т. д.

Подводя итогъ всему высказанному въ этой статьѣ, мы должны признать, что въ настоящее время народно-лубочная литература находится подъ двумя совершенно противоположными вліяніями: съ одной стороны, она начинаетъ испытывать вліяніе «интеллигентной» литературы, отъ которой она заимствуетъ произведенія Пушкина, Льва Толстого, Островскаго и т. д.; съ другой стороны—она все сильнѣе и сильнѣе подпадаетъ вліянію той особенной «литературы улицы», которая свила себѣ гнѣздо въ Москвѣ «на Никольской» и которая извѣстна подъ именемъ «лакейской». Это послѣднее вліяніе, какъ мы видѣли, самымъ деморализующимъ образомъ отражается на характерѣ лубочной литературы.

Лубочники сдѣлали свое дѣло: какъ бы то ни было, худо-ли, хорошо-ли, но они въ теченіе долгаго времени доставляли народу возможность читать печатное слово, поддерживали въ народной средѣ грамотность, которая безъ нихъ легко могла совсѣмъ изсякнуть въ этой средѣ. Наряду съ разными негодными изданіями, они распространяли также не мало хорошаго и полезнаго: азбуки, букваря, священное писаніе, ветхій и новый завѣтъ, картины и т. д. Въ этомъ ихъ безспорная и положительная заслуга. Но теперь ихъ роль должна быть окончена. Теперь изъ ихъ рукъ важное дѣло снабженія народа умственной пищею должна взять въ свои руки интеллигенція, обладающая знаніями, образованіемъ, развитіемъ и готовностью безкорыстно служить народу, который воспиталъ ее. Пора, наконецъ, дать народу тѣ книги, которыя дѣйствительно вносили бы въ его среду:

Разумное, доброе, вѣчное...

Это прямой долгъ, это священная обязанность людей интеллигенціи. Пожелаемъ же отъ всей души, чтобы поскорѣе было приступлено къ выполненію этой обязанности теперь же, не откладывая дѣла въ долгій ящикъ. Дѣло не ждетъ: быстро, съ каждымъ годомъ, растетъ масса грамотнаго люда по нашимъ сезамъ и деревнямъ и въ средѣ этой массы съ каждымъ днемъ все сильнѣе и сильнѣе назрѣваютъ потребности духовной, умственной жизни, которыя—увы! — до сихъ поръ остаются безъ отвѣта, безъ отклика, безъ удовлетворенія... Все, что сдѣлано нами для удовлетворенія этихъ запросовъ, такъ мелко и ничтожно сравнительно съ тѣмъ, что предстоитъ сдѣлать, что мы обязаны сдѣлать...

Лубочный романъ.

Существуетъ мнѣніе, что всего охотнѣе народомъ читаются, съ одной стороны, книги религіознаго содержанія, «божественныя», особенно житія святыхъ подвижниковъ, а съ другой—историческіе повѣсти и романы. Книги религіознаго содержанія особенно любятъ читать люди пожилые, молодое же поколѣніе въ засосъ зачитывается историческими романами и повѣстями.

Что же это за романы? Что это за повѣсти?

Вотъ, напримѣръ, заглавія нѣкоторыхъ изъ нихъ: «Атаманъ-разбойникъ Львиное сердце, или чудесное спасеніе изъ подземелья прекрасной Елены», историческій романъ въ 2-хъ частяхъ (изданіе Губанова); «Роковая клятва или черное домино», историч. повѣсть (изданіе Губанова); «Заколдованный и чародѣйственный замокъ, съ приключеніями знаменитаго рыцаря Гарвеса», изданіе Манухина; «Кровавый духъ или жертва злодѣевъ», историческій романъ, изданіе Губанова; «Чертово раздолье или месть жидовки» историческій романъ изъ временъ Бориса Годунова и Дмитрія Самозванца, изданіе Пономарева; «Отъ вѣнца—въ могилу», романъ изъ временъ чумы 1772 года, соч. Н. Пазухина, изданіе Лузиной; «Кровавая месть», повѣсть изъ историч. жизни среднихъ вѣковъ, изданіе Манухина; «Похожденія таинственной полумаски Кровавая Лапа, предводителя шайки пиратовъ въ римскихъ катакомбахъ», соч. И. Кассирова, изданіе Лузиной; «Невѣста-убійца, или отъ вѣнца въ кандалы», историческая повѣсть изъ временъ Екатерины II, изданіе Губанова, и т. д. и т. д.

Какъ ни много говорятъ эти заглавія сами по себѣ, тѣмъ не менѣе, судить о содержаніи и характерѣ какихъ бы то ни было произведеній только по однимъ заголовкамъ, разумѣется, невозможно. И особенно это невозможно въ области лубочной литературы, въ которой, какъ мы видѣли, сплошь и рядомъ заглавіе нисколько не соотвѣтствуетъ содержанію.

Поэтому познакомимся для образца съ содержаніемъ хотя одного изъ лубочныхъ романовъ, и для этой цѣли выберемъ самый распространенный, самый популярный изъ нихъ, это именно романъ объ «Англійскомъ Милордѣ».

О «Милордѣ Англійскомъ» упоминалъ еще Бѣлинскій, какъ о книгѣ, весьма распространенной въ его время. Затѣмъ Некрасовъ въ своей поэмѣ «Кому на Руси жить хорошо» посвятилъ этой книгѣ нѣсколько строкъ, приведенныхъ нами въ эпиграфѣ къ предыдущей статьѣ. Изъ этихъ строкъ можно видѣть, что и во времена Некрасова «Англійскій Милордъ», котораго поэтъ безъ церемоніи называетъ «глупымъ», продавался на крестьянскихъ базарахъ.

То же самое и теперь. Предо мной лежитъ, напримѣръ, экземпляръ этого романа, на которомъ значится: «изданіе *семнадцатое* И. Сытина. Москва, 1886 года». Но въ моей коллекціи лубочныхъ книжекъ есть экземпляръ «Англійскаго Милорда», изданнаго въ 1883 году Шараповымъ; я сравниваю эти два изданія, и что же оказывается?—оказывается, что изданіе Сытина есть точная, буквальная перепечатка изданія Шарапова—изъ слова въ слово. Но курьезнѣе всего то, что на обложкѣ шараповскаго «Милорда» точно также стоитъ: «семнадцатое изданіе»,—слѣдовательно, Сытинъ, перепечатавши цѣликомъ шараповское изданіе, не потрудился даже измѣнить обложки и цифры, указывающей число изданій. Отсюда, между прочимъ, видно, насколько точно ведется лубочными издателями счетъ своихъ изданій. Изъ свѣдѣній, доставленныхъ мнѣ Сытинымъ, видно, что «Англійскаго Милорда» ежегодно продается имъ, среднимъ числомъ, 15.000 экземпляровъ. Немного менѣе, вѣроятно, продаетъ

Лузина, наслѣдница Шарапова. Затѣмъ и у другихъ лубочныхъ издателей имѣются различные варіанты «Милорда Георга», которые также имѣютъ не малый сбытъ... Но вернемтесь къ содержанію романа.

Прежде всего, приведу полное заглавіе этого романа,—вотъ оно: «Повѣсть о приключеніи Англійскаго Милорда Георга и бранденбургской маркграфини Фредерики Луизы, съ присовокупленіемъ къ оной исторіи бывшаго турецкаго визиря Марцимириса и сардинской королевы Тересіи».

Роману предпослано слѣдующее вступленіе: «Въ прошедшія времена, когда еще европейскіе народы не всѣ приняли христіанскій законъ, но нѣкоторые находились въ баснословномъ языческомъ идолослуженіи, случилось въ Англіи съ однимъ милордомъ слѣдующее странное приключеніе». И вслѣдъ за этимъ начинается повѣствованіе о цѣломъ рядѣ самыхъ необычайныхъ, самыхъ невозможныхъ и нелѣпыхъ приключеній милорда.

Тутъ и злыя волшебницы, и очаровательныя принцессы, и заколдованные замки и перстни-талисманы, турецкіе корсары-разбойники, «черные арабы», злые духи, палачи, эшафоты, но больше всего—страстныя любовницы, вѣроломные любовники, всевозможныя «любовныя препозиціи» и разныя необыкновенно влюбчивыя королевы, въ томъ числѣ королева «Гишпанской короны».

Всѣ эти королевы и принцессы, и разныя «препрядныя собою дамы» обыкновенно съ перваго же взгляда влюбляются въ милорда и затѣмъ всевозможными способами стараются добиться его взаимности, однѣ—«навсегда», другія же—«хотя на одинъ часъ». На этомъ вертится все содержаніе «романа».

Но не будемъ забѣгать впередъ и попытаемся, насколько возможно, передать содержаніе этого романа, чтобы дать представленіе читателю о художественныхъ и иныхъ достоинствахъ этого литературнаго произведенія.

Однажды «младый англійскій милордъ Георгъ» охотился въ полѣ за зайцами вмѣстѣ съ своей свитой. Мало-по-малу онъ отдалился отъ своихъ спутниковъ и «заѣхалъ въ превеликій густой лѣсъ, по которому ѣздивши почти всю ночь, онъ приходитъ въ отчаяніе, потому что заѣхалъ въ незнакомый великій и почти непроходимый лѣсъ, въ которомъ отъ лютости звѣрей могъ быть подверженъ великой опасности, а къ оборонѣ своей ничего при себѣ, кромѣ одного охотничьяго ножа, не имѣлъ, а за утомленіемъ лошади, никакъ далѣе ѣхать не было можно».

Но вотъ, на полянѣ, онъ видитъ преогромный, каменный, удивительной архитектуры домъ, у воротъ котораго прикованы были на желѣзныхъ цѣпяхъ «два превеликіе свирѣпые льва, испускающіе преужасный ревъ». Къ дворцу подъѣзжаетъ цѣлый рядъ каретъ, изъ которыхъ выходятъ «превзрядныя собою дамы». Одна изъ этихъ дамъ предлагаетъ милорду слѣдовать за нею въ покои маркграфини, владѣтельницы этого дворца. «Милордъ, не отвѣтствуя ничего, но поклонясь съ учтивостью и страхомъ, пошелъ за нимъ».

Вотъ онъ входитъ въ залъ «препебогато убранный». По срединѣ зала стоитъ «сдѣланный изъ самаго чистаго мрамора тронъ, надъ которымъ балдахинъ изъ зеленаго бархата, пребогато вышитый золотомъ; на ономъ тронѣ сидѣла маркграфиня, а по правую сторону трона стояло 16 прекрасныхъ дѣвицъ».

— «А, господинъ милордъ, — привѣтствовала маркграфиня Георга, — васъ я очень давно желала видѣть, но никакимъ способомъ до сего времени случая не имѣла».

Оказалось, что маркграфинѣ извѣстна чуть не вся подноготная Георга: она знаетъ, что онъ имѣетъ уже невѣсту, дочь англійскаго оберъ-гофмаршала Елизавету, о которой она самаго плохого мнѣнія. Она нимало не скрываетъ этого и заявляетъ Георгу, что если онъ женится на Елизаветѣ, то «чрезъ три мѣсяца по женитьбѣ его можно будетъ поздравить съ сынкомъ или дочерью».

Затѣмъ милорда просятъ откушать. «Во время стола маркграфиня разговаривала съ милордомъ о разныхъ матеріяхъ съ великою пріятностію; а по окончаніи стола, взявъ его за руку повела въ свою спальню (!), и, посадя подлѣ себя на кровать, говорила: «Вы очень меня одолжите, ежели разскажете мнѣ, какимъ образомъ вы изъ Лондона отлучились и сюда заѣхали».

Милордъ какъ будто только этого и ждалъ и тотчасъ же пустился самымъ подробнѣйшимъ образомъ излагать свою біографію чуть-ли не со дня рожденія. Разсказавъ затѣмъ исторію своего сближенія съ невѣстою Елизаветой, милордъ съ особенною подробностью остановился на характеристикѣ своихъ воззрѣній относительно «амура», т.-е. любви. У него, извольте видѣть, былъ пріятель, нѣкій Меларій, большой ходокъ по женской части. Этотъ Меларій, между прочимъ, утверждалъ, что «дамскіе глаза всякую минуту ловятъ мужскіе; и ежели (бы) не препятствовалъ имъ женскій стыдъ, то бы онѣ всегда прежде нашего любовь свою намъ объявили, а какъ скоро мужчина сдѣлаетъ провозицію, то въ одну минуту стыдливость въ нихъ пропадаетъ, потому что всякая (женщина) противъ мужчины имѣетъ пылкости болѣе двухъ частей, а мы уже останемся въ третьей» (?!).

Далѣе Меларій проповѣдывалъ, что «молодого человѣка ничто такъ веселить не можетъ, какъ амуръ, и сія наука такъ легка и понятна, что безъ учителя въ самое короткое время обучиться можно». Но милордъ, по благородству своему, никакъ не могъ согласиться съ этимъ мнѣніемъ и доказывалъ, что «амуръ — вещь весьма опасная. Интересна его аргументація, такъ какъ она обрисовываетъ нравственные принципы, которыми руководствовался благородный милордъ.

— «Надобно, — говорилъ Георгъ, — во-1) онѣ (т.-е, амурныя дѣла) содержать въ великой тайности, чтобы никто не могъ о томъ вѣдать, чтобы чрезъ то не лишиться честнаго имени. 2) Въ таковыхъ (амурныхъ) дѣлахъ человѣкъ подверженъ великой опасности въ потеряніи своей жизни. 3) Благородную любовницу безъ великаго страха имѣть никакъ не можно; подлую, которая любить будетъ изъ одного интереса, то отъ этого получишь безчестную «славу».

— «О, милордъ, — возражалъ на это Меларій, — я вижу, что вы очень деликатны и разборчивы; а для меня такъ все равно, какая бы ни была любовница, благородная или подлая, я этого не разбираю».

Такое легкомыслiе возмущаетъ маркграфиню, которая, «прервавъ милордову рѣчь, сказала: возможно-ли статься, чтобъ у благороднаго человѣка была такая безразсудная имажинацiя?» (стр. 20-я).

Когда милордъ окончилъ свой разсказъ, маркграфиня сказала ему:

— «Милордъ, я думаю что можешь видѣть, что я ничѣмъ твоей невѣсты не хуже однакожъ, я бы желала имѣть васъ своимъ мужемъ... Только прежде трехъ лѣтъ никакъ тебя мужемъ имѣть не могу, а по прошествiи трехъ лѣтъ, гдѣ бы ты ни былъ, я сама тебя сыщу». При этомъ маркграфиня не могла удержаться, чтобы не сдѣлать нѣсколько болѣе чѣмъ извѣтельныхъ замѣчанiй по адресу невѣсты милорда, Елизаветы, которая, по ея словамъ, «честь свою принесла на жертву одному своему пажу».

По окончанiи вечерняго стола, маркграфиня, взявъ милорда за руку, повела въ свою спальню съ сими словами: «Теперь уже я осмѣливаюсь васъ просить отъ вашего безпокойства препроводить сiю ночь со мною въ одной спальнѣ, ибо я васъ, какъ непремѣннаго своего жениха, стыдиться не намѣрена. Только прошу васъ, чтобы вы ни малыхъ противныхъ чести и благопристойности мыслей обо мнѣ не имѣли, а быть воздержну твердо и терпѣливо».

Ночь милордъ проспалъ благополучно, по утру, проснувшись раньше маркграфини «и будучи о красотѣ ея въ различныхъ размышленiяхъ, всталъ, подошелъ къ ея кровати и открылъ занавѣсъ; смотря на прелестную ея красоту, въ такую пришелъ нетерпѣливость, что, забывъ свое обѣщанiе и клятвы, отважился съ великою тихостiю ее поцѣловать».

Съ этихъ поръ милордъ началъ частенько заѣзжать въ заколдованный замокъ маркграфини и рѣшилъ окончательно порвать со своею невѣстою, Елизаветою. Къ этому его особенно побудило слѣдующее обстоятельство.

Однажды, возвращаясь ночью отъ маркграфини, онъ сбился съ дороги и запутался въ лѣсу. Дѣлать нечего, Георгъ рѣшился провести ночь въ лѣсу, чтобы поутру снова двинуться въ путь. Выбравъ высокое дерево, онъ расположился подъ нимъ и готовился уже уснуть, какъ вдругъ слышитъ конскій топотъ, приближающійся къ нему. Онъ взбирается на дерево и оттуда начинаетъ высматривать. Въ лѣсъ въѣхали двѣ кареты, которыя остановились какъ разъ подъ тѣмъ деревомъ, на которомъ онъ расположился. Изъ каретъ вышли семь дѣвицъ и вывели съ собою «одного изряднаго кавалера, у котораго ротъ и руки были связаны». Въ одной изъ этихъ дѣвицъ милордъ узналъ Любиллу, двоюродную сестру своей невѣсты Елизаветы.

Любилла приказала развязать кавалера и затѣмъ обратилась къ нему съ такими словами: «Ну, теперь, безчеловѣчный и немилосердный любви моей тиранъ, наполняй своими воплями сей густой лѣсъ, я здѣсь ничего не опасаюсь; и когда ты изъ доброй воли любить меня не хочешь, то я принужу тебя къ тому съ ругательствомъ своей чести».

«Какъ развязали сему кавалеру ротъ, то милордъ его и узналъ, что онъ одного знатнаго лондонскаго купца сынъ Маремиръ, въ котораго Любилла, влюбясь, никакъ не могла склонить его къ своему намѣренію, потому что онъ имѣлъ у себя другую любовницу».

— «Негодный!—говорила ему Любилла,—я уже не прошу тебя, чтобы ты вѣчно меня любилъ, но хотя на одинъ только часъ скажи ко мнѣ свою склонность»...

Но Маремиръ оставался непреклоненъ.

«Тогда Любилла, видя Маремирову твердость, пришла въ такое неистовство, что съ великимъ жаромъ своего сердца говорила: а какъ ты, негодный, изъ доброй воли не хочешь на мое предложеніе согласиться, такъ я поступаю съ тобою такъ, какъ сестра моя Елизавета сдѣлала съ своимъ пажемъ, будучи въ загородномъ своемъ домѣ, который также не хотѣлъ согласиться на ея предложеніе, но она его принудила любить себя неволей».

«Здѣсь, любезный читатель, — заявляетъ при этомъ авторъ романа, — благопристойность не дозволяетъ перу моему изъяснить всѣхъ непристойностей, какія Любида употребляла на прельщеніи Маремира; довольно, что она, во исполненіе своей власти, приказала его обнажить и заставила своихъ дѣвокъ по голому тѣлу сѣчь прутьями» и т. д.

Послѣ этого милордъ рѣшилъ окончательно порвать съ невѣстою Елизаветой и ждать того времени, когда онъ можетъ жениться на маркграфинѣ. Но объ этомъ узнаетъ мать Елизаветы и съ помощью волшебства начинаетъ систематически мстить милорду.

Тутъ слѣдуетъ описаніе различныхъ мытарствъ и всевозможныхъ напастей, которыя обрушиваются на голову несчастнаго милорда. Всѣ эти несчастія происходятъ единственно изъ-за того, что онъ отказывается отвѣчать на любовь, которую питаютъ къ нему всѣ тѣ королевы и принцессы, съ которыми сталкиваетъ его судьба.

Вотъ онъ появляется во дворцѣ «Гишпанской королевы» и тотчасъ же одерживаетъ цѣлый рядъ побѣдъ надъ женскими сердцами. «Сестра королевина, Елена, съ перваго взгляда такъ въ милорда влюбилась, что безъ всякаго стыда дѣлала ему многія любовныя объясненія». Особенно же во время танцевъ она «оказывала ему великіе любовные знаки». Сама королева «Гишпанская», познакомившись съ милордомъ, «нечувствительно почувствовала въ сердцѣ своемъ любовный жаръ; только всѣми мѣрами старалась оный скрывать. Однакожъ, не могла вытерпѣть, чтобы съ нимъ не говорить, а послѣ разговоровъ сама же поднила и его танцевать; но все оное дѣлала съ великою благопристойностью. И съ сего времени такъ въ него влюбилась, что положила непремѣнное намѣреніе — кромѣ него никого въ женихи себѣ не удостоивать (стр. 166—167).

Но сестра королевы, Елена, также не теряла времени даромъ. Ночью, когда всѣ улеглись спать, «безстыдная Елена, думая, что всѣ уже заснули, вставши съ своей кровати и надѣвъ на себя одну только мантилью, пошла въ ту комнату, которая отведена была для милорда... Милордъ, лежа на постели, находился о красотѣ королевниной въ различныхъ размышленіяхъ но вдругъ, увидя отворившуюся дверь и идущую къ себѣ даму, очень удивился, а какъ подошла къ его кровати и могъ онъ ее узнать, то говорилъ ей: — ахъ, ваше высочество! пристойно-ли это? Зачѣмъ вы въ такое необыкновенное время придти сюда изволили?—Къ тебѣ, любезный милордъ,—отвѣчала она ему,—это самое лучшее время для доказательства непреодолимой моей къ тебѣ любви» и т. д. (168 стр.).

Однако, милордъ, несмотря на отчаянную атаку со стороны «безстыдной Елены», остался холоденъ и твердъ, какъ скала. Столь же твердымъ оказывался онъ и при нападеніяхъ на него со стороны другихъ не въ мѣру страстныхъ королевъ и принцессъ. Особенно же много ему достается отъ «арабской королевы».

Арабская королева, какъ только увидала милорда, «то въ ту же минуту такъ заразилась любовною къ нему страстью, что нѣсколько минутъ не могла ни одного выговорить слова (!), но, потупя глаза, молчала и на черномъ ея лицѣ показался багровый румянецъ, почему и не трудно было милорду догадаться, что она въ него влюбилась» (стр. 60—61).

«Сія королева, видя, что онъ (милордъ) на предложенія ея (сдѣлаться ея мужемъ) не соглашается, приняла намѣреніе прельстить его своею красотой, ибо она между арабами считалась за великую красавицу, открывши предъ милордомъ черныя свои груди, которыя были изряднаго сложенія, говорила: «Посмотри, милордъ, ты, конечно, въ Лондонѣ такихъ пріятныхъ и нѣжныхъ членовъ не видывалъ?»

— «Это правда, ваше величество,—отвѣчалъ онъ,—что и въ самомъ Лондонѣ подлая женщина ни за какія деньги сихъ членовъ публично передъ мужчиною открыть не согласится, чего ради я вашему величеству совѣтую оныя попрежнему закрыть» (стр. 64).

«Королева, слыша отъ милорда сіи презрѣнныя (?) слова, пришла въ великій стыдъ и чрезмѣрное огорченіе и сказала: «Ахъ, неблагодарный невольникъ! Могла-ли я думать, чтобы ты отважился сдѣлать мнѣ такое презрѣнное ругательство и нанести оскорбленіе моему величеству?» Она рѣшается примѣрнымъ образомъ наказать его за это преступленіе. «Возьмите отъ меня сего злодѣя!—закричала она,—и, обнаживъ его, бросьте въ самый глубочайшій эдикулъ, чтобъ онъ болѣе могъ чувствовать ползающихъ на немъ находящихся тамъ разныхъ (гадовъ)».

Въ «эдикулѣ» милорду пришлось плохо: гады облѣпили все его тѣло; онъ хватаетъ ихъ своими руками, бросаетъ на землю, но на мѣсто оныхъ другія во множественномъ числѣ на него вползываютъ. Отъ сего несноснаго мученія, не видя чѣмъ избавиться, бѣгаетъ изъ угла въ уголъ, и отъ нестерпимости кричитъ во весь голосъ, но никакого спасенія сыскать не можетъ».

Между тѣмъ, королева, по прошествіи трехъ дней, «вздумала, что, конечно, милордъ послѣ сего мучительнаго наказанія склонится на ея предложеніе, послала къ нему одну вѣрную свою дѣвку (!) и приказала ей его уговорать. Дѣвка пришла къ эдикулу въ самое то время, какъ милордъ, будучи въ отчаяніи, бѣгалъ безъ памяти по эдикулу и кричалъ. Услышавъ она сіе, не говоря съ нимъ ничего, возвратилась къ королевѣ и объявила ей, что милордъ лишился разума». Королева приказала немедленно освободить милорда и перевести его въ садъ, «который былъ подлѣ самыхъ ея покоевъ». Милордъ не безъ комфорта расположился въ бесѣдкѣ, въ которой было приготовлено все необходимое для пребыванія въ ней.

«Однако,—разсуждала королева,—я не могу преодолѣть моей страсти, пренебрегу свой стыдъ, пойду къ нему и отдамся въ его волю; ежели онъ меня и пренебрежетъ, то я снесу терпѣливо, вмѣсто наказанія за то, что безчеловѣчно мучила его въ эдикулѣ, и выговоря сіе, закрывшись одною только бѣлою простыней, оставя своихъ дѣвицъ у фонтана, вошла къ милорду. Увидавши онъ ее, закрылъ свою голову одѣяломъ и притворился, будто спитъ. Королева, подошедъ къ кровати, стащила съ него одѣяло, а онъ вскочилъ съ постели, хотѣлъ бѣжать; но она, ухватя его, удержала и сѣвъ подлѣ него на кровать.

«Милордъ, видя нагое безстыдство, говорилъ: «Ваше величество, я осмѣлюсь вамъ доложить, что у васъ въ Англіи не только изъ такихъ знатныхъ королевскихъ особъ, но изъ самыхъ подлыхъ женщинъ ни за какія деньги такимъ образомъ, какъ вы, тѣла своего передъ мужчиною обнажить не согласятся».—«Я и сама знаю,—отвѣчала ему королева,—чести моей поношеніе, по сіе дѣлаю (вслѣдствіе) не(с)терпимой къ тебѣ моей любви».— «Ваше величество,—говорилъ еще милордъ,—вы совершенно отъ фонтанной воды озябли, можете простудиться, чего ради я и совѣтую вамъ одѣться». Но королева, не отвѣтствуя на его слова, обхватя его за шею, безъ всякаго стыда стала его цѣловать, дѣлая многія любовныя изъявленія; но онъ, сколько можно, съ учтивостію отворачивался, и, наконецъ, вырвавшись у ней изъ рукъ, ушелъ въ густую аллею» (стр. 69—70).

Но приключенія самого милорда еще ничто въ сравненіи съ тѣми гадостями, которыя продѣлываютъ другіе герои этого «романа». Такъ, напримѣръ, нѣкій «Фердинальдъ» съ необыкновенною развязностью повѣствуетъ о себѣ въ такомъ откровенномъ тонѣ: «А какъ я былъ тогда холостой и въ самыхъ молодыхъ лѣтахъ, то старался отыскать себѣ любовницу, въ чемъ такъ былъ счастливъ, что, живучи въ семъ городѣ самое короткое время, безъ всякаго затрудненія склонилъ къ себѣ въ любовь очень хорошихъ трехъ дамъ».

И затѣмъ слѣдуетъ подробное, въ высшей степени циничное описаніе этихъ доблестныхъ побѣдъ. И такая-то грязь насквозь пропитываетъ всѣ страницы этого «романа», предназначеннаго для народнаго чтенія!

Я не буду говорить здѣсь о вопіющей безграмотности изложенія, о массѣ грубѣйшихъ опечатокъ, объ исковерканныхъ самымъ безпощаднымъ образомъ иностранныхъ словахъ, то и дѣло попадающихся въ этомъ романѣ, такъ какъ надѣюсь, что изъ приведенныхъ мною выписокъ все это само собою ясно видно.

И такая-то книга въ теченіе чуть не цѣлаго вѣка усиленно распространялась въ народѣ! Зачѣмъ же народъ покупалъ такую гадость?—быть можетъ, спросятъ нѣкоторые. Но что же ему оставалось дѣлать, когда потребность въ чтеніи была пробуждена, а выбора *не было*? По необходимости приходилось брать то, что было, что навязчиво предлагали ловкіе офени-коробейники, командированные еще болѣе ловкими московскими лубочниками.

Грустныя мысли наводятъ раздумье на эту тему.

Читатель выросъ.

— Болѣе тридцати лѣтъ назадъ,—говорилъ однажды графъ Л. Н. Толстой,—когда нѣкоторые нынѣшніе писатели, въ томъ числѣ и я, начинали только работать, въ стомилліонномъ русскомъ государствѣ грамотные считались десятками тысячъ; теперь, послѣ размноженія сельскихъ и городскихъ школъ, они, по всей вѣроятности, считаются милліонами. И эти милліоны русскихъ грамотныхъ стоятъ передъ нами, какъ голодные галчата съ раскрытыми ртами, и говорятъ намъ: «Господа, родные писатели, бросьте намъ въ эти рты достойной васъ и насъ умственной пищи; пишите для насъ, жаждущихъ живого литературнаго слова; избавьте насъ отъ все тѣхъ же лубочныхъ Еруслановъ Лазаревичей, Мизердовъ Георговъ и прочей рыночной пищи» [1]).

Присматриваясь къ тому, что происходитъ въ области русскаго книжнаго рынка, и знакомясь съ дѣятельностью нашихъ издателей-книгопродавцевъ, какъ интеллигентныхъ, такъ и народныхъ «съ Никольской улицы», дѣйствительно нельзя не придти къ заключенію, что русская читающая публика за послѣднее время замѣтно и *сильно выросла въ количественномъ отношеніи*.

---

[1]) «Поѣздка въ Ясную Поляну» Г. П. Данилевскаго. «Историческій Вѣстникъ» 1886 г., № 3.

Выводъ этотъ всего лучше доказывается, съ одной стороны, громаднымъ, неслыханнымъ до сихъ поръ успѣхомъ изданій сочиненій Пушкина, Льва Толстого и Лермонтова, съ другой стороны—необыкновенно быстрымъ развитіемъ народно-лубочной литературы и, наконецъ, огромнымъ развитіемъ провинціальной печати.

Въ 1885 году вышло въ свѣтъ *пятое* изданіе сочиненій графа Л. Н. Толстого, цѣною въ 18 рублей. Несмотря на высокую цѣну, все изданіе въ количествѣ 6,000 экземпляровъ разошлось необыкновенно быстро, а именно менѣе чѣмъ въ годъ. Почти тотчасъ же вслѣдъ за этимъ изданіемъ появляется новое, значительно удешевленное, въ 8 рублей, также въ количествѣ 6,000 экземпляровъ. Можно было думать, что изданіе это пойдетъ тихо и медленно, въ виду того, что оно сравнительно съ предыдущимъ, только-что разошедшимся изданіемъ, не заключало въ себѣ никакихъ новыхъ произведеній знаменитаго романиста.

И что же?—все изданіе расходится въ теченіе *одного мѣсяца*. Между тѣмъ, требованія со стороны читающей публики на произведенія графа Л. Н. Толстого все растутъ и растутъ и заставляютъ издательницу приступить къ новому изданію. На этотъ разъ изданіе выходитъ болѣе чѣмъ въ удвоенномъ количествѣ экземпляровъ, а именно въ числѣ 15,000. Но и это изданіе разошлось весьма быстро и потребовало новаго повторенія.

Драма графа Толстого «Власть тьмы» вышла въ февралѣ мѣсяцѣ 1887 года; моментально все изданіе было раскуплено и въ теченіе того же мѣсяца было вновь повторено съ такимъ же успѣхомъ; затѣмъ въ мартѣ мѣсяцѣ было сдѣлано еще три изданія этой драмы. Такимъ образомъ, въ теченіе двухъ мѣсяцевъ «Власть тьмы» выдержала пять изданій и въ теченіе года разошлась въ количествѣ почти 100,000 экземпляровъ (93,600).

По свѣдѣніямъ г. Павленкова, сочиненія графа Толстаго, предназначенныя для народнаго чтенія, были выпущены въ теченіе 1887 года въ количествѣ 397,000 экземпляровъ. Всего же сочиненій графа Толстого было издано въ 1887 году 677,600 экземпляровъ [1]).

Необычайный успѣхъ, которымъ сопровождались послѣднія изданія сочиненій Пушкина, болѣе или менѣе извѣстенъ каждому. Все русское общество съ страстнымъ нетерпѣніемъ ждало 27 января 1887 года — день, когда истекало право собственности на произведенія великаго поэта. Первое дешевое изданіе г. Суворина было буквально расхватано публикою чуть не съ бою въ теченіе какого-нибудь получаса времени. Изданіе г. Павленкова также разошлось необыкновенно быстро; немедленно же потребовались со стороны гг. Суворина и Павленкова новыя изданія, которыя опять-таки, судя по общимъ отзывамъ, разошлись очень бойко. Затѣмъ въ Москвѣ появляется цѣлый рядъ новыхъ издателей, которые также выпустили дешевыя сочиненія Пушкина: Карцевъ, Сытинъ, Маракуевъ, Земскій, Леухинъ, Рихтеръ и др.

Первое изданіе г. Карцева состояло изъ 15,000 экз. Въ теченіе первыхъ же трехъ-четырехъ недѣль по выходѣ изданія въ свѣтъ у него разошлось около 6,000 экз. Изданія Сытина и Маракуева, предпринятыя въ видѣ опыта въ ограниченномъ количествѣ экземпляровъ, также прошли чрезвычайно ходко. Намъ неизвѣстно, какъ идутъ изданія Земскаго, но если бы они даже совсѣмъ не шли, то этому можно было бы только порадоваться, такъ какъ безграмотніе и вообще безобразіе этихъ изданій трудно себѣ что-нибудь представить.

Въ такомъ же родѣ было изданіе Леухина, который широковѣщательными рекламами настойчиво приглашалъ публику «какъ можно поспѣшить» подписываться на предпринятое имъ изданіе сочиненій Пушкина. Затѣмъ необходимо упомянуть еще объ изданіяхъ болѣе дорогихъ: В. Комарова (три рубля), литературнаго фонда (шесть рублей) и т. д.

По слѣдамъ интеллигентныхъ издателей пошли и самые за-

---

[1]) «Книжное дѣло въ Россіи въ 1887 году». Л. Павленкова. «Историческій вѣстникъ» 1888 г., томъ XXXII.

коренѣлые изъ такъ-называемыхъ лубочныхъ издателей, которые до тѣхъ поръ неподвижно и упорно стояли на однихъ «Ерусланахъ Лазаревичахъ», «Оракулахъ» да «Житіяхъ». За изданіе отдѣльныхъ произведеній Пушкина принялись: Морозовъ, Лузина, Абрамовъ и др. лубочники [1]. Первая же Нижегородская ярмарка сразу поглотила всѣ эти изданія, изъ которыхъ каждое печаталось въ количествѣ 12.000 экземпляровъ. Всѣ эти издатели—какъ интеллигентные, такъ и лубочные—въ теченіе 1887 года выпустили огромное количество экземпляровъ сочиненій Пушкина. Приводимъ табличку, изъ которой можно видѣть количество изданныхъ экземпляровъ сочиненій Пушкина въ теченіе 1887 года, по мѣсяцамъ:

	Число названій.	Количество экземпляровъ.
Въ январѣ мѣсяцѣ	19	122,500
» февралѣ »	27	168,600
» мартѣ »	25	225,000
» апрѣлѣ »	8	74,900
» маѣ »	7	68,800
» іюнѣ »	15	65,800
» іюлѣ »	11	150,175
» августѣ »	15	248,000
» сентябрѣ »	13	215,200
» октябрѣ »	8	82,600
» ноябрѣ »	6	28,000
» декабрѣ »	9	31,800
Всего	163 назван.	1.481,375 экз. [2]

[1] Такъ, напримѣръ, Лузина издала цѣлую серію произведеній Пушкина: «Кавказскій плѣнникъ», «Бахчисарайскій фонтанъ», «Цыгане», «Братья-разбойники», «Мѣдный всадникъ», «Русалка», «Каменный гость», «Скупой рыцарь», «Барышня-крестьянка», «Графъ Нулинъ», «Станціонный смотритель», «Гробовщикъ», «Метель», «Выстрѣлъ», затѣмъ сказки и нѣкоторыя мелкія стихотворенія; всего же Лузиной издано 20 книжекъ съ произведеніями Пушкина.

[2] «Книжное дѣло въ Россіи въ 1887 г.» Историческій «Вѣстникъ 1888 г.» томъ XXXII.

Такимъ образомъ, въ теченіе одного 1887 года издателями было выпущено въ продажу почти *полтора милліона экземпляровъ* разныхъ сочиненій великаго поэта, т.-е. какъ въ полномъ ихъ объемѣ, такъ и отдѣльныхъ произведеній. Подобный фактъ, немыслимый 10—15 лѣтъ тому назадъ, какъ нельзя лучше показываетъ ростъ читающей публики. Къ этому необходимо прибавить, что, несмотря на огромное количество экземпляровъ сочиненій Пушкина, выпущенныхъ издателями въ 1887 году, требованія читающей публики еще далеко не удовлетворены; то и дѣло вновь появляющіяся изданія сочиненій Пушкина какъ нельзя лучше доказываютъ это.

Подобный успѣхъ, главнымъ образомъ, объясняется «дешевизною» изданій, благодаря чему они становятся доступными массѣ читающаго люда. Что касается сочиненій другихъ нашихъ первоклассныхъ писателей, то, вслѣдствіе высокихъ цѣнъ, они, къ сожалѣнію, не имѣютъ широкаго распространенія. Однако, за послѣднее время и они начинаютъ издаваться все въ бóльшемъ и бóльшемъ количествѣ; такъ, напримѣръ, въ теченіе того же 1887 года сочиненія Григоровича были изданы въ количествѣ 10,000 экземпляровъ, далѣе:

сочиненія Грибоѣдова въ числѣ 10,000 экземпл.
» Лермонтова » » 15,000 »
» Тургенева » » 10,000 »
» Гоголя » » 10,000 »
» Крылова » » 50,000 »

Здѣсь кстати будетъ напомнить объ успѣхѣ, который недавно имѣли сочиненія Надсона, Салтыкова, Гл. И. Успенскаго. Въ короткое время сочин. Надсона выдержали около десяти изданій; изданіе сочиненій Салтыкова-Щедрина, несмотря на высокую цѣну (20 рублей), разошлось прежде, чѣмъ былъ отпечатанъ послѣдній томъ. Съ удешевленіемъ сочиненій Глѣба Ив. Успенскаго, они начали расходиться чрезвычайно быстро, такъ что въ теченіе двухъ лѣтъ потребовалось два изданія, каждое въ 10,000 экземпляровъ.

Въ области журналистики замѣчается то же самое явленіе весьма быстраго увеличенія числа читателей и подписчиковъ. Особенно это наблюдается по отношенію къ дешевымъ иллюстрированнымъ журналамъ, изъ которыхъ нѣкоторые расходятся также въ огромномъ, совершенно неслыханномъ прежде, количествѣ экземпляровъ, такъ напримѣръ, «Нива» печатается въ числѣ 130,000 экземпляровъ. Газета «Царь-Колоколъ» также имѣла болѣе 100,000 подписчиковъ. Наконецъ, въ теченіе послѣднихъ 15—20 лѣтъ выросла и достигла необыкновеннаго развитія провинціальная печать,—число мѣстныхъ изданій растетъ съ каждымъ годомъ, вмѣстѣ съ этимъ растетъ общественное значеніе провинціальныхъ газетъ, все болѣе и болѣе разростается кругъ ихъ подписчиковъ и читателей.

Откуда же берутся эти тысячи, десятки и сотни тысячъ новыхъ читателей, новыхъ подписчиковъ? Они берутся изъ народа.

Князь Шаховской, на основаніи личныхъ наблюденій, свидѣтельствуетъ, что теперь уже можно встрѣтить «образованныхъ мужиковъ, оставшихся на землѣ», можно встрѣтить крестьянъ, которымъ «доступны всѣ наши лучшіе писатели, и такихъ, которые пользуются книгой для цѣлей практическихъ: изъ ней почерпаютъ свѣдѣнія о своихъ правахъ и обязанностяхъ, по ней лечатъ, ведутъ огородъ и пчелъ»... ¹). Такимъ образомъ, мало-по-малу, нарождается въ деревнѣ своя собственная *крестьянская интеллигенція*.

По сообщенію «Смоленскаго Вѣстника», крестьяне нѣкоторыхъ селеній Юхновскаго уѣзда, Смоленской губерніи, дѣлаютъ сборы на устройство школьныхъ библіотекъ, устраиваютъ вечера въ пользу мѣстныхъ училищъ. Такимъ путемъ собрано было болѣе тысячи рублей на устройство прекраснаго Подсосенскаго училища въ Юхновскомъ уѣздѣ. Иниціаторами и жертвователями являются здѣсь исключительно одни крестьяне. Въ Воткинскомъ заводѣ, Вятской губерніи, учреждена библіотека

---

¹) «О народномъ образованіи въ Весьегонскомъ уѣздѣ, Тверской губ.» Рыбинскъ. 1886 г.

при народной школѣ на пожертвованія самихъ учениковъ; она содержится на средства, собираемыя съ подписчиковъ по 3 коп. въ мѣсяцъ. Въ текущемъ 1894 году крестьяне Воткинскаго завода, рѣшивъ устроить особую общественную библіотеку, на которую и успѣли собрать капиталъ въ 2,000 рублей.

Крестьяне, съумѣвшіе завоевать себѣ матеріальное обезпеченіе, не всегда же становятся Разуваевыми, всѣ стремленія которыхъ направлены только на то, чтобы сорвать гдѣ возможно и съ кого возможно лишнюю копейку; можно указать много случаевъ, когда разбогатѣвшіе крестьяне охотно затрачиваютъ большія деньги на устройство училищъ, чаще всего на мѣстѣ своей родины. Въ Архангельской губерніи намъ извѣстно нѣсколько школъ, прекрасно обставленныхъ и вполнѣ обезпеченныхъ, благодаря пожертвованіямъ того или другого изъ мѣстныхъ крестьянъ, которые, живя въ Петербургѣ, въ качествѣ артельщиковъ при торговыхъ конторахъ, успѣвали составить себѣ состояніе. То же самое замѣчается и во многихъ другихъ губерніяхъ. Такъ, наприм. недавно «Таврическія Епархіальныя Вѣдомости» сообщили, что крестьянинъ Днѣпровскаго уѣзда Павленко построилъ на собственныя средства двѣ школы въ мѣстечкѣ Каховкѣ и въ Софійкѣ. Крестьянинъ села Романовки, Николаевскаго уѣзда, Самарской губерніи, Матвѣй Ив. Марковъ въ 1889 году построилъ въ своемъ селѣ на собственный счетъ, безъ всякаго вознагражденія отъ общества или земства, двухклассное сельское училище [1]. И такихъ примѣровъ можно было бы привести немало.

Въ средѣ городского рабочаго класса, а также среди фабричныхъ и заводскихъ рабочихъ проявленія умственной жизни сказываются еще болѣе опредѣленно. По словамъ петербургскихъ газетъ, нѣсколько времени тому назадъ умеръ рабочій одной изъ петербургскихъ фабрикъ, Иванъ Павловъ, послѣ котораго осталась библіотека, содержащая около 1,000 различныхъ со-

---

[1] «Сельскій Вѣстникъ» 1889 г. № 41.

чтеній. Проживая въ самой жалкой каморкѣ, Павловъ часть своего заработка въ теченіе многихъ лѣтъ употреблялъ на покупку книгъ, среди которыхъ, кромѣ произведеній извѣстныхъ русскихъ писателей, встрѣчается не мало книгъ научнаго содержанія. Этотъ страстный любитель чтенія научился грамотѣ уже взрослымъ, по приходѣ въ Петербургъ. Библіотеку свою Павловъ завѣщалъ училищу волости, въ которой родился.

Въ Одессѣ мѣстные рабочіе не разъ обращались къ распорядителямъ народныхъ чтеній съ просьбой назначать общедоступные литературные вечера нѣсколько позже, чтобы они по окончаніи работъ могли посѣщать эти вечера.

Зимой 1887 года въ Костромѣ давался концертъ въ пользу тамошней читальни; за нѣсколько часовъ до него, — какъ сообщалъ «Волжскій Вѣстникъ» — завѣдующій читальней г. Микифоровъ получилъ отъ рабочихъ фабрики Кашина такое письмо: «Не имѣя возможности быть на концертѣ, даваемомъ въ пользу народной читальни, мы, сознавая для себя пользу этихъ чтеній, собрали между собою тридцать три рубля, которые покорнѣйше просимъ принять для читальни».

Рабочіе Ижевскаго завода, Вятской губ., лѣтомъ 1894 года сдѣлали постановленіе — «въ теченіи пяти лѣтъ, пока продолжаются усиленныя работы на фабрикѣ, отчислять съ каждаго заработаннаго рубля по одной копейкѣ для образованія школьнаго фонда. Доходы съ этого фонда должны служить для усиленія средствъ народнаго образованія въ заводѣ». Путемъ такихъ отчисленій — говоритъ «Казанскій Телеграфъ» — по самому скромному разсчету, въ теченіе этихъ пяти лѣтъ должна составиться сумма отъ 90 до 100 тысячъ рублей.

Въ настоящее время число всѣхъ народныхъ школъ въ Россіи (не считая крестьянскихъ школъ грамотности) опредѣляется обыкновенно въ 40.000. Если предположить, что каждая школа ежегодно, среднимъ числомъ, выпуститъ 5 учениковъ (мы беремъ минимальную цифру), то и тогда получимъ огромную цифру въ 200,000 [1]). Слѣдовательно, въ пять лѣтъ контингентъ грамотнаго люда увеличивается на цѣлый милліонъ. Само собою разумѣется, что далеко не всѣ, кончающіе курсъ народной школы, выносятъ изъ нея любовь и охоту къ чтенію; но вѣдь любовь къ книгѣ и чтенію можно легко вызвать и развить для этого необходимо только дать молодежи книжки, которыя способны были бы заинтересовать её.

Еще недавно было время, когда читающая и выписывающая книги публика составляла 10—20 тысячъ, теперь же эта цифра, по крайней мѣрѣ, удесятерялась. За время своего существованія земскія, городскія и полковыя школы приготовили не одинъ милліонъ грамотнаго люда [2]). Этотъ людъ хочетъ теперь читать, хочетъ имѣть хорошую полезную книгу.

Отсюда видно, какую громадную, по истинѣ первостепенную важность получаетъ въ настоящее время вопросъ о народной литературѣ или, точнѣе говоря, о предоставленіи народу возможности читать дѣйствительно хорошія, дѣйствительно полезныя книги... Люди интеллигенціи должны серьезно позаботиться о томъ, какъ лучше и скорѣе удовлетворить этотъ запросъ, эту насущную нужду, эту неотложную потребность.

Пожелаемъ же отъ всей души, чтобы тотъ живой, горячій интересъ, который пробудился теперь въ обществѣ къ этому вопросу, не охладѣвалъ, не замиралъ, а росъ бы и развивался все болѣе и болѣе. Такое пожеланіе особенно умѣстно въ виду того, что русское общество до сихъ поръ еще живетъ порывами, быстро переходя отъ одного настроенія къ другому, отъ увлеченія къ разочарованію, и до сихъ поръ, къ сожалѣнію, не выработало въ себѣ способности доводить до конца разъ намѣченныя цѣли и задачи.

---

[1]) Судя по отчету министерства народнаго просвѣщенія, еще въ 1884 году изъ начальныхъ училищъ этого вѣдомства вышло до 400,000 болѣе или менѣе грамотныхъ дѣтей.

[2]) Въ настоящее время, напримѣръ, въ одной Саратовской губерніи грамотныхъ считается болѣе 200,000 человѣкъ, а именно: 125,230 муж., 41,175 жен. и 79,861 учащихся дѣтей («Памятная книжка Саратовской губ. на 1890 г.»).

ЧТО И КАКЪ ЧИТАЕТЪ НАРОДЪ?

Въ виду быстро растущей въ народѣ грамотности, вопросы о томъ, что читаетъ народъ, какія книги, главнымъ образомъ, распространены въ его средѣ и какъ онѣ проникаютъ къ нему, на чемъ воспитывается народная мысль, народное чувство, съ какими запросами подходитъ грамотный мужикъ къ печатному слову,—всѣ эти вопросы съ каждымъ днемъ пріобрѣтаютъ все большее и большее значеніе.

Въ 1884 году, какъ извѣстно, вышла замѣчательная книга «Что читать народу?» содержащая въ себѣ критическій указатель книгъ для народнаго и дѣтскаго чтенія. Но книга эта, какъ показываетъ и самое заглавіе ея, имѣетъ въ виду рекомендовать, указать, *что слѣдуетъ* читать народу, и потому мы напрасно бы стали искать въ ней отвѣта на поставленный нами вопросъ.

Не подлежитъ сомнѣнію, что въ настоящее время главный матеріалъ для народнаго чтенія составляютъ произведенія, выходящія изъ лавокъ такъ называемыхъ лубочныхъ и шкодьскихъ издателей: Сытина, Лузиной, Губанова, Морозова, Абрамова, Земскаго, Леухина и т. д. Между тѣмъ, ни разбора этихъ изданій, ни свѣдѣній о томъ, какъ именно они принимаются народомъ, мы совсѣмъ не находимъ въ книгѣ «Что читать народу?»

Почтенныя составительницы этой книги отнеслись съ полнымъ вниманіемъ къ народнымъ изданіямъ интеллигентнаго характера, но онѣ совершенно игнорировали *почти* всю лубочную литературу. Дѣло въ томъ, что книги лубочныхъ издателей только въ рѣдкихъ случаяхъ попадаютъ въ школу, книга же «Что читать народу?» разбираетъ именно тѣ изданія, которыя читаются въ школахъ. О томъ же, что читается народомъ *внѣ школы*, книга эта не даетъ почти никакихъ свѣдѣній. Между тѣмъ, во многихъ мѣстностяхъ Россіи народныя изданія интеллигентнаго характера составляютъ самый ничтожный процентъ общаго числа книгъ, распространенныхъ въ народной средѣ. Такъ, напримѣръ, по свѣдѣніямъ, собраннымъ въ Шайтанскомъ заводѣ, Красноуфимскаго уѣзда, Пермской губерніи, учителемъ мѣстной школы, оказалось, что изъ всего количества книгъ 176, имѣющихся у крестьянъ Шайтавскаго завода, 164 книги, т.е. *девяносто три процента*, составляютъ изданія лубочныхъ и никольскихъ фирмъ, цѣною отъ 1 копѣйки до 3 рублей, и только 7% книгъ интеллигентнаго происхожденія [1]).

Другая слабая сторона книги *Что читать народу?* заключается въ томъ, что всѣ выводы, находящіеся въ ней, сдѣланы на основаніи наблюденій, произведенныхъ учительницами лишь въ четырехъ школахъ *одной и той же мѣстности*, а именно въ городѣ Харьковѣ и въ его уѣздѣ. Одного этого факта вполнѣ достаточно для того, чтобы оцѣнить значеніе тѣхъ выводовъ и обобщеній, которые дѣлаются, съ одной стороны, самими составительницами книги «Что читать народу?» а съ другой стороны, всѣми тѣми лицами, которыя основываются на собранномъ въ этой книгѣ матеріалѣ. Такимъ образомъ, является необходимость провѣрять эти выводы наблюденіями, которыя были бы произведены въ разныхъ мѣстностяхъ Россіи и, притомъ, въ возможно большемъ числѣ.

Затѣмъ есть еще одно, на нашъ взглядъ, весьма важное обстоятельство, которое обыкновенно упускается изъ виду при оцѣнкѣ тѣхъ выводовъ, какіе дѣлаются изъ наблюденій харьковскихъ учительницъ надъ народнымъ чтеніемъ. Дѣло въ томъ, что въ этихъ наблюденіяхъ народъ является не самостоятельнымъ читателемъ тѣхъ или иныхъ произведеній литературы, а лишь только *слушателемъ* того печатнаго матеріала, который ему найдутъ удобнымъ предложить. А это не одно и то же. Мужикъ легко можетъ заслушаться, когда ему хорошій чтецъ внятно, толково, выразительно прочтетъ, напримѣръ, драму Островскаго или Шекспира, но если эта же самая драма попадетъ прямо въ руки мужика и онъ начнетъ самъ читать ее, трудно сказать: осилитъ-ли онъ ее и вообще какое впечатлѣніе произведетъ она на него.

---

[1]) *Сборникъ Пермскаго Земства* 1888 г., № 6.

Земство, въ большинствѣ случаевъ столь горячо относящееся къ дѣлу народнаго просвѣщенія, не могло не обратить вниманія на то, какъ именно удовлетворяются умственные запросы народа, что именно читаютъ тѣ крестьяне, которые обучались грамотѣ въ школахъ, созданныхъ, главнымъ образомъ, усиліями земства? И вотъ земскія статистическія бюро приступаютъ къ собиранію свѣдѣній для разрѣшенія этихъ вопросовъ.

Честь иниціативы въ этомъ случаѣ принадлежитъ покойному В. И. Орлову, по мысли котораго московское статистическое бюро въ 1883 году занялось собираніемъ свѣдѣній по вопросу о народномъ чтеніи при помощи учителей, священниковъ и др. мѣстныхъ жителей. Собранныя этимъ путемъ свѣдѣнія послужили матеріаломъ для реферата В. И. Орлова: «Что читаютъ крестьяне Московской губерніи», который былъ прочитанъ имъ въ 1884 году въ статистическомъ отдѣленіи московскаго юридическаго общества, а затѣмъ былъ напечатанъ въ «Русскихъ Вѣдомостяхъ» [1]).

При обсужденіи реферата В. И. Орлова въ статистическомъ отдѣленіи, профессоръ А. И. Чупровъ, отнесясь съ полнымъ сочувствіемъ къ попыткѣ референта выяснить путемъ статистическаго изслѣдованія вопросъ о томъ, что читаетъ народъ, какія книги больше всего распространены въ его средѣ и какъ онъ относится къ нимъ,—выразилъ желаніе, чтобы и другія статистическія бюро включили въ программу своихъ изслѣдованій вопросы о книгахъ, распространенныхъ въ народной средѣ.

По обсужденіи этого предложенія, статистическое отдѣленіе признало необходимымъ: 1) включить въ программу изслѣдованій статистику школьныхъ библіотекъ и книгъ, читаемыхъ народомъ, 2) собирать эти свѣдѣнія черезъ опросъ или разсылку вопросныхъ бланковъ народнымъ учителямъ, священникамъ и др. мѣстнымъ жителямъ, и 3) при производствѣ подворныхъ описей, гдѣ возможно, собирать точныя свѣдѣнія о книгахъ, находящихся въ крестьянскихъ семьяхъ.

---

[1]) Впослѣдствіи рефератъ этотъ вошелъ въ IX-й томъ «Сборника статистическихъ свѣдѣній по Московской губерніи».

Въ числѣ земскихъ бюро, занявшихся собираніемъ свѣдѣній по вопросу о народномъ чтеніи, особенно выдѣляется вятское статистическое бюро, которое, включивъ въ программу подворныхъ описей графу о книгахъ, встрѣчающихся въ крестьянскихъ семьяхъ, собрало въ высшей степени интересныя свѣдѣнія о чтеніи крестьянъ Орловскаго, Вятскаго и Нолинскаго уѣздовъ [1]).

Но земскія статистическія бюро, имѣющія цѣлью выясненіе, главнымъ образомъ, экономическихъ условій населенія, лишены возможности подробно останавливаться на вопросахъ духовнаго, интеллектуальнаго характера, къ числу которыхъ относится вопросъ о томъ, что и какъ читаетъ народъ. Отсюда является необходимость особыхъ изслѣдованій, которыя бы во главѣ угла поставили этого рода вопросы. Правда, у насъ существуютъ ученыя общества, которыя имѣютъ цѣлью всестороннее изученіе народной жизни (этнографія) и отъ которыхъ мы вправѣ были бы ожидать иниціативы въ подобныхъ случаяхъ, но, къ сожалѣнію, общества эти далеко не обнаруживаютъ въ дѣлѣ изслѣдованій той отзывчивости и той энергіи, которыя были бы желательны и необходимы въ этомъ случаѣ. Такимъ образомъ, по необходимости приходится довольствоваться частною иниціативой, частными попытками отдѣльныхъ лицъ.

Чтобы узнать, что и какъ читаетъ народъ, чтобы собрать возможно болѣе подробныя и обстоятельныя свѣдѣнія по этому вопросу, мы рѣшились воспользоваться тѣмъ самымъ пріемомъ, который не разъ уже практиковался при изученіи разныхъ другихъ сторонъ народной жизни, какъ, напримѣръ, народныхъ юридическихъ обычаевъ, земельной общины, артелей, раскола и сектантства и т. п. Это именно способъ собиранія свѣдѣній при посредствѣ особой, спеціально составленной для этого программы.

Попытка въ этомъ направленіи уже была сдѣлана ранѣе княземъ Д. И. Шаховскимъ, который въ 1885 году въ жур-

---

[1]) См. «Матеріалы по статистикѣ Вятской губерніи»: Томъ III—Орловскій уѣздъ, томъ IV—Вятскій уѣздъ и томъ V—Нолинскій уѣздъ. Въ III томѣ см. статью: «Что читаютъ крестьяне Орловскаго уѣзда».

нал «Русскій Начальный Учитель», въ замѣткѣ, озаглавленной «Къ вопросу о книгахъ для народа», далъ краткую программу для собиранія свѣдѣній о томъ, что читаетъ народъ.

Сначала мы думали было воспользоваться программою князя Шаховского и разослать ее всѣмъ тѣмъ лицамъ, на сообщенія которыхъ можно было разсчитывать; но, познакомившись съ этою программой, мы пришли къ заключенію о необходимости кореннымъ образомъ передѣлать ее. Не станемъ входить здѣсь въ критическій разборъ этой программы и ограничимся замѣчаніемъ, что необходимость указанной нами передѣлки сознавалъ и самъ составитель программы, князь Шаховской, о чемъ онъ писалъ намъ въ своемъ письмѣ.

Составленная нами «Программа» первоначально была напечатана въ журналѣ «Русская Мысль», (1887 г., кн. XI) въ статьѣ «Къ вопросу о томъ, что и какъ читаетъ народъ»? Вслѣдъ за выходомъ въ свѣтъ книжки съ этою статьей, нами былъ полученъ цѣлый рядъ требованій о высылкѣ «Программы», причемъ нѣкоторыя лица, какъ, напримѣръ, члены земскихъ управъ и училищныхъ совѣтовъ, просили о высылкѣ десятковъ и даже сотенъ экземпляровъ. Это обстоятельство и побудило насъ выпустить «Программу» отдѣльнымъ изданіемъ.

Съ просьбой доставить намъ свѣдѣнія и отвѣты на «Программу» мы обратились къ учителямъ и учительницамъ сельскихъ, городскихъ и фабричныхъ школъ, къ земскимъ дѣятелямъ, къ членамъ училищныхъ совѣтовъ, къ священникамъ, къ попечителямъ и попечительницамъ народныхъ школъ, статистикамъ, къ завѣдующимъ народными библіотеками, къ помѣщикамъ, живущимъ въ имѣніяхъ, и ко всѣмъ вообще лицамъ, имѣющимъ возможность наблюдать за чтеніемъ народа.

При этомъ мы выражали надежду, что «нашъ призывъ не останется гласомъ вопіющаго въ пустынѣ и что на него не откажутся откликнуться всѣ тѣ, кому дѣйствительно дороги интересы народнаго развитія и просвѣщенія».

Съ искреннимъ удовольствіемъ можемъ заявить, что мы не

ошиблись — на нашъ призывъ дѣйствительно откликнулась цѣлая масса лицъ (около 200 человѣкъ) изъ разныхъ концовъ Россіи, — лицъ, принадлежащихъ къ различнымъ классамъ и слоямъ общества. Тутъ есть и учителя, и учительницы, и священники, и помѣщики, и офицеры, и крестьяне, и студенты, и книгопродавцы и т. д. Почти всѣ эти лица, вступая въ переписку и требуя высылки «Программы» и разныхъ разъясненій, въ то же время, выражали горячее сочувствіе предпринятому нами дѣлу выясненія интеллектуальныхъ запросовъ народа и съ своей стороны предлагали полную готовность по мѣрѣ силъ помогать въ этомъ дѣлѣ.

Принося всѣмъ этимъ лицамъ искреннюю, душевную благодарность, мы, въ то же время, просимъ ихъ великодушно извинить насъ въ томъ, что иногда, въ силу разныхъ случайныхъ неблагопріятныхъ обстоятельствъ, мы лишены были возможности отзываться на ихъ обращенія и запросы съ тою быстротой и съ тѣмъ вниманіемъ, какихъ заслуживала важность самаго дѣла.

Особенно насъ трогаетъ то сочувствіе, съ которымъ откликнулись на нашъ призывъ сельскіе учителя и учительницы, съ полною готовностью отдающіе свой трудъ и время на собираніе подробныхъ свѣдѣній по программѣ, на обработку ихъ, пересылку и т. д. Съ чувствомъ искренней признательности получали мы каждый разъ съ почты стекающіеся къ намъ съ разныхъ концовъ Россіи объемистые пакеты съ рукописями, всегда заказные, залѣпленные почтовыми марками, стоимость которыхъ представляетъ, разумѣется, не малую цѣнность для болѣе чѣмъ скуднаго бюджета учителя или учительницы. Все это такъ ясно говорило о горячемъ стремленіи оказать посильную помощь дорогому и любимому дѣлу, великому дѣлу народнаго просвѣщенія.

Многія изъ писемъ, полученныхъ нами отъ учителей и учительницъ, были наполнены горькими сѣтованіями и жалобами на крайній недостатокъ въ книгахъ, на отсутствіе библіотекъ при школахъ и т. д. Нельзя безъ боли въ сердцѣ читать эти льющіяся прямо изъ души сѣтованія и жалобы, полныя такой глубокой горечи, такого искренняго сокрушенія, вызываемаго печальнымъ положеніемъ дѣла, на служеніе которому эти люди безкорыстно отдали всѣ свои силы, всю свою жизнь. Хотя мы считали съ своей стороны обязанностью, по возможности, оказывать въ этихъ случаяхъ необходимую помощь, но, къ сожалѣнію, за недостаткомъ средствъ, эта помощь, въ большинствѣ случаевъ, была черезчуръ ничтожна и незначительна. По нашей просьбѣ, «Общество распространенія полезныхъ книгъ» выслало книги въ наиболѣе нуждающіяся школы, за что мы считаемъ своимъ долгомъ гласно выразить здѣсь искреннюю благодарность бывшей предсѣдательницѣ этого общества А. Н. Стрекаловой и барону Н. М. Корфу.

Составленная нами «Программа» удостоилась лестнаго вниманія со стороны печати и нѣкоторыхъ ученыхъ и иныхъ обществъ. Многія періодическія изданія перепечатали нашу «Программу» цѣликомъ, какъ напримѣръ: «Волжскій Вѣстникъ», «Восточное Обозрѣніе» (1888 г., № 28), «Новое Обозрѣніе» (1888 г., № 1408), «Сборникъ Пермскаго Земства» (1888 г., № 1) «Сѣверный Кавказъ» и др. Затѣмъ многія газеты и другія періодическія изданія посвятили «Программѣ» сочувственныя статьи и замѣтки, въ которыхъ знакомили читателей съ цѣлями изданія «Программы» и приглашали ихъ заняться собраніемъ по ней свѣдѣній для доставленія намъ. Такъ поступили: «Русскія Вѣдомости», «Смоленскій Вѣстникъ», «Одесскій Листокъ», «Вѣстникъ Псковскаго Земства», «Саратовскій Листокъ», «Саратов. Губернскія Вѣдомости» и т. д.

Въ дѣлѣ распространенія «Программы» принялъ дѣятельное участіе состоящій при Императорскомъ вольномъ экономическомъ обществѣ комитетъ грамотности. Находя «существенно важнымъ и необходимымъ для себя» имѣть свѣдѣнія о томъ, гдѣ и какія именно книги наиболѣе распространены въ народѣ и какъ относятся разные слои читателей къ тѣмъ или другимъ книгамъ, комитетъ рѣшилъ воспользоваться нашей «Программой» и съ этою цѣлью разослалъ ее учителямъ, учительницамъ, а также частнымъ лицамъ, которыя состоятъ корреспондентами комитета, при особомъ печатномъ циркулярѣ, въ которомъ просилъ доставлять ему свѣдѣнія по «Программѣ»¹).

---

¹) Приводимъ здѣсь текстъ этого обращенія или циркуляра: «Гг. учащимъ въ народныхъ школахъ.— Состоящій при Импер. вольномъ экономическомъ обществѣ комитетъ грамотности считаетъ необходимымъ, для болѣе успѣшнаго достиженія, указанной ему § 2 Устава, цѣли, собрать свѣдѣнія о томъ, что въ настоящее время читаетъ народъ? Какія именно книги находятся у него въ обращеніи и какъ относятся читатели-простолюдины къ читаемымъ ими книгамъ? Въ виду этого, комитетъ грамотности проситъ васъ покорнѣйше, м. г., сообщить отвѣты на вопросы, поставленные въ прилагаемой при семъ «Программѣ» А. С. Пругавина, и особенно на тѣ, которые въ ней отмѣчены подъ №№ 6, 41, 46, 47, 48, 50–51, 52, 53, 54 и 55. Свѣдѣнія должны быть по возможности точныя, подробныя и обстоятельныя. Соотвѣтствующій № 22-му полный списокъ встрѣчающихся въ извѣстной мѣстности книгъ желательно было бы составить по слѣдующимъ рубрикамъ:

Названіе книги.	Кому принадлежитъ книга?	Гдѣ и какъ пріобрѣтена?
(Авторъ, издатель, годъ и мѣсто изданія).	(Возрастъ, званіе и занятіе).	(Куплена, выменена, подарена?).

При составленіи такого списка можно было бы воспользоваться, между прочимъ, способами, указанными барономъ Н. А. Корфомъ («Педагогическіе вопросы» 1885 г.) и И. П. Новицкимъ («Отчетъ Александровскаго училищнаго совѣта о состояніи народнаго образованія 1884—85 г.»). Баронъ Корфъ предложилъ собраннымъ для провѣрочнаго испытанія въ грамотности 300 крестьянамъ всѣхъ возрастовъ перечислить письменно, какія у каждаго изъ нихъ имѣются дома книги; а И. П. Новицкій сдѣлалъ распоряженіе о томъ, чтобы собравшіеся при немъ на экзаменъ ученики 6-ти народныхъ школъ принесли съ собой имѣющіяся у каждаго въ семьѣ книги, и потомъ самъ составилъ книгамъ этимъ подробный списокъ.

Въ поясненіе вопроса № 22 «Программы» необходимо прибавить, что въ число имѣющихся у крестьянъ книгъ слѣдуетъ включать и такія книги, какъ календари, оракулы, сонники, пѣсенники, сказки, а также и старинныя рукописныя произведенія, тамъ, гдѣ они встрѣчаются.

Что же касается до отношенія читателей къ чтенію вообще и къ различнымъ родамъ книгъ, то оно можетъ быть выяснено отвѣтами на слѣдующіе №№ вопросовъ: 1, 2, 3, 4, 5, 8, 10, 13, 15, 19, 22, 36, 37, 38, 43, 44.

Отвѣты комитетъ проситъ покорнѣйше доставить письменно по слѣдующему адресу: въ С. Петербургъ, комитетъ грамотности (домъ Импер. вольнаго экон. общества, уголъ 4 роты Измайлов. полка и Забалканскаго пр.).

Московское «Общество распространения полезныхъ книгъ» также рѣшило принять участіе въ распространеніи составленной нами «Программы». Въ засѣданіи этого Общества, состоявшемся 7 мая 1888 года, подъ предсѣдательствомъ П. П. Ахлестышевой, мною было сообщено о цѣляхъ, которыя я имѣлъ въ виду при изданіи своей «Программы», и указано на значеніе тѣхъ свѣдѣній, которыя должны получиться при посредствѣ этой «Программы». Я просилъ Общество: не признаетъ-ли оно съ своей стороны полезнымъ принять участіе въ распространеніи моей «Программы». Присутствовавшіе въ засѣданіи члены съ живѣйшимъ вниманіемъ отнеслись къ моему предложенію и постановили принять участіе въ распространеніи моей «Программы», вслѣдствіе этого мною было передано въ Общество безплатно 200 экземпляровъ «Программы».

Наконецъ, восточный отдѣлъ Императорскаго русскаго географическаго общества также сдѣлалъ постановленіе о томъ, чтобы при помощи нашей «Программы» заняться собираніемъ свѣдѣній о народномъ чтеніи.

Въ дѣлѣ распространенія «Программы» приняли также участіе весьма многія частныя лица; съ особеннымъ же сочувствіемъ отнеслись къ этому дѣлу: графиня М. Ө. Соллогубъ [1]), А. М. Калмыкова, Е. П. Свѣшникова, А. П. Мичуринъ, О. А. Бакунирская, Ф. А. Щербина, Н. А. Каблуковъ, К. И. Шидловскій, О. В. Кайданова, Д. П. Янковскій.

Въ нѣкоторыхъ мѣстностяхъ собираніе свѣдѣній по «Программѣ» производилось коллективными силами нѣсколькихъ лицъ посредствомъ особой подворной переписи; такъ поставлено было

---

[1]) Графиня Марія Ѳедоровна Соллогубъ, рожденная Самарина (родная сестра Юрія Ѳед. Самарина), безспорно принадлежала къ числу наиболѣе просвѣщенныхъ женщинъ московскаго интеллигентнаго (въ лучшемъ смыслѣ этого слова) общества. Смерть ея,—она умерла зимою 1888 г.,—вызвала общую и искреннюю скорбь и глубокое сожалѣніе въ г. Серпуховѣ и его уѣздѣ, гдѣ большею частью жила въ послѣднее время графиня М. Ѳ. и гдѣ она сдѣлала очень много добраго и полезнаго, организовавъ мѣстное благотворительное общество, устроивъ общественную библіотеку, нѣсколько училищъ и т. д.

дѣло въ Чистопольскомъ уѣздѣ, Казанской губерніи, земскимъ докторомъ К. П. Шидловскимъ. По этому поводу позволю себѣ привести здѣсь выдержку изъ письма къ намъ г. Шидловскаго:

«Тотчасъ по выходѣ свѣтъ вашей программы «Что читаетъ народъ» я организовалъ въ селѣ, гдѣ живу, нѣчто вродѣ маленькой статистической экспедиціи для собиранія нужныхъ свѣдѣній по этой программѣ. Необходимымъ условіемъ точности и статистической цѣнности я счелъ подворную перепись: работа не легкая, но единственно способная привести къ какимъ-либо опредѣленнымъ выводамъ. Подворный обходъ производили сельскіе учителя (4 человѣка) и изъ 600 дворовъ пригор. Старо-Шешминска уже обойдено болѣе 300 дворовъ. Свѣдѣнія, на мой взглядъ, получаются весьма цѣнныя...

Сначала мы предполагали печатать и издавать получаемые отвѣты на «Программу» по мѣрѣ ихъ полученія, маленькими выпусками, но вскорѣ должны были отказаться отъ этой мысли, такъ какъ при подобномъ планѣ изданія было бы невозможно держаться какой-нибудь системы въ группировкѣ матеріаловъ. Въ виду этого, мы и рѣшили всѣ полученные нами отвѣты издать сразу, въ видѣ особаго «Сборника», расположивъ сообщенія по мѣстностямъ. Весь черновой трудъ по группировкѣ матеріала уже законченъ и въ настоящее время дѣло остановилось только за печатаніемъ «Сборника».

Къ сожалѣнію, изданіе «Сборника» потребовало такихъ затратъ, которыя лично для насъ оказались совершенно не по средствамъ, а потому весь собранный матеріалъ, весьма богатый и цѣнный, несомнѣнно представляющій значительный общественный интересъ, до сихъ поръ остается въ рукописяхъ и Богъ знаетъ, когда ему суждено будетъ увидѣть свѣтъ!...

Сообщенія на «Программу» получены нами отъ слѣдующихъ лицъ:

1. *Изъ Москвы:* 1) Старшаго учителя Петровско-Басманнаго училища В. Е. Р.

2) Старшей учительницы Серпуховскаго 2-го городского женскаго училища А. В.

2. *Изъ Московской губерніи:* 1) Законоучителя Анискинскаго фабрики г. Четверикова училища Ив. Головина (Богородскаго уѣзда).

2) Учительницы Рождествено-Телятьевского училища А. П. Флоринской (Серпух. уезда).

Сообщение это доставлено попечительницею школы графиней М. Ө. Соллогуб.

3) Учителя Машневского начального училища В. Петрова (Богородского уезда).

4) Ольги Алексеевны Каблуковой из села Витенева, Московского уезда.

5) Учительницы деревни Бессонова В. П. П. (Бронницкаго уезда)—о народных картинах.

6) Гр. А. Кротова, из Клинскаго уезда, о затруднениях, встречаемых им со стороны полиции при распространении изданий «Посредника».

3. *Из Владимирской губернии:* учителя Груздевского земского училища, Вязниковского уезда, А. П. Шмелева.

4. *Из Тверской губ.:* 1) Учителя В. В. Челищева из села Святого, Осташковского уезда.

2) Учительницы В. С. Ч—ой из села Первитина, Тверского уезда.

3) С. П. Забелова из деревни Вязьмины, Новоторжского уезда.

5) *Из Тульской губ.:* 1) Учительницы Савельевой из Епифанского уезда.

2) Г-жи А. Либерт из села Дмитровского, Алексинского уезда.

6. *Из Рязанской губ.:* 1) К. А. Барсова из Раненбургского уезда.

2) Учительницы Т. Фортинской из Рязанского уезда.

7. *Из Смоленской губ.:* 1) В. А. Энгельгардт из села Батищева.

2) Рукопись Н. Михайлова о чтении в селе Лучесах, Ельнинского уезда, доставленная из редакции «Смоленского Вестника».

8. *Из Орловской губ.:* 1) В. М. Якушкиной из деревни Старухино, Черниговского уезда.

2) Учителя А. Карпова — о чтении крестьян села Любец, Трубчевского уезда.

3) Учительницы Трубниковой — о чтении крестьян села Кривцова, Болховского уезда.

4) Учительницы X*** — о чтении крестьян Покровской слободы, Ливенского уезда.

9. *Из Пензенской губ.:* Е. Э. из села Мамлеевка, Чембарского уезда.

10. *Из Тамбовской губ.:* 1) Е. В. Севастьяновой — о чтении крестьян с. Борового и Малышевки, Усманского уезда.

2) Учителя П. И. Взорова из села Дамшинск-городок, того же уезда.

3) М. Ө. Останковой — о чтении крестьян в дер. Любавки и Шишковки, Козловского уезда.

11. *Из Курской губ.:* Учителя Н. Полякова из слободы Головчины, Грайворонского уезда.

12. *Из Воронежской губ.:* 1) Учителя Г. Д. Скрипчекова, из села Боева, Воронеж. уезда.

2) Я. Е. Гололобова из г. Коротояка.

13. *Из Казанской губ.:* 1) Ин. Рындовского из села Емельянова, Лаишевского уезда.

2) С. А. Багина изъ дер. Большія Лызи, Казанскаго уѣзда.

3) Книгопродавца Ф. Ярыгина — о торговлѣ лубочными изданіями, изъ г. Казани.

14. *Изъ Симбирской губ.*: 1) Учителя М. Остроумова изъ села Вальдиватскаго, Карсунскаго уѣзда.

2) Учителя городского училища С. С. Рогозина изъ г. Симбирска.

3) Учителя Л. И. Грязнова изъ села Дьякова, Курмышскаго уѣзда.

(Получено чрезъ редакцію «Рус. Мысли»).

4) Семь сообщеній бывшихъ учениковъ симбирскаго городского училища о чтеніи крестьянъ Симбир. и Карсунскаго уѣздовъ.

Доставлены г. Рогозинымъ.

15. *Изъ Самарской губ.*: 1) Учительницы Страховскаго земскаго училища А. Черемшанской, Бузулукскаго уѣзда.

2) Помощника учителя Домашкинскаго земскаго училища Е. Корнева, того же уѣзда.

3) Крестьянина В. Сокова изъ села Семеновки, Николаевскаго уѣзда.

4) Крестьянина А. П. Антонова изъ села Старый Буянъ, Самарскаго уѣзда.

5) Отвѣты на «Программу» двухъ бывшихъ учениковъ Симбирскаго городского училища о чтеніи крестьянъ Ставропольскаго уѣзда.

Доставлены г. Рогозинымъ.

6) Воеводета Тимашева со станціи Тэвкое, Бузулукскаго уѣзда.

16. *Изъ Саратовской губ.*: 1) Учителя Н. П. Ушакова изъ села Дворянская Терешка.

2) Учителя А. Н. Будафа изъ села Тарлыковки.

17. *Изъ Кіевской губ.*: 1) В. М—а изъ села Антоновки, Звенигородскаго уѣзд.

2) Крестьянина Н. П. Савченкова изъ Водотыйской волости, Радомысльскаго уѣзда.

3) Поручика Огіевскаго изъ села Насовки, Черкасскаго уѣзда.

18. *Изъ Черниговской губ.*: 1) Учителя П. Д. Борисова изъ села Ямполь, Глуховскаго уѣзда.

2) А. Г. Масютина изъ г. Кролевца.

3) Учителя Г. В. Максимовича изъ села Сиборжа, Черниговскаго уѣзда.

4) Учительницы О. Н. Косяковой изъ села Ренде, Черниговскаго уѣзда.

5) Учительницы Ю. Б. изъ села Клишки, Кролевецкаго уѣзда (чрезъ И. И. Шестака).

19. *Изъ Полтавской губ.*: 1) Учителя Т. Щербани изъ Константиноградскаго уѣзда.

2) Учительницы А. Лизиной изъ деревни Обозновки, Кремеичугскаго уѣзда.

3) Учительницы М. А. Марковой изъ деревни Машевки, Константиноградскаго уѣзда.

4) Учителя г. Дорошенка изъ села Черевки, Переяславскаго уѣзда.

5) Учителя З. Л. Тульцы изъ села Русановка, Гадячскаго уѣзда.

20. *Изъ Екатеринославской губ.*: учителя Д. Е. Любченко изъ Александровскаго уѣзда.

21. *Из Волынской губ.*: 1) Студента С.-Петерб. Технологическаго института Якова Кухарука из села Михайловны, Староконстантиновскаго уезда.

2) Учительницы Ю. С. Бронёвой из местечка Мирополь, Новоградволынскаго уезда.

3) Учительницы А. Кроняковской из деревни Храбузна.

4) Ни. Фр. Биньковскаго из Староконстантиновскаго уезда.

22. *Из Минской губ.*: 1) Поручика М. П. Красовскаго — о книжной торговле в городе Бобруйске.

2) Учителя Херовня из Пинскаго уезда.

3) Учителя Ив. Шорса из местечка Новый Свержень, Минскаго уезда.

4) Учителя Н. Сучко из Новогрудскаго уезда.

23. *Из Гродненской губ.*: учительницы Н. Гапанович из Пружанскаго уезда.

24. *Из Подольской губ.*: 1) Л. М. Мельникова из Сальянцы, Литинскаго уезда.

2) Учительницы церковно-приходской школы из села Русская Писаревка, Ямпольскаго уезда.

3) Три сообщения А. О. Саляковскаго из села Нетеки, Звенигакаго уезда.

4) Из местечка Юзвина, Юзвинской волости, того же уезда.

25. *Из Таврической губ.*: О. В. Синицына из села Большой Белозерки, Мелитопольскаго уезда.

26. *Из Одессы*: заведующаго книжным складом коммиссии народных чтений при Одесском Славянском Обществе И. В. Карпенкаго.

27. *Из Ставропольской губ.*: священника села Спасскаго А. А—ва, из Новогригорьевскаго уезда.

28. *Из Терской области*: отставнаго подполковника В. С. Джероживскаго.

29. *Из Кубанской области*: учителя В. Андреева из станицы Ладожской.

30. *Из Новгородской губ.*: 1) Учителя Г. Ульянова из Белозерскаго уезда.

2) Земскаго фельдшера М. К. Герасимова из деревни Коротнево, Череповецкаго уезда.

31. *Из Костромской губ.*: 1) Учителя А. А. Невскаго из Галичскаго уезда.

2) Учителя А. Виноградова из Юрьевецкаго уезда.

32. *Из Вологодской губ.*: 1) А. А. Тарутина из Устюжскаго уезда.

2) Федорина (псевдоним) из Усть-Сысольскаго уезда.

3) А. Смирновой из Грязовецкаго уезда. Получено чрез Е. П. Сабанникову.

33. *Из Вятской губ.*: 1) Учительницы церковно-приходской школы К. Сильвинской из села Рнова, Котельничскаго уезда.

2) Земскаго статистика О. М. Жирнова из Уржумскаго уезда.

3) Подпоручика Попова из того же уезда.

4) Учительницы М. Осиповой из Малмыжскаго уезда.

5) М. Н. Молдавской из сельца Озерь, Яранскаго уезда.

6) Крестьянина С. Шаранова оттуда же.

34. *Из Пермской губ.*: 1) Студента Казанской духовн. академии А. В. из села Ситниковскаго, Пермскаго уезда.

2) Н. С. Сигова из Бугулымской волости, Красноуфимского уезда.

3) Учителя школы грамотности Невьянской единоверческой церкви Н. В. Анцыферова из с. Лиговского, Екатеринбургского уезда.

4) Учителя М. Н. Бирюкова из села Булзях, того же уезда.

5) Учителя А. Михайлова из села Шакшер, Чердынского уезда.

35. Из Архангельской губ., А. Н. Батманова из г. Шенкурска.

36. Из Енисейской губ., книгопродавца Н. В. Скорнякова из гор. Енисейска.

37. Из Томской губ., Н. Н. Ку—на из г. Каинска.

О чтении в войсках получены сообщения:

38. Из г. Витебска А. Мартынко.

39. Из Минской губ. поручика М. И. Красовского о ротных школах и библиотеках, о полковой учебной команде и о чтении солдат 119 Шуйского пехотного полка.

40. Из г. Саратова вольноопределяющегося 5-й легкой батареи 40-й артиллерийской бригады Ф. М. Ерохина.

Кроме того, для помещения в «Сборник» доставлены две статьи: г. П—на «О книжках Посредника» и М. И. Красовского «Проект организации артелей-книгонош».

Второе издание «Программы» также вызвало многочисленные ответы и сообщения, из которых некоторые отличаются замечательной детальностью. Укажем здесь хотя некоторые из сообщений, полученных нами на 2-ое издание «Программы».

Из г. В. Устюга, Вологодской губернии, от А. А. Тарутина.

Из Старой Винницы, Подольской губ., от А. О. Славинского.

Из Мамадышского уезда, Казанской губ., от учительницы Гавельского земского училища А. В. Черновой и учителя С. А. Вагина.

Из Балашовского уезда, Саратовской губ., от В. С. Арефьева.

Из села Ртищева, Саратовской губ., от Н. Н. Рядькина.

Из сел Малой Сердобы и Турзовки, Петровского уезда, Саратовской губернии, от Ф. М. Ерохина.

Из села Кача, Муромского уезда, Владимирской губ., от учителя Н. Ря—сова.

Из Ливенского уезда, Орловской губ., от учительницы М. Турбиной.

Из слободы Ровеньки, Донской области, от А. Н. Колесникова.

Из Ачинского округа Енисейской губернии, от Н. Г. Т—ова, и проч.

Затем нам доставлено народными учителями из разных губерний множество тетрадей с письменными отзывами учеников о прочитанных ими книгах.

Некоторые из лиц, собиравших сведения по нашей «Программе», уже напечатали свои ответы в разных периодических изданиях; так, например, учитель Маслянского народного училища шадринскаго земства г. Коуровъ напечаталъ свои отвѣты на «Программу» въ «Сборникѣ Пермскаго Земства» 1888 г., №№ 18 и 19. Затѣмъ въ нѣкоторыхъ газетахъ,— напримѣръ, въ «Восточномъ Обозрѣніи»,— также были напечатаны отвѣты на «Программу».

Опытъ примѣненія «Программы» на практикѣ вскорѣ обнаружилъ въ ней нѣкоторые довольно существенные недостатки и пробѣлы, которые не могли не отражаться неблагопріятнымъ образомъ на получаемыхъ отвѣтахъ. Главный недостатокъ «Программы» состоялъ въ томъ, что нѣкоторые изъ наиболѣе важныхъ вопросовъ ея давали слишкомъ много простора для проявленія субъективизма со стороны собирателя свѣдѣній, что лишало получаемые отвѣты необходимой точности и документальности; затѣмъ не было указано наиболѣе практическихъ способовъ собиранія свѣдѣній о книгахъ, имѣющихся у крестьянъ; вопросы, имѣвшіе цѣлью выяснить, съ одной стороны, *распространенность* среди народа тѣхъ или иныхъ книгъ и съ другой — *отношеніе народа* къ этимъ книгамъ, не были должнымъ образомъ разграничены.

На нѣкоторые изъ этихъ недостатковъ было указано членами особой коммиссіи, которая была избрана петербургскимъ комитетомъ грамотности для разсмотрѣнія «Программы» [1], а также московскими педагогами С. Г. Смирновымъ и Н. И. Тимковскимъ, которымъ мы и приносимъ за это нашу глубокую признательность.

Переработавъ согласно всѣмъ этимъ указаніямъ «Программу», мы, въ то же время, сочли необходимымъ расширить рамки ея и дополнить вопросами:

1) объ отношеніи народа къ школѣ и ученью;
2) о числѣ грамотныхъ и полуграмотныхъ;
3) о публичныхъ чтеніяхъ для народа;
4) о народномъ театрѣ;
5) о школахъ грамотности или «вольномъ» домашнемъ обученіи.

Помѣщая здѣсь эту «Программу», мы вновь обращаемся ко

---

[1] Коммиссія эта состояла изъ г. Воленса, А. М. Калмыковой, М. М. Первухина и Е. П. Свѣшниковой.

всѣмъ, интересующимся дѣломъ народнаго развитія, съ просьбою заняться собираніемъ свѣдѣній по этой «Программѣ». Мы просимъ всѣхъ лицъ, откликнувшихся на нашъ призывъ, не ограничиваться нѣсколькими сообщеніями, а продолжать и на будущее время заниматься изученіемъ вопросовъ, затронутыхъ «Программою».

Всякое сообщеніе въ этомъ случаѣ полезно, хотя бы это сообщеніе имѣло отрывочный или, съ точки зрѣнія сообщающаго, малопоучительный характеръ. Дѣло въ томъ, что данныя, касающіяся народной жизни, тогда только и допускаютъ какіе-нибудь выводы и обобщенія, когда этихъ данныхъ собрано большое количество; такимъ образомъ, въ общемъ, т. е. въ массѣ сообщеній, сослужатъ свою службу всевозможныя свѣдѣнія.

Только путемъ внимательнаго и дружнаго изученія народной жизни мы можемъ собрать свѣдѣнія, которыя послужатъ отвѣтомъ на вопросы, выдвинутые самою жизнью и неразрывно связанные съ дѣломъ народнаго развитія, народнаго просвѣщенія. Только этимъ путемъ мы можемъ получить свѣдѣнія, которыя послужатъ богатымъ матеріаломъ для выясненія общаго міросозерцанія народа, его интеллектуальныхъ запросовъ, его этическихъ воззрѣній и устоевъ, характеризующихъ народную психику.

ПРОГРАММА

для собиранія свѣдѣній о томъ, что читаетъ народъ и какъ онъ относится къ школѣ и книгѣ.

I. Предварительныя свѣдѣнія.

1. Кто именно собираетъ свѣдѣнія по этой «Программѣ»? (Учитель, священникъ, помѣщикъ, земскій докторъ и т. д.). Сообщите, въ какихъ отношеніяхъ стоите вы къ народу и давно-ли имѣете съ нимъ дѣло?

2. Къ какой именно мѣстности относятся ваши наблюденія? Назовите губернію, уѣздъ, волость, село или деревню, въ которой вы собирали свѣдѣнія.

3. Глухая-ли это местность или, напротивъ, бойкая? Какъ велико разстояние отъ желѣзной дороги, отъ судоходной рѣки, отъ ближайшаго города, отъ торговыхъ и промышленныхъ пунктовъ?

4. Какъ велико число дворовъ? Число жителей?

5. Изъ кого состоитъ племенной составъ населенія? (Великороссы, малороссы, бѣлоруссы, инородцы).

6. Въ чемъ состоятъ главныя занятія населенія? Есть-ли отхожіе промыслы и какіе именно?

7. Есть-ли старообрядцы и сектанты? (Молокане, штундисты, хлысты и т. д.). Численность ихъ.

8. Насколько зажиточно населеніе? Какъ великъ размѣръ земельнаго надѣла и платежей на ревизскую душу? Были-ли крестьяне до освобожденія ихъ государственными, удѣльными, барщинными или оброчными? Числятся-ли недоимки платежей на обществѣ?

9. Есть-ли школа и какая именно: министерская, земская, церковно-приходская или частнаго лица? Давно-ли она существуетъ?

10. Какъ велико число учащихся: мальчиковъ и дѣвочекъ? Число ежегодно оканчивающихъ курсъ.

11. Какъ относится мѣстное населеніе къ школѣ — земской, церковно-приходской, и т. д. сочувственно, равнодушно или враждебно? Приведите факты, указывающіе на то или иное отношеніе крестьянъ къ школѣ.

12. Какія требованія предъявляетъ населеніе въ дѣлѣ обученія и воспитанія, и въ чемъ оно видитъ идеалъ народной школы?

13. Предъявляются-ли населеніемъ требованія относительно обученія дѣтей церковно-славянскому чтенію? Не предпочитается ли при этомъ церковно-славянскій языкъ русскому языку?

14. Какъ относится населеніе къ обращенію учителя съ учениками? Правда-ли, что крестьяне противъ гуманнаго отношенія учителя съ учениками?

15. Нѣтъ-ли такъ называемыхъ «вольныхъ» школъ или крестьянскихъ школъ грамотности?

Сообщите свѣдѣнія о дѣятельности учителей («грамотеевъ») этихъ школъ. Желательно имѣть слѣдующія свѣдѣнія о вольномъ домашнемъ обученіи: есть-ли грамотеи, которые обучаютъ крестьянскихъ дѣтей? Сколько такихъ грамотеевъ? Кто эти грамотеи? (Имя, фамилія, званіе или сословіе, образованіе). Степень ихъ подготовки. Давно-ли каждый изъ нихъ учитъ? Сколько учениковъ (мальчиковъ и дѣвочекъ) у каждаго грамотея? Плата за ученье. Есть-ли книги и учебныя пособія? Результаты ученья у грамотеевъ. Отношеніе крестьянъ къ грамотеямъ.

16. Не устраиваются-ли въ вашей мѣстности публичныя чтенія для народа? Если такія чтенія устраиваются, то сообщите: кѣмъ именно они ведутся? На какія средства содержатся? Допускаются-ли слушатели за входную плату, или же безплатно? Сколько бываетъ чтеній въ теченіе года? Приведите перечень заглавій, съ указаніемъ числа платныхъ и безплатныхъ посѣтителей на каждомъ чтеніи. Какой составъ посѣтителей по возрасту, роду занятій и полученному образованію, платныхъ и безплатныхъ отдѣльно?

17. Не устраиваются-ли драматическія представленія для народа? Сообщите списокъ разыгранныхъ пьесъ, а также свѣдѣнія о числѣ и составѣ зрителей по возрасту, по роду занятій и образованію. Входъ платный или безплатный? Цѣна мѣстамъ.

18. Какъ велико число грамотныхъ и полуграмотныхъ? Подъ грамотными слѣдуетъ разумѣть тѣхъ, которые умѣютъ читать и писать, подъ полуграмотными — умѣющихъ читать, но не умѣющихъ писать.

19. Интересуются-ли чтеніемъ неграмотные? Охотно-ли они слушаютъ чтеніе вслухъ?

20. Какъ читаютъ крестьяне: въ одиночку или же собираются вмѣстѣ?

21. Не происходитъ-ли совмѣстныхъ чтеній въ школѣ или квартирѣ учителя, священника или помѣщика?

II. Что читаетъ народъ?

22. Какія именно книги встрѣчаются у крестьянъ извѣстнаго вамъ села или деревни?

Приведите по возможности полный список всѣхъ книгъ, находящихся у крестьянъ, съ указаніемъ числа экземпляровъ и фамилій издателей.

Списокъ этотъ желательно имѣть по слѣдующей формѣ [1]).

№ по порядку.	Полное заглавіе книги.	Фамилія автора.	Фамилія или фирма издателя.	Цѣна за экземпляръ.		Число всѣхъ экземпляровъ.
				руб.	коп.	
1						
2						

Такой списокъ всего удобнѣе было бы составлять путемъ подворной переписи, т.-е. ходя изъ дома въ домъ и переписывая всѣ тѣ книги, какія окажутся въ избахъ крестьянъ. Это, конечно, самый вѣрный способъ получить возможно болѣе точныя свѣдѣнія по интересующему насъ вопросу, но, къ сожалѣнію, способъ этотъ не всегда удобенъ и, притомъ, доступенъ не для каждаго собирателя свѣдѣній.

Учитель, учительница или же другія лица, стоящія болѣе или менѣе близко къ школѣ, могутъ при составленіи подобнаго списка воспользоваться помощью учениковъ и ученицъ, которые, по ихъ предложенію, могутъ принести въ школу всѣ тѣ книги, какія находятся у нихъ дома. Такимъ образомъ, собирателю свѣдѣній придется только переписать всѣ принесенныя книги и отмѣтить число домовъ, изъ которыхъ принесены книги.

23. Не встрѣчается-ли у населенія вашей мѣстности какихъ-нибудь рукописей, какъ, напримѣръ, «Сонъ Богородицы» и друг.?

---

[1]) Въ списокъ этотъ необходимо вносить непремѣнно всѣ книги, какія встрѣчаются у крестьянъ, не исключая библій, евангелій, псалтырей, часослововъ, молитвенниковъ, а также календарей, азбукъ, сонниковъ, оракуловъ, пѣсенниковъ и т. д.

Среди старообрядческаго населенiя весьма распространены различные «Духовные стихи» въ рукописяхъ, писанныхъ полууставомъ.

24. Чѣмъ слѣдуетъ объяснить распространенность тѣхъ или иныхъ книгъ: тѣмъ-ли, что крестьяне *предпочитаютъ* извѣстныя книги другимъ, или же, просто, тѣмъ, что эти книги почему-либо легче достаются имъ, чѣмъ другiя?

III. Отношенiе народа къ чтенiю.

25. Замѣчается-ли среди населенiя извѣстной вамъ мѣстности желанiе читать книги?

Если вы не замѣчаете этого желанiя, то опредѣлите: происходитъ-ли это отсутствiе желанiя просто отъ неимѣнiя книгъ, отъ полной непривычки къ чтенiю, или же это есть прямое нежеланiе читать, неохота къ чтенiю, хотя и есть матерiалъ для него?

26. Если желанiе читать замѣчается, то укажите, въ чемъ именно выражается это желанiе?

27. Какъ вообще народъ относится къ чтенiю? Считаетъ-ли онъ это дѣло серьезнымъ и полезнымъ, или же, наоборотъ, такимъ, которымъ можно заниматься только отъ бездѣлья, для препровожденiя времени? Ищетъ-ли онъ въ книгѣ забавы или поученiя? Довѣрчиво-ли относится къ печатному слову? Для чего, по его мнѣнiю, пишутся книги?

Прослѣдите отношенiе къ чтенiю со стороны мужескаго и женскаго пола, а также разныхъ возрастовъ, т.-е. взрослыхъ, дѣтей и стариковъ.

28. Какъ относятся къ чтенiю и покупкѣ книгъ крестьяне изъ семей наиболѣе состоятельныхъ, среднезажиточныхъ и бѣдныхъ?

29. Какiя именно книги предпочитаются: духовныя или свѣтскiя?

Не замѣчается-ли разницы въ отношенiи къ тѣмъ или другимъ книгамъ со стороны мужчинъ и женщинъ, а также дѣтей, взрослыхъ и стариковъ? Укажите, въ чемъ именно выражается эта разница.

Крайне желательно, чтобы отзывы читателей о книгахъ записывались съ возможною точностью, причемъ приводились бы ихъ подлинныя выраженія.

30. Какъ относится народъ къ чтенію священнаго писанія, т.-е. къ книгамъ Ветхаго и Новаго Завѣта? На какомъ языкѣ — на русскомъ или славянскомъ — предпочитаютъ крестьяне имѣть Библію и Евангеліе?

31. Что наиболѣе всего интересуетъ дѣтей и взрослыхъ въ книгахъ религіознаго или вообще духовно-нравственнаго содержанія: событія изъ жизни святыхъ? чудеса? поученія? дѣятельность на пользу ближнихъ? строгости жизни?

32. Житія какихъ именно святыхъ болѣе всего интересуютъ крестьянъ и нравятся имъ?

33. Какъ относятся дѣти и взрослые къ сказкамъ? Какія именно сказки болѣе всего нравятся дѣтямъ и взрослымъ?

34. Извѣстны-ли народу сказки Пушкина, Жуковскаго и графа Л. Н. Толстого, и какъ онъ относится къ этимъ сказкамъ?

35. Какъ относятся читатели разныхъ возрастовъ къ повѣстямъ, разсказамъ и романамъ лубочнаго характера?

Желательно имѣть отзывы читателей о слѣдующихъ разсказахъ и романахъ лубочнаго изданія: «Повѣсть объ англійскомъ милордѣ Георгѣ», «Гуакъ», «Битва русскихъ съ кабардинцами», «Разбойникъ Чуркинъ».

36. Извѣстны-ли народу какія-нибудь произведенія:

    А. С. Пушкина?

    Н. В. Гоголя?

    А. В. Кольцова?

    И. А. Крылова?

    М. Ю. Лермонтова?

    Л. Н. Толстого?

    Н. А. Некрасова?

    И. С. Никитина.

    И. С. Тургенева?

    Ѳ. М. Достоевскаго?

    А. К. Толстого?

М. Е. Салтыкова?

Д. В. Григоровича?

Г. И. Успенскаго?

В. М. Гаршина?

В. Г. Короленко?

37. Укажите, какія именно произведенія этихъ писателей извѣстны народу, и приведите отзывы о нихъ читателей.

38. Любятъ-ли крестьяне читать стихи, или же предпочитаютъ прозу?

39. Извѣстны-ли крестьянамъ какія-нибудь драматическія произведенія, наприм., Островскаго? Какъ они вообще относятся къ драматической формѣ изложенія? Не затрудняетъ-ли она ихъ при чтеніи?

40. Какъ относится народъ къ мистическому элементу въ разсказахъ графа Льва Толстого, Достоевскаго и друг. писателей?

41. Какъ относятся читатели изъ народа къ разнымъ фантастическимъ и «волшебнымъ» разсказамъ и повѣстямъ?

Такихъ разсказовъ и повѣстей встрѣчается очень много въ лубочной литературѣ.

42. Насколько справедливо мнѣніе, что крестьяне больше всего любятъ читать—«что пострашнѣе или что посмѣшнѣе»?

43. Насколько справедливо мнѣніе, что крестьяне не любятъ читать тѣ произведенія, въ которыхъ описывается близко знакомая имъ народная жизнь, и что они будто бы предпочитаютъ такія сочиненія, въ которыхъ дѣйствующими лицами являются господа, князья, графы и т. п.?

44. Какого рода комизмъ или юморъ особенно понятенъ народу и особенно занимаетъ его? Приведите примѣры.

45. Насколько интересуетъ народъ описаніе картинъ природы?

46. Что именно болѣе всего нравится народу (взрослымъ и дѣтямъ) въ беллетристическихъ произведеніяхъ: сложная, замысловатая фабула, или поученіе и назиданіе, или что другое?

47. Интересуется-ли народъ (дѣти и взрослые) книжками по исторіи?

Чѣмъ особенно интересуются въ этихъ книгахъ дѣти и взрослые: описаніемъ войнъ? личностями царей и полководцевъ? изображеніемъ народнаго быта? народными движеніями? (напримѣръ, въ Смутное время или въ 1812 году).

48. Какія въ частности историческія событія и историческія личности особенно интересуютъ народъ?

49. Замѣчается-ли въ народѣ интересъ къ исторіи другихъ народовъ, къ историческимъ лицамъ чужихъ государствъ и вообще — къ жизни не-русской?

50. Если въ вашей мѣстности имѣются среди народа книжки по естествознанію, то читаются-ли онѣ крестьянами (взрослыми и дѣтьми) безъ посторонней помощи (наприм., безъ помощи учителя)?

51. Что больше всего интересуетъ крестьянъ въ этихъ книжкахъ: объясненіе явленій природы? разсказы о жизни животныхъ? о землѣ, о небѣ? или какіе-нибудь чисто практическіе совѣты и указанія, содержащіеся въ книжкѣ?

52. Интересуются-ли крестьяне книгами по сельскому хозяйству, огородничеству, садоводству, пчеловодству и т. п.? Существуетъ-ли у крестьянъ запросъ на книги этого рода?

53. Какъ относятся крестьяне къ книгамъ по медицинѣ и гигіенѣ? (Напримѣръ, къ лечебникамъ, которые во множествѣ фабрикуются издателями Никольской улицы, вродѣ Прѣснова, Земскаго, Леухина и др.).

54. Интересуются-ли крестьяне путешествіями, книгами по географіи и этнографіи, описаніями разныхъ мѣстностей Россіи, народовъ, промысловъ, обычаевъ и т. п.?

55. Какъ относятся крестьяне къ книгамъ по юридическимъ и общественнымъ вопросамъ? Извѣстны ли имъ брошюры Н. Н. Блинова «Земская служба», «Сельская общественная служба», книжка Горяинской: «Бесѣды о законахъ и порядкахъ», а также «Что такое подати и для чего ихъ собираютъ?» (изданіе ред. «Русской Мысли»). Приведите отзывы читателей объ этихъ книжкахъ.

56. Интересуются-ли крестьяне «пѣсенниками»? Не бываетъ-

ли случаевъ заимствованія крестьянами пѣсенъ изъ этихъ сборниковъ?

Если такіе случаи бывали, то укажите, какія именно пѣсни взяты крестьянами изъ пѣсенниковъ.

57. Интересуются-ли крестьяне календарями? Чѣмъ руководствуются они при выборѣ и покупкѣ календарей?

58. Интересуются-ли крестьяне «Сонниками», «Оракулами», «Соломонами» и т. п.? Какъ относятся они къ этого рода изданіямъ? Вѣрятъ-ли они въ ихъ непогрѣшимость, или же смотрятъ на нихъ, какъ на забавное чтеніе?

VI. Газеты и журналы.

59. Какія газеты и журналы получаются въ извѣстной вамъ мѣстности и въ какомъ количествѣ экземпляровъ?

60. Какія газеты и журналы выписываютъ крестьяне, какіе — помѣщики, духовенство, офицеры и солдаты, купцы, фабриканты, мѣщане, разночинцы?

Свѣдѣнія этого рода всего удобнѣе собрать чрезъ мѣстныя почтовыя конторы. Для образца прилагаемъ слѣдующія формы:

Форма № 1-я.

№	Названія періодическихъ изданій.	Число экземпляровъ.
1		00
2		0
3		0
	Всего 00 названій въ количествѣ экземпляровъ . . .	000

Форма № 2-й.

№	Составъ подписчиковъ.	Число получаемыхъ ими экземпляровъ.
1	Дворяне, помѣщики, офицеры	00
2	Чиновники, учителя, разночинцы	0
3	Духовенство бѣлое и черное; церковные причты . . .	0
4	Купцы, фабриканты	0
5	Мѣщане	0
6	Крестьяне	0
7	Присутственныя мѣста	0
8	Училища	0
9	Волостныя правленія	0
	Всего	000

Форма № 3-й.

№	Списокъ газетъ и журналовъ, получаемыхъ одними крестьянами.	Число экземпляровъ.
1	«Свѣтъ»	00
2	«Сельскій Вѣстникъ»	0
3	. . . .	0

61. Чѣмъ, главнымъ образомъ, руководствуются крестьяне при выпискѣ газеты или журнала?

62. Какого рода свѣдѣнія больше всего интересуютъ крестьянъ въ газетѣ?

63. Читаются-ли крестьянами «Сельскій Вѣстникъ» и «Гу-

бернскія Вѣдомости», которые обязательно выписываются каждымъ волостнымъ правленіемъ?

64. Не выписываются-ли газеты содержателями трактировъ, чайныхъ и питейныхъ заведеній? Какъ пользуются этими газетами крестьяне?

V. О картинахъ.

65. Есть-ли картины въ избахъ крестьянъ извѣстнаго вамъ села или деревни? Въ каждой-ли избѣ встрѣчаются картины, или же только въ немногихъ?

66. Число картинъ, встрѣчающееся въ крестьянской избѣ. Укажите minimum и maximum.

67. Какія именно картины *духовнаго* содержанія чаще всего встрѣчаются въ крестьянскихъ избахъ?

68. Какія именно картины *свѣтскаго* содержанія чаще всего встрѣчаются въ крестьянскихъ избахъ?

69. Чьи портреты чаще всего встрѣчаются въ крестьянскихъ избахъ?

Приведите списокъ по возможности всѣхъ картинъ, встрѣчающихся у крестьянъ извѣстной вамъ мѣстности, съ указаніемъ числа экземпляровъ и фамилій издателей.

VI. Гдѣ и какъ крестьяне достаютъ книги и картины.

70. Откуда крестьяне достаютъ книги?

71. Нѣтъ-ли библіотеки при училищѣ, при церкви, при фабрикѣ, при волостномъ правленіи или у частныхъ лицъ? Сообщите списокъ книгъ, имѣющихся въ библіотекѣ, а также условія пользованія книгами (за плату или безплатно? съ залогомъ или безъ залога?).

72. Какъ пользуются крестьяне этими библіотеками? Сообщите свѣдѣнія о числѣ подписчиковъ и читателей изъ народа, если можно за нѣсколько лѣтъ.

73. Какія именно книги читаются больше, какія меньше и какія совсѣмъ не читаются?

Если имѣются печатные отчеты о состоянiи библiотекъ и читаленъ, то не откажитесь выслать ихъ намъ по одному экземпляру.

74. Гдѣ покупаютъ крестьяне книги и картины? Въ городахъ или же въ деревняхъ, на базарахъ, у офеней, коробейниковъ, венгерцевъ и т. д.?

Сообщите свѣдѣнiя о торговлѣ книгами и картинами на базарахъ и ярмаркахъ.

75. Почемъ именно продаются книги и картины офенями и коробейниками? Прослѣдите, во сколько обходится крестьянину «листовка» [1] и «двухлистовка» при покупкѣ у офеней?

76. Сообщите по возможности подробныя свѣдѣнiя о торговлѣ офеней и другихъ разносчиковъ книгами и картинами въ извѣстной вамъ мѣстности.

77. Приведите свѣдѣнiя: сколько тратятъ извѣстныя вамъ крестьянскiя семьи на покупку книгъ и картинъ. Нельзя-ли опредѣлить: сколько среднимъ числомъ затрачиваетъ въ годъ крестьянская семья на этотъ предметъ?

78. Нѣтъ-ли продажи книгъ при школѣ, у учителя или священника? Нѣтъ-ли земскихъ складовъ съ продажею книгъ?

79. Какiя книги имѣются въ складахъ? Какiя именно книги больше всего и охотнѣе покупаются крестьянами?

Сообщите подробныя свѣдѣнiя объ операцiяхъ книжныхъ складовъ и о мѣстной торговлѣ народными книгами и картинами.

80. Нѣтъ-ли даровой раздачи книгъ и картинъ и кѣмъ она производится? Сообщите о результатахъ даровой раздачи книгъ въ народной средѣ.

Отвѣты на «Программу», а также всякаго рода запросы и сообщенiя по этому поводу авторъ проситъ высылать на его имя, адресуя такъ:

Въ городъ Петровскъ, Саратовской губ., Александру Степановичу Пругавину.

---

[1] «Листовкой» называется книжка въ 36 страницъ; «двухлистовка» или «двойная»—книжка въ 72 страницы.

Частная иниціатива въ дѣлѣ народнаго образованія.

(Къ вопросу о расплатѣ съ народомъ).

> Народное образованіе, — вотъ къ чему, въ послѣднемъ выводѣ, сводится теперь все. Его успѣхами будутъ отнынѣ измѣряться всѣ наши успѣхи. Безъ образованія народныхъ массъ мы не можемъ ступить шагу, и всякія улучшенія будутъ мнимыми, кажущимися, а не настоящими, прочными, дѣйствительными.
>
> *Кавелинъ.*

— Каково будетъ будущее? — спрашивалъ недавно одинъ англійскій поэтъ. — Подними занавѣсъ, пророкъ, и покажи его намъ? Улучшится-ли міръ? Станутъ-ли люди добрыми и великими? Отрѣшатся-ли они отъ корысти, зависти и мести? Исчезнетъ ли злоба?

Пророкъ отвѣчалъ:

— Будущее будетъ прекраснѣе, чѣмъ самое чудное сновидѣніе. То, о чемъ мы теперь мечтаемъ, какъ о недосягаемомъ идеалѣ, — все то исполнится на землѣ. Люди будутъ мудры и добры, сердца ихъ сдѣлаются мягкими и любящими, а умъ будетъ могучъ и для него будутъ доступны такія высоты, о которыхъ теперь мы не можемъ составить даже и приблизительнаго представленія. Проклятая жажда наживы сгинетъ въ аду, который породилъ ее на свѣтъ, и никогда уже не вернетъ своего господства надъ людьми... Въ отношеніяхъ людей воцарятся любовь и миръ, свобода и братство.

— Какъ же все это совершится?

Пророкъ отвѣчалъ:

— Все это сдѣлаютъ хорошія школы и хорошія книги.

Конечно, насъ не удовлетворитъ такой отвѣтъ пророка,—мы слишкомъ хорошо знаемъ, что прогрессъ человѣчества зависитъ далеко не отъ однѣхъ только хорошихъ школъ и хорошихъ книгъ и что для достиженія свѣтлаго будущаго требуется не мало условій, помимо указанныхъ англійскимъ пророкомъ.

Тѣмъ не менѣе, никто изъ насъ, конечно, не сомнѣвается въ томъ, что «хорошія школы и «хорошія книги» — разъ тѣ и другія становятся доступными всей массѣ населенія—дѣйствительно являются могучимъ факторомъ народнаго благосостоянія, вѣрнѣйшимъ средствомъ для достиженія человѣческаго счастія и довольства.

У насъ въ Россіи дѣло народнаго образованія создавалось, главнымъ образомъ, правительствомъ, въ рукахъ котораго оно всецѣло и находилось вплоть до введенія земскихъ учрежденій; хотя, разумѣется, еще задолго до введенія земства, русское образованное общество, въ лицѣ своихъ лучшихъ представителей, стремилось приложить свои силы на пользу народнаго образованія.

Первымъ заговорилъ Н. И. Новиковъ, знаменитый общественный дѣятель прошлаго столѣтія, свѣтлая и благородная личность котораго невольно и неудержимо влечетъ къ себѣ симпатіи. Горячій и глубоко искренній поборникъ просвѣщенія, онъ основалъ множество школъ и первый заговорилъ о народѣ, о необходимости облегчить его тяжелую участь, пробудилъ молодое поколѣніе къ умственной жизни, основалъ Дружеское Общество, которое такъ много сдѣлало на пользу общественнаго развитія и просвѣщенія.

Цѣлую жизнь, и словомъ, и дѣломъ онъ проповѣдывалъ любовь къ родной странѣ, будилъ въ уснувшемъ, лѣниво-равнодушномъ обществѣ благородныя стремленія къ общественной дѣятельности, подвинулъ на полвѣка образованность нашего народа и впервые создалъ у насъ любовь къ наукамъ, къ литературѣ и охоту къ чтенію... Мы знаемъ, какая награда ожидала за все это великаго общественнаго дѣятеля...

Со времени Н. И. Новикова лучшіе представители образованнаго общества начинаютъ задаваться цѣлью облегчить народу доступъ къ образованію и развитію, начинаютъ заботиться о распространеніи грамотности и просвѣщенія въ народной массѣ. Къ сожалѣнію, многія неблагопріятныя условія общественной жизни прежняго времени сильно тормазили эти просвѣтительныя стремленія и мѣшали благимъ и добрымъ начинаніямъ окрѣпнуть и принести надлежащіе плоды. Подъ вліяніемъ этихъ условій нерѣдко самыя гуманныя стремленія передовой части общества совершенно атрофировались и замирали иногда на долгіе годы.

Съ другой стороны, крѣпостное право, тяжелымъ гнетомъ лежавшее на народѣ, грубо и безжалостно разбивало всякіе порывы къ свѣту, возникавшіе въ средѣ закрѣпощеннаго люда. До сихъ поръ нельзя безъ ужаса читать слѣдующихъ откровенно-циничныхъ признаній "нравственнаго человѣка" былого времени,— признаній, которыя какъ нельзя лучше обрисовываютъ понятнѣй трагическое и безысходное положеніе крѣпостного раба, въ которомъ оросталась жажда къ знанію, стремленіе къ свѣту:

> «Крестьянина я отдалъ въ повара.
> Онъ удался, хорошій поваръ — счастье,
> Но часто отлучался со двора
> И званію неприличное пристрастье
> Имѣлъ: любилъ читать и разсуждать,
> Я, утомясь грозить и расчекать,
> Отечески посѣкъ его, каналью,—
> Отъ водки да уходился дуракъ налью!»

При существованіи подобныхъ условій «насаждать просвѣщеніе» было, разумѣется, болѣе чѣмъ затруднительно. Еще труднѣе было самому народу, безъ помощи болѣе культурныхъ классовъ, пробиться къ свѣту, проложить себѣ дорогу къ образованію и развитію.

Но вотъ повѣяло новымъ духомъ. Освободительныя реформы прошлаго царствованія, разбившія крѣпостныя оковы и создавшія болѣе благопріятныя условія для общественной дѣятельности, сразу измѣнили положеніе дѣла. Явилось земство, которое, въ большинствѣ случаевъ, съ горячею любовью и энергіей берется за дѣло народнаго образованія, за устройство народныхъ школъ, за подготовку учителей и учительницъ для этихъ школъ и т. д. Съ тѣхъ поръ прошло около 30 лѣтъ. За это время не разъ измѣнялось и отношеніе общества къ дѣлу народнаго образованія, и отношеніе къ нему правящихъ сферъ. Теперь для образованнаго общества, желающаго помочь народу въ дѣлѣ просвѣщенія, выступаютъ новыя задачи, новыя цѣли.

Характерной чертой послѣдняго времени является сильный приливъ общественнаго вниманія къ вопросамъ, связаннымъ съ дѣломъ народнаго образованія. Журналы, посвященные вопросамъ народнаго просвѣщенія, замѣтно оживились. Частная иниціатива въ области народнаго образованія, не смотря на всевозможныя препятствія, начинаетъ мало-по-малу дѣлать все болѣе и болѣе замѣтные и значительные успѣхи. Въ виду этого будетъ весьма интересно поближе посмотрѣть на проявленія этой иниціативы въ тѣхъ областяхъ народнаго образованія, которыя въ предыдущихъ нашихъ статьяхъ остались недостаточно освѣщенными.

I.

Культурно-просвѣтительное движеніе въ русскомъ обществѣ.

Съ глубокимъ, горячимъ сочувствіемъ слѣдимъ мы за тѣмъ разростающимся общественнымъ движеніемъ, которое поставило на своемъ знамени содѣйствіе великому дѣлу народнаго развитія и просвѣщенія и которое все сильнѣе и шире захватываетъ самые разнообразные слои русской интеллигенціи и мало-по-малу проникаетъ даже въ наиболѣе отдаленные, глухіе концы и углы Россіи.

Въ городѣ Тамбовѣ Е. Д. Нарышкинъ, — «оберъ-камергеръ и дѣйствительный тайный совѣтникъ», — на собственныя средства выстраиваетъ учительскій институтъ и вполнѣ обезпечиваетъ его содержаніе, затративъ на это дѣло около полумилліона рублей; институтъ этотъ ежегодно даетъ десятки подготовленныхъ учителей для народныхъ училищъ. Недавно въ томъ же Тамбовѣ было открыто особое «грандіозное и роскошное зданіе», выстроенное на средства того же г. Нарышкина, спеціально назначенное для народной читальни и публичныхъ народныхъ чтеній и стоящее его основателю около 100,000 рублей. Для читальни г. Нарышкинымъ пріобрѣтено уже 20,000 томовъ книгъ разнаго наименованія.

Другой представитель родовитой знати, В. Г. Чертковъ, вмѣстѣ съ графомъ Л. Н. Толстымъ, создаетъ извѣстную фирму «Посредникъ», поставившую себѣ цѣлью изданіе книгъ для народа, фирму, которая за время своего существованія выпустила въ свѣтъ болѣе сотни книгъ состоящихъ преимущественно изъ произведеній лучшихъ русскихъ писателей. Баронесса В. И. Икскуль, являясь дѣятельнымъ членомъ с.-петербургскаго комитета грамотности, на собственныя средства устраиваетъ библіотеки при народныхъ училищахъ въ нѣсколькихъ уѣздахъ Смоленской губерніи и затѣмъ издаетъ цѣлую серію народныхъ книгъ. Князь Д. И. Шаховской, побуждаемый горячимъ желаніемъ лично работать на пользу народнаго просвѣщенія, выступаетъ въ скромной роли завѣдующаго хозяйственной частью народныхъ школъ въ одномъ изъ уѣздныхъ земствъ. Недавно газетами передано было извѣстіе, что среди высшаго петербургскаго общества организуется кружокъ, въ задачи котораго входитъ открытіе воскресно-повторительныхъ школъ какъ для рабочаго фабричнаго люда, такъ и для сельскаго населенія.

Далѣе мы видимъ цѣлыя организованныя общества и комитеты, члены которыхъ столь же отзывчиво относятся къ дѣлу умственнаго просвѣтлѣнія народа и одушевленно работаютъ въ этомъ направленіи; открываютъ воскресныя и вечернія школы, устраиваютъ народныя библіотеки, читальни и публичныя чтенія, издаютъ книги для народа и т. д.

Первое мѣсто изъ этихъ обществъ, безспорно, принадлежитъ петербургскому комитету грамотности, состоящему при Вольномъ Экономическомъ Обществѣ. Начиная съ половины 80-хъ годовъ, въ дѣятельности этого комитета, благодаря примкнувшимъ къ нему въ то время новымъ, свѣжимъ силамъ, замѣчается особенное оживленіе. Изъ лицъ, способствовавшихъ этому оживленію, слѣдуетъ назвать: А. М. Калмыкову, Е. Н. Свѣшникову, князя Д. И. Шаховского, Б. Э. Кетрица, П. А. Нагеля, г. Ольденбурга, В. А. Латышева и др. Затѣмъ, съ теченіемъ времени, къ этимъ лицамъ примыкаютъ: Я. Г. Гуревичъ, В. В. Девель, А. Н. Рубакинъ, М. М. Ледерле, И. С. Ремезовъ; и наконецъ въ самое послѣднее время наиболѣе близкое участіе въ дѣлахъ комитета принимаютъ слѣдующія лица: А. М. Тютрюмовъ, А. Н. Страннолюбскій, Г. А. Фальборкъ, В. И. Чарнолускій, Д. Д. Протопоповъ, М. А. Лозинскій, Э. Э. Анертъ и друг.

Одною изъ главныхъ задачъ петербургскаго комитета является распространеніе въ народѣ полезныхъ книгъ и устройство народныхъ библіотекъ и читаленъ. Къ сожалѣнію, скудныя матеріальныя средства, которыми располагаетъ комитетъ, лишаютъ его возможности придать этому дѣлу необходимые размѣры. Тѣмъ не менѣе безплатная разсылка книгъ комитетомъ за послѣдніе пять лѣтъ выразилась въ слѣдующихъ цифрахъ:

Въ 1888 году комитетомъ было послано 47,700 экз.
» 1889 »   »   »   »   40,794 »
» 1890 »   »   »   »   49,986 »
» 1891 »   »   »   »   50,045 »
» 1892 »   »   »   »   64,001 »

Въ концѣ 1893 года комитетъ открылъ подписку на учрежденіе, при посредствѣ земствъ 100 безплатныхъ народныхъ читаленъ или библіотекъ, всего на сумму 25,000 рублей. Сборъ пожертвованій идетъ довольно успѣшно, хотя преобладаютъ мелкіе взносы, идущіе отъ людей видимо не богатыхъ и даже совсѣмъ бѣдныхъ, но сочувствующихъ дѣлу народнаго развитія.

Объ издательской дѣятельности петербургскаго комитета грамотности мы уже говорили въ одной изъ предъидущихъ статей. Теперь же замѣтимъ, что за самое послѣднее время дѣятельность комитета по изданію книгъ замѣтно оживилась; такъ, напримѣръ, недавно комитетъ издалъ четыре новыя книжки, въ которыя вошли два разсказа Короленки, три разсказа Станюковича и разсказъ Мамина-Сибиряка. Затѣмъ комитетъ, обративъ вниманіе на скудость у насъ научно-популярной литературы, выработалъ и подготовилъ программы темъ по разнымъ отраслямъ знанія, причемъ въ занятіяхъ комитета принимали участіе профессора и спеціалисты по разнымъ отраслямъ, какъ напримѣръ: Ѳ. А. Бредихинъ, А. П. Кирпичниковъ, Я. П. Ковальскій, В. В. Лесевичъ, И. В. Мушкетовъ и друг.

Въ засѣданіяхъ комитета, которыя происходятъ публично, кромѣ обсужденія текущихъ дѣлъ, читаются рефераты и доклады по вопросамъ, касающимся разныхъ сторонъ народнаго образованія. Изъ докладовъ, прочитанныхъ въ зиму 1893—94 гг., особенный интересъ представляли: Н. А. Рубакина—«Книжное оскудѣніе», Г. А. Фальборка — «Внѣшкольное образованіе», г. Мижуева—«Народное образованіе въ Англіи», и друг.

При комитетѣ съ конца 1893 года состоитъ особая коммиссія по собранію свѣдѣній о народномъ образованіи, въ которой принимаютъ участіе нѣкоторые изъ земскихъ статистиковъ, во главѣ съ Вас. Ив. Покровскимъ. Коммиссія эта рѣшила предпринять подробное изслѣдованіе положенія народнаго образованія въ Россіи, посредствомъ карточной системы, для каждой отдѣльной школы. Изслѣдованіе это предполагается произвести въ концѣ 1894 года, по возможности одновременно по всей Россіи[1].

---

[1] Но въ чемъ не везетъ петербургскому комитету грамотности, такъ это въ выборѣ предсѣдателя; послѣ ухода Н. Т. Михайловскаго въ теченіи самаго короткаго времени послѣдовательно смѣнились пять предсѣдателей Н. А. Варгунинъ, В. Ю. Скаловъ, профес. А. А. Исаевъ, г. Горчаковъ и, наконецъ, А. Н. Страннолюбскій.

Слѣдомъ за петербургскимъ комитетомъ грамотности ожилъ, послѣ продолжительной и глубокой спячки, и московскій комитетъ грамотности. Въ засѣданіи этого комитета 21 марта 1890 г. было доложено заявленіе, подписанное семью членами комитета: профессоромъ А. И. Чупровымъ, извѣстнымъ педагогомъ Д. И. Тихомировымъ, В. И. Сизовымъ, Е. Н. Тихомировой, Л. Н. Рутцевъ, Ю. Н. Сиротининой и С. А. Анциферовымъ. Въ этомъ заявленіи указывалось на то, какъ велика потребность въ чтеніи въ нашемъ народѣ и какъ плохо она удовлетворяется. Кончившіе въ школѣ или не могутъ примѣнить своихъ знаній за неимѣніемъ книгъ (извѣстны случаи, что разучиваются читать), или читаютъ такія книги, которыя не даютъ имъ ничего ни въ нравственномъ, ни въ умственномъ отношеніи. Большинство сельскихъ школъ не имѣютъ библіотекъ по недостатку средствъ на то, а гдѣ средства есть, тамъ является новое затрудненіе—разобраться въ той массѣ книгъ, какая вышла за послѣдніе годы и продолжаетъ выходить». Въ виду этого, заявленіе намѣтило слѣдующія цѣли, которыми долженъ задаться комитетъ: 1) снабжать по возможности книгами тѣхъ, у кого ихъ нѣтъ, и 2) указывать хорошія книги для тѣхъ, кто имѣетъ возможность ихъ пріобрѣтать.

Присутствовавшій въ этомъ засѣданіи профессоръ А. И. Чупровъ горячо поддерживалъ предложеніе семи членовъ, доказывая статистическими свѣдѣніями необходимость придти на помощь грамотному деревенскому и городскому люду, желающему читать.

«Петербургскій комитетъ грамотности», говорилъ А. И. Чупровъ, «широко развилъ дѣло разсылки книгъ. Московскій комитетъ, приступая къ новому для себя дѣлу, вначалѣ долженъ будетъ ограничиться малымъ; но если даже онъ разошлетъ вначалѣ за годъ двѣ-три тысячи книгъ, то и это будетъ огромная помощь для грамотныхъ крестьянъ, жаждущихъ чтенія. Существующіе опыты показываютъ, что школьныя библіотеки приносятъ громадную пользу, что книжки въ нихъ никогда не залеживаются, всегда ходятъ по рукамъ. Быть можетъ, эти библіотечки представляютъ собою наиболѣе интенсивное пользованіе печатной книгой, быть можетъ, затрата капитала на народное образованіе въ этомъ видѣ является наиболѣе благодарной, наиболѣе плодотворной. Средства на это благое дѣло найдутся».

Комитетъ рѣшилъ на первыхъ порахъ заняться составленіемъ каталога для школьныхъ библіотекъ, посредничествомъ между школами и книгопродавцами по выпискѣ книгъ и, главное, даровою разсылкою библіотекъ по сельскимъ училищамъ.

Дѣятельность московскаго комитета по устройству школьныхъ библіотекъ развивается съ каждымъ годомъ: къ 1890 году имъ было устроено 19 библіотекъ, въ 1891—32, въ 1892—41 и въ 1893 году—157 библіотекъ. На составленіе этихъ библіотекъ затрачено комитетомъ около 4,500 рублей. Средняя стоимость библіотекъ равна, приблизительно, 17 руб., изъ которыхъ около ⅓ падаетъ на переплетъ. Число книжекъ средней библіотеки 80—84. Затѣмъ комитетъ каждый годъ выпускаетъ «Ежегодники», въ которыхъ помѣщаются критическіе обзоры вышедшихъ за годъ книгъ для народнаго чтенія [1]).

Занятія комитета происходятъ или въ общихъ засѣданіяхъ, на которыя собирается до ста и больше членовъ, или въ засѣданіяхъ отдѣльныхъ коммиссій. Въ общихъ засѣданіяхъ комитета обыкновенно кто-нибудь изъ членовъ дѣлаетъ докладъ по вопросамъ, относящимся къ задачамъ комитета. Въ теченіе 1893—94 г. были, напримѣръ, сдѣланы слѣдующіе доклады: «О книжныхъ складахъ въ провинціи», «Объ обученіи грамотѣ въ воскресныхъ школахъ», «Всеобщее начальное обученіе», «Школы грамоты и учителя-крестьяне», «Новиковъ и его издательская дѣятельность» и т. д. Число членовъ комитета доходитъ въ настоящее время до 418. Въ послѣднее время комитетъ дѣятельно занялся разработкою вопроса огромной важности — о введеніи всеобщаго обученія въ Россіи.

Къ сожалѣнію, денежныя средства, которыми располагаетъ

---

[1]) «Московскій комитетъ грамотности» П. Ш—ва. «Рус. Вѣд.» 1894 г.

московскій комитетъ и отъ которыхъ въ значительной степени зависитъ успѣшное развитіе его дѣятельности, крайне ограничены и совершенно не соотвѣтствуютъ цѣлямъ и задачамъ этого учрежденія. Главнымъ образомъ, средства эти получаются отъ отъ членскихъ взносовъ (три рубля въ годъ) и затѣмъ частныхъ пожертвованій. Въ теченіи послѣднихъ 3—4 лѣтъ комитетъ могъ расходовать въ годъ не болѣе 6—7 тысячъ рублей. Въ 1893 году значительную матеріальную помощь московскому комитету оказали многіе московскіе представители науки и литературы [1]), которые, по иниціативѣ члена комитета Д. И. Тихомирова, прочли рядъ публичныхъ лекцій. Сборъ съ лекцій въ количествѣ 2,188 рублей пошелъ на устройство народныхъ сельскихъ библіотекъ. Въ дѣятельности московскаго комитета грамотности особенно дѣятельное участіе принимаютъ, между прочими, слѣдующія лица: В. П. Вахтеровъ, И. И. Петрункевичъ, князь Д. И. Шаховской, П. И. Шестаковъ, С. Г. Смирновъ, А. Е. Грузинскій, В. А. Гольцевъ, В. Е. Якушкинъ, С. П. Анцыферовъ, Ан. В. Погожева, И. Н. Сахаровъ и друг.

Харьковское общество распространенія грамотности въ народѣ, недавно отпраздновавшее 30-ти лѣтіе своего существованія, въ послѣдніе годы также обнаруживаетъ замѣтную дѣятельность. Оно содержитъ на собственныя средства нѣсколько школъ, устраиваетъ библіотеки, какъ городскія, такъ и сельскія, организуетъ народныя чтенія, а съ прошлаго года приступило къ изданію народныхъ книгъ, причемъ за это время выпустило въ свѣтъ около 20-ти книжекъ разнообразнаго содержанія, частью беллетристическихъ, частью научнаго и практическаго характера, цѣною въ 1—2 копѣйки [2]). Харьковское общество грамотности, безъ со-

---

[1]) В. О. Ключевскій, Н. И. Стороженко, А. Н. Веселовскій, В. А. Гольцевъ, И. И. Иванюковъ, П. Д. Боборыкинъ, гг. Виноградовъ, Милюковъ, графъ Камаровскій, И. И. Ивановъ, Г. А. Джаншіевъ, И. И. Янжулъ и друг.

[2]) Приводимъ здѣсь заглавія нѣкоторыхъ изъ этихъ изданій: 1) «Среди французовъ» — два разсказа А. Додэ, 2) «Жанна д'Аркъ, дѣва Орлеанская», 3) «Несчастная» 4) «Параска», — разсказъ А. С. Шабельской, 5) «Миронъ и Галька», разсказъ ея-же, 6) «Друзья», 7) «Сибирь и переселенцы», Истоминой.

мнѣнія, самое богатое изъ всѣхъ русскихъ обществъ подобнаго характера, не исключая и столичныхъ комитетовъ грамотности: оно имѣетъ четыре каменныхъ дома, изъ которыхъ въ трехъ помѣщаются его школы, а четвертый, вновь отдѣланный стоющій не менѣе 100,000 рублей, предназначенъ на доставленіе постоянныхъ доходовъ обществу. Общество заботится объ открытіи отдѣленій въ уѣздныхъ городахъ Харьковской губерніи. Нѣкоторыя изъ этихъ отдѣленій довольно дѣятельно трудятся въ интересахъ народнаго просвѣщенія. Такъ, отдѣленіе общества грамотности въ г. Славянскѣ имѣетъ двѣ школы, въ которыхъ обучается болѣе 200 человѣкъ; при школахъ устроены библіотеки, изъ которыхъ книги выдаются безплатно всѣмъ учащимся. Отдѣленіе общества въ г. Сумахъ содержитъ женское училище, женскую воскресную школу, книжный складъ и народныя чтенія. Предсѣдателемъ харьковскаго общества распространенія грамотности въ народѣ состоитъ профессоръ мѣстнаго университета А. П. Шимковъ, который, съ своей стороны, дѣлаетъ все возможное для успѣшнаго развитія дѣятельности этого учрежденія.

Въ Тифлисѣ лѣтъ десять тому назадъ организовался кружокъ, состоящій, главнымъ образомъ, изъ молодыхъ дѣвушекъ мѣстной интеллигенціи. Если мы не ошибаемся, кружокъ этотъ впервые возникъ подъ вліяніемъ А. П. Мичурина, жившаго въ то время въ Тифлисѣ. Впослѣдствіи кружокъ этотъ получилъ оффиціальную санкцію подъ именемъ «Тифлисскаго общества взаимнаго вспоможенія учительницъ и воспитательницъ».

Наиболѣе дѣятельными членами этого общества являются: княжны Туманова и Аргутинская-Долгорукова, г-жи Кайзанова, Питоевъ, Воробьева и друг. Члены общества устраиваютъ народныя чтенія, которыя имѣютъ большой успѣхъ въ средѣ тифлисскаго рабочаго люда. Затѣмъ, они устроили въ полномъ смыслѣ слова прекрасную народную библіотеку. Исторію возникно-

---

8) «Прекрасная Навѣрана», разсказъ А. Додэ. 9) «Швейцарія» — географическій очеркъ, 10) «Желѣзныя дороги, 11) «Какъ и откуда добываютъ шелкъ»? и друг.

вения и постепеннаго развитія этой библіотеки въ свое время подробно описалъ покойный Н. В. Шелгуновъ. Описаніе это настолько интересно, что мы приведемъ его здѣсь цѣликомъ.

«20 сентября 1888 года, на Михайловской улицѣ, въ Тифлисѣ, надъ дверями небольшой лавочки, служившей прежде молочной, появилась вывѣска: «Библіотека». Сначала учредительницы было думали написать на вывѣскѣ «Народная библіотека», но не сдѣлали этого потому, что имѣли оффиціальное разрѣшеніе на открытіе библіотеки вообще, а, во-вторыхъ, онѣ не были увѣрены, что библіотека станетъ «народной», т.-е. что народъ, привыкшій покупать книги на базарѣ и у офеней, обратится за ними въ библіотеку.

Нужно думать, что скромная вывѣска не обратила на себя особеннаго вниманія обитателей Михайловской улицы и прохожихъ и что первыхъ покупателей и читателей приходилось создавать. Такъ слѣдуетъ думать потому, что распорядительницами и учредительницами библіотеки были учительницы, а первыми покупательницами ихъ ученицы, бравшія книги частью для себя и для своихъ родныхъ. Любопытно, что взрослые за книгами сами не являлись, а посылали за ними обыкновенно дѣтей. «Папаша прислали 20 копѣекъ»,— объясняетъ маленькая покупательница,— «и велѣли принести имъ толстую книгу; они тоненькихъ не любятъ». Или приноситъ мальчикъ книжку. «Что, понравилась?» — «Очень понравилась, и тятя тоже хвалилъ».— «А кто твой отецъ?»—«Фонарщикъ». Или дѣвочка возвращаетъ книгу. При разспросахъ оказывается, что ее она и совсѣмъ не помнитъ. «Ты, вѣрно, ее не читала?»—«Мнѣ некогда было».—«Такъ возьми ее еще разъ».—«Нѣтъ, ужъ, пожалуйста, дайте другую. Мамаша очень просила, чтобы перемѣнить; она ее всю прочитала и другую хочетъ». Бывало и такъ: является кондукторъ конки и проситъ записать его сына, девятилѣтняго мальчугана. Выдаютъ дѣтскую книжку. «Нѣтъ, ужъ, пожалуйста, поинтереснѣе»,—выдаетъ себя отецъ, разсчитывавшій читать книги, которыя будетъ носить сынишка.

Вообще взрослые точно стыдились являться сами за книгами и посылали за ними подростковъ. Это очень затрудняло библiотекарш, которымъ приходилось выдавать книги совсѣмъ наугадъ. Случалось, что онѣ сразу попадали во вкусъ неизвѣстнаго читателя, а случалось, что и никакъ не могли на него потрафить. Выдадутъ, напримѣръ, «Капитанскую дочку», «Юрiя Милославскаго», «Князя Серебрянаго» и т. п., и дѣвочка, возвращая чрезъ нѣсколько дней книгу, говоритъ: «Папѣ очень понравилась: велѣлъ еще такую взять». Послѣ беллетристическихъ сочиненiй выдаютъ что-нибудь посерьезнѣе: разсказы про старое время на Руси или другую историческую книгу, и тоже получается благодарность. Но часто посланная, возвращая книгу, прибавляла лаконически: «нехорошая!» А бывали и такiе подписчики, въ особенности изъ молоканъ, которымъ никакъ не удавалось угодить, и недѣли черезъ 2 — 3 они переставали брать книги.

Чтобы поставить библiотеку въ болѣе непосредственную и тѣсную связь съ ея невѣдомымъ и таинственнымъ читателемъ, распорядительницы пригласили для завѣдыванiя дѣломъ простую женщину, изъ ученицъ воскресной школы, не получившую никакого образованiя, но умную, начитанную и развитую. Для веденiя библiотечной статистики она была не совсѣмъ удобна, потому что писала и дурно, и медленно. Но она хорошо знала ту среду, для которой назначалась библiотека, съ преданностью и любовью бралась за дѣло и отличалась простотой обращенiя. На другой же день послѣ ея поступленiя пришли записаться ея знакомые — два брата-слесаря и одинъ изъ ихъ учениковъ; за ними явились еще двое, работавшихъ въ той же мастерской; эти привели еще новыхъ подписчиковъ, и библiотека шагъ за шагомъ начала прiобрѣтать популярность, такъ что къ концу перваго мѣсяца у ней было уже 160 подписчиковъ (наибольшее число изъ нихъ было, впрочемъ, не изъ рабочаго населенiя). Всего въ теченiе года записалось 677 человѣкъ. Многiе изъ этихъ подписчиковъ, почитавъ мѣсяца два, переставали брать книги, потом записывались вновь. Изъ общаго числа всѣхъ подписчиковъ простой народъ и рабочее населеніе составляли половину, а остальную половину составляла интеллигенція, т.-е. преимущественно учащіеся.

Библіотека при открытіи имѣла преимущественно книги для народнаго чтенія, дешевыя изданія въ числѣ 840 названій. Теперь въ ней около 3,000 книгъ и 1,660 названій, въ томъ числѣ полныя собранія сочиненій: Некрасова, Пушкина, Гоголя, Кольцова, Никитина, Тургенева, Лермонтова, Успенскаго, Короленко, Гаршина, Надсона; почти полныя собранія (за недостаткомъ нѣсколькихъ томовъ) Достоевскаго, Островскаго, Гончарова, Толстого и по нѣскольку лучшихъ произведеній Щедрина, Писемскаго, Гюго, Диккенса, Байрона, Шекспира, Шпильгагена и др. Беллетристическія сочиненія, конечно, преобладаютъ (1,027); за ними слѣдуютъ историческія (111), географическія (70), естественно-историческія, біографическія, этнографическія, путешествія, духовно-нравственныя сочиненія, сельскохозяйственныя, по общественнымъ вопросамъ, сборники разсказовъ и проч. Библіотека составилась изъ книгъ, большею частью купленныхъ по случаю на распродажѣ, на базарѣ, а также и изъ пожертвованій. Пожертвовано 604 книги, 54 лицами, въ числѣ которыхъ были подписчики-бѣдняки, отдавшіе свои единственныя книги.

Кромѣ пожертвованій книгъ, сочувствіе къ библіотекѣ выражалось разными другими услугами: старые подписчики подыскивали новыхъ, разыскивали и выручали книги, которыя долго не возвращались, подклеивали книги; одинъ изъ подписчиковъ придѣлалъ колокольчикъ къ входной двери, другой установилъ на зиму желѣзную печь. Вообще между библіотекой и ея простыми читателями съ перваго же раза установилась интимная, нравственная связь, домашнія, родственныя отношенія. Несмотря на то, что за чтеніе бралась плата, подписчики смотрѣли на библіотеку не какъ на коммерческое дѣло, библіотека не была для нихъ лавочкой, только отпускавшей за деньги книги. Они находили еще въ ней сочувствующихъ и близкихъ людей, которые разъясняли имъ недоразумѣнія и помогали совѣтами и указаніями въ выборѣ книгъ. Дѣти съ особенною охотой высказывали свои впечатлѣнія. Ихъ всегда выслушивали, задавали вопросы по поводу ими прочитаннаго, разъясняли то, чего они не понимали, и библіотека превращалась какъ бы въ маленькую аудиторію. Для взрослыхъ библіотека имѣла руководящее значеніе въ смыслѣ выбора книгъ и указаній на то или другое чтеніе. Наконецъ, много помогало связи библіотеки съ ея подписчиками то, что за книги не бралось залога.

И несмотря на то, что книги выдавались безъ залога и за чтеніе бралась ничтожная плата, книги не зачитывались и не пропадали. Въ теченіе отчетнаго года было выдано 14,768 книгъ и изъ нихъ не возвращено только 30. Хлопоты о возвращеніи задержанныхъ книгъ лежали на обязанности библіотекарши. Она или сама отправлялась къ подписчикамъ, или обращалась къ содѣйствію другихъ исправныхъ подписчиковъ, или же просила о возвращеніи книгъ письменно. Этихъ мѣръ было совершенно достаточно, и книги, задержанныя обыкновенно по безпорядочности или безпечности, почти всегда возвращались. Былъ даже такой случай. Одинъ изъ подписчиковъ, мастеровой, бывшій ученикъ ремесленнаго училища, долго не возвращалъ книгу (Домби и сынъ). Попросили напомнить ему о возвращеніи одного изъ его товарищей, и онъ ему отвѣтилъ, что книги не возвратитъ, потому что смѣется надъ тѣмъ, кто даетъ книги безъ залога. Тогда ему написали письмо и выяснили, какое значеніе имѣетъ для бѣдняковъ выдача книгъ безъ залога, что этимъ выражается къ нимъ довѣріе, и что если книги будутъ не возвращаться, то придется брать залогъ. На другой же день мастеровой книгу возвратилъ.

Библіотека содержалась на абонементныя деньги, на частныя пожертвованія и на сборы съ концертовъ и спектаклей. Частныя пожертвованія были единовременныя и ежемѣсячныя, въ любомъ размѣрѣ, отъ 5 коп. до 5 рублей. Общій доходъ библіотеки изъ всѣхъ трехъ источниковъ составлялъ 978 р., 5 к. Въ томъ числѣ плата съ подписчиковъ дала 312 р. 80 к., единовременныя пожертвованія 36 руб., ежемѣсячныя 170 р. 25 к. и два концерта и спектакль 150 р.

Расходы библіотеки были слѣдующіе: на покупку книгъ 303 р. 95 к., квартира 192 руб., завѣдующей библіотекой 180 руб., переплетъ книгъ 93 р. 20 к., обзаведеніе, отопленіе, типографія, страхованіе и проч. 54 руб. 75 коп. Всего 823 р. 90 коп. Въ лѣтніе мѣсяцы, когда не было расходовъ на отопленіе и на покупку книгъ и подписчики были большею частью состоятельные, платившіе по 20 к. въ мѣсяцъ, библіотека окупалась; зимой же дефицитъ былъ очень великъ. Увеличивался онъ въ особенности отъ того, что многимъ подписчикамъ приходилось дѣлать уступку, хотя это и было противъ правилъ (солдатамъ, подмастерьямъ и т. д.); но этихъ исключеній нельзя было не допустить. Для того, чтобы библіотека стала твердо и не зависѣла бы отъ пожертвованій, ей нужно имѣть вдвое подписчиковъ, т.-е. вмѣсто 670—1,300. И учредительницы думаютъ, что Тифлисъ, съ его стотысячнымъ населеніемъ, это число подписчиковъ дать можетъ. Эти цифирныя подробности обыкновенный читатель найдетъ, вѣроятно скучными, но я привожу ихъ для тѣхъ, кому опытъ учредительницъ тифлисской библіотеки могъ бы служить полезнымъ указаніемъ при устройствѣ подобныхъ же библіотекъ въ другихъ городахъ.

Рядомъ съ выдачей книгъ для чтенія шла и продажа ихъ. Перечитавъ нѣсколько книгъ, подписчики покупали тѣ изъ нихъ, которыя имъ больше нравились. Покупали и не подписчики. Заходитъ въ библіотеку мальчикъ въ синей блузѣ и рабочемъ фартукѣ: «Продаются у васъ книги? Ну, дайте мнѣ, пожалуйста, на 10 копѣекъ, по хорошихъ!» Съ мая мѣсяца продажа книгъ была перенесена библіотекой и на базаръ, гдѣ былъ установленъ столикъ съ книгами на ряду съ офенями. Покупатели стали подходить и къ библіотечному столику, который съ перваго же раза продалъ нѣсколько книгъ, не бывшихъ у офеней: «Хижину дяди Тома», «Сельскій календарь», «Мученики» Шатобріана. Къ сожалѣнію, продажу книгъ на базарѣ учредительницамъ библіотеки не удается еще поставить правильно, потому что трудно найти надежнаго человѣка, который продавалъ бы книги по назначеннымъ цѣнамъ. А кромѣ того, лишь въ концѣ года удалось получить отъ городской управы билетъ на право безплатной торговли на базарѣ».

Возникшее въ 1887 году въ Нижнемъ-Новгородѣ Общество распространенія начальнаго народнаго образованія продолжаетъ устраивать народныя чтенія съ туманными картинами, распространяетъ полезныя книги въ народѣ при посредствѣ главнаго книжнаго склада въ Нижнемъ—Новгородѣ и 200 отдѣленій склада во всѣхъ уѣздахъ Нижегородской губерніи, открытыхъ обществомъ при народныхъ школахъ, содержитъ безплатную библіотеку для учителей и учительницъ начальныхъ училищъ, устраиваетъ уличныя библіотеки и т. д. Въ Обществѣ этомъ состоитъ въ настоящее время: дѣйствительныхъ членовъ 203, сотрудниковъ 214 и почетныхъ членовъ 15. Изъ числа членовъ Общества особенною дѣятельностью выдѣляются П. К. Позернъ, Н. М. Сибирцевъ, С. В. Щербаковъ, В. Г. Григорьевъ и друг. Въ предыдущихъ статьяхъ—если припомнитъ читатель—мы не разъ касались дѣятельности этого почтеннаго Общества.

«Общество для содѣйствія распространенію народнаго образованія въ г. Ставрополѣ—Кавказскомъ» состоитъ болѣе чѣмъ изъ 200 членовъ и располагаетъ капиталомъ въ 12.000 рублей. На средства этого Общества содержатся два начальныхъ училища, въ которыхъ обучается до 130 дѣтей обоего пола, а также двѣ воскресныхъ школы — мужская и женская — съ двумястами учащихся.

Въ городѣ Николаевѣ Херсонской губерніи возникшій около тридцати лѣтъ тому назадъ мѣстный комитетъ грамотности содержитъ на свои средства 15 школъ съ 11.000 учащихся.

«Общество попеченія о женскомъ образованіи въ г. Екатеринославѣ», основанное въ 1872 году, содержитъ безплатную женскую школу, въ которой учится около 300 ученицъ. Школа эта имѣетъ семилѣтній курсъ, причемъ 7-ой годъ спеціально предназначенъ на профессіональныя занятія. Ежегодное содержаніе школы обходится Обществу въ 5,000 рублей. Кромѣ этого Общество устраиваетъ въ Екатеринославѣ публичныя народныя чтенія.

Въ г. Елисаветградѣ существуетъ «Общество распространенія ремеслъ и грамотности, содержащее двухклассное училище.

На Кавказѣ съ 1880 года существуетъ «Общество распространенія грамотности среди грузинъ», имѣющее нѣсколько сотъ членовъ и располагающее ежегоднымъ доходомъ въ 6.000 рублей. Общество это содержитъ нѣсколько школъ, какъ въ городахъ, такъ и въ селахъ, и кромѣ того занимается изданіемъ и распространеніемъ въ народѣ полезныхъ книгъ. Въ Кіевѣ мѣстный комитетъ грамотности, существующій около 10 лѣтъ, къ сожалѣнію, почти ничѣмъ не проявляетъ своей дѣятельности. Затѣмъ о нѣкоторыхъ обществахъ содѣйствія народному образованію намъ,—не смотря на все желаніе,—не удалось собрать никакихъ свѣдѣній.

Въ далекой, дореформенной Сибири также разростается общественное движеніе, имѣющее цѣлью служить интересамъ народнаго просвѣщенія. Возникшее въ 1882 году и избравшее своимъ девизомъ: «ни одного неграмотнаго!» Общество попеченія о начальномъ образованіи въ г. Томскѣ за время своего существованія много сдѣлало для развитія народнаго образованія въ городѣ. Общество это своимъ возникновеніемъ всецѣло обязано П. И. Макушину, который давно уже съ горячей энергіей работаетъ на пользу народнаго просвѣщенія.

Обществомъ открыто нѣсколько школъ на окраинахъ города: Мухиномъ бугрѣ, въ Слободкѣ, на Верхней Елани и Заистокомъ; затѣмъ имъ учреждена народная безплатная, для всѣхъ доступная библіотека, число читателей которой почти постоянно держится на цифрѣ 800 человѣкъ; на средства Общества все время устраивались народныя воскресныя чтенія; имъ открыты женскіе повторительные классы и женскіе рисовальные классы; благодаря ему возникли музыкальные классы при мѣстномъ народномъ училищѣ.

Оказываемая Обществомъ каждую зиму учащейся бѣднотѣ помощь теплою одеждою сохраняла здоровье не одной сотни дѣтей и дала имъ возможность получить хотя элементарное образованiе. Устраивая публичныя лекцiи, литературные и музыкальные вечера, выставки, Общество этимъ самымъ несомнѣнно будитъ мысль и у интеллигентной части населенiя.

Томское Общество отзывалось также и на ремесленное профессiональное образованiе: въ открытой имъ въ 1886 году женской рукодѣльной школѣ постоянно обучается до 120 дѣвочекъ; затѣмъ имъ устроена женская кулинарная школа. Въ настоящее время Совѣтъ Общества занятъ мыслью о распространенiи ручного труда не только въ Томскѣ, но и за предѣлами его, вмѣстѣ съ этимъ Общество приступаетъ къ устройству музея прикладныхъ знанiй.

За время своего существованiя Общество дало на дѣло народнаго образованiя въ городѣ деньгами и имуществомъ около 100,000 рублей; но какъ ни значительна эта сумма для такого города, какъ Томскъ, нравственная польза отъ существованiя Общества несомнѣнно еще болѣе цѣнна: въ рядахъ членовъ Томскаго Общества числятся сотни человѣкъ; идея всеобщаго и обязательнаго начальнаго образованiя годъ отъ году дѣлается популярнѣе, и школа давно уже завоевала себѣ симпатiи всѣхъ лучшихъ людей мѣстнаго общества. «Задача, преслѣдуемая Обществомъ съ самого возникновенiя его, привлечь къ участiю въ дѣлѣ народнаго образованiя возможно бóльшее число лицъ, хотя бы взносомъ 5—10 копѣекъ, несомнѣнно значительно подвинулась къ разрѣшенiю, и, разумѣется, настанетъ время, когда забота о школѣ будетъ заботою каждаго мыслящаго человѣка»,— такъ говоритъ одинъ изъ послѣднихъ отчетовъ Общества.

Благотворное влiянiе этого Общества и поучительный примѣръ томскихъ иницiаторовъ не остались безъ подражанiя и распространенiя. И въ другихъ городахъ Сибири, при содѣйствiи лицъ, преданныхъ просвѣщенiю, начали учреждаться мало-помалу такiя же Общества. Въ настоящее время подобныя Общества имѣются въ слѣдующихъ городахъ Сибири: Красноярскѣ, Омскѣ, Иркутскѣ, Енисейскѣ, Семипалатинскѣ, Тюмени, Каинскѣ, Барнаулѣ и Минусинскѣ. Въ короткій срокъ своего существованія общества эти успѣли привлечь вниманіе публики и очень много помочь своимъ городамъ въ дѣлѣ распространенія народнаго образованія. Такъ, напримѣръ, Барнаульское Общество въ первый же годъ своего существованія, въ 1885 году, открыло собственную школу, продолжая при этомъ оказывать учащимся въ городскихъ школахъ помощь выдачей теплаго платья и учебниковъ. Потребность въ новой школѣ въ Барнаулѣ была настолько велика, что въ первый же годъ ея открытія она переполнилась учениками. Спустя годъ послѣ открытія этой школы она уже имѣла свое собственное прекрасное помѣщеніе. Затѣмъ Общество основало безплатную народно-школьную библіотеку, помѣщеніе для которой дано было городскою думой въ своемъ зданіи. Въ началѣ 1888 года при этой библіотекѣ при содѣйствіи все того же общества городъ открылъ свою собственную публичную библіотеку, выдача книгъ изъ которой производится за плату. Вообще дѣятельность общества годъ отъ года расширяется, средства общества хотя и медленно, но увеличиваются: такъ, къ началу 1887 года въ кассѣ общества было 3,161 руб., къ началу же 1889 года—4,358 руб., за покрытіемъ всѣхъ расходовъ. Въ настоящее время общество озабочено открытіемъ еще новой школы въ той части города, въ которой до сихъ поръ не было ни одного училища. Не менѣе успѣшно дѣйствуютъ и другія сибирскія общества попеченія о начальномъ образованіи.

Возвращаясь въ Европейскую Россію, мы замѣчаемъ, что за самое послѣднее время въ разныхъ мѣстахъ Россіи продолжаютъ возникать новыя общества, которыя ставятъ своею цѣлью содѣйствіе дѣлу начальнаго народнаго образованія въ той или иной формѣ. Такъ, въ маѣ мѣсяцѣ 1895 года въ Ярославлѣ возникло «Общество для содѣйствія народному образованію и распространенію полезныхъ знаній въ Ярославской губерніи». Починъ въ этомъ дѣлѣ исходитъ отъ ярославскаго губернатора А. Я. Фриде, который следующим образом определял задачи и цели новаго общества.

«При первых же моих посѣщенiях различных мѣстностей Ярославской губернiи, я имѣл случай убѣдиться, что дѣло поддержанiя грамотности в населенiи и развитiе его самообразованiя чрез посредство хороших книг большею частью поставлено крайне неудовлетворительно: в школах законоучители и учители заявляли о потребности устройства библiотек для учащихся и для взрослых; отдѣльных книжных складов полезных книг, за весьма рѣдкими исключенiями, нигдѣ не имѣется, народных чтенiй или тому подобных мѣр к отвлеченiю народа от разгульной жизни в праздники, кромѣ гор. Ярославля и других весьма немногих мѣстностей не введено и, наконец, там, гдѣ имѣлись на этот предмет какiя-либо матерiальныя средства, не знали как взяться за дѣло, а главное, гдѣ найти поддержку, чтобы не сдѣлать промаха и непроизводительнаго расхода. Все это, вмѣстѣ взятое, привело меня к убѣжденiю о необходимости придти на помощь населенiю—дать ему хорошую и полезную книгу. Я считаю необходимым привлечь к этому дѣлу всѣх интересующихся поднятiем умственнаго и нравственнаго уровня народа и с этою цѣлью открыть в Ярославлѣ центральный книжный склад и учредить общество для содѣйствiя народному образованiю и распространенiю полезных знанiй в Ярославской губернiи».

Первое собранiе общества происходило в помѣщенiи губернатора под предсѣдательством архiепископа ярославскаго Іонафана, который пожертвовал в пользу общества 100 рублей, всего же пожертвованiй было собрано около 650 рублей.

Подобное же общество возникает в городѣ Вологдѣ. Здѣсь в октябрѣ мѣсяцѣ 1892 года небольшой кружок мѣстной интеллигенцiи добился открытiя безплатной народной библiотеки. С грошей начатое дѣло быстро развивается и завоевывает симпатiи общества, так что в настоящее время библiотека имѣет уже около 2 тысяч томов, выписывает 9 перiодических издавій и посѣщается болѣе чѣмъ 350 читателями обоего пола, изъ которыхъ большая часть—взрослые. Библіотечный кружокъ, завѣдующій библіотекой, имѣетъ въ настоящее время до 112 членовъ. Послѣ открытія народной библіотеки иниціаторы выхлопотали разрѣшеніе на открытіе другого народно-образовательнаго учрежденія—народной аудиторіи. Чтенія съ волшебнымъ фонаремъ начались на Страстной недѣлѣ Великаго поста, и до сихъ поръ ихъ было уже нѣсколько. Наплывъ публики громаденъ. Какъ платныя (первые 10 рядовъ отъ 10 до 20 к.), такъ и безплатныя мѣста занимаются съ бою. Аудиторія, вмѣщающая 400 человѣкъ, каждый разъ бываетъ полна. Ободренные такими успѣхами устроители библіотеки и чтеній подумываютъ уже объ объединеніи обоихъ учрежденій подъ вѣдѣніемъ особаго мѣстнаго общества грамотности [*]).

Къ сожалѣнію, полученіе разрѣшенія на открытіе подобнаго общества представляется у насъ дѣломъ весьма и весьма не легкимъ. Очень часто ходатайства и хлопоты о такомъ разрѣшеніи не приводятъ ни къ чему; въ доказательство этого приведемъ нѣсколько примѣровъ изъ болѣе близкаго къ намъ времени.

Въ 1887 году въ Казани члены «коммиссіи по устройству народныхъ чтеній», большинство которыхъ состоитъ изъ профессоровъ университета и учителей разныхъ учебныхъ заведеній возбудили ходатайство о разрѣшеніи открыть «Общество распространенія народнаго образованія въ Казанской губерніи». Цѣлые два года ходило это ходатайство по разнымъ вѣдомствамъ и наконецъ полученъ былъ отвѣтъ, что открытіе общества въ Казани «считается преждевременнымъ» («Недѣля», 1891 г., № 16). Подобный отвѣтъ тѣмъ болѣе непостижимъ, что въ томъ же самомъ 1887 году такое же точно общество было разрѣшено въ сосѣдней губерніи—Нижегородской. Такимъ образомъ то, что признано вполнѣ своевременнымъ для Нижняго-Новгорода, почему-то признается «преждевременнымъ» для Казани, которая, въ качествѣ

---

[*]) «Русская Жизнь», 1893 г. № 152.

университетскаго города, казалось бы, должна имѣть въ этомъ случаѣ несомнѣнное преимущество предъ Нижнимъ-Новгородомъ.

Такая же печальная судьба постигла въ 1889 году ходатайство Астраханской коммиссіи о разрѣшеніи открыть «Общество распространенія народнаго образованія въ Астраханской губерніи». Какъ мы уже говорили выше, на это ходатайство былъ полученъ отъ товарища министра народнаго просвѣщенія, князя Волконскаго, отвѣтъ, въ которомъ было разъяснено, что «дѣйствующими законоположеніями попеченіе о нуждахъ народнаго образованія предоставлено подлежащимъ органамъ учебнаго и духовнаго вѣдомства по принадлежности. Въ виду этого, онъ, сенаторъ князь Волконскій, находитъ, что въ существованіи частнаго общества, преслѣдующаго ту же цѣль, и стоящаго, при томъ, внѣ контроля названныхъ вѣдомствъ, *не представляется надобности*.

Ясно, что подобный отвѣтъ долженъ самымъ «охлаждающимъ» образомъ подѣйствовать на тѣхъ лицъ, которыя готовы были посвятить свой трудъ, свои силы на содѣйствіе дѣлу народнаго просвѣщенія. Къ этому мы не можемъ не замѣтить, что приведенный выше отвѣтъ идетъ въ разрѣзъ и находится въ прямомъ противорѣчіи со многими указаніями, которыя въ разное время дѣлались по этому поводу высочайшей властью. Такъ, напримѣръ, въ Высочайшемъ рескриптѣ, послѣдовавшемъ 25 декабря 1873 года на имя министра народнаго просвѣщенія говорится: «дѣло народнаго образованія въ духѣ религіи и нравственности есть столь великое и священное, что поддержаніе и упроченіе его въ семъ истинно благомъ направленіи *должно служить не только духовенство, но и всѣ просвѣщеннѣйшіе люди страны*».

Между тѣмъ намъ извѣстно, что и въ настоящее время многіе города усиленно, но, къ сожалѣнію, до сихъ поръ безплодно хлопочутъ о разрѣшеніи открыть мѣстныя общества для содѣйствія начальному образованію. Такъ, въ городѣ Череповцѣ, Новгородской губерніи, кружокъ интеллигентныхъ лицъ хлопочетъ объ утвержденіи устава «Общества содѣйствія народному образованію въ Череповецкомъ уѣздѣ». Проектъ этого общества встрѣтилъ горячее сочувствіе у лицъ самаго разнообразнаго соціальнаго положенія, такъ что въ члены-учредители немедленно записалось больше 60 человѣкъ, въ числѣ которыхъ есть и землевладѣльцы-помѣщики и купцы, и чиновники, и мѣщане, и учителя и проч. Въ число членовъ записались даже такія фирмы, какъ фирма Брандтъ ярославской мануфактуры. «Можно вполнѣ надѣяться, — пишетъ по этому поводу корреспондентъ «Русской Жизни», — что дѣла общества пойдутъ прекрасно, только дай Богъ, чтобы его поскорѣе утвердили. Лицъ, желающихъ безкорыстно потрудиться на пользу роднаго просвѣщенія, у насъ найдется не мало, не мало и такихъ, которыя всегда готовы будутъ придти на помощь посильными пожертвованіями». А разрѣшенія все нѣтъ и нѣтъ...

Въ г. Саратовѣ кружокъ мѣстной интеллигенціи, во главѣ съ инспекторомъ женскаго маріинскаго института Н. А. Бундасъ и присяжнымъ повѣреннымъ Н. П. Фроловымъ, вотъ уже цѣлые четыре года тщетно хлопочетъ о разрѣшеніи открыть въ Саратовѣ «Общество для содѣйствія начальному образованію въ Саратовской губерніи», уставъ котораго давнымъ давно уже выработанъ и «представленъ по принадлежности».

Частная иниціатива въ дѣлѣ народнаго образованія неисчерпывается дѣятельностью разныхъ обществъ и комитетовъ грамотности, о которыхъ мы только что говорили. На ряду съ этими обществами въ разныхъ мѣстахъ Россіи происходитъ оживленная дѣятельность совершенно частныхъ кружковъ, не получившихъ никакой оффиціальной санкціи, а также отдѣльныхъ частныхъ лицъ, одиноко, но упорно и съ одушевленіемъ работающихъ на поприщѣ народнаго просвѣщенія.

Благодаря дѣятельности этихъ кружковъ, въ нѣсколькихъ губернскихъ и уѣздныхъ городахъ были устроены общественныя библіотеки, а также безплатныя читальни для народа. Затѣмъ во многихъ городахъ — какъ мы уже видѣли — этими кружками были организованы публичныя народныя чтенія, на которыя стекаются тысячи слушателей изъ среды сѣраго люда. Но еще болѣе осязательные и плодотворные результаты достигнуты были этими частными кружками въ дѣлѣ устройства воскресныхъ школъ.

Какъ извѣстно, воскресныя школы впервые появились у насъ въ началѣ 60-хъ годовъ. Къ сожалѣнію, они просуществовали тогда лишь самое короткое время: быстро и неожиданно возникли разныя, столь обычныя у насъ «печальныя недоразумѣнія», которыя, все разростаясь и осложняясь, вскорѣ привели къ окончательному закрытію всѣхъ воскресныхъ школъ. Прошло около 10 лѣтъ прежде чѣмъ воскресныя школы начали вновь возникать. Въ 1870 году въ Петербургѣ открылась Владимірская женская воскресная школа, основанная г-жею Старынкевичъ. Въ томъ же году была оффиціально возстановлена женская воскресная школа Х. Д. Алчевской въ г. Харьковѣ. Собственно говоря, школа г-жи Алчевской открыта была гораздо раньше, но «когда налетѣлъ на воскресныя школы шквалъ, она сдѣлалась домашнею и существовала нѣкоторое время неоффиціально», согласно.

Съ начала 80-хъ годовъ воскресныя школы по образцу Харьковской начали мало-по-малу возникать и въ другихъ мѣстахъ Россіи, особенно же быстрое увеличеніе числа воскресныхъ школъ замѣчается съ 1887—88 гг. Открытіе воскресныхъ школъ повсюду встрѣчалось самымъ сочувственнымъ образомъ той частью населенія, для которой собственно предназначались эти школы: едва успѣвали въ какомъ нибудь губернскомъ или уѣздномъ городѣ открыть воскресную школу, какъ ученики и ученицы являлись въ все толпами и обыкновенно черезъ нѣсколько дней приходилось уже отказывать въ новыхъ пріемахъ за недостаткомъ помѣщенія. Если же въ нѣкоторыхъ городахъ, какъ напримѣръ, въ Воронежѣ, воскресныя школы вскорѣ же послѣ своего открытія принуждены были прекратить свою полезную дѣятельность, то виною этому были опять-таки тѣ же «печальныя недоразумѣній, возникновеніе которыхъ объясняется совершенно излишней, ничѣмъ не вызываемой подозрительностью и придирчивостью лицъ, призванныхъ по закону наблюдать за ходомъ подобнаго рода учрежденій.

Въ настоящее время воскресныя школы имѣются въ слѣдующихъ городахъ: въ Петербургѣ—14 школъ, изъ которыхъ 12 содержатся городской думой, и 2 на частныя средства, въ Москвѣ—8 воскресныхъ школъ—всѣ содержатся частными лицами и на частныя средства, затѣмъ, въ Одессѣ, Казани, Харьковѣ (2), Астрахани (2), Орлѣ, Саратовѣ (2), Симбирскѣ, Черниговѣ, Тифлисѣ, Тамбовѣ, Кишиневѣ, Ставрополѣ-Кавказскомъ (2), Рязани, Оренбургѣ, Полтавѣ, Нижнемъ-Новгородѣ, Курскѣ, Томскѣ (2), Тобольскѣ, Баку, Выборгѣ, Ригѣ, Минскѣ, Екатеринодарѣ, Ростовѣ (Ярослав. губ.), Вышнемъ Волочкѣ, Уржумѣ, Новгородѣ-Сѣверскѣ, Старомъ Осколѣ, Черкасахъ (Кіевской губ.) Севастополѣ и друг.

Почти всѣ эти школы открыты по иниціативѣ женщинъ, и учительскій персоналъ ихъ состоитъ также по преимуществу изъ женщинъ. Учредительницами воскресныхъ школъ являются: въ Петербургѣ—г-жа Старынкевичъ, въ Москвѣ—Е. Н. Цвѣткова и г-жа Глинка, въ Харьковѣ—Х. Д. Алчевская, въ Орлѣ—жена врача г-жа Лоткинъ, въ Нижнемъ-Новгородѣ—г-жа Бертъ, въ Кишиневѣ—г-жа Дорошевская, въ Баку—М. М. Латкина, въ Курскѣ—г-жа Серебровская, въ Минскѣ—двѣ сестры г-жи Камышанскія, въ Саратовѣ—г-жа Навашина, въ Тамбовѣ—мѣстныя учительницы Слетова и Экземплярская, въ Полтавѣ—нѣсколько дѣвицъ высшаго и средняго круга изъ числа окончившихъ ученье въ женской гимназіи, въ Тифлисѣ—О. В. Кайданова, и т. д.

Помимо городовъ, въ селахъ и деревняхъ воскресныя школы устраиваются обыкновенно земствомъ, и лишь только въ рѣдкихъ случаяхъ этого рода школы возникаютъ здѣсь по иниціативѣ частныхъ лицъ. Подъ Петербургомъ, на Шлиссельбургскомъ трактѣ уже болѣе десяти лѣтъ существуютъ 4 воскресныя школы, въ которыхъ ежегодно обучается отъ 800 до 1.000 человѣкъ обоего пола. Школы эти учреждены приходскимъ попечительствомъ при фарфоровской Преображенской церкви, и учащими въ нихъ являются пріѣзжающія изъ Петербурга лица, сочувствующія школьному дѣлу, главнымъ образомъ женщины. Лица эти давно уже заслужили полное право на общественную признательность, такъ какъ въ теченіи цѣлаго ряда лѣтъ, изъ года въ годъ, онѣ несутъ трудныя и тяжелыя обязанности преподавателей безъ всякаго вознагражденія. Вотъ имена нѣкоторыхъ изъ этихъ почтенныхъ тружениц: А. М. Калмыкова, С. С. Миримановъ, О. П. Поморская, Н. П. Рубакина, М. П. Савельева, Е. А. Шадзен-ская, К. Н. Щепкина и друг.

Только что приведенные факты показываютъ, какую видную роль играютъ у насъ женщины въ томъ культурно-просвѣтительномъ движеніи, которое происходитъ теперь въ русскомъ обществѣ.

Стремленіе работать на пользу народнаго образованія, пробудившееся въ послѣднее время въ разныхъ слояхъ русскаго общества, заставило, между прочимъ, обратить вниманіе на положеніе школъ грамотности. Къ сожалѣнію, переворотъ, совершившійся въ судьбѣ этихъ школъ, благодаря правиламъ 4-го мая 1891 года, отразился крайне печально на положеніи школъ грамотности и на отношеніи къ нимъ общества. Можно сказать, что правила эти положили конецъ существованію «вольныхъ крестьянскихъ школъ»: отнынѣ если не de facto, то de jure «вольныя крестьянскія школы» исчезаютъ изъ русской народной жизни, мѣсто ихъ занимаютъ «школы грамоты». Земство, устраненное этими правилами отъ всякаго участія въ дѣлѣ устройства и наблюденія за этими школами, волей-неволей, вынуждено было прекратить о нихъ свои заботы. Между тѣмъ духовенство, на которое теперь всецѣло возложено завѣдываніе этими школами, совсѣмъ не удѣляетъ имъ должнаго вниманія—за недостаткомъ времени и средствъ, по равнодушію къ школьному дѣлу и другимъ причинамъ.

Тѣмъ не менѣе, отдѣльныя частныя лица пытаются прійти на помощь школамъ грамотности, стремятся хотя сколько-нибудь организовать ихъ, подготовить для нихъ учителей, снабдить ихъ учебными пособіями и т. д. Въ нѣкоторыхъ отдѣльныхъ случаяхъ, при наличности благопріятныхъ мѣстныхъ условій, дѣятельность эта,—какъ показываетъ извѣстный опытъ А. А. Штевенъ,—можетъ дать блестящіе результаты. Опытъ г-жи Штевенъ настолько интересенъ и поучителенъ, что мы считаемъ необходимымъ подробнѣе ознакомить съ нимъ читателей, причемъ воспользуемся свѣдѣніями, которыя сообщаетъ по этому поводу С. Н. Кривенко въ своей статьѣ: «Культурныя одиночки».

Дочь помѣщика Арзамасскаго уѣзда, А. А. Штевенъ, по окончаніи курса въ институтѣ, устроила съ помощью земства школу въ имѣніи своего отца, въ селѣ Яблонкѣ, и начала учительствовать въ этой школѣ. «Сначала у г-жи Штевенъ были непріятности съ духовенствомъ и нѣкоторыми другими мѣстными лицами, но потомъ все обошлось и уладилось. Настойчивость, энергія и спокойствіе сослужили свою службу. Но затѣмъ Александра Алексѣевна скоро увидѣла, что дѣятельность въ одной школѣ не удовлетворяетъ ее, что остаются время и силы, что тѣсно ей въ такомъ маломъ пространствѣ, и вотъ она задумала создать цѣлую сѣть школъ, которыя прилегали бы къ ея школѣ и которыми бы она могла руководить. Такимъ образомъ, въ ближайшихъ къ Яблонкѣ деревняхъ и селахъ было открыто ею на свои средства 13 школъ грамотности. Двѣ изъ нихъ существуютъ уже третій годъ, три—второй и 8—первый годъ. Учениковъ въ каждой изъ этихъ школъ отъ 15 до 40 челов., а всего 365 учащихся (въ томъ числѣ 50 дѣвочекъ). Учителями въ нихъ являются, главнымъ образомъ, ученицы же г-жи Штевенъ, въ возрастѣ отъ 15 до 19 лѣтъ, окончившія курсъ въ ея центральной земской школѣ. Она выбираетъ наиболѣе способныхъ, и они по окончаніи обычнаго курса продолжаютъ еще отъ 1 до 2 лѣтъ готовиться къ учительству, образуя въ школѣ особую группу. Учителями этими она очень довольна, но все-таки наблюдаетъ за ходомъ преподаванія въ школахъ грамотности сама. Для этого она вечеромъ, по окончаніи занятій, ѣздитъ по очереди въ каждую изъ нихъ и проводитъ тамъ часа 2 или 3, провѣряя усердіе учителей и учениковъ, помогая имъ въ занятіяхъ, давая разъясненія и т. д.

«Младшіе изъ учителей учатъ въ маленькихъ школахъ, гдѣ немного учениковъ, старшіе тамъ, гдѣ учениковъ больше. «Званіе учителя,—говоритъ г-жа Штевенъ,—очень привлекательно для крестьянскихъ юношей; на должность эту можно было избрать самыхъ лучшихъ изъ нихъ по способностямъ и нравственнымъ качествамъ, а такъ какъ всѣ они съ ранняго дѣтства раздѣляли всѣ труды и заботы семьи, то въ 15—16 лѣтъ они уже способны отвѣчать за свои поступки и добросовѣстно исполнять свои учительскія обязанности. Они еще не забыли то, что сами слышали въ школѣ, и еще не подвергались вредному вліянію отхожихъ промысловъ, базаровъ и кабаковъ; они охотно и искренно подчиняются всякому разумному руководству и готовы заниматься съ утра до ночи, со всѣмъ рвеніемъ молодыхъ силъ и съ крестьянской привычкой къ упорному труду. Благодаря всему этому, результаты ученія въ школахъ оказались гораздо лучше, чѣмъ я считала себя вправѣ ожидать». Хотя молодые учителя, «сами не долго учившіеся и по прежнему лѣтомъ участвующіе во всѣхъ полевыхъ работахъ», не особенно отличаются умственнымъ развитіемъ отъ своихъ учениковъ, но это же самое обстоятельство дѣлаетъ то, что «ихъ небольшое умственное и нравственное превосходство» ближе и понятнѣе крестьянскимъ дѣтямъ и потому легче ими усваивается. Слѣдуя примѣру учителей, ученики «научаются вѣжливости, отвыкаютъ отъ грубой брани, оказываютъ доброе вліяніе на младшихъ членовъ семьи; случается, что они учатъ читать старшихъ братьевъ и даже отцовъ; они при всякой возможности пользуются книжками изъ школьной библіотеки и читаютъ ихъ вслухъ домашнимъ въ зимніе вечера, или лѣтомъ, по праздникамъ, на улицѣ, при цѣлой группѣ слушателей».

Бесѣдуя съ учениками и ихъ родителями, продолжаетъ г-жа Штевенъ: «я имѣла полную возможность убѣдиться въ томъ, что, не смотря на многіе свои недостатки, школы эти дѣйствительно вносятъ извѣстную долю свѣта въ темный міръ глухихъ селъ и деревень. Крестьяне все болѣе и болѣе убѣждаются, что школа имъ нужна. Въ началѣ мнѣ приходилось по нѣскольку разъ ѣздить въ каждую деревню, чтобы уговорить крестьянъ устроить у себя училище; теперь же они сами приходятъ ко мнѣ и просятъ объ устройствѣ у нихъ такой безхитростной школы, зная, что долго имъ еще не дождаться школы правильно организованной, съ имѣющимъ образовательный цензъ учителемъ». Содержаніе школъ грамотности обходится г-жѣ Штевенъ по 25 руб. въ годъ на каждую. Юноши-учителя получаютъ въ первый годъ учительства, на своемъ содержаніи, по 2 руб. за учебный мѣсяцъ или 14 р. въ зиму, учащіе второй и третій годъ по 3 и 4 руб. въ мѣсяцъ, но желаніе быть учителемъ такъ велико, что они, по словамъ г-жи Штевенъ «вѣроятно, довольствовались бы и меньшимъ». Вначалѣ все жалованье платилось ею самою, но потомъ ученики стали платить по 40 к. въ зиму, а она добавляетъ недостающую часть. Родители учениковъ платятъ также за помѣщеніе, нанимая рублей за 10 въ годъ (съ отопленіемъ и освѣщеніемъ) пустую и менѣе населенную избу, причемъ «всегда обращаютъ вниманіе на добропорядочность хозяевъ». Учебники отчасти покупаются г-жею Штевенъ, отчасти самими учениками, а отчасти высылаются епархіальнымъ училищнымъ совѣтомъ. Классныя принадлежности покупаетъ оптомъ и выдаетъ учителямъ въ счетъ жалованья, а они, по той же цѣнѣ, продаютъ ихъ ученикамъ. Напрасно было бы думать, что на такія средства, какъ 25 руб. въ годъ, можно хорошо обставить и вести школу. Школы г-жи Штевенъ обставлены очень скудно, во многомъ нуждаются, и она не скрываетъ этихъ нуждъ и другихъ ихъ слабыхъ сторонъ. Указываетъ она также на необходимость завести библіотеки при каждой школѣ и лучше приготовлять учителей. «Занимаясь съ ними, говоритъ она, я стараюсь, по возможности, расширить ихъ умственный горизонтъ и дать имъ понять, что къ дѣлу своему они должны относиться не такъ къ ремеслу, а какъ къ служенію. Но у меня не хватаетъ времени для аккуратныхъ занятій съ ними; преподаваніе мое страдаетъ недостаткомъ системы, а съ усовершенствованными пріемами обученія и сравнительно даже мало знакома». Она желала бы поэтому приглашать недѣль на 6, послѣ окончанія весеннихъ школьныхъ занятій и до начала горячей рабочей поры, особаго опытнаго учителя или учительницу, которые давали бы «теперешнимъ и будущимъ учителямъ школъ грамотности дополнительные уроки по предметамъ преподаванія въ начальныхъ училищахъ», при чемъ «можно было бы, прочитывая съ учащимися подходящія книги, давать имъ свѣдѣнія по счетоводству, по геометріи и землемѣрію, по огородничеству, пчеловодству или другимъ полезнымъ для деревенскаго обывателя предметамъ». «Все это, добавляетъ она, значительно улучшило бы крайне еще несовершенныя школы, и чѣмъ больше такихъ школъ удалось бы завести, тѣмъ полезнѣе бы стала каждая изъ нихъ, такъ какъ учившіеся уже не терялись бы въ массѣ неучившихся, и весь культурный уровень мѣстности могъ бы до извѣстной степени повыситься». Г. Кривенко приводитъ слѣдующія заключительныя строки цитируемаго имъ письма г-жи Штевенъ: «Я горячо желала бы завести еще какъ можно больше такихъ школъ и хоть немного лучше обставить ихъ, но съ этимъ необходимо сопряжено увеличеніе расходовъ... Не найдутся-ли лица, которыя пожелали бы помочь мнѣ въ денежномъ отношеніи? На каждую школу въ среднемъ мнѣ нужно бы не болѣе 25 руб. въ годъ, а каждая лишняя сотня рублей дала бы мнѣ возможность завести четыре новыя школы, гдѣ получили бы начальное образованіе около 120 жаждущихъ учиться крестьянскихъ ребятъ. Русское общество съ удивительнымъ одушевленіемъ и щедростью пришло на помощь крестьянамъ, когда они нуждались въ насущномъ хлѣбѣ. Теперь крестьяне какъ будто начали сознавать, что не хлѣбомъ однимъ живъ человѣкъ. Не должны-ли мы, по мѣрѣ силъ и возможности, помочь имъ также и въ этомъ новомъ ихъ законномъ и прекрасномъ стремленіи? Да простятъ мнѣ тѣ, которымъ придется читать мое письмо, что я, не стѣсняясь, обращаюсь къ нимъ съ этой просьбой о помощи. Оправданіемъ моимъ пусть послужитъ моя любовь къ школьному дѣлу и къ тѣмъ сельскимъ людямъ, которыхъ мнѣ привелось узнать и въ которыхъ я противъ ожиданія нашла такъ много достойнаго удивленія и сочувствія» [1]).

Помощь дѣйствительно вскорѣ подоспѣла: изъ Москвы г-жа Штевенъ получила отъ одного лица 100 рублей, которые и обезпечили существованіе четырехъ открытыхъ ею раньше школъ. А съ осени прошлаго 1893 года она, благодаря поддержкѣ одного высокопоставленнаго лица въ Петербургѣ, получила возможность открыть еще 18 новыхъ школъ грамотности. Такимъ образомъ по настоящее время г-жею Штевенъ открыто всего 31 школа.

Затѣмъ, въ числѣ задачъ, которыя преслѣдуетъ происходящее въ русскомъ обществѣ культурно-просвѣтительное движеніе, одно изъ видныхъ мѣстъ принадлежитъ заботамъ о предоставленіи народу возможности читать дѣйствительно полезныя книги. Изданіемъ книгъ для народа заняты нѣкоторые комитеты грамотности, какъ, напримѣръ, Петербургскій, Московскій и Харьковскій, далѣе редакціи нѣсколькихъ журналовъ: «Русской Мысли», и «Русскаго Богатства» (прежней редакціи) и, наконецъ, цѣлый рядъ частныхъ лицъ и отчасти кружковъ. Наибольшую дѣятельность обнаруживаютъ «Посредникъ» и сравнительно недавно возникшая новая издательская фирма В. И., извѣстная подъ девизомъ «Правды». Затѣмъ изданіемъ книгъ для народа занимаются: М. М. Ледерле, А. М. Калмыкова и г. Клюкинъ—всѣ трое въ Петербургѣ, г. Маракуевъ, г-жа Мурикова, «Начальная школа» Тихомировой и П. К. Прянишниковъ—въ Москвѣ, г. Жирковъ— въ Рязани, братья Гудковы-Бѣляковы въ Вологдѣ, и т. д.

Мы указали здѣсь всѣ тѣ проявленія и формы, въ которыхъ

---

[1]) «Русское Богатство», 1893 г. № 12.

выражается въ Россіи частная иниціатива въ дѣлѣ распространенія просвѣщенія въ средѣ народа. Подводя итоги дѣятельности разныхъ обществъ и частныхъ лицъ въ области народнаго просвѣщенія, мы должны установить слѣдующія положенія.

Частная иниціатива въ дѣлѣ народнаго образованія составляетъ въ русской общественной жизни явленіе сравнительно весьма новое и недавнее. Несмотря на это, она заявила себя созданіемъ цѣлаго ряда въ высшей степени полезныхъ просвѣтительныхъ учрежденій, имѣющихъ цѣлью распространеніе грамотности и внесеніе знаній въ народную среду. За послѣднее время въ области частной иниціативы въ дѣлѣ народнаго образованія обнаруживается замѣтное оживленіе, которое съ каждымъ годомъ разростается все сильнѣе и сильнѣе. Но если мы переведемъ на цифры тѣ результаты, которые достигнуты частной иниціативой въ дѣлѣ внѣшкольнаго образованія народа, а съ другой стороны примемъ во вниманіе численность населенія Россіи, ея пространство и раскиданность областей, ея составляющихъ, то для насъ будетъ вполнѣ ясно—насколько незначительны и даже можно прямо сказать—насколько ничтожны эти результаты.

Не подлежитъ никакому сомнѣнію, однако, что общественное движеніе это развилось бы съ несравненно большею силою, дало бы неизмѣримо болѣе богатые и плодотворные результаты, если бы движеніе это встрѣчало на своемъ пути побольше простора, если бы лица, отдающія съ полною готовностью свои силы, свое время и свои средства на служеніе этому дѣлу, встрѣчали побольше довѣрія къ себѣ со стороны правительственныхъ сферъ, если бы дѣятельность этихъ лицъ не подвергалась зачастую всевозможнымъ стѣсненіямъ, придиркамъ и заподозриваніямъ со стороны мѣстныхъ властей. О, съ какимъ энтузіазмомъ, съ какимъ увлеченіемъ отдалось бы интеллигентное русское общество этому просвѣтительному движенію, если бы на порогѣ къ нему не стояли и не отпугивали его энергію всякаго рода преграды, тормазы, безчисленныя формальности и ограниченія.

Поэтому, тщательный пересмотръ законоположеній, относя-

…дится до учрежденій, имѣющихъ цѣлью внѣшкольное образованіе народа, называется насущной и настоятельной необходимостью. Въ интересахъ развитія народнаго просвѣщенія, въ которомъ такъ страшно нуждается наша страна, нашъ народъ, необходимо пожелать, чтобы пересмотръ этотъ повлекъ за собою отмѣну тѣхъ многочисленныхъ ограниченій и стѣсненій, которыми обставлена теперь дѣятельность образованной части русскаго общества по устройству библіотекъ, читаленъ, воскресныхъ школъ, книжныхъ складовъ, народныхъ чтеній и т. д.

———

Задачи народнаго просвѣщенія и воспитанія такъ велики, серьезны и сложны, что какъ бы много ни дѣлало государство въ этой области,— для частной иниціативы здѣсь всегда найдется обширное поле для дѣятельности, найдется цѣлая масса работы. И дѣйствительно, мы видимъ широкое и активное участіе частной иниціативы даже въ тѣхъ странахъ, гдѣ на дѣло народнаго образованія со стороны государства обращено самое глубокое вниманіе, гдѣ для него дѣлается все возможное, гдѣ на это дѣло расходуются казной громадныя средства.

Во Франціи, напримѣръ, какъ извѣстно, существуетъ даровое и обязательное обученіе, которымъ пользуется все населеніе этой страны. На начальное народное образованіе здѣсь тратятся республиканскимъ правительствомъ поистинѣ огромныя суммы, при чемъ ассигновка на этотъ предметъ съ каждымъ годомъ растетъ съ поразительной неслыханной быстротой *).

При этихъ условіяхъ, казалось бы, участіе частной иниціативы совершенно излишне. Между тѣмъ, мы видимъ въ этой странѣ кипучую дѣятельность многочисленныхъ (болѣе тысячи) частныхъ обществъ, во главѣ которыхъ стоитъ знаменитая «Французская

———

*) Въ доказательство этого достаточно привести слѣдующія данныя. Въ 1870 году на дѣло начальнаго народнаго образованія во Франціи тратилось 21 милліона франковъ; съ тѣхъ поръ бюджетъ на школы начинаетъ возрастать сначала до 50 милліоновъ, потомъ до 100 милліоновъ и, наконецъ, въ послѣдніе годы достигаетъ до *175,000,000 франковъ*.

Лига народнаго образованія», основанная въ 1866 году Жаномъ Масэ и имѣющая въ настоящее время десятки тысячъ членовъ. Она устроила сотни коммунальныхъ библіотекъ и организовала въ разныхъ мѣстахъ Франціи болѣе 1,000 кружковъ, имѣющихъ цѣлью распространеніе въ народѣ знаній въ той или иной формѣ. По главная заслуга Лиги состоитъ въ томъ, что, благодаря ея настойчивости, во Франціи было введено обязательное и безплатное обученіе. Чтобы добиться этого, Лига возбудила огромное петиціонное движеніе, которое по своимъ размѣрамъ является единственнымъ въ исторіи Франціи: подъ петиціей, составленной по этому поводу Лигой, было собрано около 1,300,000 подписей.

Почти то же самое мы видимъ въ Германіи. Здѣсь мы также встрѣчаемъ множество обществъ, имѣющихъ цѣлью содѣйствіе дѣлу народнаго образованія. Изъ нихъ наибольшею популярностью пользуются: «Германское общество распространенія образованія» и «Общество этической культуры». Первое изъ этихъ обществъ, возникнувъ въ 1871 году, въ настоящее время имѣетъ 14 главныхъ отдѣленій, причемъ почти въ каждомъ изъ этихъ отдѣленій число членовъ доходитъ до 2,000 человѣкъ. Общество имѣетъ свой институтъ странствующихъ учителей, съ помощью котораго оно ежегодно устраиваетъ по городамъ и селамъ тысячи публичныхъ лекцій по всевозможнымъ отраслямъ знанія. «Общество этической культуры», поставившее своей задачей устройство народныхъ библіотекъ и читаленъ, организовало во многихъ городахъ безплатныя, прекрасно обставленныя библіотеки для народа.

Въ Италіи,— несмотря на существованіе обязательнаго начальнаго обученія, не смотря на то, что затрата на элементарное образованіе здѣсь доходитъ до 62 милліоновъ, изъ которыхъ 6 милліоновъ даются государствомъ и 56—общинами, цѣлая масса частныхъ обществъ дружно работаетъ надъ распространеніемъ образованія въ бѣднѣйшихъ классахъ населенія. Назовемъ здѣсь хотя нѣкоторыя изъ этихъ обществъ: таковы, напримѣръ: «Веронская образовательная Лига», «Общество школъ для взрослыхъ въ деревняхъ», «Школа и семья», многочисленныя «общества преслѣдующія цѣли взаимнаго образованія и обученія» и т. д. Подобныя же общества встрѣчаемъ мы и въ Швейцаріи.

Въ Англіи, какъ извѣстно, въ теченіи весьма долгаго времени заботы о начальномъ обученіи были всецѣло предоставлены частной иниціативѣ, причемъ эта послѣдняя выражалась главнымъ образомъ въ дѣятельности двухъ большихъ обществъ — «The British and Foreign School Society» и «National Society». Благодаря дѣятельности этихъ обществъ, вся страна покрылась цѣлою сѣтью начальныхъ школъ. Государство же стояло совершенно въ сторонѣ отъ этого дѣла, считая его относящимся всецѣло къ области частной иниціативы. Само собою ясно, что подобный порядокъ не могъ считаться нормальнымъ и желательнымъ, и дѣйствительно, мы видимъ, что съ теченіемъ времени государство мало-по-малу выходитъ изъ своего пассивнаго отношенія къ дѣлу народнаго образованія и начинаетъ принимать дѣятельное участіе въ его развитіи. Прежде всего это выразилось въ тѣхъ ассигновкахъ, которыя вотировалъ парламентъ на устройство и веденіе элементарныхъ школъ. Первая такая ассигновка была вотирована парламентомъ лишь въ 1833 году. Замѣчательно, что суммы, назначаемыя парламентомъ на развитіе начальнаго народнаго образованія, распредѣлялись между упомянутыми выше частными обществами. Въ послѣднее время въ Англіи начинаютъ быстро развиваться высшія рабочія школы или университеты, которые своимъ возникновеніемъ и развитіемъ исключительно обязаны дѣятельности частныхъ обществъ, ставившихъ себѣ задачей «распространеніе въ рабочей средѣ знаній, недавно еще бывшихъ достояніемъ только привилегированныхъ сословій».

Въ Сѣверной Америкѣ всѣ или почти всѣ среднія и высшія учебныя заведенія возникли по частной иниціативѣ, ведутся частными лицами и на частныя средства. Американскіе университеты, богатству, комфорту и роскоши которыхъ удивляются европейцы — обыкновенно ничего не стоятъ государству, штатамъ. Основателями какъ высшихъ, такъ и среднихъ учебныхъ заведеній въ

Америкѣ чаще всего являются, съ одной стороны, какой нибудь преданный своему дѣлу, спеціально изучившій его педагогъ, а съ другой—какой-нибудь богачъ-филантропъ, убѣжденный въ пользѣ и необходимости образованія. Одинъ изъ такихъ богачей-филантроповъ, Эзра Корнель, всю свою жизнь чувствовавшій недостатокъ въ знаніи, пожертвовалъ 2½ милліона на основаніе университета своего имени, другой, Тюланъ, пожертвовалъ для такой же цѣли 5½ милліоновъ, а Джонъ Гопкинсъ — 15 милліоновъ франковъ. Затѣмъ нерѣдко среднія и высшія учебныя заведенія возникаютъ въ Америкѣ просто по подпискѣ, въ которой принимаютъ участіе всѣ, сочувствующіе дѣлу образованія. И никому не приходитъ въ голову считать пожертвованія, собираемыя такимъ путемъ, «подаяніемъ, унизительнымъ для достоинства народа»... Читатель, желающій имѣть болѣе подробныя свѣдѣнія о частной иниціативѣ въ дѣлѣ народнаго образованія въ Америкѣ, можетъ найти ихъ въ книгѣ Пьера де-Кубертена, который, по порученію французскаго министра народнаго просвѣщенія, изслѣдовалъ учебныя заведенія Сѣверной Америки. [1])

Въ послѣднее время въ Сѣверной Америкѣ, какъ извѣстно, происходитъ сильное движеніе, имѣющее цѣлью «націонализацію университетскаго образованія». Съ этой цѣлью тамъ въ 1890 году возникло «Американское общество распространенія университетскаго образованія», которое въ теченіи перваго же года своего существованія организовало нѣсколько десятковъ курсовъ систематическаго образованія, съ 50,000 слушателей. Въ настоящее время въ Америкѣ насчитывается уже до 300 пунктовъ этого замѣчательнаго движенія.

Подобное же движеніе, какъ извѣстно, происходитъ теперь и во всѣхъ скандинавскихъ государствахъ; насколько успѣшно идетъ это движеніе, можно видѣть изъ того, что въ настоящее время въ одной только Даніи считается болѣе 70 правильно организованныхъ «крестьянскихъ университетовъ». Цѣль, кото-

---

[1]) «Universités transatlantiques», par P. de Coubertin. Paris, Hachette, 1890.

рую преслѣдуетъ это замѣчательное движеніе, заключается — какъ выразился одинъ ораторъ — въ томъ, чтобы «принести науку рабочему».

Сравнивъ размѣры и результаты, достигнутые этимъ движеніемъ въ разныхъ странахъ Европы и Америки, съ тѣмъ культурно-просвѣтительнымъ движеніемъ, которое происходитъ теперь въ русскомъ обществѣ, вамъ невольно сдѣлается обидно и больно за нашу родину съ ея стомилліоннымъ народомъ.

II.
Необходимость организаціи.

На нашихъ глазахъ въ жизни народа происходитъ крупный переломъ, совершается серьезный кризисъ. Старые устои деревенской жизни рушатся, рушатся старыя вѣрованія, старые взгляды и обычаи народа. Патріархальная чистота нравовъ исчезаетъ. Индивидуализація, проникая въ жизнь крестьянской массы, начинаетъ все сильнѣе и сильнѣе сказываться на взаимныхъ отношеніяхъ членовъ крестьянской семьи и общины. Расшатанный, подорванный, старый строй народной жизни подъ вліяніемъ новыхъ общественныхъ условій замѣтно разлагается. Между тѣмъ на смѣну ему жизнь не выработала и не создала еще ничего опредѣленнаго, твердаго и прочнаго: ни новаго міросозерцанія, ни новыхъ формъ жизни. И вотъ настало тяжелое, смутное, переходное время.

Въ жизни крестьянства замѣчаются печальныя явленія, свидѣтельствующія о томъ, какъ постепенно и мало-по-малу деморализація захватываетъ село и деревню подъ вліяніемъ все болѣе и болѣе разростающагося капиталистическаго строя, съ его «купономъ», фабрикой, трактиромъ, кулачествомъ во вкусѣ Колупаева, Разуваева et tutti quanti. Изъ разныхъ мѣстъ идутъ жалобы на разнузданность деревенской молодежи, все чаще и чаще слышатся сѣтованія на упадокъ религіознаго и нравственнаго чувства въ народной средѣ.

Переживаемый народомъ настоящій историческій моментъ

налагаетъ на образованную часть русскаго общества особыя важныя и серьезныя обязанности. Въ самомъ дѣлѣ, что же мы, интеллигенція, противупоставимъ съ своей стороны этому напору деморализующихъ вліяній? Неужели мы будемъ покойно, сложа руки, сидѣть и ждать, какъ этотъ разливъ затопитъ деревню и село, оставленныя нами на произволъ судьбы? Неужели мы не придемъ на помощь тѣмъ добрымъ элементамъ, тѣмъ свѣтлымъ стремленіямъ, которыя всегда жили и живутъ въ народѣ и которыя борются за свое существованіе? Въ народной душѣ всегда таилось и таится стремленіе къ свѣту, стремленіе къ идеалу и никакія невзгоды и лишенія не могли заглушить этой Божьей искры.

Едва ли не ярче всего эти исканія идеаловъ выражались и до сихъ поръ выражаются въ поискахъ «правой вѣры», въ тѣхъ поискахъ, которые красною нитью проходятъ чрезъ всю исторію умственной жизни народа.

Въ поискахъ за «правою вѣрой», за духовною, умственною пищей народная мысль мечется изъ стороны въ сторону, то и дѣло попадая изъ одной крайности въ другую. Прислушайтесь къ сектантскимъ стихамъ или пѣснямъ, и вы поймете эту тоску, это томленіе о духовной дѣятельности. Въ извѣстномъ стихѣ безпоповцевъ поется:

    «Душа наша своей лишается,
    Душѣ надо жажду утолять,
    Погибая душу свою гладу не оставить...»

Еще сильнѣе, еще замѣтнѣе бьетъ эта жилка въ ученіи такъ называемыхъ «духовныхъ христіанъ». Вотъ это-то неудовлетвореннная, страстная жажда духовной умственной дѣятельности, жажда нравственныхъ, человѣческихъ впечатлѣній толкаетъ народъ въ расколъ и заставляетъ его создавать новыя ученія, секты, толки. Отсюда, понятно, почему въ расколъ идутъ люди, наиболѣе одаренные духовными талантами, наиболѣе способные и даровитые.

Такъ было прежде, въ значительной степени такъ и теперь.

Сектантство представляет собою обширное поле для свободной умственной деятельности, и потому те личности изъ народа, которыя жаждутъ приложить свои силы къ трудамъ умственнымъ и къ которымъ можно применить слова поэта:

«Духовной жаждою томимъ»...

обыкновенно идутъ въ расколъ. Здесь они находятъ целыя общества людей начитанныхъ, по-своему развитыхъ, обширныя библіотеки, читателей, издателей, переписчиковъ, собеседованія и все пособія для свободнаго общенія мысли и слова [1]).

Все это было бы необходимо прежде всего иметь въ виду лицамъ и учрежденіямъ, принявшимъ на себя трудную задачу борьбы съ расколомъ и сектантствомъ.

Если въ столицахъ и въ некоторыхъ изъ наиболее крупныхъ центровъ городской жизни кое-что сделано для удовлетворенія умственныхъ, духовныхъ потребностей народной массы, зато почти вся сельская, деревенская Русь решительно оставлена въ этомъ отношеніи на произволъ судьбы. Библіотеки, театры, музеи, концерты, журналы, газеты, — все это доступно лишь для самаго ничтожнаго меньшинства.

По этому поводу невольно вспоминаются слова, высказанныя какъ-то Гл. Ив. Успенскимъ: «кроме кабака, мы решительно ничего не придумали вообще для всего нашего народа въ качестве способа душевнаго и физическаго отдохновенія». Несмотря на всю свою резкость, отзывъ этотъ, къ сожаленію, очень близокъ къ истине... Но неужели же такъ будетъ продолжаться и впредь? Неужели же мы все, сознающіе на словахъ свой долгъ передъ народомъ, ничемъ не отзовемся на эту кровную потребность, растущую съ каждымъ годомъ, съ каждымъ днемъ?

Теперь, напримеръ, у насъ много пишутъ и хлопочутъ по поводу борьбы съ пьянствомъ въ народе; духовенство повсюду старается заводить среди крестьянъ общества трезвости, гово-

---

[1]) «Русская Мысль» 1881 г. № 1: Значеніе сектантства въ русской народной жизни.

рятся проповѣди о вредѣ пьянства, издаются брошюры на эту же тему и т. д. Все это, разумѣется, весьма похвально, но нужно быть большимъ оптимистомъ, чтобы надѣяться на успѣхъ подобныхъ мѣръ.

Чарка водки, посѣщеніе трактира въ праздничный и базарный день, бесѣда съ пріятелемъ за бутылкой пива составляютъ теперь для мужика почти единственное развлеченіе въ его жизни, полной гнетущаго труда изо-дня въ день, полной нужды и всякаго рода лишеній. И вотъ теперь хотятъ лишить мужика и этого послѣдняго развлеченія. Но что же вы дадите ему взамѣнъ? Вѣдь нужно же подумать объ этомъ! Нужно подумать о томъ, какъ однообразна, безцвѣтна и бѣдна впечатлѣніями жизнь этихъ милліоновъ людей! Если не хотите, чтобы народъ шелъ въ кабакъ, постарайтесь сначала открыть ему доступъ въ читальню, въ библіотеку, въ музей и театръ.

У васъ до сихъ поръ даже столицы не имѣютъ народныхъ театровъ. Московскій «Скоморохъ» г. Лентовскаго не можетъ, конечно, приниматься въ разсчетъ, такъ какъ это скорѣе «народный буфетъ», чѣмъ народный театръ. Одно дѣло—насаждать оперетки и фееріи, другое дѣло—организовать народный театръ, въ истинномъ смыслѣ этого слова. Для подобнаго дѣла нужны люди совершенно иного закала, иной подготовки, чѣмъ тѣ, которые берутъ на себя устройство разныхъ «Эрмитажей» съ разухабистыми оперетками и т. п. развлеченіями. Въ петербургской думѣ не разъ возбуждался вопросъ объ устройствѣ народнаго театра въ Петербургѣ, но къ сожалѣнію и досихъ поръ вопросъ этотъ не получилъ желательнаго разрѣшенія. Между тѣмъ тѣ опыты, которые дѣлались и дѣлаются въ разныхъ мѣстахъ по части устройства народныхъ спектаклей какъ среди фабричнаго населенія, такъ и среди населенія селъ и деревень—всегда сопровождались и сопровождаются огромнымъ успѣхомъ. Въ этомъ отношеніи особеннаго вниманія заслуживаетъ дѣятельность «Невскаго Общества устройства народныхъ развлеченій», создавшаго подъ Петербургомъ постоянный театръ для фабричнаго рабочаго люда, а также опытъ, предпринятый извѣстнымъ педагогомъ Н. Ө. Бунаковымъ, который въ селѣ Петинѣ, Воронежскаго уѣзда, организовалъ деревенскій театръ для мѣстнаго населенія.

Слѣдуетъ также пожелать дальнѣйшаго и возможно бо́льшаго развитія тѣхъ «общедоступныхъ концертовъ», которые нѣсколько лѣтъ тому назадъ получили начало въ Москвѣ благодаря стараніямъ В. И. Сафонова, С. И. Танѣева и нѣкоторыхъ другихъ лицъ.

Въ предыдущихъ статьяхъ мы видѣли, что благодаря дѣятельности земскихъ и городскихъ учрежденій, а также частныхъ обществъ, кружковъ и отдѣльныхъ лицъ, въ послѣднее время во многихъ городахъ и селахъ начинаютъ устраиваться библіотеки, читальни, книжные склады, народныя чтенія и др. учрежденія, вносящія свѣтъ и жизнь въ слои населенія, которые до сихъ поръ оставались чуть не въ «доисторическомъ мракѣ». Но если мы примемъ во вниманіе всю массу населенія, то увидимъ, что и досихъ поръ цѣлые десятки милліоновъ народа остаются совершенно внѣ этой дѣятельности... Какъ монотонно-безотрадна жизнь этихъ милліоновъ людей! Они до сихъ поръ лишены даже возможности обучиться простой грамотности. Подворная статистическая перепись, произведенная въ Курской губерніи, обнаружила, что въ этой губерніи существуютъ цѣлыя *поземельныя общины, въ которыхъ нѣтъ ни одного грамотнаго. И такихъ общинъ въ губерніи оказалось 823!* [1]). Не ужасно ли это?

Что же дѣлать?!... Старый, но вѣчно новый вопросъ! Предъ каждымъ поколѣніемъ, предъ каждымъ отдѣльнымъ человѣкомъ неизбѣжно встаетъ этотъ вопросъ и неумолимо требуетъ разрѣшенія. Юноша, полный энергіи и силъ, вступая въ жизнь, прежде всего, сталкивается съ этимъ вопросомъ, мучительно повторяя:

«Куда идти? Куда стремиться?
Гдѣ силы юныя пытать?»

Съ этимъ же самымъ вопросомъ нѣсколько лѣтъ тому назадъ

---

[1]) «Курская губернія». Итоги статистическаго изслѣдованія.

обратились молодыя дѣвушки изъ Тифлиса къ графу Л. Н. Толстому. Отвѣтъ знаменитаго писателя на этотъ вопросъ извѣстенъ.

«Вы спрашиваете дѣло,—писалъ Левъ Николаевичъ.—Кромѣ общаго всѣмъ намъ дѣла — стараться уменьшать тѣ труды, которые употребляются другими на поддержаніе нашей жизни, сокращая свои потребности и дѣлая своими руками, что можешь сдѣлать для себя и для другихъ, — у пріобрѣтающихъ знанія есть еще дѣло: подѣлиться этими знаніями, вернуть ихъ назадъ тому народу, который воспиталъ насъ. И вотъ такое дѣло есть у меня.

«Существуютъ въ Москвѣ издатели народныхъ книгъ: азбукъ, ариѳметикъ, исторій, календарей, картинъ, разсказовъ. Все это продается въ огромныхъ количествахъ, независимо отъ достоинства содержанія, а только потому, что пріучены покупатели и есть искусные продавцы. Одинъ изъ этихъ издателей — Сытинъ, знакомый мнѣ человѣкъ, желающій сколь возможно улучшить содержаніе этихъ книгъ.

«Дѣло же, предлагаемое мною вамъ, слѣдующее: взять одну или нѣсколько изъ этихъ книгъ — азбуку-ли, календарь, романъ-ли (особенно нужна работа надъ повѣстями: онѣ дурны и ихъ много расходится), прочесть и исправить или вовсе передѣлать.

«Если вы исправите опечатки, безсмыслицы, тамъ встрѣчающіяся, — ошибки и безсмыслицы географическія и историческія, — то и то будетъ польза, потому что какъ ни плоха книга, она все-таки, будетъ продаваться. Польза будетъ въ томъ, что меньше будетъ вздору и безсмыслицы сообщаться народу. Если вы при этомъ еще выкинете мѣста глупыя или безнравственныя, замѣнивъ ихъ такими, чтобы не нарушался смыслъ, — это будетъ еще лучше. Если же вы, подъ тѣмъ же заглавіемъ и пользуясь фабулой, составите свою повѣсть или романъ съ хорошимъ содержаніемъ, то это будетъ ужъ очень хорошо. Тоже — о календаряхъ, азбукахъ, ариѳметикахъ, исторіяхъ, картинахъ. И такъ, если работа эта вамъ нравится, выбирайте тотъ родъ, въ котором вам кажется, что вы можете лучше работать, и напишите мне. Я вышлю вам несколько книг. Очень желал бы, чтобы вы согласились на мое предложение. Работа, несомненно, полезная. Степень пользы будет зависеть отъ той любви, которую вы положите въ нее»...

Но одного *улучшения* существующей народно-лубочной литературы еще слишкомъ мало, слишкомъ недостаточно. Это только одна микроскопическая, ничтожная часть изъ того, что необходимо сдѣлать въ этой области, что мы обязаны сдѣлать...

Постараемся освѣтить еще одну сторону затронутаго нами вопроса. «Въ настоящее время,—писалъ нѣсколько лѣтъ тому назадъ одинъ искренний поборникъ народныхъ интересовъ,— задача нашей интеллигенціи, или, вѣрнѣе, той ея части, которая сознаетъ свой долгъ передъ народомъ, заключается въ слѣдующемъ. Сама по себѣ эта часть интеллигенціи слишкомъ малочисленна, слишкомъ количественно ничтожна, чтобы ея мнѣніе могло вліять на ходъ общественныхъ дѣлъ и различныхъ реформъ. Это мнѣніе игнорируется и будетъ игнорироваться до тѣхъ поръ, пока оно не будетъ опираться на мнѣніе низшихъ классовъ общества и народа. Но мнѣніе народа будетъ солидарно съ мнѣніемъ лучшей части интеллигенціи лишь тогда, когда у народа установится истинное пониманіе своихъ интересовъ, когда уничтожится эта отчужденность народа отъ всего интеллигентнаго, когда вашъ народъ научится различать среди интеллигенціи друзей своихъ отъ своихъ враговъ, а это будетъ лишь тогда, когда онъ хотя нѣсколько просвѣтится. Но какъ просвѣтить его, когда начальныя школы не даютъ и при современномъ положеніи дѣлъ, не зависящемъ отъ интеллигенціи, и не могутъ дать почти ничего болѣе, кромѣ одной простой грамотности?... И, вѣдь, надо предвидѣть, что еще долго, очень долго эти школы не будутъ въ состояніи давать много болѣе того, что онѣ теперь даютъ... Гдѣ же выходъ изъ этого?.. Выходъ представляется лишь въ просвѣщеніи народа посредствомъ книги, путемъ самостоятельнаго чтенія по выходѣ изъ школы, путемъ саморазвитія и самообразовании выдающихся людей изъ народа и во вліяніи ихъ на окружающую ихъ среду» [1].

Отсюда вся колоссальная важность вопроса о предоставленіи народу возможности воспитывать свою мысль и чувство на чтеніи хорошихъ, разумныхъ, полезныхъ книгъ.

Въ настоящее время, какъ мы видѣли, народно-лубочная литература находится подъ двумя совершенно противуположными вліяніями: съ одной стороны, она начинаетъ испытывать вліяніе «интеллигентной» литературы, отъ которой она заимствуетъ произведенія Пушкина, Льва Толстого, Островскаго и т. д.; съ другой стороны—она все сильнѣе и сильнѣе подпадаетъ вліянію той особенной «литературы улицы», которая свила себѣ гнѣздо въ Москвѣ на Никольской и которая извѣстна подъ именемъ «лакейской». Это послѣднее вліяніе, какъ мы видѣли, самымъ деморализующимъ образомъ отражается на характерѣ лубочной литературы.

Повторяемъ, лубочники сдѣлали свое дѣло: какъ бы то ни было, худо-ли, хорошо-ли, но они въ теченіе долгаго-долгаго времени доставляли народу возможность читать печатное слово, поддерживали въ народной средѣ грамотность, которая безъ нихъ легко могла совсѣмъ изсякнуть въ этой средѣ. На ряду съ разными вредными изданіями, они распространяли также не мало хорошаго и полезнаго: азбуки, буквари, священное писаніе, ветхій и новый завѣтъ, картины и т. д. Въ этомъ ихъ безспорная и положительная заслуга. Но теперь ихъ роль должна быть окончена. Теперь изъ ихъ рукъ важное дѣло снабженія народа умственною пищей должна взять въ свои руки интеллигенція, обладающая знаніями, образованіемъ, развитіемъ и готовностью безкорыстно служить народу, который воспиталъ ее. Да, пора, наконецъ, дать народу тѣ книги, которыя дѣйствительно вносили бы въ его среду:

Разумное, доброе, вѣчное...

---

[1] А. Мичуринъ: «Въ защиту книги "Что читать народу?» Тифлисъ, 1887 г., стр. 5.

Это прямой долгъ, это священная обязанность людей интеллигенціи. Пожелаемъ же отъ всей души, чтобы поскорѣе было приступлено къ выполненію этой обязанности теперь же, не откладывая дѣла въ долгій ящикъ. Дѣло не ждетъ: быстро, съ каждымъ годомъ растетъ масса грамотнаго люда по нашимъ селамъ и деревнямъ, и въ средѣ этой массы съ каждымъ днемъ все сильнѣе и сильнѣе назрѣваютъ потребности духовной, умственной жизни, которыя—увы!—до сихъ поръ остаются безъ отвѣта, безъ отклика, безъ удовлетворенія... Все, что сдѣлано нами для удовлетворенія этихъ запросовъ, такъ мелко и ничтожно сравнительно съ тѣмъ, что предстоитъ сдѣлать, что мы обязаны сдѣлать...

Предъ нами огромное, грандіозное дѣло, въ которомъ каждый можетъ принять участіе, каждый можетъ приложить свои силы. Конечно, такое большое, сложное дѣло всего удобнѣе и цѣлесообразнѣе было бы дѣлать сообща, по заранѣе составленному плану, выработанному наиболѣе знающими, опытными людьми. Поэтому въ высшей степени желательно, чтобы лица, уже работающія на разныхъ поприщахъ народнаго образованія и желающія начать работу въ этой области, сплотились бы въ одно общество, которое могло бы задаться широкой программой дѣятельности.

Присматриваясь къ дѣятельности различныхъ мѣстныхъ комитетовъ и обществъ грамотности, а также къ дѣятельности частныхъ кружковъ и отдѣльныхъ лицъ, преслѣдующихъ задачи внѣшкольнаго образованія народа въ разныхъ мѣстахъ и углахъ Россіи, мы прежде всего замѣчаемъ полную разобщенность этихъ учрежденій и лицъ, а также полное отсутствіе всякой общей программы и системы въ ихъ дѣйствіяхъ. Результаты такого положенія дѣлъ получаются самые печальные. Каждое общество, каждый кружокъ дѣйствуетъ на собственный страхъ, обыкновенно ничего не зная о томъ, что именно и какъ уже сдѣлано по тому же самому вопросу другими обществами и кружками, не зная, надъ чѣмъ работаютъ въ данное время другіе комитеты, другіе кружки. Поэтому всевозможныя ошибки и промахи, неизбѣжные въ каждомъ дѣлѣ, а тѣмъ болѣе въ столь сложномъ, каково дѣло народнаго образованія, безпрестанно повторяются то тѣмъ, то другимъ кружкомъ или обществомъ. Такимъ образомъ масса силъ, энергіи и времени тратится совершенно непроизводительно, къ явному ущербу для дѣла. Въ виду этого представляется крайне необходимымъ учрежденіе такого общества, которое бы объединило и связало въ одно стройное цѣлое всѣ тѣ разрозненныя силы, всѣ тѣ кружки, комитеты, «коммиссіи» и проч., которыя работаютъ теперь по разнымъ отраслямъ народнаго просвѣщенія въ разныхъ концахъ Россіи.

Позволяемъ себѣ намѣтить здѣсь, хотя въ самыхъ общихъ и краткихъ чертахъ главныя составныя части той программы дѣятельности, которая должна лечь въ основу проектируемаго нами Общества.

I. Изданіе книгъ и картинъ для народа при участіи и содѣйствіи наиболѣе компетентныхъ представителей литературы, науки и искусства.

—При изданіи книгъ *художественнаго* характера, главнымъ образомъ, необходимо стремиться доставить народу возможность пріобрѣтать за доступную цѣну произведенія всѣхъ нашихъ лучшихъ писателей-художниковъ; дѣятельность свою въ этой области должно начать съ изданія тѣхъ произведеній, которыя, по своему содержанію, всего скорѣе могутъ быть поняты и оцѣнены массой народа.

При изданіи *картинъ* для народа необходимо руководствоваться тѣмъ же основнымъ принципомъ, какъ и при изданіи книгъ художественнаго характера, т.-е. стараться не столько о томъ, чтобы вызывать появленіе новыхъ, написанныхъ спеціально для народа картинъ, сколько о томъ, чтобы ознакомить народъ съ существующими уже картинами нашихъ лучшихъ художниковъ: Иванова, Перова, Крамскаго, Верещагина, Рѣпина, Сурикова, Мясоѣдова, Полѣнова, Ге, Ярошенко, Маковскаго и др.

Улучшеніе лубочныхъ изданій — книгъ и картинъ — путемъ передѣлки и исправленія ихъ содержанія.

II. Распространеніе книгъ и картинъ въ народѣ путемъ: во-1) устройства въ городахъ, селахъ и деревняхъ книжныхъ складовъ для продажи народныхъ изданій; во-2) чрезъ офеней, ходебщиковъ, коробейниковъ и т. д., и 3) путемъ организаціи особыхъ артелей книгоношъ для разносной торговли народными изданіями на желѣзныхъ дорогахъ, пароходахъ и пристаняхъ, по городамъ и селамъ, по ярмаркамъ, базарамъ и т. д. Въ Москвѣ, какъ естественномъ центрѣ Россіи, долженъ находиться главный центральный складъ книгъ и картинъ для народа.

III. Устройство библіотекъ и читаленъ при школахъ, а также при волостныхъ правленіяхъ, фабрикахъ, больницахъ, тюрьмахъ и т. д. Устройство уличныхъ передвижныхъ библіотекъ въ пунктахъ наибольшаго скопленія народныхъ массъ.

IV. Собираніе точныхъ и подробныхъ свѣдѣній о ходѣ начальнаго народнаго образованія въ Россіи: о числѣ и положеніи школъ (казенныхъ, земскихъ, городскихъ, полковыхъ, частныхъ, воскресныхъ, фабричныхъ, церковно-приходскихъ, школъ грамотности), библіотекъ, читаленъ, о ходѣ народныхъ чтеній, о всѣхъ нуждахъ и запросахъ въ области начальнаго народнаго образованія.

V. Знакомить общество съ положеніемъ начальнаго народнаго образованія въ Россіи и за границей; неустанно будить и поддерживать въ обществѣ интересъ и живое сочувствіе къ дѣлу народнаго образованія и развитія путемъ изданія ежегодныхъ обозрѣній и отчетовъ, отдѣльныхъ брошюръ и книгъ, чтенія публичныхъ лекцій, устройства выставокъ и т. д.

VI. Снабженіе бѣднѣйшихъ школъ учебными пособіями и руководствами.

VII. Устройство подвижныхъ библіотекъ для учителей и учительницъ народныхъ школъ.

VIII. Особенное попеченіе о частныхъ крестьянскихъ (неоффиціальныхъ) школахъ, такъ называемыхъ «домашнихъ школахъ грамотности».

IX. Устройство воскресныхъ школъ.

X. Устройство *постоянныхъ* народныхъ чтеній, по возможности, съ тѣневыми картинами, какъ въ городахъ, такъ и въ селахъ, на фабрикахъ и заводахъ; устройство *временныхъ* народныхъ чтеній на ярмаркахъ, базарахъ, во время престольныхъ праздниковъ и т. д. Организація *передвижныхъ* народныхъ чтеній, которыя могли бы кочевать съ одного мѣста на другое.

XI. Изданіе ежемѣсячнаго журнала и ежедневной газеты, приноровленныхъ къ потребностямъ грамотнаго люда изъ народа, причемъ стоимость каждаго изъ этихъ изданій не должна превышать 3-хъ—4-хъ рублей въ годъ. Изданіе ежегодниковъ, въ видѣ календарей для народа, цѣною отъ 5 копѣекъ и до рубля.

XII. Изысканіе и привлеченіе матеріальныхъ средствъ на дѣло народнаго образованія: на изданіе книгъ и картинъ для народа, на устройство библіотекъ, читаленъ, книжныхъ складовъ и т. д.

Но гдѣ же взять средства на все это?—слышу я вопросъ читателя. «Гдѣ взять средства?—вотъ роковыя слова, которыми встрѣчаютъ у насъ каждое указаніе на какое бы то ни было полезное общественное дѣло,—говоритъ одна изъ искреннихъ поборницъ народнаго образованія М. К. Цебрикова.—Но мы ихъ не слышимъ, когда рѣчь идетъ о приглашеніи какой-нибудь каскадной пѣвицы, балерины, о проведеніи желѣзно-дорожной линіи по палестинамъ, по которымъ, говоря словами Щедрина, повезутъ одну воблу. На непроизводительные расходы у насъ всегда есть средства, и это—печальное знаменіе общественнаго уровня. Мы не далеко ушли отъ дикарей, которые, навѣсивъ на себя блестящія побрякушки, воображаютъ, что исполнили все, требуемое благопристойностью. Народъ—жертва нищеты, невѣжества, тьмы, а мы отказываемся дать ему свѣтъ, который хотя отчасти облегчитъ его жизнь» [1].

Признаемся, мы не совсѣмъ раздѣляемъ въ этомъ случаѣ пес-

---

[1] «Народныя библіотеки», статья М. К. Цебриковой. «Новости» 1887 г., № 204.

цинизмъ почтенной писательницы. Мысль о необходимости придти на помощь дѣлу народнаго образованія все глубже и глубже проникаетъ въ сознаніе общества и въ послѣднее время все чаще и чаще приходится слышать о болѣе или менѣе значительныхъ пожертвованіяхъ на дѣло народнаго образованія. Жертвуютъ на гимназіи, на техническія училища, на женскіе курсы, на университеты. Приведемъ нѣсколько примѣровъ:

Предводитель дворянства Новозыбковскаго уѣзда, Черниговской губ., князь Долгоруковъ недавно пожертвовалъ 25,000 рублей на постройку зданія для новозыбковской женской гимназіи, которая нынѣ помѣщается въ частномъ домѣ.

Дочь потомственнаго гражданина О. С. Александрова пожертвовала 60,000 рублей казанской женской гимназіи («Правительственный Вѣстникъ» 1889 г., № 148).

Въ апрѣлѣ мѣсяцѣ 1889 г. Е. Д. Нарышкинъ пожертвовалъ 100,000 руб. въ пользу тамбовскаго общества для пособія воспитанникамъ гимназіи и реальнаго училища, предсѣдателемъ котораго онъ состоитъ.

Скончавшійся недавно харьковскій профессоръ Ламкевичъ оставилъ по духовному завѣщанію 20,000 руб. Харьковскому университету на учрежденіе при клиникѣ особой лабораторіи.

Умершая въ 1888 году жена почетнаго гражданина Ф. И. Ушакова по духовному завѣщанію отказала Московскому университету капиталъ въ 300,000 рублей на учрежденіе стипендій.

Крупныя пожертвованія на университеты составляютъ у насъ довольно обычное явленіе: стоитъ припомнить, напримѣръ, огромныя пожертвованія В. А. Морозовой, г-жи Пасхаловой, Т. С. Морозова и Г. Г. Солодовникова и друг. на московскія университетскія клиники. Въ 1893 году потомственная почетная гражданка П. А. Павлова пожертвовала московскому университету 239,000 рублей, изъ которыхъ 75,000 предназначены на постройку зданія для библіотеки, а остальная сумма должна составить неприкосновенный капиталъ, проценты съ котораго образуютъ пять ежегодныхъ стипендій для молодыхъ людей, оставляемыхъ при университетѣ или командируемыхъ за границу для дальнѣйшаго научнаго образованія, и четыре ежегодныхъ преміи за научныя сочиненія, одобренныя факультетами. Исторія возникновенія сибирскаго университета также отмѣчена весьма многими щедрыми пожертвованіями. Такъ, напримѣръ, А. М. Сибиряковъ пожертвовалъ 100,000 рублей на учебныя пособія Томскаго университета. Другой сибирякъ, золотопромышленникъ Западновъ, въ 1889 г. передалъ въ распоряженіе министерства народнаго просвѣщенія на усиленіе учебныхъ и научныхъ средствъ Томскаго университета 145,000 рублей.

Совершенно иначе относилось наше общество къ нуждамъ *низшаго народнаго* образованія. Только въ послѣднее время мы начинаемъ встрѣчать болѣе или менѣе крупныя пожертвованія на разныя неотложныя нужды народнаго образованія въ тѣсномъ смыслѣ этого слова.

Такъ, въ сибирскихъ газетахъ мы часто встрѣчаемъ имя Инн. М. Сибирякова въ качествѣ жертвователя на народныя библіотеки, читальни, музеи и т. д.

Первая народная читальня, открытая въ Москвѣ въ память Ив. С. Тургенева, основана на средства, пожертвованныя В. А. Морозовою, которая затратила на это дѣло 30,000 руб.

Умершій въ Калугѣ членъ мѣстнаго окружнаго суда Гольшневъ завѣщалъ все свое состояніе — 40,000 рублей — на нужды народнаго образованія («Сельскій Вѣстникъ» 1887 г., № 12).

Умершій недавно въ Ментонѣ отставной ротмистръ Н. П. Фребеліусъ завѣщалъ свыше 60,000 рублей въ распоряженіе министерства съ тѣмъ, чтобы проценты съ этого капитала употреблялись на содержаніе народныхъ школъ.

Одесскій городской голова Гр. Гр. Маразли неоднократно жертвовалъ десятки тысячъ на различныя нужды начальнаго народнаго образованія въ Одессѣ.

Умершій въ Тамбовѣ надворный совѣтникъ И. И. Устиновъ завѣщалъ все свое состояніе — денежный капиталъ въ 100,000 рублей — на нужды народнаго образованія.

Въ 1889 году, жившій въ г. Харьковѣ, отставной полковникъ Бородаевскій завѣщалъ мѣстному обществу грамотности имущество, цѣнностью въ 100,000 руб.

Курскій землевладѣлецъ Е. М. Ждановъ, бывшій попечитель курской учительской семинаріи, отказалъ по завѣщанію въ пользу курскаго земства болѣе 100,000 рублей на содержаніе трехъ школъ и вообще на нужды начальнаго образованія, а также отказалъ для той же цѣли всѣ свои благопріобрѣтенныя имѣнія въ пользу губернскихъ земствъ тѣхъ губерній, гдѣ эти имѣнія находятся, и, наконецъ, свою библіотеку—для публичной библіотеки въ г. Льговѣ.

Въ 1894 году помѣщица Тульской губерніи г-жа Булаева оставила по духовному завѣщанію 140,000 рублей въ пользу народныхъ школъ тульскаго и каширскаго уѣздовъ.

А. С. Кошковъ пожертвовалъ недавно 190,000 руб. на устройство въ Москвѣ городского начальнаго училища.

Тайный совѣтникъ Ив. Ив. Масловъ, «желая засвидѣтельствовать глубокое сочувствіе великимъ реформамъ, совершеннымъ въ незабвенное и славное царствованіе покойнаго Государя Императора Александра Николаевича» и находя, что «наилучшій для сего способъ состоитъ въ содѣйствіи народному образованію въ землѣ русской», завѣщалъ огромный капиталъ—450,000 рублей—для учрежденія сельскихъ училищъ, при чемъ послѣднія, по волѣ завѣщателя, должны быть устраиваемы «на всемъ пространствѣ Россійской имперіи, безъ различія народности и вѣроисповѣданія».

О крупныхъ затратахъ и щедрыхъ пожертвованіяхъ на дѣло народнаго образованія Еммануила Дмитріевича Нарышкина мы уже говорили выше. Напомнимъ здѣсь, что дѣятельность г. Нарышкина на пользу народнаго образованія замѣчательна своею послѣдовательностью, всесторонностью и постоянствомъ. Всѣ виды народнаго образованія въ Тамбовской губерніи пользуются его поддержкой въ самыхъ существенныхъ своихъ нуждахъ. Народная школа, на которую уѣздныя земства Тамбовской губерніи, можно сказать, не жалѣетъ средствъ, нуждалась и до сихъ поръ нуждается въ хорошихъ преподавателяхъ. Эммануилъ Дмитріевичъ взялъ на себя задачу удовлетворить потребность народныхъ школъ въ хорошихъ преподавателяхъ и довелъ ее до конца. Онъ основалъ въ Тамбовѣ Екатерининскій учительскій институтъ и обезпечилъ это заведеніе капиталомъ, проценты съ котораго удовлетворяютъ всѣ его нужды. Расходы его на институтъ превышаютъ 600,000 рублей—сумма громадная для частнаго человѣка. Затѣмъ онъ пожертвовалъ 200,000 рублей на устройство въ Тамбовѣ особаго зданія для народной библіотеки и публичныхъ народныхъ чтеній и 100,000 рублей—въ пользу Общества, на обязанности котораго будетъ устройство народныхъ чтеній въ Тамбовской губерніи.

Подобные факты даютъ полное право надѣяться, что за матеріальными средствами дѣло не остановится, разъ въ обществѣ вполнѣ созрѣетъ сознаніе о крайней, неотложной и вопіющей необходимости скорѣйшаго удовлетворенія умственныхъ запросовъ стомилліонной массы русскаго народа. Думать иначе — значило бы прямо оскорблять общество, не вѣрить въ присутствіе въ немъ лучшихъ сторонъ человѣческаго духа.

Dum spiro, spero!

Наша увѣренность въ этомъ случаѣ тѣмъ болѣе имѣетъ основаній, что дѣло изданія народныхъ книгъ и картинъ,—съ котораго собственно и слѣдуетъ начать,—совсѣмъ не потребуетъ какихъ-нибудь особенно крупныхъ и значительныхъ расходовъ и затратъ,—примѣръ лубочниковъ какъ нельзя лучше доказываетъ это. Наконецъ, всѣ затраты на это дѣло могутъ легко покрыться, разъ предпріятіе будетъ поставлено серьезно, съ полнымъ и всестороннимъ знаніемъ дѣла и если лица, которыя ведутъ дѣло, не будутъ бояться чернаго труда и примутъ во вниманіе многочисленные и поучительные уроки прошлаго...

---

¹) «Саратовскія Губерн. Вѣдомости», 1889 г. № 28.

ПРИЛОЖЕНІЕ.

1. Циркуляръ министерства народнаго просвѣщенія попечителямъ учебныхъ округовъ отъ 14 февраля 1882 г., № 1931.

На разсмотрѣніе министерства народнаго просвѣщенія поступило ходатайство одного изъ уѣздныхъ земскихъ собраній о покровительствѣ домашнему обученію грамотѣ среди сельскаго населенія лицами, неимѣющими установленнаго на то учительскаго званія. Ходатайство это возникло по поводу слѣдующихъ обстоятельствъ: 1) многіе родители изъ крестьянъ, не имѣя возможности обучать своихъ дѣтей въ училищахъ и школахъ и не желая оставить ихъ вовсе безграмотными, обучаютъ ихъ грамотѣ въ своихъ домахъ, нанимая для этого большею частью своихъ же односельчанъ, окончившихъ курсъ ученія въ сельскихъ училищахъ или обучавшихся грамотѣ также домашнимъ образомъ; 2) параллельное съ училищами и школами домашнее обученіе дѣтей грамотѣ вызывается въ мѣстномъ населеніи сильнымъ стремленіемъ народа къ грамотности и невозможностью обучать дѣтей въ училищахъ и школахъ по разбросанности населенія и отдаленности училищъ и школъ и 3) примѣненіе къ лицамъ, большею частью мѣстнымъ жителямъ, обучающимъ крестьянскихъ дѣтей одной грамотности домашнимъ образомъ, требованія закона, чтобы такія лица имѣли установленное учительское званіе, было бы равносильно прекращенію вовсе домашняго обученія грамотѣ, по невозможности такимъ лицамъ выдержать испытаніе на означенное званіе.

По соображеніи настоящаго ходатайства съ дѣйствующими узаконеніями, министерство народнаго просвѣщенія находитъ, что 1) высочайше утвержденное 25 мая 1874 г. положеніе о начальныхъ народныхъ училищахъ, какъ видно изъ примѣч. къ ст. 2 онаго, не касается первоначальнаго обученія на дому лицами разнаго званія; что 2) при начертаніи дѣйствующихъ узаконеній, въ силу коихъ право на занятіе домашнимъ обученіемъ въ частныхъ домахъ обусловливается опредѣленнымъ образовательнымъ цензомъ, не имѣлось въ виду домашнее обученіе грамотѣ въ селахъ, и потому къ этого рода обученію названныя узаконенія не могутъ быть примѣнены. Такимъ образомъ, хотя, на основаніи ст. IV высочайше утвержденнаго, 25 мая 1874 г., мнѣнія государственнаго совѣта о порядкѣ управленія народными училищами, лица, занимающіяся домашнимъ и частнымъ обученіемъ, подчинены вѣдѣнію директоровъ и инспекторовъ народныхъ училищъ, но надзоръ директоровъ и инспекторовъ за лицами, обучающими грамотѣ въ селахъ, не касаясь правъ подобныхъ лицъ на обученіе по образовательному цензу, можетъ имѣть значеніе лишь въ отношеніи ихъ политической и нравственной благонадежности, и что 3) въ этомъ отношеніи наблюденіе за ними ближайшимъ образомъ должно принадлежать вѣдѣнію полицейской и духовной власти.

Вслѣдствіе сего и для устраненія на будущее время подобныхъ недоразумѣній по предмету домашняго обученія среди сельскаго населенія министерствомъ народнаго просвѣщенія, по соглашенію съ министерствомъ внутреннихъ дѣлъ и оберъ-прокуроромъ святѣйшаго синода, признано необходимымъ:

1) разъяснить, что отъ лицъ, занимающихся домашнимъ обученіемъ грамотѣ въ селахъ, не требуется учительскаго званія, и

2) предоставить мѣстнымъ полицейскимъ властямъ, какъ сельскимъ, такъ и общимъ, а также приходскимъ священникамъ, наблюдать, чтобы означеннымъ обученіемъ не занимались лица неблагонадежныя либо въ политическомъ, либо въ нравственномъ отношеніи, и, въ случаѣ появленія такихъ лицъ, указывать на нихъ уѣздному исправнику, для воспрещенія имъ дальнѣйшаго обученія, или, въ случаѣ надобности, для принятія мѣръ къ удаленію ихъ вовсе изъ данныхъ мѣстностей.

Объ этомъ имѣю честь увѣдомить васъ для надлежащаго распоряженія по ввѣренному вамъ округу.

Министръ народнаго просвѣщенія статсъ-секретарь
Баронъ *Николаи*.

2. Циркуляръ попечителя казанскаго учебнаго округа отъ 28 марта 1890 года, за № 1542.

Господинъ оберъ-прокуроръ святѣйшаго синода, увѣдомилъ господина министра народнаго просвѣщенія, что въ нѣкоторыхъ мѣстностяхъ уѣздныя земства, вопреки § 6 правилъ о церковно-приходскихъ школахъ, открываютъ школы грамотности совершенно независимо отъ епархіальнаго начальства и без всяких сношений с ним, просить, в устранение возникающих нередко недоразумений относительно подведомственности таковых школ, о преподании надлежащего разъяснения по сему предмету местным учреждениям и должностным лицам учебного ведомства.

Вследствие сего его сиятельство, предложением от 14 сего марта за № 4210, просит меня разъяснить училищным советам, а равно и директорам и инспекторам народных училищ казанского учебного округа, что, на основании упомянутого § 6 правил о церковно-приходских школах, все открываемые по деревням и поселкам школы грамотности, на какие бы средства таковые ни содержались, подлежат ведению и наблюдению духовного начальства, к коему и должны обращаться общественные учреждения и отдельные лица, желающие иметь означенного рода школы.

Правила о школах грамоты.

(Высочайше утверждены 4-го мая 1891 г.).

§ 1. Школы грамоты суть школы начального обучения, открываемые в приходах городских и сельских, а равно и при монастырях.

§ 2. Все школы грамоты, как существующие уже, так и вновь открываемые, подлежат исключительно ведению и наблюдению духовного начальства. Попечение о школах грамоты в приходах и руководство оными возлагается на местных священников, или на те лица, кои будут назначаемы для сего епархиальным архиереем. Ответственность за православно-церковное направление школы во всяком случае возлагается на приходского священника.

§ 3. Школы грамоты могут быть учреждаемы членами причтов, монастырями, благотворительными учреждениями, одним или несколькими прихожанами, сельскими и городскими обществами и земством.

§ 4. Местные прихожане, желающие открыть на свои средства школу грамоты, обращаются за советом и указаниями к приходскому священнику, на обязанность которого возлагается приискание для открываемой школы благонадежных учителя и попечителя и забота о снабжении ея необходимыми руководствами и учебными пособиями. Все, могущие возникнуть между приходским священником и устроителями школы, недоразумения разрешаются уездным отделением епархиального училищного совета, по докладу местного отца наблюдателя.

§ 5. Лица и учреждения, не принадлежащія къ приходу, желающія открыть одну или нѣсколько школъ грамоты въ приходѣ, обращаются съ своимъ предложеніемъ или въ уѣздное отдѣленіе епархіальнаго училищнаго совѣта, или къ мѣстному священнику, и сообщаютъ при этомъ, гдѣ и на какія средства предполагается открыть школу.

§ 6. Въ школахъ грамоты обучаютъ священники, діаконы и другіе члены причта, а также свѣтскіе учители, избираемые изъ лицъ православнаго исповѣданія, благочестивой жизни и знакомыхъ съ предметами начальнаго обученія. Избраніе учителей для школъ грамоты предоставляется учредителямъ оныхъ, по соглашенію съ приходскимъ священникомъ.

§ 7. Лица, имѣющія свидѣтельство на званіе учителя, допускаются къ учительству въ школѣ грамоты по удостовѣреніи въ нравственной ихъ благонадежности, съ доведеніемъ о семъ до свѣдѣнія уѣзднаго отдѣленія епархіальнаго училищнаго совѣта.

§ 8. Если избранное священникомъ или указанное учредителями школы лицо не имѣетъ свидѣтельства на званіе начальнаго учителя или учителя церковно-приходскихъ школъ, то священникъ предварительно удостовѣряется въ знаніи имъ молитвъ, священной исторіи, краткаго катихизиса и прочихъ предметовъ обученія въ школѣ грамоты, и если избранное священникомъ или указанное учредителями школы лицо окажется достаточно свѣдущимъ въ Законѣ Божіемъ и прочихъ предметахъ школы грамоты и нравственно благонадежнымъ, то приходскій священникъ даетъ такому лицу письменное разрѣшеніе на вступленіе въ должность учителя, о чемъ и доноситъ уѣздному отдѣленію епархіальнаго училищнаго совѣта. Лица, допущенныя къ учительству въ школахъ грамоты, на основаніи сего § правилъ, не пользуются льготою по 63 ст. уст. о воинской повинности.

§ 9. Учители школъ грамоты, имѣющіе свидѣтельства на званіе начальнаго учителя или учителя церковно-приходской школы, пользуются всѣми присвоенными симъ званіямъ правами и освобождаются отъ отбыванія воинской повинности по 63 ст. уст. о сей повин., съ тѣмъ, чтобы въ теченіе пяти лѣтъ со времени зачисленія ихъ въ запасъ, уѣздныя отдѣленія епархіальныхъ училищныхъ совѣтовъ представляли о таковыхъ учителяхъ въ подлежащія по воинской повинности присутствія удостовѣренія въ томъ, что означенные учители школъ грамоты не оставили соотвѣтствующихъ ихъ званію занятій.

§ 10. Приходскіе священники ходатайствуютъ предъ уѣздными отдѣленіями объ утвержденіи въ званіи попечителей школъ грамоты тѣхъ лицъ,

517

как устроили таковыя школы, или оказывають имъ содѣйствіе своими матеріальными средствами, а общества и учрежденія, открывшія школы грамоты, сами избираютъ изъ своей среды попечителя школы. Попечители школъ грамоты утверждаются въ семъ званіи епархіальнымъ архіереемъ, по представленіямъ уѣздныхъ отдѣленій епархіальнаго училищнаго совѣта.

§ 11. Попечители школъ грамоты, вмѣстѣ съ приходскими священниками, заботятся: 1) объ устройствѣ удобнаго школьнаго помѣщенія и о доставленіи классныхъ принадлежностей, 2) о своевременномъ, по мѣстнымъ условіямъ, началѣ школьнаго ученія и о возможно исправномъ посѣщеніи школы учащимися; 3) о своевременной и исправной выдачѣ учителю положеннаго вознагражденія, и 4) о возможно исправномъ посѣщеніи храма Божія учащимися, съ каковою цѣлью въ отдаленныхъ отъ церкви деревняхъ можетъ быть учрежденъ добровольный нарядъ очередныхъ подводъ.

§ 12. Попечители школъ грамоты изъ крестьянъ пользуются преимуществами, предоставленными должностнымъ лицамъ волостнаго и сельскаго управленія (пп. 1 и 2 ст. 124 полож. о крестьянахъ 19 февраля 1861 г.).

§ 13. Попечители школъ грамоты, оказавшіе особое матеріальное и нравственное содѣйствіе преуспѣянію означенныхъ школъ, по засвидѣтельствованіи о семъ членовъ уѣздныхъ отдѣленій, лично обозрѣвавшихъ школы, и на основаніи журнальныхъ постановленій сихъ отдѣленій, могутъ быть представляемы епархіальными преосвященными къ почетнымъ наградамъ.

§ 14. Предметы курса школъ грамоты составляютъ: Законъ Божій (краткая Священная Исторія Ветхаго и Новаго Завѣта и Краткій Катехизисъ), церковное пѣніе съ голоса, чтеніе церковно-славянское и русское, письмо и начальное счисленіе.

§ 15. Преподаваніе въ школахъ грамоты производится по руководствамъ, учебнымъ пособіямъ и вообще книгамъ, указаннымъ Святѣйшимъ Синодомъ и училищнымъ при Святѣйшемъ Синодѣ совѣтомъ. При названныхъ школахъ, по мѣрѣ средствъ, составляются учительскія и ученическія библіотеки изъ книгъ, одобренныхъ и допущенныхъ училищнымъ совѣтомъ при Святѣйшемъ Синодѣ.

§ 16. Въ каждой школѣ грамоты должна быть классная книга, въ которую учитель вноситъ имена и фамиліи учащихся, отмѣчаетъ пропущенные ими уроки, съ объясненіемъ причинъ таковыхъ пропусковъ, и ведетъ запись содержанія преподаваемыхъ уроковъ. Въ эту же книгу священникъ, попечитель и наблюдатель, отъ времени до времени, вносятъ свои замѣчанія объ успѣхахъ учащихся и вообще о ходѣ школьнаго обученія.

§ 17. Опредѣленіе учебнаго времени въ школахъ грамоты, въ теченіе года и составленіе росписанія недѣльныхъ уроковъ для сихъ школъ возлагается на уѣздныя отдѣленія епархіальныхъ училищныхъ совѣтовъ.

§ 18. По окончаніи учебнаго года, священникъ, совмѣстно съ учителемъ и попечителемъ школы и, по возможности, въ присутствіи сельскихъ властей и родителей учащихся, производитъ испытанія всѣмъ ученикамъ школы грамоты. Удовлетворительно выдержавшіе экзаменъ ученики и ученицы школъ грамоты получаютъ удостовѣреніе въ знаніи ими пройденнаго курса, за подписью приходскаго священника, попечителя и учителя школы, съ приложеніемъ церковной печати. Уѣздныя отдѣленія заблаговременно снабжаютъ приходскихъ священниковъ бланками означенныхъ удостовѣреній. Удостовѣренія сіи никакихъ правъ по отбыванію воинской повинности получившимъ ихъ ученикамъ не даютъ. Для полученія свидѣтельства на льготу по отбыванію воинской повинности ученики школъ грамоты могутъ подвергаться испытанію въ экзаменаціонныхъ коммиссіяхъ духовнаго вѣдомства наравнѣ съ учениками церковно-приходскихъ школъ (Собр. узак. и расп. правит. 1889 года № 31, ст. 272).

§ 19. Для успѣшнаго хода учебно-воспитательной части въ школахъ грамоты, приходскимъ священникамъ вмѣняется въ обязанность возможно частое посѣщеніе ихъ.

§ 20. При посѣщеніи школы грамоты священникъ испытываетъ учащихся въ пройденномъ, наблюдаетъ за преподаваніемъ успѣха и ведетъ бесѣды по предметамъ Закона Божія. Особенное вниманіе со стороны священника должно быть обращено на церковно-воспитательную сторону школъ грамоты, какъ-то: благоговѣйное чтеніе молитвъ въ школѣ, посѣщеніе учащимися храма Божія въ воскресные и праздничные дни, внѣклассное чтеніе книгъ и брошюръ назидательнаго содержанія.

§ 21. Предъ началомъ и при окончаніи учебнаго года совершаются молебствія, на кои своевременно приглашаются сельскія власти и родители учащихся.

§ 22. Въ праздничные и воскресные дни предоставляется учителю устраивать вечернія чтенія въ школѣ для учащихся и ихъ родителей. Чтенія эти сопровождаются пѣніемъ молитвъ и церковныхъ пѣснопѣній и производятся по указаніямъ и подъ руководствомъ приходскаго священника.

§ 23. Возлагаемыя сими правилами на уѣздныя отдѣленія епархіальныхъ училищныхъ совѣтовъ обязанности по завѣдыванію школами грамоты въ тѣхъ уѣздахъ, гдѣ таковыя отдѣленія еще не открыты, возложить времѣнію, впредь до открытія сихъ отдѣленій, на епархіальные училищные совѣты.

§ 24. Высшее управленіе всѣми школами грамоты и распоряженіе отпускаемыми на ихъ содержаніе суммами принадлежитъ Святѣйшему Синоду, который, въ развитіе настоящихъ правилъ, имѣетъ издавать особыя постановленія.

Законоположенія, относящіяся до воскресныхъ школъ.

Положеніе о начальныхъ народныхъ училищахъ.

(Высочайше утверждено 25 мая 1874 года).

Ст. 1. Начальныя народныя училища имѣютъ цѣлію утверждать въ народѣ религіозныя и нравственныя понятія и распространять первоначальныя полезныя знанія.

Ст. 2. Къ начальнымъ народнымъ училищамъ относятся:

1) Вѣдомства духовнаго: церковно-приходскія училища, открываемыя православнымъ духовенствомъ въ городахъ, посадахъ и селахъ, съ пособіемъ и безъ пособія отъ казны, мѣстныхъ обществъ и частныхъ лицъ.

2) Вѣдомства Министерства Народнаго Просвѣщенія: а) приходскія училища въ городахъ, посадахъ и селахъ, содержимыя на счетъ мѣстныхъ обществъ и частью на счетъ казны и пожертвованій частныхъ лицъ, и б) народныя училища, учреждаемыя и содержимыя частными лицами разнаго званія.

3) Другихъ вѣдомствъ сельскія училища разныхъ наименованій, содержимыя на счетъ общественныхъ суммъ.

4) Всѣ вообще воскресныя школы, учреждаемыя какъ правительствомъ, такъ и обществами городскими и сельскими и частными лицами, для образованія лицъ ремесленнаго и рабочаго сословій обоего пола, не имѣющихъ возможности пользоваться ученіемъ ежедневно.

Ст. 10. Начальныя народныя училища учреждаются земствомъ, городскими и сельскими обществами и частными лицами, съ предварительнаго разрѣшенія инспектора народныхъ училищъ и съ согласія предсѣдателя уѣзднаго училищнаго Совѣта, о чемъ и доводится до свѣдѣнія сего Совѣта. Въ случаѣ отказа въ таковомъ разрѣшеніи можетъ быть приносима жалоба губернскому училищному Совѣту.

Предсѣдателемъ въ уѣздномъ училищномъ Совѣтѣ состоитъ уѣздный предводитель дворянства, а въ губернскомъ училищномъ Совѣтѣ — губернскій предводитель дворянства.

Ст. 11. Упомянутыя въ предыдущей статьѣ училища, въ случаѣ безпорядка и вреднаго направленія ученія, закрываются временно, по соглашенію предсѣдателя уѣзднаго училищнаго Совѣта съ инспекторомъ народныхъ училищъ; окончательное же упраздненіе таковаго училища зависитъ отъ рѣшенія уѣзднаго училищнаго Совѣта. Рѣшенія о временномъ закрытіи какого-либо училища принимаются не иначе, какъ по личномъ предсѣдателя училищнаго Совѣта и инспектора народныхъ училищъ удостовѣреніи на мѣстѣ въ происшедшихъ безпорядкѣ или во вредномъ направленіи, принятомъ училищемъ.

Ст. 13. Земству, а также городскимъ и сельскимъ обществамъ, учреждающимъ и содержащимъ начальныя народныя училища, предоставляется, для ближайшаго завѣдыванія оными, избирать особыхъ попечителей и попечительницъ. Учредители же частныхъ и воскресныхъ школъ сами состоятъ ихъ распорядителями. Въ женскихъ воскресныхъ школахъ обязанности этого званія возлагаются преимущественно на лица женскаго пола. Попечители и попечительницы начальныхъ народныхъ училищъ, равно какъ распорядители и распорядительницы частныхъ и воскресныхъ школъ, утверждаются въ сихъ званіяхъ и увольняются отъ оныхъ губернскимъ училищнымъ Совѣтомъ, по представленіямъ подлежащаго уѣзднаго училищнаго Совѣта, въ коемъ они имѣютъ право засѣдать и подавать голосъ только по дѣламъ своихъ училищъ и школъ.

Ст. 14. Попечители и попечительницы начальныхъ народныхъ училищъ, а равно распорядители и распорядительницы частныхъ и воскресныхъ школъ, завѣдывая дѣлами ввѣренныхъ имъ учебныхъ заведеній, входятъ въ сношенія по онымъ съ инспекторомъ народныхъ училищъ и вполнѣ отвѣтствуютъ за порядокъ въ сихъ заведеніяхъ.

Инструкція инспекторамъ народныхъ училищъ.

(Высочайше утверждена 29 октября 1871 года).

§ 49. Инспекторъ, по соглашенію съ подлежащими вѣдомствами и лицами, прилагаетъ попеченіе и о томъ, чтобы при училищахъ, гдѣ окажется возможность, были устраиваемы особые уроки для взрослыхъ посѣлянъ, стараясь личными убѣжденіями привлечь ихъ къ ученію и ходатайствуя, въ случаѣ успѣха, объ отпускѣ изъ подлежащихъ учрежденій суммъ, необходимыхъ для вознагражденія учителей за такой трудъ ихъ сверхъ прямыхъ обязанностей.

По вопросу о томъ, кто долженъ давать разрѣшенie на открытie уроковъ для взрослыхъ при начальныхъ народныхъ училищахъ, разъяснено, что такie уроки должны быть открываемы тѣми учрежденiями и лицами, отъ конхъ зависитъ открытiе самыхъ училищъ. (Предложенie Минист. Народн. Просвѣщ. попечителю С.-Петербургскаго учебнаго округа отъ 19 января 1871 года).

Допущенie взрослыхъ лицъ къ обученiю въ начальныя народныя училища признано неудобнымъ. Для такихъ лицъ должны быть открываемы или воскресныя школы, или особые уроки для взрослыхъ. (Предложенie Минист. Народн. Просвѣщ. попечителю Казанскаго учебнаго округа отъ 28 iюня 1874 г.).

О направленiи ходатайствъ объ открытiи воскресныхъ школъ въ видѣ самостоятельныхъ учебныхъ заведенiй къ епархiальному начальству.

По § 7-му Высочайше утвержденныхъ 13-го iюня 1884 г. правилъ о церковно-приходскихъ школахъ, въ числѣ школъ, подчиненныхъ духовному вѣдомству, могутъ быть и воскресныя школы, учреждаемыя какъ при церковно-приходскихъ школахъ, такъ и внѣ оныхъ. Равнымъ образомъ п. 6-мъ § 6-го Высочайше утвержденныхъ 28-го мая 1888 г. правилъ объ уѣздныхъ отдѣленiяхъ епархiальныхъ училищныхъ совѣтовъ постановлено, что къ кругу дѣятельности этихъ отдѣленiй отнесено содѣйствiе къ устройству воскресныхъ школъ для лицъ, не имѣющихъ возможности пользоваться ученiемъ ежедневно.

Нынѣ г. оберъ-прокуроръ Святѣйшаго Синода увѣдомилъ Министерство Народнаго Просвѣщенiя, что, по его мнѣнiю, воскресныя школы, назначенныя для обученiя неграмотныхъ взрослыхъ, притомъ по большей части ремесленниковъ и рабочихъ, или для самыхъ бѣдныхъ дѣтей, не имѣющихъ возможности посѣщать ежедневно уроки, болѣе чѣмъ какiя-либо другiя школы, должны имѣть церковно-православный характеръ, какой присущъ церковно-приходскимъ школамъ. Посему дѣйствительный тайный совѣтникъ Побѣдоносцевъ признаетъ желательнымъ, чтобы всѣ учреждаемыя впредь, въ видѣ самостоятельныхъ учебныхъ заведенiй, воскресныя школы для православнаго населенiя были подчиняемы духовному вѣдомству.

Соглашаясь, съ своей стороны, съ таковымъ мнѣнiемъ г. синодальнаго оберъ-прокурора, г. управляющій Министерствомъ Народнаго Просвѣщенія, въ предложеніи отъ 4-го текущаго сентября, за № 15191, просилъ сдѣлать распоряженіе, чтобы, въ случаѣ возбужденія въ С.-Петербургскомъ учебномъ округѣ ходатайствъ объ открытіи воскресныхъ школъ отдѣльно отъ существующихъ въ ономъ начальныхъ училищъ сіи ходатайства были направляемы къ мѣстному епархіальному начальству.

О семъ для руководства и исполненія объявляется по округу.

Законоположенія, относящіяся до публичныхъ народныхъ чтеній.

Правила для устройства народныхъ чтеній въ губернскихъ городахъ.

Высочайше утвержденныя 24 декабря 1876 года.

§ 1. Народныя чтенія въ губернскихъ городахъ разрѣшаются по просьбамъ обществъ и частныхъ лицъ попечителемъ учебнаго округа, по предварительномъ соглашеніи съ мѣстнымъ губернаторомъ, и состоятъ въ полномъ распоряженіи попечителя учебнаго округа.

§ 2. Ближайшее завѣдываніе дѣломъ народныхъ чтеній и всѣми распоряженіями по ихъ устройству, т.-е. матеріальная сторона дѣла, должно находиться въ рукахъ тѣхъ частныхъ лицъ или обществъ, которыя испрашиваютъ разрѣшенія на устройство народныхъ чтеній; надзоръ же за ходомъ сихъ чтеній принадлежитъ директорамъ народныхъ училищъ, подъ непосредственною ихъ отвѣтственностью въ соблюденіи правилъ, установленныхъ по предмету сихъ чтеній.

§ 3. Въ случаѣ отсутствія директора народныхъ училищъ, надзоръ за народными чтеніями поручается, по усмотрѣнію попечителя, одному изъ инспекторовъ той губерніи, гдѣ происходятъ чтенія, или другому лицу учебнаго вѣдомства.

§ 4. Мѣстами для устройства чтеній могутъ служить дома, гдѣ помѣщаются училища, школы, вообще по преимуществу помѣщенія въ казенныхъ и общественныхъ зданіяхъ, находящихся въ чертѣ города. Въ фабрикахъ и подобнаго рода промышленныхъ учрежденіяхъ чтенія эти отнюдь не допускаются.

§ 5. Къ публичному прочтенію народу допускаются только сочиненія, одобренныя для этой цѣли ученымъ комитетомъ Министерства Народнаго Просвѣдѣнія. Въ видахъ большаго выбора матеріала для народныхъ чтеній, можно разрѣшать для чтенія и книги духовнаго содержанія, одобренныя Святѣйшимъ Синодомъ, или выдержки изъ оныхъ.

§ 6. Назначенныя для публичнаго чтенія сочиненія не произносятся, а читаются по тексту, безъ всякихъ измѣненій и дополненій.

§ 7. Если чтенія сопровождаются опытами или объясняются картинами, то допускаются разъясненія тѣхъ и другихъ на словахъ, не выходя изъ предѣловъ содержанія текста.

§ 8. Къ публичному чтенію для народа допускаются, кромѣ духовныхъ лицъ и преподавателей училищъ, вообще и другія благонадежныя лица, по соглашенію директора народныхъ училищъ съ губернскимъ начальствомъ.

§ 9. Въ случаѣ нарушенія въ чемъ-либо установленныхъ для народныхъ чтеній условій, чтенія сіи подлежатъ немедленному прекращенію по распоряженію мѣстнаго губернатора, до свѣдѣнія котораго всякое такое нарушеніе должно быть доводимо директоромъ народныхъ училищъ или тѣмъ лицомъ, на котораго возложенъ будетъ ближайшій надзоръ за чтеніями.

Въ одномъ изъ нумеровъ «Циркуляра по Одесскому учебному округу» сказано, «что Государь Императоръ, по всеподданнѣйшему докладу г. министра народнаго просвѣщенія, Высочайше разрѣшить соизволилъ устраивать народныя чтенія въ болѣе значительныхъ уѣздныхъ городахъ губерній, входящихъ въ составъ Харьковскаго учебнаго округа».

Списокъ книгъ для публичныхъ народныхъ чтеній.

Духовнаго содержанія.

Алмазовъ, Б.—«Отшельникъ», «Алексій человѣкъ Божій». Изд. ком. нар. чт. Спб. Ц. 5 к.

Бертенсонъ, Е.—«Русскіе богомольцы на Синаѣ». Два чтенія. Изд. ком. нар. чт. Спб. Ц. 15 к.

Бѣляевъ, П.—«Жизнь пр. Ѳеодосія Печерскаго». М. Ц. 10 к.
— «Валаамская обитель». Изд. ком. нар. чт. Спб. Ц. 8 к.

Владиміровъ, А.—«Исторія Святой земли». Изд. ком. нар. чт. Спб. Ц. 15 к.
— «Соловецкая обитель». Изд. ком. нар. чт. Спб. Ц. 10 к.
— «Крестные ходы въ Москвѣ». Изд. ком. нар. чт. Спб. Ц. 5 к.

Михайловскій, В.—«Св. Тихонъ, епископъ Воронежскій и Задонскій». Изд. ком. нар. чт. Спб. Ц. 10 к.
— «Новый Іерусалимъ». Изд. ком. нар. чт. Спб. Ц. 8 к.
— «О земной жизни Пресвятой Богородицы». Спб. Ц. 20 к.
— «Объясненіе всенощнаго бдѣнія». Спб. Ц. 7 к.

Опатовичъ, С.—«Уничиженіе на землѣ Господа нашего Іисуса Христа». Изд. ком. нар. чт. Спб. Ц. 8 к.

Опатовичъ, С. и Кочетовъ, А.—«Церковь Христова со временъ апостоловъ». Два чтенія. Изд. ком. нар. чт. Спб. Ц. 15 к.
— «Просвѣтитель Восточной Сибири Иннокентій, митроп. Московскій». Изд. ком. нар. чт. Спб. Ц. 10 к.

Пѣвцовъ, В.—«Гоненіе на христіанъ отъ язычниковъ». Два чтенія. Спб. Ц. по 10 к.
— «О Святой землѣ». 12 книжекъ. Спб. Ц. 10 к.
— «О трудахъ Св. апостоловъ». Спб. Ц. 10 к.
— «Языческая вѣра до Христа Спасителя». Спб. Ц. 10 к.
— «Русскіе богомольцы во Святой землѣ». Три чтенія. 1-е «Путь по Святую землю», 2-е «Св. градъ Іерусалимъ», 3-е «Святая земля Палестина». Изд. ком. нар. чт. Спб. Ц. по 10 к.

Сахаровъ, В.—«Св. Іоаннъ Златоустъ». Ц. 7 к.
— «Святыни Великаго Новгорода». Ц. 10 к.
— «Св. Димитрій Ростовскій». Ц. 5 к.

Соколовъ, М.—«Великій постъ». Изд. ком. нар. чт. Спб. Ц. 10 к.
— «Жизнь Божіей Матери». Ц. 10 к.
— «Жизнь Св. Николая Чудотворца». Ц. 8 к.
— «О богослуженіи православной церкви». Ц. 10 к.

Сысоевъ, Е.—«Жизнь и подвиги Иннокентія, проповѣдника Евангелія на островахъ Алеутскихъ». Ц. 20 к.

Толстой, А., гр.—«Св. Іоаннъ Дамаскинъ». Ц. 3 к.

Толычева, Т.—«О славной Бѣлозерской обители и ея основателѣ Кириллѣ». Ц. 10 к.

Митрополитъ Филиппъ. Ц. 10 к.

Св. Стефанъ Пермскій. Ц. 5 к.

Туръ, Евгенія.—«Жизнь преподобнаго отца нашего Ксенофонта». Ц. 10 к.

Хрущовъ, И.—«Богомольцы у святынь Кіева». Два чтенія: 1-е «Старый Кіевъ», 2-е «Лавра». Ц. по 10 к.

Четыркинъ, Ѳ.—«Св. Василій Великій». Ц. 7 к.

— «Св. Григорій Богословъ». Ц. 7 к.
— «Митрофанъ Воронежскій». Ц. 5 к.
— «Почаевская Успенская лавра». Изд. ком. нар. чт. Спб. Ц. 8 к.

Историческаго и географическаго содержанія.

Адамовъ, М.—«Объ уніатахъ въ Западной Руси». Два чтенія. 1-е «Какъ началась унія», 2-е «Уніаты въ Холмской Руси». Ц. 15 к.
— «Архангельскій край». Спб. Ц. 20 к.
— «Военные разсказы»: 1-е «Подвиги русскихъ войскъ въ турецкую войну 1877—1878 гг.». Ц. 20 к. 2-е «Взятіе Никополя». Ц. 20 к. 3-е «Мѣсяцъ плѣна у Османа паши». Ц. 10 к. 4-е «Бой подъ Плевной за Зеленыя горы». Ц. 10 к. 5-е «Паденіе Плевны 28 ноября 1877 г.». Ц. 10 к.

Желиховская, В.—«Кавказъ и Закавказье». Ц. 25 к.

Ивановъ, Д.—«Зимой черезъ Балканы». 1-е «Въ обходъ Шипки въ декабрѣ 1877 г.», 2-е «Послѣдній бой подъ Шипкой 28 декабря 1877 г.». Ц. 15 к.
— «Императрица Екатерина II Великая». Изд. ком. нар. чт. Спб. Ц. 15 к.
— «О Малороссіи и малороссахъ». Ц.

Италія и ея главнѣйшіе города. Ц. 7 к.

Князь Владиміръ Красное Солнышко. Ц. 30 к.

Белоградовъ, Ю.—«Волга». Изд. ком. нар. чт. Спб. Ц. 15 к. «Русскія владѣнія въ Средней Азіи». 1-е «Наши завоеванія въ Средней Азіи», 2-е «Объ обитателяхъ и городахъ Средней Азіи». Изд. ком. нар. чт. Спб. Ц. 15 к.

Лапинъ, В.—«Покореніе царства Казанскаго». Спб. Ц. 5 к.

Майковъ, Ап.—«О св. Московскихъ митрополитахъ Петрѣ и Алексіи». Изд. ком. нар. чт. Спб. Ц. 10 к.
— «Иванъ III Васильевичъ». Ц. 12 к.

Михайловскій, В.—«Св. равноапостольный князь Владиміръ». Спб. Ц. 10 к.
— «Начало христіанства на Руси». Ц. 10 к.
— «Нашествіе татаръ и князь Михаилъ Тверской». Изд. ком. нар. чт. Спб. Ц. 8 к.
— «О Голландіи и голландцахъ». Ц. 10 к.
— «О древнихъ египтянахъ и землѣ Египетской». Изд. ком. нар. чт. Спб. Ц. 5 к.

— «О Крымѣ». Два чтенія. М. Ц. 10 к.
Овсянниковъ, А.—«Ладожское озеро». Ц. 10 к. «Уралъ». Изд. ком. нар. чт. Спб. Ц. 15 к.
Петровъ, П.—«О смутномъ времени на Руси». Два чтенія. Изд. ком. нар. чт. Спб. Ц. 20 к.
— «Свято-Троицкая Лавра». Ц. 12 к.
Плечко, А.—«Московскій кремль». Ц. 10 к.
— «Полтавская битва». Ц. 10 к.
Поповъ, Р.—«Бѣлоруссія и бѣлоруссы». М.
Ремезовъ, П.—«Сказаніе о подвигахъ св. благовѣрнаго князя Владиміра». Ц. 10 к.
Роговъ, П.—«Татарскій погромъ и св. благовѣрный князь Александръ Невскій». Ц. 15 к.
Рождественскій, С.—«О Петрѣ Великомъ». Ц. 15 к.
Слѣпушкинъ, П.—«О томъ, какъ Богданъ Хмельницкій освободилъ Украйну отъ польской неволи». Спб. Ц. 12 к.
— «Смоляне въ 12 году». Спб. Ц. 15 к.
Тихомировъ, Е.—«Бухаровская битва». М. Ц. 10 к.
Толычева, Т.—«Троице-Сергіева Лавра». М. Ц. 10 к.
Хребтовъ, А.—«Хивинскій походъ». Четыре чтенія. Ц. 50 к.
Хрущовъ, И.—«Сыновья св. Владиміра». Спб. Ц. 10 к.
— «Владиміръ Мономахъ». Спб. Ц. 10 к.
— «Св. благовѣрный великій князь Александръ Невскій». Ц. 10 к.
— «Царствованіе Михаила Ѳеодоровича». Ц. 10 к.
— «Царствованіе Алексѣя Михайловича». Ц. 10 к.
Шалфѣевъ, Н.—«Двѣнадцатый годъ». Три чтенія. Ц. 20 к.
Щербина, В.—«О Кіевской старинѣ». Кіевъ. Ц. 10 к.
Яхонтовъ, А.—«Царствованіе Императора Александра Перваго Благословеннаго». Ц. 10 к.
— «Народная война 1812 года». Ц. 25 к.
— «Городъ Псковъ и его окрестности». Изд. ком. нар. чт. Спб. Ц. 15 к.

Біографіи.

Николаевъ, Е.—«Механикъ-самоучка И. П. Кулибинъ». Спб. Ц. 10 к.
Паруновъ, М.—«Кольцовъ и его пѣсни». Спб. Ц. 5 к.
— «Первый русскій книгопечатникъ». Изд. Кіевск. Губ. Вѣд. Кіевъ. Ц. 5 к.

Ремезовъ, Ц. — «Нижегородскій механикъ-самоучка И. П. Кулибинъ». Ц. Спб. 10 к.
Рождественскій, С. — «О Суворовѣ». Спб. Ц. 10 к.
Филоновъ, А. — «Дѣдушка Крыловъ». Изд. ком. нар. чт. Спб. Ц. 10 к. «М. В. Ломоносовъ». Изд. ком. нар. чт. Спб. Ц. 5 к.

Литературнаго содержанія.

Барщевскій, В. — «Добрый сынъ». Кіевъ. Ц. 20 к.
Боголюбовъ, Н. — «Разсказъ стараго матроса». Ц. 5 к.
Гоголь, Н. — «Тарасъ Бульба», въ сокращеніи. Ц. 5 к.
Желиховская, В. — «Гордый Лѣсовикъ». Ц. 15 к.
— «Наши воины православные». Ц. 20 к.
— «Сидорычъ Безъимянный». Ц. 5 к.
Жуковскій, В. — «Сказка о Иванѣ Царевичѣ и Сѣромъ Волкѣ». Ц. 10 к.
Коваленская, А. — «Крутяковъ». Спб. Ц. 10 к.
Куликова, В. — «Плотникъ Климъ». Спб. Ц. 5 к.
— «Купецъ Иголкинъ и его подвигъ». Ц. 5 к.
Лапинъ, В. — «Русская правда». Спб. Ц. 5 к.
— «Мореходъ Никитинъ». Изъ Марлинскаго. Ц. 5 к.
Потѣхинъ, С. — «Разсказы бывалыхъ туркестанцевъ». Два выпуска. Спб. Ц. 5 к.
Пушкинъ, А. — «Полтава». Въ сокращеніи. Изд. ком. нар. чт. Спб. Ц. 10 к.
— «Капитанская дочка». Спб. Ц. 15 к.
— «Сказки и пѣсни объ Ильѣ Муромцѣ». Ц. 5 к.
Смирновъ, А. — «Пожарный». Изд. ком. нар. чт. Спб. Ц. 5 к.
Супоневъ, А. — «Разсказы о севастопольцахъ». Изд. ком. нар. чт. Спб. Ц. 10 к.
Сѣткова, А. — «Архангельскіе птицеловы». Ц. 10 к.
— «Не въ деньгахъ счастье». Ц. 5 к.
— «Старикъ Никита и его три дочери». Ц. 10 к.
— «Тонулъ по взятыхъ». Спб. Ц. 10 к.
Филоновъ, А. — «Петръ Великій по сочиненіямъ Пушкина». Изд. ком. нар. чт. Спб. Ц. 5 к.
— «Христіанскій подвигъ солдата». Спб. Ц. 10 к.

Естествовѣдѣніе.

Аникіевъ, П. — «Животныя, полезныя для полей и лѣсовъ». Спб. Ц. 10 к.
Бекетовъ, А. — «Бесѣда о землѣ и тваряхъ, на ней живущихъ». Спб.

Богданов, М. — «Мірскіе захребетники». Изъ быта животныхъ. Спб. Ц. 1 р.
Глинскій, Н. — «Объ апоплексіи мозга, или востры». Спб. Ц. 10 к.
Животовскій, Н. — «О грозѣ». Ц. 10 к. Три чтенія: 1-е — «О теплѣ и холодѣ», 2-е — «О грозѣ», 3-е — «Отчего происходитъ дождь и снѣгъ». Ц. по 10 к. «Отчего происходитъ каменный уголь и какъ его добываютъ». Спб. Ц. 5 к.
Кайгородовъ, Д. — «Дерево и его жизнь». Ц. 15 к.
— «О нашихъ перелетныхъ птицахъ». Спб. Ц. 20 к.
— «Черная семья. Птицы вороньяго рода». Спб. Ц. 25 к.
Корфъ, Н., бар. — «Хлѣбный жукъ». Спб. Ц. 10 к.
Мосальскій, В., кн. — «Какъ изъ сѣмячка выростаетъ растеніе». Спб. Ц. 20 к.
Мелеръ, Н. — Два чтенія: 1-е — «О томъ, какого вида земля и какъ она велика», 2-е — «Отчего бываетъ день и ночь, — времена года». Спб. Ц. по 10 к.
Никитевскій, Н. — «О каменномъ углѣ». Ц. 15 к.
— «О каменномъ углѣ и соляхъ». М. Ц. 5 к.

Разнаго содержанія

Владиславлевъ, В. — «Изъ быта крестьянъ». Тверь. Ц. 50 к.
— «Двѣнадцать мудрыхъ басенъ». Ц. 5 к.
Каховскій, В. — «О трудѣ и отдыхѣ». Ц. 10 к.
— «Милость Божія надъ Царемъ, явленная земли русской 17-го октября 1888 г.». Ц. 10 к.
Острогорскій, М. — «Общая воинская повинность». Спб. Ц. 10 к.
Пѣвцовъ, В. — «О семьѣ». Чтеніе 1-е. Спб. Ц. 10 к.
— «Сборникъ общественныхъ чтеній Педагогическаго музея военно-учебныхъ заведеній. Спб. Ц. 1 руб.
— «Сборникъ стиховъ». Изд. ком. нар. чт. Три выпуска. Спб. Ц. по 5 к.
Хрущовъ, И. — «О рукописномъ дѣлѣ и книгопечатаніи на Руси». Изд. ком. нар. чт. Спб. Ц. 10 к.
Шашмаревъ, Д. — «Бесѣда о флотѣ». Изд. ком. нар. чт. Спб. Ц. 20 коп.

Согласно Высочайше утвержденнымъ 24-го декабря 1876 года правиламъ для устройства народныхъ чтеній въ губернскихъ городахъ, къ публичному прочтению народу допускаются только сочинения, одобренныя для этой цѣли ученымъ комитетомъ Министерства Народнаго Просвѣщенія. Въ видахъ большаго выбора матеріала для народныхъ чтеній можно разрѣшать для чтенія и книги духовнаго содержанія, одобренныя Святѣйшимъ Сѵнодомъ, или выдержки изъ нихъ. Въ настоящее время, по всеподданнѣйшему докладу министра народнаго просвѣщенія, Высочайше разрѣшено допустить къ чтенію во всѣхъ народныхъ аудиторіяхъ имперіи изданія постоянной коммиссіи по устройству народныхъ чтеній въ С.-Петербургѣ и его окрестностяхъ, наравнѣ съ изданіями, указанными въ правилахъ 24-го декабря 1876 года.

Циркуляръ по Казанскому учебному округу.

(ноябрь 1892 г., № 17)

О брошюрахъ дозволенныхъ и недозволенныхъ къ произнесенію въ народныхъ аудиторіяхъ.

Бывшій временно одесскій генералъ-губернаторъ, письмомъ отъ 29 сентября 1888 года за № 3303, обратилъ вниманіе Министерства Народнаго Просвѣщенія на затрудненія, встрѣчаемыя одесскимъ славянскимъ благотворительнымъ обществомъ въ правильномъ веденіи народныхъ чтеній въ Одессѣ. По объясненію предсѣдателя общества, изложенному въ докладѣ его генералу Роопу, затрудненія эти состоятъ въ томъ, что мѣстная дирекція народныхъ училищъ, отъ которой зависитъ разрѣшеніе чтеній, «руководствуясь исключительно IV отдѣломъ каталога книгъ для употребленія въ низшихъ училищахъ, не допускала чтенія тѣхъ произведеній русскихъ авторовъ, которыя, хотя и одобрены для народнаго чтенія ученымъ комитетомъ Министерства Народнаго Просвѣщенія, но не вошли въ вышеозначенный каталогъ». Въ виду этого, генералъ Роопъ просилъ г. министра народнаго просвѣщенія не отказать въ распоряженіи о разрѣшеніи для народныхъ чтеній въ Одессѣ одобренныхъ ученымъ комитетомъ произведеній, перечисленныхъ въ приложенномъ къ вышеозначенному письму спискѣ, а также о допущеніи на будущее время чтенія такихъ сочиненій, которыя, хотя и не вошли еще въ каталогъ книгъ для употребленія въ низшихъ училищахъ, но одобрены для народныхъ чтеній ученымъ комитетомъ Министерства Народнаго Просвѣщенія.

Ученый комитетъ, на разсмотрѣніе котораго было передано означенное ходатайство, нашелъ, что таковое основано на недоразумѣніи. Въ представленном одесским кирилло-мефодиевским обществом список брошюр, не разрешенных директором народных училищ для публичного произнесения, помещены действительно брошюры, читанные в аудиториях Соляного городка и, отчасти, постоянной коммиссіи народных чтеній, но из этого не следует заключать, что все эти сочиненія одобрены ученым комитетом для публичных чтеній, так как ни постоянная коммиссія, ни коммиссія педагогическаго музея не подчинены действію Высочайше утвержденных 24 декабря 1876 года правил для устройства народных чтеній в губернских городах.

Разсмотрев перечисленныя в упомянутом списке брошюры, ученый комитет нашел, что следующія из них уже одобрены для публичных народных чтеній и внесены в IV отдел каталога.

Крестов — «Хивинскій поход», Иванов — «В обход Шипки», «Последній бой под Шипкой».

Включены в отдел II каталога (книги для ученических библиотек): Ершов — «Конек-горбунок» (стр. 44), Лермонтов — «Пѣснь про купца Калашникова» (стр. 45), Жуковскій — «Кот в сапогах», «Свѣт-лана» (стр. 44), «Овсяный кисель» (там-же). Пушкин — «Сказка о купцѣ Остолопѣ», «Сказка о рыбакѣ и рыбкѣ» (стр. 45). Некрасов — «Стихотворенія» (изд. спб. комитета грамотности) (стр. 46). Тургенев — «Муму» (стр. 50). Григорович — «Прохожій», «Пахарь» (стр. 45). А. Толстой — «Князь Серебряный» (стр. 48). Л. Толстой — «Кавказскій плѣнник» (стр. 49). Александров — «Народы Россіи» (стр. 35). Всеволожнов — «Кавказ и кавказская война» (стр. 34). Аникіев — «О птицах и гадах» (стр. 38). Ильинскій — «О жилищах», «Об одеждѣ и чистоплотности» (стр. 39).

Всѣ эти книги признаны заслуживающими одобренія для публичных народных чтеній, но с тѣм, чтобы «Князь Серебряный», «Муму» и «Стихотворенія Некрасова» читались по изданіям, помѣщенным в отдѣл II каталога Министерства Народнаго Просвѣщенія.

Из числа не помѣщенных в каталог признаны заслуживающими допущенія к произнесенію в народных аудиторіях слѣдующія брошюры. Жуковскій — «Спящая царевна», Пушкин — «Сказка о мертвой царевнѣ». Ксавье-де-Местр — «Параша-сибирячка». Брандт: 1) «О зубах и других насѣкомых», 2) «О пчелах и муравьях», 3) «О ленточных глистах». Алфеев — «Как быть питать наше тѣло». Аникіев: 1) «О ядовитых и неядовитых змѣях», 2) «О насѣкомых полезных и вредных». Лан-ченко — «О землетрясеніях и горах огнедышащих». Шаедов — «Что та вое обыкновенная соль». Воронецкій: 1) «О кометахъ и падающихъ звѣздахъ», 2) «О неподвижныхъ звѣздахъ и планетахъ». Шмулевичъ: 1) «О хорошей и дурной водѣ», 2) «О мукѣ и хлѣбѣ». Рейнботъ — «Чай, откуда онъ идетъ». Максимовъ — «Голодовка и зимовка на Новой Землѣ». Шиле — «Волга и ея значеніе». Ладинъ — «Невская битва и Ледовое побоище». Майковъ — «Изъ-за чего пошли войны Россіи съ мусульманами. Три тысяч.». Михневичъ: 1) «Воцареніе Романовыхъ», 2) «Бородино», 3) «Бѣгство французовъ». Макаровъ — «Какъ и чему училъ Петръ Великій народъ свой». Д. С. — «Александръ I». Арсеньевъ — «Славное севастопольское сидѣніе». Добровольскій — «19 февраля 1855—1880 г.». Петровъ — «Священное коронованіе и помазаніе царей на царство». Шведовъ — «Переправа русскихъ войскъ черезъ Дунай». Прокофьевъ — «Взрывъ турецкаго броненосца». Булгаковъ 1) «Геройская оборона Баязета», 2) «Взятіе Ардагана». Артамоновъ — «Покореніе туркменъ-текинцевъ». Бохановская — «Послѣ обѣда въ гостяхъ». «Какъ поддерживается жизнь человѣка». «Первое путешествіе капитана Форстера». «О Крымѣ». «О паровозѣ». «Объ итальянцахъ и ихъ странѣ». Бердинскій — «О телеграфѣ». Гладкій — «О покровительствѣ больнымъ и раненымъ (Красный крестъ)». Гущинъ — «Объ оспѣ и оспопрививаніи». Казанскій — «Какъ разводить ленъ». Манжонъ — «О разумномъ уходѣ за животными». Сорокинъ — «О книгопечатаніи». Таращугинъ — «Разсказы бывалаго человѣка». Шведовъ: 1) «О фарфорѣ», 2) «О стеклѣ», 3) «Какъ и изъ чего приготовляется сахаръ». Шиле — «Русскія моря». Воронецкій — «Путешествіе Макъ-Клинтока». Животовскій — «Отчего горитъ свѣча». Ковальскій: 1) «О фотографіи», 2) «О телеграфѣ». Шведовъ — «О нефти». Ильинскій: 1) «О пищѣ», 2) «О питьѣ и напиткахъ», 3) «О рабочей силѣ», 4) «Объ уходѣ за дѣтьми», 5) «О помощи мнимо-умершимъ». Доброславинъ — «О вліяніи почвы на здоровье человѣка». Сикорскій — «О чумѣ у человѣка». Ладинъ: 1) «Историческая повѣсть изъ времени татарскаго погрома», 2) «Покореніе царства казанскаго». Шмулевичъ: 1) «О тифѣ», 2) «О необходимости дезинфекціи при повальныхъ болѣзняхъ», 3) «О тѣсныхъ и сырыхъ квартирахъ». Глинскій — «О помощи утопающимъ». Латкинъ — «Христофоръ Колумбъ». Азбелевъ — «О вѣтрѣ и бурѣ».

Затѣмъ, не могутъ быть допущены для публичнаго чтенія слѣдующія брошюры: Погосскій — «Дѣдушка Назарычъ». Л. Толстой: 1) «Чѣмъ люди живы», 2) «Упустишь огонь — не потушишь», 3) «Два старика». Гоголь: 1) «Сорочинская ярмарка», 2) «Майская ночь или утопленница», 3) «Ночь на Рождество. Попов — «О черногорцахъ, о болгарахъ, о сербахъ», «обряды и обычаи древней Руси». Плетневъ — «25-ти-лѣтіе царствованія Государя Императора Александра Николаевича». Геникѳ — «О китѣ и камбалѣ», Яковенко — «О деньгахъ». Коняевскій — «Герои труда». Тургеневъ — «Записки охотника». Лебедевъ: 1) «О времени», 2) «О земствахъ». Никитинъ — «Кулакъ».

Соглашаясь, съ своей стороны, съ означеннымъ мнѣніемъ ученаго комитета, г. министръ народнаго просвѣщенія сообщилъ о вышеизложенномъ попечителю Одесскаго учебнаго округа, отъ 6 іюля 1890 г., за № 9494, для зависящихъ распоряженій.

Объ изложенномъ объявляется по Кавказскому учебному округу для свѣдѣнія и руководства.

Законоположенія, относящіяся до народныхъ библіотекъ и читаленъ.

Правила о безплатныхъ народныхъ читальняхъ и о порядкѣ надзора за ними.

(Составлены на основаніи пункта 3-го примѣчанія къ ст. 175 уст. о ценз. и печ. и Высочайшихъ повелѣній, 12 іюня 1867 года, 17 декабря 1871 года и 4 февраля 1888 года и утверждены министромъ внутреннихъ дѣлъ 15 мая 1890 года).

§ 1. Учреждаемыя въ городахъ, посадахъ и селеніяхъ безплатныя народныя читальни подлежатъ относительно порядка ихъ открытія, выписыванія и содержанія общимъ правиламъ, постановленнымъ въ уставѣ о цензурѣ и печати (ст. 175 и примѣчаніе къ оной, по изд. 1886 г.), о публичныхъ библіотекахъ и кабинетахъ для чтенія. Сверхъ того, безплатныя народныя читальни, относительно надзора за ними и содержимыхъ ими книгъ, подчиняются особымъ правиламъ, ниже сего означеннымъ.

Примѣчаніе 1. Дѣйствію настоящихъ правилъ подлежатъ всѣ открываемыя для безплатнаго пользованія книгами народныя, подъ какимъ бы названіемъ онѣ ни существовали и кѣмъ бы ни были учреждаемы, за исключеніемъ тѣхъ, о которыхъ сказано во 2-мъ примѣчаніи къ сей статьѣ. Мѣстнымъ начальствамъ, отъ которыхъ зависитъ разрѣшеніе на открытіе читаленъ (ст. 175 и 155 уст. о ценз. и печ., изд. 1886 г.), предоставляется правилами, действие настоящихъ правилъ и къ такимъ платнымъ библіотекамъ для чтенія и читальнямъ, которыя, по незначительности взимаемой ими платы и по другимъ условіямъ пользованія находящимися въ нихъ книгами, привлекаютъ читателей преимущественно изъ лицъ низшихъ сословій и изъ воспитанниковъ среднихъ и низшихъ учебныхъ заведеній.

Примѣчаніе 2. Духовныя лица и учрежденія, открывающія читальни при монастыряхъ, церквахъ, школахъ церковно-приходскихъ, школахъ грамоты и другихъ духовно-учебныхъ и благотворительныхъ учрежденіяхъ духовнаго вѣдомства, испрашиваютъ на сіе разрѣшеніе епархіальнаго архіерея, и таковыя читальни, состоя въ вѣдѣніи епархіальнаго начальства, дѣйствію сихъ правилъ не подлежатъ.

§ 2. Городскія общественныя управленія, земскія и сословныя учрежденія, а равно частныя общества, товарищества и лица, желающія открыть безплатную читальню, при испрашиваніи надлежащаго на то разрѣшенія, обязаны: а) представить проектъ устава или правилъ, опредѣляющихъ назначеніе читальни и условія пользованія ею, и б) указать, гдѣ именно будетъ находиться читальня, на какія средства она учреждается и чѣмъ обезпечивается дальнѣйшее ея существованіе.

§ 3. Ближайшій надзоръ за безплатными народными читальнями въ каждой мѣстности возлагается на одно или нѣсколько лицъ учебнаго или духовнаго вѣдомства, по мѣстнымъ условіямъ и по соглашенію гражданскаго начальства, дающаго разрѣшеніе на открытіе читальни, съ попечителемъ учебнаго округа и епархіальнымъ архіереемъ.

§ 4. Безплатныя народныя читальни могутъ имѣть у себя только тѣ книги и повременныя изданія, которыя будутъ одобрены для нихъ ученымъ комитетомъ Министерства Народнаго Просвѣщенія. Для этой цѣли сіе министерство, по соглашенію съ духовнымъ вѣдомствомъ, имѣетъ издать каталогъ книгъ и повременныхъ изданій, допускаемыхъ къ употребленію въ безплатныхъ читальняхъ. До изданія сего каталога читальни могутъ имѣть у себя лишь слѣдующія книги: а) книги, значащіяся въ издаваемыхъ Министерствомъ Народнаго Просвѣщенія каталогахъ книгъ для употребленія въ ученическихъ библіотекахъ среднихъ и низшихъ учебныхъ заведеній и въ учительскихъ библіотекахъ низшихъ учебныхъ заведеній вѣдомства сего министерства; б) книги, кои будутъ одобрены Министерствомъ Народнаго Просвѣщенія для обращенія въ читальняхъ, независимо отъ книгъ, упоминаемыхъ въ предъидущемъ пунктѣ; в) книги, указанныя духовнымъ вѣдомствомъ православнаго исповѣданія для употребленія въ церковно-приходскихъ школахъ и допущенныя въ церковныя библіотеки; г) всѣ книги и журналы, издаваемые съ разрѣшенія духовной цензуры и вообще духовнаго начальства, за исключеніемъ тѣхъ, кои будутъ признаны духовнымъ вѣдомствомъ непригодными для народныхъ безплатныхъ читаленъ; д) книги и журналы, издаваемые правительствомъ, и ж) изъ свѣтскихъ газетъ и журналовъ, издаваемыхъ частными лицами и учрежденіями, тѣ, кои будутъ указаны Министерствомъ Народнаго Просвѣщенія, по соглашенію съ оберъ-прокуроромъ Святѣйшаго Синода.

§ 5. Для каждой читальни, разрѣшенной къ учрежденію, прежде открытія оной, лицо, назначенное для отвѣтственнаго завѣдыванія ею, составляетъ каталогъ или списокъ всѣхъ имѣющихся въ читальнѣ книгъ и журналовъ изъ числа указанныхъ въ предыдущей статьѣ, съ обозначеніемъ въ спискѣ полнаго заглавія каждой книги, именно: ея названія, года и мѣста напечатанія, имени автора или издателя. Списокъ этотъ представляется лицу, коему поручено наблюденіе за читальнею, и послѣднимъ, по провѣркѣ, скрѣпляется по листамъ и завѣряется особою подписью на послѣднемъ листѣ, съ указаніемъ числа, мѣсяца и года подписи. По полученіи завѣреннаго такимъ образомъ списка книгъ читальни, завѣдующее оною лицо открываетъ читальню для общаго пользованія. По мѣрѣ пріобрѣтенія для читальни новыхъ книгъ и изданій изъ числа указанныхъ въ § 4 настоящихъ правилъ, таковыя вносятся дополнительно въ упомянутый списокъ съ разрѣшенія наблюдающаго лица и за его скрѣпою и подписью, согласно вышеуказанному.

§ 6. Дѣйствіе настоящихъ правилъ простирается и на существующія уже народныя безплатныя читальни. На этомъ основаніи лица, завѣдывающія сими читальнями, составляютъ списки всѣмъ имѣющимся въ нихъ книгамъ изъ числа указанныхъ въ § 4 и представляютъ эти списки для разсмотрѣнія и подлежащаго подписанія наблюдающимъ за читальнями. Если бы въ существующей уже читальнѣ оказались книги не изъ числа указанныхъ въ § 4, то таковымъ книгамъ лицо, завѣдывающее читальнею, составляетъ особый списокъ, который препровождается для разсмотрѣнія въ ученый комитетъ Министерства Народнаго Просвѣщенія, наблюдающимъ за читальнею лицомъ при особомъ представленіи. Означенные въ семъ параграфѣ списки должны быть составлены не далѣе двухмѣсячнаго срока со времени объявленія настоящихъ правилъ лицу, завѣдывающему читальнею.

§ 7. Если на средства читальни предполагается пріобрѣсти покупкою или въ оную будутъ пожертвованы книги и повременныя изданія не изъ числа указанныхъ въ § 4, то списки таковыхъ книгъ представляются предварительно на разсмотрѣніе ученаго комитетами министерства народнаго просвѣщенія порядкомъ, указаннымъ въ § 6.

§ 8. По полученіи указанія Министерства Народнаго Просвѣщенія о книгахъ, представленныхъ, на основаніи §§ 6 и 7 настоящихъ правилъ, на разсмотрѣніе ученаго комитета министерства народнаго просвѣщенія, тѣ изъ сихъ книгъ, кои окажутся допущенными къ употребленію въ данной читальнѣ и имѣются уже въ оной, заносятся въ списокъ книгъ читальни порядкомъ, указаннымъ выше; книги же, не допущенныя къ употребленію въ читальнѣ, немедленно устраняются изъ оной, если дотолѣ въ ней находились.

§ 9. Лица, наблюдающія за читальнями, обязаны слѣдить, чтобы въ читальняхъ не были въ обращеніи никакія другія книги и повременныя изданія, кромѣ записанныхъ въ списки, завѣренные сими лицами, и чтобы читальни не служили для посѣтителей оныхъ мѣстами для собраній, совѣщаній и другихъ дѣйствій, чуждыхъ назначенію читаленъ или нарушающихъ въ нихъ должный порядокъ. Въ случаѣ нарушенія сказанныхъ правилъ или обнаруженія какихъ-либо иныхъ безпорядковъ въ читальняхъ, лица, имѣющія за ними наблюденіе, донесутъ о томъ своему начальству, т.-е. попечителю учебнаго округа или архіерею, которые передаютъ таковыя донесенія, съ своимъ по онымъ заключеніемъ, на распоряженіе губернаторовъ, а въ столицахъ — с.-петербургскаго градоначальника и московскаго генералъ-губернатора.

§ 10. Всѣ распоряженія мѣстныхъ гражданскихъ начальствъ относительно читаленъ объявляются лицамъ, ими завѣдующимъ, а въ случаѣ надобности — и ихъ учредителямъ, и приводятся въ исполненіе чрезъ инспекторовъ типографій и книжной торговли, гдѣ таковые положены по штату (ст. 175 уст. о ценз. и печ.); въ прочихъ же мѣстахъ чрезъ чиновниковъ, назначаемыхъ губернаторами для надзора за типографіями и книжною торговлей, или чрезъ городскую и уѣздную полицію. О таковыхъ распоряженіяхъ мѣстные гражданскіе начальники сообщаютъ, для свѣдѣнія, попечителю учебнаго округа и епархіальному архіерею, а чины инспекторскаго надзора или полиціи, приводящіе сіи распоряженія въ исполненіе, увѣдомляютъ о нихъ лицъ, которымъ ввѣренъ надзоръ за читальнями и по возможности приводятъ ихъ въ исполненіе въ присутствіи сихъ послѣднихъ.

§ 11. Наблюдающіе за читальнями и завѣдывающіе оными, при выборѣ книгъ и изданій для читаленъ, принимаютъ въ соображеніе какъ средства читателей, такъ образовательныя и воспитательныя потребности низшихъ сословій мѣстнаго городскаго населенія, образъ жизни и занятій ихъ, избѣгая при этомъ одностороннего подбора книгъ по извѣстнымъ отраслямъ знаній въ ущербъ книгамъ религіозно-нравственнаго, патріотическаго и вообще назидательнаго содержанія.

О повременныхъ изданіяхъ, которыя могутъ быть допущены въ безплатныхъ народныхъ читальняхъ.

На основаніи п. м. § 1 правилъ о безплатныхъ народныхъ читальняхъ и о порядкѣ надзора за ними, утвержденныхъ Министерствомъ Внутреннихъ Дѣлъ 15 мая 1890 г. къ употребленію въ сихъ читальняхъ изъ свѣтскихъ газетъ и журналовъ, издаваемыхъ частными лицами и учрежденіями, допускаются тѣ, кои будутъ указаны Министерствомъ Народнаго Просвѣщенія по соглашенію съ г. оберъ-прокуроромъ Святѣйшаго Синода.

Въ силу изложеннаго, г. министръ народнаго просвѣщенія препроводилъ къ попечителямъ учебныхъ округовъ при предложеніи отъ 30 мая 1892 г. за № 9080, для надлежащаго руководства, утвержденный его сіятельствомъ 6 мая списокъ тѣхъ періодическихъ изданій, кои могутъ быть допущены къ обращенію въ упомянутыхъ читальняхъ.

Списокъ періодическихъ изданій, допущенныхъ къ обращенію въ безплатныхъ народныхъ читальняхъ.

А. Издаваемыя въ С.-Петербургѣ.

1. «Библіографъ».
2. «Биржевыя Вѣдомости».
3. «Благовѣстъ».
4. «Ветеринарное дѣло».
5. «Воскресеніе».
6. «Врачъ».
7. «Всемірная иллюстрація».
8. «Вѣстникъ общественной ветеринаріи».
9. «Вѣстникъ рыбопромышленности».
10. «Вѣстникъ садоводства, плодоводства и огородничества».
11. «Вѣстникъ россійскаго общества Краснаго Креста».
12. «Вѣстникъ россійскаго общества покровительства животнымъ».
13. «Гражданинъ».
14. «День».
15. «Досугъ и дѣло».
16. «Дѣтское чтеніе».
17. «Образованіе».
18. «Живописное обозрѣніе».
19. «Задушевное слово».
20. «Записки Императорскаго русскаго техническаго общества».
21. «Звѣзда».
22. «Волна».

23. «Игрушечка».
24. «Извѣстія Императорскаго русскаго географическаго общества».
25. «Колосья».
26. «Коннозаводство и коневодство».
27. «Лѣсной журналъ».
28. «Нива».
29. «Новое Время».
30. «Новь».
31. «Переводы отдѣльныхъ романовъ».
32. «Практическая медицина».
33. «Родина».
34. «Родникъ и приложеніе къ нему воспитаніе и обученіе».
35. «Русскій вѣстникъ».
36. «Русскій начальный учитель».
37. «Русскій паломникъ».
38. «Русскій пчеловодный листокъ».
39. «Русская медицина».
40. «Русскій сѣятель».
41. «Санитарное дѣло».
42. «Свѣтъ».
43. «Сельскій хозяинъ».
44. «Семейные вечера».
45. «Славянское обозрѣніе».
46. «Странникъ».
47. «Счетоводство».
48. «Сѣверъ».
49. «Труды Императорскаго вольно-экономическаго общества».
50. «Читальня народной школы».
51. «Чтеніе для солдатъ».

В. *Издаваемыя въ Москвѣ.*

52. «Вокругъ свѣта».
53. «Вѣстникъ литературный, политическій, научный, художественный».
54. «Вѣстникъ русскаго сельскаго хозяйства».
55. «Дѣтская помощь».
56. «Дѣтскій отдыхъ».
57. «Записки московскаго отдѣленія Императорскаго русскаго техническаго общества».
58. «Малютка».
59. «Московскія Вѣдомости».
60. «Московскій листокъ».
61. «Наука и жизнь».
62. «Охотничья газета».
63. «Природа и охота».
64. «Ремесленная газета».
65. «Русское садоводство».
66. «Русскій архивъ».
67. «Садъ и огородъ».
68. «Царь-колоколъ».
69. «Чтенія въ Императорскомъ обществѣ исторіи и древностей.

УСТАВЪ

Симбирской безплатной народной библіотеки-читальни въ память И. А. Гончарова.

§ 1. Въ г. Симбирскѣ учреждается безплатная народная библіотека-читальня въ память знаменитаго писателя И. А. Гончарова, уроженца Симбирской губерніи.

Примѣчаніе къ § 1. Помѣщеніе библіотеки-читальни можетъ быть украшено портретомъ или бюстомъ И. А. Гончарова.

§ 2. Цѣль библіотеки-читальни состоитъ въ томъ, чтобы доставить полезное чтеніе тому классу городского населенія, который, не имѣя средствъ на покупку собственныхъ книгъ, не можетъ въ то же время по степени своего развитія пользоваться библіотеками, предназначенными для средне образованнаго класса, каковы, напримѣръ, лица, окончившія курсъ начальной школы, учащіеся въ высшихъ и среднихъ учебныхъ заведеніяхъ и др.

§ 3. Средства библіотеки-читальни составляются изъ пожертвованій, какъ деньгами, такъ и книгами, и сборовъ съ концертовъ, спектаклей, литературныхъ и музыкальныхъ вечеровъ, публичныхъ чтеній и проч., устраиваемыхъ съ надлежащаго каждый разъ разрѣшенія и съ соблюденіемъ постановленныхъ на сей предметъ дѣйствующими узаконеніями и особыми правительственными распоряженіями правилъ.

Примѣчаніе къ § 3. Пожертвованія записываются въ особую «Книгу для записи пожертвованій». О сдѣланныхъ въ теченіе года пожертвованіяхъ должно быть сообщаемо въ годичномъ отчетѣ библіотеки-читальни.

§ 4. Главное руководство при веденіи дѣлъ библіотеки-читальни принадлежитъ лицу, назначенному для отвѣтственнаго завѣдыванія ею, на имя котораго открыта библіотека-читальня.

§ 5. Лицо, назначенное для отвѣтственнаго завѣдыванія библіотекою-читальнею, приглашаетъ, съ согласія лица, кому поручено мѣстностью наблюденіе за нею: 1) завѣдывающаго выдачею книгъ; 2) библіотекаря; 3) нѣсколькихъ помощниковъ библіотекаря; 4) секретаря, на обязанности котораго лежитъ переписка по дѣламъ библіотеки, составленіе годового отчета и т. д.

Примѣчаніе къ § 5. Изъ всѣхъ должностныхъ лицъ библіотеки, поименованныхъ въ семъ §, только библіотекарь получаетъ вознагражденіе въ размѣрѣ 120 руб. въ годъ.

§ 6. Въ библіотекѣ-читальнѣ имѣются только тѣ книги, которыя указаны въ §§ 4—8 «Правилъ о безплатныхъ народныхъ читальняхъ», утвержденныхъ министромъ внутреннихъ дѣлъ 15 мая 1890 года.

§ 7. Библіотека-читальня открыта для публики въ теченіи цѣлаго года, какъ въ будни, такъ и въ воскресные и табельные дни, за исключеніемъ: Новаго года, 6 января, всей страстной недѣли, трехъ первыхъ дней Свѣтлой недѣли и 24 и 25 декабря.

§ 8. Въ будни библіотека-читальня открыта съ 4 до 8 часовъ вечера, кромѣ субботъ и кануновъ праздничныхъ дней, когда она открыта съ 4 до 6 часовъ, а по воскреснымъ и табельнымъ днямъ съ 1 часу до 7½ часовъ вечера.

§ 9. Пользоваться книгами библіотеки-читальни имѣетъ право всякій желающій, или читая ихъ въ помѣщеніи библіотеки-читальни, или получая ихъ на домъ.

§ 10. Явившійся въ первый разъ въ библіотеку-читальню сообщаетъ библіотекарю или его помощнику свое званіе, имя, отчество, фамилію, родъ занятій и мѣстожительство и получаетъ отъ него билетъ: 1) или на чтеніе въ помѣщеніи библіотеки-читальни, или 2) на полученіе книгъ на домъ.

§ 11. Желающій пользоваться книгами изъ библіотеки, въ обезпеченіе возвращенія и цѣлости ихъ, представляетъ или залогъ отъ десяти копѣекъ и выше, смотря по стоимости получаемыхъ имъ книгъ, или ручательство учрежденія или лица, извѣстнаго библіотекарю или завѣдывающему выдачей книгъ. Въ полученіи залога выдается квитанція. По окончаніи пользованія книгами залогъ возвращается подписчику.

Примѣчаніе къ § 11. Печатные бланки такихъ ручательствъ могутъ быть заготовляемы библіотекою и раздаваемы лицамъ и учрежденіямъ, желающимъ давать такія ручательства.

§ 12. Берущіе книги на домъ могутъ держать ихъ у себя не болѣе 10 дней; лицо, не доставившее книги обратно въ назначенный срокъ безъ достаточно уважительныхъ причинъ, лишается права получать изъ библіотеки-читальни книги: въ первый разъ въ теченіе одного мѣсяца, во второй — въ теченіе трехъ мѣсяцевъ, а въ третій разъ — навсегда.

§ 13. Подписчикъ, желающій оставить у себя книгу на болѣе продолжительный срокъ, чѣмъ указанный въ предыдущемъ §, заявляетъ объ этомъ библіотекарю, представивъ при этомъ самую книгу и получаетъ ее вновь на вторичный срокъ, если на нее не было заявлено требованія другими подписчиками.

§ 14. Принимая книги, библіотекарь осматриваетъ, нѣтъ ли въ нихъ поврежденій, помарокъ, замѣтокъ и т. п., и если таковыя окажутся, то читатель обязанъ представить деньги за цѣлый экземпляръ, а до тѣхъ поръ онъ лишается права пользоваться библіотекою. Испорченная книга отдается испортившему ее читателю, а на полученныя деньги пріобрѣтается новая. Если лицо, не возвратившее книги или испортившее ее, не уплатитъ за нее денегъ, то оно лишается права пользоваться библіотекой-читальней.

§ 15. Посѣтитель, желая получить книгу, отыскиваетъ ее въ каталогѣ и называетъ библiотекарю. Библiотекарь, выдавая книгу, записываетъ ея названiе, номеръ каталога и номеръ билета посѣтителя въ «Книгу для записи выдаваемыхъ книгъ».

§ 16. Каждый читатель можетъ одновременно пользоваться только одною книгою. Выдача же двухъ книгъ за разъ допускается только въ томъ случаѣ, когда сочиненiе напечатано въ болѣе чѣмъ одной книгѣ.

§ 17. Пришедшiй читать въ помѣщенiи библiотеки-читальни, уходя можетъ оставить за собою право читать эту книгу и на слѣдующiй день, о чемъ долженъ заявить библiотекарю, возвращая ее. Но книга, не взятая имъ на другой день, можетъ быть передана другому лицу.

§ 18. Въ книгѣ, положенной на видномъ мѣстѣ, посѣтители имѣютъ право заявлять какъ о своихъ желанiяхъ о прiобрѣтенiи книгъ, такъ и о желаемыхъ ими измѣненiяхъ въ порядкахъ библiотеки-читальни.

§ 19. Въ помѣщенiи библiотеки-читальни запрещается курить, громко разговаривать и вообще какимъ бы то ни было образомъ нарушать тишину и препятствовать чтенiю другихъ. Не соблюдающiе этихъ правилъ удаляются изъ читальни по распоряженiю библiотекаря.

§ 20. Въ концѣ каждаго года составляется отчетъ о дѣятельности библiотеки-читальни за истекшiй годъ, съ указанiемъ прихода и расхода суммъ и т. п., который не позже 1 апрѣля слѣдующаго за отчетнымъ годомъ представляется г. начальнику губернiи, директору народныхъ училищъ и въ городскую управу, и съ надлежащаго разрѣшенiя можетъ быть напечатанъ какъ отдѣльною брошюрою, такъ и въ перiодическихъ изданiяхъ.

§ 21. На дополненiе и измѣненiе сихъ правилъ долженъ быть каждый разъ испрашиваемо разрѣшенiе г. начальника губернiи.

§ 22. Въ случаѣ закрытiя библiотеки-читальни, находящiяся въ ней книги и суммы передаются тому учрежденiю, которое ее замѣнитъ, а ежели таковаго не будетъ, то поступаютъ въ распоряженiе г. директора народныхъ училищъ для распредѣленiя ихъ по бѣднѣйшимъ школамъ Симбирской губернiи.

УСТАВЪ

Вязовской сельской библiотеки.

§ 1. Вязовская библiотека учреждена съ цѣлью предоставить грамотнымъ жителямъ этого селенiя средства къ чтенiю книгъ преимущественно религiозно-нравственнаго и сельско-хозяйственнаго содержанiя.

541

§ 2. Хотя пользование этою библіотекою не воспрещается жителямъ ближайшихъ къ Вязовкѣ поселеній, тѣмъ не менѣе Вязовская библіотека составляетъ неотчуждаемую собственность однихъ грамотныхъ жителей села Вязовки, безъ различія сословій и пола.

§ 3. На этомъ основаніи устройство библіотеки и попеченіе о ея благосостояніи принадлежитъ грамотнымъ жителямъ села Вязовки. Они управляютъ библіотекой съ общаго согласія, по большинству голосовъ, или же избираютъ особаго попечителя, съ предоставленіемъ ему имѣть помощника.

§ 4. Во всякомъ случаѣ храненіе книгъ, составляющихъ библіотеку, и другого ея имущества ввѣряется особому книгохранителю, избираемому большинствомъ голосовъ, преимущественно изъ грамотныхъ крестьянъ, по ихъ желанію и по возможности съ согласія попечителя, если онъ есть.

§ 5. Библіотека составляется изъ книгъ жертвуемыхъ и пріобрѣтаемыхъ, какъ на счетъ пожертвованій, такъ и другихъ взносовъ, указанныхъ ниже въ §§ 16, 18 и 19.

§ 6. Пожертвованія записываются въ книгу прихода съ означеніемъ, отъ кого получены. При пожертвованіи денегъ отмѣчается и дѣйствительное ихъ поступленіе.

§ 7. Книги, составляющія Вязовскую библіотеку, хранятся въ одномъ или нѣсколькихъ шкафахъ, помѣщаемыхъ въ церковной сторожкѣ или другомъ мѣстѣ, безопасномъ въ особенности отъ огня; ключи отъ шкафовъ—у книгохранителя.

§ 8. Книгохранитель выдаетъ книги изъ библіотеки, какъ и принимаетъ, въ праздничные дни передъ обѣдней или послѣ обѣдни, какъ окажется удобнѣе; книгохранителю содѣйствуютъ въ томъ избираемые имъ помощники, которые занимаются и чтеніемъ вслухъ желающимъ неграмотнымъ.

§ 9. Выдача книгъ производится не иначе, какъ подъ росписки получателей, или, въ случаѣ неумѣнья писать, приглашаемыхъ ими. Самъ книгохранитель за другихъ въ полученіи книгъ не росписывается.

§ 10. Росписка въ полученіи книгъ изъ библіотеки дѣлается въ книгѣ расхода, гдѣ означается названіе книги, а равно, кто и когда именно ее получилъ.

§ 11. Безъ росписки никто, даже попечитель библіотеки не имѣетъ права взять книги, и такой порядокъ соблюдается строго.

§ 12. Одно и то же лицо не можетъ брать нѣсколько книгъ въ одно время.

§ 13. Взявшій книгу обязанъ возвратить ее не позднѣе, какъ черезъ мѣсяцъ и требовать, чтобы книгохранитель немедленно отмѣтилъ полученіе книгъ. Книгохранитель непремѣнно отмѣчаетъ возвратъ книги въ библіотеку, кѣмъ бы она принесена ни была.

§ 14. Невозвратившій въ установленное время взятую изъ библіотеки книгу обязанъ внести въ казну оной стоимость книги, значущуюся въ документахъ библіотеки.

§ 15. При уклоненіи отъ взноса денегъ за невозвращенную книгу, книгохранитель настаиваетъ на этомъ, прибѣгая въ крайнемъ случаѣ къ посредству ближайшей мѣстной власти, какъ по взысканію всякаго общественнаго имущества.

§ 16. Взявшій книгу обязанъ беречь ее, и при порчѣ книги въ такой степени, что она дѣлается негодною къ употребленію отъ потери листовъ и т. д. обязывается внести въ нее причитающіяся деньги или представить другой экземпляръ книги, подвергнутой порчѣ.

§ 17. Книги, пришедшія въ ветхость отъ времени употребленія такъ, что теряется возможность читать ихъ, выписываются изъ состава библіотеки особою статьею въ книгѣ расхода, съ разрѣшенія, однако же, попечителя.

§ 18. Если въ библіотекѣ имѣется болѣе одного экземпляра одной и той же книги, а между тѣмъ требованіе ея ограниченно, лишніе экземпляры могутъ быть проданы желающимъ, по цѣнѣ, значущейся въ документахъ библіотеки.

19. Вырученная такимъ образомъ отъ продажи книги сумма поступаетъ въ библіотечную казну и хранится вмѣстѣ съ деньгами пожертвованными, вырученными за утраченныя книги и полученными другими законными путями.

§ 20. Деньги, составляющія казну библіотеки, могутъ быть хранимы въ запертомъ шкафу съ книгами и должны значиться въ книгѣ прихода и расхода казны.

§ 21. Казна библіотеки расходуется на покупку книгъ, переплетъ ихъ, пріобрѣтеніе и починку шкафовъ и т. п., какъ укажетъ опытъ, во всякомъ случаѣ казна эта расходуется со всевозможною бережливостью и основательностью и притомъ такъ, чтобы и дѣйствительность расхода могла быть видима изъ документовъ библіотеки.

§ 22. Документы библіотеки хранятся вмѣстѣ съ книгами. Къ этимъ документамъ принадлежатъ: 1) приходо-расходная книга, 2) переписка по устройству библіотеки и 3) разныя другія бумаги, къ тому относящіяся.

§ 23. Въ томъ же шкафу хранятся вмѣстѣ съ книгами, сшитыми особо, акты, относящіеся къ мѣстной исторіи и другія подобныя бумаги.

§ 24. Книгохранитель отвѣтствуетъ какъ за цѣлость книгъ, документовъ и актовъ, такъ равно и библіотечной казны.

§ 25. Получая въ вознагражденіе за труды по библіотекѣ часть общественныхъ угодій, книгохранитель подвергается учету отъ грамотныхъ въ цѣлости библіотечнаго имущества, какъ сборщикъ податей.

§ 26. При совершенномъ неимѣніи требуемыхъ книгъ, книгохранитель рекомендуетъ подобныя или другія, соображаясь съ стремленіемъ приходящихъ за книгами.

§ 27. При выдачѣ изъ библіотеки книгъ книгохранитель обязывается терпѣливо и внимательно выслушивать приходящихъ за книгами и, при отсутствіи требуемыхъ изъ нихъ, означать время, когда книга ожидается къ возврату, и послѣ этого выдавать ее первому требователю, ведя для того, если окажется нужнымъ, очередной списокъ.

§ 28. Книгохранитель ведетъ особенные реэстры всѣмъ книгамъ, съ раздѣленіемъ ихъ на книги религіозныя, хозяйственныя и др. Эти реэстры выставляются на стѣнахъ помѣщенія библіотеки.

§ 29. Помощникъ попечителя, имѣя надзоръ за точнымъ выполненіемъ настоящихъ правилъ, старается въ особенности внушать жителямъ вязовскаго прихода, при всякомъ удобномъ случаѣ, пользу чтенія книгъ, рекомендуя ту или другую.

§ 30. Попечитель имѣетъ главное завѣдываніе за Вязовскою библіотекою, заботясь о возможно большемъ преуспѣяніи ея; онъ руководитъ библіотекою, сообразно съ ея назначеніемъ и требованіями самаго дѣла.

Правила публичной библіотеки, учрежденной при Марковскомъ сельскомъ училищѣ.

1) Публичная библіотека учреждена при Марковскомъ сельскомъ народномъ училищѣ для всѣхъ грамотныхъ жителей Марковской волости, съ разрѣшенія г. министра народнаго просвѣщенія, по соглашенію съ Министерствомъ Внутреннихъ Дѣлъ.

2) Выборъ книгъ для библіотеки производится не иначе, какъ съ одобренія учебнаго начальства.

3) Публика ни въ какомъ случаѣ не допускается къ чтенію въ помѣщеніи библіотеки, а пользуется книгами для чтенія лишь на дому.

4) Книги выдаются въ свободное отъ классныхъ занятій время.

5) Библіотека составляетъ собственность всѣхъ сельскихъ обществъ Марковской волости.

6) При библіотекѣ организуется попечительство или правленіе изъ почетныхъ мѣстныхъ землевладѣльцевъ, мѣстныхъ священниковъ, преподавателей училищъ, волостного старшины и другихъ (членами попечительства могутъ быть и лица женскаго пола).

7) Члены попечительства избираютъ изъ среды себя предсѣдателя.

8) Попечительство или правленіе слѣдитъ за состояніемъ библіотеки и прилагаетъ всѣ мѣры и усилія къ поддержанію и развитію ея.

9) Избирается одинъ изъ преподавателей Марковскаго училища завѣдующимъ библіотекой, который обязанъ: а) выдавать книги для чтенія и принимать ихъ обратно, наблюдая за цѣлостію и чистотою ихъ и б) представлять правленію библіотеки ежегодно вѣдомость о состояніи и о пользованіи книгами изъ нея.

10) При библіотекѣ ведутся слѣдующія книги съ обозначеніемъ, отъ кого и какъ получены: а) журналъ для записи книгъ, выдаваемыхъ для чтенія, б) приходо-расходная и в) книга протоколовъ правленія.

Законоположенія, относящіяся до книжной торговли.

Уставъ о цензурѣ и печати.

175. Заводить книжные магазины, лавки и кабинеты для чтенія предоставляется частнымъ лицамъ, равно какъ и акціонернымъ компаніямъ или товариществамъ, тѣмъ же порядкомъ, который опредѣленъ для открытія типографій, литографій и тому подобныхъ заведеній. 1865 г. апр. 6 (41990) III, ст. 25.

Примѣчаніе. Въ 1884 году по отношенію къ открытію и содержанію публичныхъ библіотекъ и кабинетовъ для чтенія, установлены, въ видѣ временной мѣры, слѣдующія правила: 1) желающіе открыть библіотеку или кабинетъ для чтенія, при заявленіи подлежащей власти своего по сему предмету ходатайства, обязаны указать, кто именно будетъ считаться въ заведеніи отвѣтственнымъ лицемъ. По открытіи библіотеки или кабинета для чтенія, замѣна одного отвѣтственнаго лица другимъ можетъ послѣдовать также не иначе, какъ съ разрѣшенія власти, выдавшей дозволеніе на открытіе; 2) начальствующія лица, коимъ предоставлена власть разрѣшать открытіе библіотекъ и читален, въ случаѣ возникающаго у нихъ сомнѣнія въ политической благонадежности уполномоченныхъ на управленіе сими заведеніями лицъ и вообще всѣхъ служащихъ при оныхъ, обязаны собственною властью устранять этихъ лицъ изъ библіотекъ и кабинетовъ; 3) министру внутреннихъ дѣлъ предоставляется право: а) указывать мѣстнымъ начальствамъ тѣ произведенія печати, которыя не должны быть допускаемы къ обращенію въ публичныхъ библіотекахъ и общественныхъ читальняхъ, и б) закрывать всякаго рода публичныя библіотеки и общественныя читальни въ случаѣ признанной въ томъ необходимости. 1884 г. янв. 5 (1941) Выс. пов.

158. Желающіе завести типографію, литографію, металлографію или другое подобное заведеніе для тисненія буквъ и изображеній должны получить на то дозволеніе: въ городѣ С.-Петербургѣ — отъ мѣстнаго градоначальника, въ городѣ Москвѣ — отъ мѣстнаго генералъ-губернатора, въ прочихъ мѣстахъ — отъ губернаторовъ, причемъ обязаны: 1) представить, въ опредѣленныхъ положеніемъ о пошлинахъ за право торговли и промысловъ (изд. 1886 г.) случаяхъ, установленное онымъ свидѣтельство; 2) показать число и размѣръ скоропечатныхъ машинъ и станковъ, какіе они предполагаютъ имѣть въ своемъ заведеніи.

    Примѣчаніе. Евреямъ разрѣшается открывать безпрепятственно, съ соблюденіемъ установленнаго симъ уставомъ порядка, типографіи для печатанія въ оныхъ исключительно еврейскихъ книгъ: 1) во всѣхъ дозволенныхъ евреямъ для жительства мѣстахъ, гдѣ будетъ Министерствомъ Внутреннихъ Дѣлъ признано возможнымъ и удобнымъ имѣть особыхъ еврейскихъ цензоровъ, и 2) въ С.-Петербургѣ тѣмъ изъ евреевъ, которые имѣютъ право пребыванія въ столицѣ. Съ означенныхъ типографій взимается, на содержаніе еврейскихъ училищъ, плата въ слѣдующемъ размѣрѣ: съ ручнаго типографскаго станка по двадцати рублей и съ скоропечатныхъ машинъ малаго размѣра по сто двадцати рублей и съ большого размѣра или двойныхъ двѣсти сорокъ рублей въ годъ. 1862 г. апр. 26 (38213) ст. 1, 2; 1863 г. янв. 14 (39162); 1865 г. апр. 6 (41990).

176. Лица, получившія право на учрежденіе книжнаго магазина, или лавки, или кабинета для чтенія, обязаны заявить: въ городѣ С.-Петербургѣ — канцеляріи С.-Петербургскаго градоначальника, въ городѣ Москвѣ — канцеляріи тамошняго генералъ-губернатора, а въ прочихъ мѣстахъ — канцеляріямъ губернаторовъ, гдѣ именно будутъ находиться эти заведенія и кто долженъ

считаются отечественным в каждом из оных лицом. 1865 г. апр. 6 (41990) III, ст. 26; авг. 30 (42459) Выс. пов.; 1866 г. мая 4 (43262); 1871 г. іюл. 17 (49833); 1873 г. март. 20 (52032) пол.; шт.

177. Продажа всех дозволенных книг и разного рода повременных изданий отдельными нумерами не в лавках, а на улицах и площадях, равно как и в разнос, дозволяется всякому без различия, с тем только, чтобы желающие производить уличную и разносную продажу имели, сверх установленного для такой торговли, существующими правилами, свидетельства, дозволеніе местнаго полицейскаго начальства на производство сего промысла. 1865 г. апр. 6 (41990) III, ст. 27, 1865 г. іюня 14 (45973).

Примечаніе 1. Обществу для распространенія св. писанія в Россіи предоставляется продажа книг св. писанія в разнос, возложенная, под ближайшим наблюденіем общества, с надлежащаго разрешенія, на членов общества, по их желанію. Членам сим выдается от общества, за надписью председателя, письменное удостовереніе в настоящем их званіи. Кроме того, обществу предоставляется учреждать, с разрешенія духовнаго ведомства, небольшіе книжные склады при церквах, для распространенія св. писанія в народе. 1869 г. мая 2 (47030) уст., § 9.

Примечаніе 2. Амбулансам и другим миссіонерам воспрещается разноска книг св. писанія, издаваемых иностранными библейскими обществами; но им предоставляется открывать продажу таковых книг, по разсмотреніи их цензурою, в лавках, на основаніи общих правил о производстве торговли. 1857 г. дек. 21 (32582).

178. Министру внутренних дел предоставляется указывать местным полицейским начальствам, при выдаче оными дозволеній на розничную продажу на улицах, площадях, станціях железных дорог и в других публичных местах и торговых заведеніях разнаго рода дозволенных книг и повременных изданій отдельными нумерами, те періодическія изданія и отдельныя брошюры, которыя не должны быть допускаемы в розничной продаже. 1868 г. іюн. 14 (45973).

179. Книжные магазины, лавки и кабинеты для чтенія имеют право держать у себя и продавать или давать в чтеніе все незапрещенныя изданія, напечатанныя в Россіи на русском или иностранных языках, а из числа книг, напечатанных за границею на русском и иностранных языках, все те, кои не значатся в общем каталоге запрещенных книг (ср. ст. 175, прим., п. 3). Правило сіе распространяется и на продаю-

щихъ книги на улицахъ и площадяхъ, или въ разносъ. 1865 г. апр. 6 (41990) III, ст. 28.

180. Если правительство признаетъ за нужное запретить напечатанную съ дозволенія цензуры книгу, то книгопродавцы обязываются, чрезъ полицію, подпискою не имѣть и не продавать оной, подвергаясь за нарушеніе сего взысканію по законамъ. Напечатанный же дозволенную и потомъ запрещенную книгу получаетъ отъ правительства удовлетвореніе за понесенный чрезъ то убытокъ. 1828 г. апр. 22 (1979) § 152; 1863 г. март. 4 (39388).

Образецъ свидѣтельствъ, выдаваемыхъ офенямъ-книгоношамъ на право торговли.

СВИДѢТЕЛЬСТВО.

По указу Его Императорскаго Величества, дано сіе свидѣтельство изъ тульскаго губернскаго правленія крестьянину Каширскаго уѣзда, Климовской волости, деревни Шебачевой Ивану Михайлову Уткину въ томъ, что по опредѣленію губернскаго правленія, состоявшемуся 11 іюня сего года, разрѣшено ему, Уткину, производить торговлю картинами и книгами, дозволенными цензурою, во всѣхъ городахъ и селеніяхъ Россійской имперіи. Городъ Тула Іюня 12 дня 1882 г. Свидѣтельство оплачено гербовымъ сборомъ.

Подписи: губернатора, вице-губернатора, совѣтника губернскаго правленія и дѣлопроизводителя.

Авторъ обращается съ покорнѣйшей просьбой къ земскимъ и городскимъ управамъ, земскимъ статистическимъ бюро, губернскимъ статистическимъ комитетамъ, духовнымъ братствамъ, комитетамъ грамотности, гг. инспекторамъ и директорамъ народныхъ училищъ, а также ко всѣмъ тѣмъ обществамъ, учрежденіямъ и частнымъ лицамъ, которыя имѣютъ цѣлью такъ или иначе служить дѣлу народнаго образованія—доставлять ему свои отчеты, записки и доклады о школахъ, библіотекахъ, книжныхъ складахъ, народныхъ чтеніяхъ и т. п.—въ интересахъ той гласности, ради которой печатаются эти доклады и отчеты.

ТОГО-ЖЕ АВТОРА

ПРОГРАММА

ДЛЯ СОБИРАНІЯ СВѢДѢНІЙ О ТОМЪ

ЧТО ЧИТАЕТЪ НАРОДЪ

И КАКЪ ОНЪ ОТНОСИТСЯ КЪ ШКОЛѢ И КНИГѢ.

Изданіе второе.

Со вступительной статьей.

Цѣна 20 коп., съ пересылкою 25 коп.

ТА-ЖЕ «ПРОГРАММА» (2-Е ИЗДАНІЕ),

безъ вступительной статьи, стоитъ 5 коп., съ пересылкою 10 коп. Продается у всѣхъ извѣстныхъ книгопродавцевъ.

Складъ изданія у автора:

Городъ Петровскъ, Саратовской губ., Александру Степановичу Пругавину.

„Программа" высылается безплатно всѣмъ, кто выразитъ
желаніе доставить свѣдѣнія по ней автору.

ГОТОВИТСЯ КЪ ПЕЧАТИ:

ЗАКОНЫ
и
СПРАВОЧНЫЯ СВѢДѢНІЯ
ПО НАЧАЛЬНОМУ НАРОДНОМУ ОБРАЗОВАНІЮ.

НАСТОЛЬНАЯ КНИГА

для директоровъ и инспекторовъ народныхъ училищъ, членовъ училищныхъ и епархіальныхъ совѣтовъ, попечителей школъ, членовъ земскихъ и городскихъ управъ, священниковъ, учителей, учительницъ, издателей, книгопродавцевъ и всѣхъ вообще лицъ, интересующихся дѣломъ народнаго образованія.

Составилъ
А. С. ПРУГАВИНЪ.

Содержаніе: **I.** *Законоположенія объ управленіи учебною частью вѣдомства Министерства Народнаго Просвѣщенія.*—Учебные округа; попечители округовъ, ихъ помощники; окружные инспекторы.—Дирекціи народныхъ училищъ.—Губернскіе и уѣздные училищные совѣты. Предводители дворянства. **II.** *Начальныя народныя училища:* министерскія, земскія, приходскія, городскія, фабричныя, воскресныя, церковно-приходскія школы грамоты.—Законоположенія объ учителяхъ и учительницахъ начальныхъ училищъ. — Инструкціи директорамъ и инспекторамъ народныхъ училищъ.—**III.** *Общественныя библіотеки и народныя читальни,* устраиваемыя въ столицахъ, губернскихъ и уѣздныхъ городахъ, въ селахъ и деревняхъ.—Подробныя наставленія о томъ, какъ получить разрѣшеніе и устроить библіотеку—при училищѣ, волостномъ правленіи, въ частномъ домѣ и т. д.—Образцы прошеній.—Уставы народныхъ библіотекъ.—Правила пользованія книгами.—Приговоры волостныхъ и сельскихъ обществъ объ открытіи библіотекъ.—Списки книгъ и періодическихъ изданій, разрѣшенныхъ для народныхъ библіотекъ.—**IV.** *Народныя чтенія.*—Публичныя чтенія, устраиваемыя въ столицахъ, губернскихъ и уѣздныхъ городахъ, въ селахъ и деревняхъ.—Какъ получить разрѣшеніе на открытіе народныхъ чтеній?—Образцы прошеній.—Списки книгъ, разрѣшенныхъ для чтенія въ народныхъ аудиторіяхъ.—**V.** *Изданія книгъ для народа.*—Уставъ о цензурѣ и печати.—Типографіи и литографіи.—Издательскія фирмы: «Посредникъ», «Правда», «Народная Библіотека», А. М. Калмыкова, Муринова, Жирковъ и друг.—Списки изданныхъ ими книгъ для народа.—Лубочные издатели: И. Д. Сытинъ и К°, Морозовъ, Абрамовъ, Леухинъ, Земскій и т. д.—**VI.** *Книжная торговля.*—Магазины, торгующіе народными книгами въ Петербургѣ, Москвѣ и провинціи.—Адресы ихъ.—Земскіе книжные склады.—Разносная книжная торговля.—Офени и книгоноши.—**VII.** *Общества, содѣйствующія начальному народному образованію, ихъ уставы и отчеты.*—С.-Петербургскій и Московскій комитеты грамотности.—Харьковское общество распространенія въ народѣ грамотности.—Общество распространенія начальнаго образованія въ Нижегородской губерніи.—Общество попеченія о начальномъ образованіи въ г. Томскѣ, и т. д.

У ВСѢХЪ ИЗВѢСТНЫХЪ КНИГОПРОДАВЦЕВЪ ПРОДАЕТСЯ

РАСКОЛЪ—СЕКТАНТСТВО

МАТЕРІАЛЫ ДЛЯ ИЗУЧЕНІЯ РЕЛИГІОЗНО-БЫТОВЫХЪ ДВИЖЕНІЙ РУССКАГО НАРОДА.

СОБРАННЫЕ

А. С. ПРУГАВИНЫМЪ.

Выпускъ первый (болѣе 32-хъ печатныхъ листовъ). Библіографія старообрядчества и его развѣтвленій. Систематическій указатель русской литературы по вопросу о расколѣ-старообрядчествѣ.

Содержаніе перваго выпуска: Часть I. Общее значеніе раскола.—Исторія старообрядчества.—Статистика раскола.—Догматика и полемика.—Бытовая сторона старообрядчества.—Способы распространенія раскола.—Внутренній строй старообрядческихъ общинъ.—Бракъ и семья.—Отношенія раскола къ духовенству, къ государственному и общественному строю.—Общественное положеніе старообрядцевъ.—Вѣротерпимость и наши законы о расколѣ.—Борьба съ расколомъ.—Собесѣдованія со старообрядцами.—Единовѣріе. Часть II. Секты и толки старообрядчества.—Поповщина.—Бѣлокриницкая іерархія.—Австрійское согласіе.—Безпоповщина.—Поморцы.—Ѳедосѣевцы.—Филипповцы.—Нѣтовцы.—Странники или бѣгуны.—Мелкіе толки и секты.—Немоляки.—Неплательщики.—Лучинковцы.—Медальщики.—Непаши.—Воздыханцы.—Сквачи.—Любушкино согласіе и т. д.

Цѣна 3 руб., съ пересылкою 3 руб. 50 коп. Выписывающіе изъ склада—за пересылку не платятъ. Складъ изданія—у автора: городъ Петровскъ, Саратовской губерніи.

www.ingramcontent.com/pod-product-compliance
Lightning Source LLC
Chambersburg PA
CBHW062122160426

43191CB00013B/2173